Thomas Luther

Einführung in die Elementartaktik

Fundamentales Schachwissen mit GM Thomas Luther

Joachim Beyer Verlag

ISBN 978-3-95920-145-2

1. Auflage 2022

Ein Imprint des Schachverlag Ullrich, Zur Wallfahrtskirche 5, 97483 Eltmann

Herausgeber: Robert Ullrich

Inhalt

Voraussetzungen für die Arbeit mit diesem Buch:

Du solltest die Grundregeln beherrschen und in der Lage sein, eine Partie zu spielen, ohne häufig regelwidrige Züge zu machen.

Du solltest die elementaren Endspiele mit Dame oder Turm oder zwei Türme gegen den König kennen.

Du solltest ein Schachspiel besitzen, möglichst in der Standardgröße für Turniere (Königshöhe 90+ mm, Feldgröße ca. 5 x 5 cm) um dich gleich ans Turnierschach zu gewöhnen. Ein etwas kleineres Spiel genügt aber auch.

Nicht geeignet sind dagegen Taschenschachspiele. Und auch lustige oder künstlerisch gestaltete Spiele wie "Römer gegen Barbaren" oder "Micky Maus" sind nicht ratsam, so hübsch sie auch aussehen mögen.

Ein Schachspiel ist nicht teuer und kann ein Leben lang benutzt werden. Du solltest falls nötig diese kleine Investition nicht scheuen. Sie wird dir dabei helfen, ein besserer Schachspieler zu werden.

Um dieses Ziel zu erreichen bedarf es aber nicht nur der Hardware, sondern ganz besonders der Bereitschaft, für einige Zeit zu lernen und zu arbeiten. Training sollte regelmäßig sein und über einen gewissen Zeitraum betrieben werden. Alles andere bleibt leider nur Stückwerk.

Lieber Leser!

Dieses Buch wurde geschrieben für Schachfreunde, die Anfänger oder Hobbyspieler ohne große Spielerfahrung sind und sich in Richtung untere Klubstärke verbessern wollen. Falls du aber schon etwas stärker und erfahrener bist, gefällt dir vielleicht die Idee nicht, von Anfang an zu lernen. Aber manchmal ist es gut, einen Schritt zurückzugehen, um bald zwei Schritte vorwärts machen zu können.

Übrigens duze ich im Text den Leser, was nicht heißen soll, dass dieses Buch nur für Kinder und Jugendliche geschrieben ist. Ich duze im Training meine Schüler üblicherweise, gleich in welchem Alter sie sind.

Um Schach gut zu spielen muss man eine Menge lernen: Eröffnung, Mittelspiel, Endspiel, Taktik und Strategie usw. Wo soll man beginnen?
Nach Meinung aller Experten ist Taktik zu Beginn der wichtigste Bereich, der auch zur schnellstmöglichen Verbesserung führt. Ich empfehle Spielern unter einem Rating von 1700 stets, Taktik zu lernen, einige grundlegende Endspiele zu studieren (vor allem Bauern- und Turmendspiele, die in der Praxis am häufigsten vorkommen) und zu beginnen, ihre Partien gründlich zu analysieren. Dies ist ein guter Weg um ein höheres Niveau zu erreichen.

Taktik ist das Hauptthema dieses Buches. Taktik ist nicht nur der interessanteste und erfreulichste Teil des Schachspiels, sondern auch der Weg der am schnellsten Ergebnisse zeigt. Das Buch führt dich in die wichtigsten taktischen Motive ein und vertieft dies mit Übungsaufgaben. Meiner Schätzung nach brauchst du in der Regel ungefähr 50 solcher Übungen pro Motiv, um damit ausreichend vertraut zu werden. Wenn du mit den Motiven vertraut bist, kannst du nicht nur öfter gewinnen als zuvor, sondern auch mögliche gegnerische Drohungen früher erkennen und dich dagegen verteidigen.

Taktiktraining ist wichtig für Spieler aller Kategorien. Ich selbst und viele meiner Großmeister Kollegen schauen sich oft Kombinationen und Studien an; besonders als Teil der Vorbereitung auf Turniere, um dem Gehirn einen Kick zu geben.

Viel Freude bei der Arbeit an diesem Buch und Erfolg beim Spiel wünscht allen Lesern Euer

Thomas Luther

Großmeister und FIDE Senior Trainer

Wie man dieses Buch am besten nutzt

Dieses Buch bestmöglich nutzen zu können hängt in starkem Maße von deinen Absichten und Zielen ab sowie davon, wie viel Zeit und Kraft du aufwenden kannst und willst.

Ambitionierte Leser sollten regelmäßig und intensiv über einen längeren Zeitraum trainieren. Setze einen Tage / Tage in der Woche fest, an dem / denen du Zeit für eine Trainingssitzung hast. Beginne mit ein oder zwei, später drei Stunden. Das wird deine Konzentration und Ausdauer für Turnierpartien verbessern. Löse eine Menge an Übungen, am besten unter Zeitdruck. Wenn du dies einige Monate lang machst, wird dein Gehirn sich den neuen Anforderungen anpassen und du wirst in der Lage sein, schnell und präzise zu berechnen. Dein Schachverständnis wird sich gleichfalls verbessern und du kannst bessere Einschätzungen vornehmen und richtige Entscheidungen treffen.

Weniger ambitionierte Leser können mit einem beschaulicheren Tempo vorgehen und nur gelegentlich im Buch stöbern; etwa ein Kapitel studieren oder einige Aufgaben herauspicken. Du wirst auch dann eine Menge lernen, aber weniger zusammenhängend als bei konstantem Training und manchmal mit Lücken in deinen Kenntnissen.

Wenig oder gar nicht wettbewerbsorientierte Leser ohne Interesse am Turniererfolg können ihr Wissen über Schach verbessern. Sie können dadurch besser verstehen, was auf dem Brett vorgeht, wenn sie als Zuschauer große Ereignisse im Internet verfolgen. Dafür brauchen sie nicht im Training die Turniersituation zu simulieren und sich z.B. unter Zeitdruck zu setzen. Da es nicht darum geht, die Ausdauer und Konzentrationsfähigkeit zu verbessern, spielt es keine Rolle, wie viele Aufgaben sie hintereinander lösen oder wie viele Trainingsstunden sie absolvieren.

Es gibt sehr unterschiedliche Wege am Schach zu arbeiten und jeder Leser muss seine ganz persönliche Wahl treffen. Diese sollte aber konsequent und realistisch auf ein gewünschtes Ziel ausgerichtet sein. Große Verbesserung und Turniererfolg anzustreben, ohne dafür regelmäßig über einen längeren Zeitraum trainieren zu wollen ist nicht möglich. Ohne Fleiß kein Preis gilt auch für den Schacherfolg.

Sei ehrlich zu dir selbst, überlege, was du anstrebst und was du bereit bist, dafür zu tun. Illusionen geben dir vielleicht für kurze Zeit ein gutes Gefühl, bringen dich aber nicht weiter. Wenn du dich vom fortgeschrittenen Anfänger / Hobbyspieler zum Klubniveau verbessern willst, solltest du dieses Buch durcharbeiten und seinen Ratschlägen folgen.

Einige praktische Ratschläge

Wenn du dich schnellstmöglich verbessern willst, folge diesen Ratschlägen:

Setz eine Trainingszeit fest: Um dich im Schach zu verbessern musst du regelmäßig für eine bestimmte Zeit trainieren wie auch in jedem anderen Sport. Um dies zu sichern ist es eine gute Idee, einen Tag und eine Uhrzeit festzulegen, wo dies (fast) immer möglich ist; nehmen wir z.B. einen Samstag- oder Sonntagnachmittag an. Du solltest mit ein bis zwei Stunden Training beginnen und dies später auf drei oder mehr Stunden steigern. Mach keine Pausen (außer für was der Engländer so nett umschreibt als "call of nature", oder um kurz eine Erfrischung zu holen); versuche, ohne jede Unterbrechung oder Störung zu trainieren.

Führe Tagebuch: Unser Gedächtnis ist oft alles andere als akkurat. *"Ich habe in den letzten Wochen eine Menge trainiert"* magst du denken. Aber stimmt das wirklich oder ist es eher eine optimistische Einschätzung? Schreib die Tage und Stunden deiner Trainingssitzungen auf in einer Art Tagebuch, und notiere auch den Inhalt deines jeweiligen Trainings. Schau von Zeit zu Zeit, was du geleistet hast - oder was nicht - und ziehe Schlüsse daraus, was du mehr, öfter, besser etc. machen kannst.

Setz dir ein Ziel: Für jeden Monat und für das ganze Jahr solltest du Ziele festsetzen; sowohl was den Zeitaufwand betrifft als auch, was du lernen / erreichen willst.

Verbessere deine Ausdauer indem du die Turniersituation simulierst. Wenn du daran gewöhnt bist, regelmäßig einige Stunden lang intensiv zu trainieren, ist eine Partie mit durchschnittlich ca. vier Stunden Dauer (oder auch zwei davon am Tag) kein Problem mehr für dich. Ein gutes Training sollte länger und härter sein als eine normale Partie. Zusätzlich stärkt es deine Selbstdisziplin, was eine große Hilfe im Turnierschach ist - und auch im praktischen Leben!

Komplizierte Stellungen (die später im Buch vorkommen werden) solltest du am Brett aufbauen und gründlich studieren. Es kostet etwas mehr Zeit, ist es aber wert. Kein Diagramm auf Papier oder Computer kann dir den gleichen Eindruck vermitteln wie die dreidimensionale Brettstellung. Schon beim Aufbauen "begreifst" du buchstäblich die Stellung, gewinnst einen ersten Eindruck.

Trainiere Schach zusammen mit einem Freund: Das macht mehr Spaß als alleine und ist interessanter. Ihr könnt diskutieren, analysieren und euch auf freundschaftliche Weise miteinander messen, wovon ihr beide profitieren werdet.

Und nun lass uns mit der schachlichen Verbesserung starten!

1. Notation

Bitte, bitte, überspring dieses Kapitel nicht, lies es!!!

Es mag dir nicht gefallen als erste Aufgabe so ein langweiliges Kapitel vorzufinden, aber es ist absolut notwendig. Partienotation und die Kenntnis einiger Begriffe haben die gleiche Funktion wie Lesen und Schreiben im täglichen Leben.

Mit Beherrschen der Notation kannst du

- Kommentare zu Stellungen oder Partien und Ratschläge von anderen Spielern / einem Trainer viel besser verstehen;
- Leichter Fragen stellen;
- Dich besser der Schachszene anpassen; bist nicht auf den ersten Blick abgestempelt als ahnungsloser Patzer. Wer will schon so angesehen werden?
- Nach der Partie alles noch einmal in Ruhe anschauen, Fehler oder Verbesserungen finden; verpasste Gelegenheiten aufspüren, wovon du eine Menge lernen kannst;
- An Turnieren teilnehmen, was ohne Notation nicht möglich ist, da dort Aufschreibpflicht ist. Wenn du jemals in einem Turnier spielen willst, musst du die Notation ohnehin lernen;
- Besser, effizienter und strukturierter denken. Etwas in Worte / Begriffe zu fassen hilft, es zu verstehen, damit zu arbeiten und zu Entschlüssen zu kommen.

Bitte, auch wenn du keine große Lust hast, die Notation zu lernen, bring ein kleines Opfer und überblättere nicht dieses Kapitel!

Der Name der Felder

Wenn du das Spiel "Schiffe versenken" kennst oder dich auf einer Landkarte orientieren kannst, ist es kein großer Sprung, die Schach Notation zu lernen. Die Schnittpunkte der Ziffern und Buchstaben bezeichnen bestimmte Felder. Kannst du auf dem Diagramm die Felder bezeichnen, die den Doppelzug des Königsbauern darstellen?

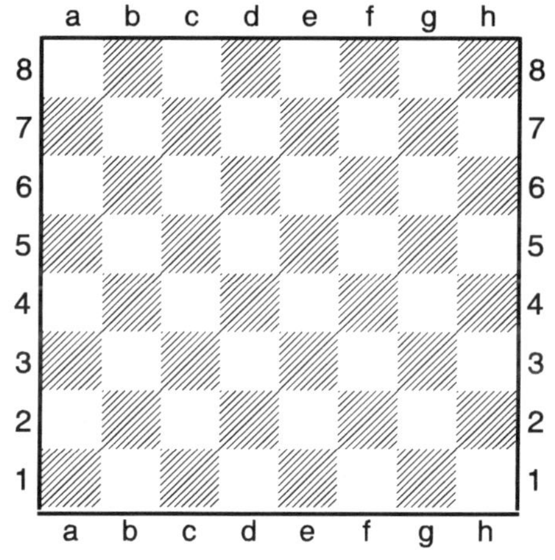

Um es dir leichter zu machen zeigen wir dir ein Diagramm, auf dem alle Felder mit ihrem Namen bezeichnet sind. Aber du musst lernen, alle Felder korrekt zu erkennen und zu benennen. Und das sogar, wenn das Brett keine Randbeschriftung aufweist. Alle guten Spieler können das.

a8	b8	c8	d8	e8	f8	g8	h8
a7	b7	c7	d7	e7	f7	g7	h7
a6	b6	c6	d6	e6	f6	g6	h6
a5	b5	c5	d5	e5	f5	g5	h5
a4	b4	c4	d4	e4	f4	g4	h4
a3	b3	c3	d3	e3	f3	g3	h3
a2	b2	c2	d2	e2	f2	g2	h2
a1	b1	c1	d1	e1	f1	g1	h1

Die horizontale Anordnung von Feldern wird **"Reihe"** genannt. Im Diagramm unten markieren die Sternchen (☆) eine solche Reihe von a4 nach h4. Zur Unterscheidung von anderen Reihen nennt man sie "4.Reihe".

Die vertikale Anordnung von Feldern nennt man **"Linie"**. Im Diagramm ist die d-Linie markiert (★), die von d1 bis d8 reicht.

Eine diagonale Anordnung von Feldern wird **"Diagonale"** genannt. Anders als die stets 8 Felder umfassenden Reihen oder Linien können Diagonalen unterschiedlich lang sein. Von der "langen Diagonale" a1 bis h8 reicht die Spannweite bis zur Mini-Diagonale b1 bis a2.

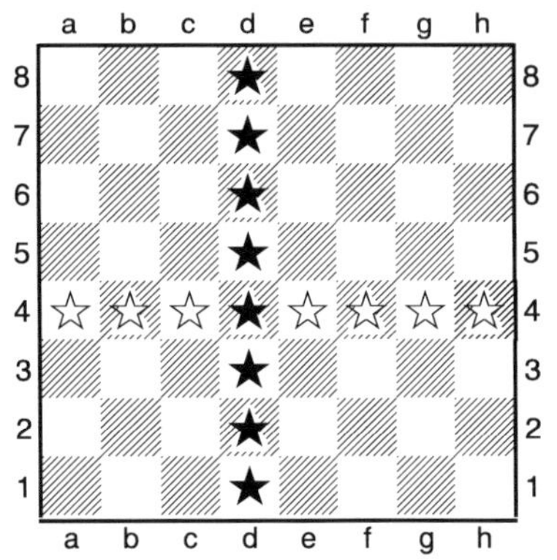

Die weißen Offiziere stehen zu Beginn auf der 1.Reihe, die Bauern auf der 2.Reihe. Wenn du eine Partie mitschreiben willst achte darauf, dass das Brett in der richtigen Weise aufgebaut ist. Wenn das Brett keine Randnotation hat, helfen dir zwei Regeln, die richtige Startposition zu finden:

Weiße Dame weißes Feld, schwarze Dame schwarzes Feld

oder

Das Eckfeld auf der rechten Seite von Weiß sollte ein weißes sein

Trifft eine dieser beiden Regeln zu, hast du die richtige Ausgangsstellung. Mit der Bezeichnung von Start- und Zielfeld kann jeder Schachzug beschrieben werden.

Um es aber noch etwas leichter zu machen, wird der Name der ziehenden Figur mit einer Abkürzung dem Zug vorangesetzt, z.B. "K" für König. Da die Namen der Figuren in verschiedenen Ländern / Sprachen unterschiedlich sind, verwendet man heute meistens Symbole für die Figuren, genannt **"Figurinen"**. Auf der nächsten Seite findest du eine Liste der Abkürzungen und Figurinen.

Name der Figur	Abkürzung	Figurine
König	K	♔
Dame	D	♕
Turm	T	♖
Läufer	L	♗
Springer	S	♘
Bauer	---	(♙)

Bauernzüge werden einfach nur aufgeschrieben wie z.B. e2-e4. Der arme Bauer ist nicht durch eine Namensabkürzung oder Figurine benannt.

In einer Partie werden die Züge durchnummeriert, beginnend bei Zug 1.

Wenn wir im ersten Zug den Königsbauern vorziehen, würde das aufgeschrieben als **1.e2-e4**. Im Turnier werden aber vorgedruckte Partieformulare verwendet, die die Zugnummern schon enthalten.

Wenn du statt des Bauernzugs mit dem Damenspringer ziehst, wird das als **1.Sb1-c3** aufgeschrieben.

Wird ein Stein geschlagen so wird das statt des Bindestrichs mit "**x**" gekennzeichnet. Als Beispiel: 1.e2-e4 d7-d5 2.e4xd5 Dd8xd5 usw.

In älteren Büchern oder Schachzeitungen findet man statt des "**x**" ein "**:**". Dieser Doppelpunkt war früher auch ein Zeichen für das Schlagen, aber die FIDE hat die Notation mittlerweile standardisiert.

Die Rochade wird durch ein spezielles Zeichen benannt:

0-0 meint die kurze Rochade an der Königseite;

0-0-0 die lange Rochade zur Damenseite.

Wenn ein Bauer die letzte Reihe erreicht, wird er in einen Offizier (meist natürlich die Dame) umgewandelt. Diese **Umwandlung** wird bezeichnet mit dem Bauernzug, dem das Zeichen für die eingewandelte Figur angehängt wird, z.B. **e7-e8D**. Falls der Spieler in eine geringere Figur umwandelt, z.B. in einen Springer (man nennt das **"Unterverwandlung"**) könnte das z.B. heißen **e7-e8S**.

Bei einem Schachgebot wird dem Zug ein "**+**" angehängt, z.B. **Dd8-e7+**. Und wenn das der Mattzug wäre, würden wir **Dd8-e7#** aufschreiben.

Zu Beginn wirst du sicher etliche Fehler beim Aufschreiben machen. Keine Sorge, das ist ganz normal und der Konzentration auf die Partie geschuldet. Nach kurzer Zeit wird dir das Aufschreiben ganz normal und selbstverständlich von der Hand gehen.

Anmerkungen

Die folgenden Zeichen werden vom Kommentator genutzt, um die Qualität des jeweiligen Zuges zu bezeichnen:

- **?** Ein schwacher Zug / ein Fehler. Unglücklicherweise der Brot und Butter Zug des unerfahrenen Spielers, ☹.
- **??** Ein sehr schlechter Zug / ein schwerer Fehler, der z.B. zum Matt führt oder eine Schwerfigur einstellt, 💣
- **!** Ein starker Zug - genau das, was wir anstreben, ☺!
- **!!** Ein außergewöhnlich guter Zug. Leider sehr, sehr selten. Aber für den Moment reichen uns ja schon gute Züge.
- **?!** Ein interessanter Zug, den man probieren kann. Allerdings ist er mit Risiko verbunden und der Ausgang unklar.
- **!?** Ebenfalls ein interessanter Zug, aber mit einigen Zweifeln verbunden. Wenn du das Risiko eher scheust, solltest du solche Züge meiden.
- **=** Eine ausgeglichene Stellung, die (besonders im Endspiel) auch remisträchtig sein kann.

Es gibt eine ganze Menge weiterer solcher Symbole, die wir aber jetzt noch nicht zu kennen brauchen. Das Ziel muss fürs Erste sein, die beiden ersten Symbole ? / ?? in unserer Liste loszuwerden - und hoffentlich von Zeit zu Zeit einmal das dritte Symbol aufschreiben zu dürfen.

Mark Dvoretzky, einer der bekanntesten Trainer der Welt, sagte:

"95% aller Fehler sind einfache Fehler. Wenn wir diese ausmerzen haben wir schon viel erreicht."

Das ist ein wahres Wort aus berufenem Munde und dabei soll dieses Buch dir helfen!

En passant (Französisch für "im vorbeigehen") ist ein besonderer Fall. Kennst du das schon? Zur Sicherheit wiederhole ich die Regel.

Wenn du einen Bauern auf der 5.Reihe (als Schwarzer auf der 4.Reihe) stehen hast und dein Gegner zieht einen Bauern auf der benachbarten Linie aus der Grundstellung zwei Felder vor und steht dann neben deinem Bauern, kannst du ihn schlagen als wäre er nur ein Feld vorgegangen. Schau dir das Diagramm an:

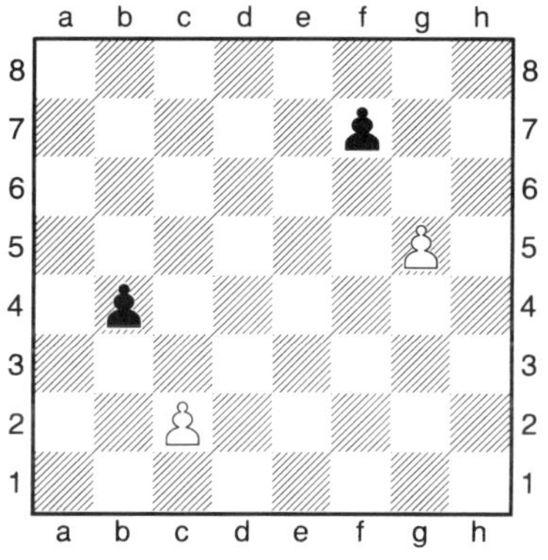

Wenn links am Damenflügel Weiß c2-c4 zieht, kann Schwarz den Bauern en passant schlagen. Der Zug wird aufgeschrieben als wäre der Bauer nur nach c3 gezogen, gefolgt von der Abkürzung e.p.:

b4xc3 e.p.

Wenn rechts am Königsflügel Schwarz f7-f5 zieht, kannst du seinen Bauern auch e.p. schlagen:

g5xf6 e.p.

Du kannst en passant nur im direkt folgenden Zug schlagen, nicht später!
Es heißt also jetzt oder nie!

Kurznotation

In den meisten Schachbüchern und -zeitungen findest du eine abgekürzte Form der Notation. Das Startfeld des Zuges wird nicht genannt, nur das Zielfeld. Der erste Zug des Königsbauern ist dann **1.e4**. Unser e.p. Zug würde heißen bxc3 e.p.

Später wirst du diesen Notationsstil vermutlich auch verwenden. Derzeit und noch für eine Weile ist es aber ratsam, die volle Notation zu verwenden. Du kannst u.a. nach einem Aufschreibfehler die Partie leichter rekonstruieren.

Einige weitere Schach Ausdrücke

In Schachkommentaren / -texten findest du manchmal einen Begriff, den du vielleicht nicht ganz verstehst. Hier einige der häufigsten:

Material. Bauern und Figuren zusammen werden Material genannt. Wenn du also mehr von diesen hast als dein Gegner, darfst du dich über "Materialvorteil" freuen. Aber aufgepasst! Material ist nicht alles. Die Stellung auf dem Brett ist zumindest ebenso wichtig und kann manchmal sogar großen Materialvorteil aufwiegen.

Kompensation. Nehmen wir an, du hast einen Bauern weniger als dein Gegner, bist aber dafür besser entwickelt. Dann hast du "Kompensation" für den Minusbauern.

Schwer- und Leichtfiguren. Dame und Turm werden "Schwerfiguren" genannt, Läufer und Springer "Leichtfiguren". Doch diese - und besonders der Springer - mögen "leicht" sein, können dir aber das Leben ganz schön wer machen.

Qualitätsgewinn. Wenn du eine Leichtfigur gibst und dadurch einen gegnerischen Turm gewinnst, nennt man das "Qualitätsgewinn". Nach Holzwertung bedeutet das ca. 3 / 3,5 gegenüber 5 Punkten. Entscheidend kann aber auch die jeweilige Stellung und die Partiephase sein. In der Eröffnung kann man auf den ohnehin nur eingesperrten Turm manchmal eher verzichten als auf eine angriffsfreudige Leichtfigur. Im Endspiel dagegen ist der nun befreite Turm jedoch eine Macht. Eine Leichtfigur + zwei Bauern gegen einen Turm gilt im Allgemeinen als Kompensation für den Qualitätsverlust.

Kombination. Eine Folge von Zügen einschließlich eines Opfers, um ein bestimmtes Ziel wie Matt, Materialgewinn, oder eine vorteilhafte Stellung zu erreichen, nennt man "Kombination" oder kurz "Kombi". Wenn der Gegner nicht anders kann, als den ihm von dir aufgezwungenen Zügen zu folgen, ist das eine "zwingende Kombination".

Manöver. Eine Folge von Zügen, um ein bestimmtes Ziel zu erreichen, z.B. eine vorteilhafte Stellung, nennt man "Manöver". Anders als die Kombi bringt das Manöver meist keinen direkten materiellen Gewinn.

Es gibt noch eine ganze Menge solcher speziellen Ausdrücke. Du wirst manche davon später im Buch sehen.

Benenne das Feld!

Wir wollen einmal sehen ob du die Notation wirklich verstanden hast. In den folgenden vier Stellungen sollst du die Felder benennen, auf denen alle Bauern und Figuren stehen. Wir beginnen einfach mit der vollen Legende rund um das Diagramm, aber in Nr. 3 und 4 musst du ohne dies auskommen. Anfangs magst du vielleicht die Reihen und Linien abzählen; *"a, b, c, d"*, und *"1, 2, 3"* (das Feld ist d3), aber bald findest du die Namen der Felder ohne lange nachzudenken.

Hat eine Seite zwei oder mehr gleichartige Figuren, schreib es auf als z.B.

Bb2, g2 oder für Bauern *a2, b2, c3, d4, g2, h3*

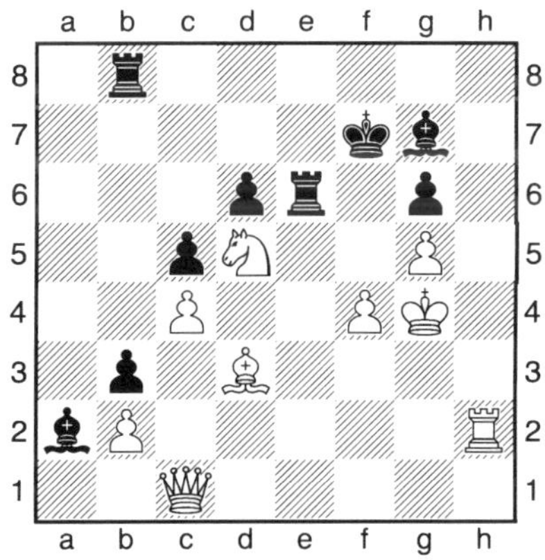

1

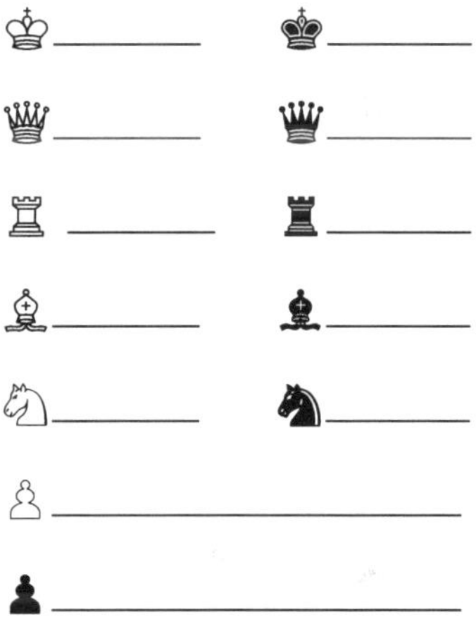

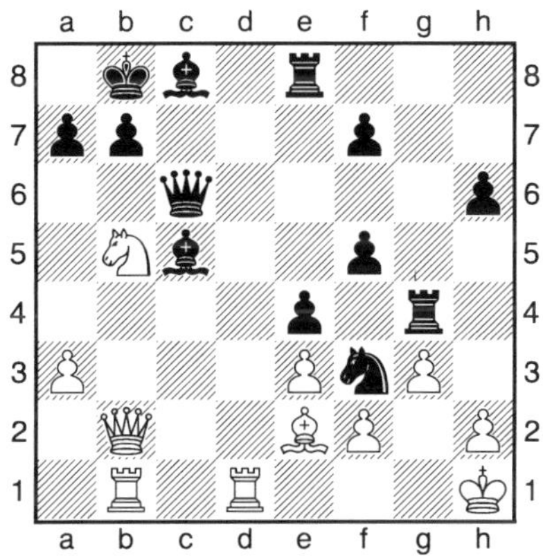

2

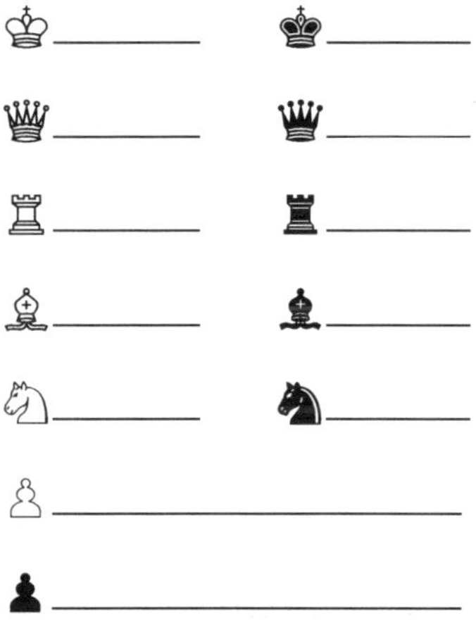

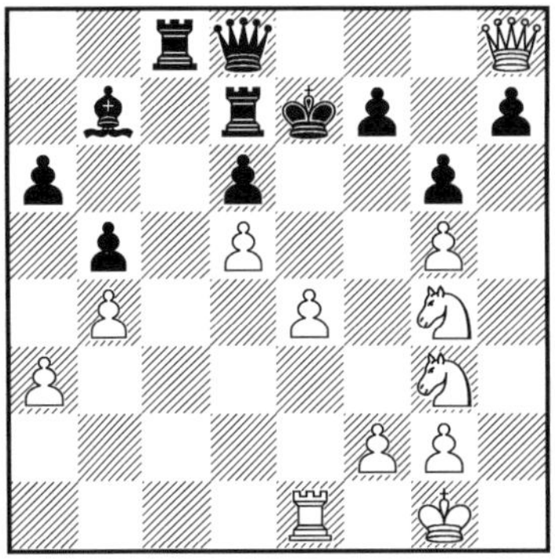

3

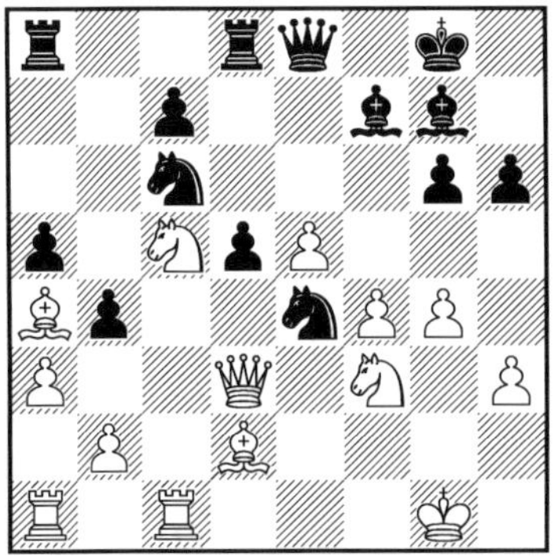

4

Eine Stellung ohne eine Legende am Brettrand aufzuschreiben ist zu Beginn viel schwerer. Aber es ist eine gute Übung und manchmal musst du ja auch an einem Brett ohne Randnotation spielen.

Wenn du deine Partie aufschreiben willst, vergewissere dich vor Beginn, dass das Brett richtig liegt. Sonst kannst du auch mit Randnotation konfus werden. Selbst wenn du nicht aufschreibst, sollte das Brett richtig liegen, denn dann kannst du, wenn du eine interessante Stellung erreichst, diese aufschreiben und dir später anschauen. Das ist ein guter Weg zur Verbesserung! Von deinen eigenen Fehlern und vom Herausfinden, was du oder der Gegner hätten besser machen können, lernst du am meisten.

Lösungen Notation

In der jeweils zweiten Zeile findest du die Bauern

1	○	Kg4; Dc1; Th2; Ld3; Sd5; b2, c4, f4, g5
	●	Kf7; Tb8 / e6; La2 / g7; b3, c5, d6, g6
2	○	Kh1; Db2; Tb1 / d1; Le2; Sb5; a3, e3, f2, g3, h2
	●	Kb8; Dc6; Tg4 / e8; Lc8 / c5; a7, b7, e4, f5, f7, h6
3	○	Kg1; Dh8; Te1; Lb3; Sg3 / g4; a3, b4, d5, e4, f2, g2, g5
	●	Ke7; Dd8; Tc8 / d7; Lb7; a6, b5, d6, f7, g6, h7
4	○	Kg1; Dd3; Ta1 / c1; La4 / d2; Sc5 / f3; a3, b2, d5, f4, g4, h3
	●	Kg8; De8; Ta8 / d8; Lf7 / g7; Sc6 / e4; a5, b4, c7, d5, g6, h6

Ärgere dich nicht, wenn du etwas falsch aufgeschrieben hast. Selbst erfahrene Spieler machen zuweilen solche Fehler; besonders dann, wenn das Brett keine Legende hat. Übe die Notation und es wird bald leicht für dich sein, eine Partie oder Stellung aufzuschreiben.

Wir simulieren die Notation einer Partie in der folgenden Übung.

Nehmen wir an, du bist ein Zuschauer bei einem Schnellschach-Turnier (Partien von ca. 10 bis 30 Min. pro Spieler, die nicht aufschreiben müssen) und ein Freund bittet dich, seine Partie mitzuschreiben. Sicher tust du ihm doch diesen kleinen Gefallen, nicht wahr?

Schreibe die Partie auf!

Das erste Diagramm zeigt die beiden ersten Züge vom Partiebeginn. Jedes weitere Diagramm zeigt einen Zug, den beide Spieler gemacht haben.

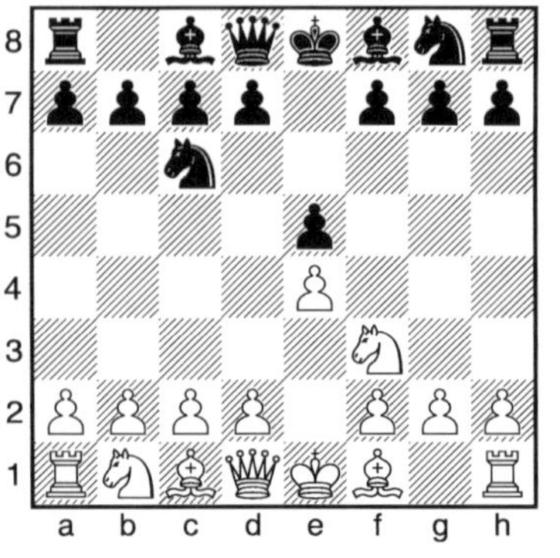

Zug 1 und 2

Diese Partie wurde gespielt von Meister Steiner und dem früheren Weltmeister Capablanca

1. .... / ....

2. .... / ....

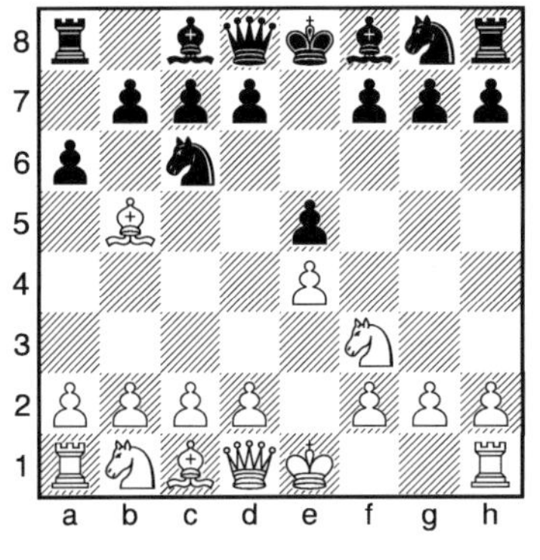

Zug 3

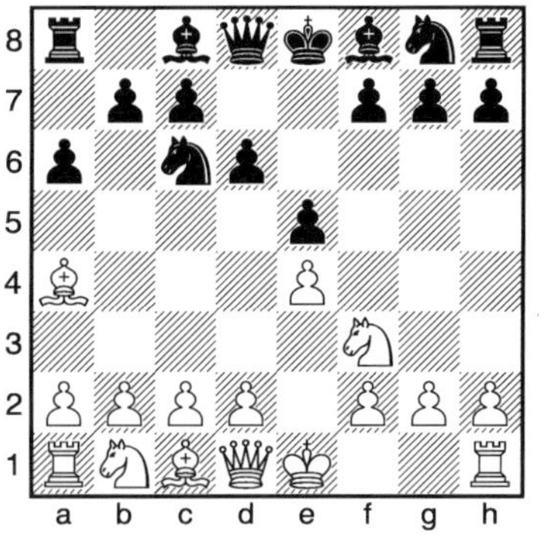

Zug 4

3. .... / ....

4. .... / ....

Die spanische Eröffnung, kurz "Spanisch" genannt.

Weiß kann auch abtauschen. Der Doppelbauer ist aber kein Problem für Schwarz.

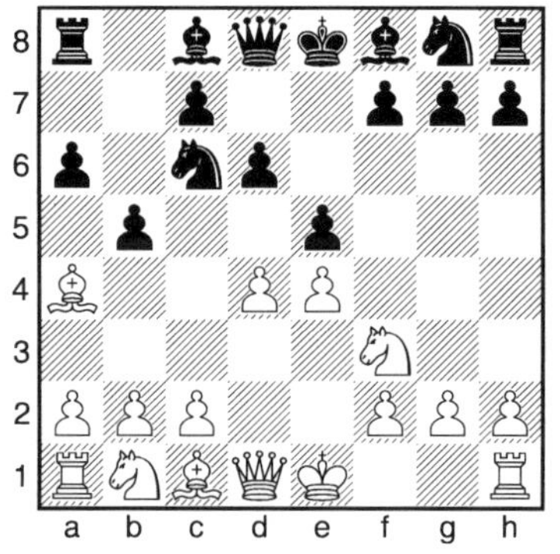

Zug 5

5. .... / ....

Eine andere Möglichkeit ist Bauerntausch auf d4 und dann Lc8-d7.

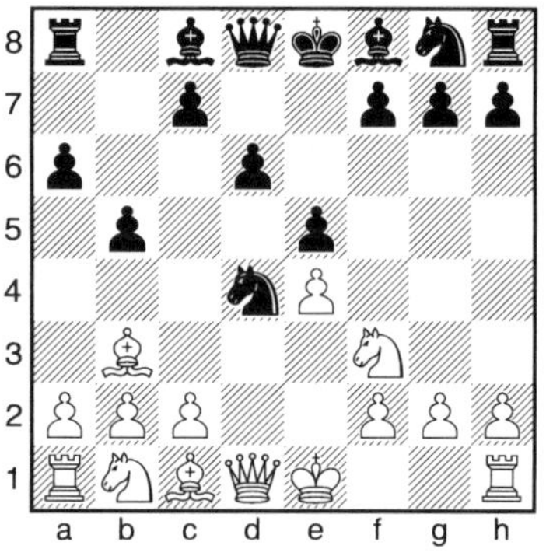

Zug 6

6. .... / ....

Weiß könnte nun auch weiter entwickeln und den Gegner abtauschen lassen.

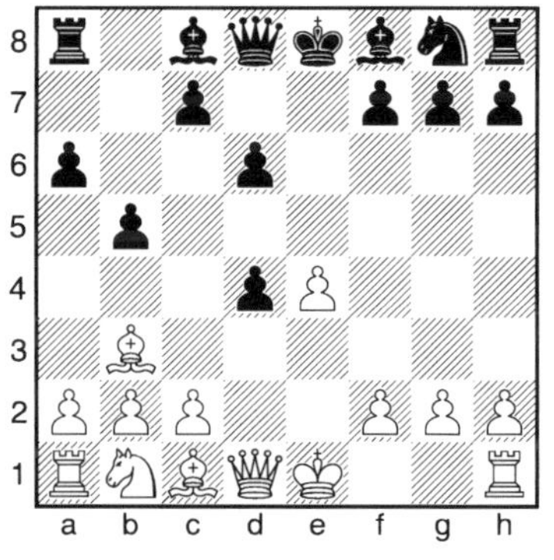

Zug 7

7. .... / ....

Die Stellung beinhaltet nun eine Falle. 7.Lb3-d5 ist die beste Fortsetzung, die Weiß aber verpasste.

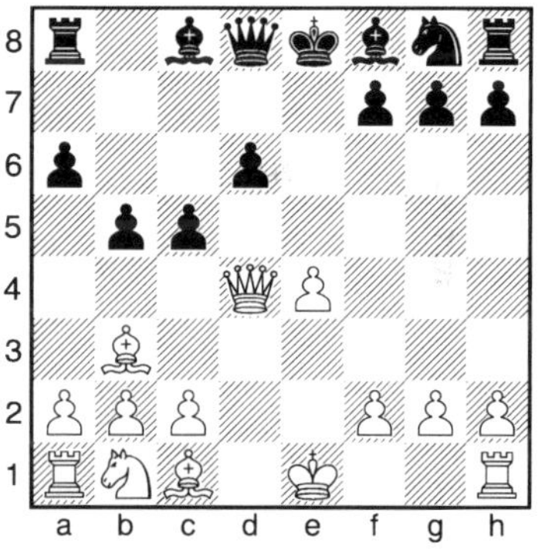

Zug 8

8. .... / ....

Nun siehst du, warum der Damenzug nicht gut war!

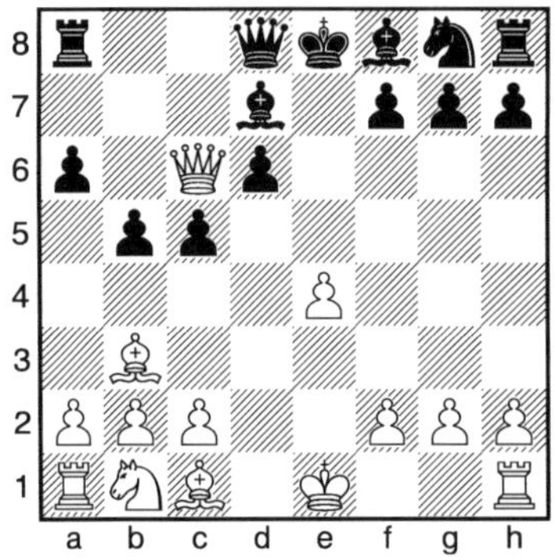

Zug 9

9. .... / ....

Auch nach anderen Damenzügen geht der Läufer verloren.

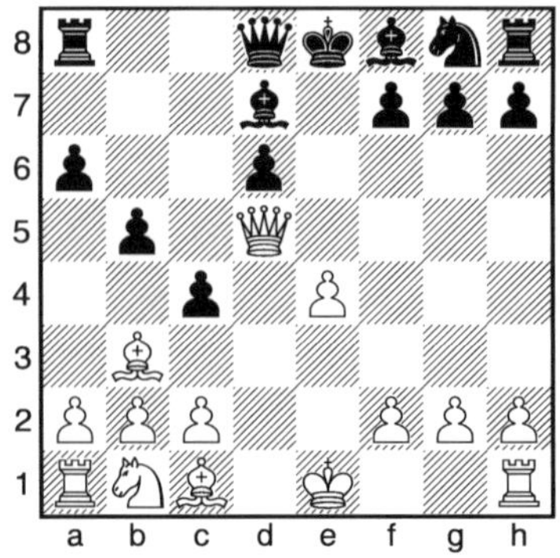

Zug 10

10. .... / ....

So ein Pech! Der Läufer ist gefangen und geht für nur zwei Bauern verloren.

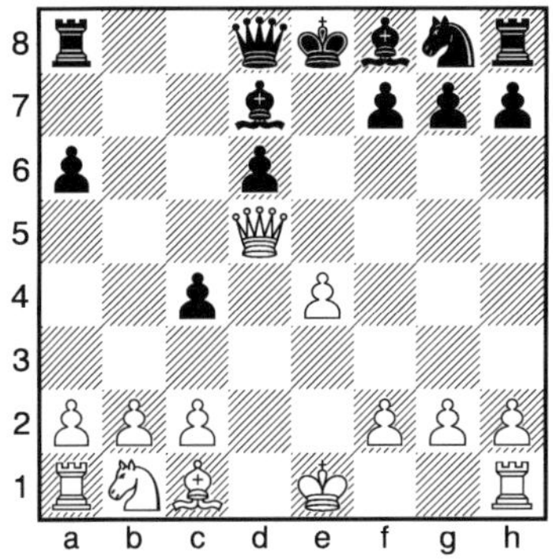

Zug 11

11. .... / ....

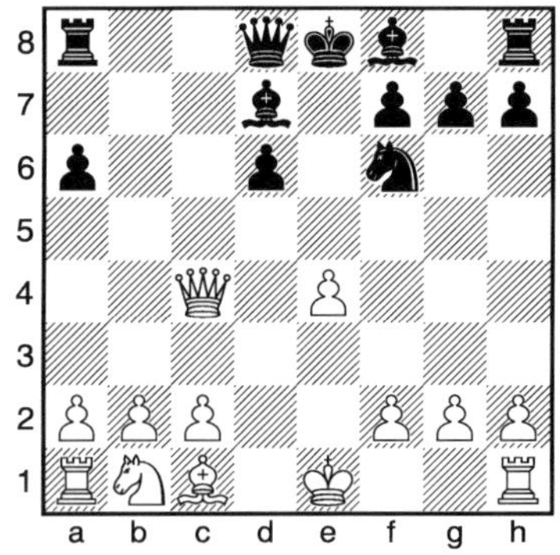

Zug 12

12. .... / ....

Schwarz hat die bessere Stellung. Aber es ist noch ein langer Weg bis zum Gewinn!

Steiner – Capablanca Budapest 1929

1.e2-e4 e7-e5

2.Sg1–f3 Sb8-c6

3.Lf1–b5 a7-a6

4.Lb5-a4 d7-d6

5.d2-d4 b7-b5

Eine andere Fortsetzung ist 5...e5xd4 6.Sf3xd4 Lc8-d7

6.La4-b3 Sc6xd4

7.Sf3xd4 e5xd4

8.Dd1xd4?

Der richtige Plan ist 8.Lb3-d5 Ra8-b8 9.Dd1xd4

8...c7-c5

9.Dd4-d5 Lc8-e6

10.Dd5-c6+ Le6-d7

11.Dc6-d5 c5-c4

12.Lb3xc4 b5xc4

13.Dd5xc4 Sg8-f6

Die Falle ist sogar noch älter als die Partie und wurde schon 1878 erwähnt, aber vermutlich auch schon viel früher angewandt..

Wenn du magst, spiel die Partie auf deinem Brett nach und überlege dir andere Möglichkeiten oder Ideen.

Was wäre z.B., wenn Weiß im 7.Zug nicht abgetauscht, sondern rochiert oder 7.c2-c3 gespielt hätte?

2. Labyrinthe & Übungen

Die meisten Schachspieler haben, nachdem sie die Grundregeln und einige elementare Dinge gelernt haben, sofort mit dem Spielen von Partien begonnen. Das ist ganz natürlich, da spielen (und hoffentlich gewinnen, ☺) die größte Freude macht. Doch sind diese Anfänger wirklich gut für den nächsten Schritt vorbereitet?

Der große Meister Dr. Tarrasch war in dieser Hinsicht sehr skeptisch. Ist eine kurze Einführung ausreichend, um dich wirklich vertraut zu machen mit den Eigenschaften, Spezialitäten und Limitationen der Figuren? Auf dem vollen Brett sind die Figuren ja stets behindert durch eigene oder gegnerische Steine.

Eine gute Methode um deine Kenntnisse zu vertiefen ist, mit kleinen Spielen mit beschränktem Material zu beginnen*. Dies vermittelt dir einen besseren Einblick in ihre Wirkungsweise. Das ist besonders wichtig für die Leichtfiguren und ganz besonders für den Springer, den Anfänger am meisten fürchten.

In manchen Fällen kannst du dir die Aufgabe leichter machen durch "Rückrechnen".

Wenn die Aufgabe z.B. lautet, dem König Schach zu bieten, kannst du schauen, von welchen Feldern aus das überhaupt möglich ist und wie man diese Felder erreichen kann. Das sollte dir helfen, zumindest einen Teil der Lösung schnell zu finden.

- In der Russischen Schachschule wurden kleine Spiele mit reduziertem Material seit langer Zeit für Anfänger genutzt. In der westlichen Welt finden wir das selbst heute noch sehr selten.

  1967 zeigte John Love in seinem Buch *"CHESS A New Introduction"* solche Übungen und kleine Spiele.

  Der US-amerikanische Autor und Trainer Bruce Alberston zeigte in seinen beiden Büchern *"Chess Mazes"* und *"Chess Mazes 2"*, erschienen in 2004 und 2008, erstaunliche Mazes. Aber die meisten von ihnen sind eher nur für fortgeschrittene Anfänger mit schon einiger Spielpraxis geeignet, da sie mehr als einen Figurentyp verwenden.

1. Übung:

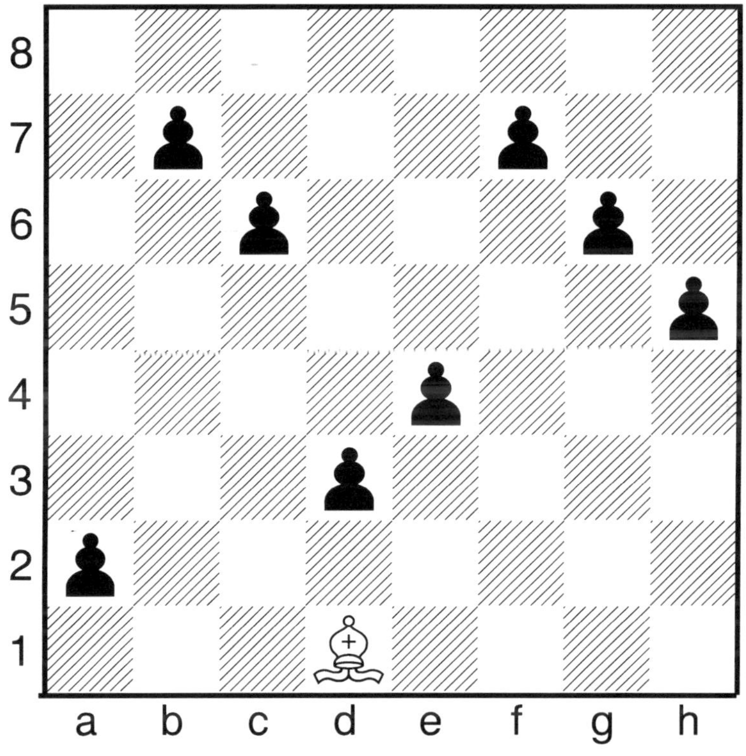

Der Läufer soll alle Bauern so schnell wie möglich schlagen.

Er darf kein Feld betreten, auf dem er geschlagen werden könnte.

Er darf keine Bauern schlagen die gedeckt sind.

Rate mal: wie viele Züge wird er wohl brauchen?

Nun frisch ans Werk. Kalkuliere zuerst den Weg des Läufers im Kopf. Wenn du glaubst, du hast die richtige Lösung, kannst du deine Finger gebrauchen, um das auf dem Brett zu überprüfen.

(Dies nur ausnahmsweise; mach das nicht in einer richtigen Partie! Es stört deinen Gegner und zeigt, dass du ein Anfänger bist.)

Wenn du sicher bist, setz die Züge auf dem Brett. Nun wird sich zeigen, ob du richtig gerechnet hast.

2. Übung:

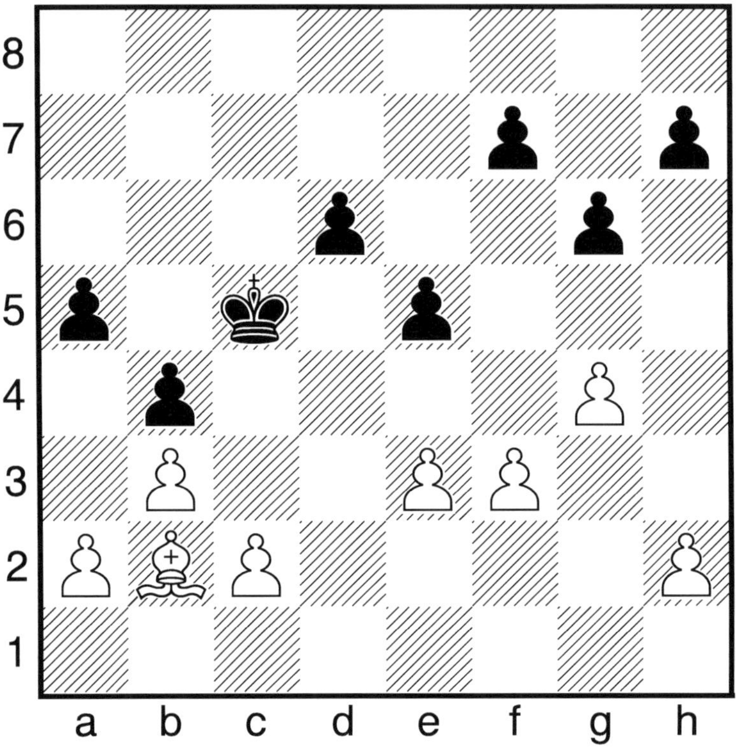

Der Läufer soll dem schwarzen König Schach bieten.

Er darf kein Feld betreten, auf dem er geschlagen werden könnte.

Er darf keine Bauern schlagen; auch nicht, wenn diese ungedeckt sind.

Rate mal: wie viele Züge wird er wohl brauchen?

3. Übung:

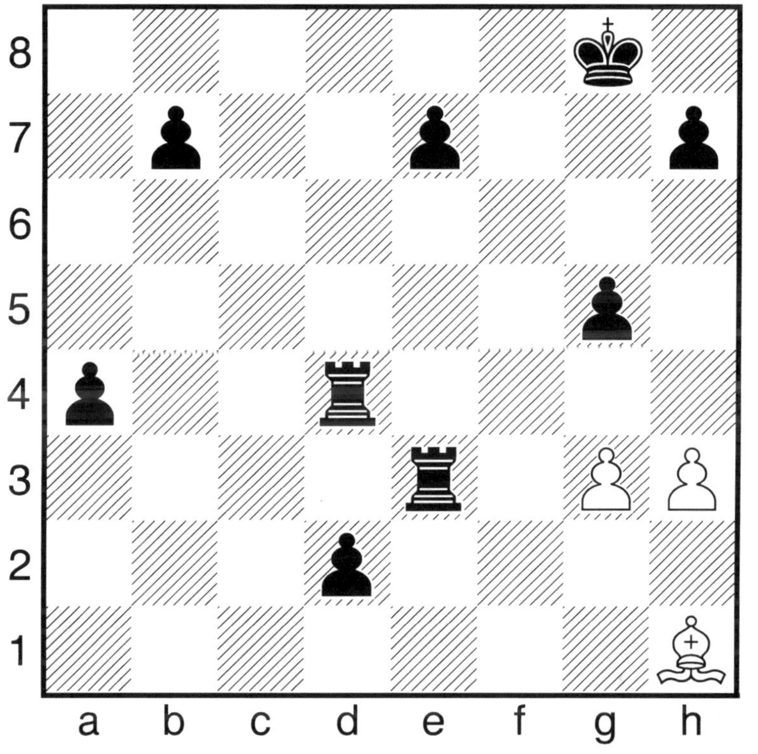

Diesmal ist es schwerer für den Läufer, seine Mission zu erfüllen, da Schwarz zwei kräftige Bodyguards in der Brettmitte postiert hat. Der schwarze König wünscht offensichtlich nicht, vom Läufer belästigt zu werden. Aber du wirst einen Weg finden, die Hindernisse zu überwinden. Die Regeln sind die gleichen wie zuvor:

Der Läufer soll dem schwarzen König Schach bieten.
Er darf kein Feld betreten, auf dem er geschlagen werden könnte.
Er darf keine Bauern schlagen; auch nicht, wenn diese ungedeckt sind.

Rate mal: wie viele Züge wird er wohl brauchen?

Der trickreiche Springer

Bevor wir zur 4.Übung weitergehen schauen wir uns an, wie der Springer zieht. Zwar kann er Steine überspringen oder über sie in die gegnerische Position wirken, doch es ist mühsam für ihn, benachbarte Felder zu erreichen. Ein Bauer oder eine Figur, die direkt neben ihm steht, ist völlig sicher, während weit auseinander stehende Steine durch eine seiner Gabeln gefährdet sein können. Schauen wir einmal, wie lange der Springer braucht, um bestimmte Felder zu erreichen:

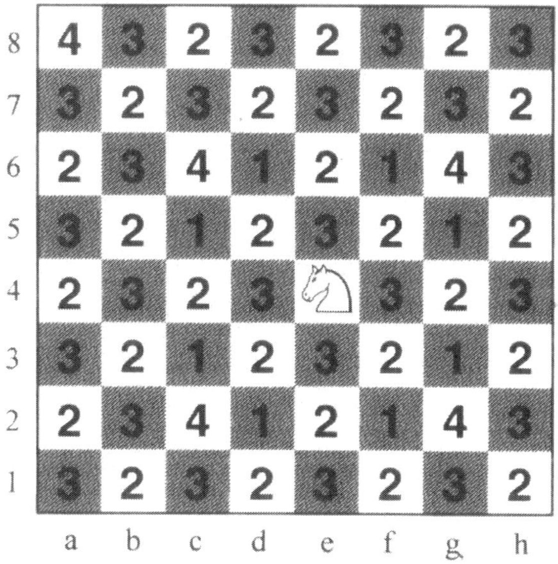

Um die horizontalen und vertikalen Felder rund um ihn zu erreichen (d4, f4, e3, e5) braucht der Springer drei Züge.

Noch länger braucht er, um diagonal zwei Felder weit zu ziehen (c2, g2, c6, g6). Er braucht dafür vier Züge - und in vielen Partien ist nicht einmal genug freier Platz auf dem Brett, um solche Manöver durchzuführen!

Der Springer kann nur Felder gleicher Farbe angreifen!

In unserem Beispiel sind das nur schwarze Felder. Mit jedem Zug wechselt der Springer die Feldfarbe. Hier würde er im übernächsten Zug wieder schwarze Felder angreifen.

Wenn du verhindern willst, dass eine eventuell später mögliche Springergabel wichtige Figuren angreift - vor allem König und Dame - bring sie auf Felder unterschiedlicher Farbe. Nun kann das Pferd niemals beide zugleich bedrohen.

4. Übung:

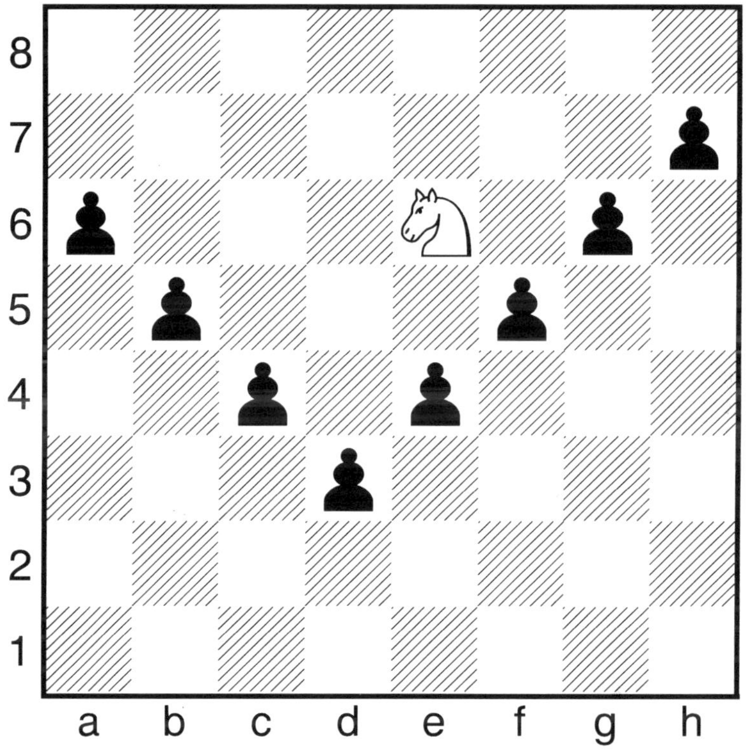

Schlage alle Bauern so schnell wie möglich.

Der Springer kann nicht auf ein Feld ziehen, auf dem er geschlagen werden könnte.

Manchmal gibt es zwei Möglichkeiten. Wähle eine davon aus.

Rate mal, wie viele Züge du brauchst um das Brett zu leeren.

Vergiss nicht: Ein falscher Zug und der Springer mag eine ganze Weile brauchen, bevor er wieder einen Bauern angreifen kann!

Denke nach bevor du ziehst!

5. Übung:

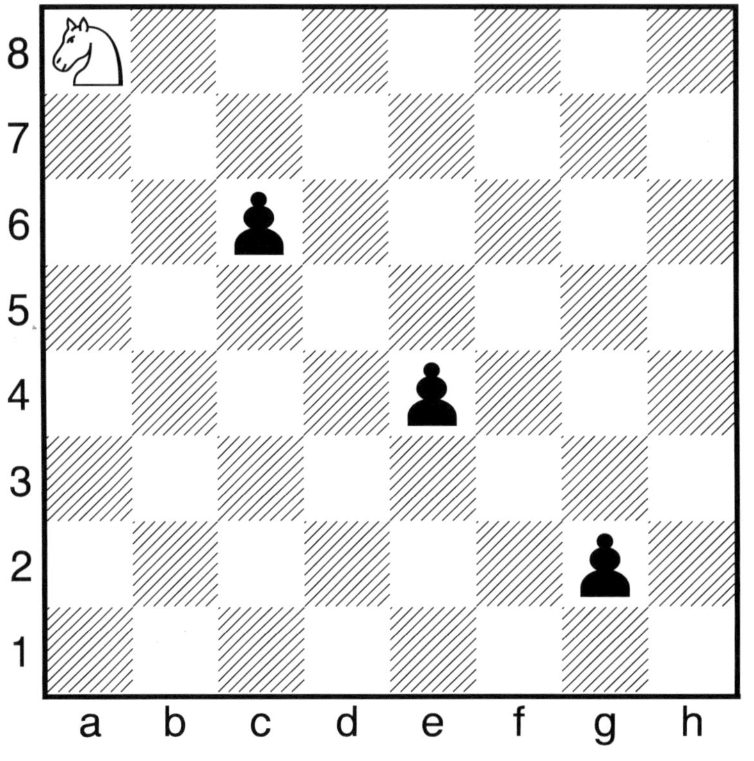

Diesmal braucht der Springer bloß drei Bauern zu schlagen anstelle der acht in der vorherigen Aufgabe.

Sollte das nicht ein leichter Ausritt und in ein paar Zügen erledigt sein?

Rate mal, wie viele Züge du brauchst, um das Brett zu leeren.

6. Übung:

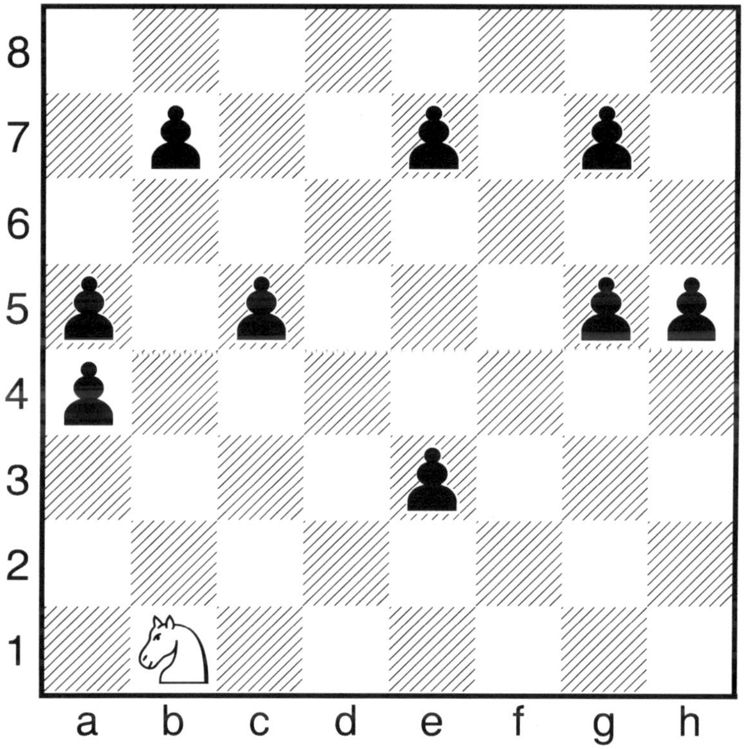

Fällt dir bei dieser Stellung etwas Ungewöhnliches auf? Da die Bauern über das Brett verstreut sind, fällt dir auf den ersten Blick vermutlich nicht auf, dass neun Bauern auf dem Brett stehen. Aber um unseren Springer nach der enttäuschenden Jagd auf nur drei Bauern wieder aufzumuntern, biegen wir die Regeln ein bisschen, bloß dieses eine Mal, ☺.

Finde den schnellsten Weg um alle Bauern zu schlagen.

Der Springer darf nicht auf ein Feld ziehen, auf dem er geschlagen werden könnte.

Rate mal wie viele Züge du brauchst um das Brett zu leeren.

7. Übung:

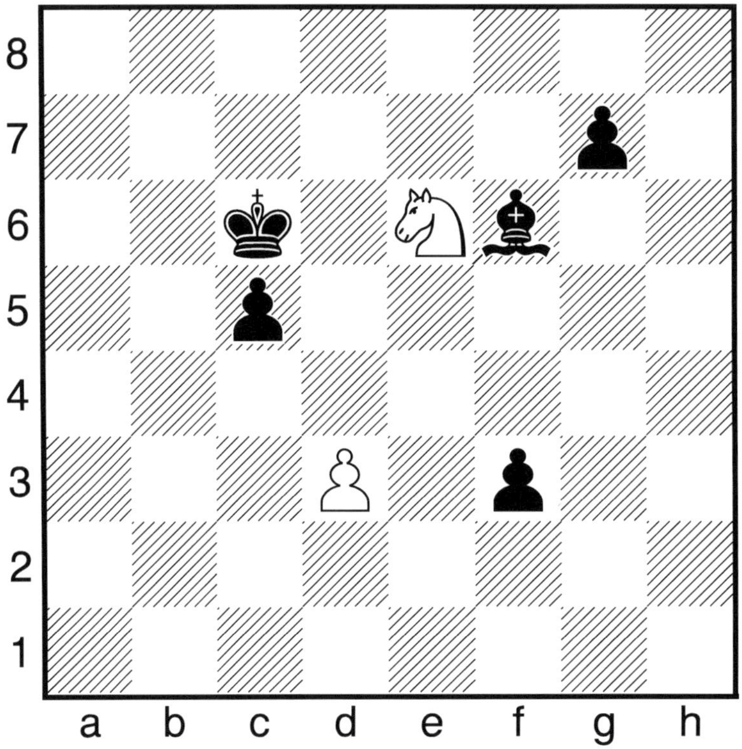

Genug des Bauernabschlachtens. Unsere neue Aufgabe ist eine friedliche. Niemand wird geschlagen. Der Springer soll bloß dem König Schach bieten. Mit schwarzen Bauern rundherum und einem gut postierten Läufer ist das gar aber nicht so leicht; mach dich auf einen langen Weg gefasst.

Wie gehabt darf der Springer kein Feld betreten, auf dem er geschlagen werden könnte.

Rate wieder: Wie viele Züge wirst du wohl brauchen?

8. Übung:

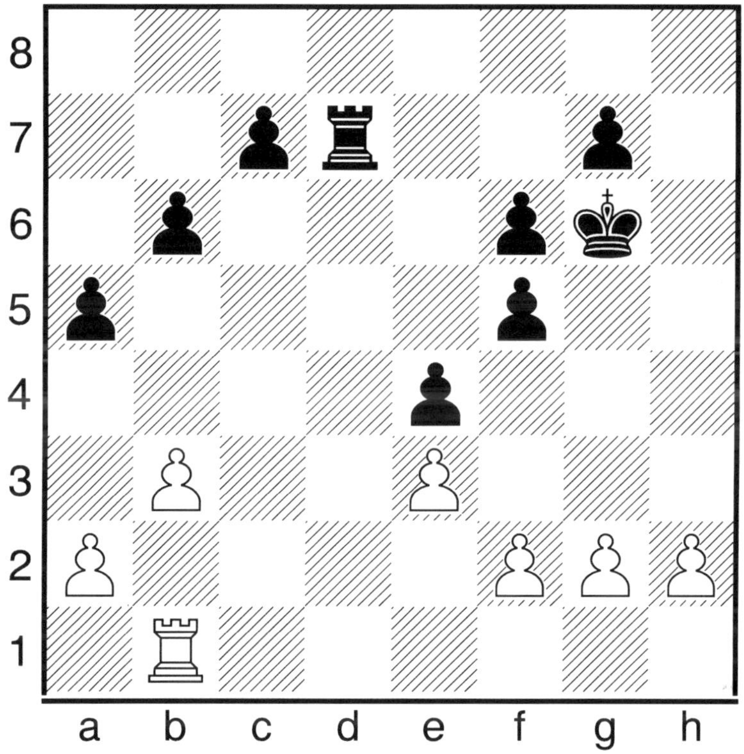

Der Turm soll dem schwarzen König Schach bieten.
Er kann nicht auf ein Feld ziehen, auf dem er geschlagen werden könnte.
Er darf keine Bauern schlagen; auch nicht, wenn diese ungedeckt sind.

Rate wieder: Wie viele Züge wirst du wohl brauchen?

9. Übung:

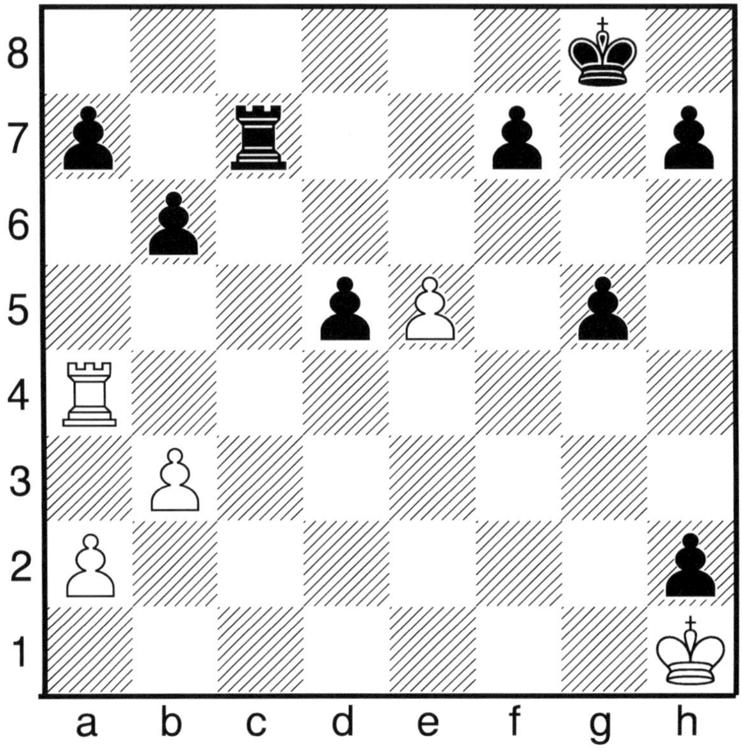

Der Turm soll dem schwarzen König Schach bieten.
Er kann nicht auf ein Feld ziehen, auf dem er geschlagen werden könnte.
Er darf keine Bauern schlagen; auch nicht, wenn diese ungedeckt sind.

Rate wieder: Wie viele Züge wirst du wohl brauchen?

10. Übung:

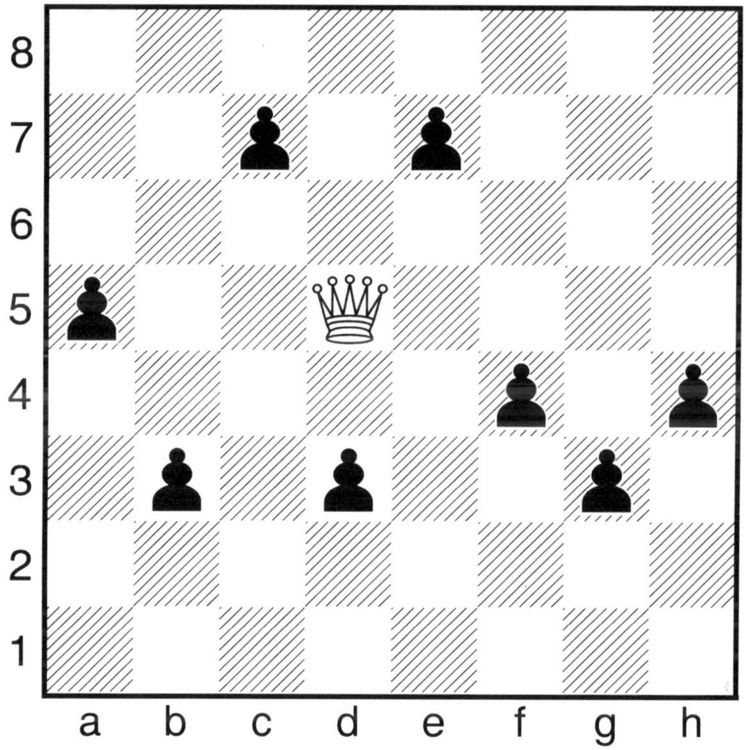

Zum Schluss mischt auch die mächtige Dame mit. Das Brett von allen Bauern zu befreien ist ein Spaziergang für sie. Aber es sollte der schnellstmögliche Spaziergang sein. Verliere keine Zeit mit umständlichen Manövern!

Rate wieder: Wie viele Züge wirst du wohl brauchen?

Lösungen der Übungen

1. Übung:

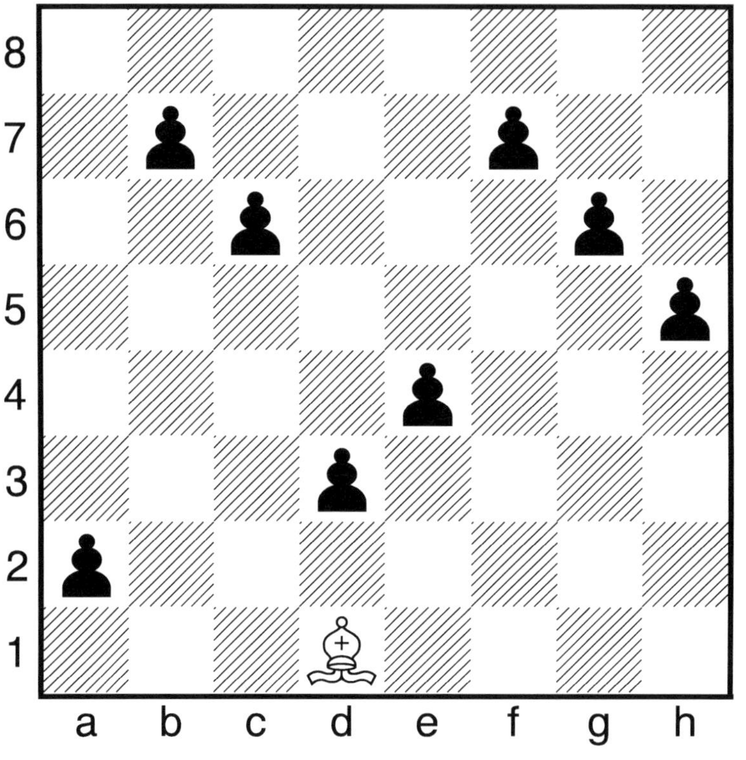

Der einzige Weg ist

1.♗d1–b3 -- 2.♗b3xa2 -- 3.♗a2xf7 --

4.♗f7xg6 -- 5.♗g6xh5 -- 6.♗h5–g4 --

Komplizierter ist 6.♗h5–e8 -- 7.♗e8–d7 -- 8.♗d7–c8

6...-- 7.♗g4–c8 -- 8.♗c8xb7 --

9.♗b7xc6 -- 10.♗c6xe4 -- 11.♗e4xd3

2. Übung:

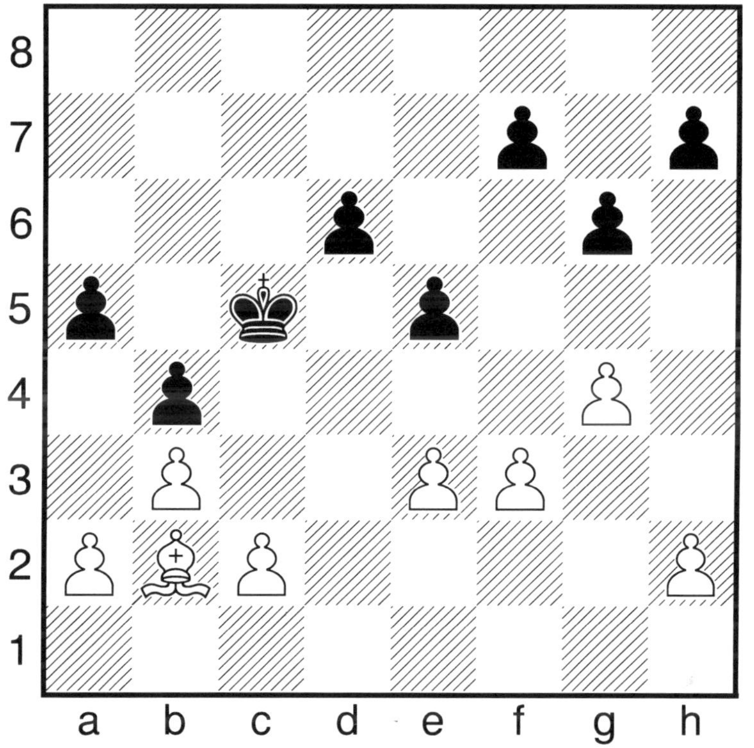

Du musst einige Züge im Voraus berechnen, da der Läufer nicht gleich aus seiner Stellung herauskommen kann. Er muss dazu sogar zurück auf die 1.Reihe gehen:

1.♗b2–c1 -- 2.♗c1–d2 -- 3.♗d2–e1 --
4.♗e1–h4 -- 5.♗h4–d8 -- 6.♗d8–c7 --
7.♗c7–b8 -- 8.♗b8–a7+

3. Übung:

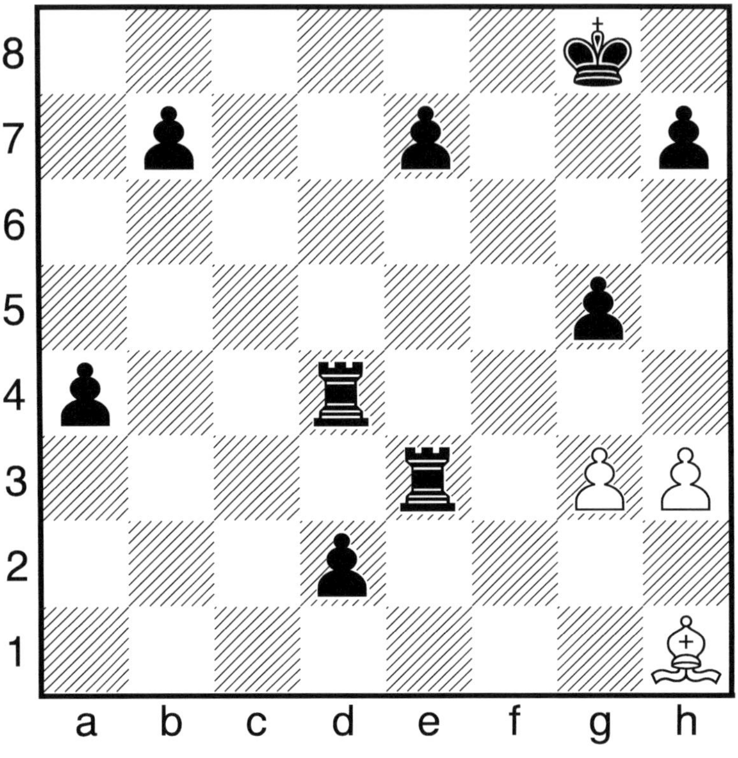

Um den beiden Türmen zu entgehen, die viele wichtige Felder bewachen, muss der Läufer lange Wege gehen und rund ums Brett ziehen:

1.♗h1–g2 -- 2.♗g2–f1 -- 3.♗f1–b5 --
4.♗b5–e8 -- 5.♗e8–h5 -- 6.♗h5–d1 --
7.♗d1–c2 -- 8.♗c2–b1 -- 9.♗b1–a2+

4. Übung:

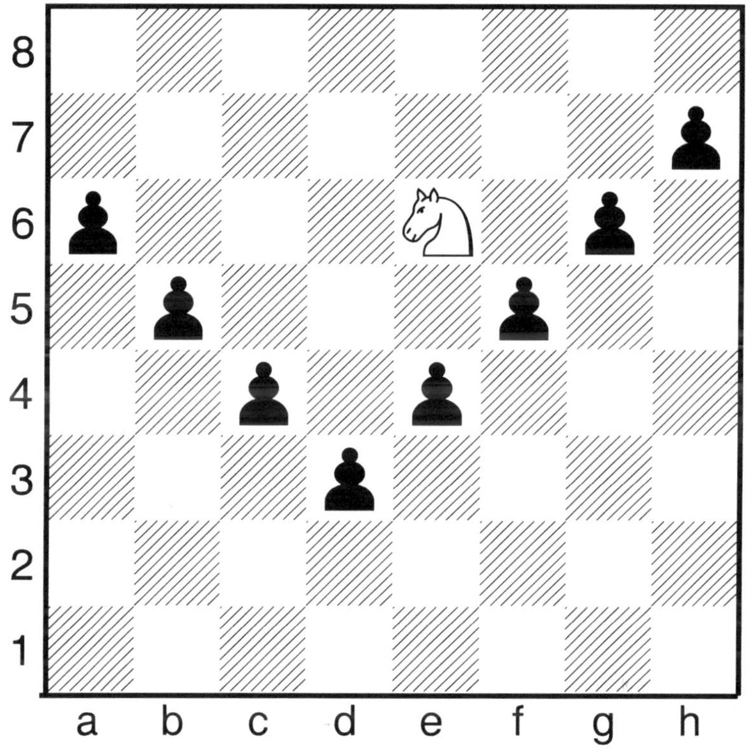

1.♘e6–f8

Langsamer ist ***1.♘e6–c7*** weil nach 1...-- 2.♘c7xa6 -- 3.♘a6–c7 -- 4.♘c7xb5 -- 5.♘b5–d6 -- 6.♘d6xc4 der Springer drei Züge braucht, bevor er wieder vom Feld f6 oder f8 angreifen kann.

1...-- 2.♘f8xh7 -- 3.♘h7–f8 - 4.♘f8xg6 -- 5.♘g6–e7 [5.♘g6–h4] **6.♘e7xf5 -- 7.♘f5–d6 -- 8.♘d6xe4 -- 9.♘e4–c5 -- 10.♘c5xa6 -- 11.♘a6–c7 -- 12.♘c7xb5 -- 13.♘b5–d6 -- 14.♘d6xc4 -- 15.♘c4–e5** [15.♘c4–b2] **-- 16.♘e5xd3**

5. Übung:

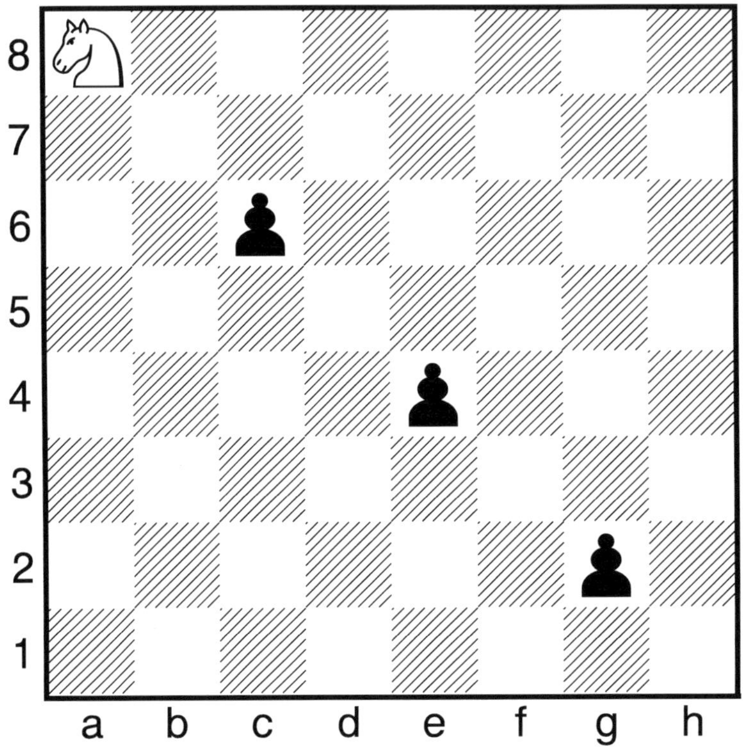

Es sieht so einfach aus, ist aber tatsächlich die schwerste Aufgabe für den Springer. Alle drei Bauern stehen auf Feldern, die der Springer nur mühsam erreichen kann:

1.♘a8–b6

Oder auch ***1.♘a8–c7*** -- 2.♘c7–a6 -- 3.♘a6–b4 -- 4.♘b4xc6 etc.

1...-- 2.♘b6–c8 -- 3.♘c8–e7 -- 4.♘e7xc6 --

5.♘c6–d4 -- 6.♘d4–e6 -- 7.♘e6–g5+ -- 8.♘g5xe4 --

9.♘e4–d6 -- 10.♘d6–f5 -- 11.♘f5–e3 -- 12.♘e3xg2

6. Übung:

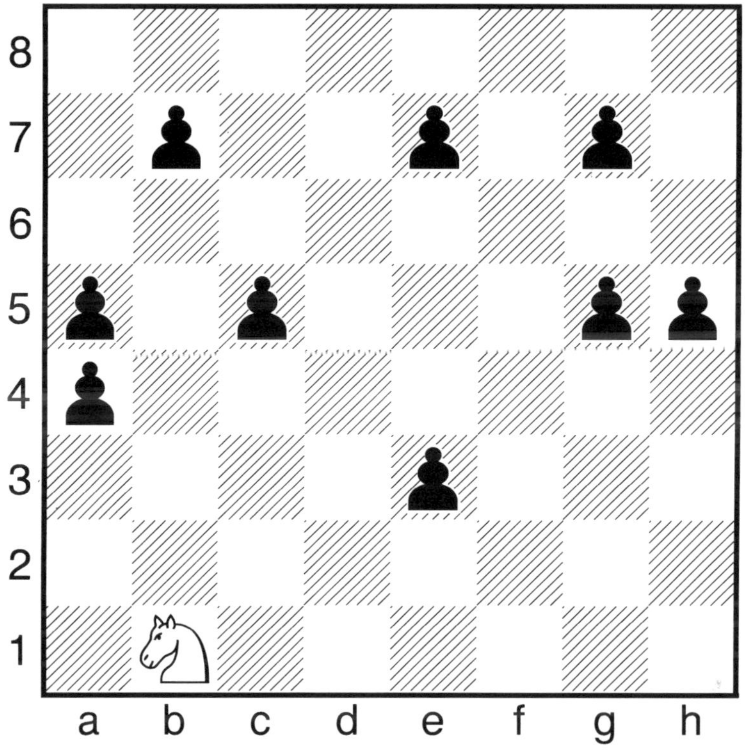

1.♘b1–c3 --

Der andere mögliche Beginn mit 1.♘b1–c3 ist ein wenig langsamer.

2.♘c3xa4 -- 3.♘a4xc5 -- 4.♘c5xb7 --

4.♘c5–e4? ist eine schlechte Idee und viel langsamer.

5.♘b7xa5 -- 6.♘a5–c6 -- 7.♘c6xe7 -- 8.♘e7–f5 -- 9.♘f5xg7 -- 10.♘g7–h5 -- 11.♘h5–g7 -- 12.♘g7–e6 -- 13.♘e6xg5 -- 14.♘g5–e6 -- 15.♘e6–d4 -- 16.♘d4–c2 -- 17.♘c2xe3

7. Übung:

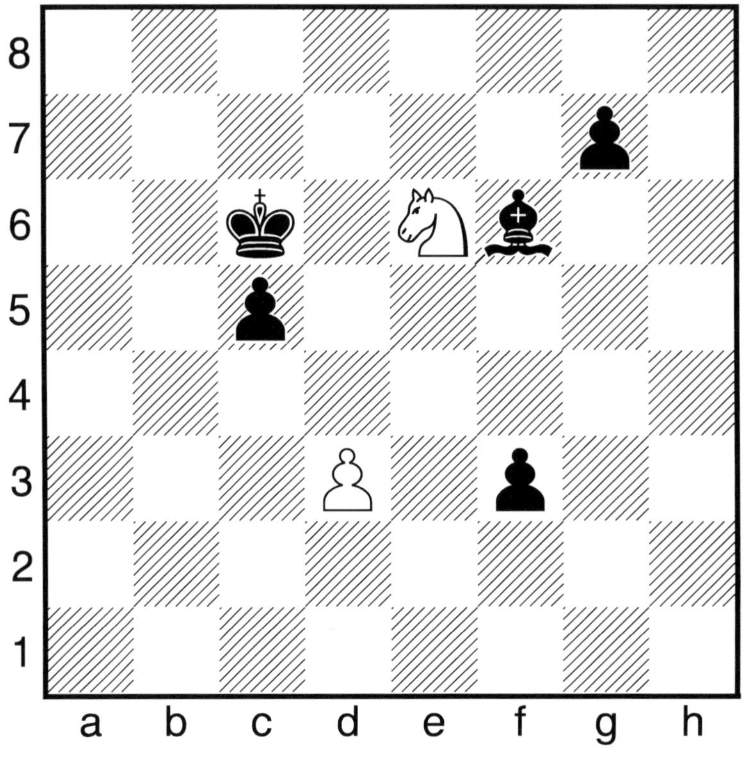

Der Springer muss in die falsche Richtung ziehen, denn sonst kommt er nicht am Läufer in seiner beherrschenden Stellung vorbei:.

1.♘e6–f4 -- 2.♘f4–h3

2.♘f4–h5 -- 3.♘h5–g3 -- 4.♘g3–f1 -- 5.♘f1–e3
(5.♘f1–d2 -- 6.♘d2–c4 -- 7.♘c4–a5+)

2...-- 3.♘h3–f2 -- 4.♘f2–g4 --

4.♘f2–d1 -- 5.♘d1–e3

5.♘g4–e3 -- 6.♘e3–c4 -- 7.♘c4–a5+

8. Übung:

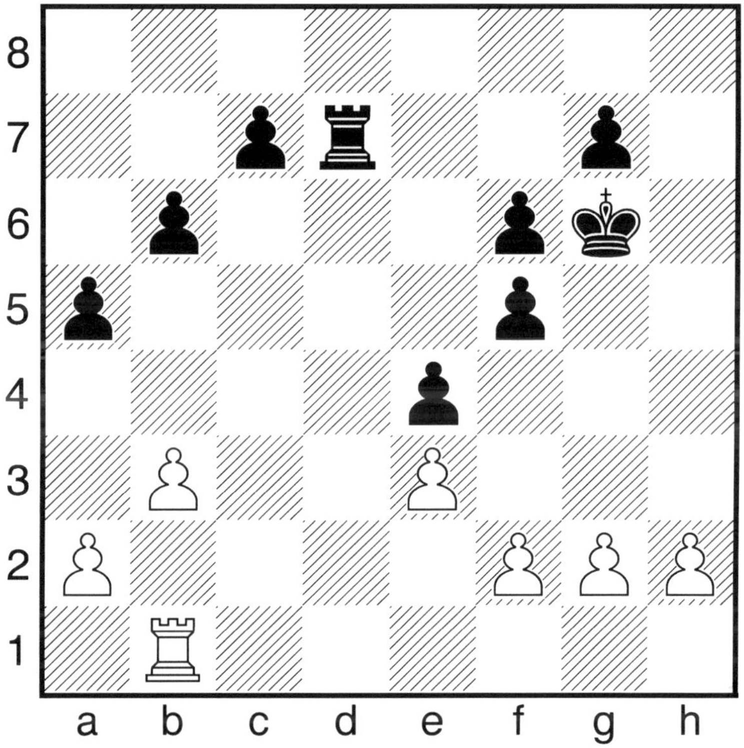

Im Vergleich zum Springer sind Turmzüge nicht wirklich "tricky". Aber dennoch ist hier die Lösung nicht leicht zu sehen. Der Turm muss einen langen Ausflug ins gegnerische Territorium machen, bevor er zu seinem Schachgebot kommt:

1.♖b1–c1 -- 2.♖c1–c6 -- 3.♖c6–e6 --
4.♖e6–e8 -- 5.♖e8–h8 -- 6.♖h8–h3 --
7.♖h3–g3+

9. Übung:

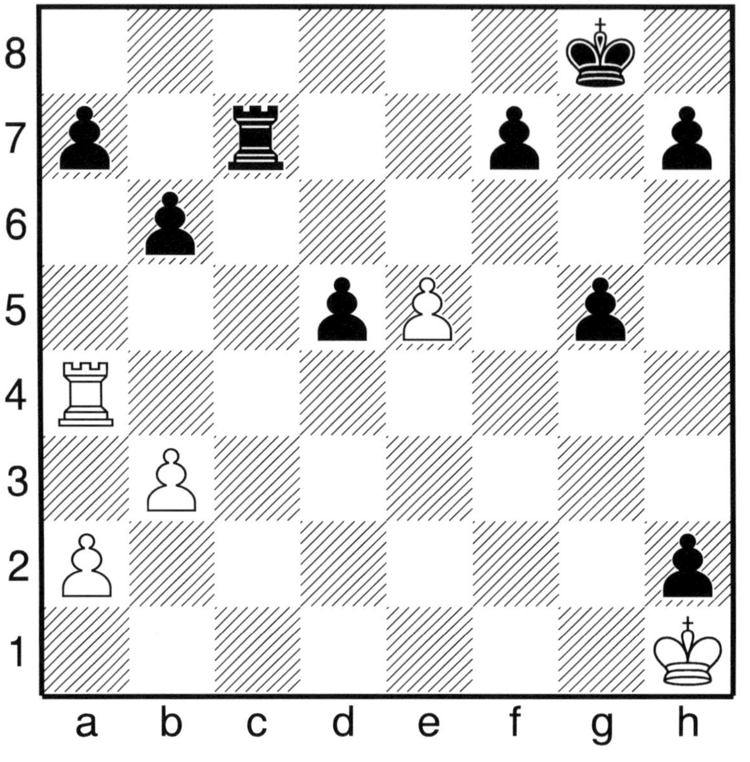

Auf der 4.Reihe ist keine Lücke, die der Turm nutzen könnte. Er muss auf die 2.Reihe zurückgehen, um dann über die 6.Reihe auf die Grundreihe zu kommen:

1.♖a4–d4

oder 1.♖a4–g4 -- 2.♖g4–g2/g3

1...-- 2.♖d4–d2

oder 2.♖d4–d3 -- 3.♖d3–h3 *(3.♖d3–f3 -- 4.♖f3–f6)*
3...-- 4.♖h3–h6 etc.

2...-- 3.♖d2–f2 -- 4.♖f2–f6 -- 5.♖f6–d6 -- 6.♖d6–d8+

10. Übung:

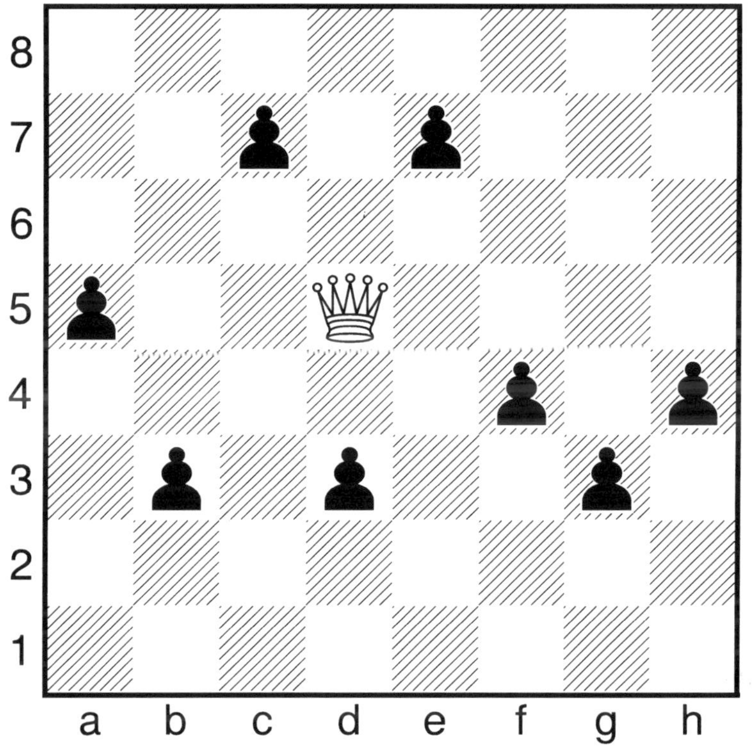

Schon im ersten Zug hat die Dame die Auswahl unter drei Bauern, die sie schlagen kann. Aber nur schlagen des Bauer auf a5 führt zur schnellsten Lösung. Einen der anderen Bauern zu schlagen wäre ungeschickt, weil danach die Dame früher oder später einen "leeren Zug" braucht, um wieder einen Bauern angreifen zu können.

1.♕d5xa5 -- 2.♕a5xc7 -- 3.♕c7xe7 --
4.♕e7xh4 -- 5.♕h4xf4 -- 6.♕f4xg3 --
7.♕g3xd3 -- 8.♕d3xb3

3. Kleine Spiele

Eine gute Methode mehr über die einzelnen Figuren zu lernen und wie man sie am besten einsetzt ist, kleine Spiele mit reduziertem Material zu machen. In unserem ersten kleinen Spiel sind sogar nur Bauern auf dem Brett. Später lassen wir verschiedene Offiziere gegeneinander antreten.

Für solche kleinen Spiele brauchst du einen Partner. Bau die folgenden Stellungen auf deinem Brett auf und spiel sie mit einem Freund oder Familienmitglied aus. Dabei wirst du herausfinden, welcher Weg gut ist und welcher nicht.

Gut ist, wenn du die Partie aufschreibst. Das macht es dir möglich, hinterher Fehler oder mögliche Verbesserungen zu erkennen und deine Lösung mit der im Buch zu vergleichen.

In manchen unserer kleinen Spiele gibt es einen besten oder sogar einzigen Weg zu Lösung. Manchmal kannst du sogar verlieren, wenn du nicht den richtigen Start findest. In anderen Spielen dagegen gibt es keine spezielle Lösung, sondern gleichwertige Wege fortzufahren. Manchmal hängt auch alles von den gegnerischen Zügen und Manövern ab. Sei also offen für alle Möglichkeiten.

Gewinnen oder Verlieren ist nicht wirklich wichtig in unseren kleinen Spielen. Zu lernen, wie man mit einer speziellen Situation umgeht und wie man Züge im Voraus berechnet, ist das Ziel dieser Übungen.

Schau dir nach jedem kleinen Spiel die Lösung an und diskutiere das Ergebnis mit deinem Partner.

Wenn man keinen Spielpartner hat hilft meistens der Computer. Aber nicht in allen Programmen kann man Stellungen z.B. ohne Könige eingeben. Hier kann ein Download helfen von

https://www.apronus.com/chess/pgnviewer

Generell: Viele Schachfreunde stellen ihre Computerprogramme auf sehr niedrige Stufen ein. Das ist keine gute Idee, denn auf diesen Ebenen spielen die Programme absichtlich schlecht und fehlerhaft, sozusagen "KU" (Künstliche Unintelligenz). Wenn du unbedingt ein Programm abschwächen willst, wähle zumindest ein Minimum von 1600 bis 1800, je nach der Qualität des Programms.

Kleines Spiel 1

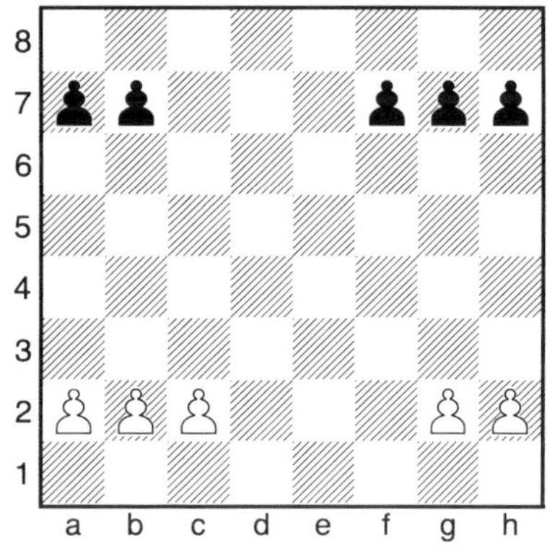

Beide Seiten haben zwar insgesamt die gleiche Anzahl von Bauern auf dem Brett, aber drei gegen zwei auf je einer Seite. Das nennt man eine **"Majorität"**. Wenn du die Majorität hast, kannst du versuchen, mit einem Bauern durchzubrechen und zur Umwandlung zu kommen. Aber du musst das richtig machen, sonst kann der Gegner das Gleiche versuchen – und schneller sein! Wer zuerst einen Bauern umwandelt hat gewonnen!

Kleines Spiel 2

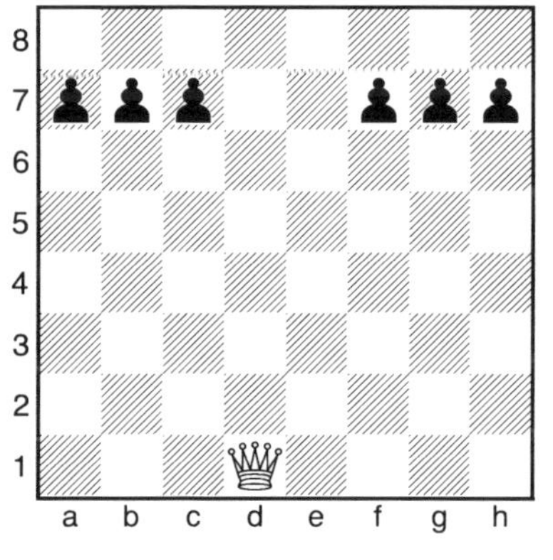

Die Dame soll alle Bauern so schnell wie möglich schlagen. Aber nun ist es etwas schwerer als in Übung 10, denn die Bauern können ihr davonlaufen!

Kleines Spiel 3

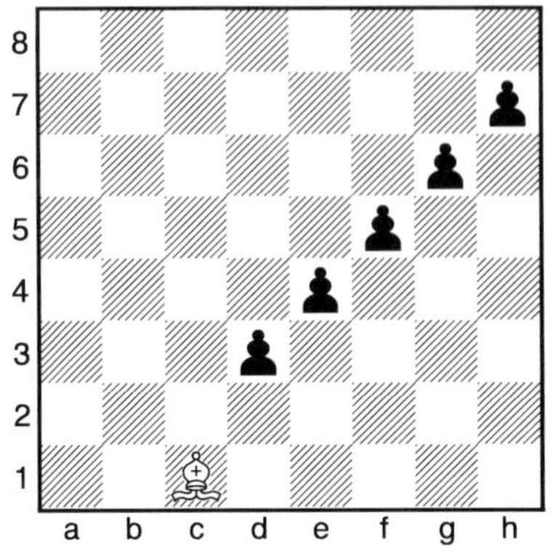

Kann der Läufer die Bauern stoppen? Sie müssen ja etliche schwarze Felder überwinden; geht das oder etwa nicht?

Rate mal: Wer wird gewinnen, der Läufer oder die Bauern?

Kleines Spiel 4

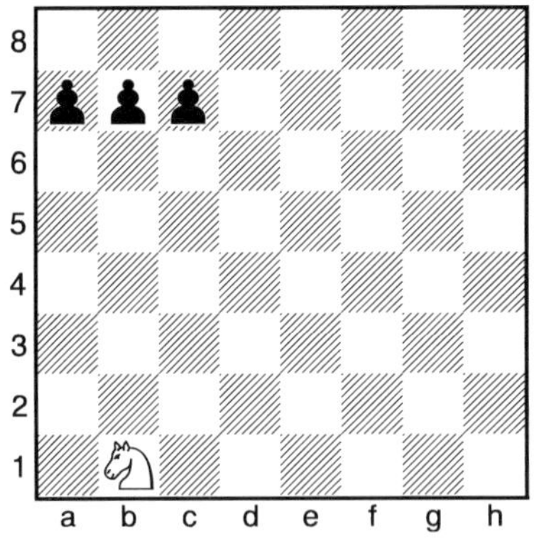

Drei Bauern haben den gleichen Wert wie der Springer. Doch bedeutet das auch, dass diese Stellung Remis endet? Versuche einen Bauern zur Umwandlung zu bringen.

Wer glaubst du, wird gewinnen? Die Bauern oder der Springer?

Kleines Spiel 5

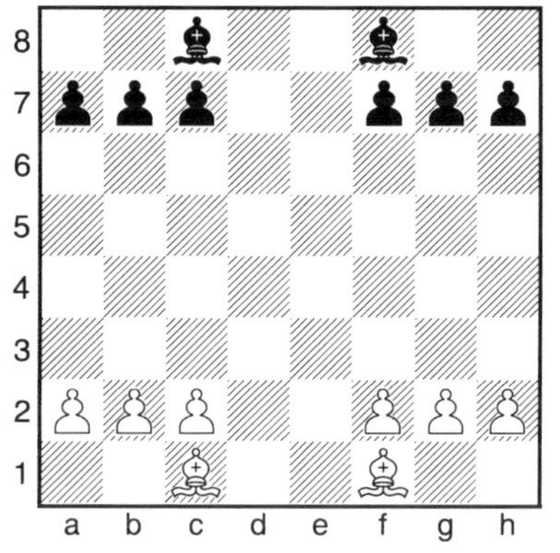

Nun spielen wir auf beiden Flügeln. Gewinner ist, wer entweder zuerst alle gegnerischen Bauern geschlagen hat oder einen eigenen Bauern zur Umwandlung bringt.

Kleines Spiel 6

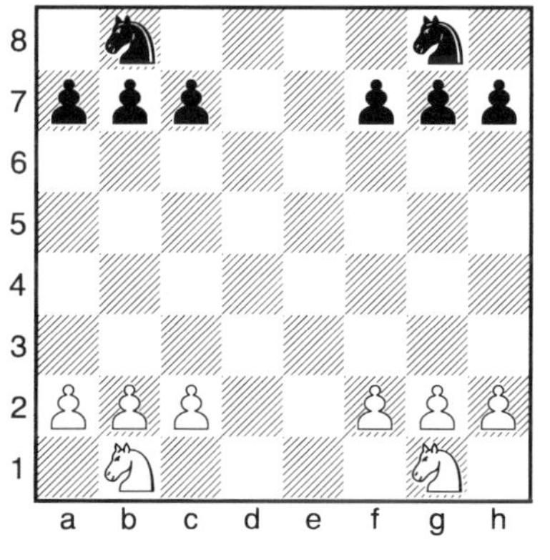

Anstelle von zwei Läufern spielen beide Seiten nun mit zwei Springern, was das Ganze noch etwas komplizierter macht. Gewinner ist, wer entweder zuerst alle gegnerischen Bauern geschlagen hat oder einen eigenen Bauern zur Umwandlung bringt.

Kleines Spiel 7

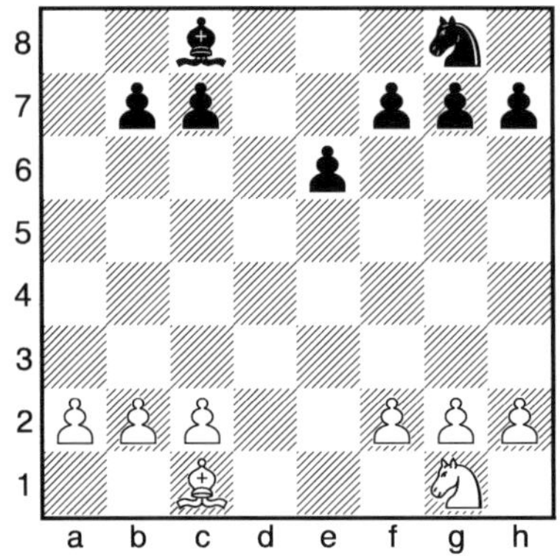

Mit einem Läufer und einem Springer auf beiden Seiten sowie einer ungleichen Bauernverteilung wird es wieder ein bisschen komplizierter. Nun giilt es, mehr Möglichkeiten vorauszuberechnen.

Kleines Spiel 8

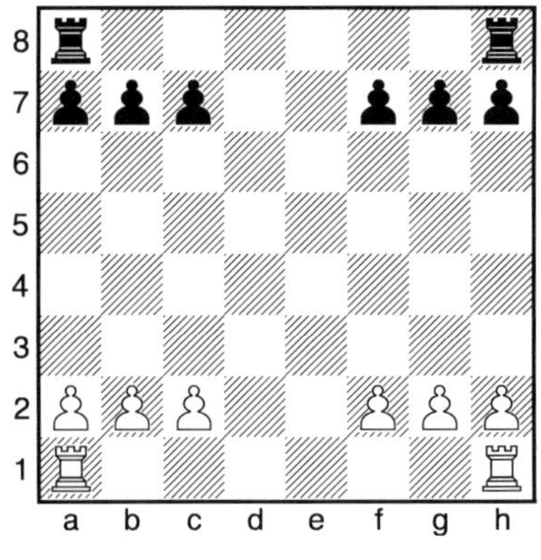

Endlich kommen auch die Schwerfiguren zum Einsatz. Ihr Ziel ist, alle gegnerischen Bauern zu eliminieren oder einen eigenen Bauern zur Umwandlung zu bringen. Dazu ist einiges an Planung erforderlich.

Kleines Spiel 9

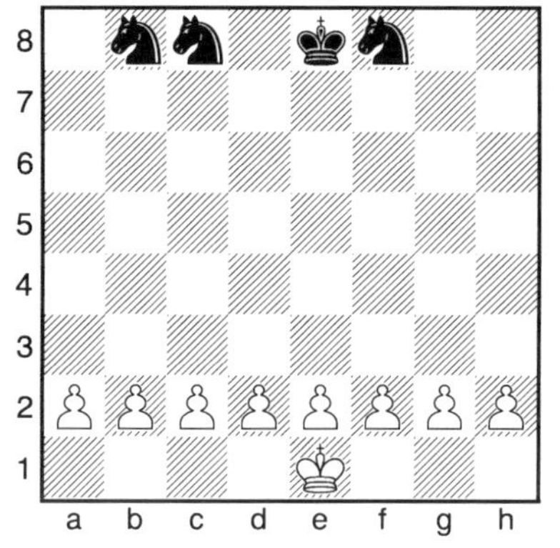

Nun wird der Kampf erst richtig spannend! Beide Könige greifen in die Schlacht ein. Der schwarze König muss mit seinen drei Springern die Bauern unterwerfen. Kann einer von ihnen umwandeln, hat die Bauernpartei gewonnen. Mit Bezug auf Aufstände in vergangenen Jahrhunderten heißt dieses Spiel **"Bauern Revolte"**.

In der Originalform wurde es mit vier Springern gespielt, aber um die Chancen der armen Bauern zu verbessern, habe ich einen Springer weggenommen. Es ist denoch nicht leicht zu gewinnen. Wenn du es noch etwas schwerer magst, nimm einen weiteren Springer vom Brett.

Lösungen der kleinen Spiele

Kleines Spiel 1

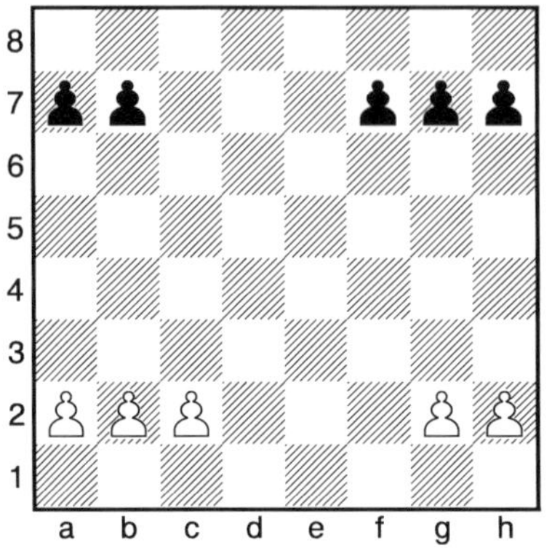

Manche Leser werden vielleicht meinen, es würde keine große Rolle spielen, wer zuerst zieht. Aber tatsächlich bist du ohne den richtigen ersten Zug schon bald in Schwierigkeiten. Wenn du "vorsichtige" Züge wähltst wie etwa a2-a3, c2-c3 oder h2-h3, lässt du zu, dass dein Gegner Raum gewinnt und bald zu einem erfolgreichen Bauerndurchbruch kommt. In Bauernendspielen gibt es eine wichtige Regel für die Bauernmehrheit. Sie heißt **"Kandidat voran"**.

Wenn wir eine Bauern-Majorität haben (Weiß: a2, b2, c2; Schwarz: f7, g7, h7) ziehen wir zuerst den Bauern, der keinen direkten Gegenspieler hat (Weiß: c2; Schwarz: f7). Er ist der K**andidat**. Z.B. 1.b2-b4 zu ziehen wäre ein Fehler. Nach 1...b7-b5 wären die Bauern a2 und c2 **"rückständig"**. So nennen wir einen Bauern, der keine Unterstützung zum Vorrücken von neben ihm stehenden Bauern hat. In unserem Beispiel kann der c-Bauer nicht mehr nach c4 vorziehen, ohne geschlagen zu werden. Das bedeutet, dass ein Durchbruch nun den Bauern kostet.

Für Weiß ist **1.c2-c4** der richtige Zug; für Schwarz wäre es **1...f7-f5**.

1...a7–a5

1...b7–b6 2.b2–b4 -- 3.c4–c5

2.b2–b3

Schwächer ist 2.a2–a3 a5–a4 3.c4–c5 und Zugzwang!

2...b7–b6 3.a2–a3 -- 4.b3–b4 a5xb4 5.a3xb4

Kleines Spiel 2

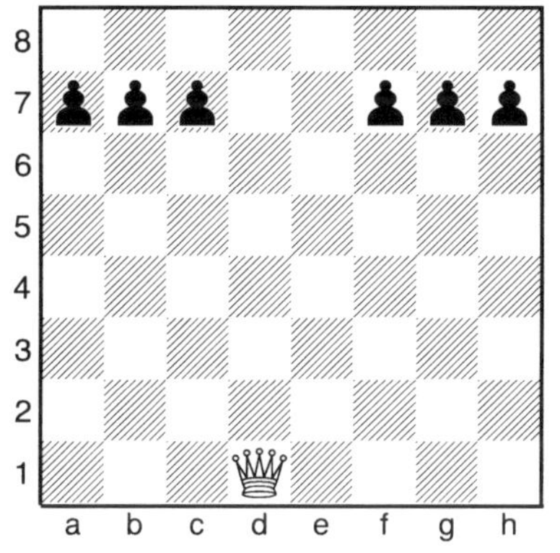

Du hast die Auswahl zwischen einer Menge von Zügen. Aber nicht alle sind gleich gut. Wenn du nur einen Bauern angreifst, z.B. mit Dd1-c1, kann der entweder ziehen oder gedeckt werden (hier sogar beides mit 1…c7-c6) und dein Zug bringt dir garnichts. Hier ein guter Rat:

Wenn du zwei Bauern zugleich angreifst, gewinnst du einen von ihnen auf jeden Fall, z.B. Dd1-f3 mit Angriff auf b7 und f7. Andere Felder sind c2; h5; b3 … Schau selbst und finde mehr Felder für den Doppelangriff!

Mach in den folgenden Zügen nicht Jagd auf einzelne Bauern. Greif stets so an, dass du im nächsten Zug einen Bauern schlagen kannst.

Hier ein Beispiel für eine Lösung:

1.♕d1–f3 b7–b5 2.♕f3xf7 c7–c5

Falls 2...b5–b4 3.♕f7xc7

3.♕f7xa7 c5–c4 4.♕a7xg7 b5–b4
5.♕g7xh7+ ♔h2–g3 6.–– c4–c3 7.♕h7–c2

Oder 6...b4–b3 7.♕h7–g7

Und die verbliebenen Bauern werden schnell geschlagen.

Kleines Spiel 3

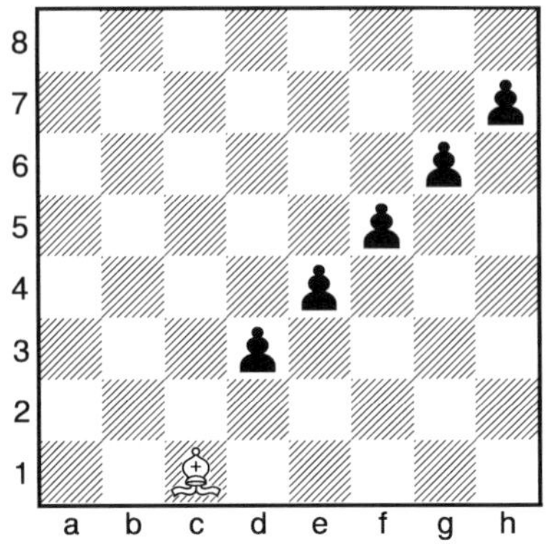

In dieser Stellung können sich die Bauern gegen den Läufer durchsetzen!

1.♗d2–h6 oder jeder andere Zug auf der Diagonalen **1..g6–g5**

2.♗h6xg5 h7–h5 3.♗g5–e3

Oder 3.♗g5–f4 h5–h4 4.♗f4–g5 h4–h3 5.♗g5–f4 etc.

3...h5–h4 4.♗e3–g5 h4–h3 5.♗g5–f4 *(D)*

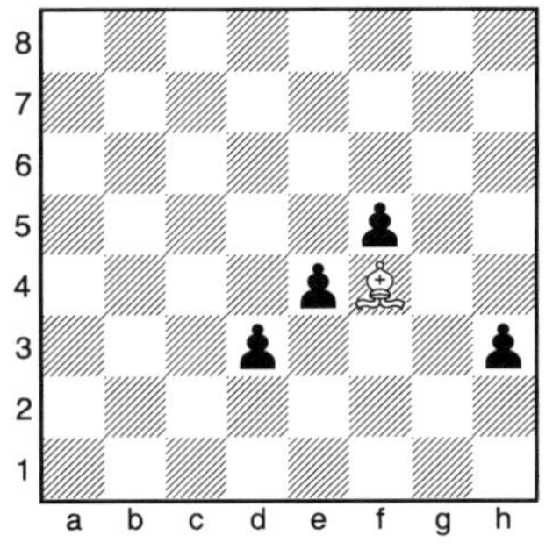

Was du hier siehst wird **"Überlastung"** genannt. Der Läufer muss die Felder d2 und h2 kontrollieren, um die Bauern zu stoppen. Das aber ist unmöglich.

5...e4–e3

oder 5...h3–h2 6.♗f4xh2 e4–e3 7.♗h2–g3 d3–d2 etc.

6.♗f4xe3 h3–h2 7. -- h2–h1♕

Ohne den Bauern auf h7 würde das Überlastungsmotiv nicht funktionieren, probier es aus!

Kleines Spiel 4

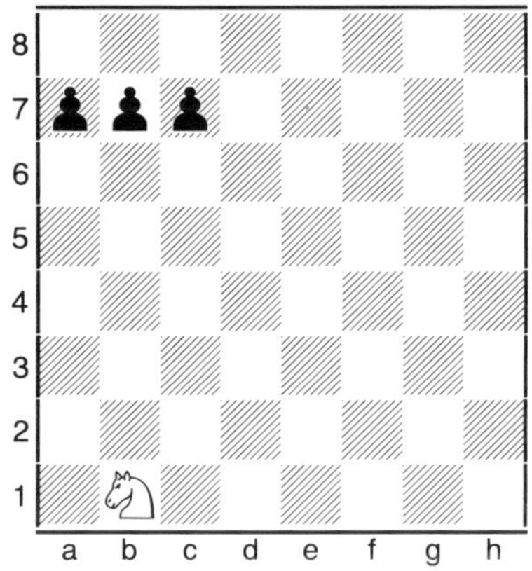

In den meisten Fällen kann der Springer zwei Bauern stoppen, sofern sie nicht zu weit auseinanderstehen oder schon zu weit vorgedrungen sind. Drei Bauern aber sind zuviel für ihn. Ein möglicher Gewinnweg für die Bauernpartei ist wieder das Motiv Überlastung, das wir in vorigem Spiel gesehen haben.

1.♘b1–c3

Du magst denken 1.♘b1–a3 sei das Gleiche. Aber der Springer hat weniger Felder zur Verfügung, wenn er am Rand steht. Wenn möglich bring deinen Springer stets in die Mitte des Brettes, um die Zahl deiner möglichen Züge zu erhöhen.

1...c7–c5 2.♘c3–a4

Nach 2.♘c3–b5 c5–c4 3.♘b5xa7? ist der c–pawn außer Reichweite:
3...c4–c3 4.♘a7–b5 c3–c2 5.♘b5–a3 c2–c1♕

2...c5–c4 3.♘a4–c3 a7–a5

Nicht besser 3...a7–a6 4.♘c3–d5 b7–b5 5.♘d5–c3 b5–b4 6.♘c3–a4 c4–c3 7.♘a4–c5 c3–c2 8.♘c5–b3 6–a5 9.♘b3–c1 a5–a4 10.♘c1-d3 b4–b3 und ein Bauer wird umgewandelt.

4.♘c3–b5 a5–a4 5.♘b5–a3 c4–c3
6.♘a3–c2 b7–b5 7.♘c2–b4 *(s. D nächste Seite)*

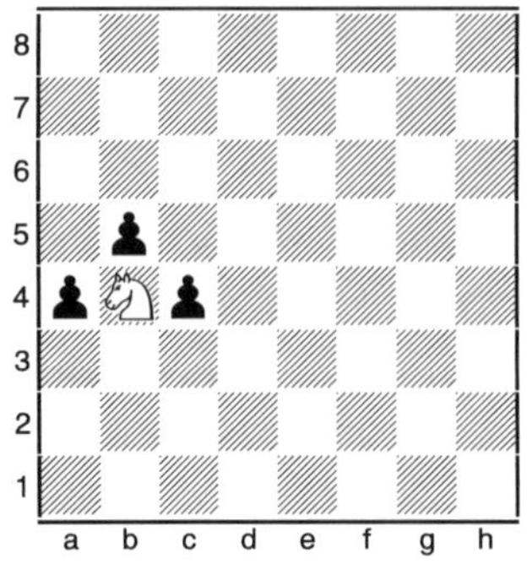

7. a4–a3 8.♘b4–c2

Zugzwang. Wenn der Springer einen Zug lang aussetzen könnte, würde er alle Bauern stoppen. Aber nun ist er in einer hoffnungslosen Situation.

Nicht besser 8.♘b4–a2 c3–c2 9.♘a2–c1 b5–b4 10.♘c1–a2 b4–b3

8...a3–a2 9.♘c2–a1 b5–b4

10.♘a1–c2 b4–b3 und gewinnt

Little game 5

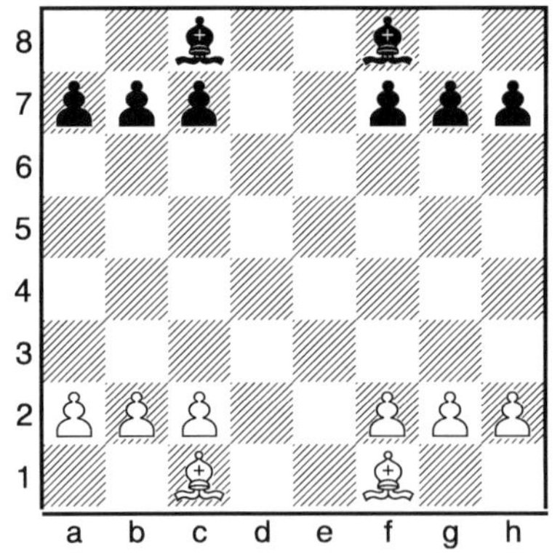

Hier kann ich dir nicht raten. Greife zu Beginn einen Bauern an, das kann nicht verkehrt sein. Pass aber auf Fallen auf, z.B.:

1.♗f1-d3 –– 2.♗d3xh7 g7–g6 3.♗h7–g8 ♗c8–e6

Und der Läufer ist gefangen. In einer richtigen Partie würde er wohl bald vom König oder Turm geschlagen werden.

symetrisch

Kleines Spiel 6

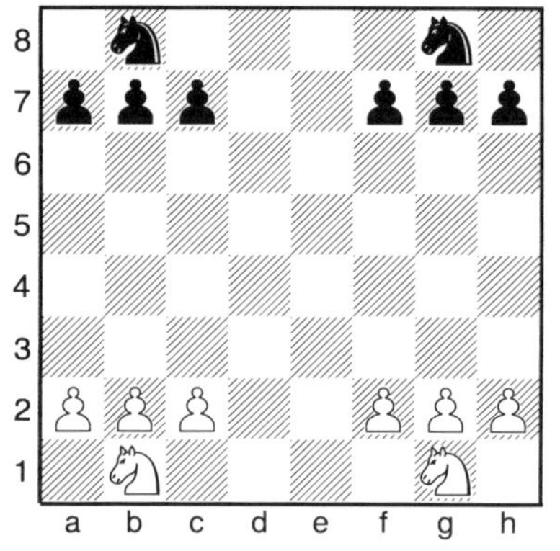

Für die Springer gilt das gleiche wie für die Läufer. Der einzig mögliche Rat ist, so schnell wie möglich etwas anzugreifen..Verschwende keine Zeit mit abwarten oder planlosen Zügen. Eine ähnliche Falle wie im Spiel mit den Läufern ist möglich, z.B.:

1.♘g1-f3 -- 2.♘f3-g5 f7-f6 3.♘g5xh7

und der Springer kann nicht zurück, aber mag hier über c8 entkomen (es hängt von der Stellung der schwarzen Spirnger ab). In einer richtigen Partie würde er wohl verloren gehen.

Little game 7

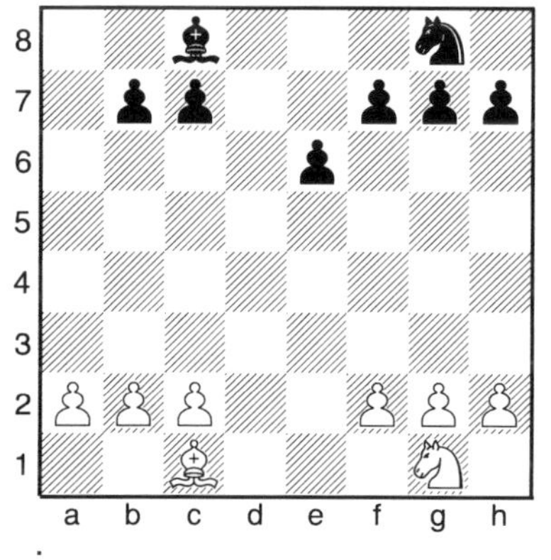

Das zuvor gesagte trifft auch auf diese Stellung zu. Das "gemischte Doppel" Springer und Läufer sowie die asymmetrische Bauernstruktur machen die Stellung viel komplizierter als ihre Vorgänger.

Kleines Spiel 8

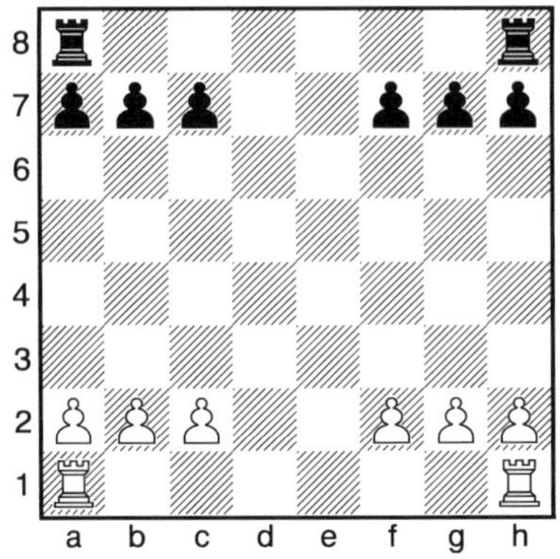

Wichtig ist aktiv zu spielen. Besetze die offenen Linien (d– und e–Linie) und versuche, mit einem Turm in die gegnerische Stellung einzudringen. Das wäre ein großer Fortschritt auf dem Weg zu einem möglichen Gewinn.

1.♖a1-d1

1.♖h1-e1 ist das gleiche. Bring auf jeden Fall einen Turm in die Mitte und besetze eine offene Linie!

1...♖a8–d8 2.♖h1-e1

2.♖d1xd8 ♖h8xd8 3.♖h1-e1 ♖d8–d2 ist vorteilhaft für Schwarz. Mit Bauernzügen kannst du die Stellung komplizieren, z.B. 2.c2–c4.

2...♖d8xd1

Keine gute Idee ist 2...♖h8–e8? 3.♖d1xd8 ♖e8xe1 *(3...♖e8xd8? 4.♖e1-e7)* 4.♖d8–d7

3.♖e1xd1 ♖h8–e8 4.♖d1-d7

Die 7.(2.) Reihe ist der ideale Platz für Schwerfiguren, um Material zu gewinnen. Wir werden mehr dazu in Band 2 im Kapitel zur Strategie sehen. Das schwächere 4.♖d1-d2 verwehrt Schwarz die 2.Reihe und durch Bauernzüge kann das Spiel komplizierter werden.

4...♖e8–e2 5.♖d7xc7 ♖e2xf2 6.♖c7xb7 ♖f2xg2
7.♖b7xa7 ♖g2xh2 8.♖a7xf7 ♖h2xc2
9.♖f7xg7 ♖c2xb2 10.♖g7xh7+ und Weiß ist der Gewinner!

Kleines Spiel 9

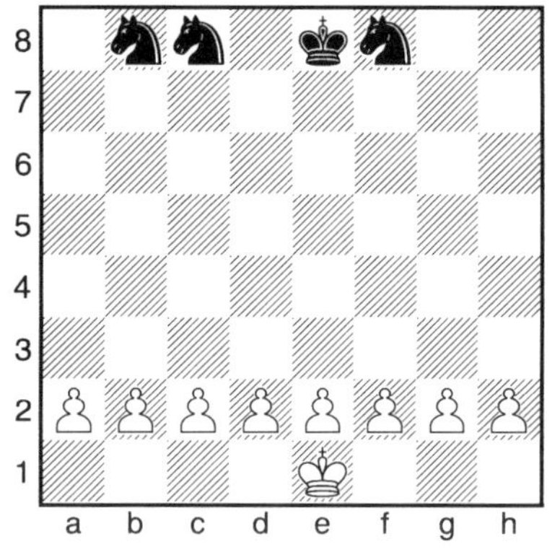

Die Bauern können nur hoffen zu gewinnen, wenn sie beieinander bleiben und sich gegenseitig verteidigen. Und sie brauchen Unterstützung von ihrem König! Falls du versuchst, mit einigen wenigen Bauern durchzubrechen, wirst du schnell verlieren.

Halte deine Bauern zusammen und geh langsam voran, eng unterstützt vom König. Versuche, die Springer nicht in deine Stellung eindringen zu lassen. Und erinnere dich, was wir in "Der trickreiche Springer" gesehen haben. Wenn die Bauern dem Springer nahe genug kommen, können sie "blinde Flecke" von ihm nutzen.

Mehr kleine Spiele

Du kannst dir leicht eigene kleine Spiele ausdenken mit einer Menge verschiedener Material-Kombinationen von Bauern und Figuren.

Turm gegen Springer und Läufer plus Bauern auf beiden Seiten, Dame gegen mehrere Leichtfiguren z.B. sind interessante Ausgangspositione. Laß deiner Vorstellungskraft freien Lauf!

4. Schachmatt & Materialgewinn

Um eine Partie gewinnen (oder zumindest nicht verlieren) zu können, musst du zahlreiche elementare taktische Positionen kennen.

Manche davon führen zu Matt, andere aber - und das ist die Mehrzahl - zu Materialgewinn. Solche Positionen werden **"Pattern"** genannt. Das ist ein Begriff aus der Psychologie, man könnte auch Muster sagen. Ein guter Spieler kann solche Pattern etliche Züge im Voraus erkennen oder sein Spiel darauf ausrichten, die Ausgangsposition für diese anzustreben. Ein Einsteiger ins Turnierschach muss diese Pattern lernen. Zunächst einfache in nur ein bis zwei Zügen, später längere und kompliziertere.

Wir beginnen mit Matt in einem Zug. Dann folgt Materialgewinn in einem Zug. Denk nicht, dass sei zu einfach. In der Praxis werden viele Partien auf unterer Ebene durch solche simplen Überseher entschieden, ganz besonders in Internet-Blitzpartien.

Wenn du anstrebst stärker zu werden, ist es ein gutes Training, alle Aufgaben einer Serie (hier 32 Stück) in "einem Rutsch" zu lösen. Das stärkt deine Konzentration und ist somit ein gutes Training für eine richtige Partie.

Aber wenn du nicht so ambitioniert bist, löse einfach so viele Aufgaben wie du magst. Die Hauptsache ist, es macht Spaß.

Finde das Matt!

Kennst du die elementaren Schachmatt Stellungen? In jedem der folgenden 32 Diagramme ist ein Matt in einem Zug möglich. Finde alle und vergleiche sie mit den Lösungen. Manchmal gibt es zwei oder sogar drei mögliche Lösungen. Finde sie alle!

Mancher schon weiter fortgeschrittene Schachfreund findet diese Aufgaben vielleicht zu leicht. Mein Vorschlag: Setz dir ein Zeitlimit für die Lösung aller Aufgaben.

Wie wäre es mit 5 Minuten? Bist du so gut? Wir werden es sehen!

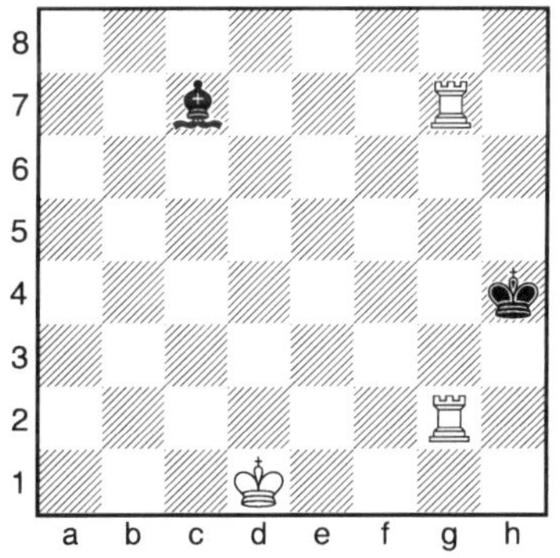

1 ....

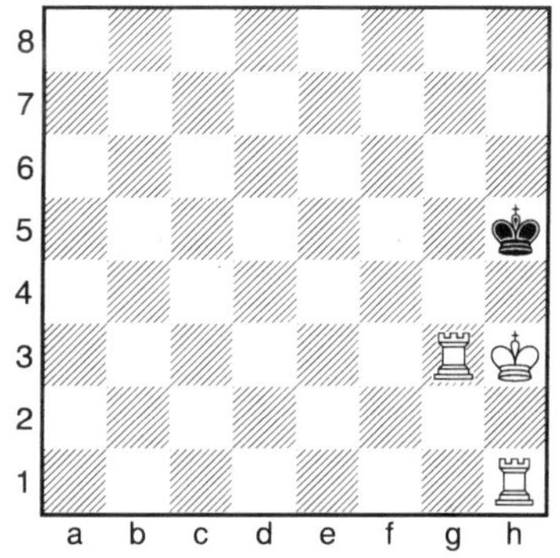

2 ....

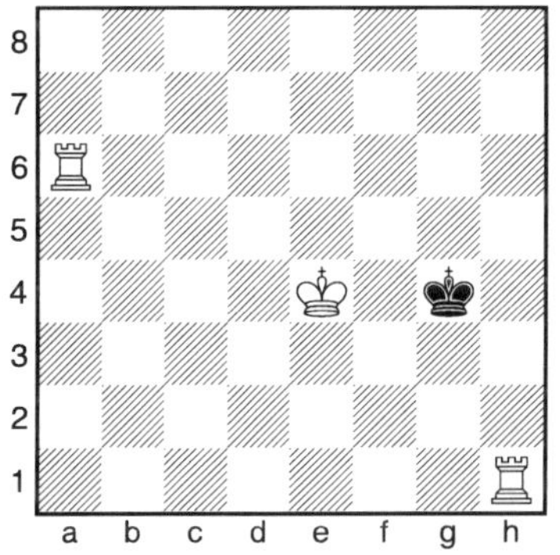

3 ....

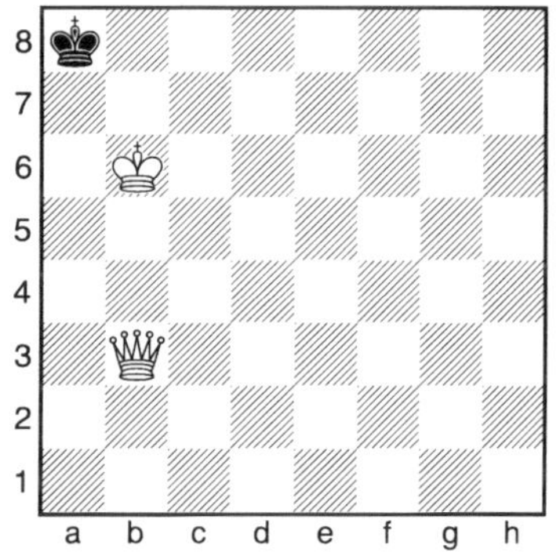

4 ....

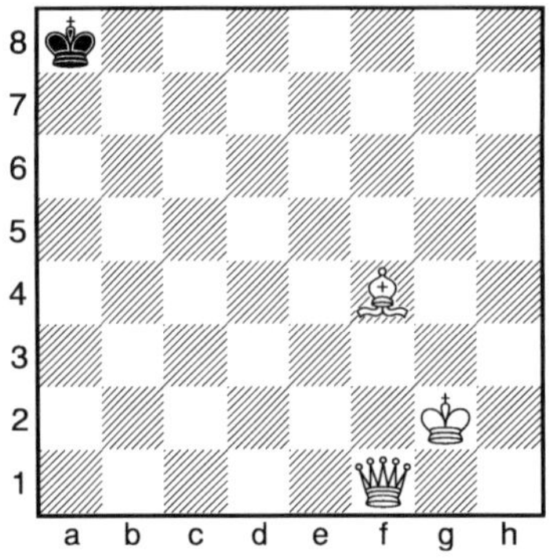

5 ....

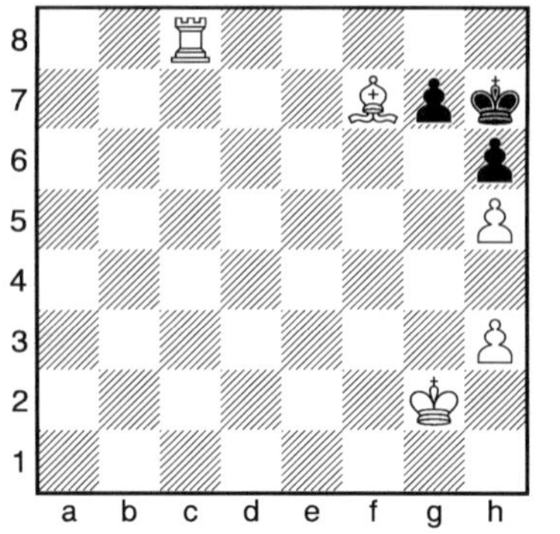

6 ....

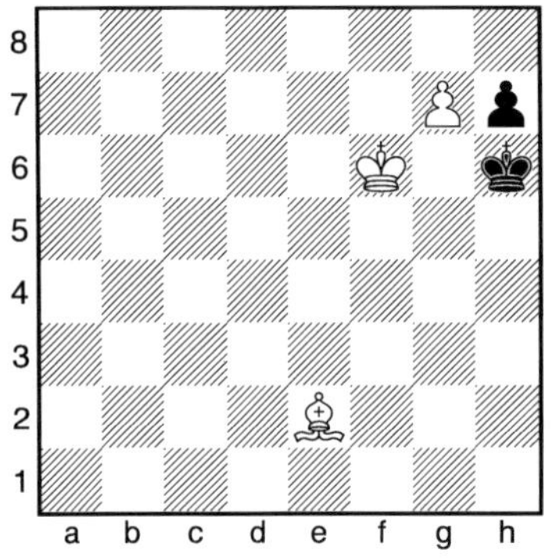

7 ....

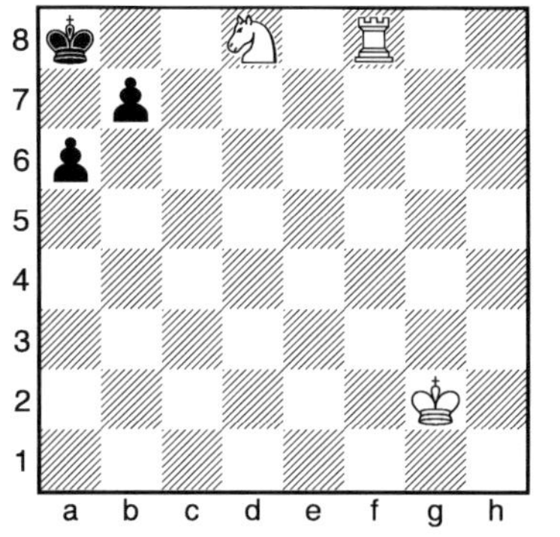

8 ....

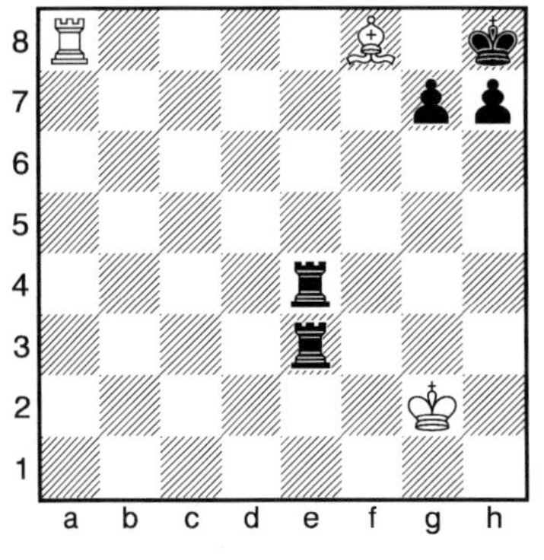

9 ....

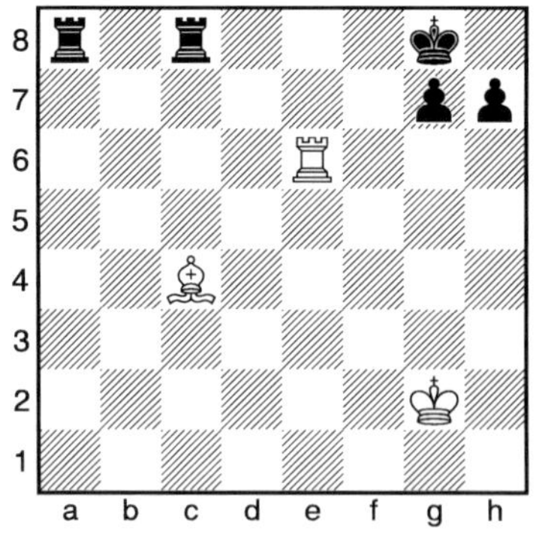

10 ....

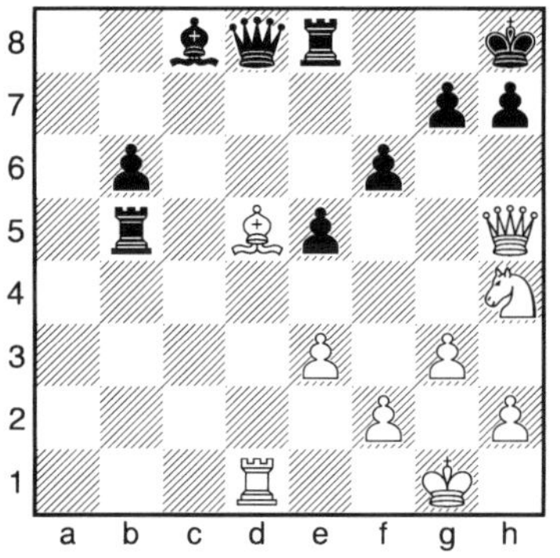

11 ....

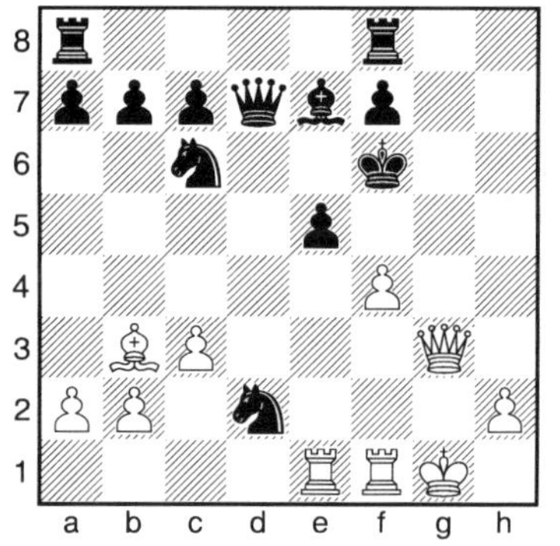

12 ....

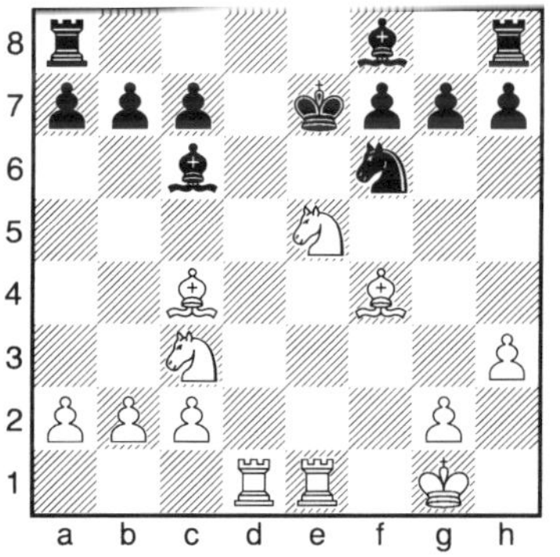

13 ....

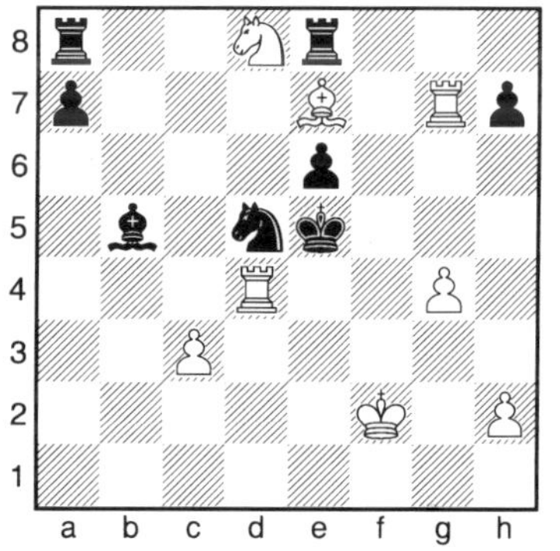

14 ....

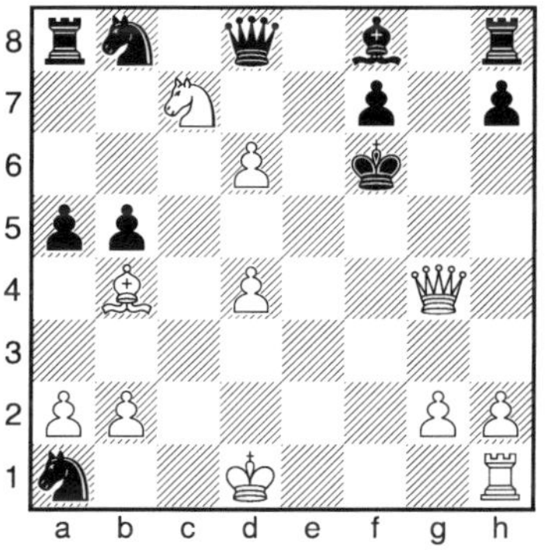

15 ....

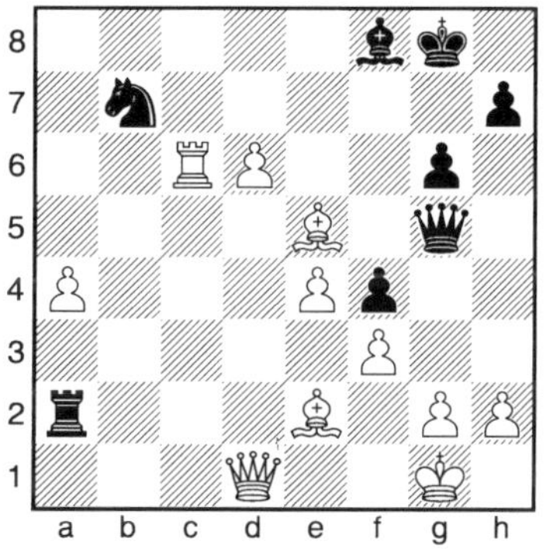

16 ....

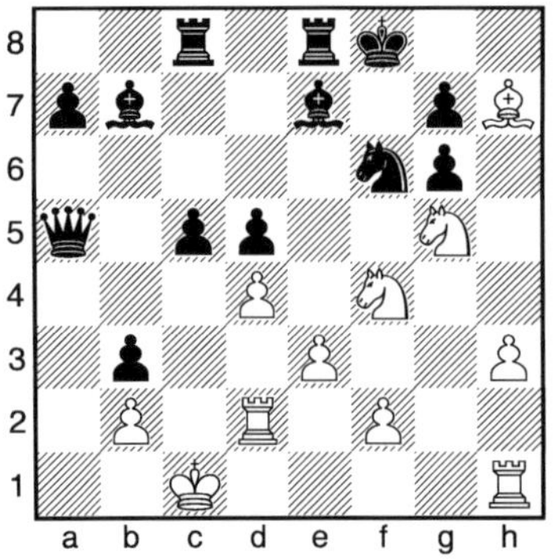

17 ○ / ●................

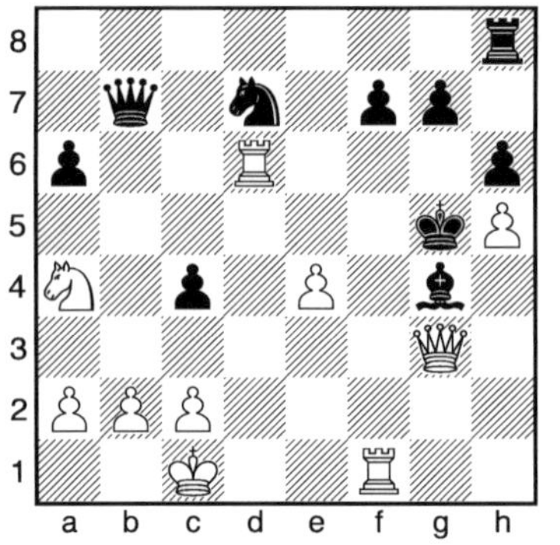

18 ....

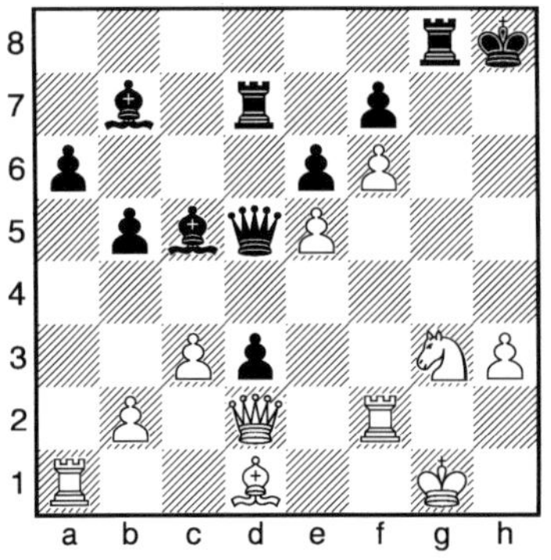

19 ....

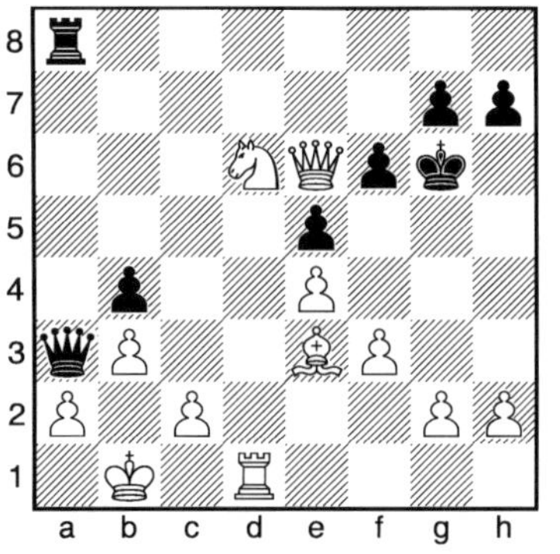

20 ....

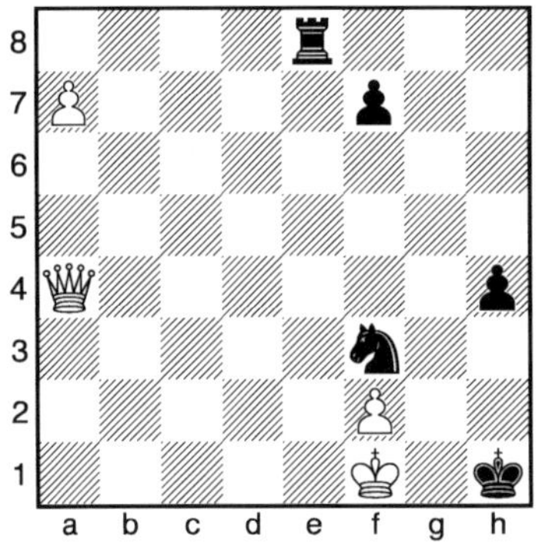

21 ● ....

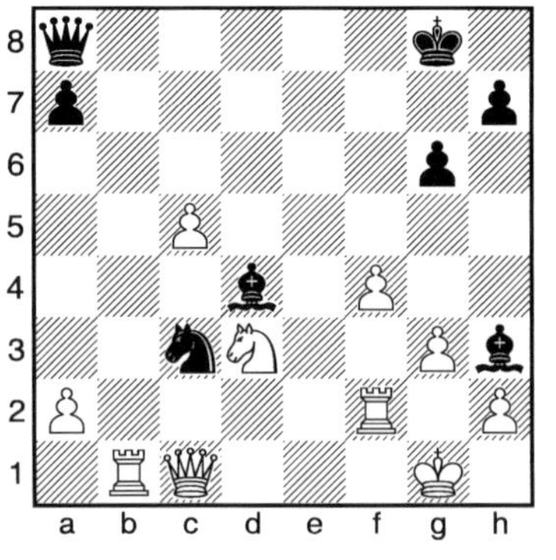

22 ● ....

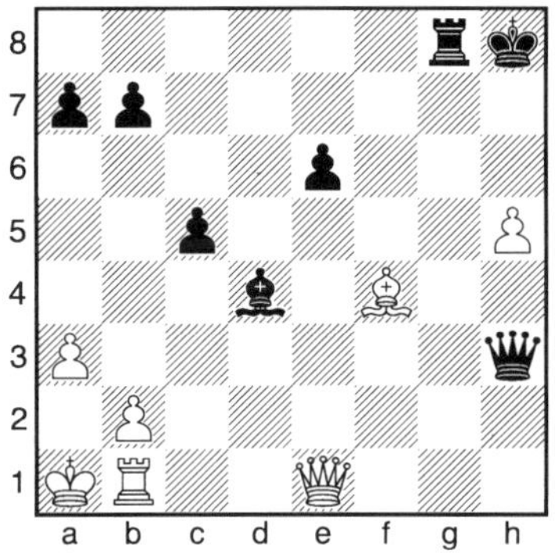

23 ● ....

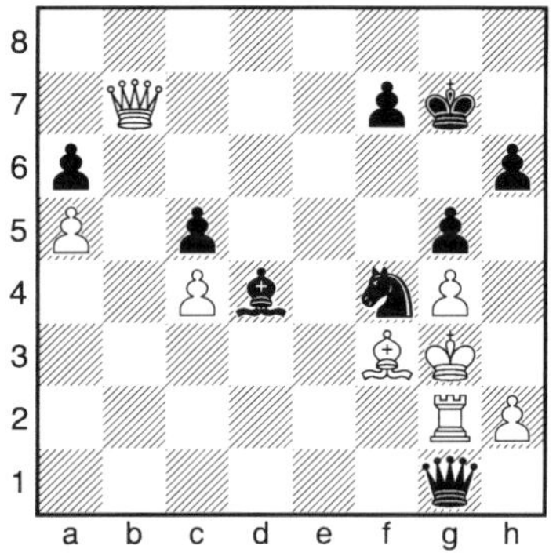

24 ● ....

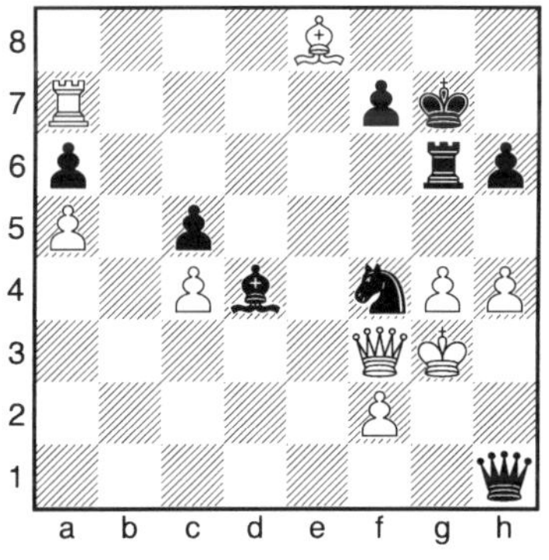

25 ● ....

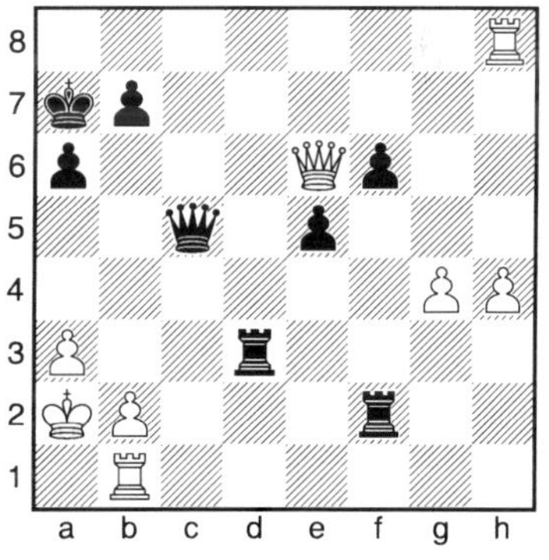

26 ● ....

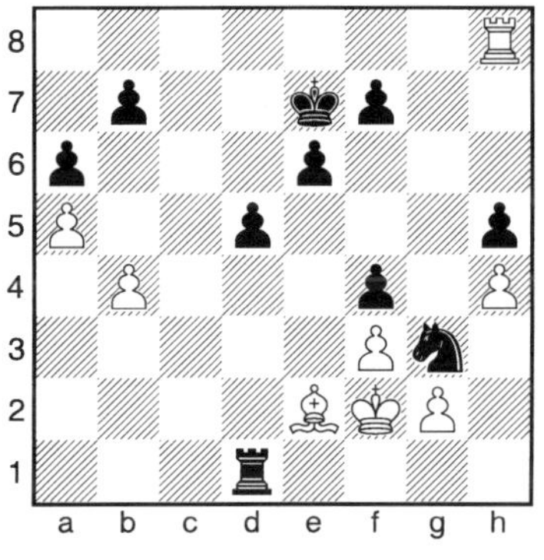

27 ● ....

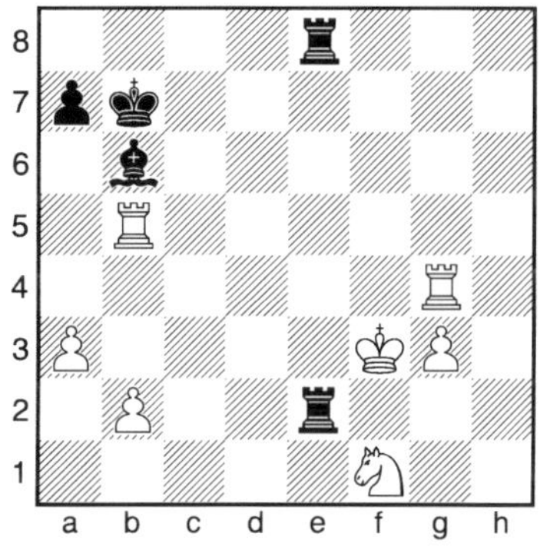

28 ● ....

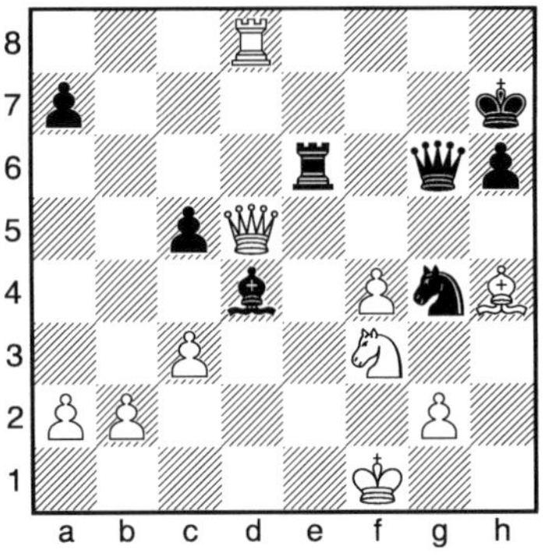

29 ● ....

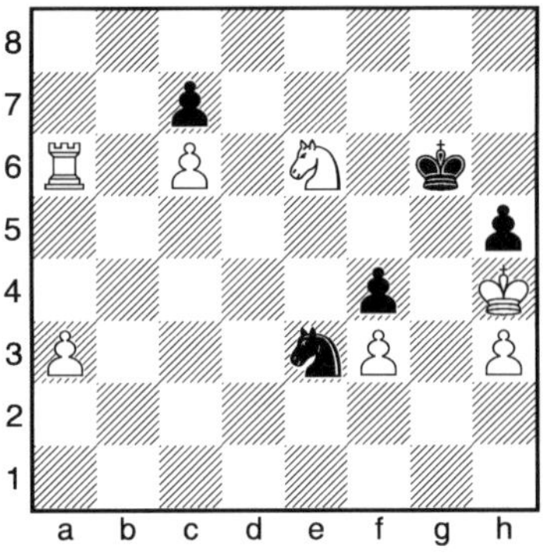

30 ● ....

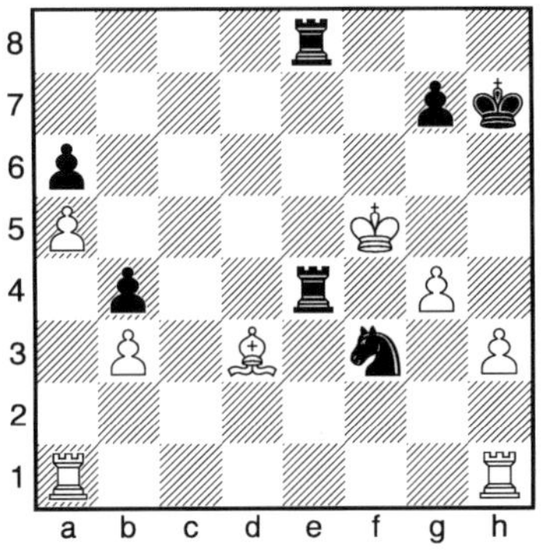

31 ● ....

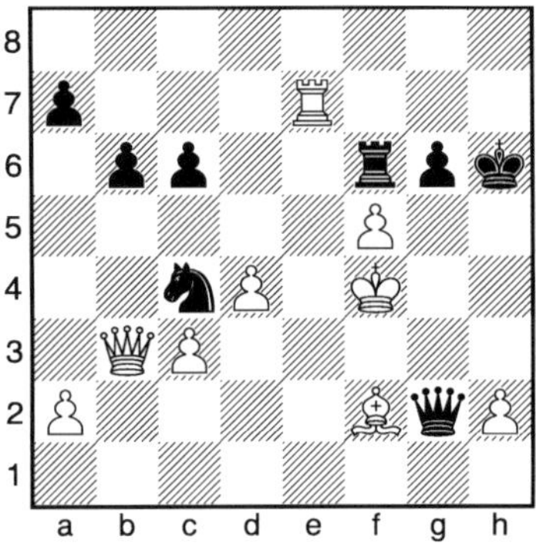

32 ● ....

Na, alle Matts gefunden?

Mal sehen was die Lösungen dazu sagen.

Lösungen

Für die Matts in einem Zug

Hast du alle Matts gefunden?

Schau dir die Lösungen an und vergleiche!

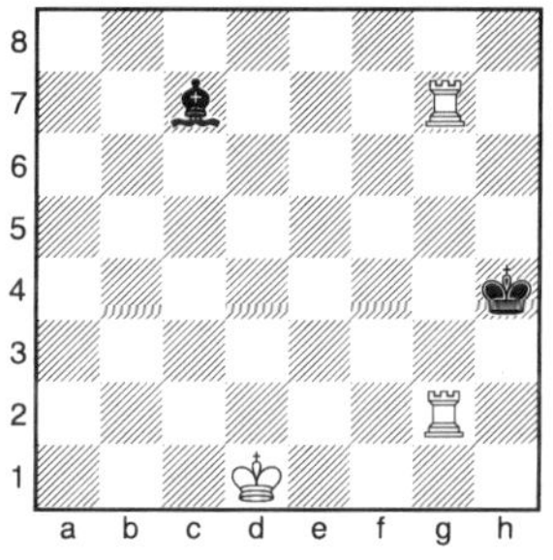

1.

1.♖g7–h7#

Das typische Matt mit zwei Türmen.

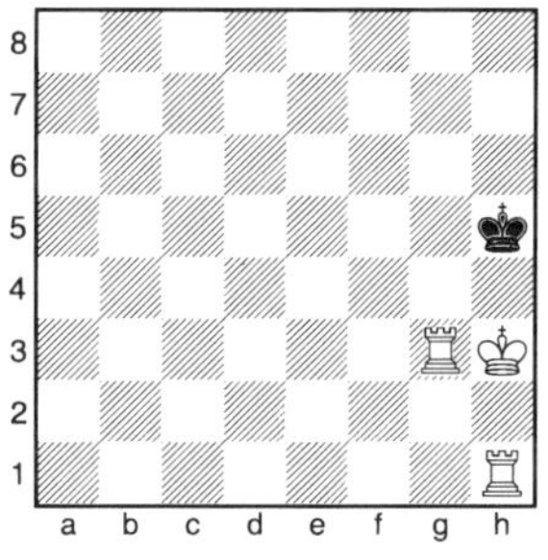

2.

1.♔h3–g2#

Da der Turm nicht über den König springen kann, muss der eben weichen. Einer der seltenen Fälle, wo ein Königszug Matt setzt!!

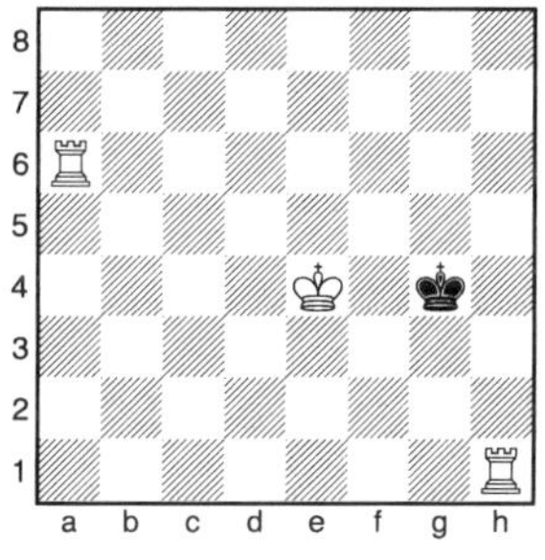

3.

1.♖a6–g6#

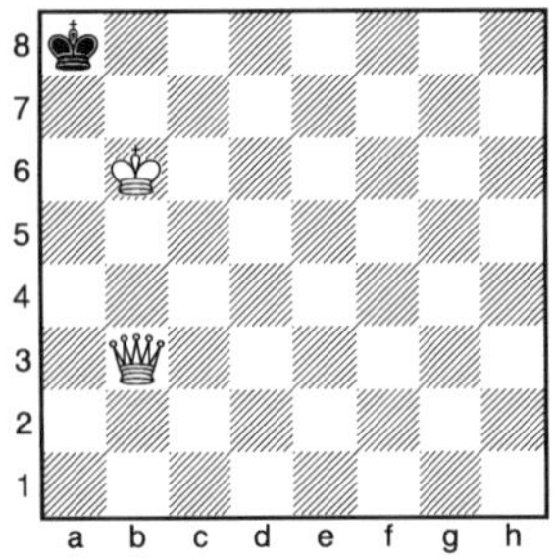

4.

1.♕b3–g8#

Die Dame kann jede Menge Schachs bieten, aber nur dieses setzt Matt.

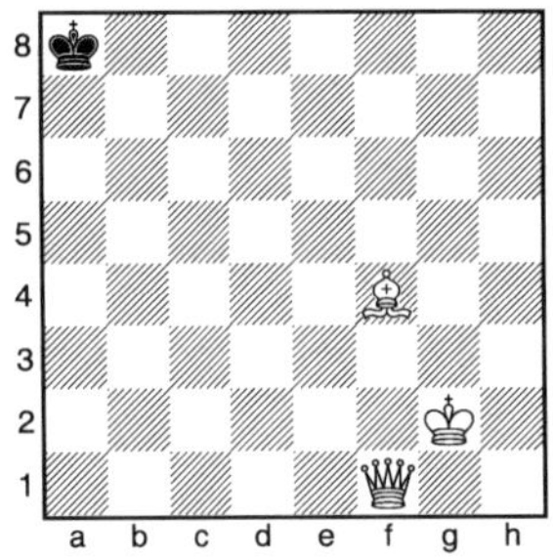

5.

1.♕f1-a6#

Dame und Läufer sind weit entfernt vom gegnerischen König, aber können dennoch Matt setzen.

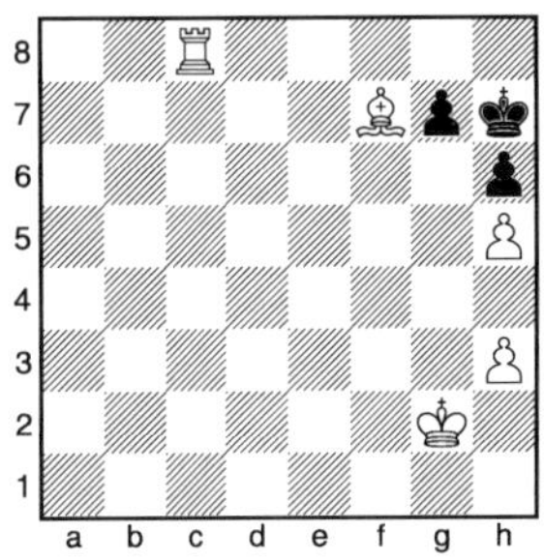

6.

1.♗f7–g6#

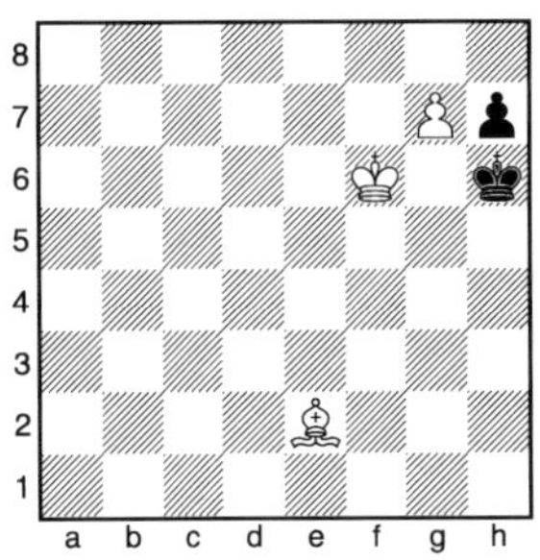

7.

1.g7–g8♘#

Umwandlung in Dame oder Turm würde Schwarz Patt setzen. Wenn du einen Bauern in eine geringere Figur als die Dame umwandelst, nennt man das **"Unterverwandlung"**.

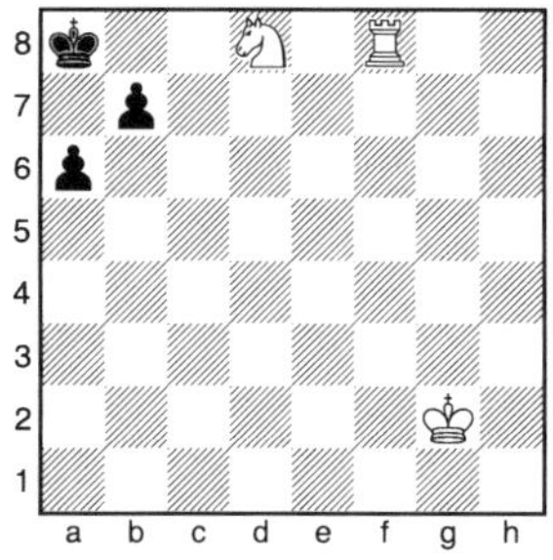

8.

1.♘d8–c6#

Der Springer öffnet die 8.Reihe für den Turm, was ein Abzugsschach bedeutet, und nimmt dem König zugleich das Fluchtfeld a7.

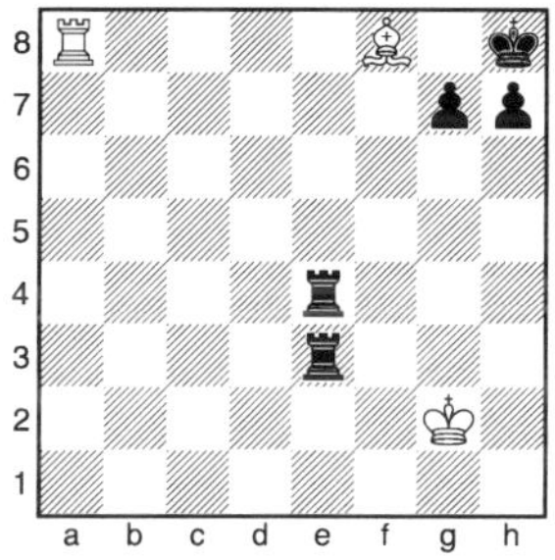

9.

1.♗f8–e7#

Ganz ähnlich hier. Der Läufer öffnet dem Turm die 8.Reihe und sperrt zugleich die schwarzen Türme aus, die das Matt abwenden könnten.

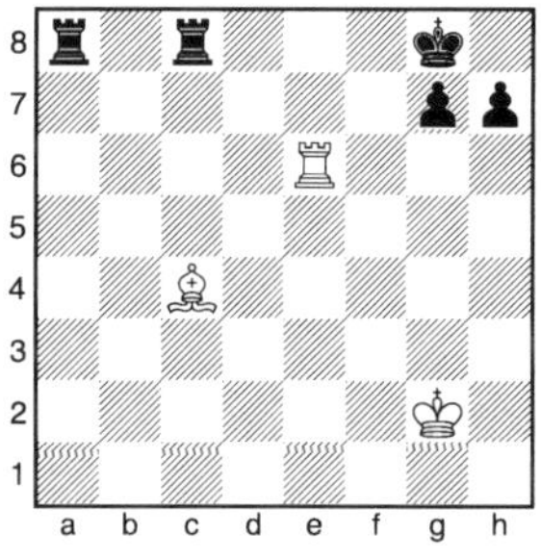

10.

1.♖e6–e8#

Doppelschach! Schwarz könnte sowohl den Turm als auch den Läufer schlagen, aber eben nicht beides zugleich. Ein Doppelschach ist oft ein Matt.

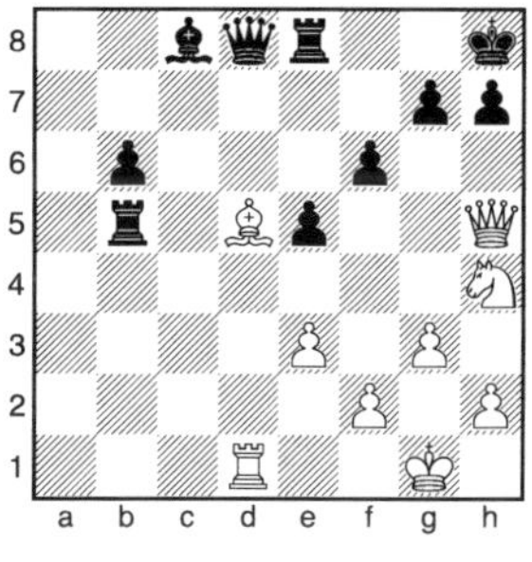

11.

Der gefesselte Bauer auf h7 kann das Matt nicht verhindern:

1.♘h4–g6#

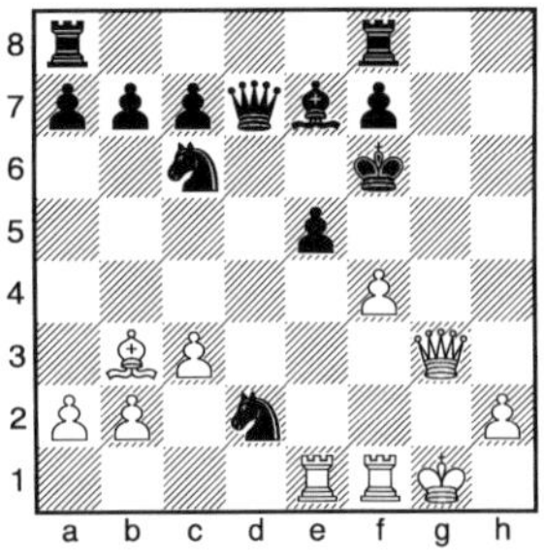

12.

Sowohl der Bauer (Doppelschach) als auch die Dame können Matt setzen:

1.f4xe5# / 1.♕g3–g5#

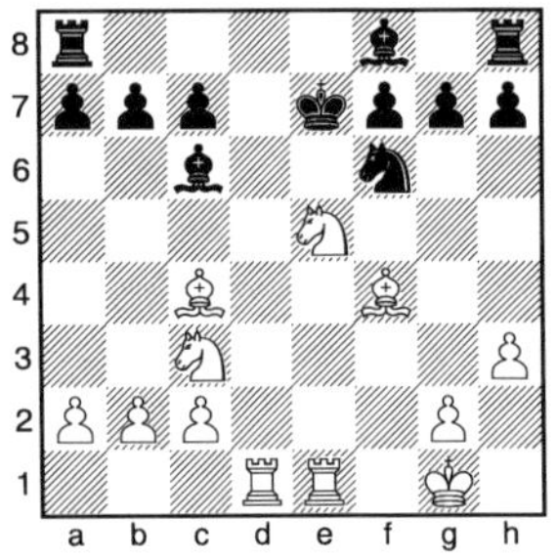

13.

1.♘e5xc6# / 1.♘e5–g6#

Wenn der König zu lange in der Mitte bleibt, gerät er oft in große Gefahr. Vergiss nicht, frühzeitig zu rochieren!

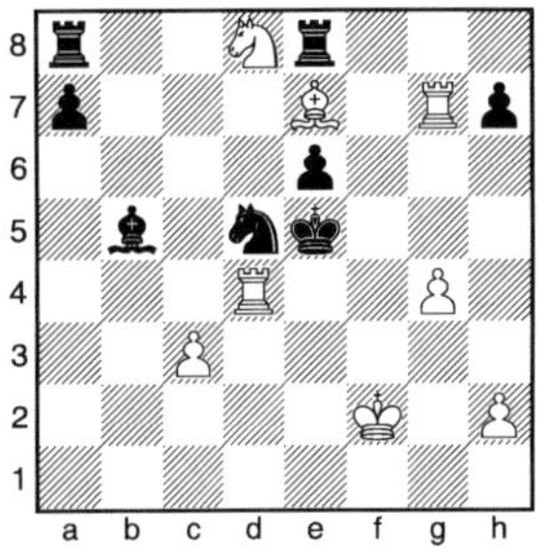

14.

1.♘d8–f7# / 1.♖g7–g5#

Wenn der König aus seiner Burg heraus getrieben wird, ist das Ende meistens nahe.

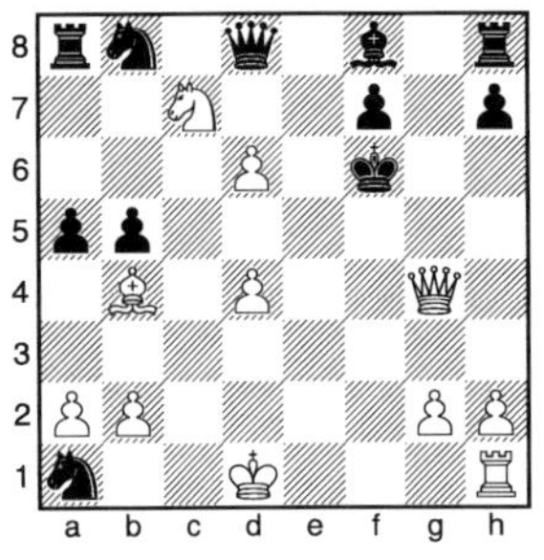

15.

1.♖h1-f1# / 1.♘c7–d5#

Schwarz hatte sich einen Turm geschnappt. Aber das ging auf Kosten seiner Entwicklung. Material ist nicht alles!

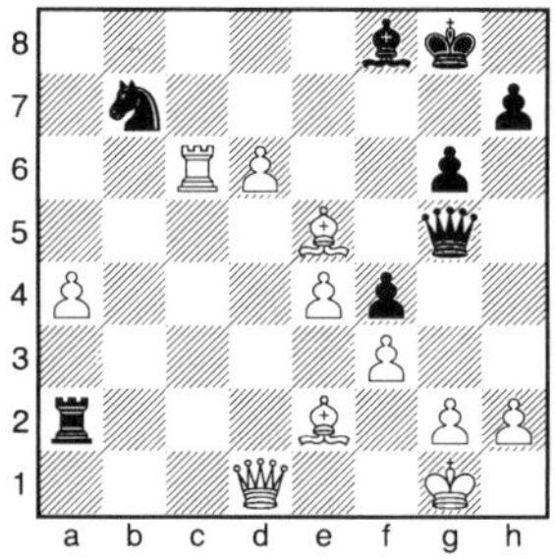

16.

1.♗e2–c4# / 1.♕d1-b3#/d5#

Auf offenen Diagonalen können die Läufer und besonders die Dame sehr stark und gefährlich sein.

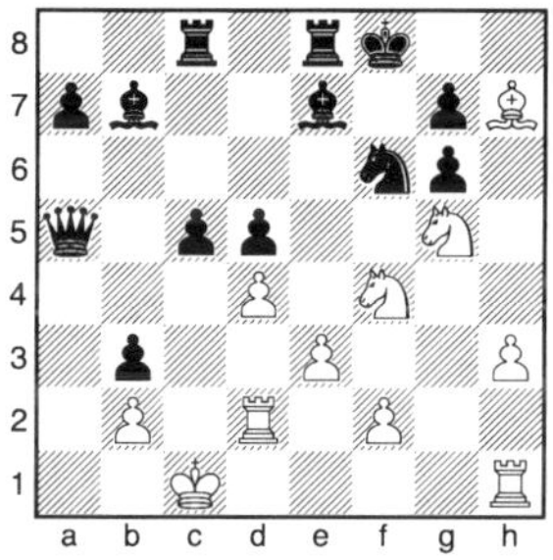

17.

○ 1.♘f4–e6# / 1.♘g5–e6+

● 1.–– ♕a5–a1#

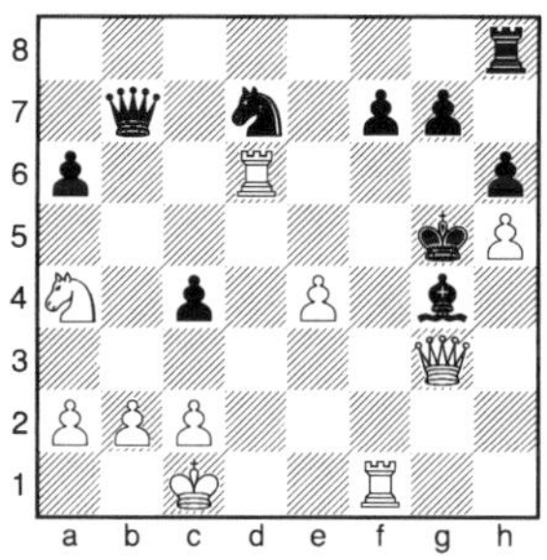

18.

1.♖f1-f5#

Der gefesselte Läufer kann das Feld f5 nicht verteidigen. So etwas wird leicht übersehen.

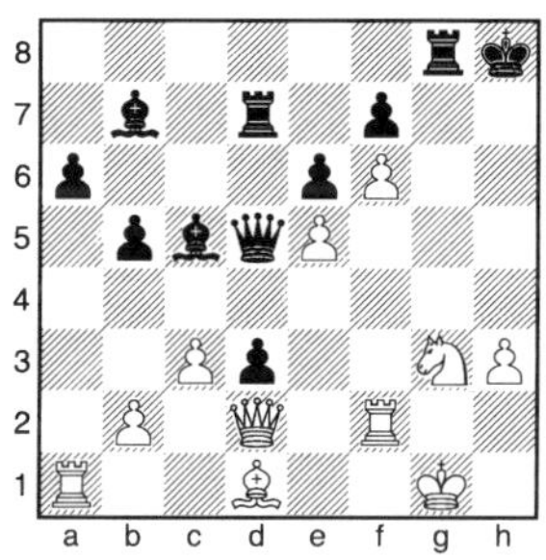

19.

1.♕d2–h6#

Schwarz hoffte, durch 1.–– ♕d5–h1# zu gewinnen, da der gefesselte Springer das Mattfeld nicht verteidigen kann. Denk nicht nur an deine eigenen Absichten, sondern halt immer auch Ausschau danach, was der Gegner tun könnte!

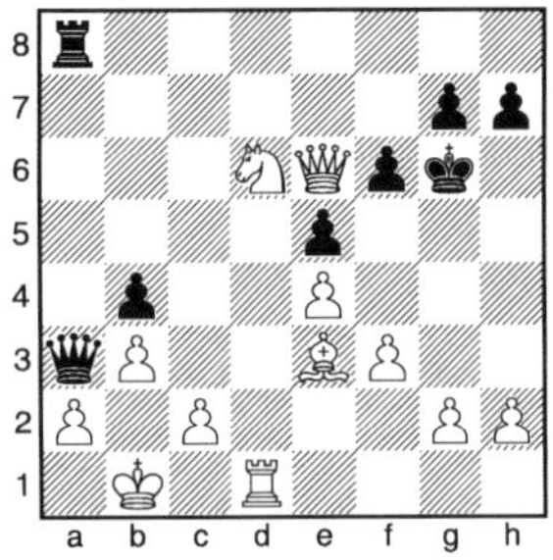

20.

1.♕e6–f5# / 1.♕e6–f7# / 1.♕e6–g4#

Schwarz könnte Matt in 2 Zügen setzen. Aber die schlechte Stellung seines Königs hat alles ruiniert.

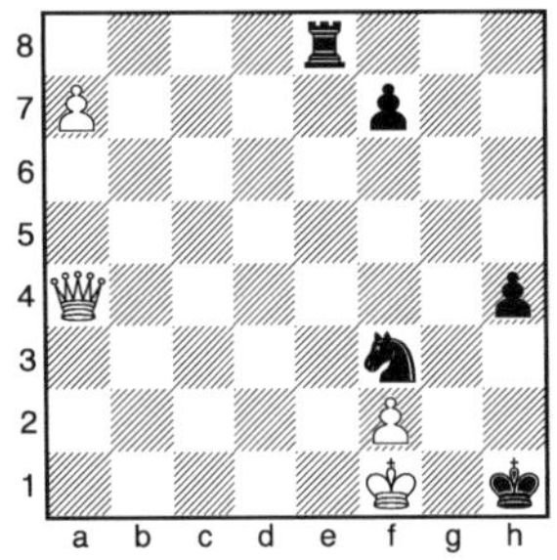

21.

1...♘f3–d2# / 1...♘f3–h2# / 1...♖e8–e1#

Am Brettrand oder in der Ecke ist der König oft ganz besonders gefährdet.

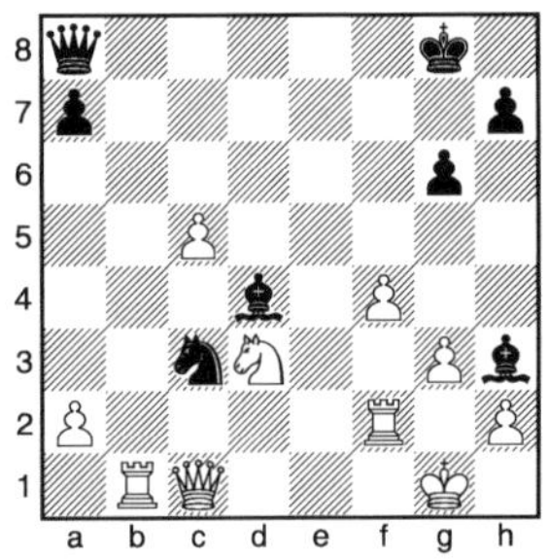

22.

1...♕a8–g2# / 1...♘c3–e2#

Der gefesselte Turm kann keines der beiden Mattfelder verteidigen!

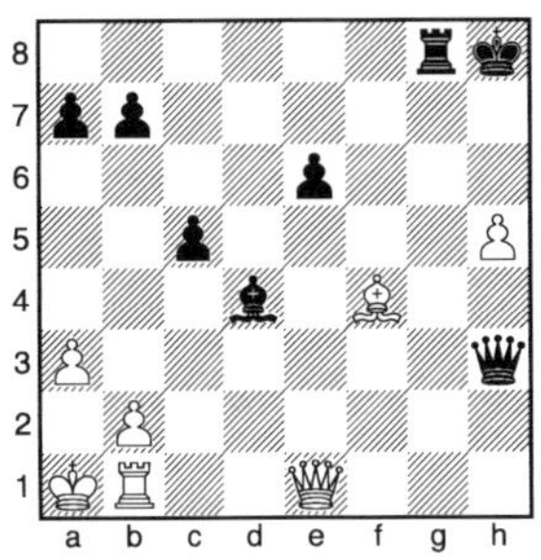

23.

1...♕h3xa3#

Der gefesselte Bauer b2 kann seinen Kollegen auf a3 nicht verteidigen. Denk immer daran:

Ein Bauer oder eine Figur, der / die gegen seinen König gefesselt ist, kann keinen anderen Stein decken.

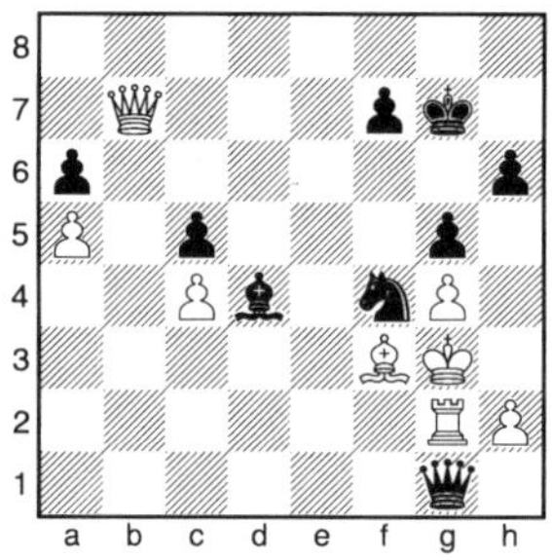

24.

1...♗d4–f2#

Und wieder ist der Verteidiger durch eine Fesselung gehandicapt.

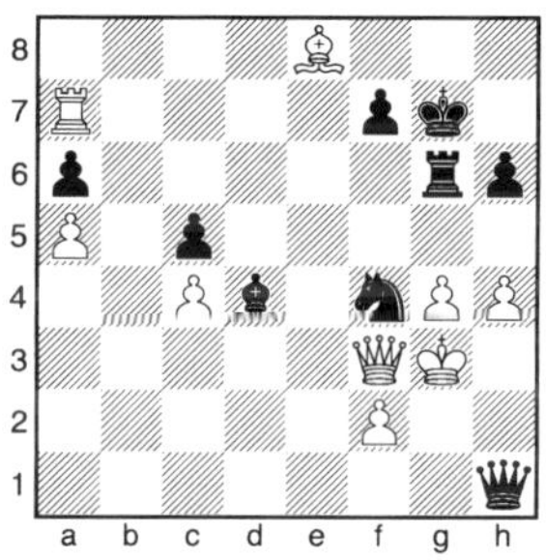

25.

1...♘f4–h5#

Wenn du die gegnerische Dame in deine Stellung kommen lässt, kann alles passieren - und meistens nichts Erfreuliches!

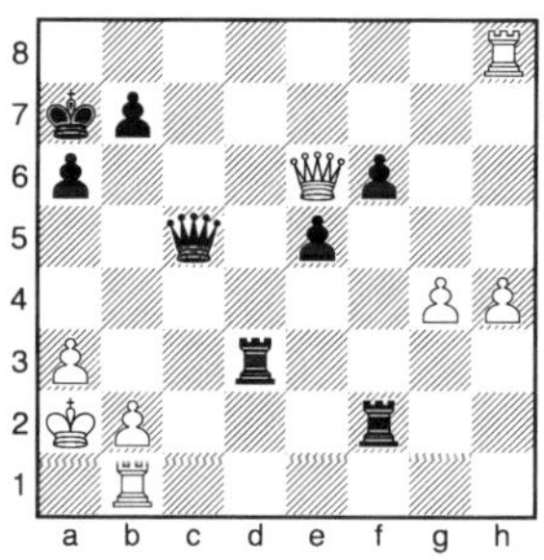

26.

1...♖d3xa3# / 1...♕c5xa3#

Hier war die Lösung vermutlich nicht so leicht zu finden, da die weiße Stellung doch eigentlich solide wirkt. Aber der gefesselte b2–Bauer erweist sich als die Achillesferse von Weiß.

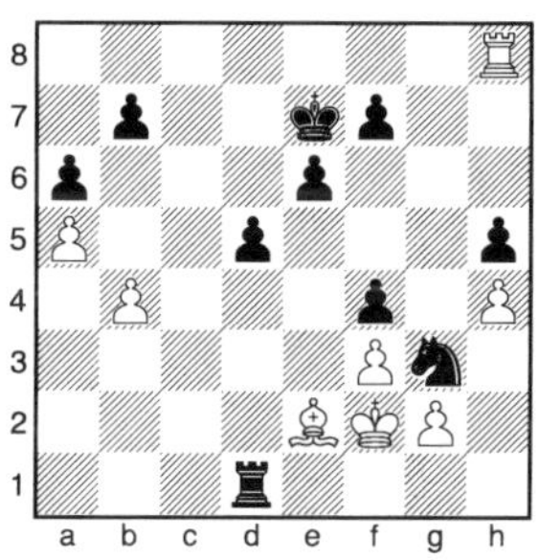

27.

1...♘g3–h1#

In dieser beengten Stellung und mit dem schwarzen Turm auf der Grundreihe gibt es kein Entkommen für den König. Wenn wir den weißen Läufer vom Brett nehmen, wäre auch Td1-f1# möglich.

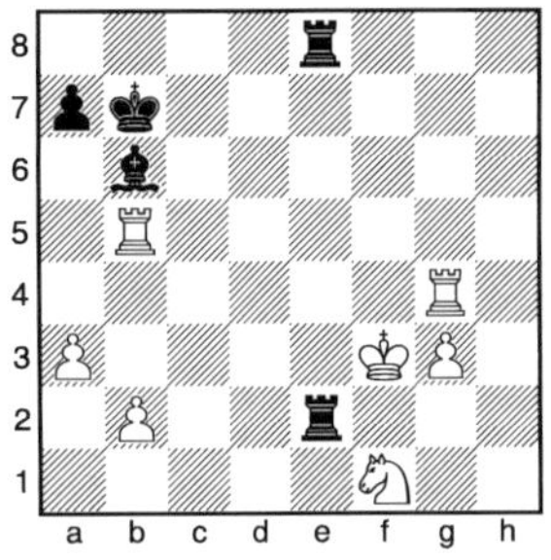

28.

1...♖e2–f2#

Die schwarzen Angreifer sind über das ganze Brett verteilt und ihre Wirkung kann leicht übersehen werden. Der gefesselte Läufer ermöglicht das Matt!

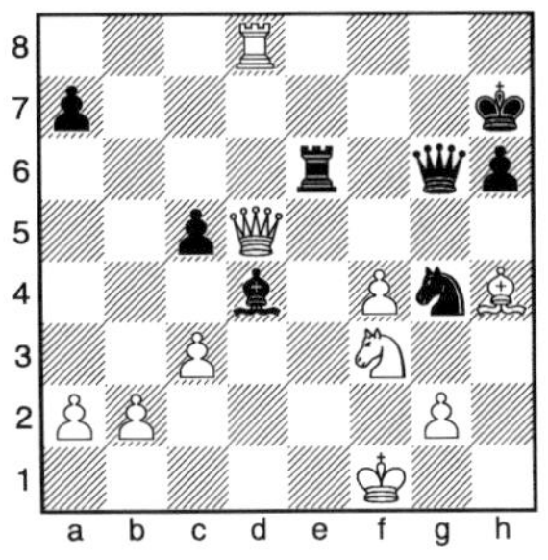

29.

1...♕g6–d3#

Viele Schachs sind möglich und führen zu längeren Matts. Einen Zug mehr braucht

1...♕g6–b1+ 2.♘f3–e1 ♘g4–h2#

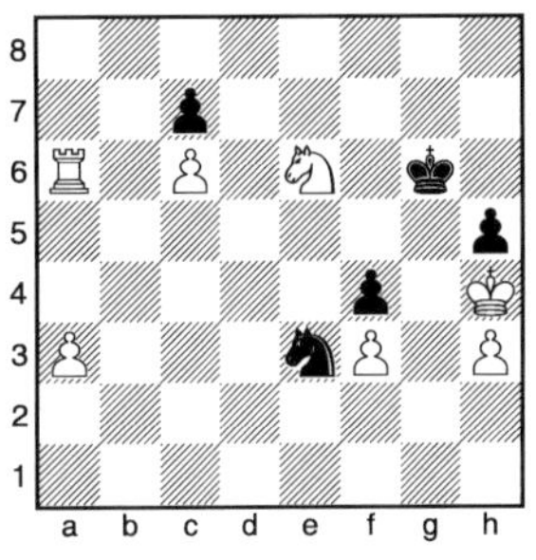

30.

1...♘e3–f5# / 1...♘e3–g2#

In scheinbar hoffnungsloser Stellung rettet der Springer den Tag. Das hätte Weiß sehen sollen. Bleibe stets konzentriert bis zum Ende der Partie, lass nie locker!

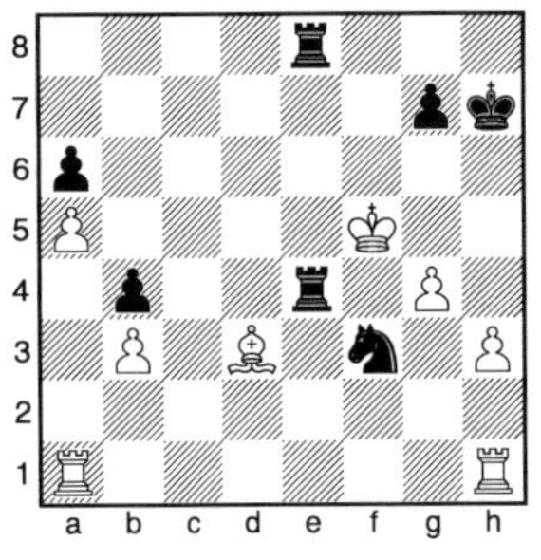

31.

1...♖e8–e5#

Der gefesselte Turm kann zwar nicht ziehen, wohl aber das Matt unterstützen. Einen Zug länger braucht 1...g7–g6+ 2.♔f5–f6 ♖e8–f8#

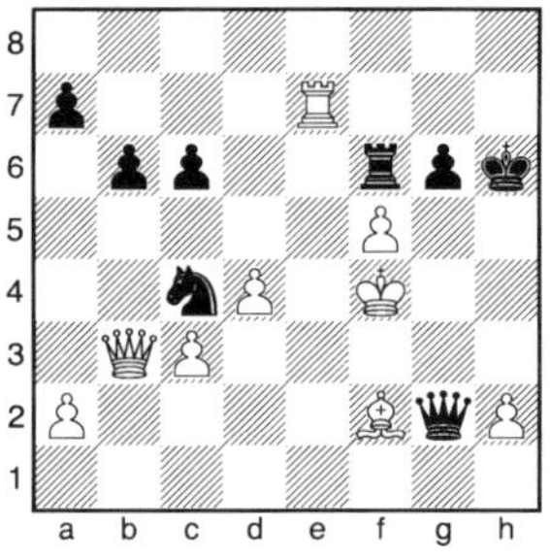

32.

1...g6-g5# / 1...♖f6xf5#

Während die weißen Offiziere wahllos über das Brett verstreut stehen, hat Schwarz den gegnerischen König fest im Griff.

Sei ehrlich:

Hast du auf Anhieb alle möglichen Matts gesehen?

Bei vollem Brett ist es oft gar nicht so leicht ein eigentlich ganz einfaches Matt zu sehen - besonders, wenn du keines erwartest, anders als hier in unseren Aufgaben, wo du ja vorgewarnt bist.

Sei nicht traurig oder sauer auf dich selbst, wenn du etwas nicht gefunden oder übersehen hast. Du bist noch am Anfang des Lernprozesses und wenn du dieses Buch durcharbeitest wirst du garantiert besser werden.

5. Der Gewinnzug!

In diesem Abschnitt wird es schwerer, denn wir machen einen großen Sprung vorwärts. Ein Schach ist leicht zu entdecken. Du brauchst ja nur auf den König zu schauen. Aber die Brot und Butter Taktik im Schach ist der Materialgewinn. Und der kann ja überall auf dem Brett vorkommen. Wo sieht etwas verdächtig aus, wo ist eine Schwäche zu erkennen? Eine Menge Konzentration ist gefragt - eine gute Vorbereitung für richtige Partien!

In den folgenden Stellungen kann ein Zug Material gewinnen. Das mag die Dame sein oder bloß ein ärmliches Bäuerlein, das macht nichts. Das Material kann entweder direkt geschlagen werden oder im nächsten Zug. Manchmal könnte der Verteidiger den Angreifer zwar schlagen, würde dann aber wertvolles Material verlieren.

Du musst ein oder zwei Züge im Voraus berechnen um herauszufinden, was machbar ist. Wenn du nicht sicher bist, gibt es eine hilfreiche Methode. Schau dir alle wichtigen Steine an. Mach im Kopf alle Züge, die ihnen möglich sind. Auch solche, die einen gedeckten Stein schlagen und dich somit Material kosten würden, was du ja normalerweise gleich verwirfst.

Diese Methode kannst du auch in der Partie verwenden, wenn du nicht weist, was du ziehen sollst. Manchmal findest du so eine gute Kombination oder einen guten Plan und in jedem Fall hilft es dir, die Stellung besser zu verstehen und vielleicht auch gegnerische Bedrohungen früher zu erkennen.

Wir beginnen mit 14 Übungen mit wenig Material auf dem Brett. Das sollte dir den Einstieg erleichtern. Versuche alle 14 nacheinander ohne Pause zu lösen.

Im zweiten Teil werden die Aufgaben schnell schwerer. Sie stammen aus gespielten Partien und sind nicht vereinfacht. Aber das ist was du meistern musst, um ein stärkerer Schachspieler zu werden.

Mancher Leser mag es zu schwer finden, alle 32 Aufgaben nacheinander zu lösen. Kein Problem, lass dir Zeit und löse nur so viel wie du magst. Wenn du nach einigem Nachdenken noch keine Lösung siehst, beiß dich nicht fest und gehe zur nächsten Aufgabe über. Langes Brüten bringt selten etwas. Schau später noch einmal auf die nicht gelösten Aufgaben. Mit einem frischen Blick geht es vielleicht besser.

Und nun lass uns starten in die weite Welt des Materialgewinns!

Du kannst es!

Finde den Gewinnzug!

Schau dir die Stellung gut an und überlege, wo eine Gefahr lauern könnte. Schreib den ersten Zug deiner Lösung auf.

Manchmal gibt es mehr als eine Lösung. Finde sie alle!

Für alle Schachfreunde die denken, sie seien schon zu stark für solche einfache Aufgaben, erneut mein Vorschlag:

Setz eine Zeit fest in der du glaubst, alle Übungen lösen zu können.

Wie wäre es mit 5 Minuten? Rund 23 Sekunden pro Stellung? Schaffst du das?

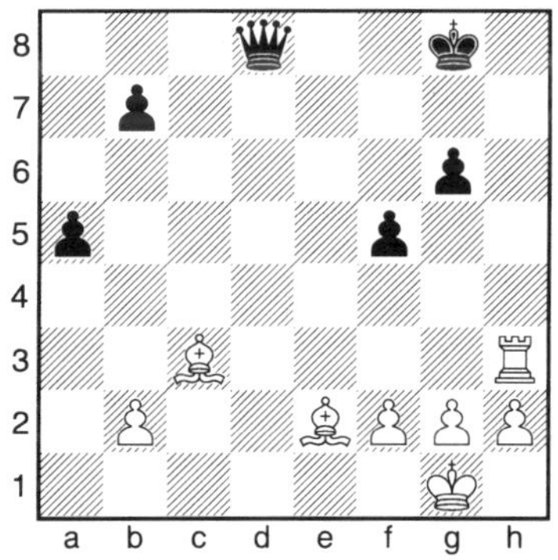

1 ....

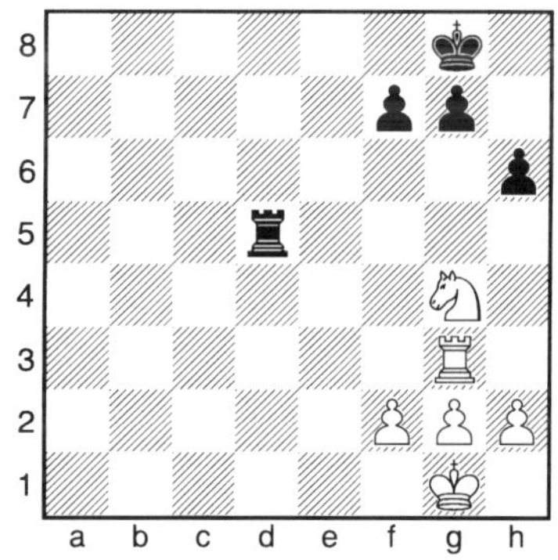

2 ....

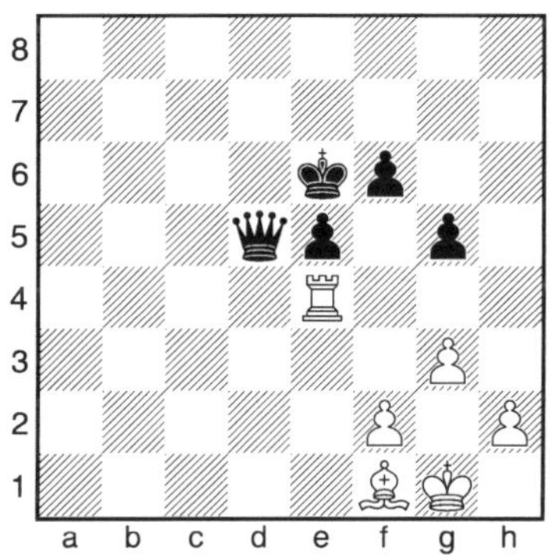

3 ....

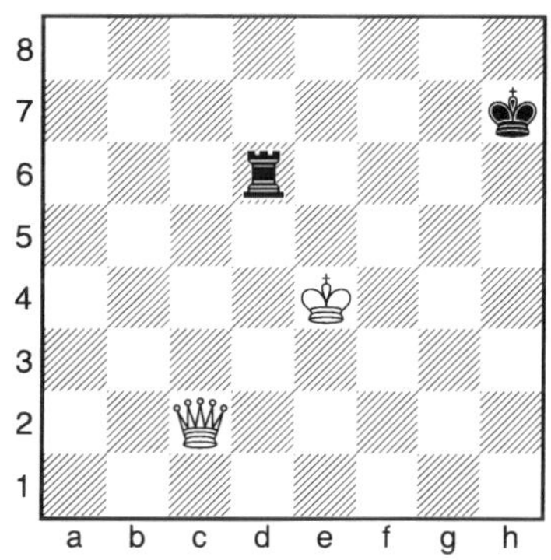

4 ....

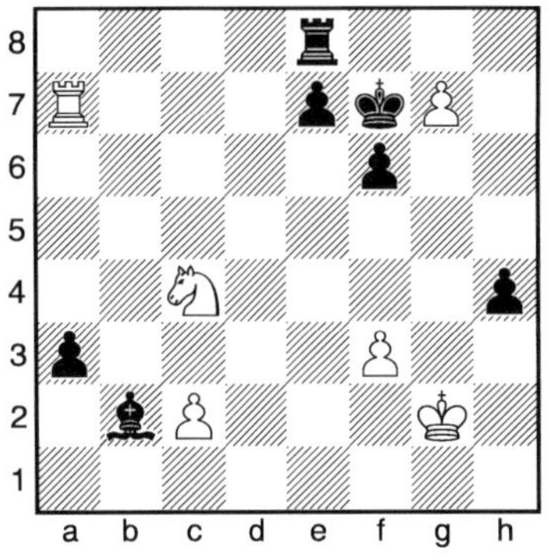

5 ....

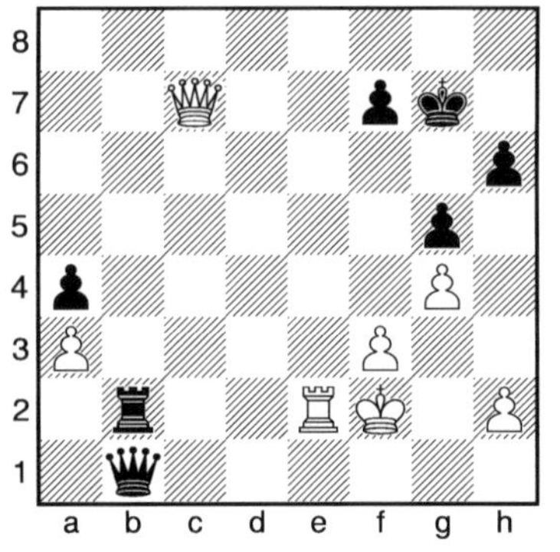

6 ....

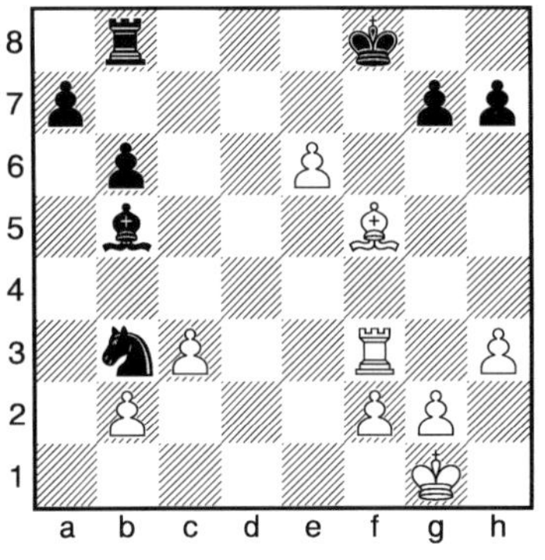

7 ....

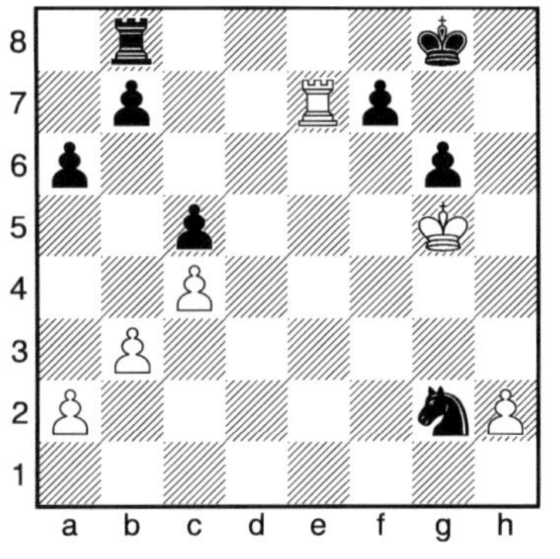

8 ....

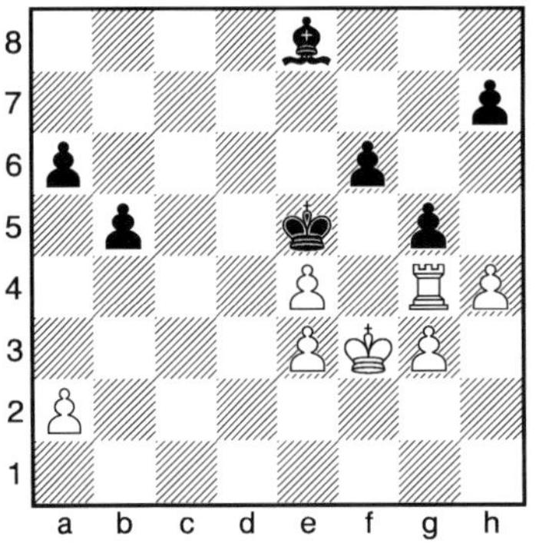

9 ● ....

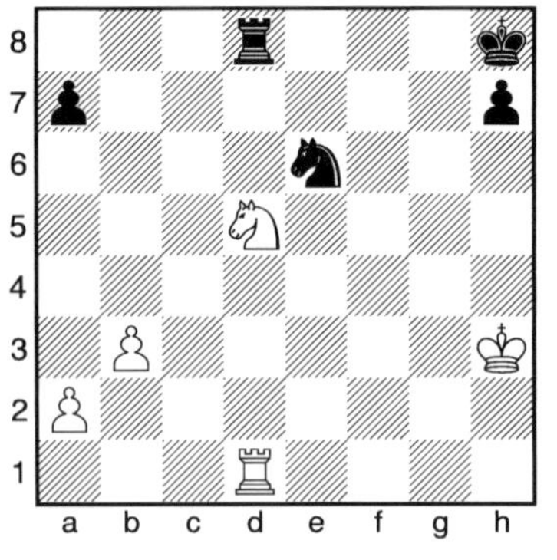

10 ● ....

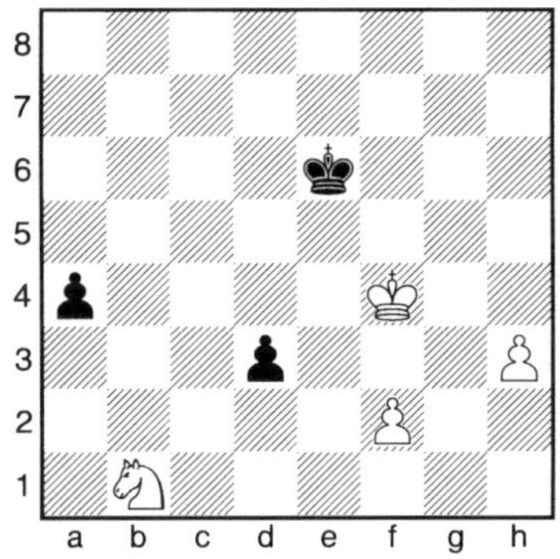

11 ● ....

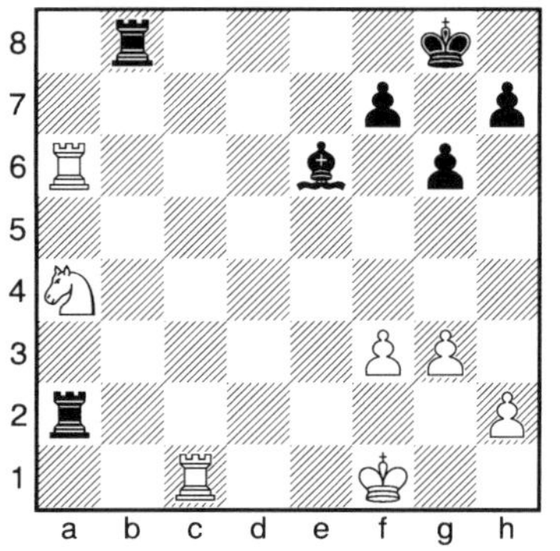

12 ● ....

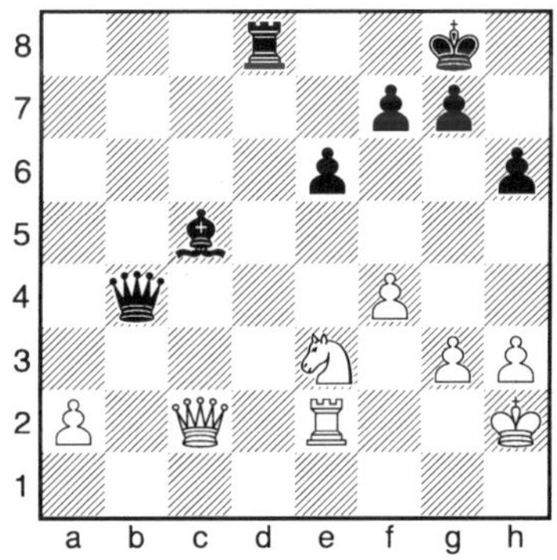

13 ● ....

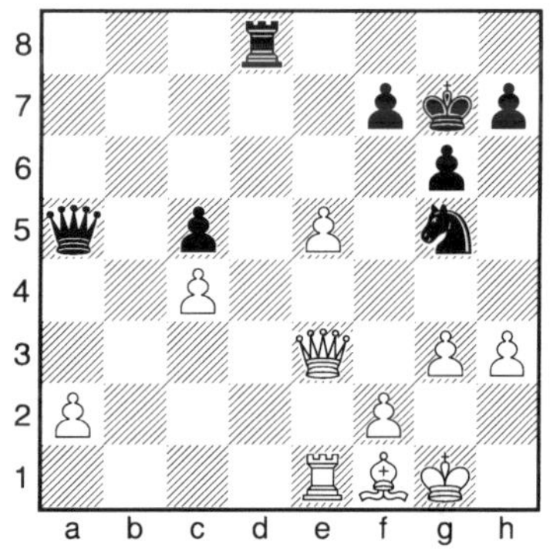

14 ● ....

Lösungen

Für Vorteil in einem Zug

Hast du alle Gewinnzüge gefunden?

Schau dir die Lösungen genau an

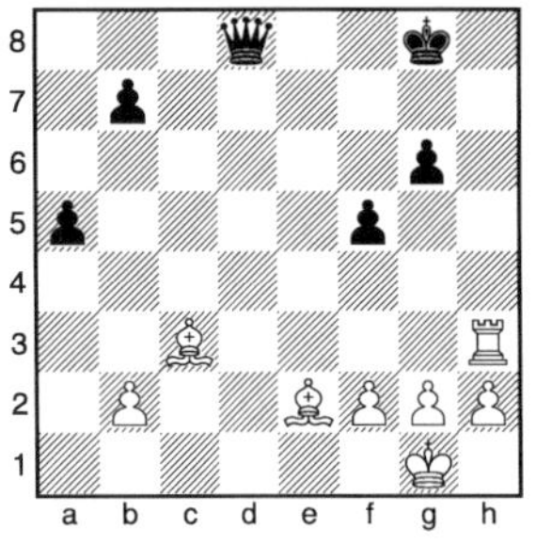

1.

1.♖h3−h8+ ♔g8−f7 2.♖h8xd8

Du musst das ganze Brett sehen, nicht nur den Platz, wo gerade "Action" ist!

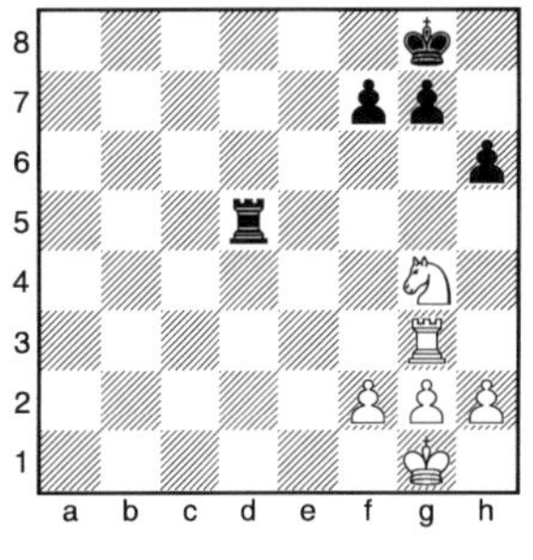

2.

1.♘g4−f6+ ♔g8−f8 2.♘f6xd5

Eine sehr schlechte Idee ist 1.♘g4xh6+, was nur einen mageren Bauern gewinnt und wegen der Mattdrohung auf d1 gleich darauf den Springer verliert.

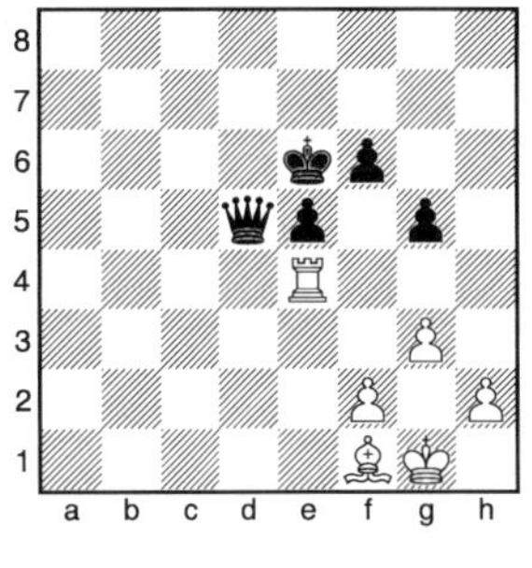

3.

1.♗f1-c4

Spießt Dame und König auf;

1...♕d5xc4 2.♖e4xc4

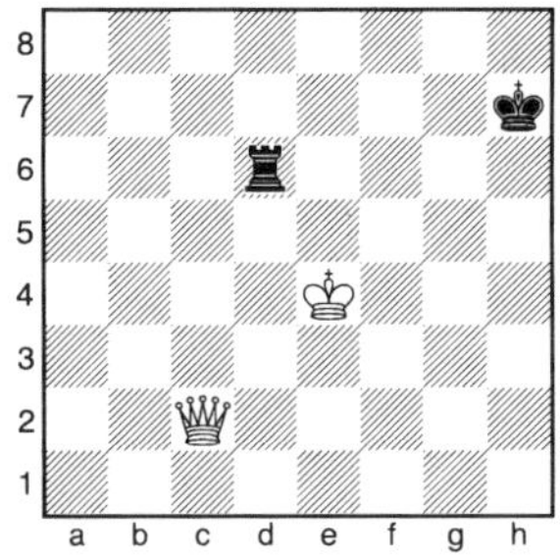

4.

Weiß hat zwei Möglichkeiten zum Turmgewinn:

1.♕c2–h2+ / 1.♕c2–c7+

1.♔e4–e5+ sieht auch gut aus, wirkt aber nicht wegen 1...♖d6–g6.

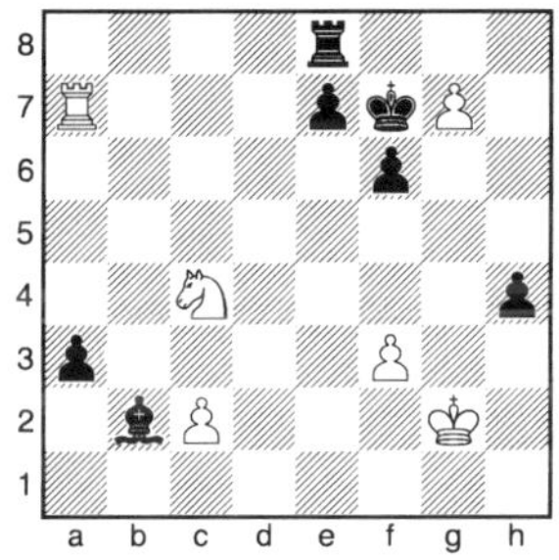

5.

1.♘c4–d6+

Und der gefesselte Bauer kann die Gabel nicht verhindern;

1...♔f7xg7 2.♘d6xe8+

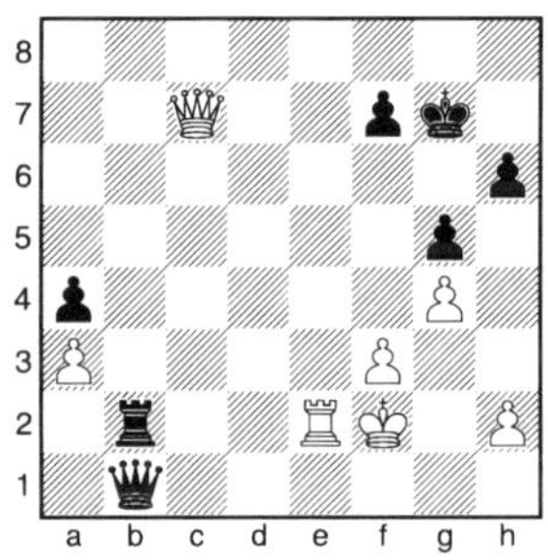

6.

Die Dame verstärkt den Angriff auf den Turm:

1.♕c7–c3+/e5+ e.p. **f7–f6**
2.♕c3xb2

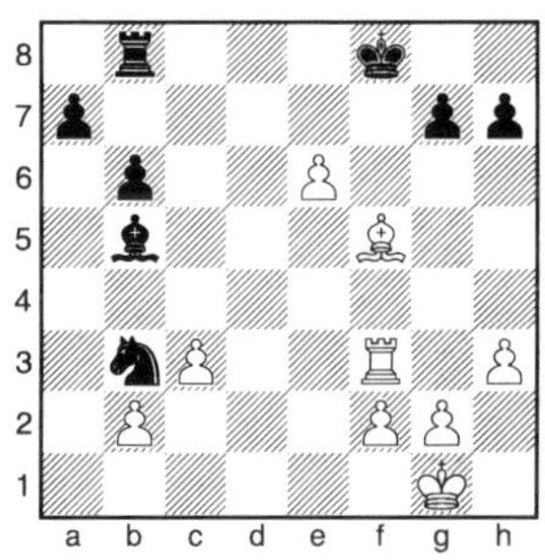

7.

1.♗f5–d3+ oder **1.♗f5–c2+**;

Beides gewinnt eine Figur. Die "Magerlösung" ist

1.♗f5xh7+ mit Bauerngewinn.

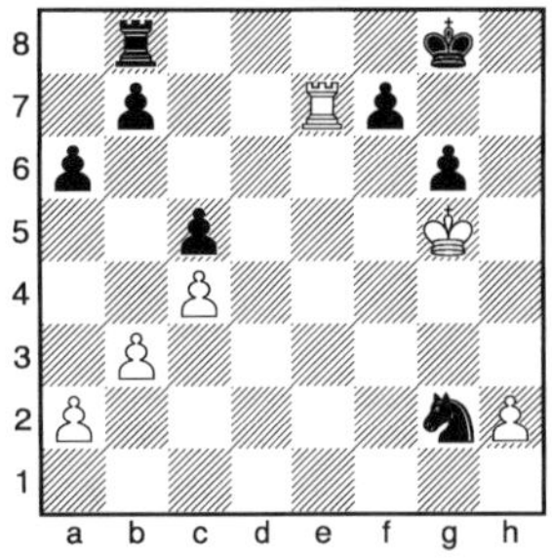

8.

1.♖e7–e2 Fängt den Springer.

1...f7–f6+ 2.♔g5–g4 f6–f5+ 3.♔g4–g5/g3

Falls 2.♔g5xg6?? ♘g2–f4+

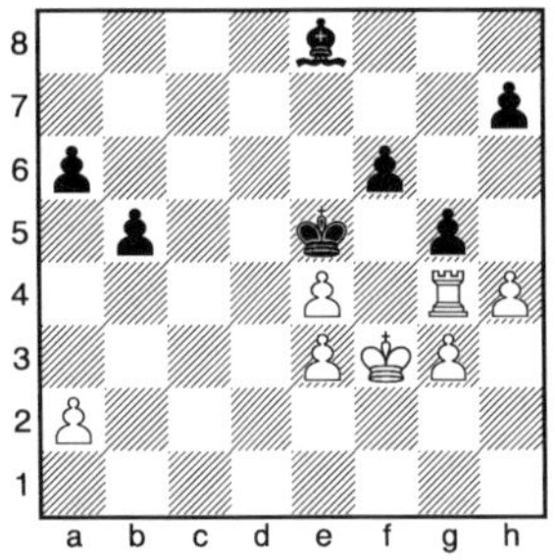

9.

Der Turm kann nicht entkommen nach:

1...♗e8–h5 / 1...h7–h5 / 1...♗e8–d7

Ein Turm braucht Platz. Bring ihn nicht in eine beengte Stellung, sonst mag er verloren gehen!

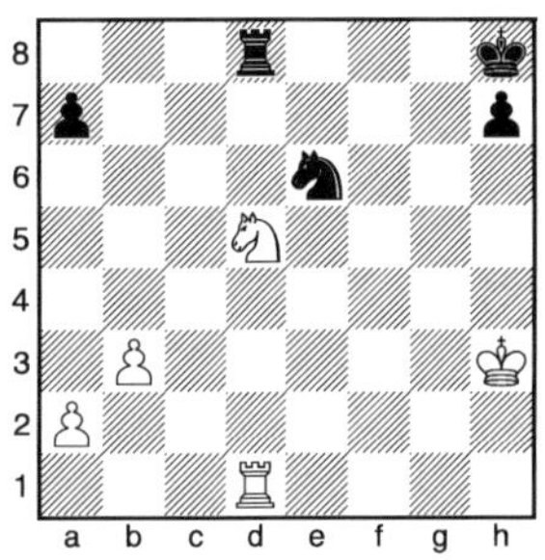

10.

1...♖d8xd5 2.♖d1xd5 ♘e6–f4+ 3.♔h3–g4 ♘f4xd5

Schwächer ist 1...♘e6–f4+ 2.♘d5xf4 ♖d8xd1 *(2.♔h3–g4? ♘f4xd5)*

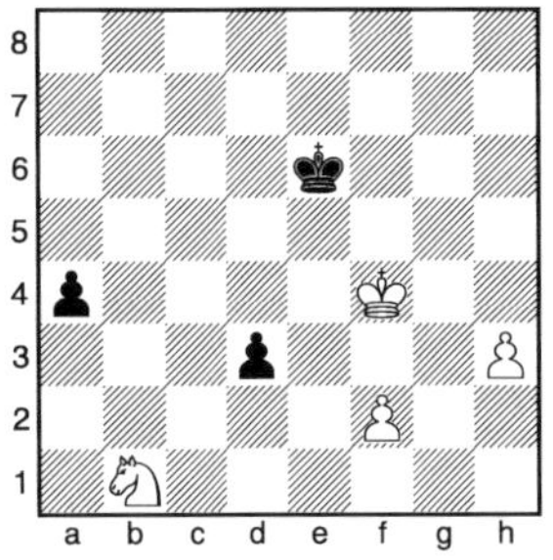

11.

1...a4–a3 und der Springer kann nicht beide Bauern stoppen;

2.♘b1xa3 d3–d2 3.-- d2–d1♕

Aber bloß nicht 1...d3–d2?? 2.♘b1xd2 a4–a3 3.♘d2–b3 und Weiß gewinnt!

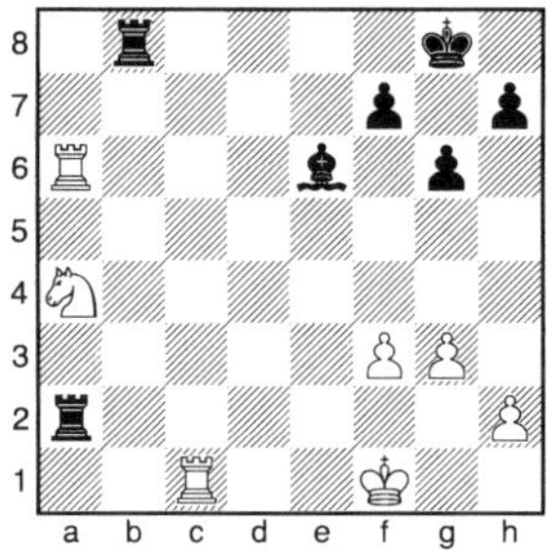

12.

Die Mattdrohung auf der Grundreihe ist das Problem von Weiß:

1...♗e6–c4+ 2.♔f1-g1 ♗c4xa6

2.♖c1xc4?? ♖b8–b1+ 3.♖c4–c1 ♖b1xc1#

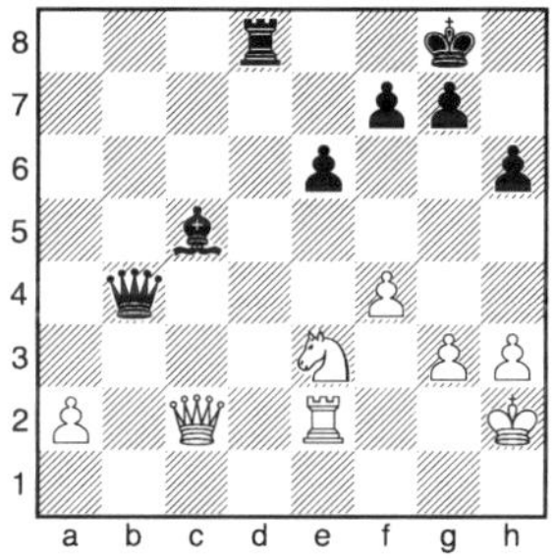

13.

1...♗c5xe3 gewinnt den Springer;

2.♖e2xe3?? ♖d8–d2+

3.♖e3–e2 ♖d2xc 4.♖e2xc2

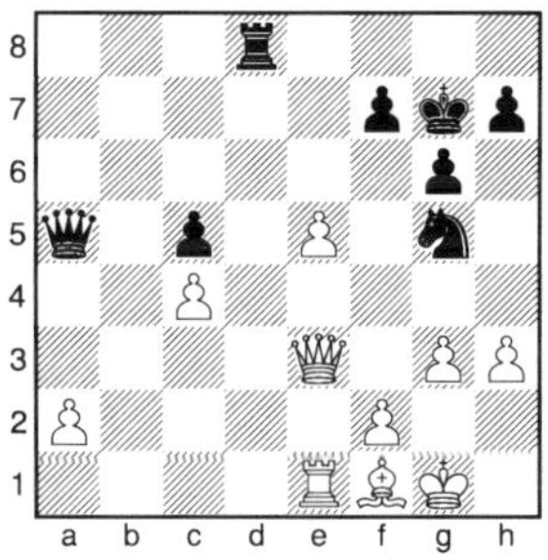

14.

1...♕a5xe1 2.♕e3xe1 ♘g5–f3+

Und die Gabel gewinnt die Dame zurück.

Finde den Gewinnzug!

Nun wird es wieder ein bisschen schwerer. Die Stellungen stammen aus richtig gespielten Partien und mehr Material auf dem Brett macht es schwerer, den entscheidenden Zug zu finden.

Wenn du den Zeitdruck in einem Turnier simulieren willst, leg eine Anzahl von Aufgaben fest und die Zeit, die du glaubst für die Lösung zu brauchen. Wieviel Zeit brauchst du für eine Stellung? Zehn, zwanzig, dreißig Sekunden? Kannst du dich richtig einschätzen?

Wie schon im 1.Teil erwähnt: Überspring Aufgaben, deren Lösung du nicht finden kannst, und schau am Ende noch einmal darauf.

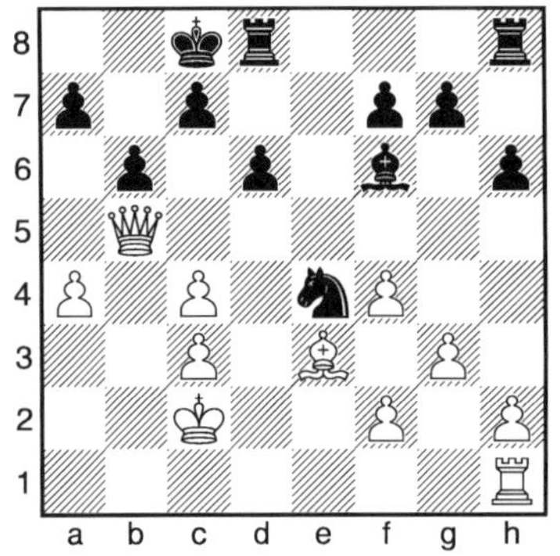

1 ....

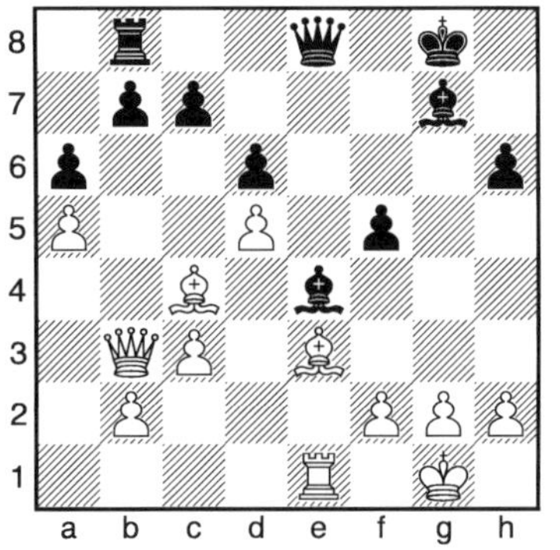

2 ....

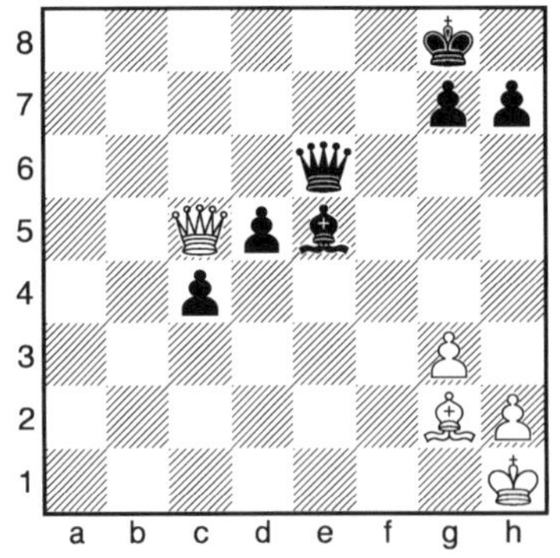

3 ....

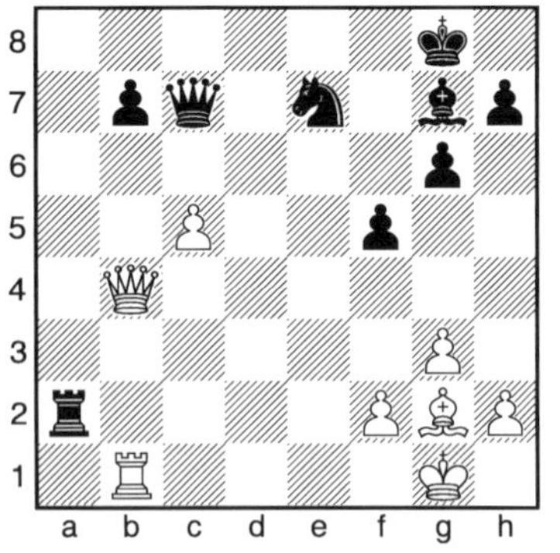

4 ....

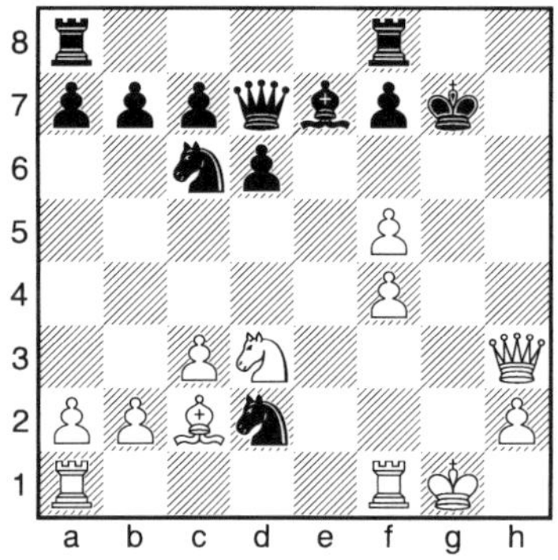

5 ....

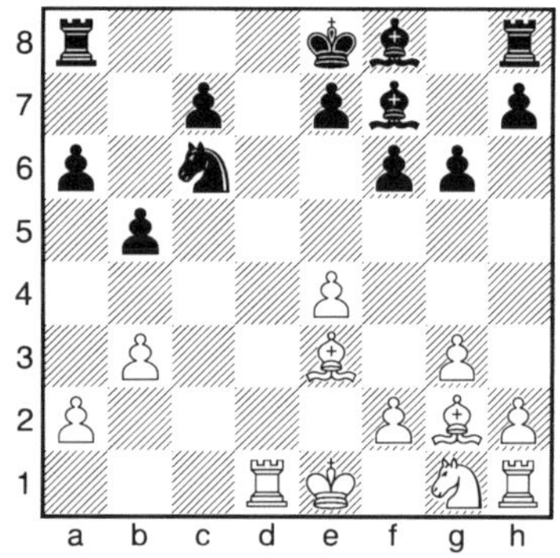

6 ....

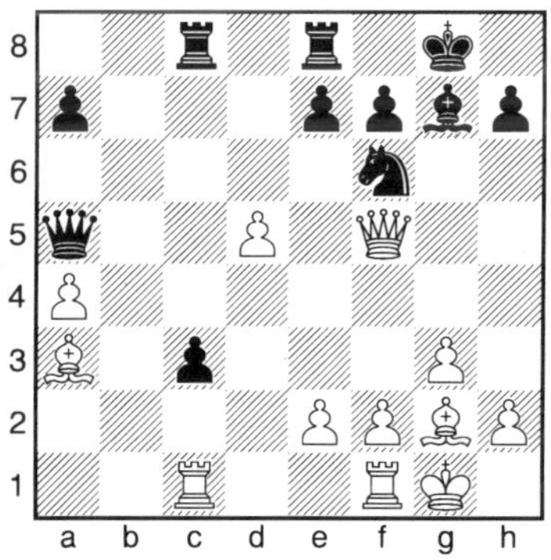

7 ....

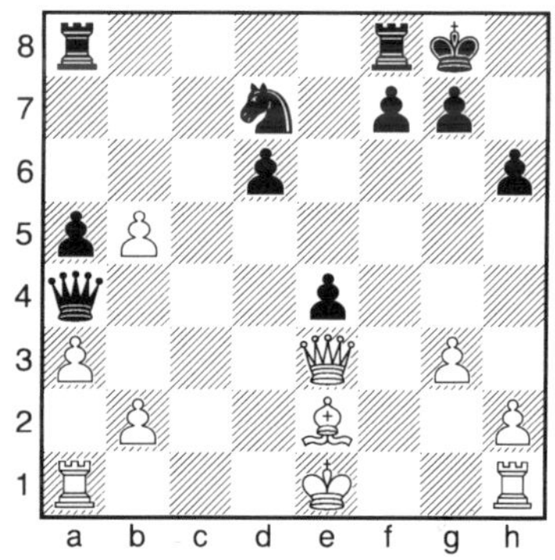

8 ....

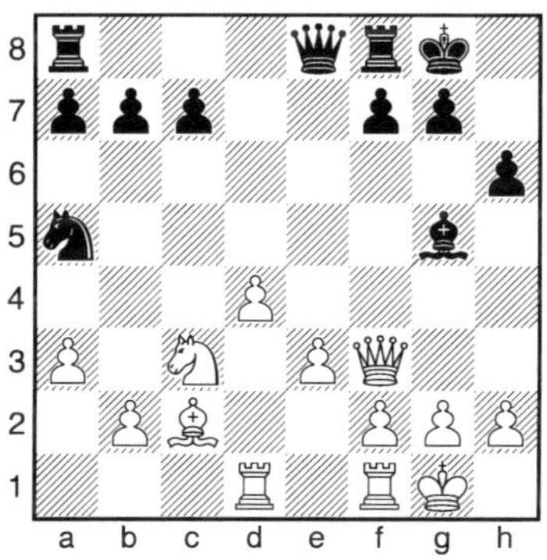

9 ....

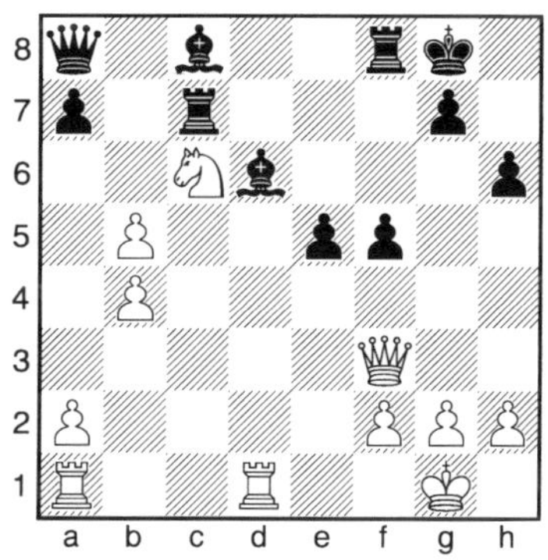

10 ....

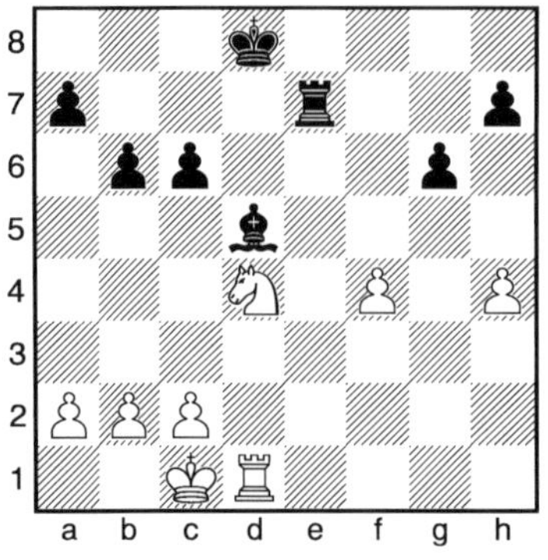

11 ....

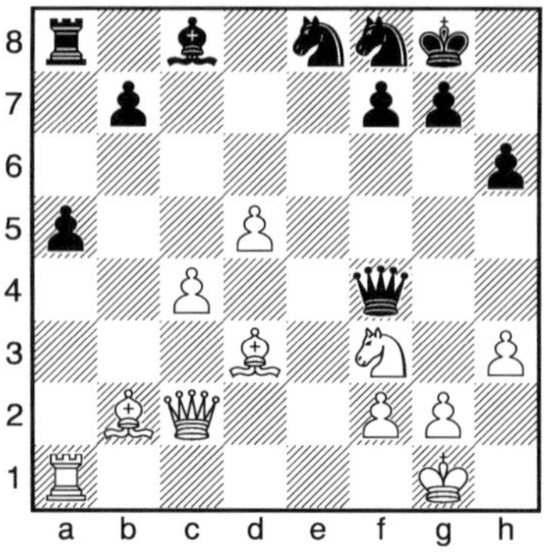

12 ....

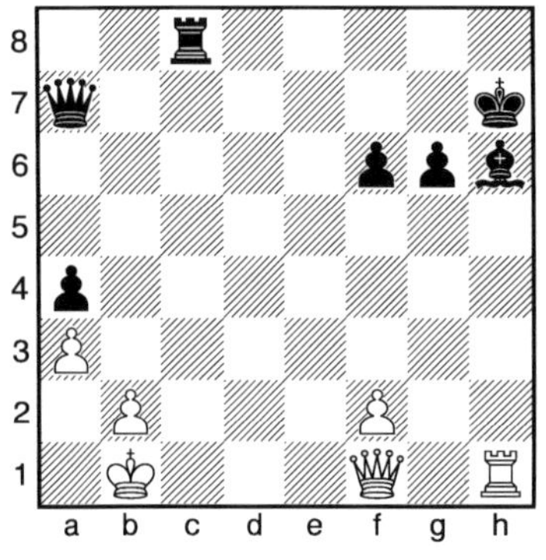

13 ....

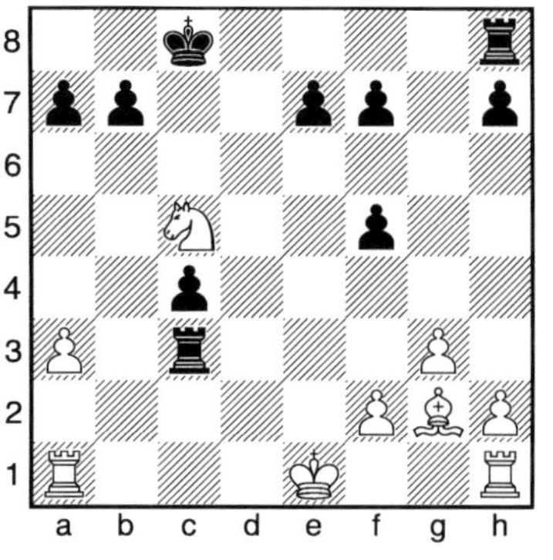

14 ....

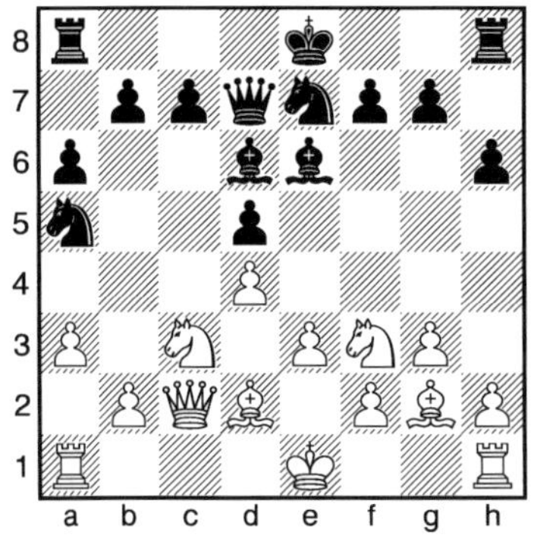

15 ....

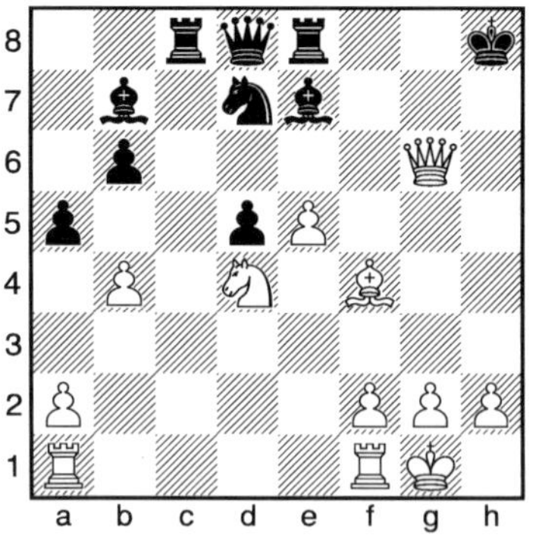

16 ....

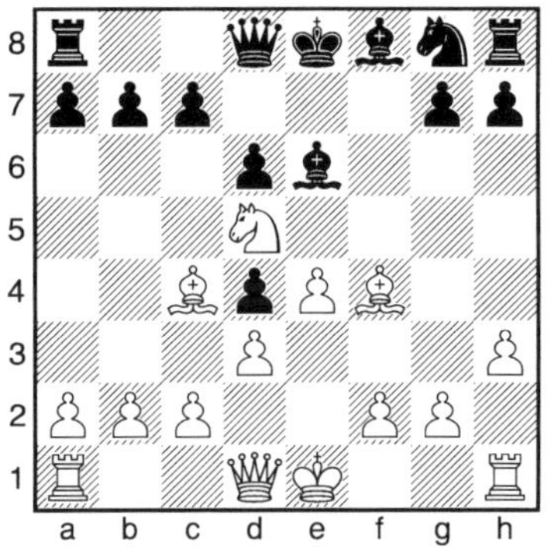

17 ....

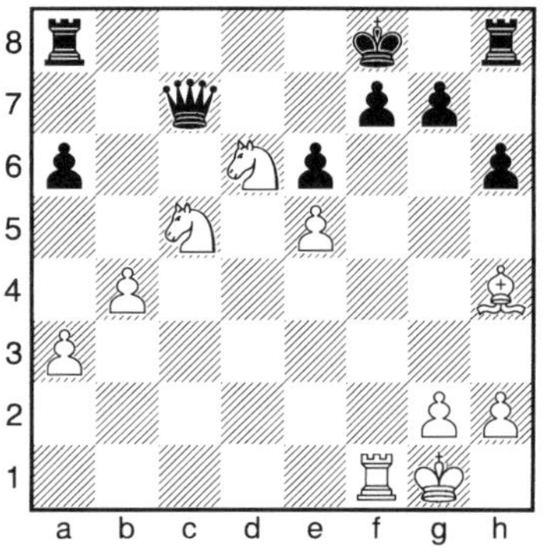

18 ....

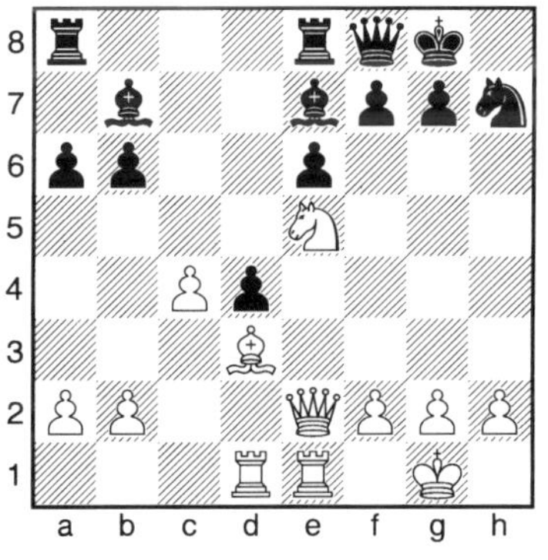

19 ....

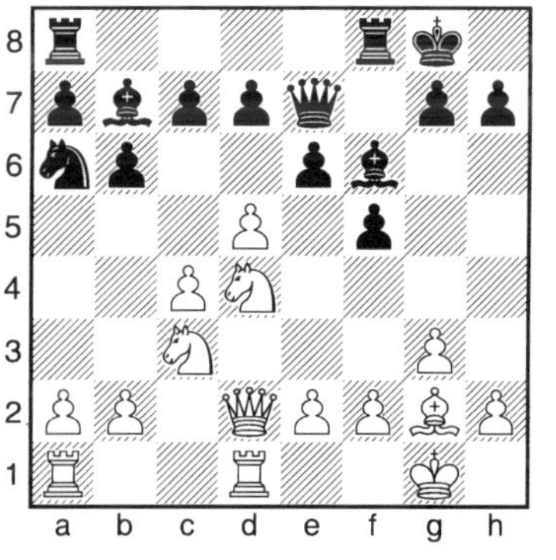

20 ....

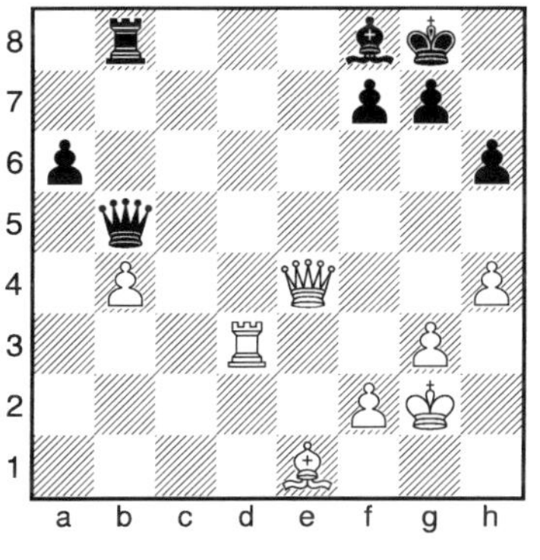

21 ● ....

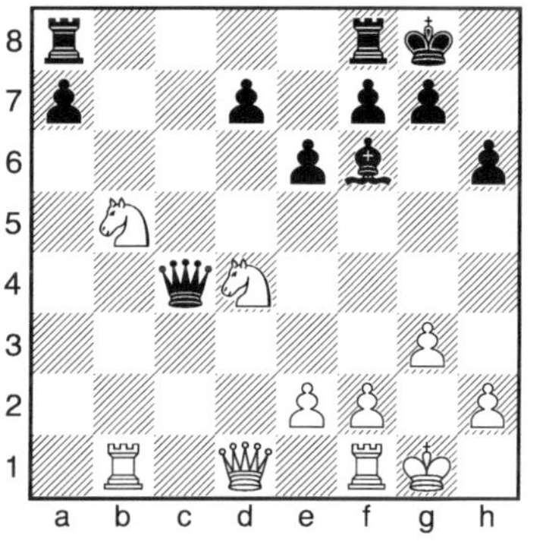

22 ● ....

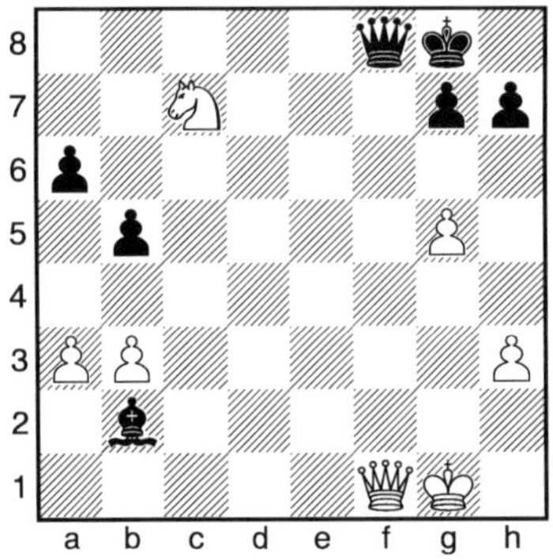

23 ● ....

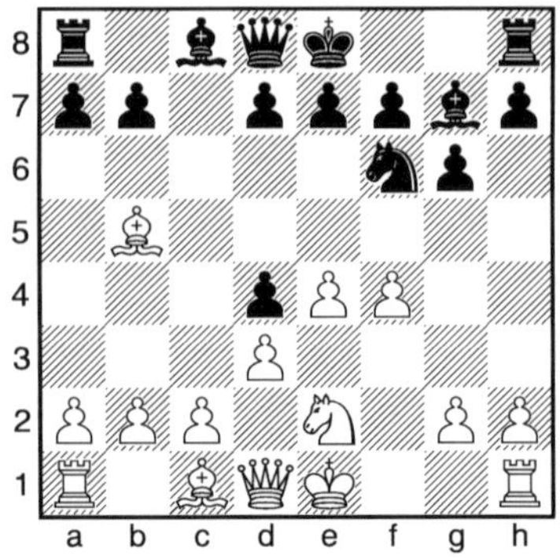

24 ● ....

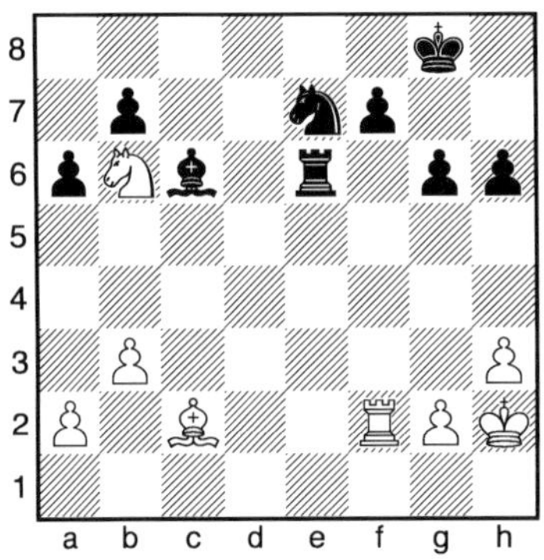

25 ● ....

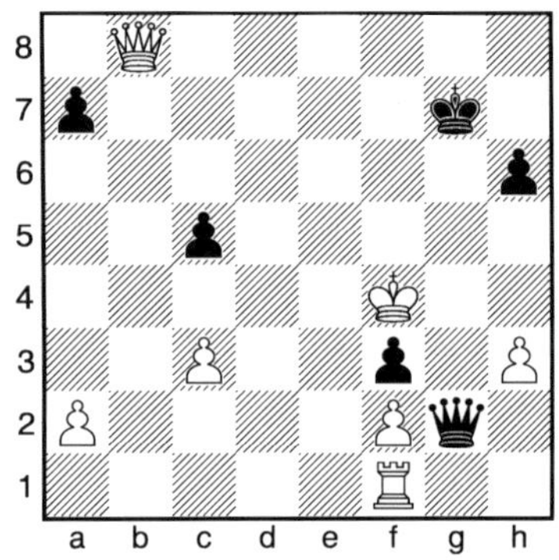

26 ● ....

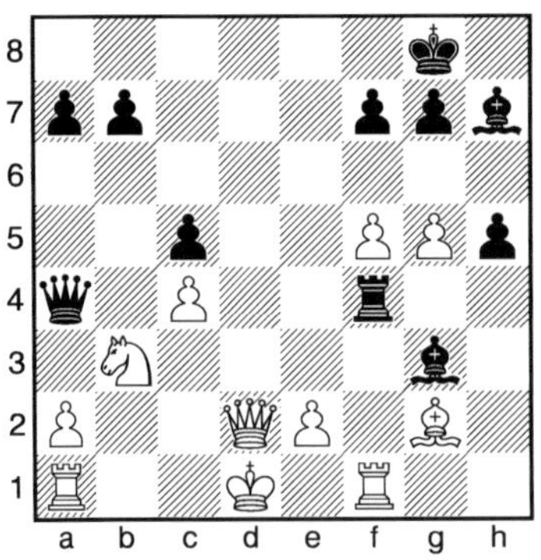

27 ● ....

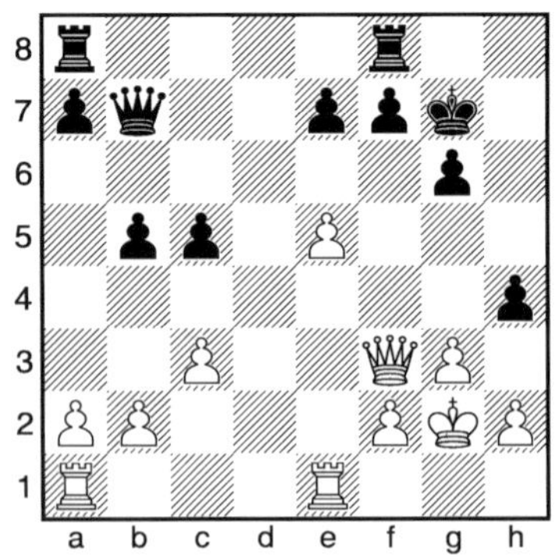

28 ● ....

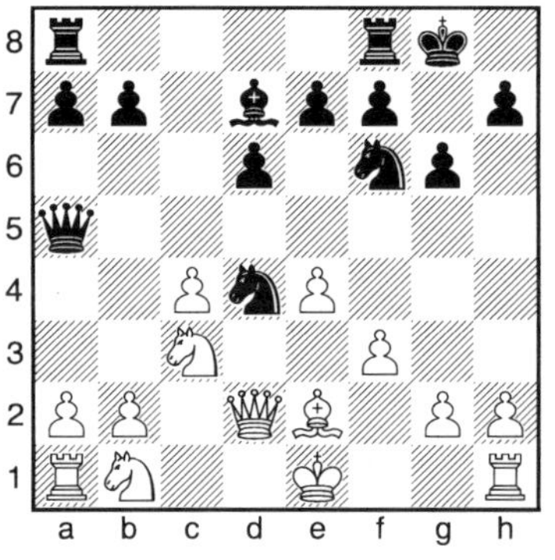

29 ● ....

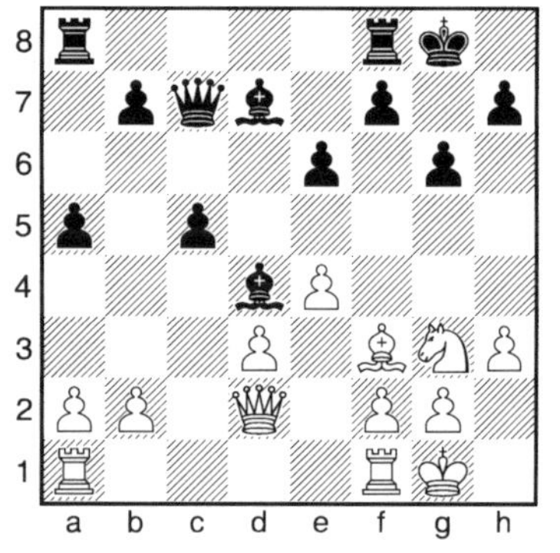

30 ● ....

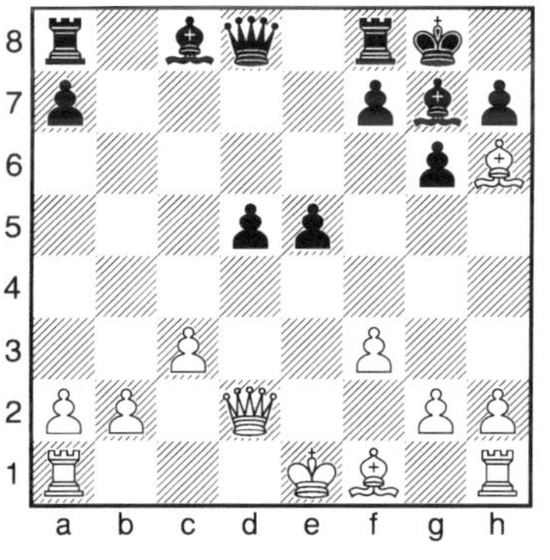

31 ● ....

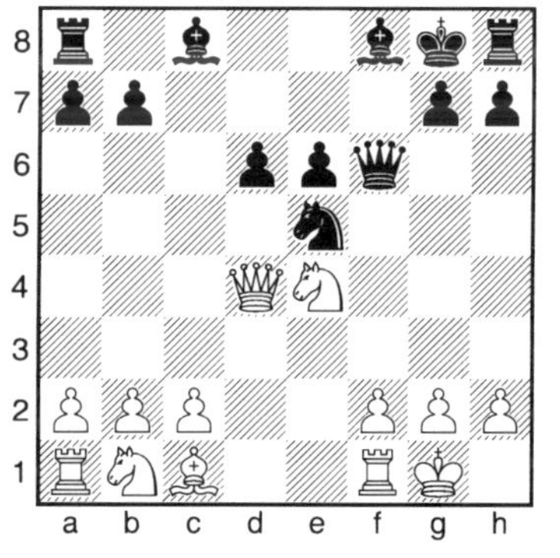

32 ● ....

Lösungen

Für Vorteil in einem Zug

Hast du alle Gewinnzüge gefunden?

Schau dir die Lösungen an!

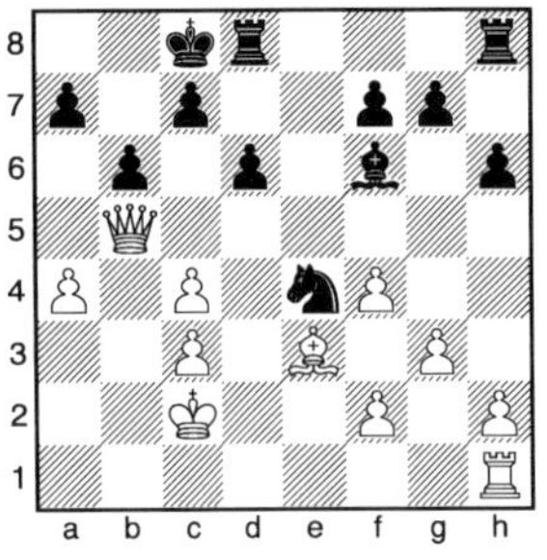

1.

1.♕b5–f5+ Doppelangriff!

1...♔c8–b8 2.♕f5xe4

Wenn eine Figur (Bauer oder Offizier) zwei oder mehr gegnerische Steine angreifen kann, nennt man das einen **"Doppelangriff"**.

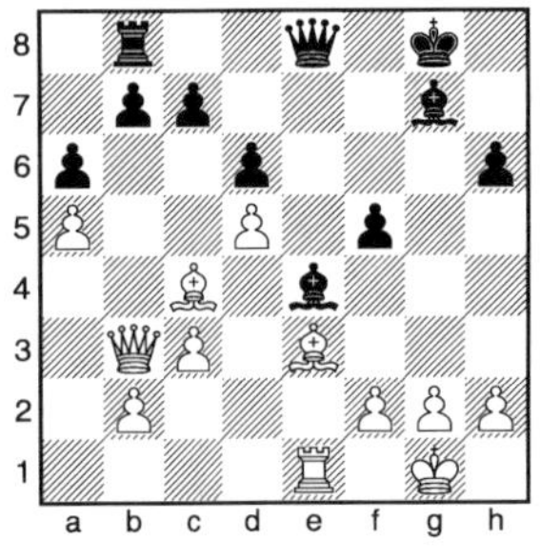

2.

1.f2–f3

Und der Läufer geht verloren. Es ist gut einen Vorposten in der gegnerischen Stellung zu haben. Aber achte darauf, dass diese Figur auch wieder entkommen kann, wenn sie angegriffen wird.

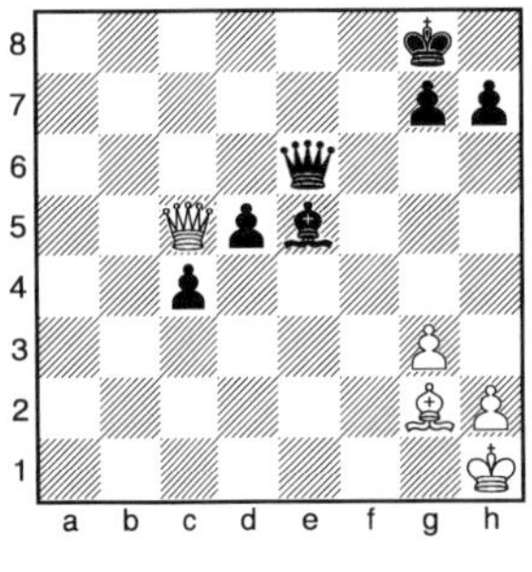

3.

1.♗g2xd5

Spießt Dame und König auf. Viel schwächer ist 1.♕c5xd5 ♕e6xd5 2.♗g2xd5+ ♔g8–f8 3.♗d5xc4 =

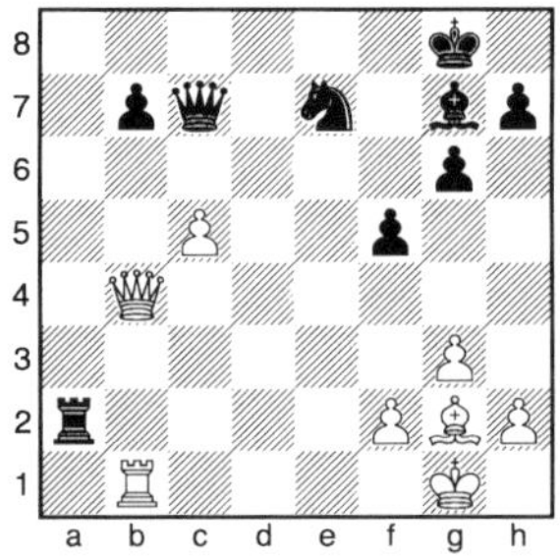

4.

1.♕b4–c4+/b3+ Doppelangriff,

1...♔g8–h8 2.♕c4xa2

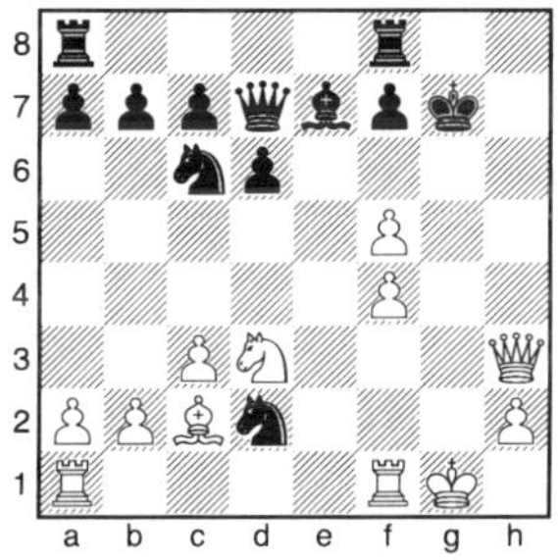

5.

1.f5–f6+ ♗e7xf6 2.♕h3xd7

Wenn eine Figur oder ein Bauer zieht and damit den Weg einer anderen Figur frei macht, die nun eine Drohung bewirkt, nennt man dies einen **"Abzugsangriff"** oder kurz **"Abzug"**.

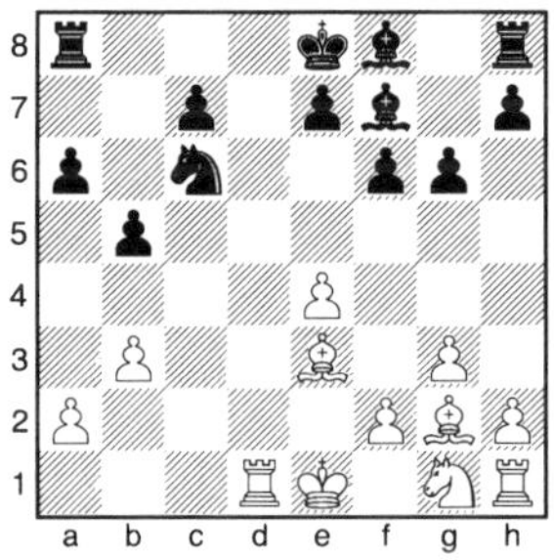

6.

1.e4–e5 Öffnet die Diagonale für den Läufer und gewinnt damit den Springer.

1...♘c6xe5 2.♗g2xa8

1...♖a8–b8?? 2.♗g2xc6#

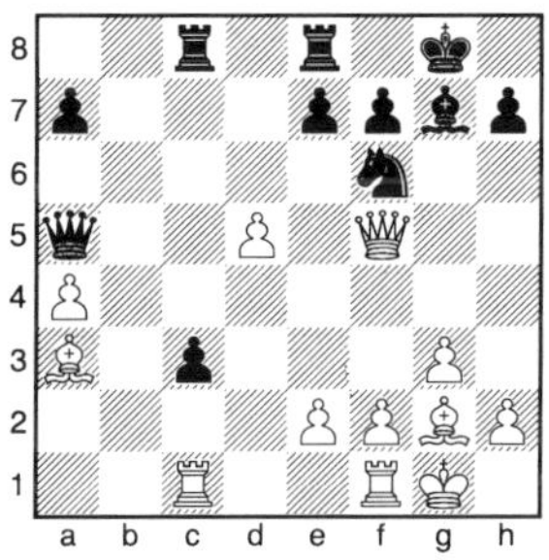

7.

1.♗a3xe7

Und der Turm kann den Läufer nicht schlagen;

1...♖e8xe7?? 2.♕f5xc8+ mit Qualitätsgewinn.

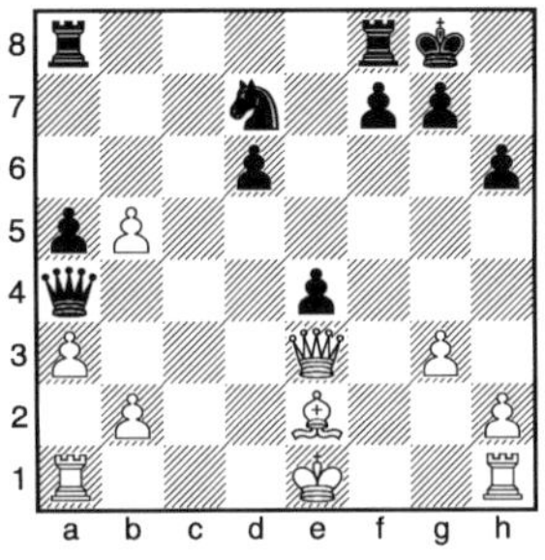

8.

1.b2–b3

Und die Dame ist gefangen. Für sie gilt, ähnlich wie schon für den Turm gesehen, dass sie sich nicht in beengte Stellungen begeben sollte, wo sie wie hier schon ein kleiner Bauernschritt angreifen könnte.

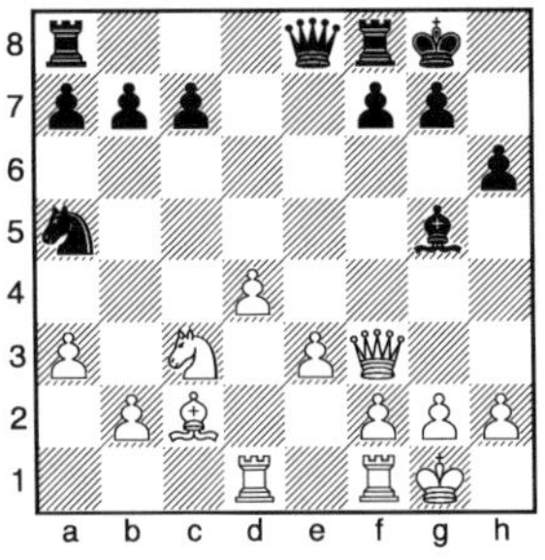

9.

Ist der König einer der angegriffenen Steine, ist der Doppelangriff besonders gefährlich:

1.♕f3–f5 g7–g6 2.♕f5xa5

1...♘a5–c6?? scheitert an 2.♕f5–h7#
Warum ist der schwarze Springer zuvor nach a5 gezogen? Sinnlose Züge machen oft erst einen Doppelangriff möglich.

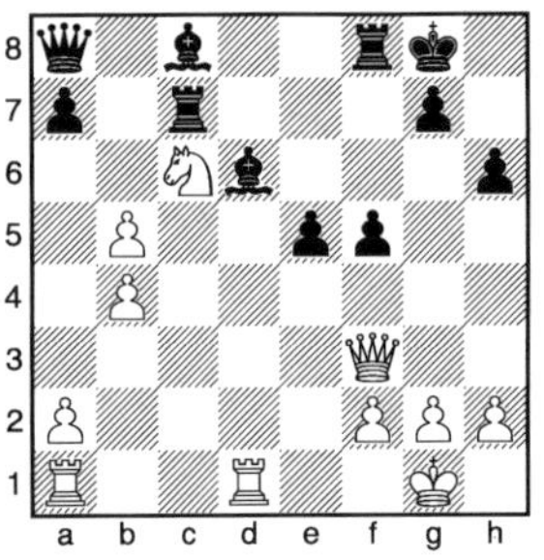

10.

1.♖d1xd6 gewinnt eine Figur, 1.♕f3–d5+ ♔g8–h7 2.♕d5xd6 ♖c7–f7 3.♕d6xe5 ist etwas stärker. Aber der wirkliche Gewinnzug ist

1.♘c6–e7+ ♗d6xe7 2.♕f3xa8

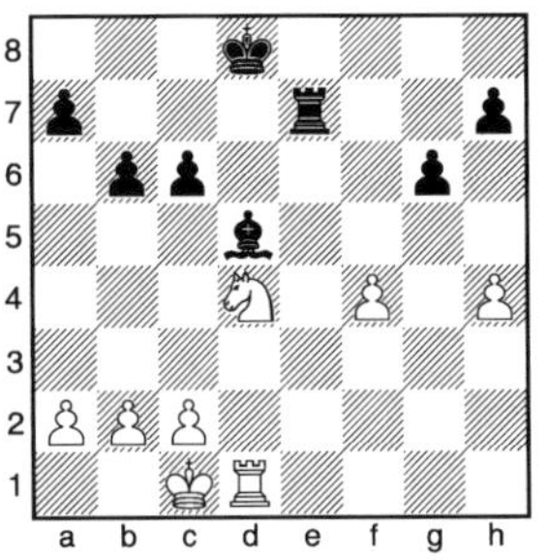

11.

1.♘d4xc6+

Wegen der Fesselung kann der Springer ungestraft gabeln;

1...♔d8–d7 2.♘c6xe7 ♔d7xe7 3.♖d1xd5

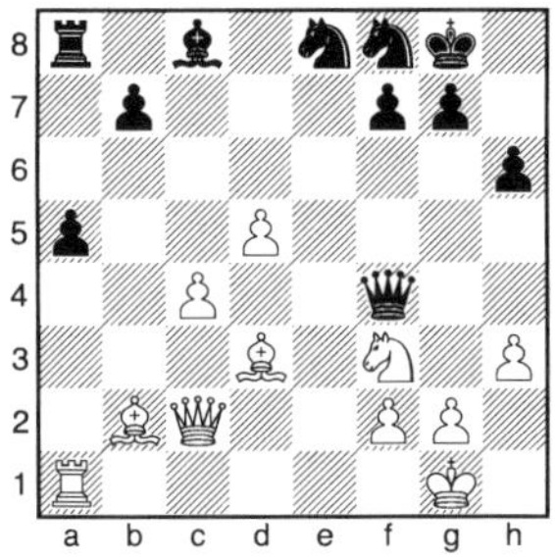

12.

1.♗b2–e5

Fängt die Dame mitten auf dem Brett! Lass dich– von der Optik nicht täuschen und schau genau hin, ob die "freien Felder" wirklich frei sind!

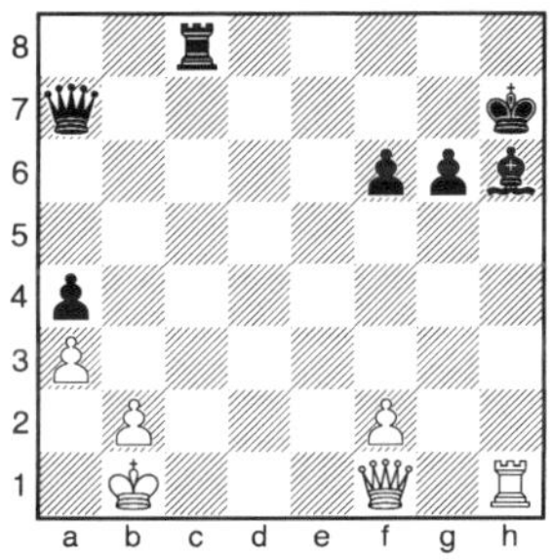

13.

1.♕f1-h3 Doppelangriff

1...♕a7–g7 2.♕h3xc8

1...♕a7–c7 sieht besser aus, macht es aber nur schlimmer: 2.♕h3xh6+ ♔h7–g8 3.♕h6–h8+ ♔g8–f7 4.♖h1-h7+

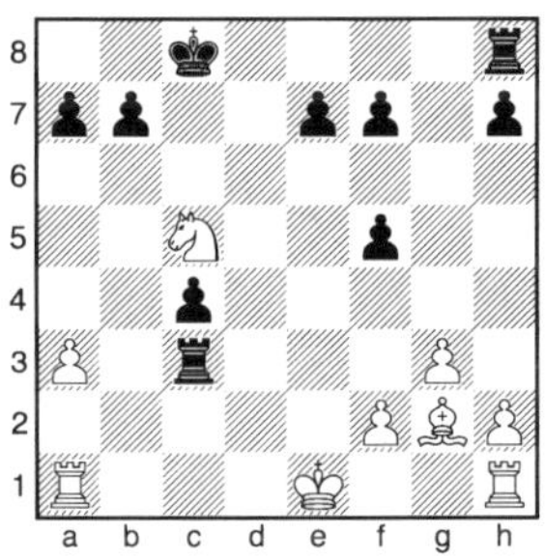

14.

1.♔e1-d2

Und der Turm ist gefangen;

1...♖c3–d3+ 2.♘c5xd3 c4xd3 3.♔d2xd3

Weiß hat Qualität und einen Bauern gewonnen.

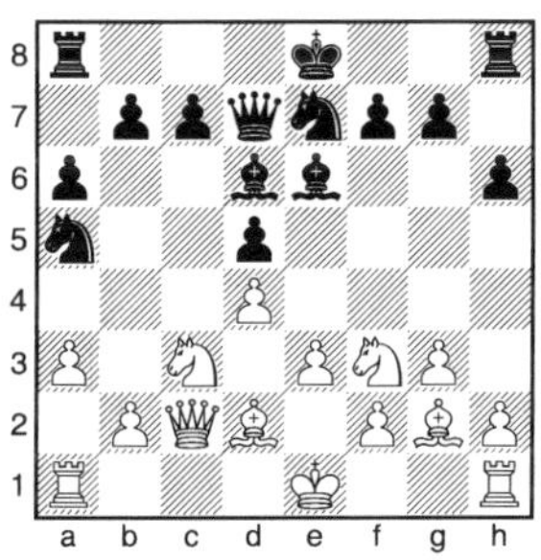

15.

1.♘c3xd5

Ein typischer Reinfall in der Eröffnung. Mit dem Abzug gewinnt Weiß einen wichtigen Bauern.

1...♘e7xd5 2.♗d2xa5

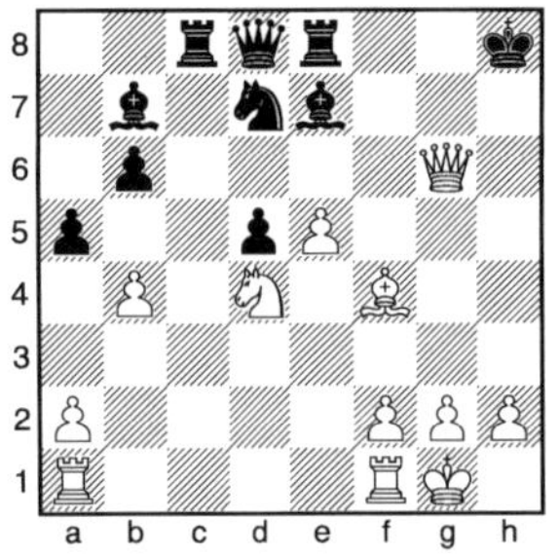

16.

1.♘d4–e6

Die Mattdrohung gewinnt die Dame, die allerdings ohnehin gefangen ist und verloren gehen würde:

1...♗e7–f8 2.♘e6xd8

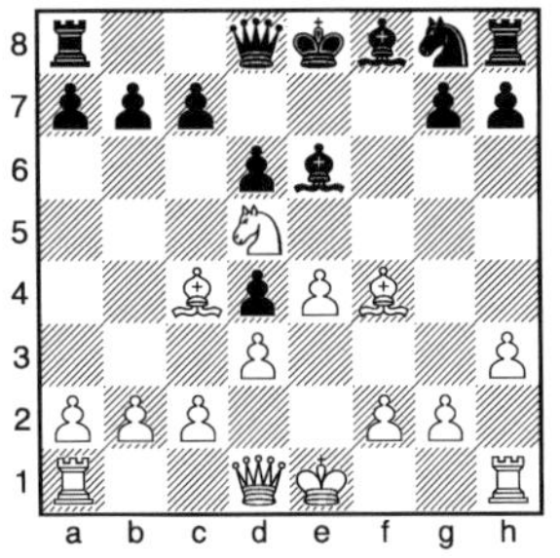

17.

1.♘d5xc7+

Dieser Abzug gewinnt nicht nur einen Bauern, sondern ruiniert auch die schwarze Stellung.

1...♕d8xc7 2.♗c4xe6

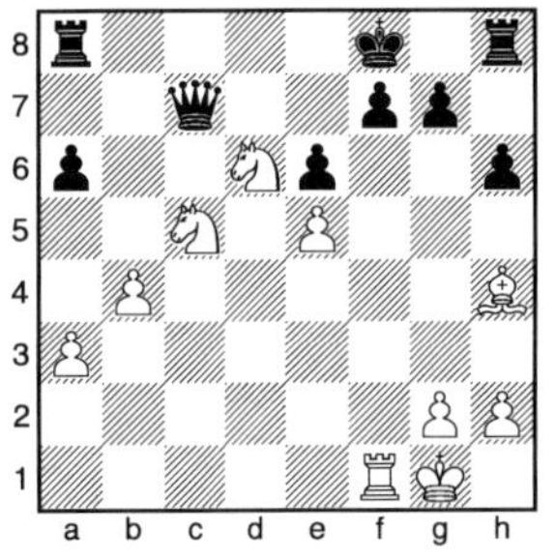

18.

1.♘c5xe6+

Und der gefesselte f–Bauer kann nicht schlagen.

1...♔f8–g8 2.♘e6xc7

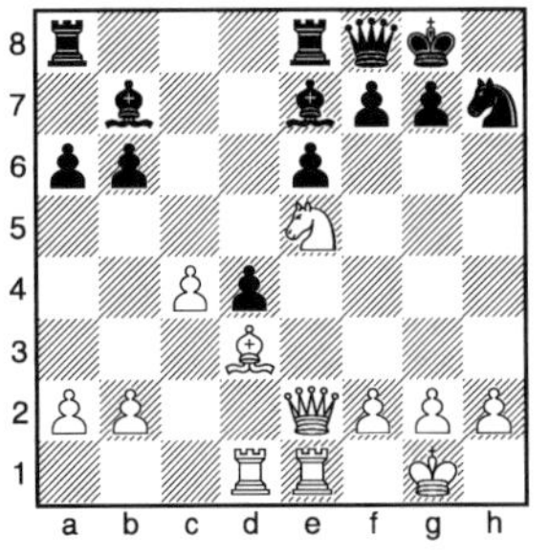

19.

1.♘e5–d7

Die Dame ist verloren. Sie in diese total einge–klemmte Stellung zu bringen war ein schwerer Fehler und absolut gedankenlos.

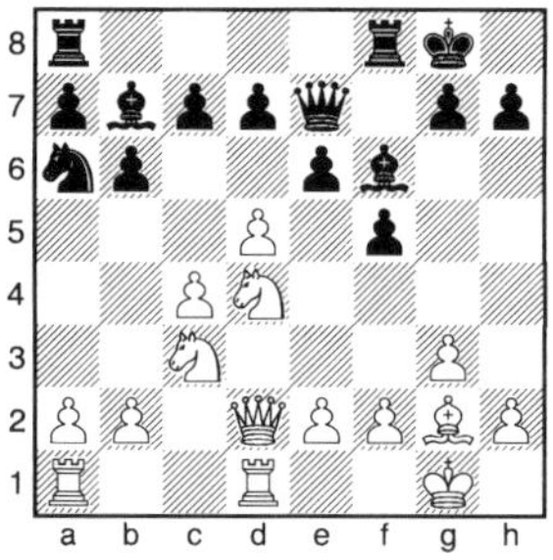

20.

1.d5–d6

Dieser Abzug ist noch schlimmer als er aussieht:

1...♕e7xd6 2.♗g2xb7

Und Weiß gewinnt entweder eine weitere Figur oder die Qualität!

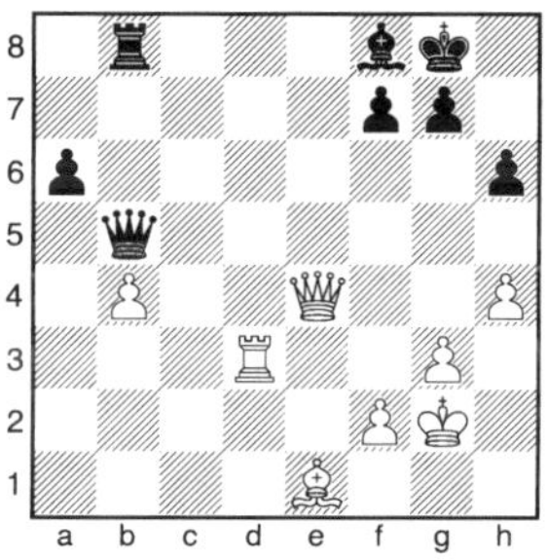

21.

1...♖b8–e8

Spießt Dame und Läufer auf.

2.♕e4–d5 ♖e8xe1

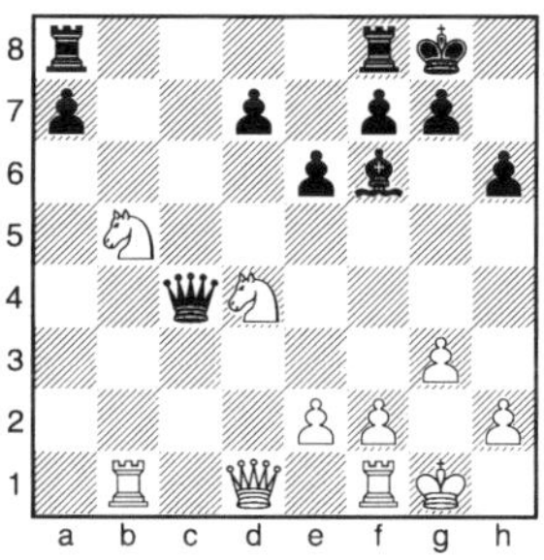

22.

1...a7–a6

Die Springer decken sich gegenseitig. Aber nun geht einer von ihnen verloren:

2.♘b5–a3 ♕c4xd4 oder
2.♘d4–f3 a6xb5

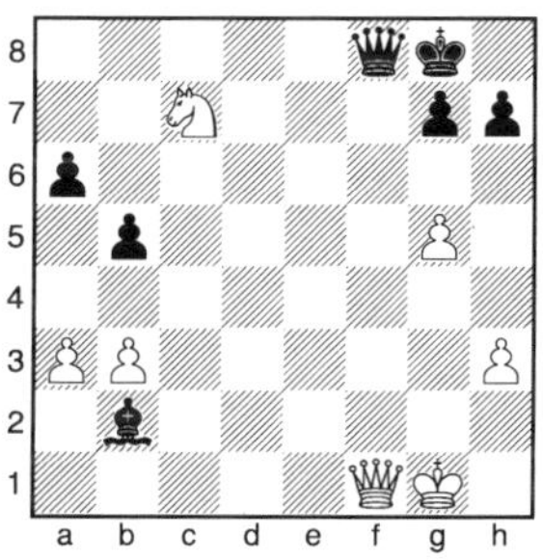

23.

1...♕f8–c5+ Doppelangriff
2.♔g1–g2 ♕c5xc7

Falls 2.♕f1-f2?? spießt ♗b2–d4 Dame und König auf.

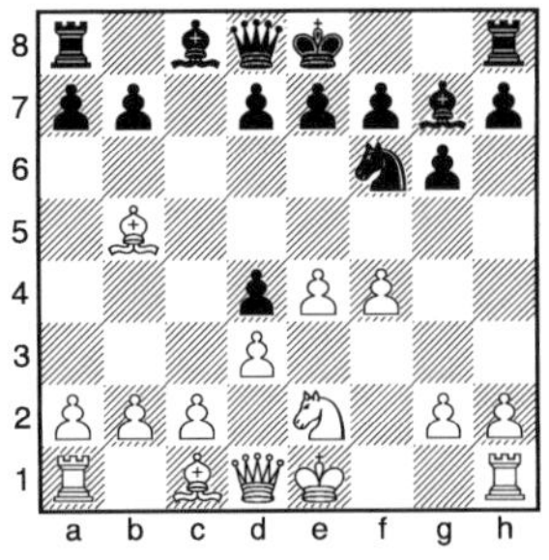

24.

1...♕d8–a5+

Ein Ausfall der Dame gewinnt den Läufer. Weiß hätte rochieren sollen statt f2–f4 zu ziehen.

2.c2–c3 ♕a5xb5 3.♘e2xd4

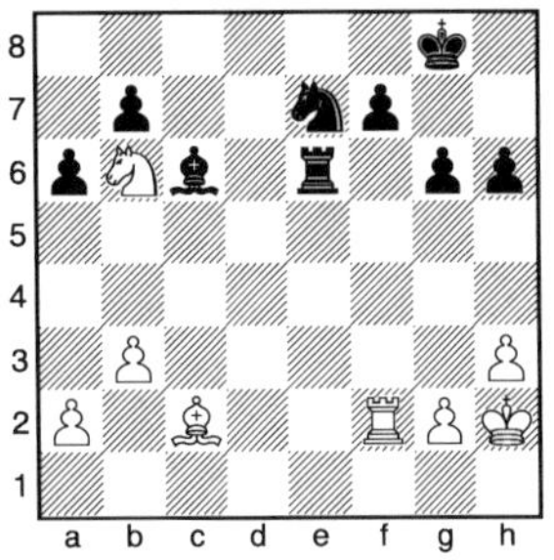

25.

1...♗c6xg2

Gewinnt einen Bauern,

2.♔h2xg2 ♖e6xb6

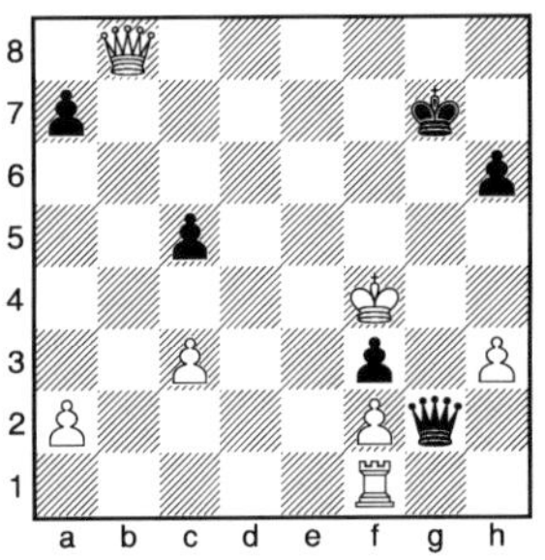

26.

1...♕g2–h2+

Spießt die schwarze Dame auf. Vermutlich hatte Schwarz nur 1...♕g2xf1 2.♕b8xa7+ ♔g7–f6 3.♕a7xc5 erwartet mit einer gewonnenen Stellung. Nimm nichts als gegeben an; der Gegner kann auch andere Pläne haben!

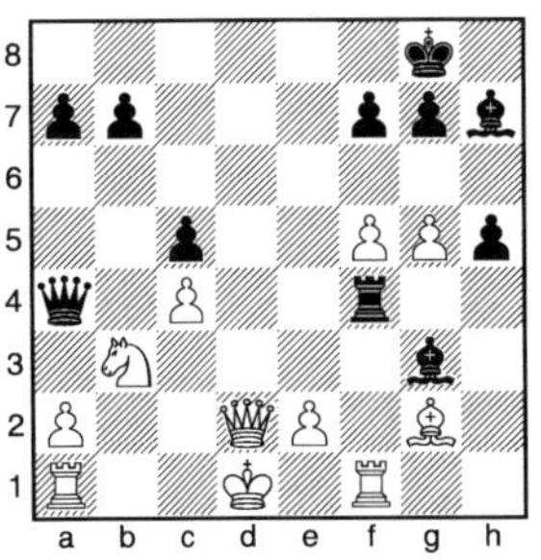

27.

1...♖f4–d4

Der gefesselte Springer kann den Turmspieß nicht abwehren,

2.♕d2xd4 c5xd4

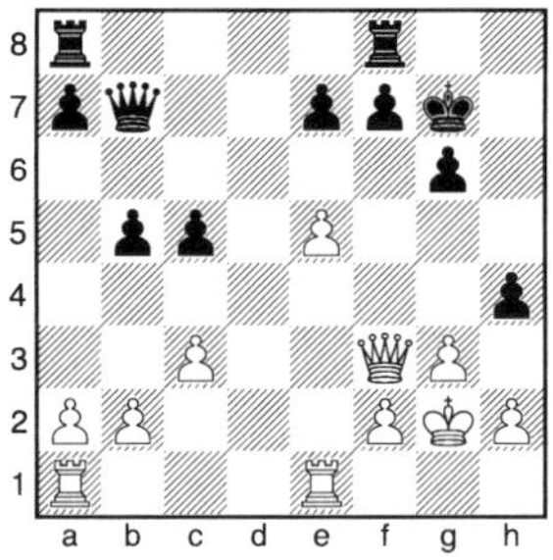

28.

1...h4–h3+

Trennt den König von seiner Dame, die nun verloren geht,

2.♔g2xh3 ♕b7xf3

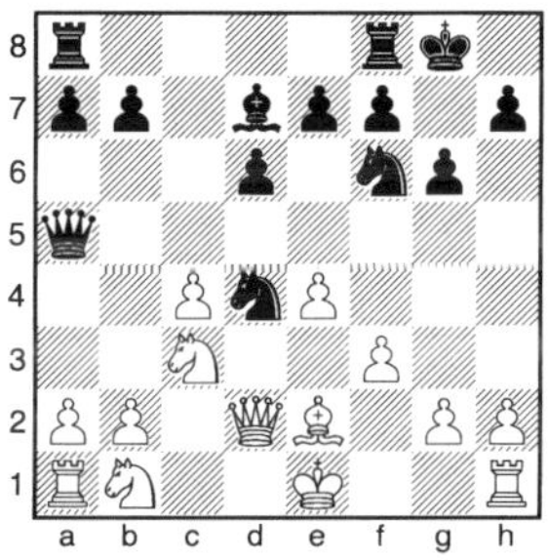

29.

1...♘d4–b3 gewinnt zumindest die Qualität,
2.a2xb3 ♕a5xa1

Oder 2.♕d2–d 1 ♘b3xa1 3.♘b1-d2 -- 4.♕d1xa1

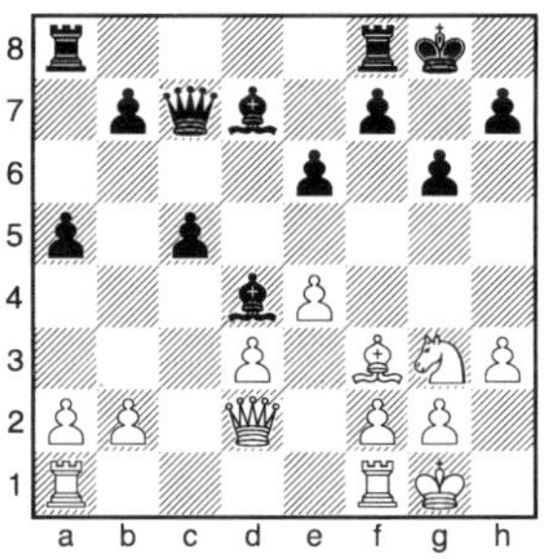

30.

1...♕c7xg3

Der gefesselte f2–Bauer kann das nicht verhindern. Der König hätte zuvor die Fesselung aufheben sollen mit Kg1-h1.

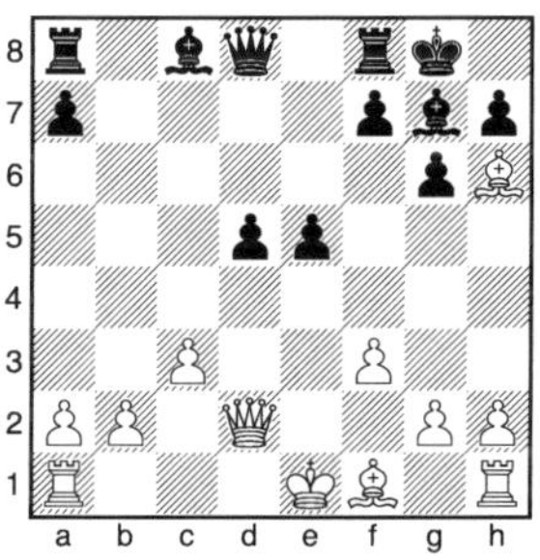

31.

Mit seinem letzten Zug Le3–h6 wollte Weiß seinen Läufer abtauschen, übersah aber den Doppelangriff:

1...♕d8–h4+ 2.g2–g3 ♕h4xh6

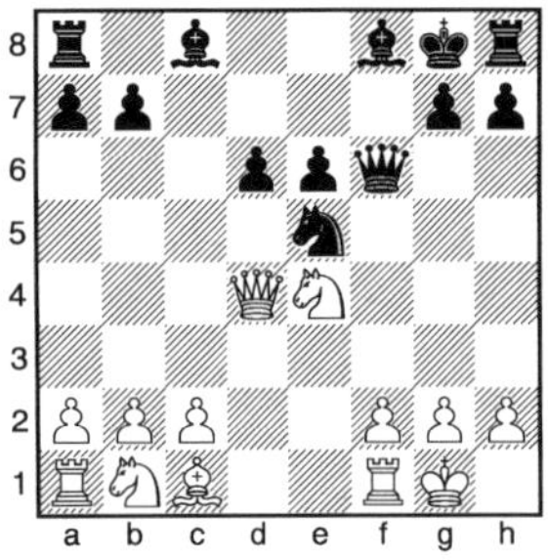

32.

1...♘e5–f3+ 2.g2xf3 ♕f6xd4

Ein Abzugsangriff ist besonders schlimm, wenn eine der beteiligten Steine ein Schach bieten kann. Man nennt das dann ein **"Abzugsschach"**.

Bevor wir mit den taktischen Motiven fortfahren lernen wir einiges über die Regeln des Turnierschachs und über das korrekte Benehmen eines Schachspielers.

Vermutlich finden es einige Leser langweilig oder nervig, etwas über Regeln zu lernen. Aber es ist wichtig. Du kannst unnötig in Nachteil geraten oder sogar eine Partie verlieren, wenn du eine Regel nicht kennst. Unwissenheit schützt bekanntlich vor Strafe nicht!

Daher lies bitte die folgenden Seiten. Es ist keine große Mühe, kostet nicht viel Zeit und mag sich später einmal auszahlen.

6. Regeln & Schach-Etikettte

Wenn du in einem Turnier spielst, hast du nicht nur die Grundregeln des Spiels zu befolgen, sondern auch einige weitere. Du magst nun sagen: *"Ich nehme nicht an Turnieren teil und werde das wohl auch nie tun"*. Das mag sein. Aber einige der Turnierregeln gelten auch für private Partien und es ist gut, sich frühzeitig an sie zu gewöhnen, nur für alle Fälle.

Die erste und wichtigste Regel ist **"berührt - geführt"**.

Wenn du am Zug bist und eine Figur berührst, musst du sie auch ziehen, sofern das möglich ist!

(Vielleicht hast du Glück, dass mit der berührten Figur kein regelgerechter Zug möglich ist. Dann bist du noch einmal davongekommen. Aber in jedem Fall ist das schlechter Stil.

Solange du den berührten Stein in der Hand hältst, kannst du das Zielfeld noch ändern. Aber **sobald du den Stein loslässt, gilt der Zug als ausgeführt** und es gibt kein Zurück.

Wenn du mehrere Steine angefasst hast, musst du den ziehen, den du zuerst berührst hast. Falls dies ein illegaler Zug wäre, den nächsten und so weiter.

Wenn du mit Uhr spielst, musst du diese mit derselben Hand betätigen, mit der du gezogen hast. **"Zughand drückt"** ist die Regel.

Selbst viele Hobbyspieler bestehen auf "berührt - geführt" und es kommt zum Streit, wenn du einen Zug zurücknehmen willst.

Selbst Zugweisen, die nicht gegen eine Regel verstoßen, können recht nervig sein. Manchmal hebt ein Spieler eine Figur hoch, lässt sie über dem Brett kreisen wie ein Adler über der Beute, setzt die Figur wieder aufs Ausgangsfeld und wiederholt das bald danach. Das ist nicht verboten, aber sehr schlechter Stil. Entscheide dich für einen Zug, bevor du einen Stein berührst. Wenn du sicher bist, führe den Zug ohne jede Verzögerung aus.

Falls du Probleme hast, deine Finger zu kontrollieren, setzt dich auf deine Hände. Das sollte nach einer Weile dazu führen, dass du nicht mehr in Versuchung kommst, den Denkprozess mit einer Handbewegung Richtung Brett und Figur zu "unterstützen".

Schon der große Meister Dr. Tarrasch riet dazu, sich auf die Hände zu setzen, medizinisch gesehen (er war Arzt) auch im Hinblick darauf, dass "Druck auf die äußeren Extremitäten" die Durchblutung verbessert! ☺

Wenn du einen Stein auf dem Brett zurechtrückst, musst du sagen:

"J'aboude" oder *"Ich rücke zurecht"*.

(Französisch; es meint das Gleiche) ***bevor*** du das tust!

Zu Beginn einer Turnierpartie (und oft auch bei einer freien Partie) schütteln sich die Spieler die Hände. Es ist sehr schlechter Stil das nicht zu tun; auch, falls du den Gegner absolut nicht leiden kannst.

Wenn du eine Partie aufgibst, reich deinem Gegner wieder die Hand und sage: ***"Ich gebe auf"***. Eine altmodische Weise aufzugeben ist das Umlegen des Königs. Verärgerte Spieler mit schlechten Manieren "erweitern" diese Geste noch durch Umwerfen weiterer Figuren. Dies oder wortloses Weggehen vom Brett ist einfach nur ein Zeichen von sehr schlechten Manieren oder Unreife. Eine neuere Unsitte ist, bei Internet Partien statt aufzugeben die Zeit ablaufen zu lassen. Was soll das? Ist der Spieler nicht Manns genug, seine Niederlage einzugestehen? Auch wenn du dich über einen Verlust mächtig ärgerst, ist das kein Grund, es am Gegner auszulassen.

Manchmal möchtest du ein **Remis anbieten**. Das kannst du regelgerecht **nur, wenn du am Zug bist**, da du ja sonst den Gegner beim Nachdenken stören könntest.

Du machst deinen Zug, sagst: *"Ich biete Remis an"* und drückst die Uhr.

Nun kann der Gegner auf seine Zeit nachdenken, ob er das Angebot annimmt oder nicht. Du kannst ein Remisangebot nicht zurücknehmen. Und du kannst es nicht an bestimmte Bedingungen binden, z.B.: *"Ich biete Remis, aber nur, wenn du es sofort annimmst, sonst spielen wir weiter"*. Ein Remisangebot steht und es gibt keinen Weg zurück. Die höfliche Art es abzulehnen ist z.B. zu sagen: *"Ich möchte noch weiterspielen"*. Wortlos einen Zug zu machen und die Uhr zu drücken ist auch eine gültige Ablehnung, aber ein bisschen grantig.

Es ist verboten, den Gegner zu stören oder abzulenken, besonders natürlich, wenn er nachdenkt. Mit einem Stift herumzuspielen, zu summen oder mit den Fingern auf dem Tisch zu trommeln, mit dem Stuhl zu wippen oder herumzurutschen, mit dem Oberkörper weit über dem Brett zu hängen, am Brett zu essen oder zu trinken (dies vielleicht sogar schmatzend oder schlürfend), mit Umstehenden zu reden, ... Die Möglichkeiten von störendem Verhalten sind nahezu endlos. Der Gegner kann den Schiedsrichter rufen und protestieren und wenn der Schuldige nicht aufhört, kann die Partie als verloren erklärt werden.

Hobbyspieler sagen meistens: ***"Schach"***. Auf Turnierebene ist das nicht nötig und es nicht gesagt zu haben hat keine Folgen.

Die korrekte Rochade wird ausgeführt, indem man zuerst den König auf sein Zielfeld zieht (also nach g1/g8 oder c1/c8). Wenn du zuerst den Turm berührst, kann der Gegner verlangen, dass du nur diesen ziehst und der König auf seinem Feld bleibt, was ziemlich sicher ein entscheidender Nachteil wäre! Das ist zwar nicht gerade einsichtig oder sportlich, aber eine Regel und man sollte sich besser von Anfang an daran gewöhnen.

Manchmal führt ein Spieler - besonders bei Blitzpartien - die Rochade beidhändig aus, zieht also gleichzeitig König und Turm. Das ist lustig, aber auch regelwidrig.

Schau dir das Diagramm an. Fällt dir etwas Ungewöhnliches auf?

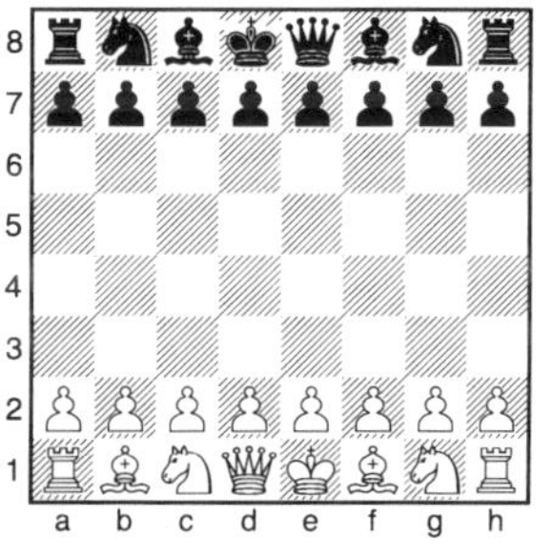

Die Ausgangsstellung ist nicht korrekt aufgebaut. Die Plätze von König und Dame des Schwarzen sind vertauscht; ebenso Läufer und Springer von Weiß auf der Damenseite. Manchmal sehen die Spieler das erst, nachdem sie schon einige Züge gemacht haben. Was ist zu tun?

Die Regel sagt, das, wenn der Fehler während der **ersten 10 Züge** der Partie entdeckt wird, die falsch aufgebauten Figuren auf ihre richtigen Plätze gesetzt werden. Wird der Fehler aber erst nach 10 Zügen bemerkt, wird die Partie neu gespielt. Wenn jedoch beide Spieler einverstanden sind, kann die Partie auch dann weitergespielt werden. Lange Zeit waren 3 Züge die Regel. Aber das wurde vor einigen Jahren geändert, was aber nicht jedem Spieler oder Schiedsrichter bekannt sein mag.

Bitte denk daran:

Berühre einen Bauern oder eine Figur nur, wenn du sicher bist, dass du sie ziehen willst!

Sei höflich und korrekt zu deinem Gegner und dem Schiedsrichter! Schach sollte ein Spiel für Sportsmänner / -frauen sein und hat keinen Platz für schlechte Manieren.

Bevor wir ans Ende dieses Kapitels kommen, reden wir mal über das Ende der Partie.

Manche Schachfreunde spielen selbst in absolut hoffnungslosen Stellungen weiter bis zum Matt oder bis zu einem Zug vor dem Matt. Selbst in nationalen und internationalen Jugendwettbewerben sehen wir dieses irrationale und unfreundliche Verhalten. Die Spieler hoffen auf ein Patt oder ein Wunder. Aber das ist selbst unter schwachen Spielern die große Ausnahme. Für die Arbeit am Buch *"Das U10 Projekt"* analysierte mein Team mehr als 2.500 Partien von Jugendturnieren u8 und u10. Kein einziges Patt wurde dabei gefunden!

Manche Trainer ermutigen ihre Schüler sogar zu solchem Verhalten. *"Es hat noch keiner durch Aufgeben gewonnen"*, sagen sie. Das ist ein dummer Spruch. Tatsächlich, wenn du nur noch den König übrig hast, kannst du ohnehin nicht gewinnen!

Natürlich kannst und solltest du weiterspielen, wenn deine Stellung Potential für ein Patt hat, z.B. einen eingeklemmten König. Aber ohne eine solche realistische Perspektive solltest du die Niederlage akzeptieren und aufgeben.

Weiterzuspielen ist / bedeutet

- Sehr unhöflich gegenüber deinem Gegner zu sein (es impliziert ja, dass du ihn für so dumm hältst, einen ganz primitiven Fehler zu machen) und ihm seine Zeit zu stehlen.
- Verschwendung deiner Zeit, die du besser nutzen könntest, z.B. zusammen mit deinem Gegner die Partie zu analysieren oder zumindest einige Gedanken und Ideen zur Partie auszutauschen.
- Lediglich noch Salz in deine Wunden zu reiben.
- Dich lächerlich vor anderen Spielern und Zuschauern zu machen. Manche von ihnen machen vielleicht auch spöttische Kommentare, alle werden dich als schlechten Verlierer und Lachnummer in Erinnerung behalten. Manchmal mag ein verärgerter Gegner sogar die Partie verlängern, um dich zu veralbern, indem er Material opfert oder absichtlich umständlich spielt; z.B. mehrere Bauern umwandelt, obwohl er schon mit der ersten Umwandlung schnell Matt setzen könnte.

Einen Verlust mit Anstand zu akzeptieren ist ein Teil des Lebens und besonders ein Teil von jeder Art von Sport und Spiel.

Sei in fairer Verlierer und erkenne den richtigen Zeitpunkt zum Aufgeben!

7. Finde Matt in 2 Zügen!

Nach dem trockenen, aber notwendigen Kapitel über Regeln hast du sicher Lust, dich wieder an Taktikübungen zu versuchen. Lass uns den nächsten Schritt machen und nach diesmal etwas längeren Matts Ausschau halten.

In den folgenden Stellungen kannst du in 2 Zügen Matt setzen. Schreibe die Züge auf und vergleiche sie mit den Lösungen.

Oder, wenn dir das lieber ist, schau dir direkt nach einer Aufgabe die Lösung an. Manchmal gibt es mehr als eine Lösung. Versuche, alle zu finden!

In Diagrammen mit ❍ / ● können beide Seiten Matt setzen, wenn sie am Zug sind.

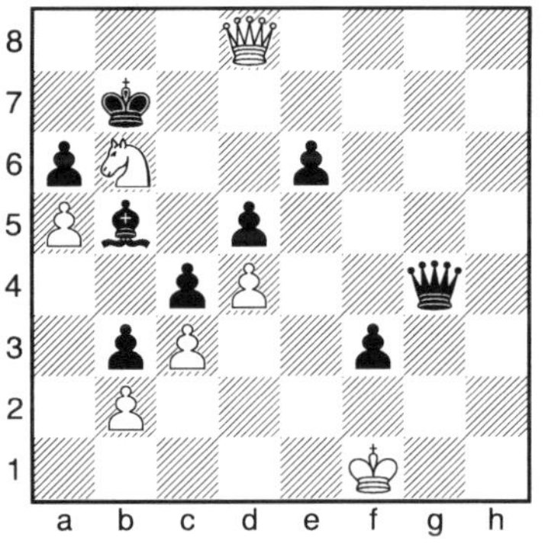

1 ❍ / ●

1. .... / ....

2. .... / ....

1. ------------- / ....

2. .... / ....

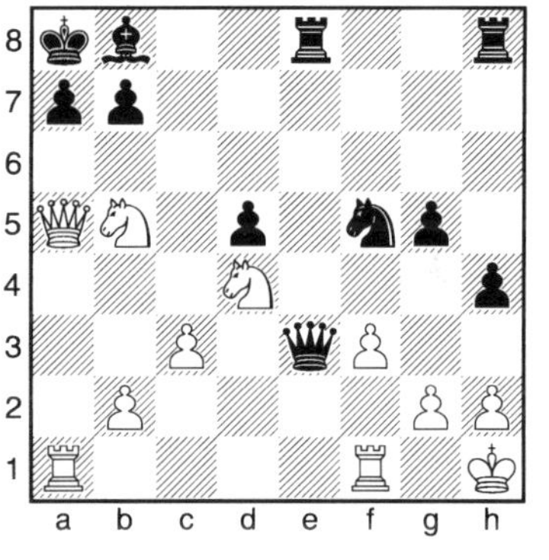

2 ❍ / ●

1. .... / ....

2. .... / ....

1. ------------- / ....

2. .... / ....

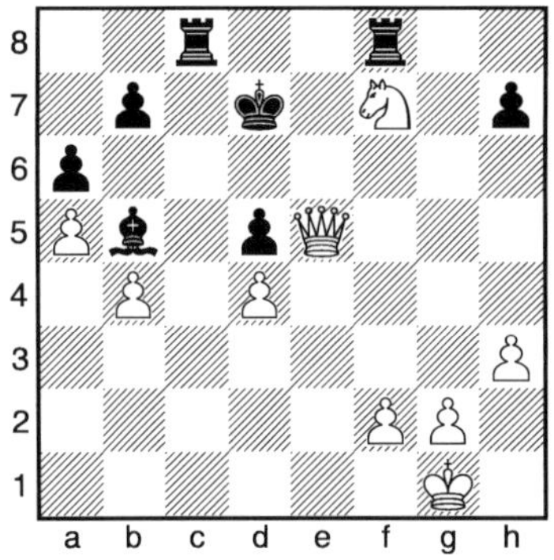

3

1. .... / ....

2. .... / ....

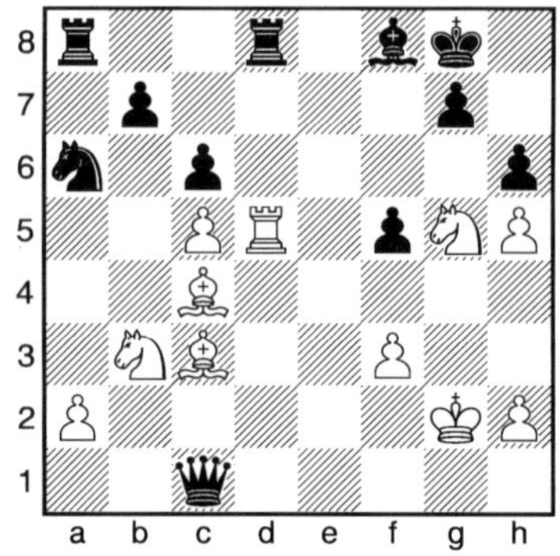

4

1. .... / ....

2. .... / ....

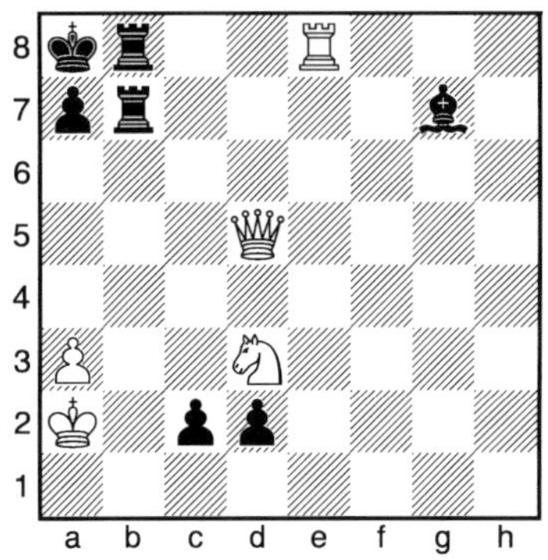

5 ❍ / ●

1. .... / ....

2. .... / ....

1. ------------- / ....

2. .... / ....

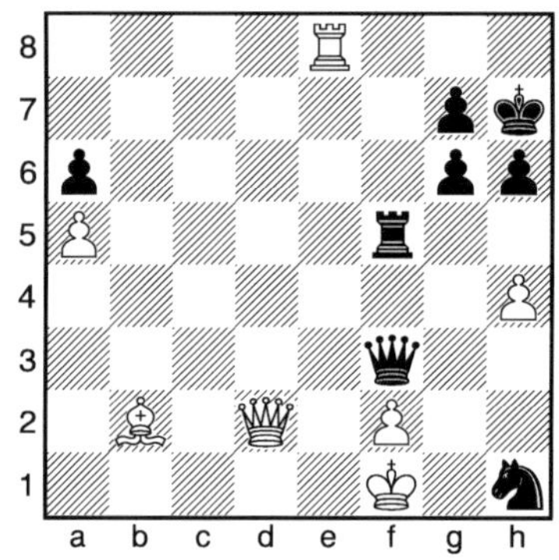

6 ❍ / ●

1. .... / ....

2. .... / ....

1. ------------- / ....

2. .... / ....

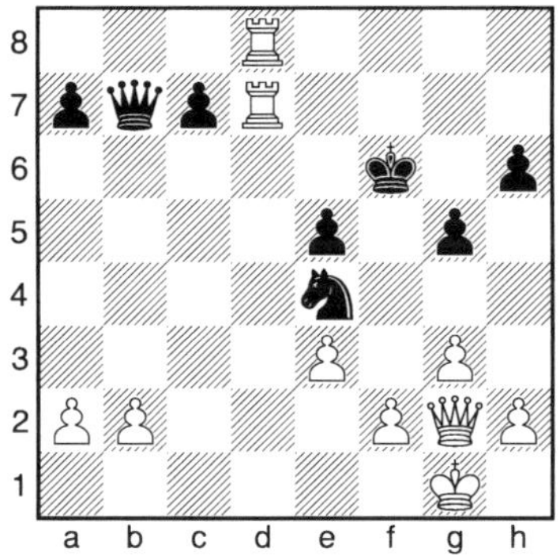

7

1. .... / ....

2. .... / ....

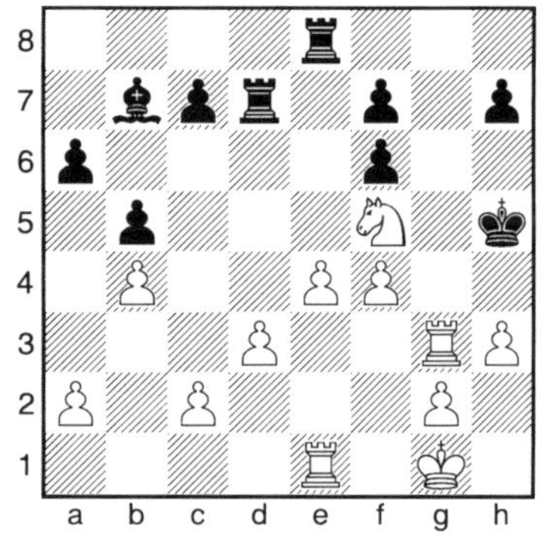

8

1. .... / ....

2. .... / ....

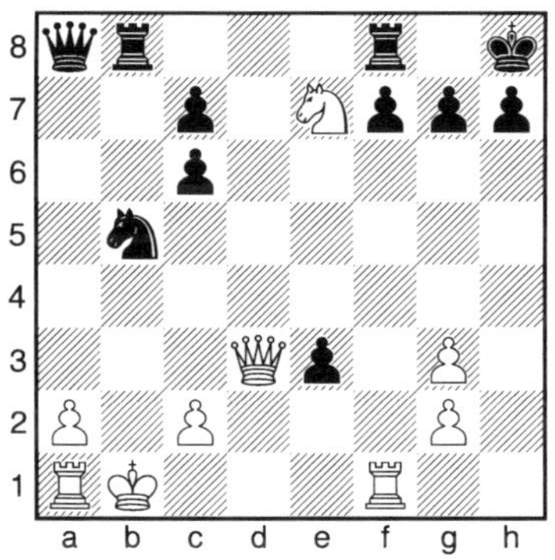

9 ○ / ●

1. .... / ....

2. .... / ....

1. -------------- / ....

2. .... / ....

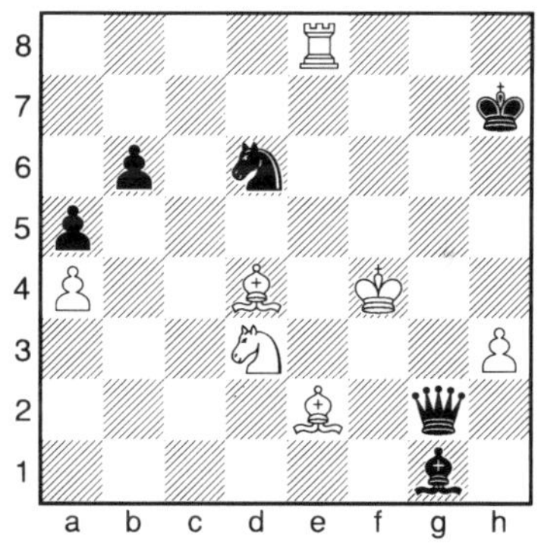

10 ○ / ●

1. .... / ....

2. .... / ....

1. -------------- / ....

2. .... / ....

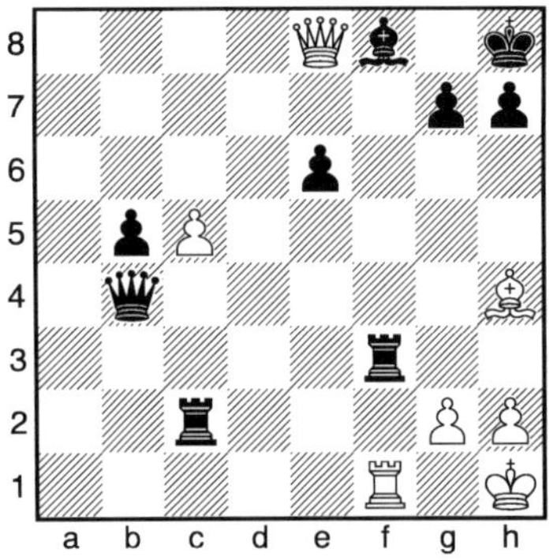

11

1. .... / ....

2. .... / ....

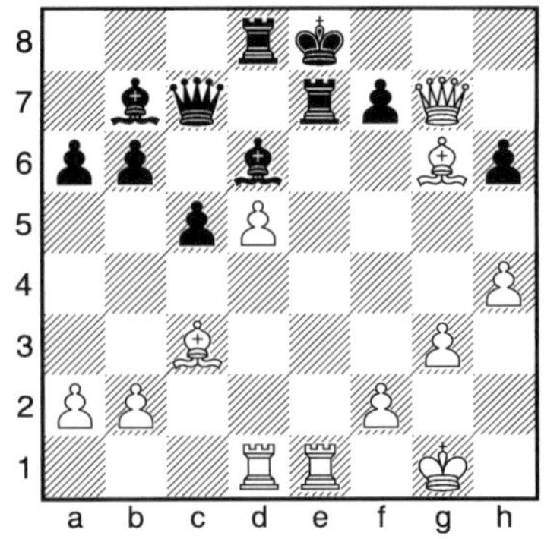

12

1. .... / ....

2. .... / ....

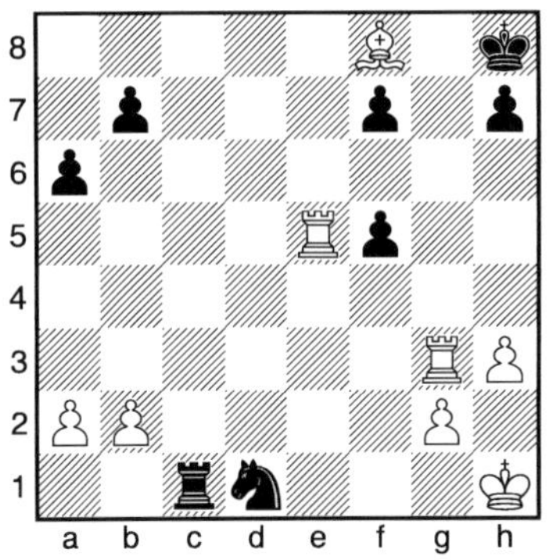

13 ❍ / ●

1. .... / ....

2. .... / ....

1. ------------- / ....

2. .... / ....

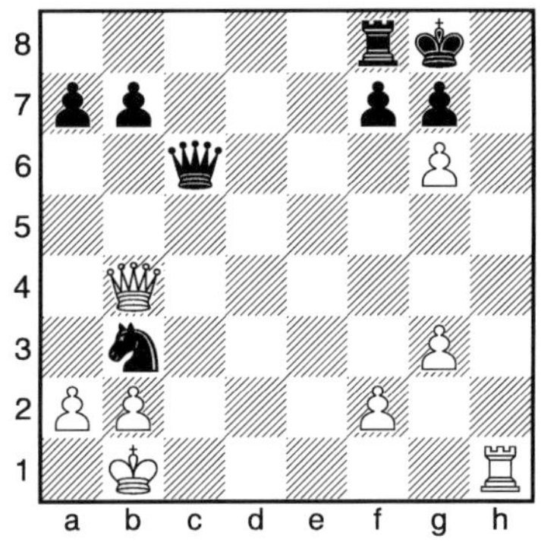

14 ❍ / ●

1. .... / ....

2. .... / ....

1. ------------- / ....

2. .... / ....

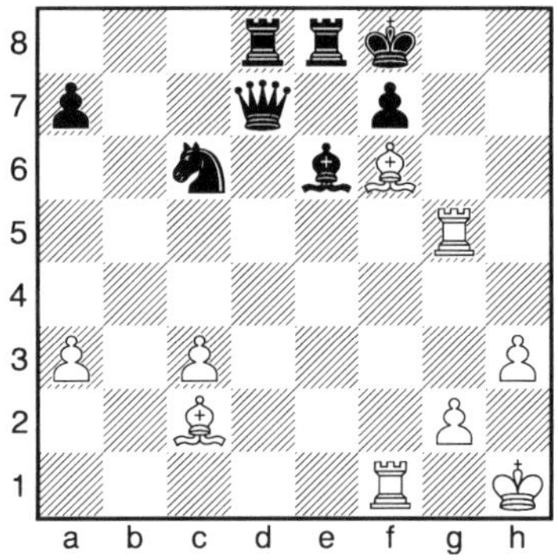

15

1. .... / ....

2. .... / ....

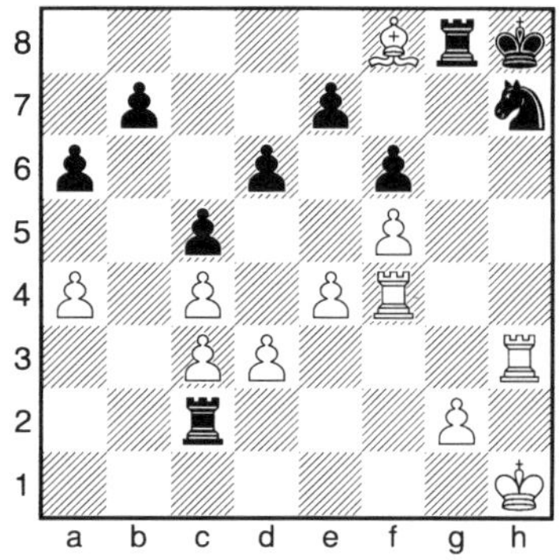

16

1. .... / ....

2. .... / ....

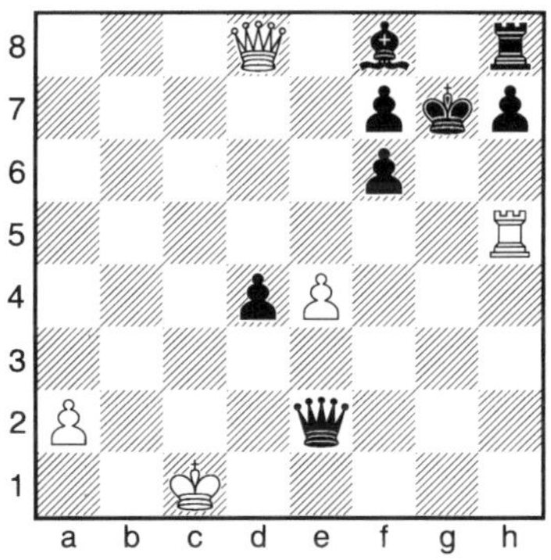

17 ❍ / ●

1. .... / ....

2. .... / ....

1. -------------- / ....

2. .... / ....

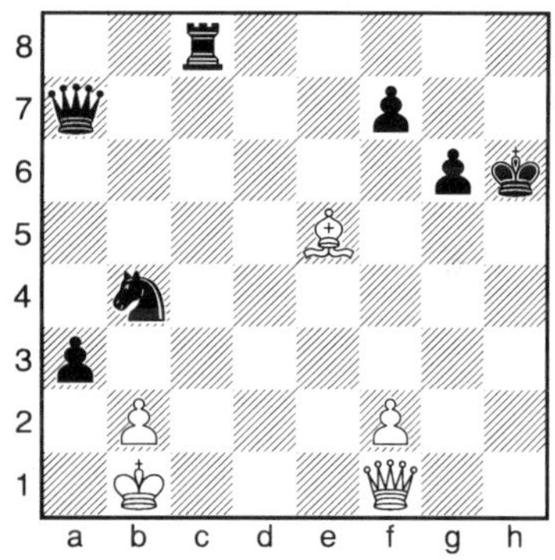

18 ❍ / ●

1. .... / ....

2. .... / ....

1. -------------- / ....

2. .... / ....

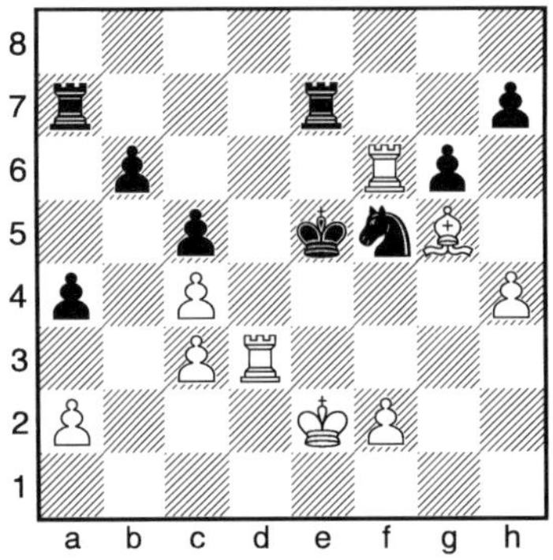

19

1. .... / ....

2. .... / ....

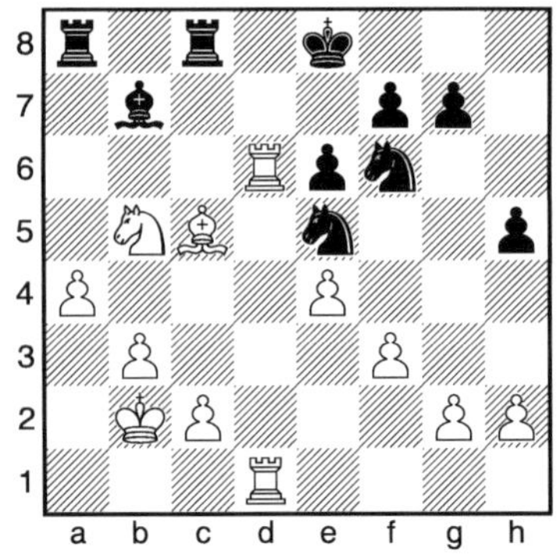

20

1. .... / ....

2. .... / ....

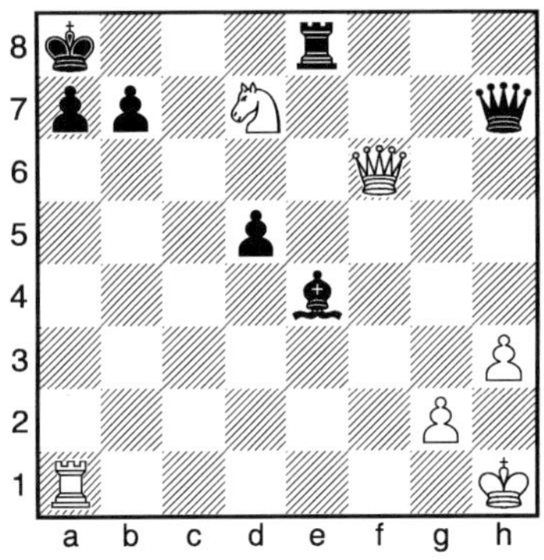

21 ❍ / ●

1. .... / ....

2. .... / ....

1. ------------- / ....

2. .... / ....

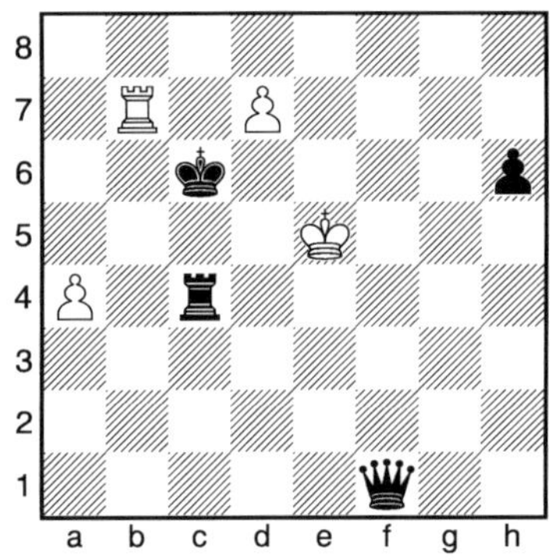

22 ❍ / ●

1. .... / ....

2. .... / ....

1. ------------- / ....

2. .... / ....

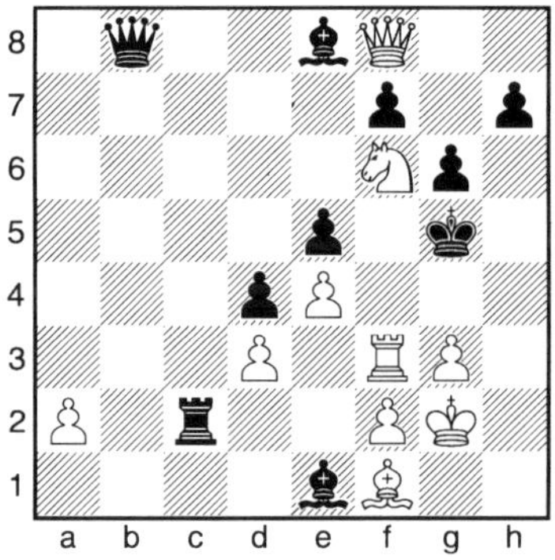

23

1. .... / ....

2. .... / ....

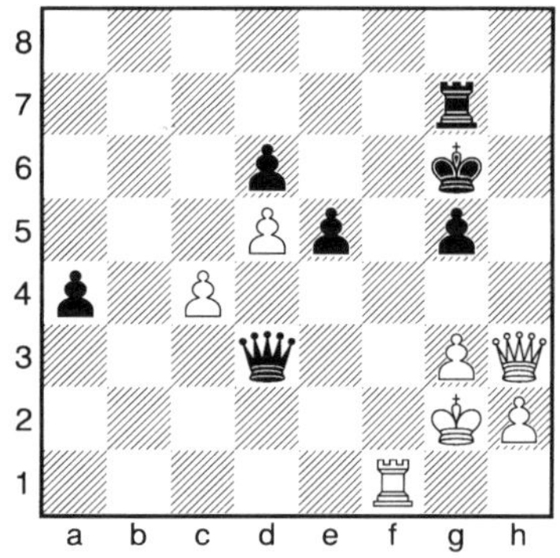

24

1. .... / ....

2. .... / ....

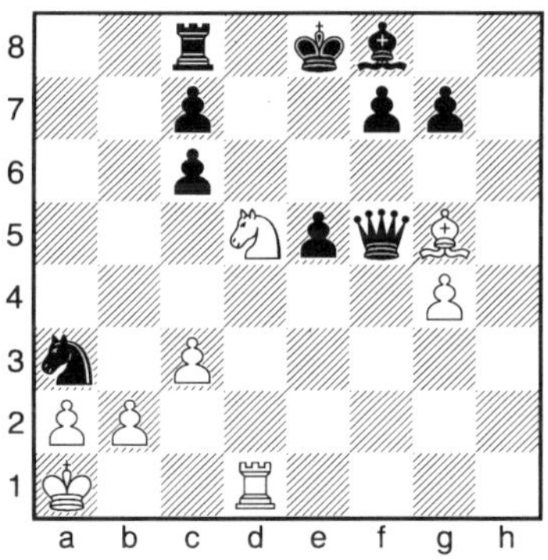

25 ○ / ●

1. .... / ....

2. .... / ....

1. -------------- / ....

2. .... / ....

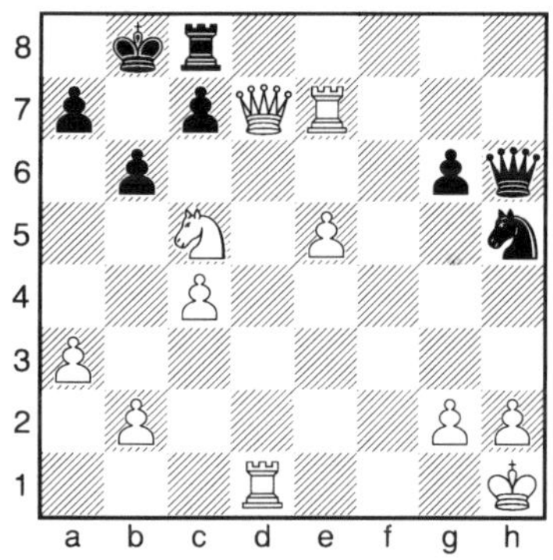

26 ○ / ●

1. .... / ....

2. .... / ....

1. -------------- / ....

2. .... / ....

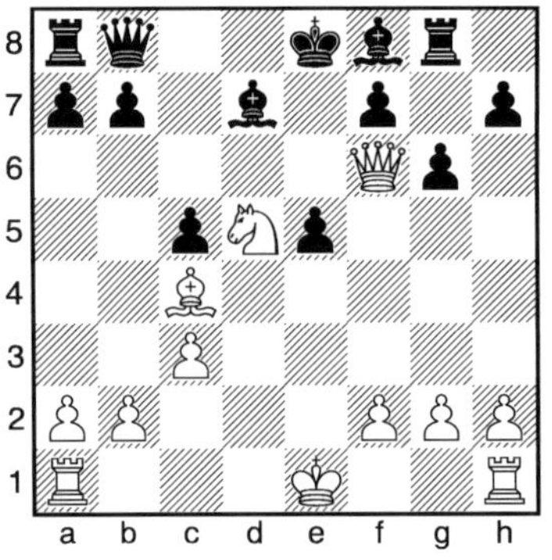

27

1. .... / ....

2. .... / ....

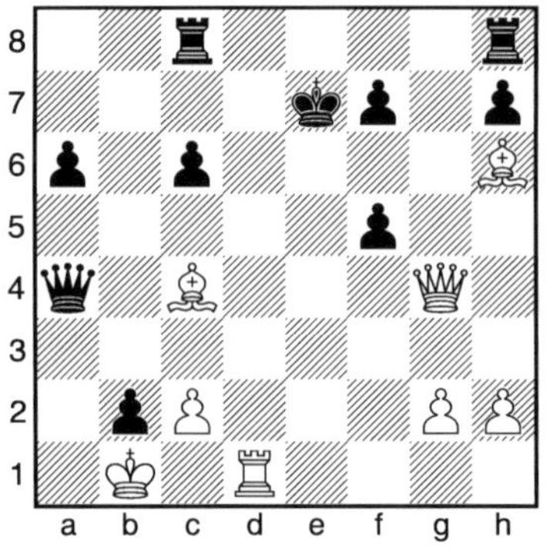

28

1. .... / ....

2. .... / ....

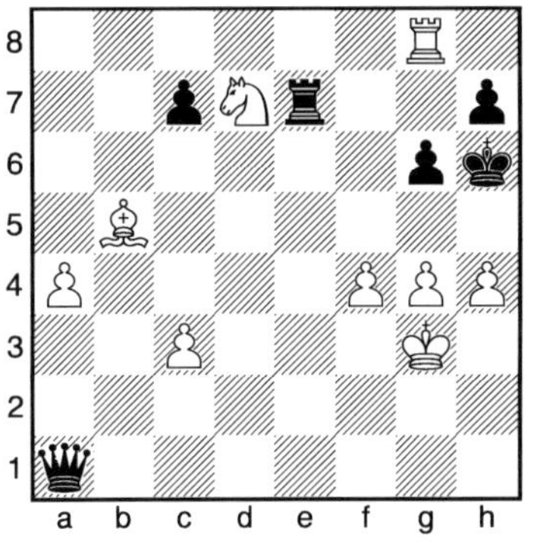

29 ❍ / ●

1. .... / ....

2. .... / ....

1. -------------- / ....

2. .... / ....

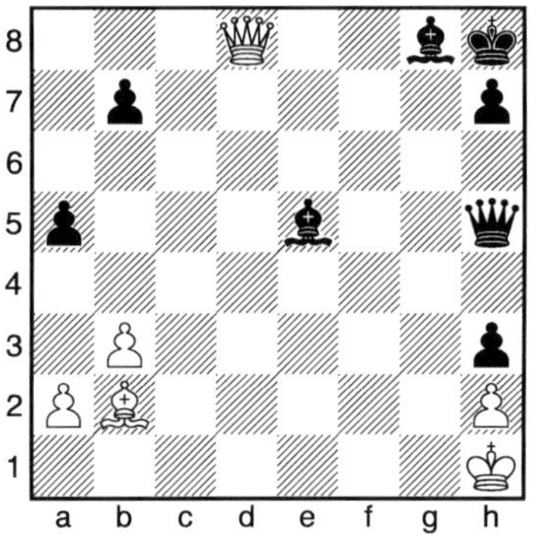

30 ❍ / ●

1. .... / ....

2. .... / ....

1. -------------- / ....

2. .... / ....

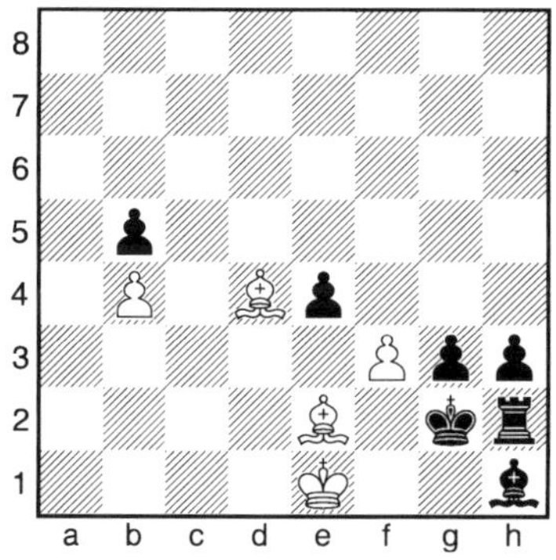

31

1. .... / ....

2. .... / ....

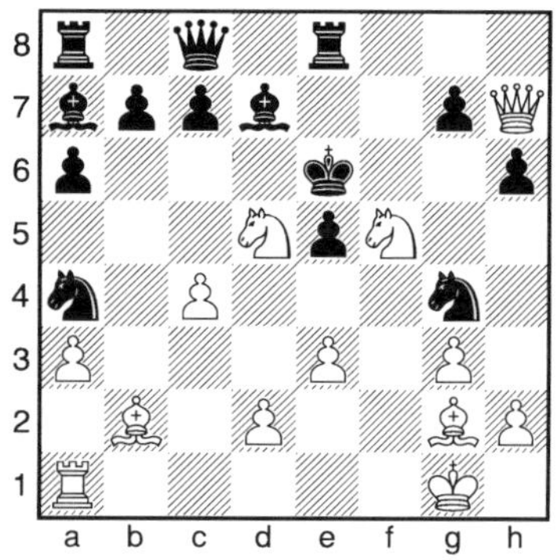

32

1. .... / ....

2. .... / ....

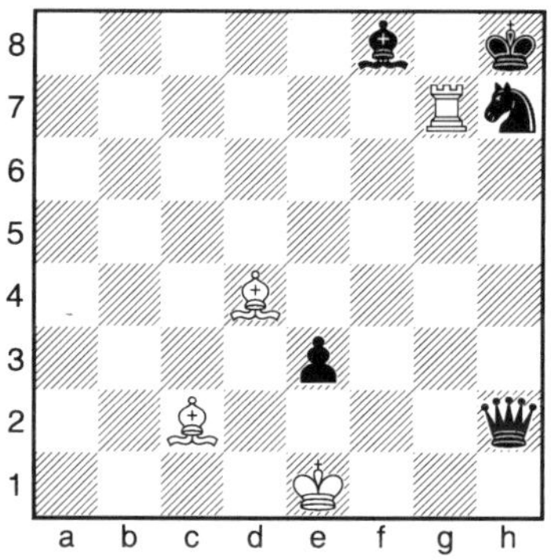

33 ○ / ●

1. .... / ....

2. .... / ....

1. ------------- / ....

2. .... / ....

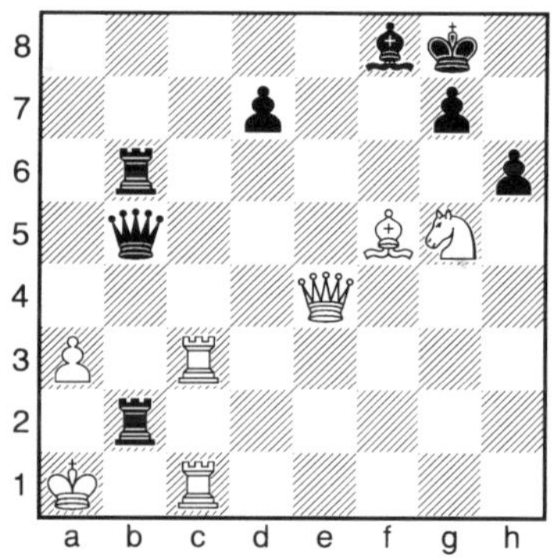

34 ○ / ●

1. .... / ....

2. .... / ....

1. ------------- / ....

2. .... / ....

Lösungen

Für Matts in 2 Zügen

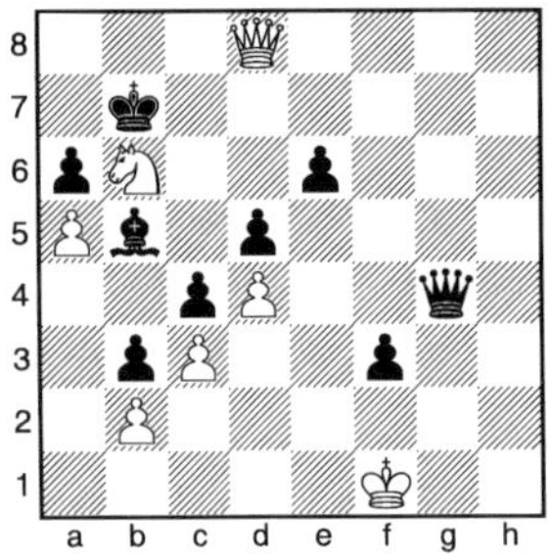

1.

❍ **1.♕d8−c8+ ♔b7−a7**
2.♕c8−a8#/c7#

● **1.-- ♕g4−g2+**
2.♔f1-e1 ♕g2−e2#

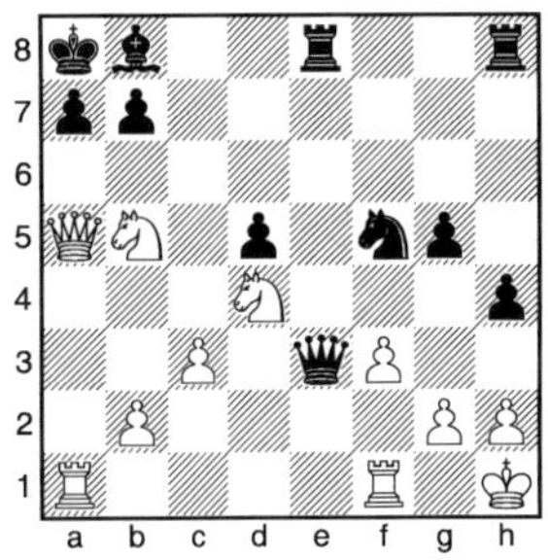

2.

❍ **1.♘b5−c7+ ♗b8xc7 2.♕a5xa7#**

● **1.-- ♘f5−g3+ 2.h2xg3 h4xg3#**

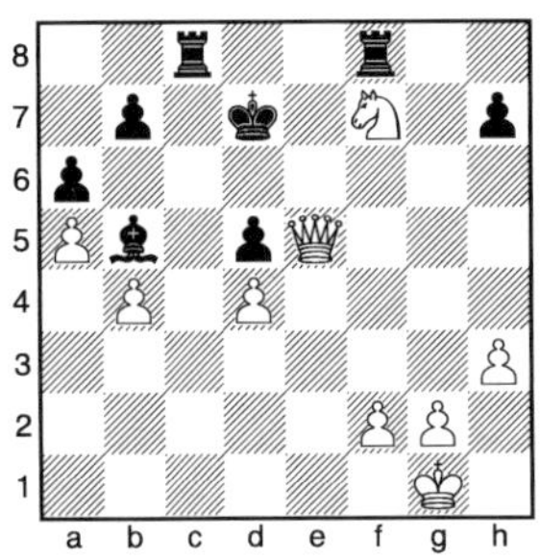

3.

1.♕e5−d6+ ♔d7−e8 2.♕d6−e6#

Oder **1.♕e5xd5+ ♔d7−e8 2.♕d5−e6#**

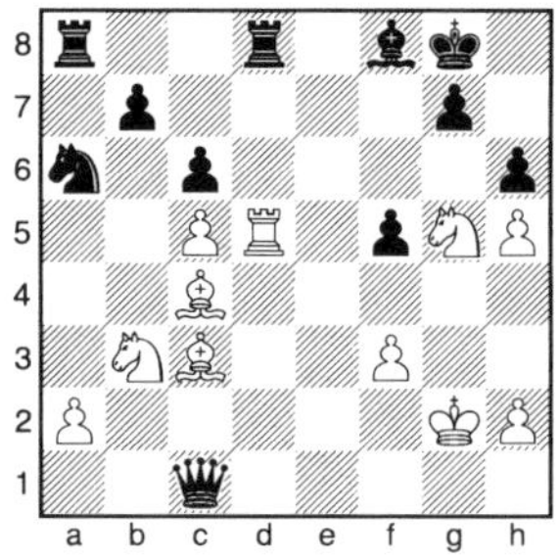

4.

Weiß hat nicht automatisch die Dame geschlagen, sondern nutzt ein schlaues Matt:

1.♖d5–d6+ Abzugsschach!

1...♔g8–h8 2.♖d6xh6#

Der gefesselte Bauer kann den Turm nicht schlagen.

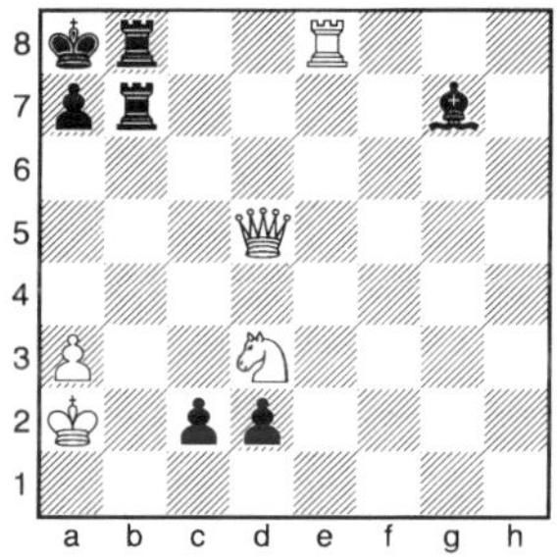

5.

❍ **1.♖e8xb8+ 1.♔a8xb8 2.♕d5–d8#**

● **1.–– c2–c1♘+**
2.♘d3xc1 d2xc1♘#

Zwei Unterverwandlungen sind der Schlüssel zum Gewinn.

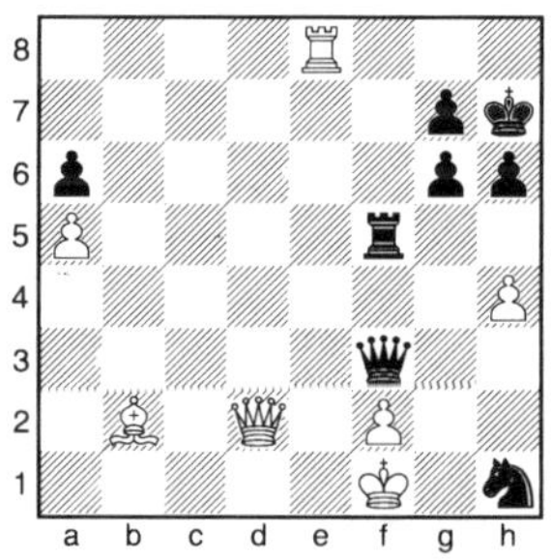

6.

❍ **1.♕d2xh6+ ♔h7xh6 2.♖e8–h8#**

● **1.–– ♘h1-g3+**
2.♔f1-e1/g1 ♕f3–h1#

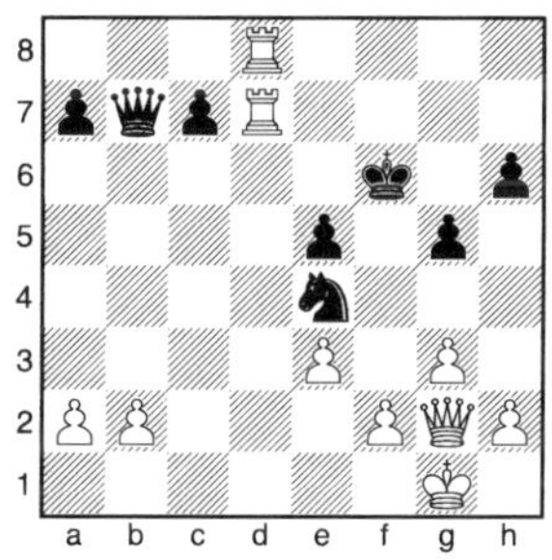

7.

1.♕g2–f3+ ♔f6–g/e6 2.♕f3–f7#

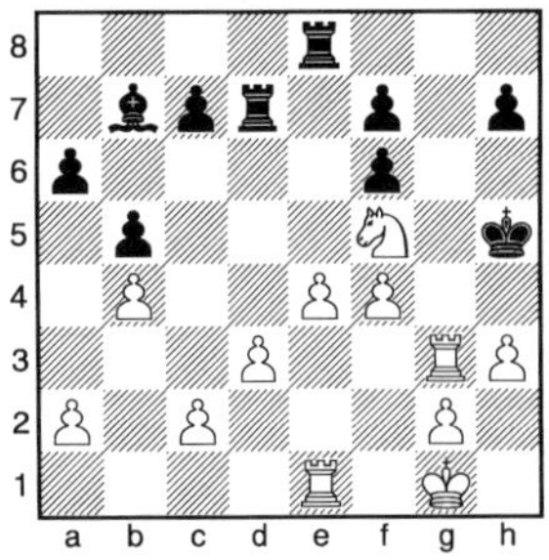

8.

1.♖g3–g7

Macht Platz für den Bauern. Das nennt man **"Räumung"**.

1...♖e8–h8 / 1...h7–h6 2.g2–g4#

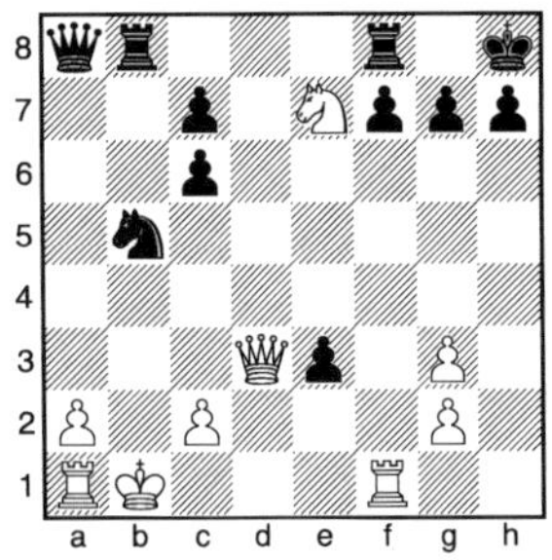

9.

❍ **1.♕d3xh7+ ♔h8xh7 2.♖f1-h1#**

Dieser Matt–Typ wird **Anastasia Matt** genannt, nach einem alten Roman, in dem es vorkam.

● **1.–– ♘b5–c3+** Doppelschach!
2.♔b1-c1 ♕a8–a3#

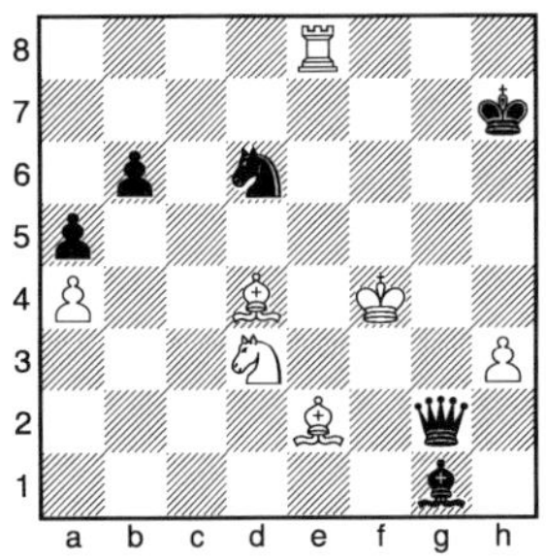

10.

❍ **1.♖e8–h8+ ♔h7–g6 2.♗e2–h5#**

● **1.–– ♗g1-h2+**
2.♔f4–e3 ♘d6–c4#

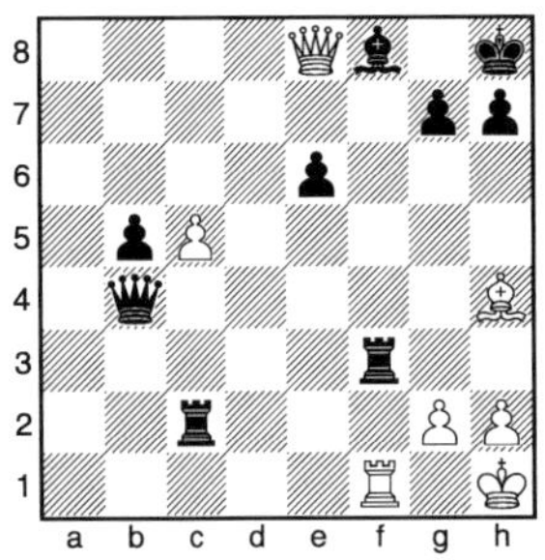

11.

1.♕e8xf8+ ♖f3xf8 2.♖f1xf8#

Diese Mattart nutzt das **"Röntgen Motiv"**. Der Tf1 wirkt über seinen Gegenspieler hinweg auf das Feld f8.

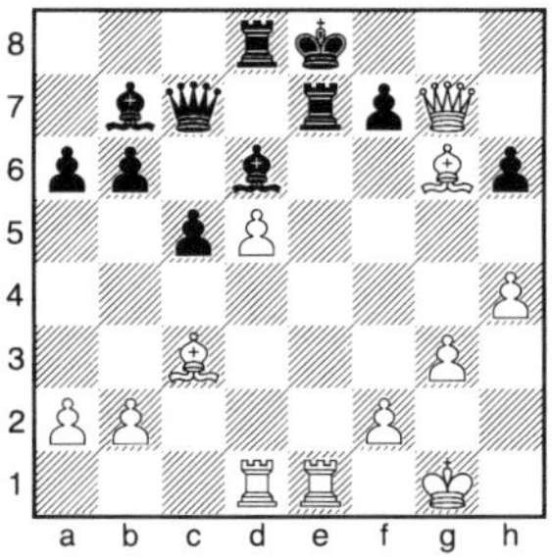

12.

1.♕g7xf7+ ♔e8–d7 2.♗g6–f5#

Gleich zweimal kann der Turm nicht eingreifen, weil er jeweils gefesselt ist.

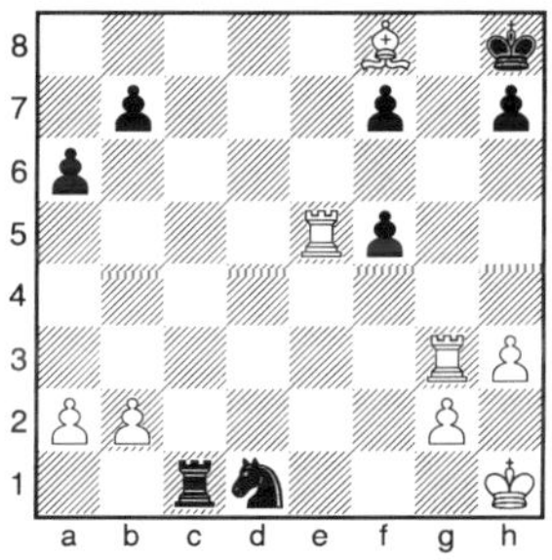

13.

❍ **1.♗f8–g7+ ♔h8–g8 2.♖e5–e8#**

● **1.–– ♘d1-f2+ 2.♔h1-h2 ♖c1-h1#**

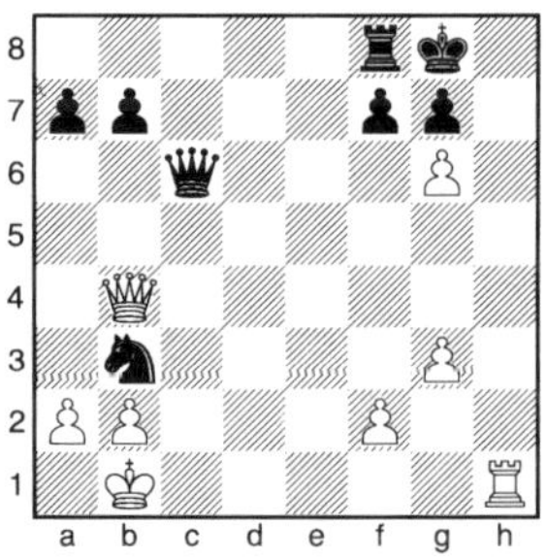

14.

❍ **1.♖h1-h8+ ♔g8xh8 2.♕b4xf8#**

● **1.–– ♕c6xg6+**
2.♕b4–e4 ♕g6xe4#

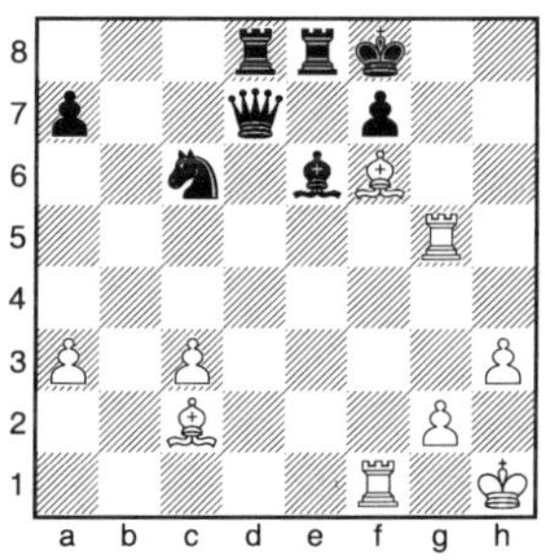

15.

1.♗c2–h7 ♘c6–e7 2.♗f6–g7#

1...–– Auf alle anderen Züge folgt jeweils 2.♖g5–g8#

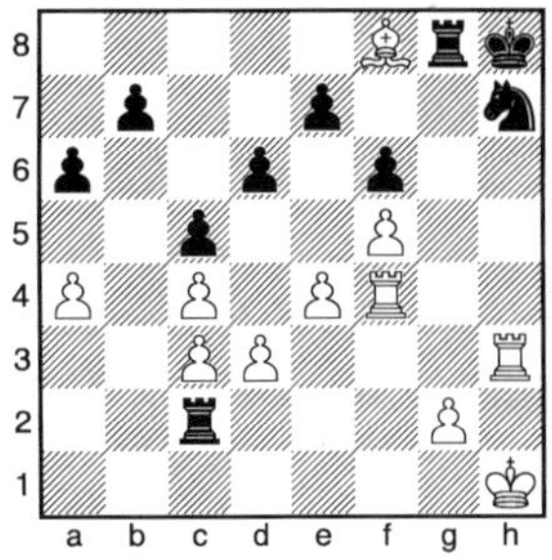

16.

1.♖h3xh7+ ♔h8xh7 2.♖f4–h4#

Eine Linie gegen den gegnerischen König zu öffnen ist oft ein Figurenopfer wert.

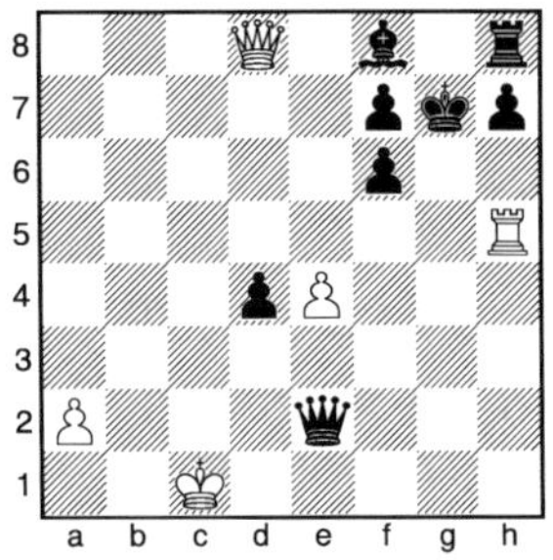

17.

❍ **1.♖h5–g5+! f6xg5 2.♕d8xg5#**

Oder 1...♔g7–h6 2.♕d8xf6#

● **1.–– ♗f8–a3+**
2.♔c1-b1 ♕e2–b2#/d1#

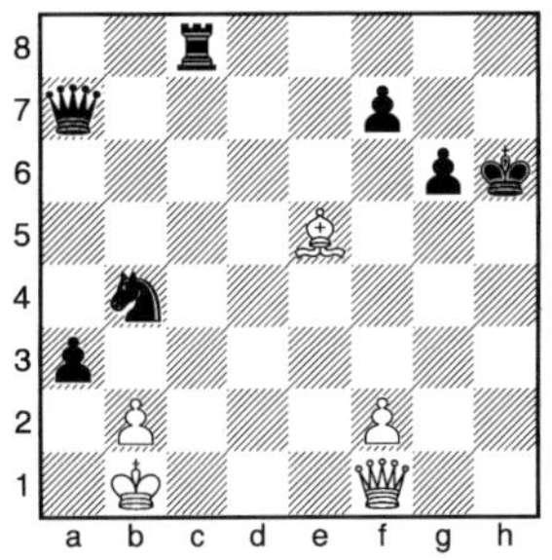

18.

❍ **1.♕f1-h3+ ♔h6–g5 2.f2–f4#**

● **1.–– a3–a2+ 2.♔b1-a1 ♘b4–c2#**

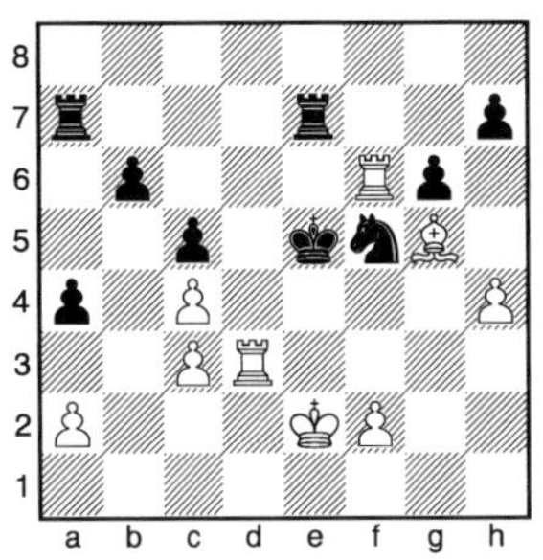

19.

1.♖d3–d5+ ♔e5–e4 2.f2–f3#

Im Endspiel kann der König zwar aktiv ins Geschehen eingreifen, doch hier war dafür noch zu viel Material auf dem Brett.

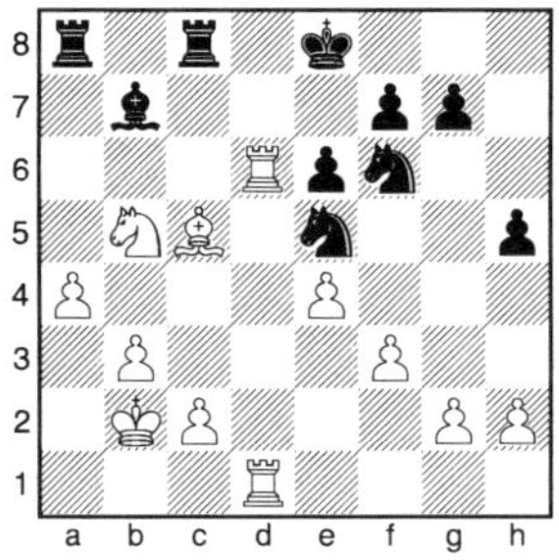

20.

1.♖d6–d8+

Öffnet die Diagonale des Läufers und zwingt den Turm von der c–Linie weg.

1...♖c8xd8 2.♘b5–c7#

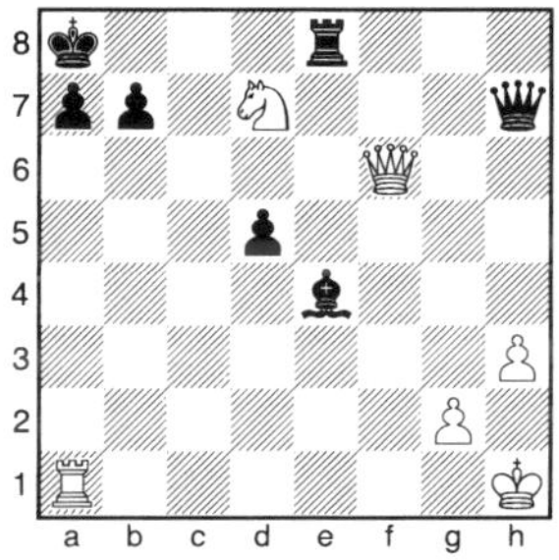

21.

❍ **1.♖a1xa7+ ♔a8xa7 2.♕f6–a1#**

Wieder das "Anastasia Matt".

● **1.–– ♕h7xh3+**
2.♔h1-g1 ♕h3xg2#

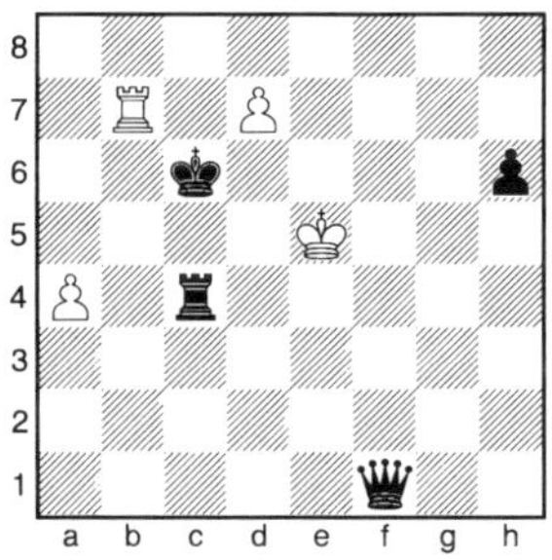

22.

❍ **1.d7–d8♘+**

Nur Unterverwandlung kann Weiß retten!

1...♔c6–c5 2.♖b7–b5#

● **1.–– ♕f1-f4+ 2.♔e5–e6 ♖c4–e4#**

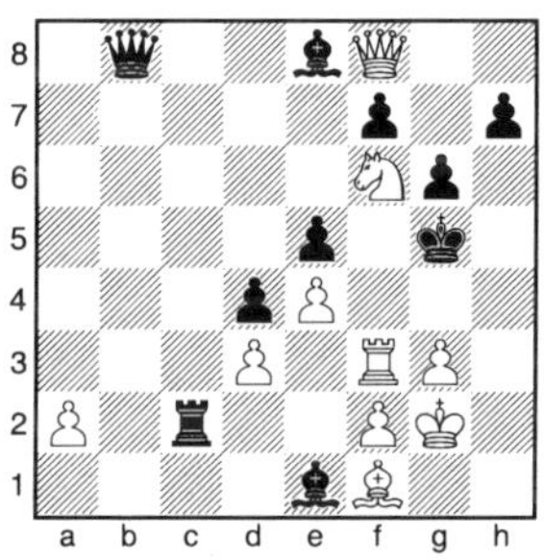

23.

1.♖f3–f5+

Das öffnet die Linie für die Dame.

1...g6xf5 2.♕f8–g7#

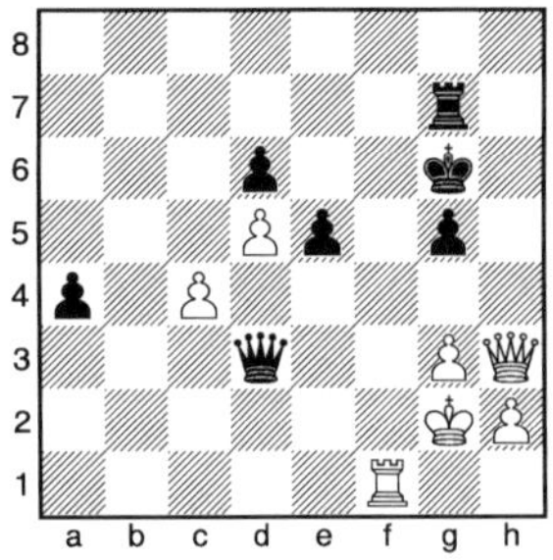

24.

1.♖f1-f6+

Zwingt den König in die Mattstellung.

1...♔g6xf6 2.♕h3–e6#

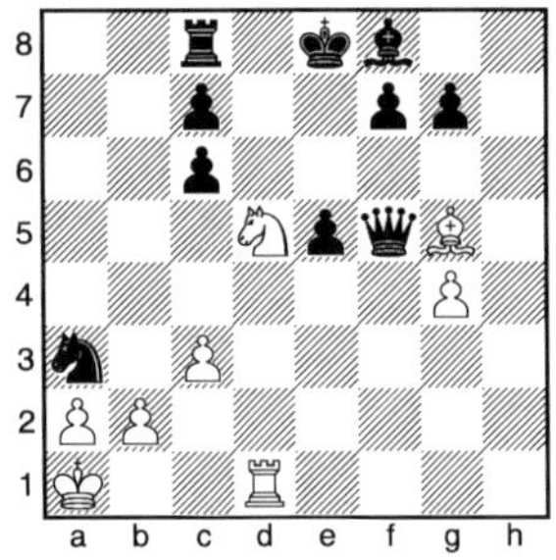

25.

○ **1.♘d5xc7+ ♖c8xc7 2.♖d1-d8#**

● **1.-- ♕f5–b1+**
2.♖d1xb1 ♘a3–c2#

Das **"erstickte Matt"** ist ein Klassiker und trotz seines stolzen Alters von fast 500 Jahren oft anzutreffen!

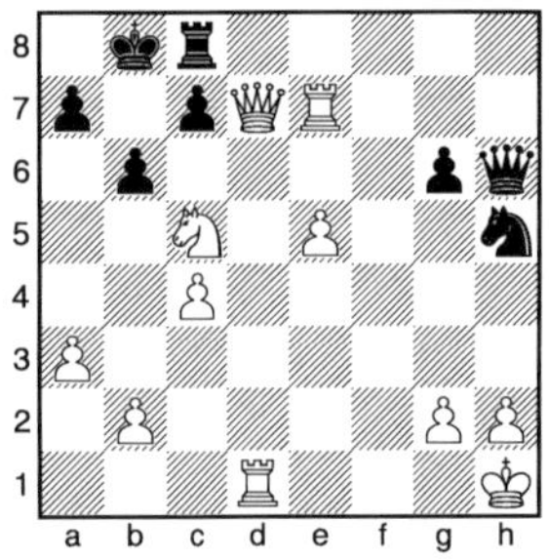

26.

○ **1.♕d7xc8+ ♔b8xc8 2.♖e7–e8#**

● **1.-- ♘h5–g3+**
2.♔h1-g1 ♕h6–e3#

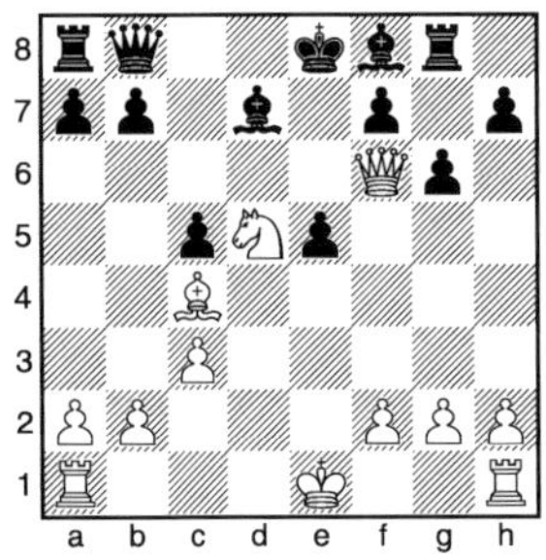

27.

1.♘d5–c7+

Öffnet die Diagonale für den Läufer, der nun auf den schwarzen Schwachpunkt f7 zielt.

1...♕b8xc7 2.♗c4xf7#

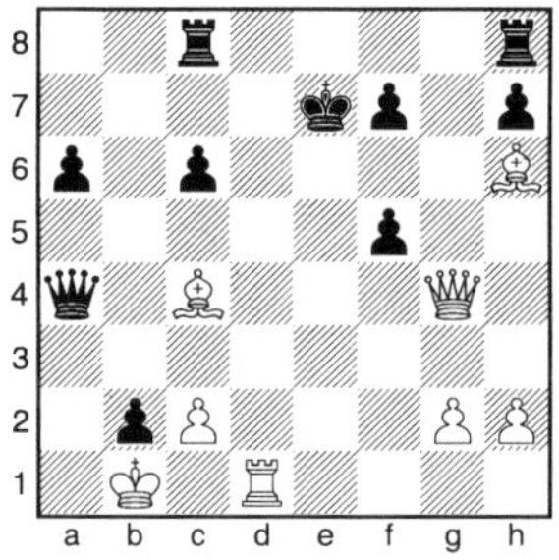

28.

Hier gibt es gleich drei Lösungen:

1.♕g4–e2+ ♔e7–f6 2.♖d1-d6#; oder

1.♕g4–h4+ **♔e7–e8 2.♕h4–e1#**; oder

1.♕g4–g5+ **f7–f6 / ♔e7–e8 2.♕g5–e3#**

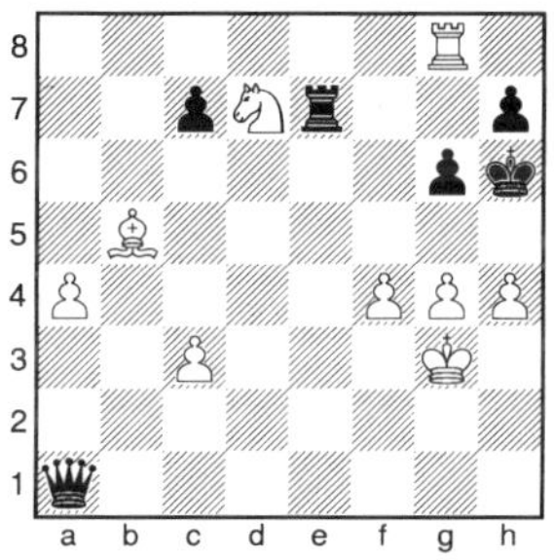

29.

❍ **1.g4–g5+ ♔h6–h5 2.♘d7–f6#**

● **1.–– ♕a1-g1+**
2.♔g3–f3/h3 ♖e7–e3#

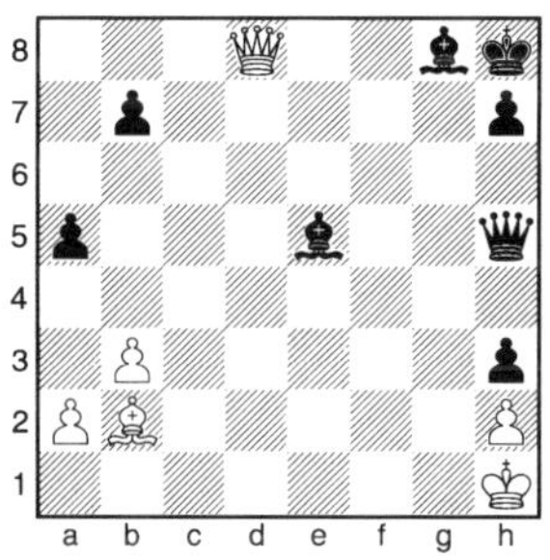

30.

❍ **1.♕d8–f6+ ♗e5xf6 2.♗b2xf6#**

Das Röntgen Motiv wieder, aber diesmal mit einem Läufer statt des Turmes.

● **1.–– ♕h5–f3+**
2.♔h1-g1 ♕f3–g2#

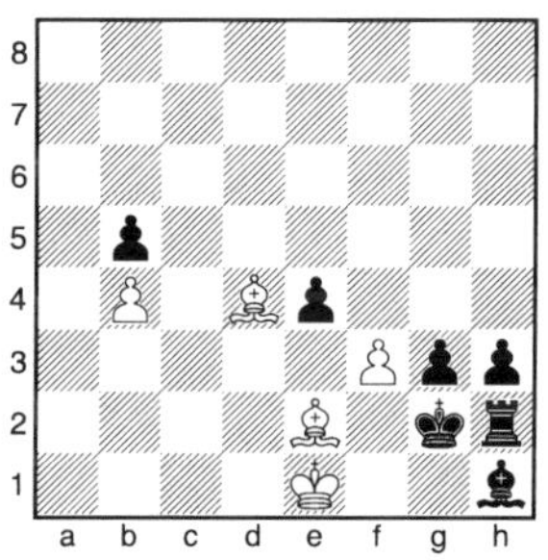

31.

1.♗d4–e3
Aufgepasst! Falls 1.f3xe4?? Patt!

1...e4xf3 Zugzwang! **2.♗e2–f1#**

Ein Mattangriff muss nicht unbedingt mit einem Schach starten. Manchmal dient ein "stiller Zug" der Mattvorbereitung.

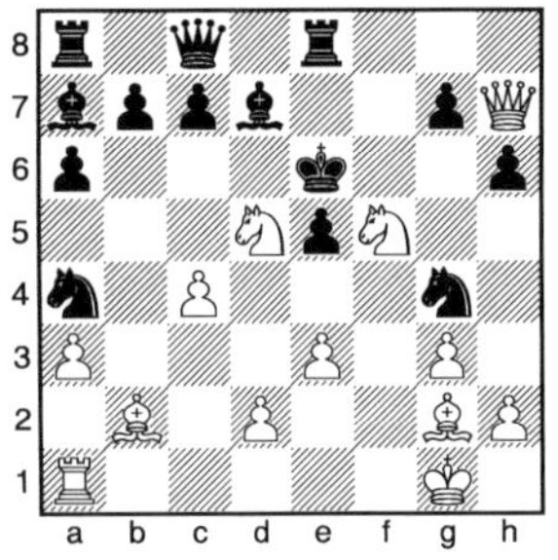

32.

1.♘d5–f4+ e5xf4 2.♗g2–d5#

Falls 1...♔e6–f7 2.♕h7xg7#;

Oder 1...♔e6–f6 2.♕h7–g6#

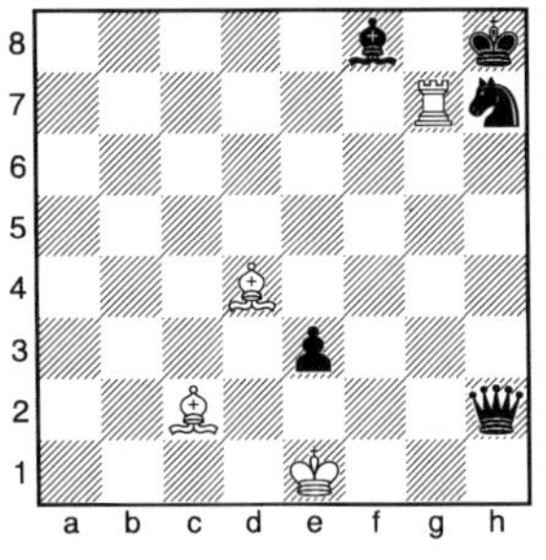

33.

❍ **1.♖g7–g8+ ♔h8xg8 2.♗c2–b3#**

● **1.–– ♕h2–f2+ 2.♔e1-d1 ♕f2–d2#**

Oder auch andersherum 1...♕h2–d2+ etc.

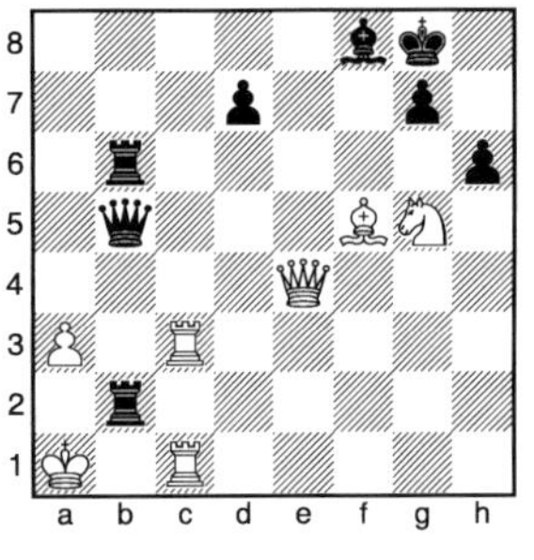

34.

❍ **1.♗f5–h7+ ♔g8–h8 2.♘g5–f7#**

Oder **1.♗f5–e6+ d7xe6 2.♕e4–h7#**

● **1.–– ♖b2–a2+**
2.♔a1xa2 ♕b5–b2#

8. Taktische Motive

Wir haben nun schon eine Reihe taktischer Motive gesehen. Manche sind Matt-Motive, andere führen zu Materialgewinn. Nun wollen wir uns die verschiedenen taktischen Motive näher anschauen und sehen, wie sie wirken. Nachstehend eine Liste der häufigsten Motive:

Doppelangriff / Gabel. Wenn du zwei oder mehr Figuren deines Gegners mit einem Zug angreifen kannst, nennt man das einen Doppelangriff oder eine Gabel.

Springergabel. Der Springer kann auf ganz besondere Weise gabeln. Wenn gut postiert kann er in alle Richtungen angreifen und natürlich auch über gegnerische Steine hinweg. Deshalb widmen wir ihm ein eigenes Kapitel.

Spieß. Wenn eine Figur zwei gegnerische Figuren angreifen kann, die hintereinander auf einer Linie, Reihe oder Diagonalen stehen, nennen wir das einen Spieß.

Fesselung. Wenn ein Bauer oder eine Figur nicht ziehen kann, ohne eine hinter ihm stehende wertvollere Figur zu verlieren oder wenn dies unmöglich ist, weil diese Figur sein König ist, nennen wir das eine Fesselung.

Überlastung. Wenn ein Bauer oder eine Figur zwei eigene Steine oder wichtige Felder verteidigen muss, die beide bedroht sind, ist das eine Überlastung. Da der Verteidiger nur einen der angegriffenen Steine schützen kann, geht der andere verloren.

Abzugsangriff / Abzug. Wenn ein Bauer oder eine Figur mit ihrem Zug eine andere seiner Figuren "aufdeckt", die nun etwas drohen kann, ist das ein Abzugsangriff oder kurz Abzug. Wenn die abziehende Figur selbst etwas droht / angreift, muss der Verteidiger zwei Drohungen abwehren, was meist unmöglich ist und daher Material verliert.

Abzugsschach & Doppelschach. Wenn eine der vorgenannten Drohungen bei einem Abzug ein Schach ist, macht das die Situation noch schlimmer für den Verteidiger, da er ja zuerst das Schach abwehren muss. Wenn sogar beide Drohungen ein Schach sind, ist das der schlimmstmögliche Fall und es geht fast immer zumindest Material verloren, oft ist sogar Matt unabwendbar.

Hin- und Weglenkung

Wenn ein Bauer oder eine Figur gezwungen wird, wegzuziehen / auf ein bestimmtes Feld zu ziehen mit dem Ziel, den Angreifer in Vorteil zu bringen, nennt man das Hin- oder Weglenkung.

Figuren in der Falle. Eine Figur kann verloren gehen, wenn sie einem Angriff nicht entkommen oder nicht fliehen kann, ohne eine wertvollere Figur in Gefahr zu bringen; vor allem natürlich den König.

In diesem Buch können wir nicht alle Motive zeigen. Es ist einfach zu viel für ein Buch. Daher konzentrieren wir uns in diesem Band auf die Motive, die am häufigsten vorkommen. Weitere Motive, die wir im zweiten Band zeigen, sind Türme auf der 7.(2.) Reihe, Angriffe auf die Grundreihe, Erzwingen eines Remis durch Patt, Dauerschach oder Zugwiederholung, spezielle Attacken gegen den König usw.

In den Partien von Anfängern und Hobbyspielern ist das meistverbreitete Motiv der Doppelangriff, da unerfahrene Spieler ihre Figuren oft auf unsichere Felder ziehen. Später auf höherem Niveau ist die Fesselung das häufigste Motiv. Statistische Untersuchung hat gezeigt, dass ca. 20% aller Kombinationen in Turnierpartien mit Fesselungen zu tun haben.

Es ist unbedingt nötig, zumindest die häufigsten Motive gut zu kennen. Dazu brauchst du mehr als nur ein paar Beispiele anzuschauen. In vielen Lehrbüchern findest du nur wenige Aufgaben zum jeweiligen Motiv. Aber ich glaube, dass zumindest etwa 50 Aufgaben nötig sind, um ausreichend mit dem Motiv und seinen zahlreichen Erscheinungsbildern vertraut zu werden.

Für die meisten Motive zeigt ein erster Teil einfache Aufgaben mit Lösungen in ein bis zwei Zügen.

Der zweite, umfangreichere Teil, beinhaltet Stellungen, die Lösungen in drei, vier oder mehr Zügen erfordern und komplizierter sind.

Später, wenn du dieses Buch und vielleicht auch den zweiten Band durchgearbeitet hast, solltest du regelmäßig Taktikaufgaben lösen für zumindest die nächsten beiden Jahre. Das wird dein Unterbewusstsein programmieren und dir somit helfen, taktische Motive schneller und besser zu erkennen.

9. Doppelangriff / Gabel

Wenn ein Stein mit seinem Zug zwei oder mehr gegnerische Steine angreifen kann, nennt man das einen Doppelangriff oder eine Gabel. Schauen wir uns erst einmal eine typische Gabel des Läufers an:

(D links) Nach **1.d5xc6 b7xc6 2.♗a4xc6+** *(D rechts)*

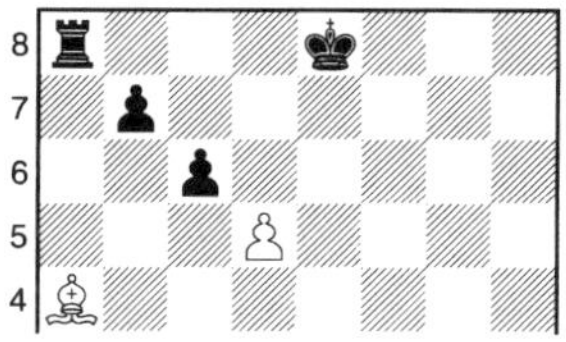

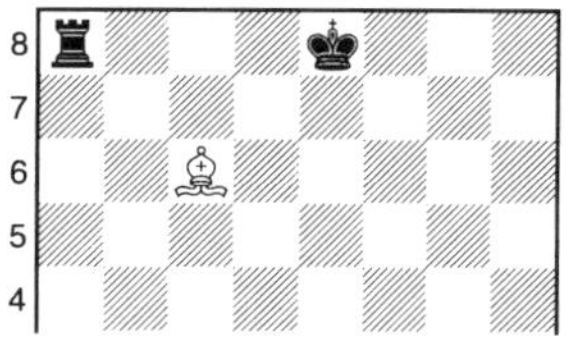

Andere Doppelangriffe schauen überhaupt nicht aus wie eine Gabel (oder höchstens wie eine total verbogene), werden aber großzügig zu dieser Kategorie gezählt. *D unten* zeigt die andere Gabel des Läufers:

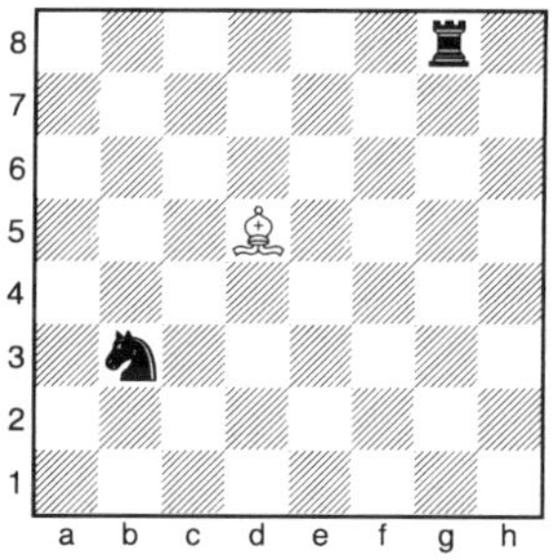

Alle Steine können einen Doppelangriff führen, selbst das bescheidene Bäuerlein oder der schwache König. Der aber muss meistens bis zum Endspiel warten, um so agieren zu können, während der Bauer schon in der Eröffnung gabeln kann, wenn der Gegner unaufmerksam ist, wie du in *D unten* siehst, wo Schwarz zuvor die drohende Gabel e4-e5 nicht erkannte:

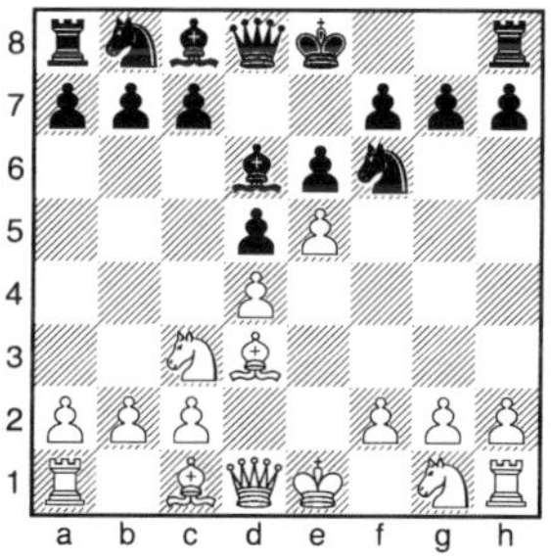

Der König kann in alle Richtungen gabeln *(D unten links)* und manchmal sogar mehr als zwei Steine angreifen, wie wir in *D unten rechts* sehen:

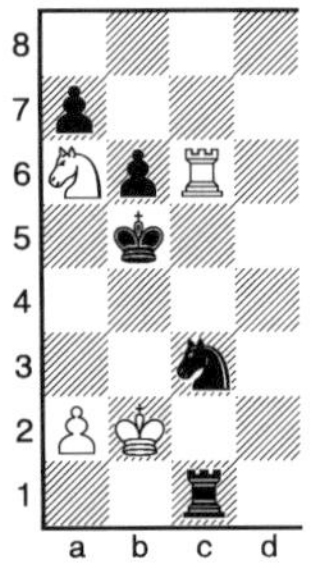

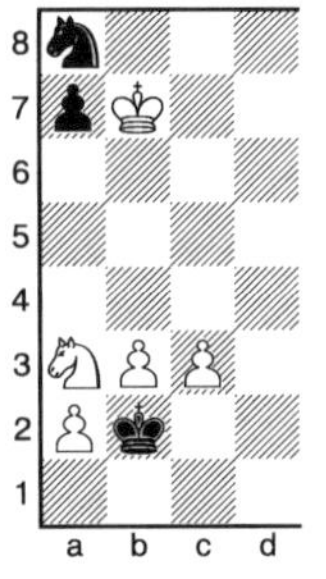

Der Turm kann horizontal gabeln *(s. unten, oberes Teildiagramm)* und vertikal *(s. unteres Teildiagramm)*. Seine große Reichweite macht es ihm möglich, schnell inmitten seiner Opfer aufzutauchen. Aber seine Züge sind leicht vorherzusehen.

Ein Turm auf der vorletzten Reihe des Gegners ist fast immer eine substantielle Drohung. *(Im Teildiagramm unten auf d7)* Die Besetzung der 7. (2.) Reihe ist ein Element der Schachstratgie. In Band 2 findest du mehr darüber. Fürs erste zwei gute Ratschläge:

Bring deinen Turm auf die offenen Linien. Damit kannst du drohen, in die gegnerische Stellung einzudringen. Selbst wenn das nicht klappt kannst du damit meist verhindern, dass der Gegner dieses bei dir tun kann.

Wenn möglich **verdopple deine Türme auf der 7. (2.) Reihe**. Bereits ein Turm ist dort eine Drohung, zwei Türme können den Gegner nahezu lähmen *(s. Teildiagramm unten)* und Zugzwang oder das Eingreifen des Königs oder anderer Figuren kann zum Gewinn führen.

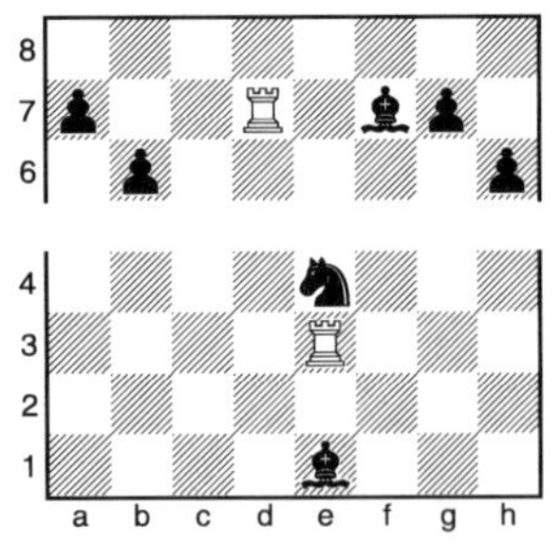

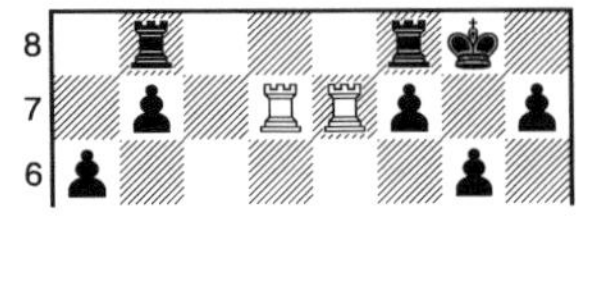

Die Dame mit ihrer kombinierten Gangart von Turm und Läufer ist der gefährlichste Doppelangreifer. Sie kann blitzschnell von einem Ende des Bretts zum anderen jagen und dabei einen Doppelangriff in eine ganz andere Richtung ausführen und dich so ganz unverhofft kalt erwischen. Da unerfahrene Spieler meist nicht das ganze Brett im Auge haben, sondern nur den Teil, wo "action" ist, kann dies eine böse Überraschung sein.

Im *D unten* kann die Dame gleich drei Figuren angreifen:

1.♕d1-d8+ gewinnt den Springer und **1.♕d1-b3+** greift König, Turm und Läufer gleichzeitig an.

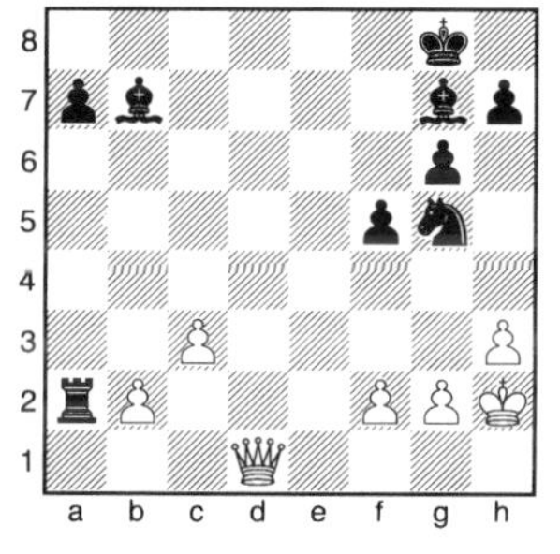

Ein guter Rat: Halte deine Figuren zusammen. Wenn sie über das ganze Brett verstreut stehen wie hier im Diagramm, hat die Dame gute Chancen, sich früher oder später eine davon zu schnappen. Großmeister John Nunn formulierte es treffend: ***"Loose pieces get lost"***, was meint "lose Steine gehen verloren". Wenn sie sich aber gegenseitig verteidigen, kann ihnen meistens nichts passieren.

Schon früh in der Eröffnung kann ein Damenausfall manchmal zu einem frühen Doppelangriff führen. Eine Jahrhunderte alte Eröffnung, genannt "**Damiano Verteidigung"**, zeigt dies anschaulich:

1.e2–e4 e7–e5 2.♘g1-f3 f7–f6 *(D)*

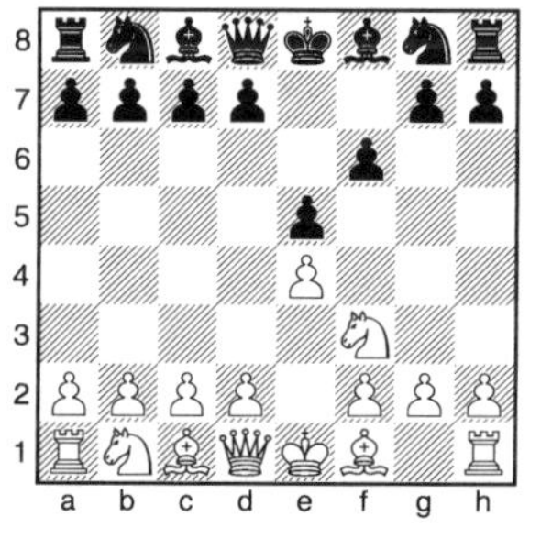

3.♘f3xe5 f6xe5??

Nach 3...♕d8–e7 4.♘e5–f3 ♕e7xe4+ 5.♗f1-e2 hat Weiß Entwicklungsvorsprung, aber Schwarz kann kämpfen.

4.♕d1-h5+ *(D links)* Der erste Doppelangriff!!

4...g7–g6 5.♕h5xe5+ *(D rechts)*

Und ein Doppelangriff, der Schwarz noch teurer zu stehen kommt.

Wenn der Gegner nicht aufpasst, kann die Dame mit ihren Ausfällen schon nach wenigen Zügen die Partie entscheiden. Mehr davon bald in unseren Übungsaufgaben.

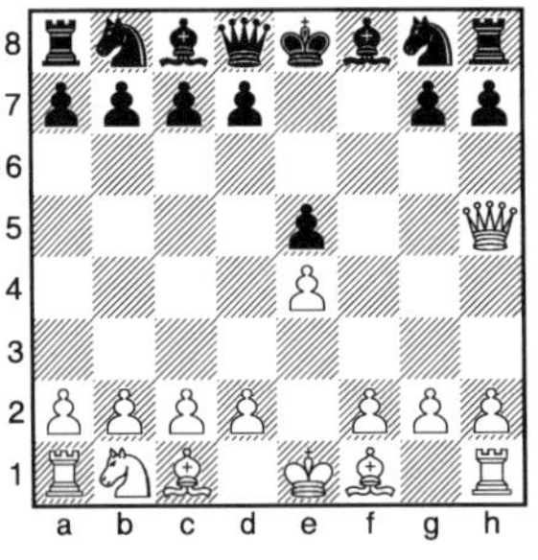

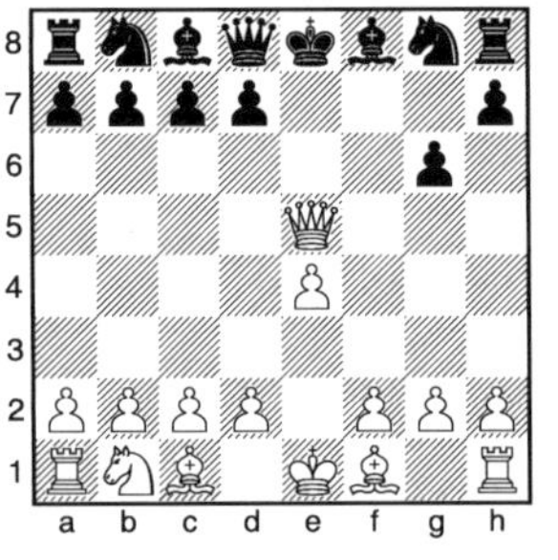

Ein Doppelangriff mit Schach ist hart für den Verteidiger, Aber noch schlimmer ist ein Doppelangriff mit einer Marttdrohung. Das bedeutet nämlich, dass die angegriffene Figur definitiv verloren geht, wie *D unten* zeigt:

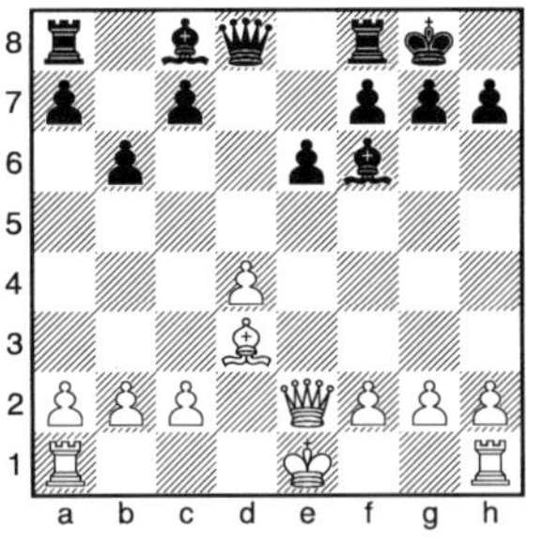

1.♕e2–e4

Doppelangriff gegen Turm a8 und Mattfeld h7.

1...g7–g6 2.♕e4xa8

Ein Doppelangriff muss nicht unbedingt gegen zwei oder mehr Steine gerichtet sein, sondern kann auch einem wichtigen Feld gelten.

Du magst denken, dass ein Doppelangriff leicht zu sehen ist und dir keine großen Probleme bereiten wird. Aber das stimmt absolut nicht! Ein Doppelangriff kann gut verborgen sein und erst nach einem Abtausch oder einem vorbereitenden Opfer erscheinen. Sind mehrere Angreifer im Spiel, können versteckte Komplikationen möglich sein. In der folgenden Stellung mit **Schwarz am Zug** scheint kein Doppelangriff möglich zu sein. Aber der Schein trügt:

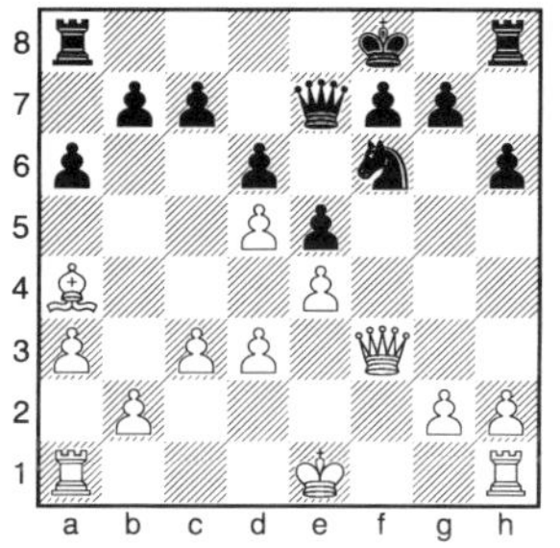

1...♘f6xd5 2.e4xd5? ♕e7–h4+ 3.g2–g3 ♕h4xa4

Mit Rochade oder 2.♔e1-d2 den Bauernverlust hinzunehmen war das kleinere Übel. Nach Abtausch vieler Figuren besteht keine große Gefahr mehr für den König, der fürs Endspiel in der Brettmitte gut aufgestellt ist. Man braucht in solchen Fällen nicht unbedingt zu rochieren.

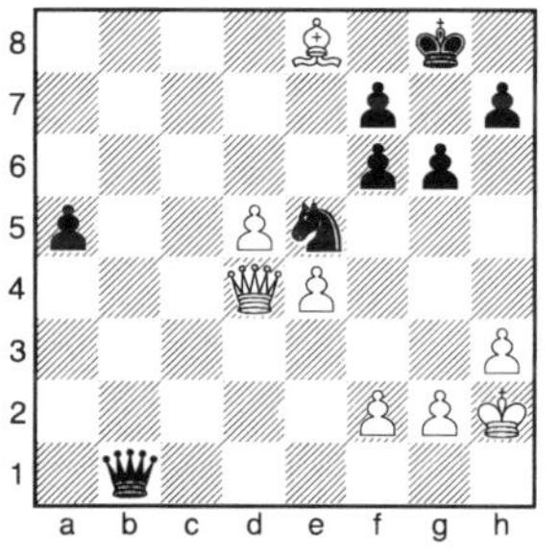

Schwarz zog **1...♕b1-b8**, was gar nicht wie ein Doppelangriff aussieht. Doch Weiß muss seinen Läufer geben, anderfalls folgt

2.♗e8–a4 / ♕d4–a4 ♘e5–f3+ 3.♔h2–h1 ♕b8–h2#

Das Feld b8 mit der Möglichkeit, ein Abzugsschach zu geben (so nennt man dieses Motiv) war das zweite Ziel des Doppelangriffs. Du siehst, es ist nicht immer so leicht, wie man denken mag.

Der Springer ist ein gefürchteter Doppelangreifer – tatsächlich kann er sogar mehr Steine angreifen, wie du im *Teildiagramm unten* siehst. Einen solchen Angriff nennt man **"Familien Schach"**. Aber auch seine häufigere Brot und Butter Gabel auf c7 oder c2 *(s. oberes Teildiagramm)* ist schlimm genug und oft schon die Vorentscheidung der Partie.

Für die Springergabel haben wir ein eigenes Kapitel reserviert.

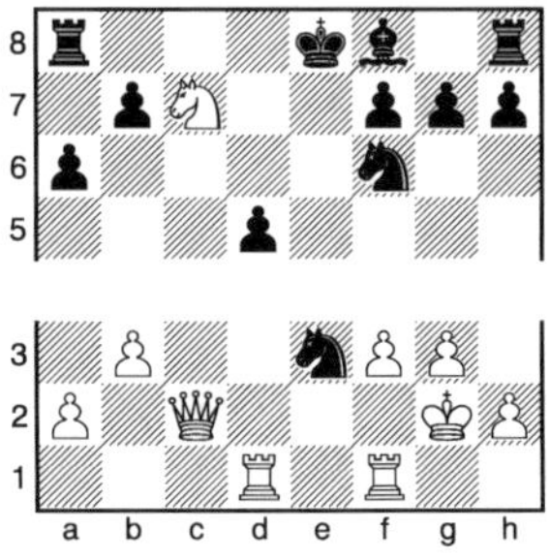

Das war eine Menge an Erklärungen, lass uns mit den praktischen Übungen fortsetzen.

Zuerst findest du 16 leichte Aufgaben mit einem Doppelangriff in ein oder zwei Zügen. Bitte löse diese alle nacheinander ohne Pause.

Im zweiten Teil der Übungen wird es dann merklich schwerer. Nun sind die Doppelangriffe oft hinter einem Abtausch oder anderweitig versteckt. Wenn die Lösung länger als drei Züge ist, schreibe sie auf einem Blatt auf, damit du sie nachher besser vergleichen kannst.

Finde den Doppelangriff!

Ein Doppelangriff / eine Gabel ist möglich in 1 bis 2 Zügen.

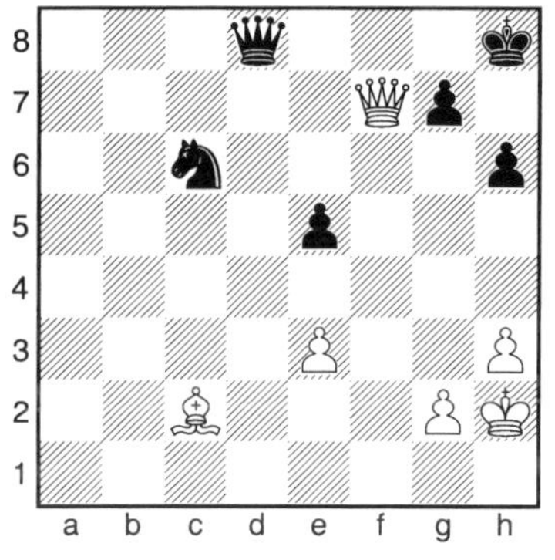

1

1. .... / ....

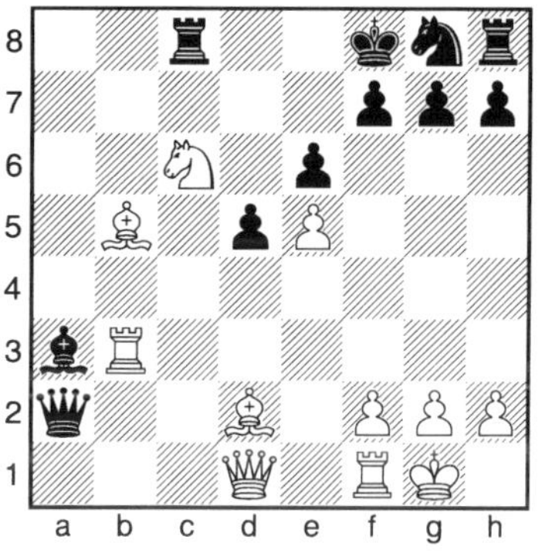

2

1. .... / ....

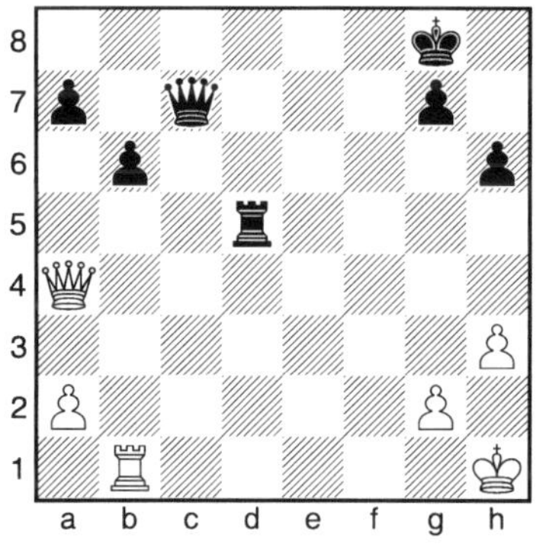

3

1. .... / ....

2. .... / ....

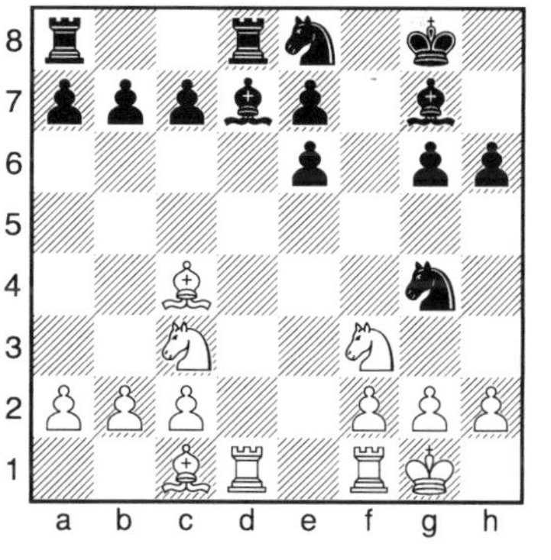

4

1. .... / ....

2. .... / ....

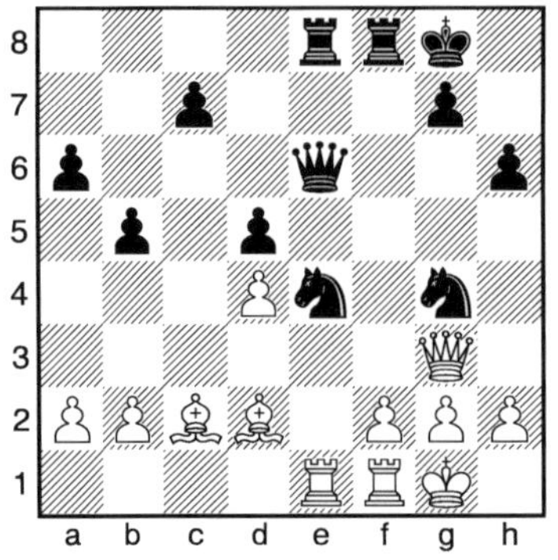

5

1. .... / ....

2. .... / ....

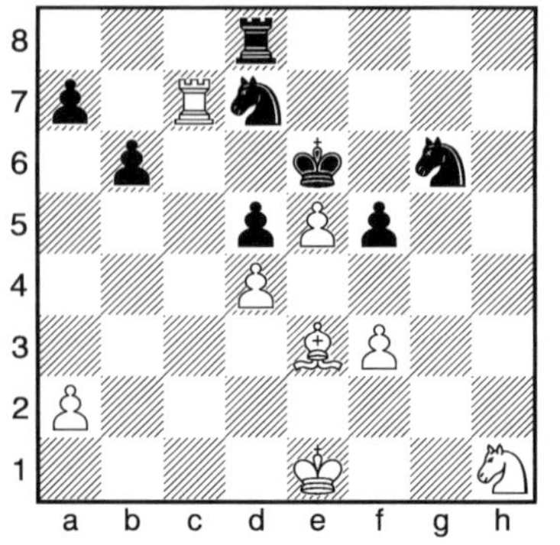

6

1. .... / ....

2. .... / ....

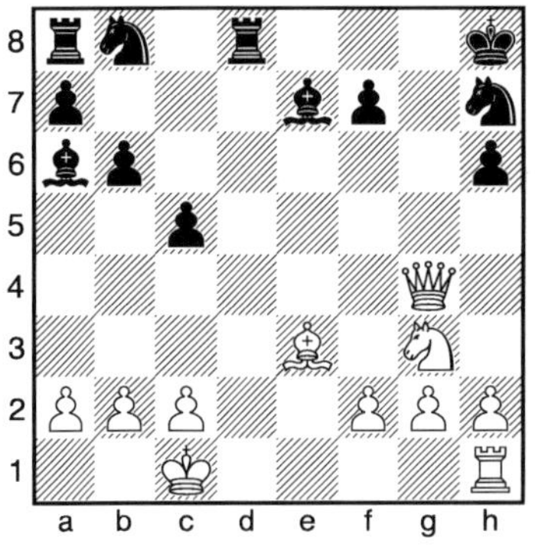

7

1. .... / ....

2. .... / ....

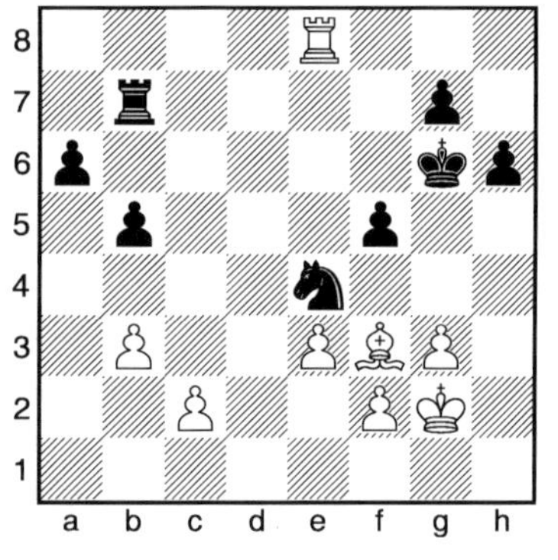

8

1. .... / ....

2. .... / ....

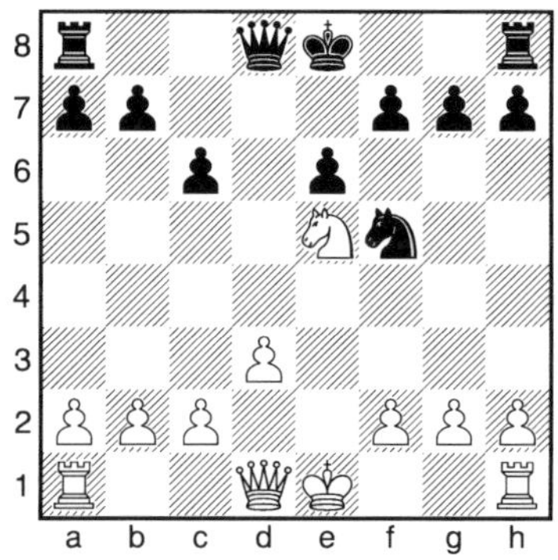

9 ●

1. ------------- / ....

2. .... / ....

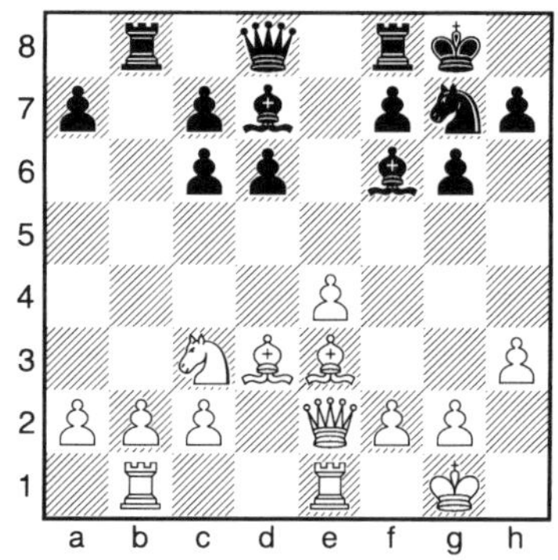

10 ●

1. ------------- / ....

2. .... / ....

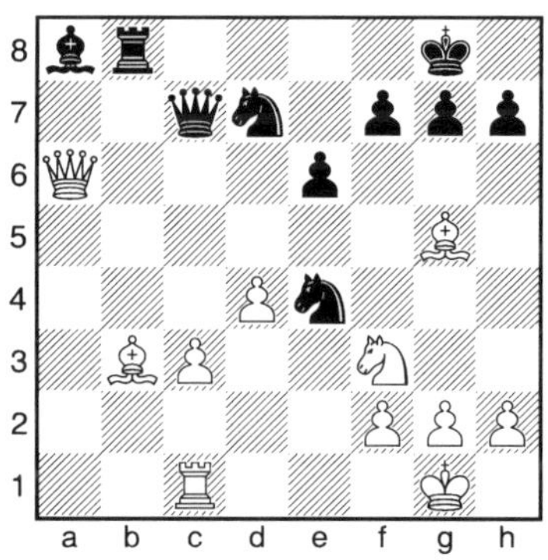

11 ●

1. ------------- / ....

2. .... / ....

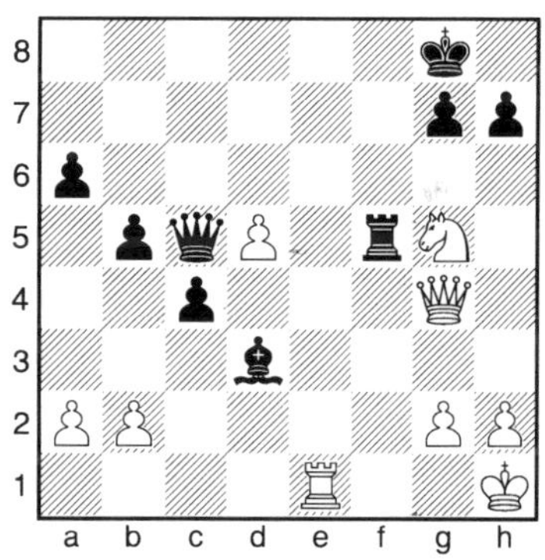

12 ●

1. ------------- / ....

2. .... / ....

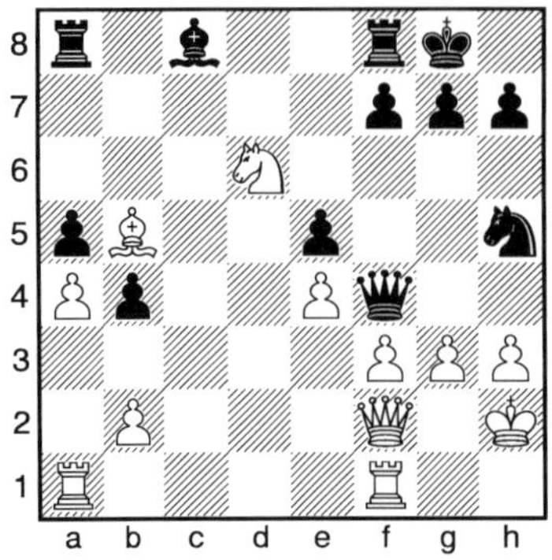

13 ●

1. -------------- / ....

2. .... / ....

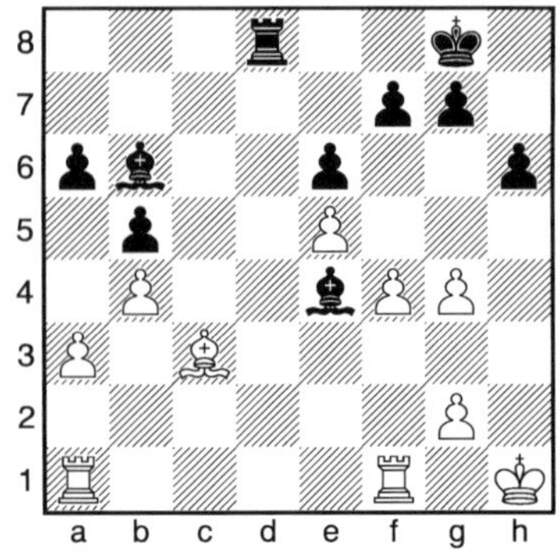

14 ●

1. -------------- / ....

2. .... / ....

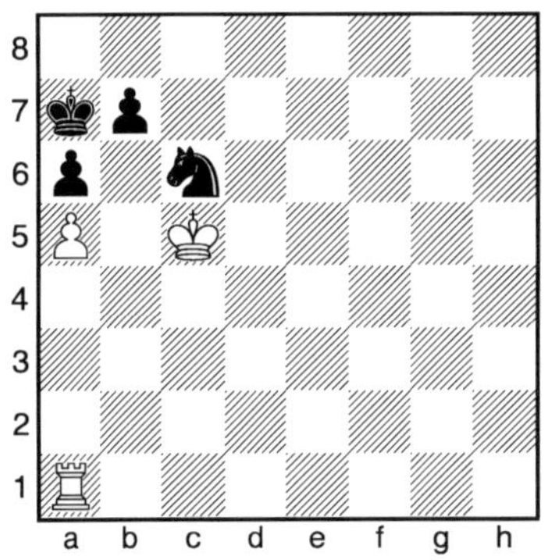

15 ●

1. -------------- / ....

2. .... / ....

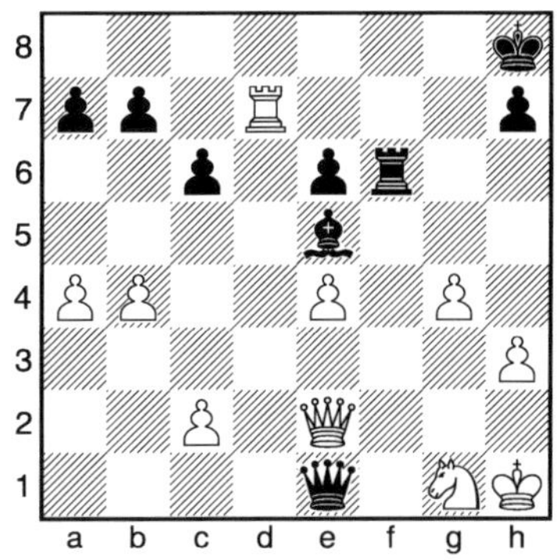

16 ●

1. -------------- / ....

2. .... / ....

Lösungen

Finde den Doppelangriff!

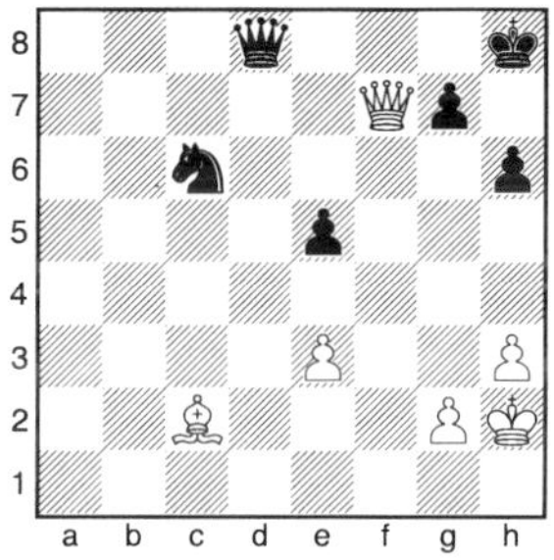

1.

1.♕f7–g6

Der Doppelangriff gegen Springer und Mattfeld h7 gewinnt den Springer.

1...♕d8–g8 2.♕g6xc6

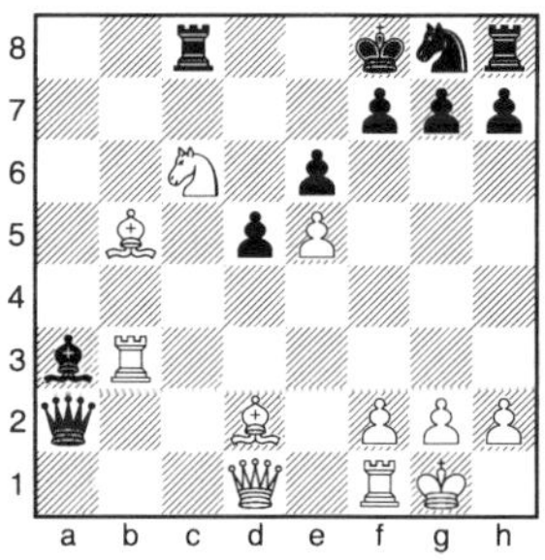

2.

1.♖b3xa3 gewinnt den Läufer

1...♕a2xa3?? 2.♗d2–b4+

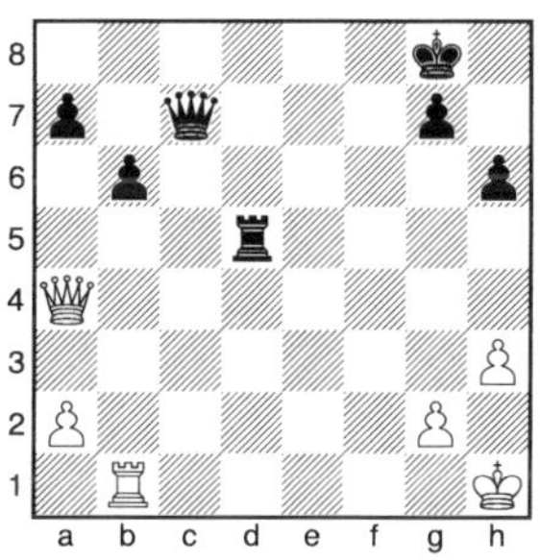

3.

1.♕a4–e8+ ♔g8–h7
2.♕e8–e4+ ♔h7–h8 / g7–g6
3.♕e4xd5

Ein typisches Manöver der Dame!

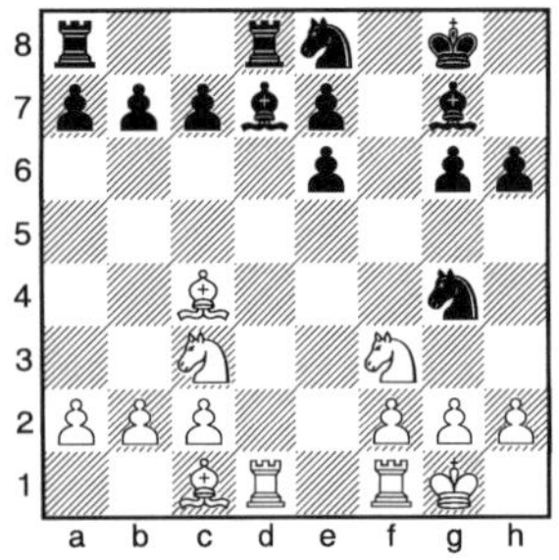

4.

1.♖d1xd7 ♖d8xd7

Nach der Eliminierung des Verteidigers von e6 folgt der Doppelangriff:

2.♗c4xe6+ ♔g8–h7 3.♗e6xd7

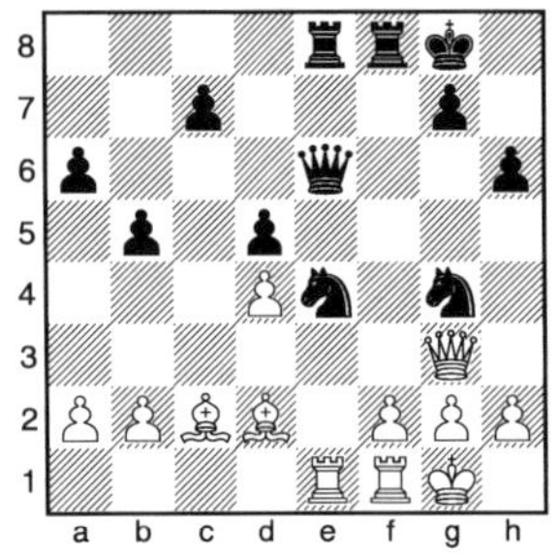

5.

1.♖e1xe4

Gewinnt entweder zwei Springer oder die Dame.

1...♕e6–d7 2.♖e4xg4

Oder **1...d5xe4 2.♗c2–b3**

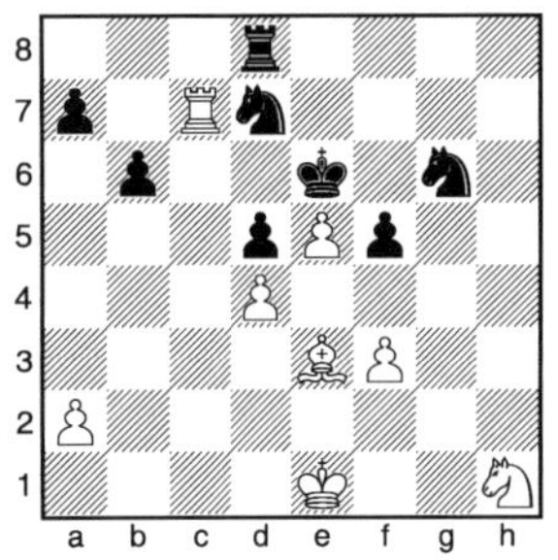

6.

1.♖c7–c6+ ♔e6–f7 2.e5–e6+

Noch schlimmer ist 1...♔e6–e7? 2.♗e3–g5+

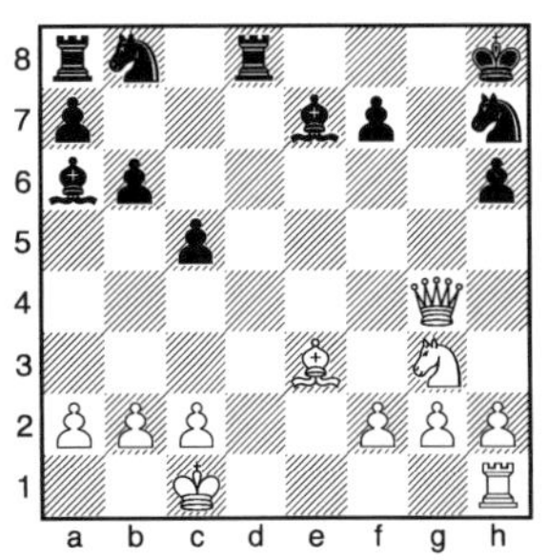

7.

1.♕g4–e4

Gewinnt zwar keine der angegriffenen Figuren zwingend, aber dafür muss Schwarz den Springer geben:

1...♘b8–c6 2.♕e4xc6

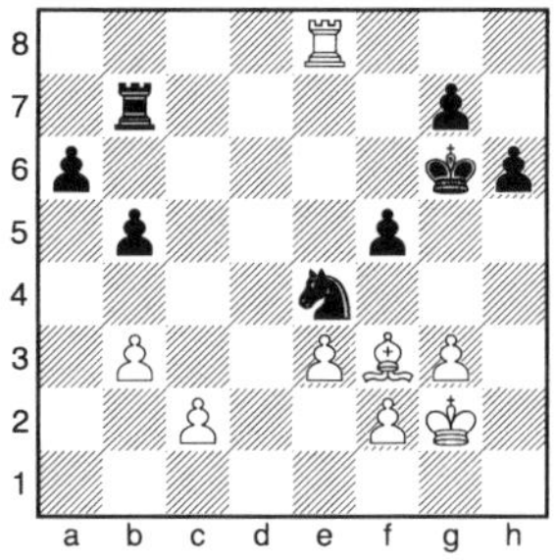

8.

Ein Qualitätsopfer führt zu einer siegreichen Läufergabel:

1.♖e8xe4 f5xe4

2.♗f3xe4+ ♔g6–f6

3.♗e4xb7

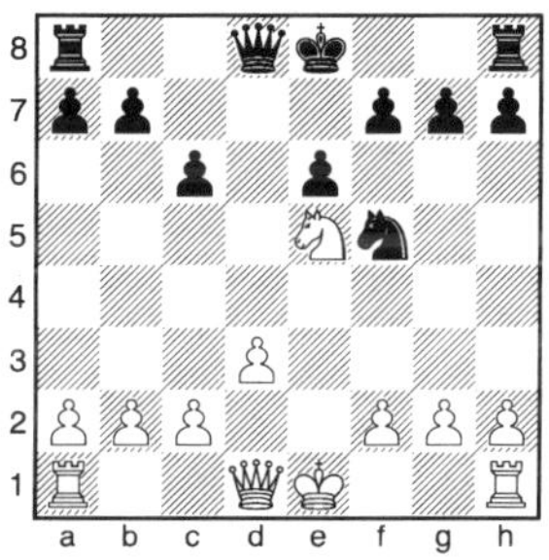

9.

1...♕d8–a5+ 2.c2–c3 ♕a5xe5+

Falls 2.♕d1-d2? ♕a5xe5+ mit einem neuen Doppelangriff gegen König und b2–Bauer.

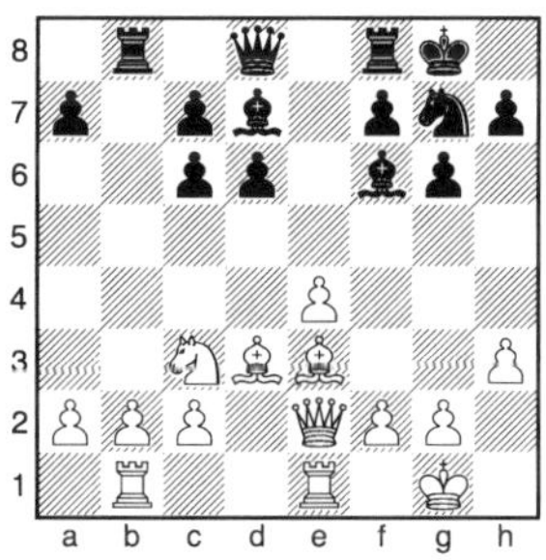

10.

1...♖b8xb2

Eliminiert den Verteidiger des Sc3; falls nun

2.♖b1xb2 ♗f6xc3 3.♖b2–b1 ♗c3xe1

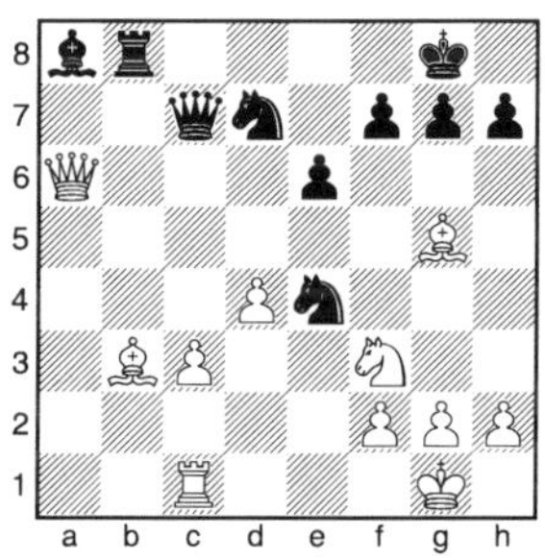

11.

1...♘e4xg5 2.♘f3xg5 ♕c7–f4

Ein Abtausch ist oft die Vorbereitung eines Doppelangriffs. Falls in deiner Stellung ein Abtausch möglich ist / bald möglich sein wird, kalkuliere sorgfältig, welche Konsequenzen das für die taktische Situation haben könnte.

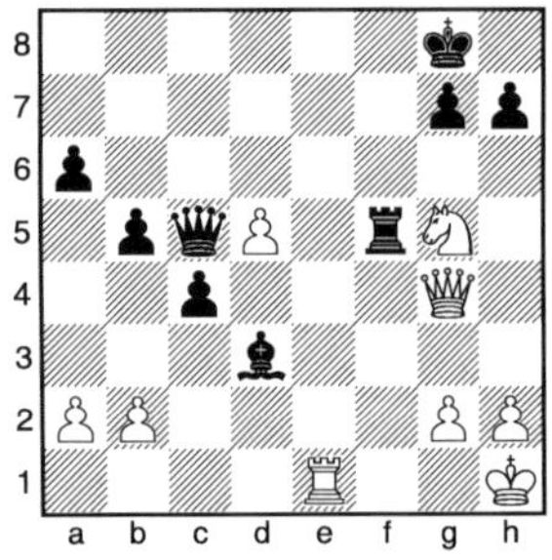

12.

1...♕c5–e3

Und Weiß kann nicht schlagen wegen des Grundreihenmatts 2.♖e1xe3? ♖f5–f1#

2.♕g4–g3 ♕e3xg5

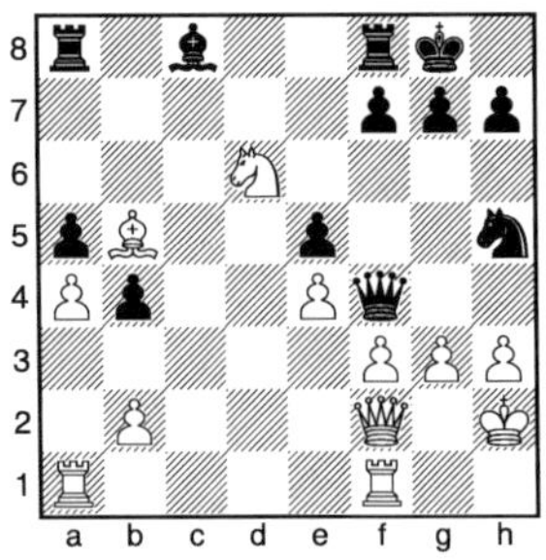

13.

1...♘h5xg3

Weiß muss schlagen weil sonst ein vernichtendes Abzugsschach folgt. Das heißt aber, einen Doppelangriff zuzulassen:

2.♕f2xg3 ♕f4–d2+ gewinnt den Sd6.

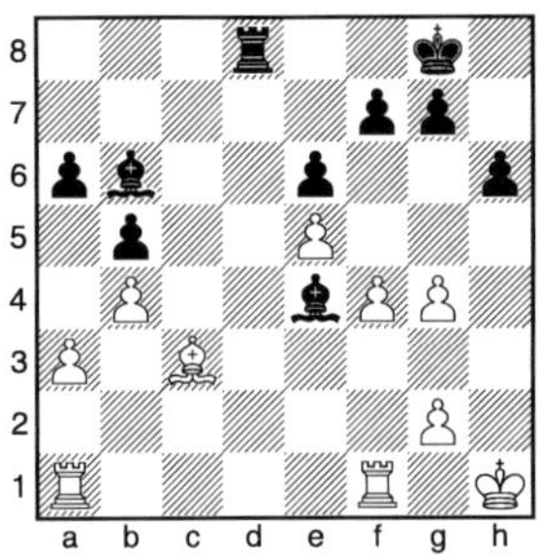

14.

1...♖d8–d3

Mit der Mattdrohung 2...♖d3–h3#

2.♔h1-h2 ♖d3xc3

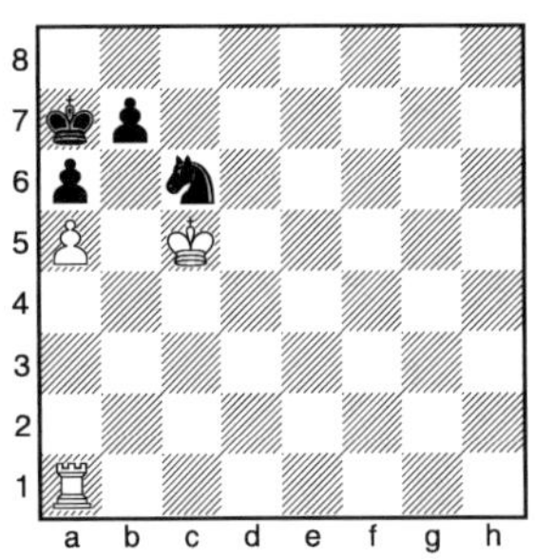

15.

1...♘c6xa5

Im Endspiel kann schon ein Bauerngewinn all den Unterschied machen.

2.♖a1xa5 b7–b6+
3.♔c5–b4 b6xa5+ 4.♔b4xa5 =

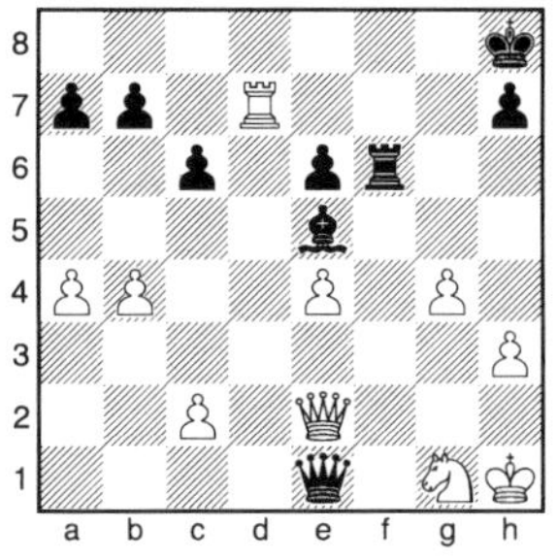

16.

1...♖f6–f2

Doppelangriff auf Dame und Mattfeld h2 und das bedeutet Game over!

2.♕e2xe1? ♖f2–h2#

Hast du alle Doppelangriffe gefunden?

Falls du mehr als die Hälfte der Aufgaben nicht lösen konntest, warte einige Wochen mit dem zweiten Teil und gewinne etwas mehr an praktischer Erfahrung durch Spielen. Dann mach einen neuen Versuch.

Wenn du mehr als die Hälfte der Aufgaben gelöst hast, mach weiter mit dem zweiten Teil. Nun ist es viel schwerer, weil du drei Züge weit berechnen musst und die Umsetzung des Vorteils manchmal noch ein bis zwei Züge länger dauert. Aber nur Mut!

Doppelangriff Teil 2

Finde Doppelangriffe in bis zu drei Zügen!

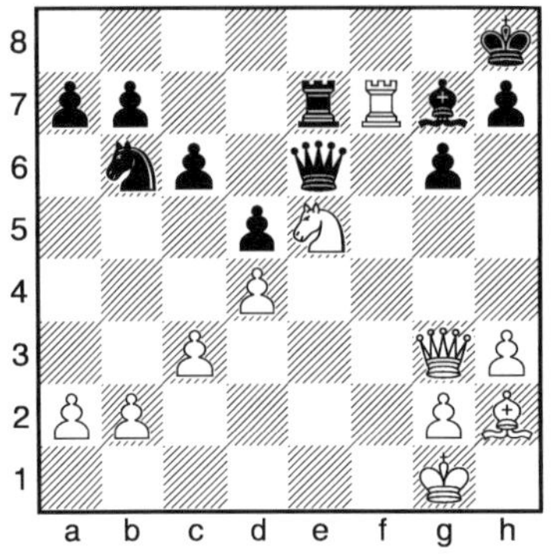

1

1. .... / ....

2. .... / ....

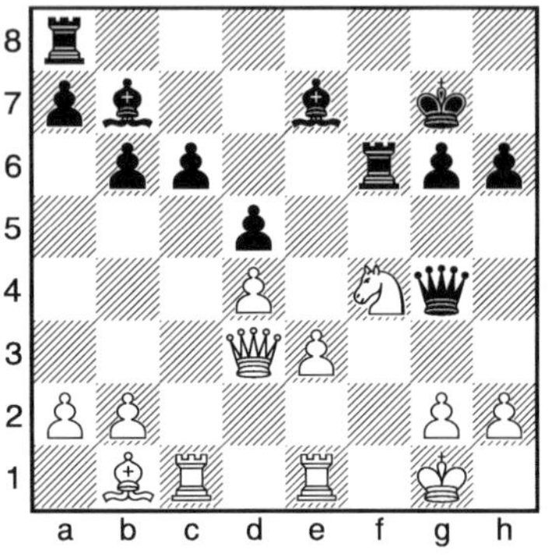

2

1. .... / ....

2. .... / ....

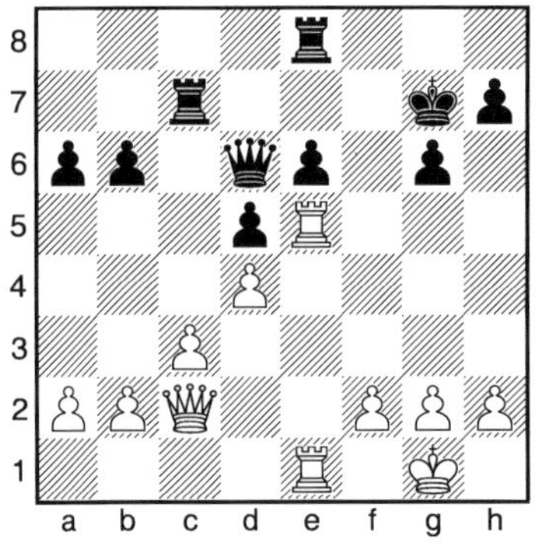

3

1. .... / ....

2. .... / ....

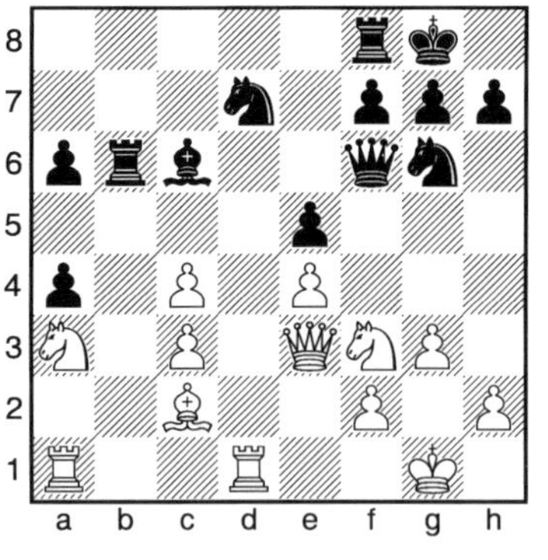

4

1. .... / ....

2. .... / ....

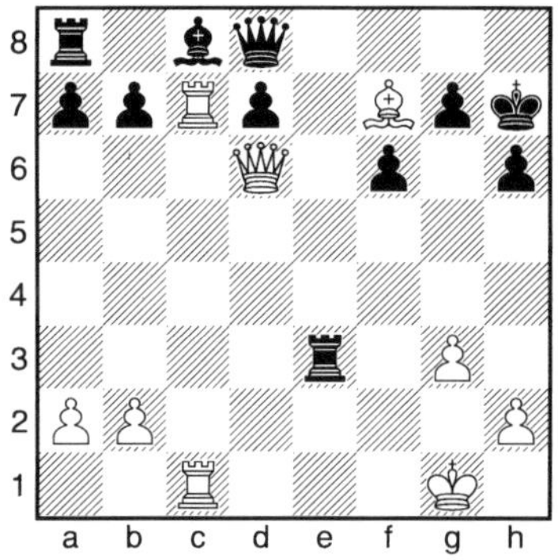

5

1. .... / ....

2. .... / ....

3. .... / ....

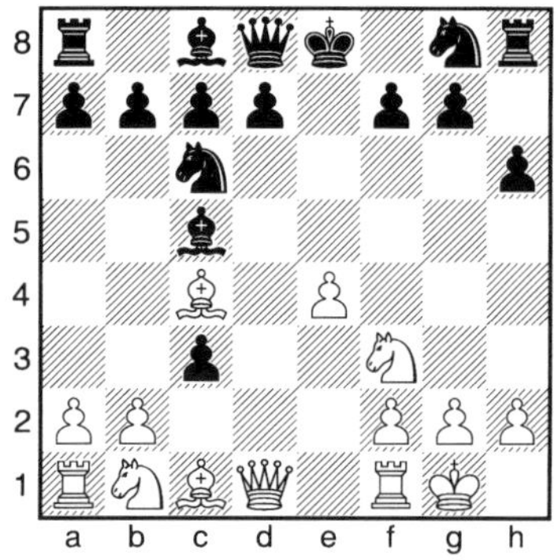

6

1. .... / ....

2. .... / ....

3. .... / ....

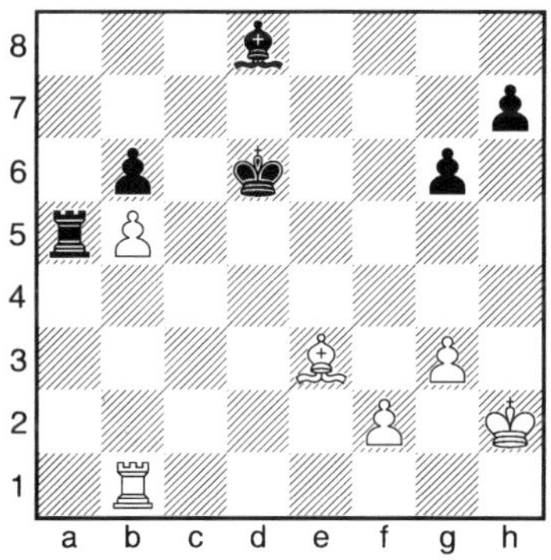

7

1. .... / ....

2. .... / ....

3. .... / ....

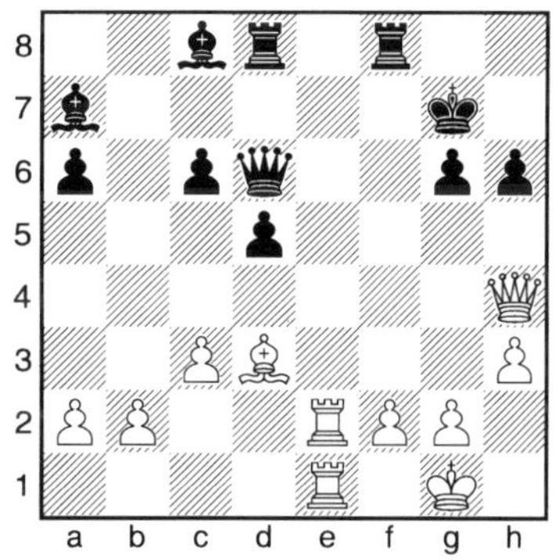

8

1. .... / ....

2. .... / ....

3. .... / ....

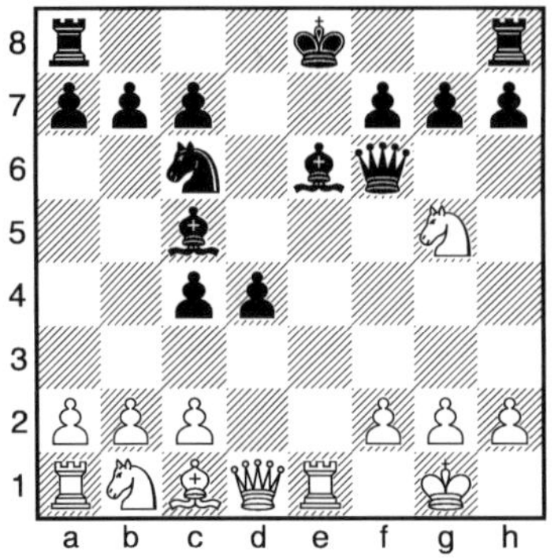

9

1. .... / ....

2. .... / ....

3. .... / ....

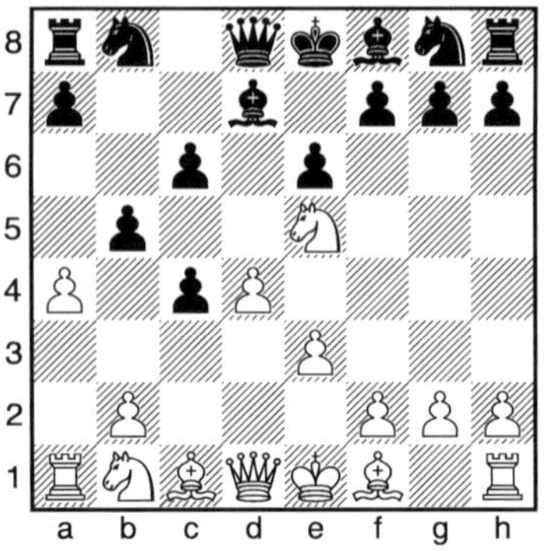

10

1. .... / ....

2. .... / ....

3. .... / ....

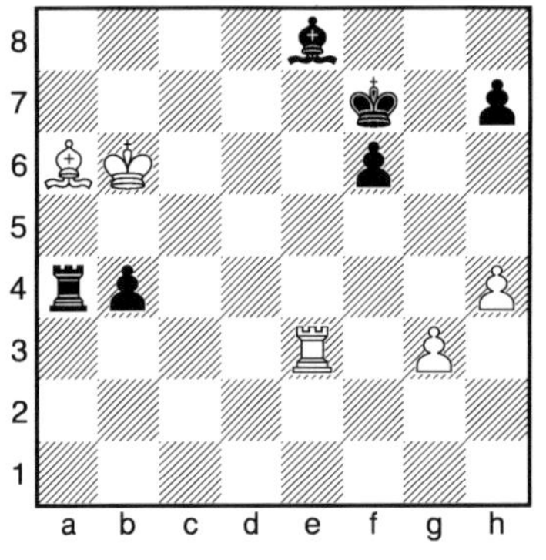

11

1. .... / ....

2. .... / ....

3. .... / ....

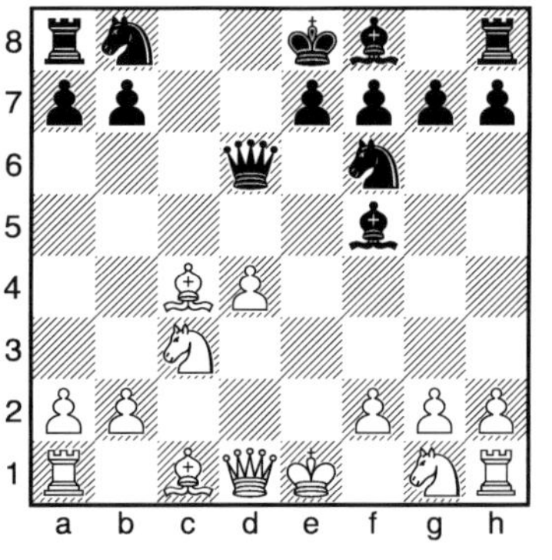

12

1. .... / ....

2. .... / ....

3. .... / ....

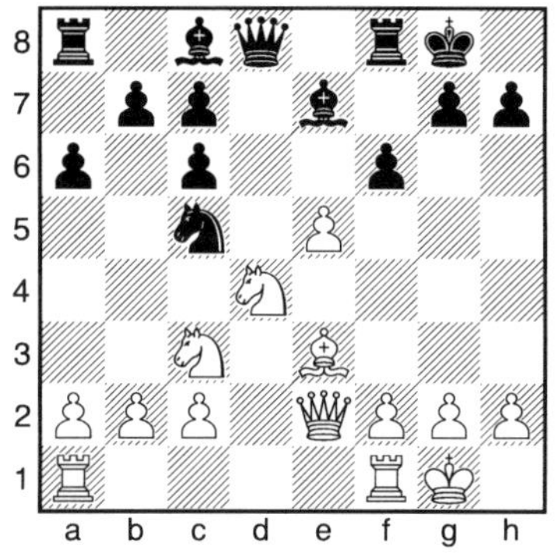

13

1. .... / ....

2. .... / ....

3. .... / ....

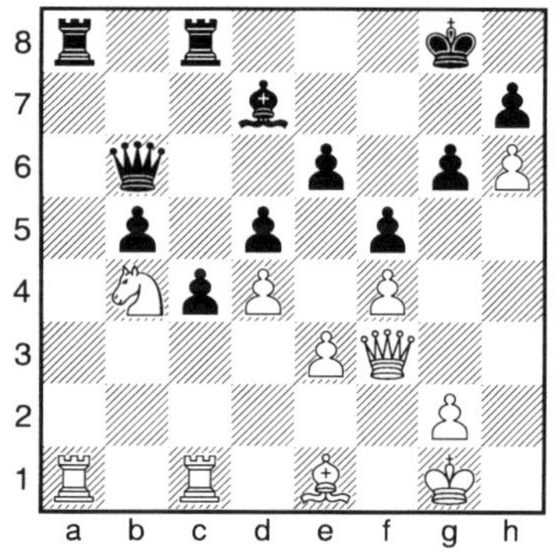

14

1. .... / ....

2. .... / ....

3. .... / ....

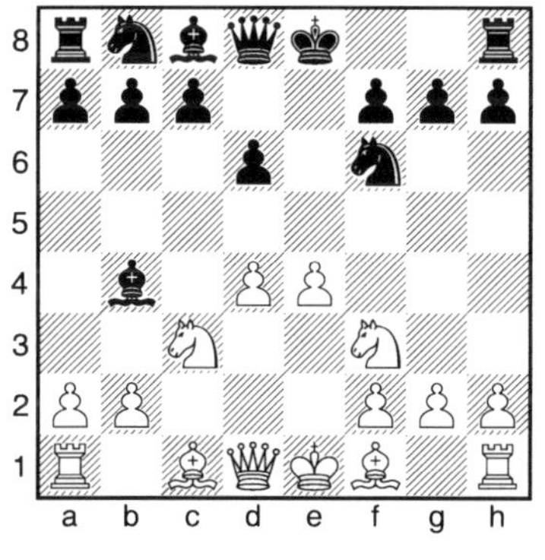

15

1. .... / ....

2. .... / ....

3. .... / ....

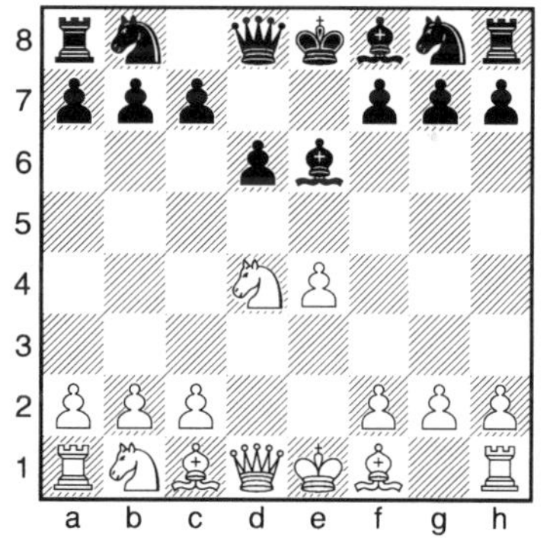

16

1. .... / ....

2. .... / ....

3. .... / ....

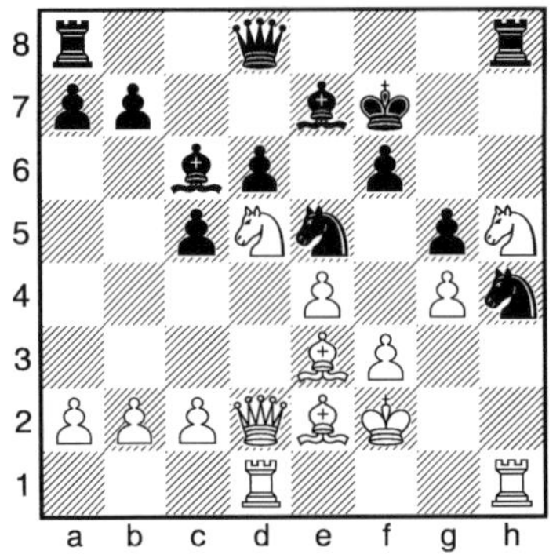

17

1. .... / ....

2. .... / ....

3. .... / ....

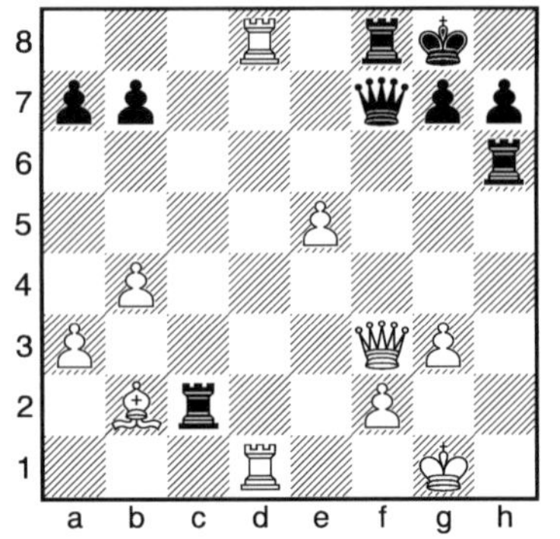

18

1. .... / ....

2. .... / ....

3. .... / ....

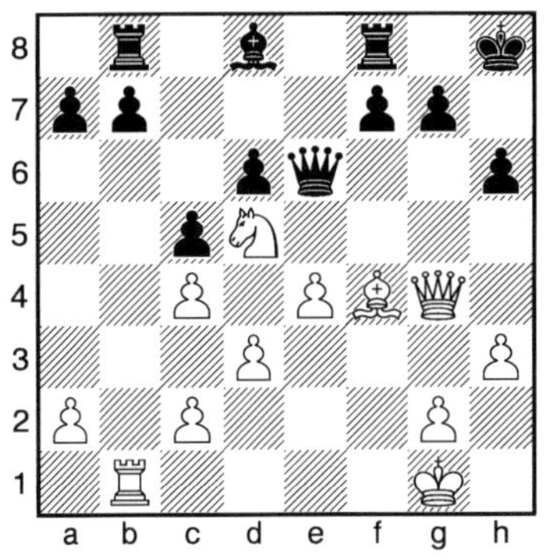

19

1. .... / ....

2. .... / ....

3. .... / ....

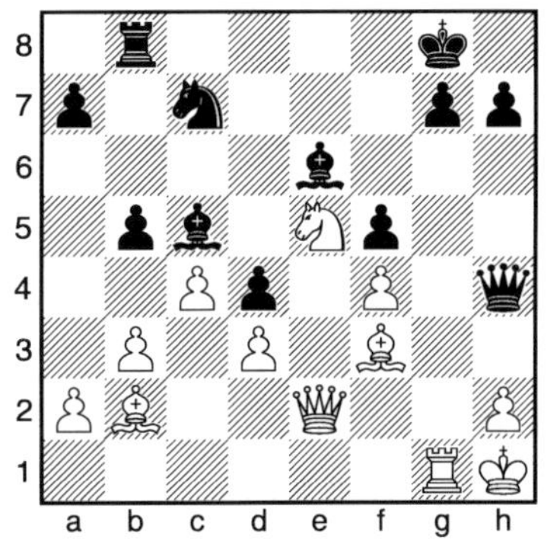

20

1. .... / ....

2. .... / ....

3. .... / ....

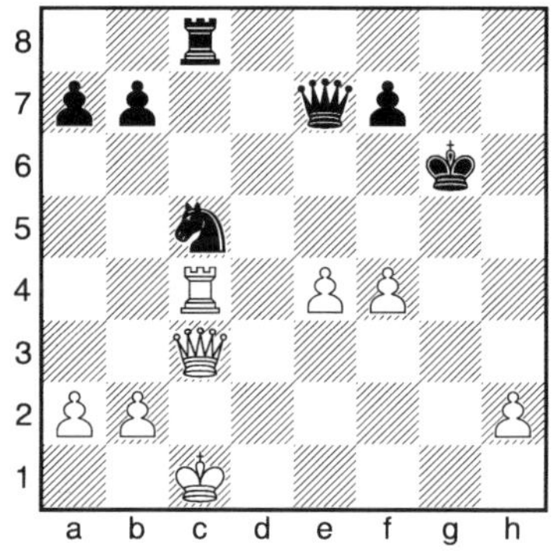

21

1. .... / ....

2. .... / ....

3. .... / ....

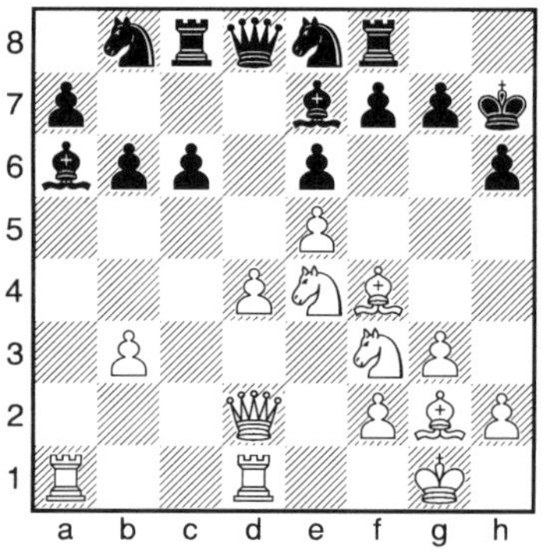

22

1. .... / ....

2. .... / ....

3. .... / ....

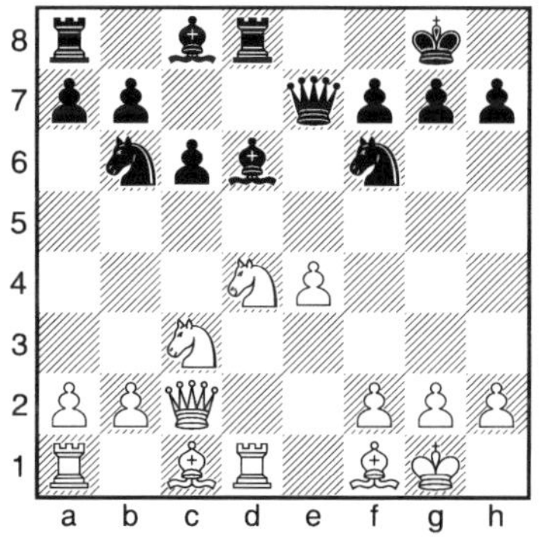

23 ●

1. ------------- / ....

2. .... / ....

3. .... / ....

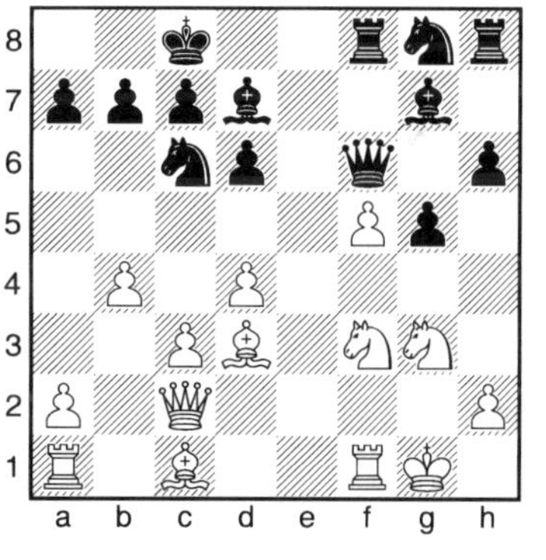

24 ●

1. ------------- / ....

2. .... / ....

3. .... / ....

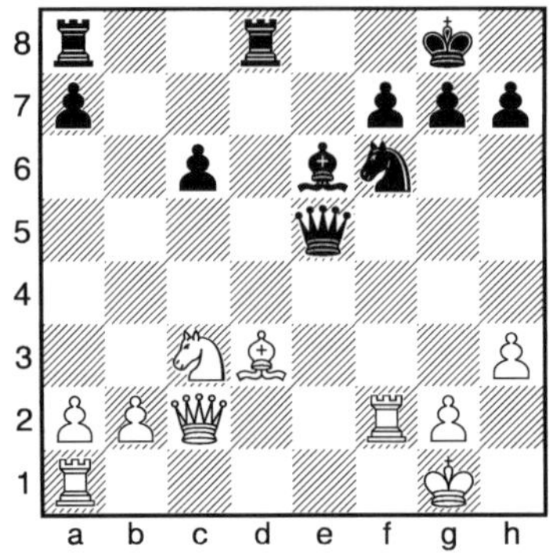

25 ●

1. ------------- / ....

2. .... / ....

3. .... / ....

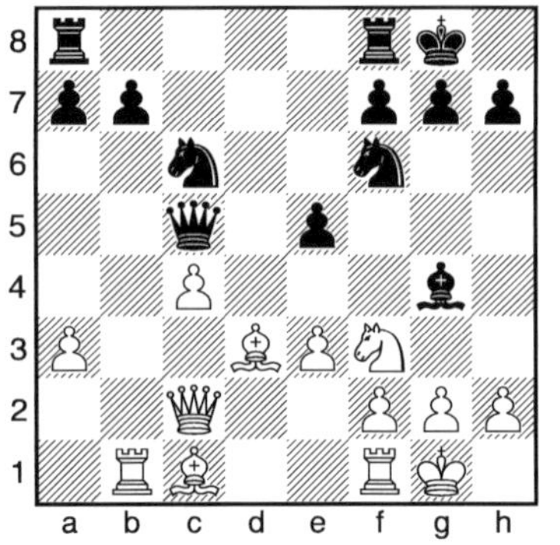

26 ●

1. ------------- / ....

2. .... / ....

3. .... / ....

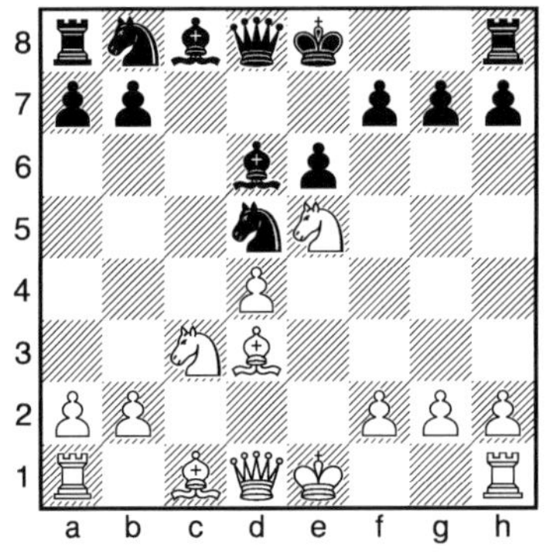

27 ●

1. ------------- / ....

2. .... / ....

3. .... / ....

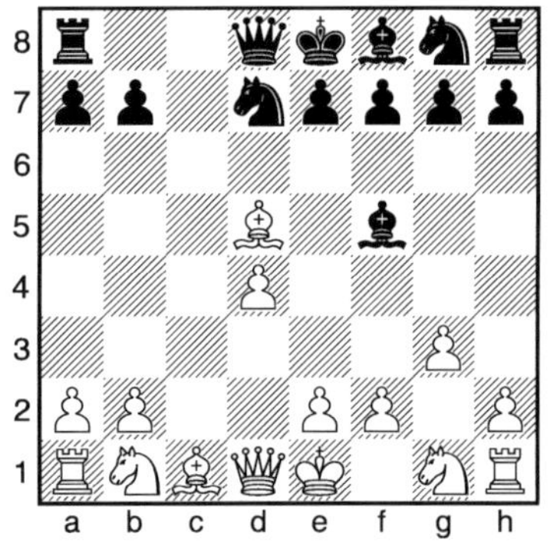

28 ●

1. ------------- / ....

2. .... / ....

3. .... / ....

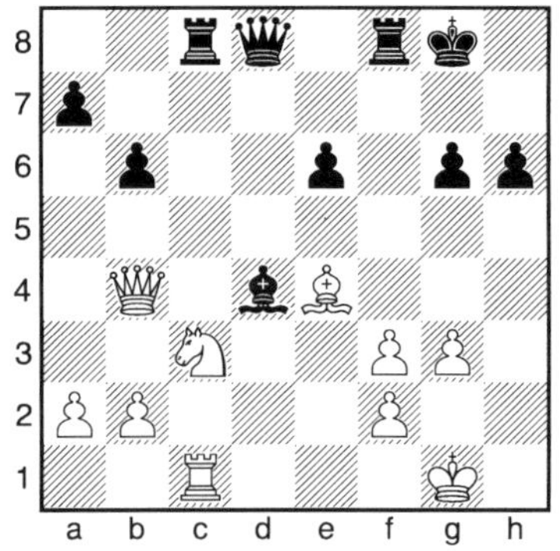

29 ●

1. -------------- / ....

2. .... / ....

3. .... / ....

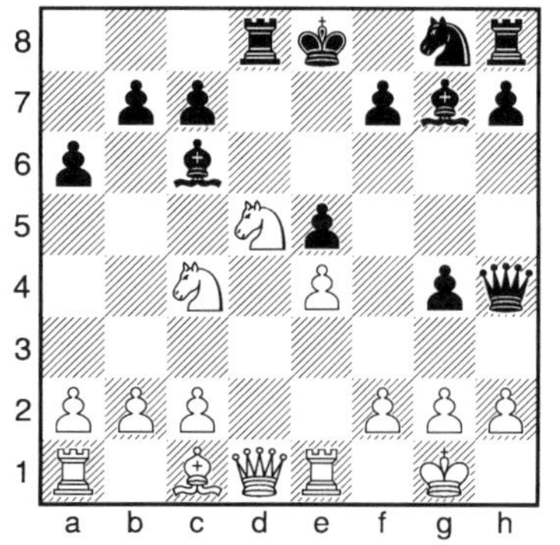

30 ●

1. -------------- / ....

2. .... / ....

3. .... / ....

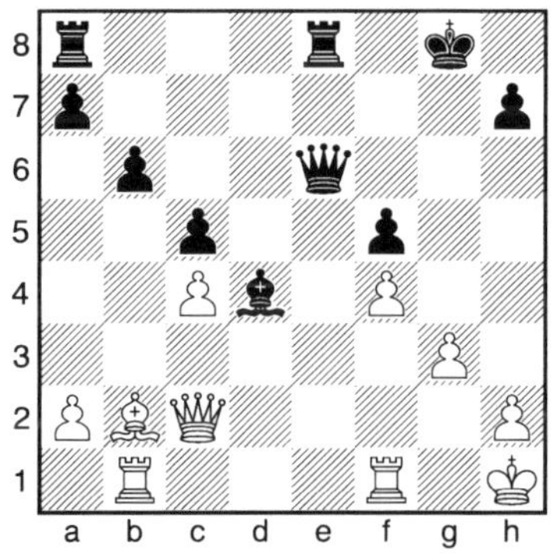

31 ●

1. -------------- / ....

2. .... / ....

3. .... / ....

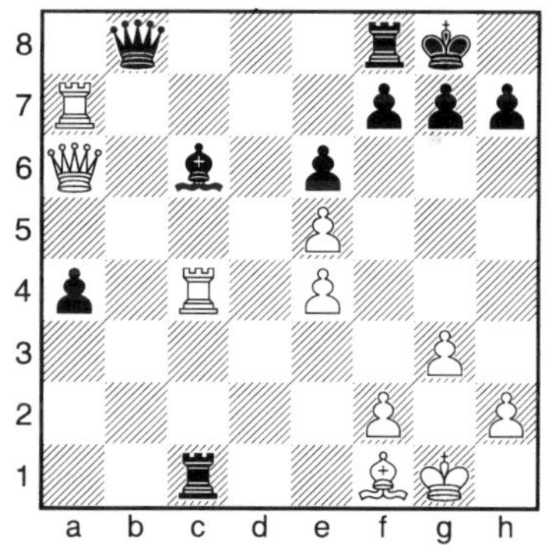

32 ●

1. -------------- / ....

2. .... / ....

3. .... / ....

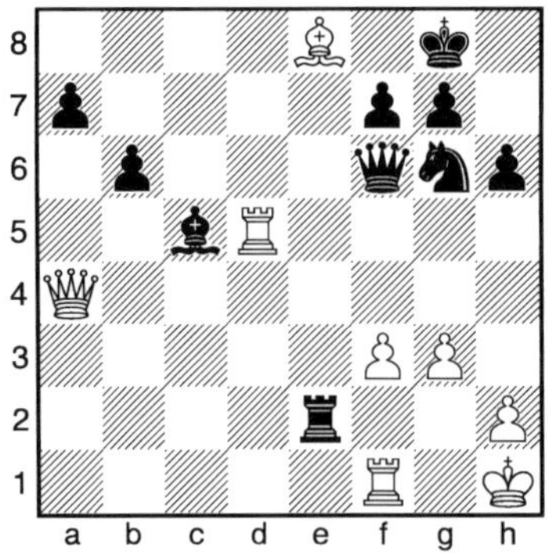

33 ●

1. -------------- / ....

2. .... / ....

3. .... / ....

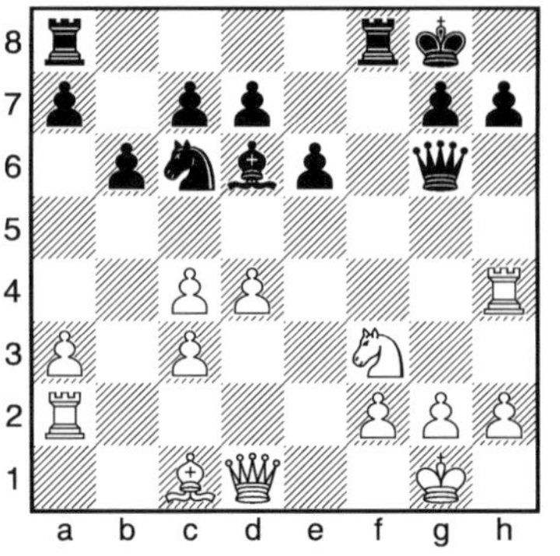

34 ●

1. -------------- / ....

2. .... / ....

3. .... / ....

Lösungen

Finde den Doppelangriff!

Halte auch Ausschau nach Ausfällen der Dame, die besonders in der Eröffnung oft mit Doppelangriffen verbunden sind!

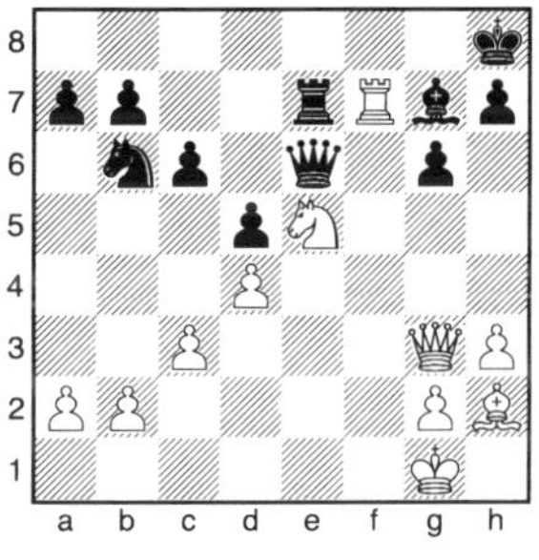

1.

1.♘e5xg6+

Öffnet die h–Linie und bereit den Weg für einen Doppelangriff der Dame.

1...h7xg6 2.♕g3–h4+ ♔h8–g8 3.♖f7xe7

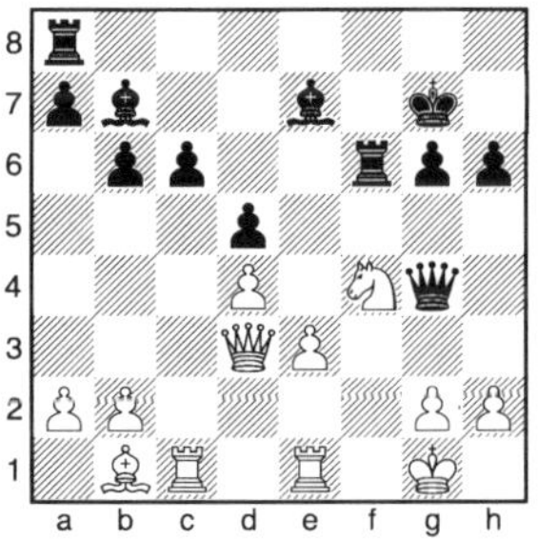

2.

1.♘f4xd5!

Gewinnt einen Bauern und verbessert die weiße Stellung.

1...c6xd5? 2.♖c1–c7

Falls 1...♖f6–f7 2.♘d5–f4 oder 2.♘d5xe7

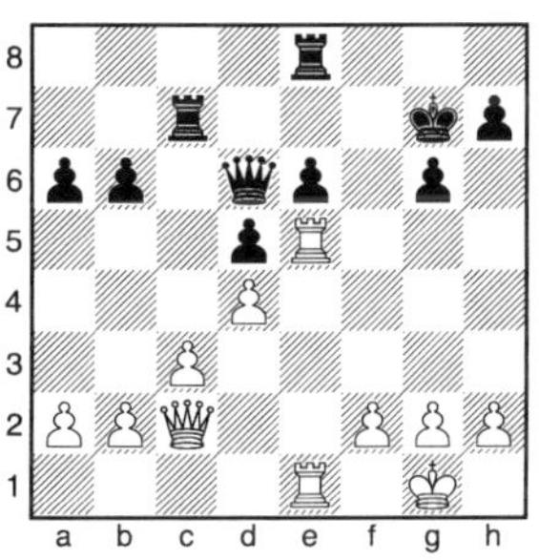

3.

1.♕c2–e2

Ein Teil dieses Doppelangriffs gilt der Verstärkung des Drucks auf den Be6. Schwarz kann nun wählen zwischen

1...b6–b5 2.♖e5xe6 oder

1...♖c7–e7 2.♕e2xa6

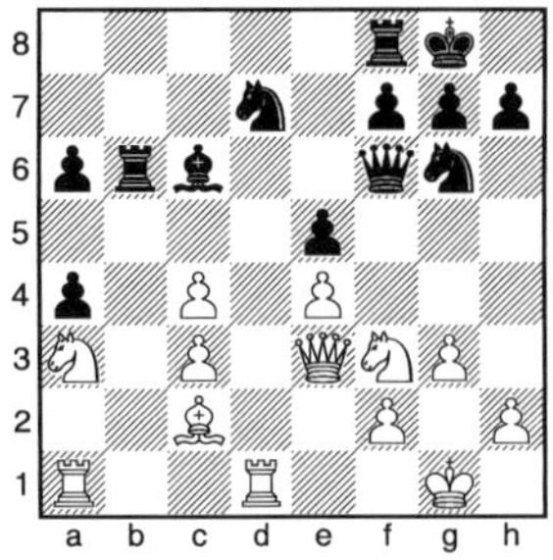

4.

1.c4–c5 ♖b6–b2

Oder andere Turmzüge

2.♖d1-d6 ♕f6–e7 3.♖d6xc6

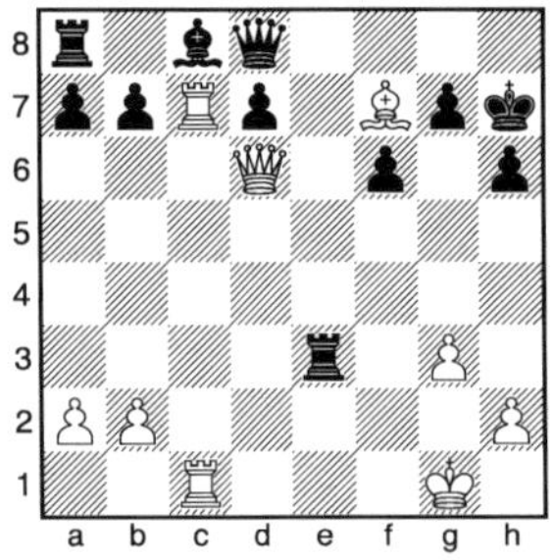

5.

1.♕d6–d2 ♖e3–e7

Nicht besser ist 1...♖e3–e4 2.♕d2–c2 mit Trip-plierung, f6–f5 3.♖c7xc8

2.♕d2–c2+ ♔h7–h8 3.♖c7xc8 ♖a8xc8 4.♕c2xc8 ♕d8xc8 5.♖c1xc8+

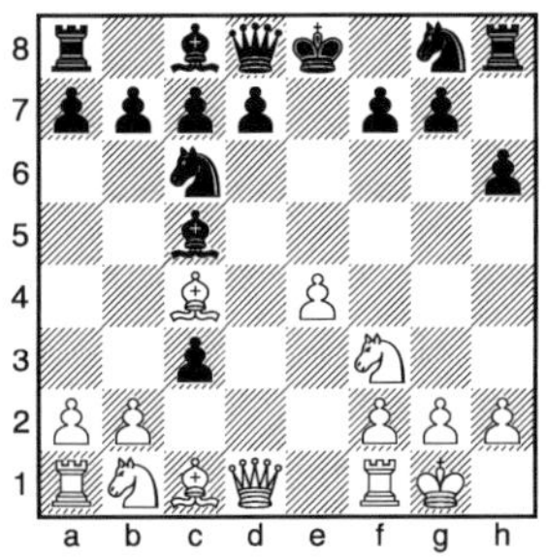

6.

1.♗c4xf7+

Ein typisches Eröffnungsmotiv. Nicht gut ist 1.♕d1-d5? wegen ♕d8–e7

1...♔e8xf7 2.♕d1-d5+ und dieser Doppelangriff holt den geopferten Läufer zurück.

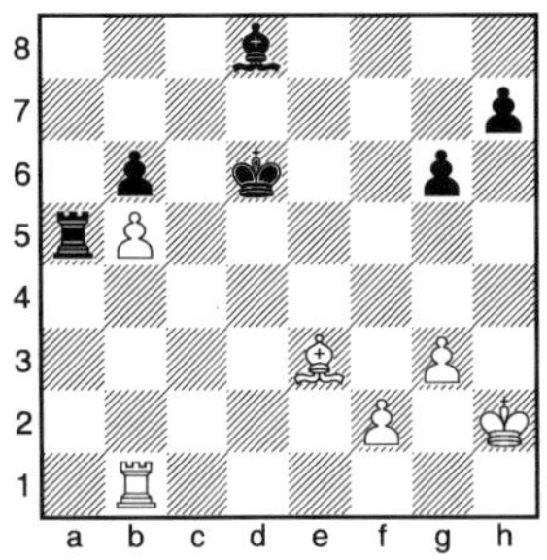

7.

Ein dir schon gut bekanntes Motiv ist hier verbor-gen:

1.♖b1-d1+ ♔d6–c7/e7
2.♖d1xd8 ♔c7xd8
3.♗e3xb6+ ♔d8–d7 4.♗b6xa5

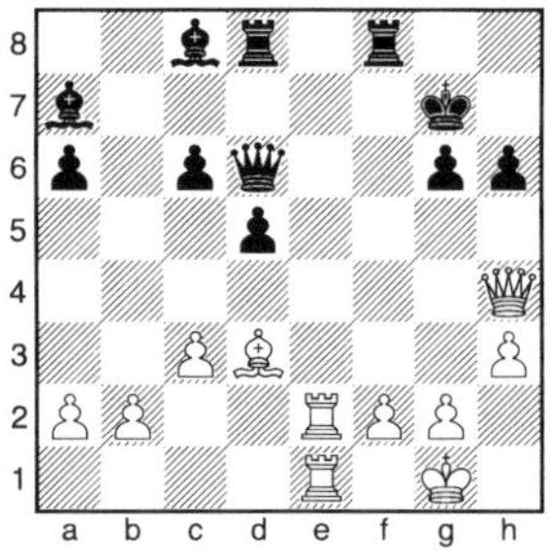

8.

Einen Turmangriff auf der 7.Reihe kann Schwarz verteidigen, den zweiten aber nicht:

1.♖e2–e7+ ♖f8–f7
2.♖e7xa7 ♖f7xa7
3.♕h4–d4+ ♔g7–h7 4.♕d4xa7+

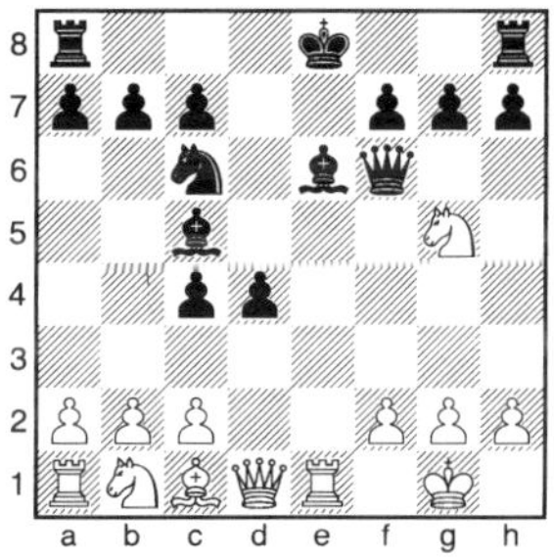

9.

1.♘g5xe6 f7xe6

Schwarz ist gezwungen, die Diagonale h5–e8 zu öffnen, die oft der schwache Punkt in der Eröffnung ist:

2.♕d1-h5+ g7–g6 3.♕h5xc5

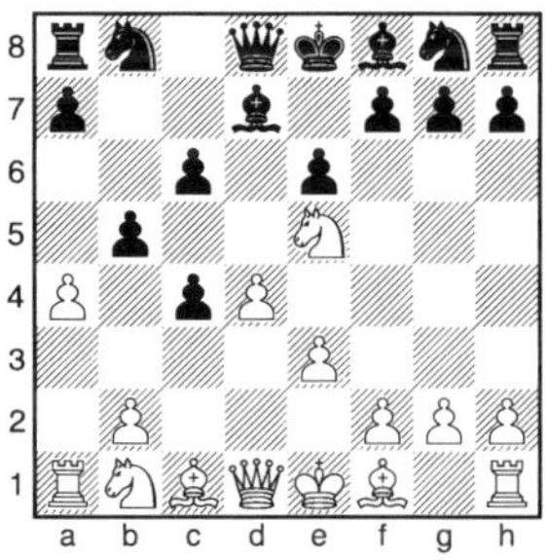

10.

1.a4xb5 c6xb5? 2.♕d1-f3 f7–f6
3.♕f3xa8

Noch besser als der direkte Turmgewinn ist nach ...f7–f6 der typische Angriff:

3.♕f3–h5+ g7–g6 4.♘e5xg6 h7xg6 5.♕h5xh8

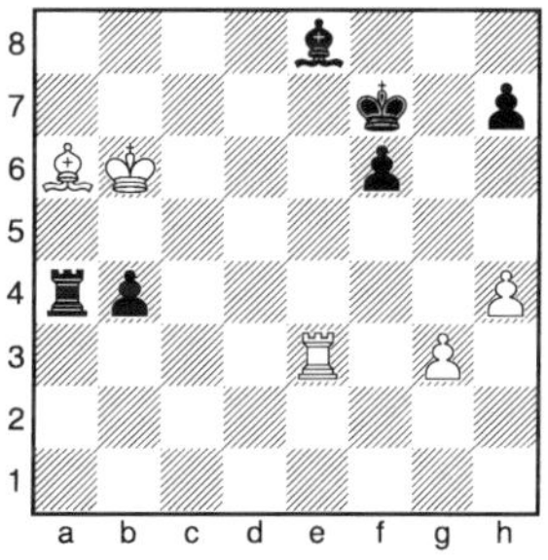

11.

1.♗a6–c4+!

Zugumstellung ist hier nicht möglich: 1.♖e3xe8?? ♖a4xa6+ und *Schwarz* gewinnt nun das Endspiel!

1...♔f7–f8 2.♖e3xe8+ ♔f8xe8
3.♗c4–b5+ ♔e8–e7 4.♗b5xa4

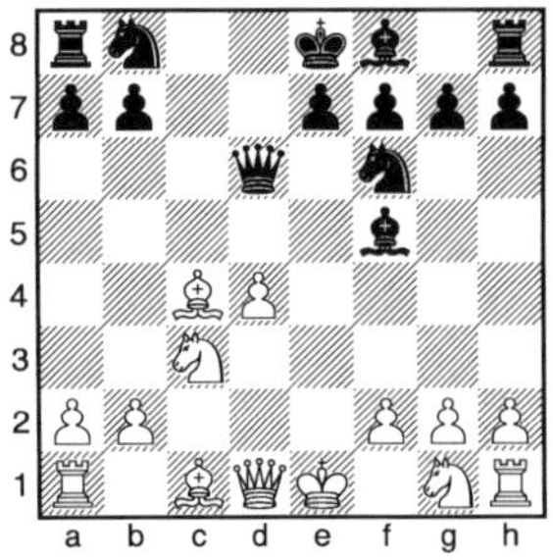

12.

1.♕d1-b3 ♕d6–c7

1...e7–e6? 2.♕b3xb7 ♕d6–c6? Normalerweise verhindert dieses Manöver größere Verluste, scheitert hier aber an 3.♗c4–b5.

2.♗c4xf7+ ♔e8–d8

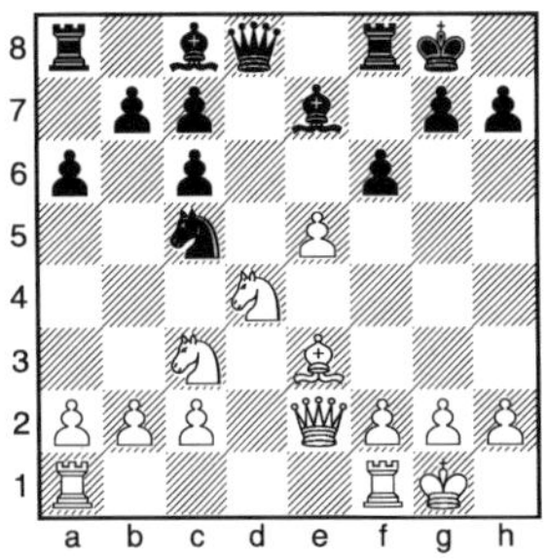

13.

1.♘d4xc6 b7xc6 2.♗e3xc5

Und nicht etwa 2.♕e2–c4+? ♗c8–e6!

2...♗e7xc5 3.♕e2–c4+ ♔g8–h8 4.♕c4xc5

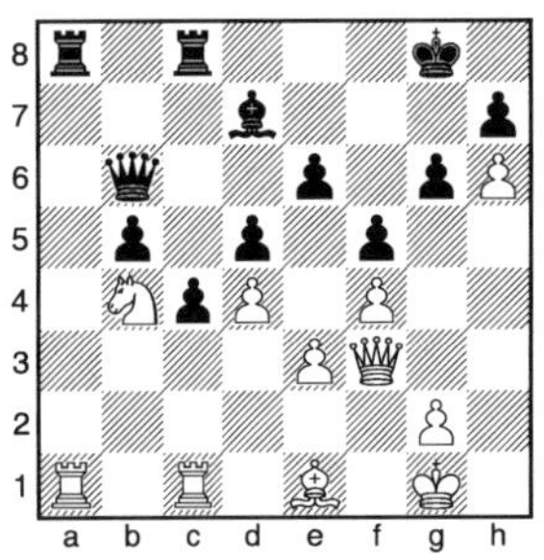

14.

1.♖a1xa8 ♖c8xa8 2.♘b4xd5 e6xd5

Den Springer zu fesseln hilft auch nicht:
2...♗d7–c6 3.♘d5–e7+ ♔g8–f7 4.♕f3xc6

3.♕f3xd5+ ♕b6–e6 4.♕d5xa8+

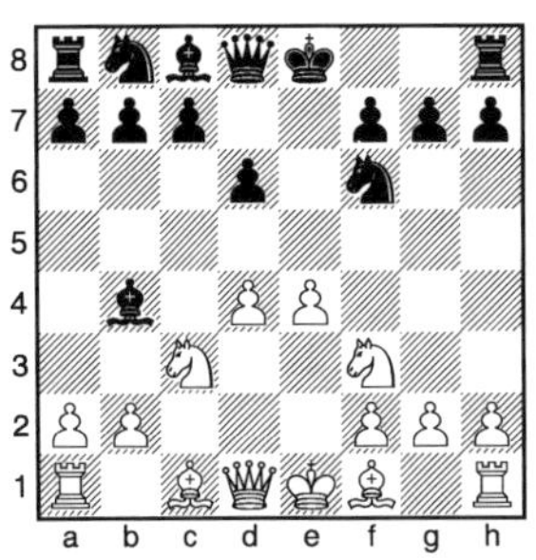

15.

1.♕d1-a4+

Und der ungedeckt herumstehende Läufer geht verloren.

1...♘b8–c6 2.d4–d5 ♗b4xc3+ 3.b2xc3 -- 4.d5xc6

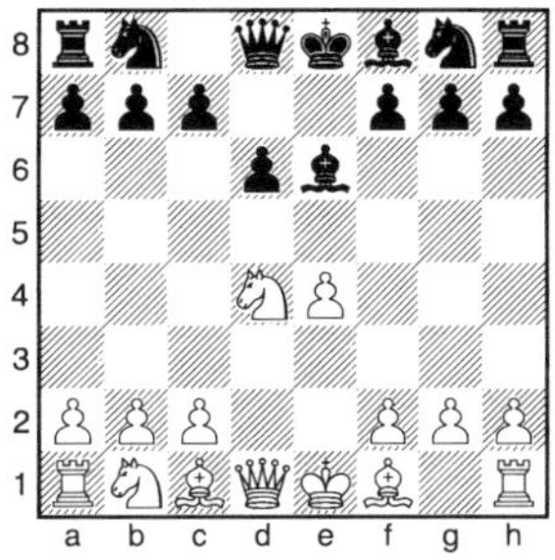

16.

1.♘d4xe6 f7xe6 2.♕d1-h5+ g7–g6

Nun schwenkt die Dame zum anderen Flügel. Besser ist, zum Damenflügel zu fliehen mit 2...♔e8–d7 3.-- ♔d7–c8.

3.♕h5–b5+ ♘b8–d7 4.♕b5xb7

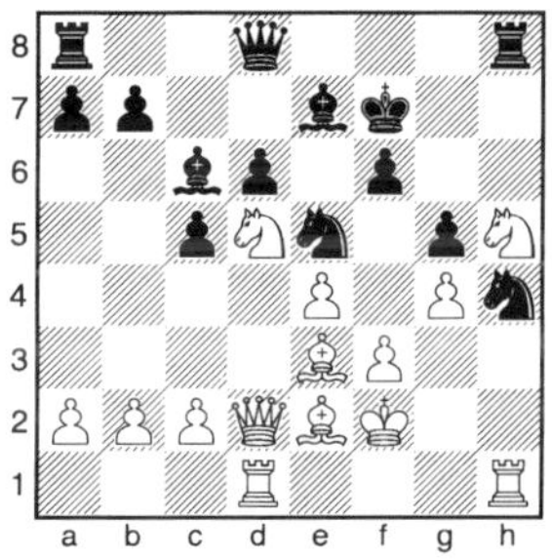

17.

1.♘d5xe7 ♔f7xe7

Oder 1...♕d8xe7 2.♕d2xd6

2.♘h5xf6 ♔e7xf6?? 3.♗e3xg5+

Eine schwächere Nebenlösung ist 2.♗e3xg5 f6xg5 3.♕d2xg5+ ♔e7–e8 4.♕g5xh4.

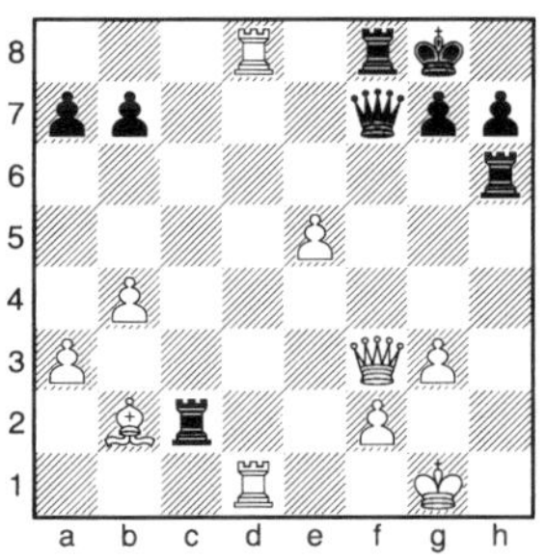

18.

1.♖d8xf8+ ♕f7xf8

Falls 1...♔g8xf8 2.♖d1-d8 + ♔f8–e7 3.♖d8–d7+ *(oder 3.♕f3xb7+ ♔e7xd8 4.♕b7xf7)* 3...♔e7xd7 4.♕f3xf7+

2.♕f3–b3+ ♔g8–h8 3.♕b3xc2

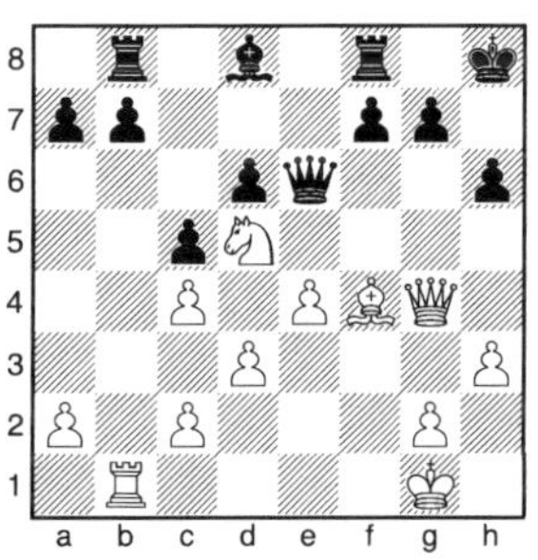

19.

1.♕g4xe6 f7xe6 2.♗f4xd6 e6xd5 3.♗d6xb8

oder 3.♗d6xf8 ♗d8–b6 4.♗f8–d6

3...♗d8–b6 4.♗b8–d6 ♖f8–d8 5.e4–e5

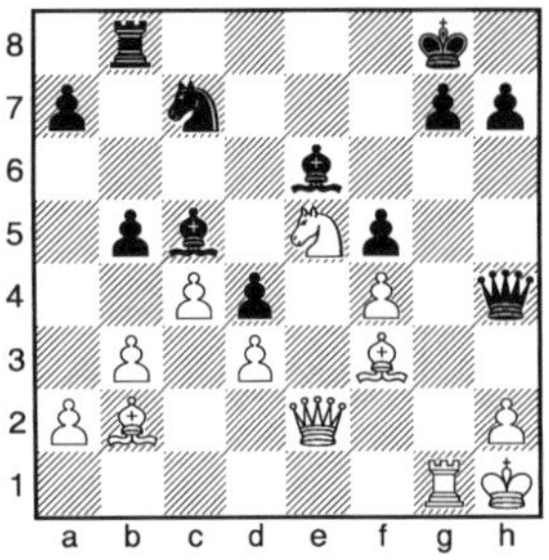

20.

1.♘e5–c6 ♖b8–e8/f8 2.♕e2–e5

Doppel (oder genauer Dreifach) Angriff gegen Läufer, Springer und Mattfeld g7. Der Springerzug war nur eine Räumung.

2...♗c5–f8 3.♕e5xc7

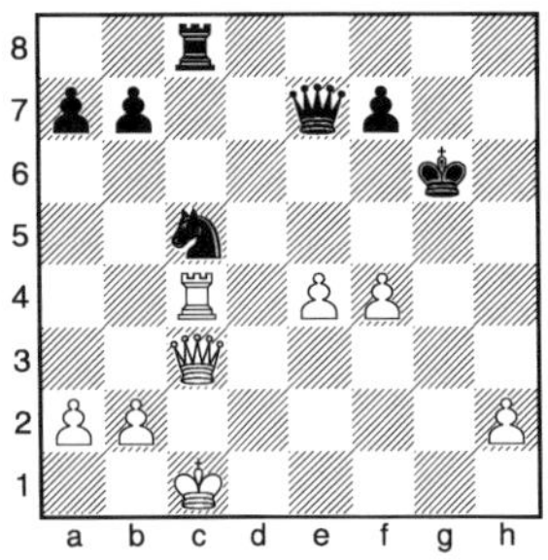

21.

1.♕c3–g3+ ♔g6–f6

Nach 1...♔g6–h5/h6 geht der Turm direkt verloren: 2.♕g3–h3+ ♔h6–g7 3.♕h3xc8.

2.♕g3–g5+ ♔f6–e6
3.♕g5–f5+ ♔e6–d6 4.♕f5xc8

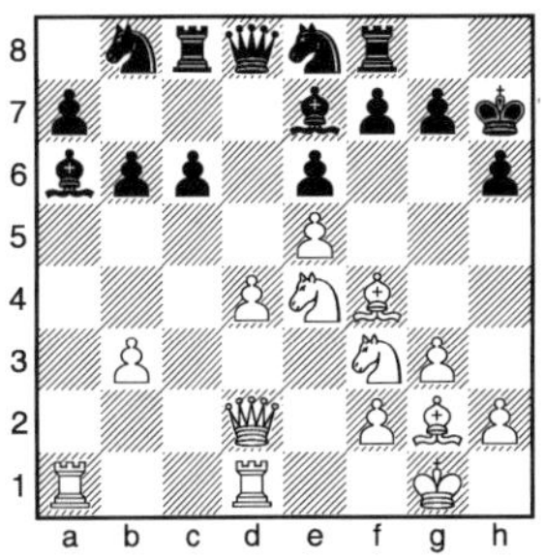

22.

1.♖a1xa6 ♘b8xa6
2.♕d2–d3 ♔h7–g8 3.♕d3xa6

Den Springer retten zu wollen führt zum Desaster:
2...♘a6–b4?? 3.♘e4–f6/g5+ Doppelschach!
3...♔h7–h8 4.♕d3–h7#

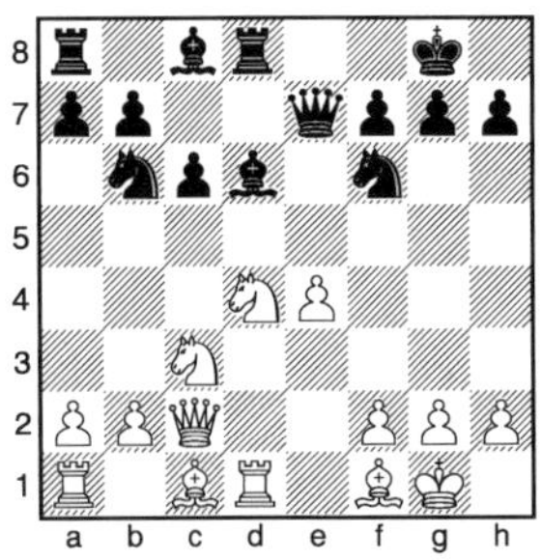

23.

1...♗d6xh2+
2.♔g1xh2 ♖d8xd4
3.♖d1xd4 ♕e7–e5+
4.♔h2–g1 ♕e5xd4

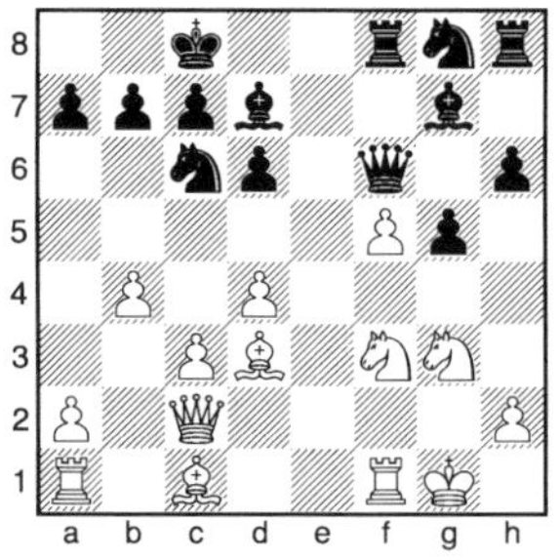

24.

1...g5–g4 2.♘f3–e1 ♘c6xd4 3.♕c2–f2

Eine schlechte Idee ist 3.c3xd4? ♕f6xd4+ 4.♔g1-h1 ♕d4xa1.

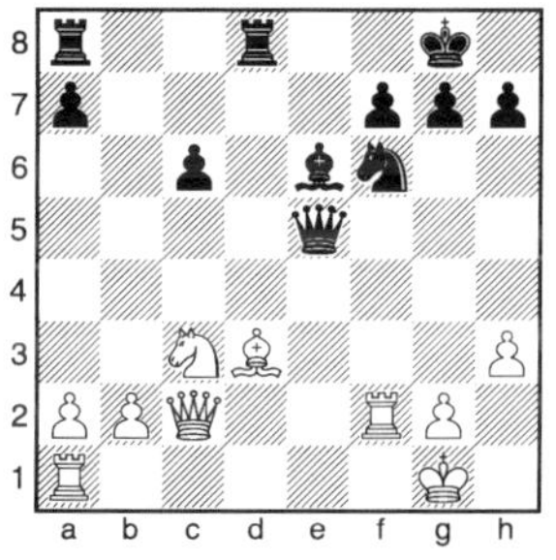

25.

1...♗e6xh3 2.g2xh3 ♕e5–g3+ 3.♖f2–g2 ♕g3xd3

Oder 3...♕g3–e3+ 4.♕c2–f2 ♕e3xf2+ / *♖d8xd3* 5.♖g2xf2 ♖d8xd3

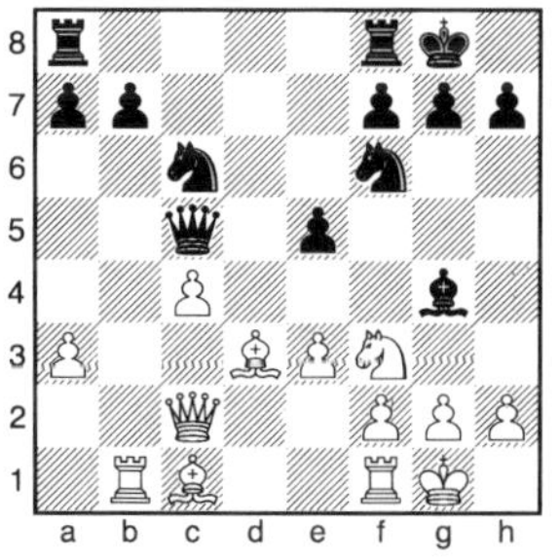

26.

1...e5–e4 2.♗d3xe4 ♘f6xe4 3.♕c2xe4 ♗g4–f5 4.♕e4–d5 ♕c5xd5 5.c4xd5 ♗f5xb1 6.d5xc6 b7xc6

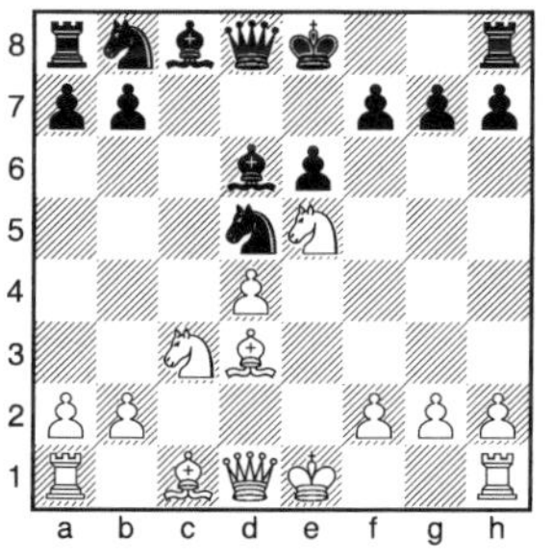

27.

1...♗d6xe5

Nicht anders 1...♘d5xc3

2.d4xe5 ♘d5xc3 3.b2xc3 ♕d8–a5

Mit Gewinn eines der beiden Bauern.

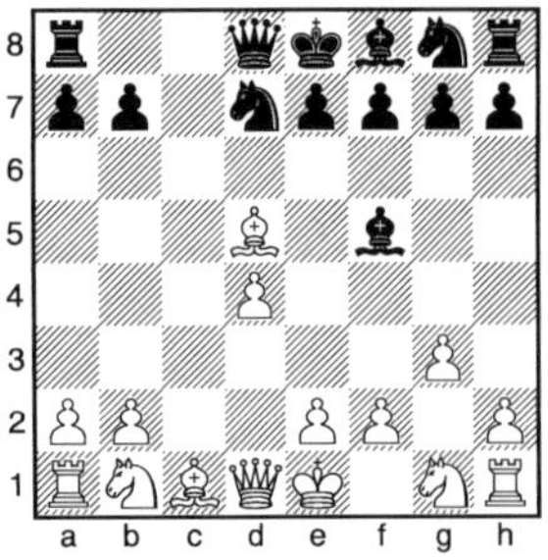

28.

1...♗f5xb1 2.♖a1xb1 ♕d8–a5+ 3.♗c1-d2 ♕a5xd5

Und wieder eine Gabel.

4.♘g1-f3 ♕d5xa2

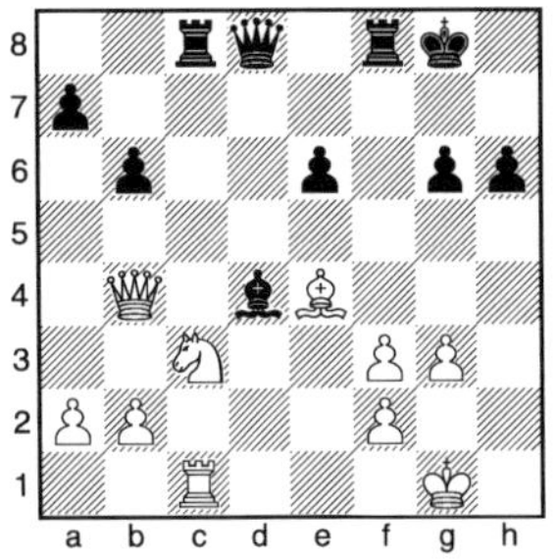

29.

1...♗d4xf2+ 2.♔g1-g2

Falls 2.♔g1xf2? ♕d8–d2+

2...♗f2xg3 3.♔g2xg3? ♕d8–g5+ 4.♔g3–f2 ♕g5xc1

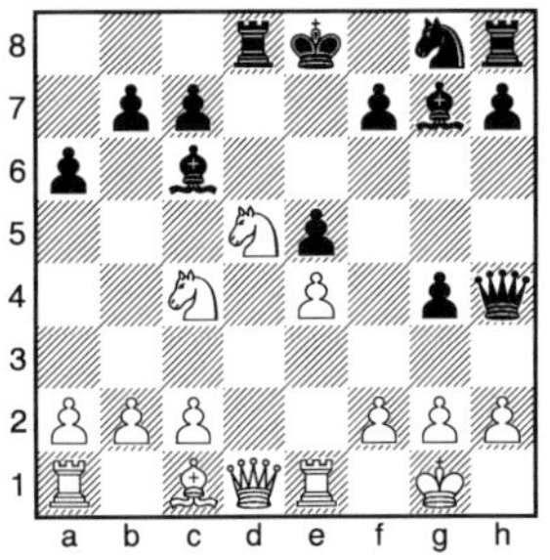

30.

1...♗c6xd5 2.e4xd5 g4–g3 3.h2xg3 ♕h4xc4

Noch schlimmer ist
3.♖e1xe5+? ♗g7xe5 4.♘c4xe5 ♕h4xh2+
5.♔g1-f1 ♕h2–h1+ 6.♔f1-e2 ♕h1xg2

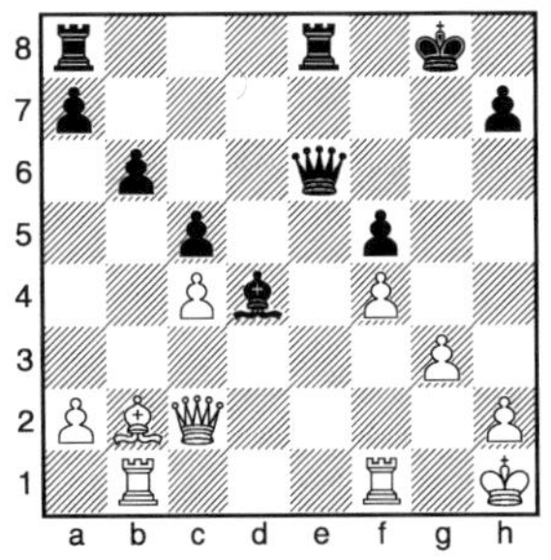

31.

1...♕e6–c6+
2.♕c2–g2 ♕c6xg2+
3.♔h1xg2 ♖e8–e2+
4.♔g2–f3 ♖e2xb2

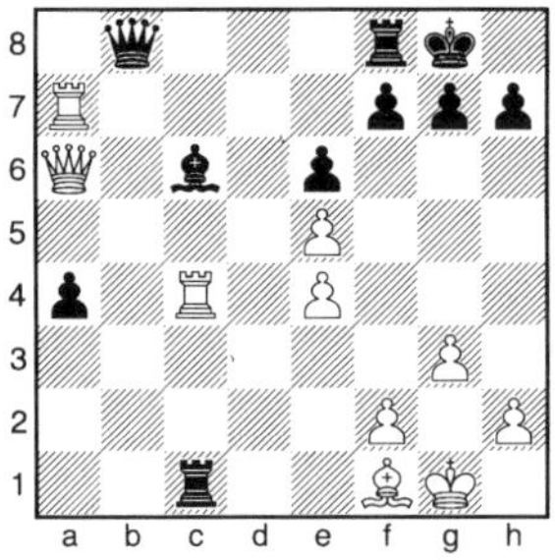

32.

1...♖c1xf1+ 2.♔g1xf1 ♗c6–b5

Sowohl eine Gabel als auch eine Fesselung. Weiß kann den Turm nicht verteidgen.

3.♕a6–b7 ♗b5xc4+ 4.♔f1-g2 ♕b8xb7 5.♖a7xb7 ♖f8–a8

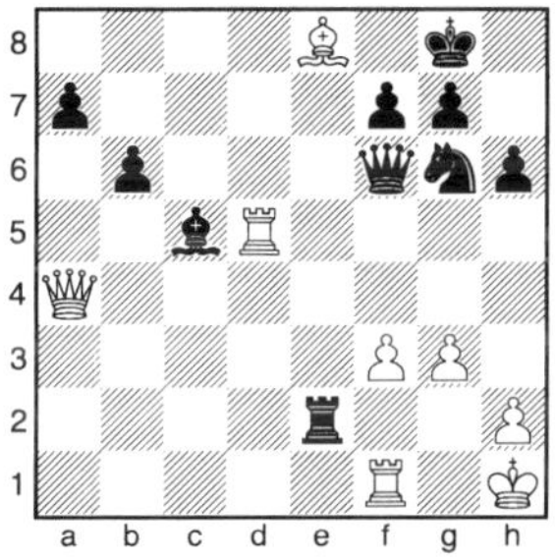

33.

1...♖e2–e1 2.♔h1-g2

Oder 2.♕a4–b5 ♕f6xf3#; 2.♖f1xe1 ♕f6xf3#

2...♖e1xf1 3.♔g2xf1 ♕f6xf3+

Diese Stellung stammt von einer Partie des Ex-Weltmeisters Anatoli Karpov gegen Großmeister Krasenkow.

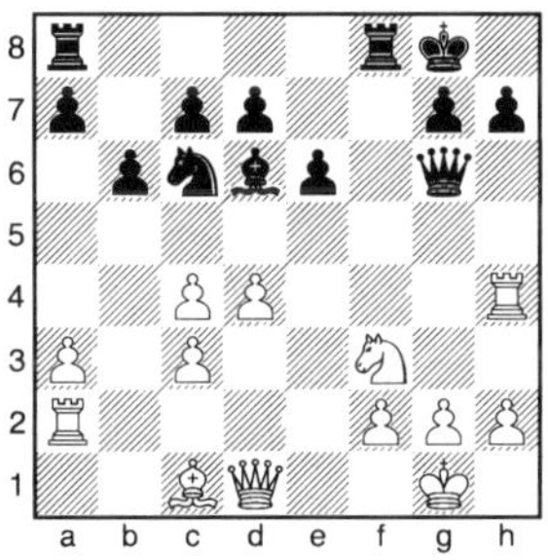

34.

1...♖f8xf3

Figurengewinn oder Weglenkung der Dame von der Grundreihe, was einen Doppelangriff ermöglicht:

2.♕d1xf3 ♕g6–b1 3.♖a2–d2 ♕b1xc1+

10. Der Springer und seine Gabeln

Die Fähigkeit des Springers, in alle Richtungen zu gabeln und oft überraschende Wendungen herbeizuführen, hat ihm ein eigenes Kapitel eingebracht. Am Brettrand schaut der Springer nicht gut aus. Im *Diagramm unten* hat der Sa8 nur zwei Felder / eine Gabel. Dagegen hat der Springer auf f3 oder von jedem seiner normalen Entwicklungsfelder aus (Felder c3 / f3 / c6 / f6) Zugriff auf acht Felder (davon zwei in der gegnerischen Hälfte) und zahlreiche Gabeln.

Daraus können wir schließen, dass der Springer in der Eröffnung besser auf f3/c3 (f6/c6) steht als auf d2/e2 (d7/e7). Aus zentralerer Position kann der Springer mehr drohen und früher angreifen. Ein in der gegnerischen Hälfte postierter Springer, z.B. auf e5 oder f6, kann ein großes Problem für den Gegner darstellen, ein echter Pfahl im Fleisch.

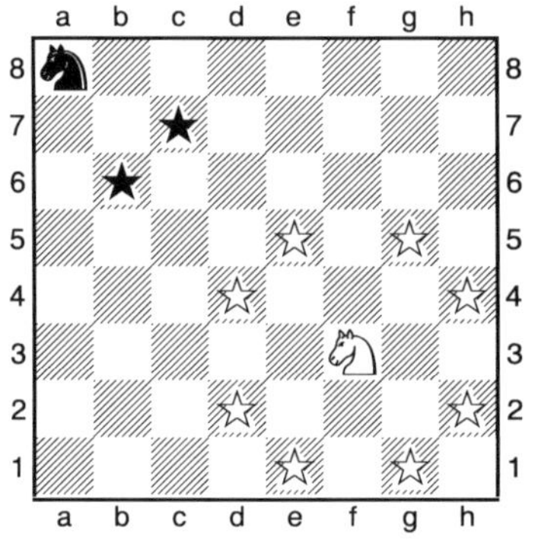

Wenn es etwas gibt was bedrohlicher und mehr verwirrend ist als ein Springer, dann sind das zwei Springer. Zusammen kontrollieren sie acht Felder in jede Richtung. Und mit jedem Zug kommen neue Felder hinzu, von denen aus vielleicht eine Gabel möglich ist.

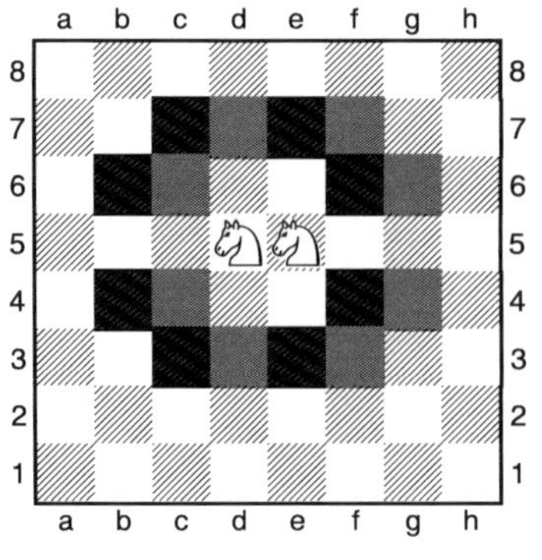

Wir können vier Kategorien von Springergabeln unterscheiden:

- Die "enge" Gabel;
- Die "schmale" Gabel;
- Die "weite" Gabel;
- Die "rundum" Gabel.

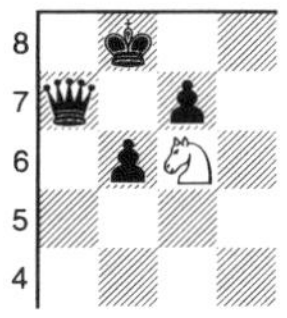
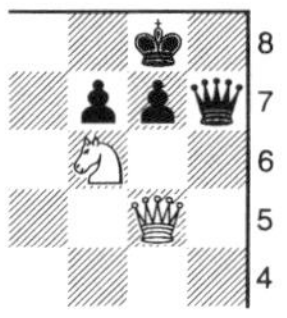

Die **enge Gabel** zielt auf zwei Steine, die diagonal direkt beieinander stehen. Ein Loch in der Bauernstruktur *(D links)* macht dies oft erst möglich.

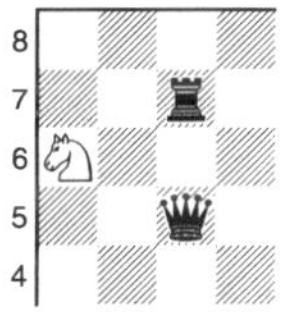
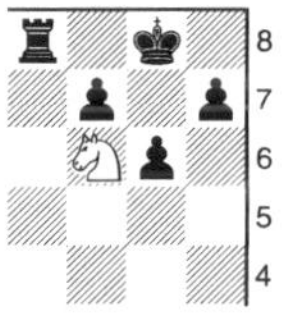

Die **schmale Gabel** greift zwei Steine an, die durch ein Feld getrennt sind. Wieder kann ein Loch in der Bauernstruktur *(D rechts)* eine Einladung dazu sein.

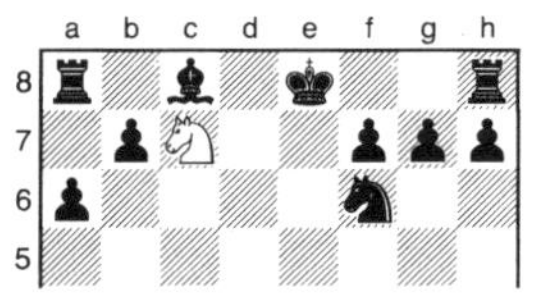

Die **weite Gabel** ist das Limit der "Spannweite" des Springers. Wir sehen diese Gabel oft in der Eröffnung, wo sie einen Turm oder die Qualität gewinnt. Ein Tipp: Wenn du rechtzeitig rochierst hast du diese Gabel nicht zu fürchten!

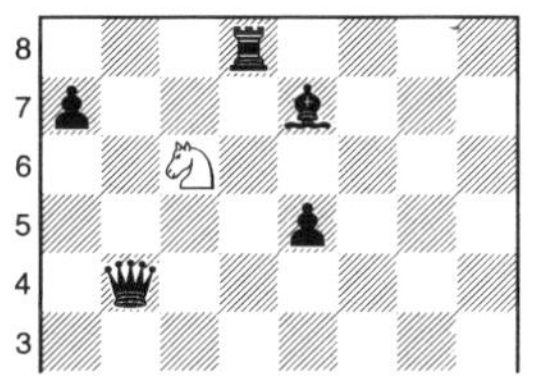

Die **rundum Gabel** zielt in alle Richtungen und kann somit mehr als die meist üblichen zwei Figuren angreifen. Im Diagramm sind alle fünf Steine angegriffen.

Alle diese Gabeln haben aber einige Gemeinsamkeiten:

Der Springer attackiert stets Felder von gleicher Farbe!

Mit seinem nächsten Zug wechselt der Springer stets die Feldfarbe und die aller Felder, die er kontrolliert.

Die beste Verteidigung gegen eine Springergabel ist, deine wichtigen Figuren auf Felder unterschiedlicher Farbe zu postieren.

Eine Springergabel im nächsten oder übernächsten Zug zu erkennen ist schon für einen fortgeschrittenen Anfänger keine große Herausforderung. Aber wie schon bei den anderen Doppelangriffen gesehen ist auch die Springergabel oft verborgen und erscheint erst nach einem Abtausch, einer Weglenkung, dem Eliminieren eines Verteidigers oder einem anderen vorbereitenden Zug. Eine Reihe von typischen Opfern führt eine Springergabel herbei.

Hier sehen wir ein nettes Beispiel von einem Weltmeisterschaftskampf zwischen **Petrosian** und **Spasski** (der sechs Jahre später Bobby Fischers Gegner beim legendären WM-Match Reykjavik 1972 war).

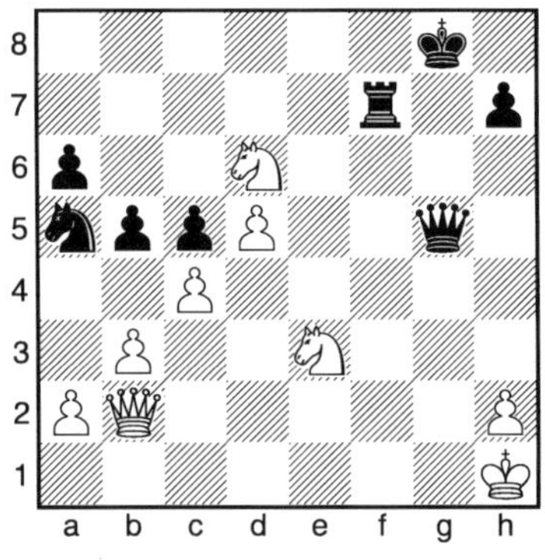

Nach 1.♘d6xf7 ♕g5xe3 2.♘f7–e5 wäre die Stellung ungefähr ausgeglichen und, da Endspiele mit den Damen auf dem Brett und offenen Königsstellungen oft in Remis durch Dauerschach enden, wäre dies auch das wahrscheinliche Ergebnis.

Aber eine versteckte Springergabel gab der Partie eine unerwartete Wendung, eingeleitet durch

1.♕b2–h8+!

Womit Petrosian sofortige Gewinnstellung erreichte und einen wichtigen Punkt zur Titelverteidigung gewann. Das Match endete 12,5:11,5 für ihn. Die Fortsetzung hast du sicher gleich erkannt:

1...♔g8xh8 2.♘d6xf7+ ♔h8–g7 3.♘f7xg5

Petrosian sah diese Kombination gleich, weil er einige Monate zuvor eine Partie auf die gleiche Weise verloren hatte! Du siehst den Wert von taktischem Wissen, selbst wenn es auf die harte Tour erworben wurde.

Die Springergabel kann mit anderen Motiven mit vernichtendem Effekt zusammenarbeiten. Im *D unten* unterstützen zwei Motive den Angriff:

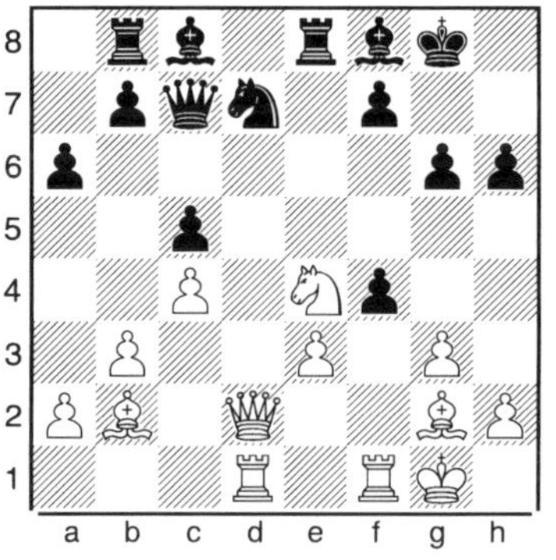

1.♕d2xd7 Motiv "Eliminierung des Verteidigers" **1...♗c8xd7**

Noch schlimmer ist 1...♕c7xd7 2.♘e4–f6+ ♔g8–h8 3.♘f6xe8+ ♔h8–g8 4.♘e8–f6+.

2.♘e4–f6+ ♔g8–h8/g7

3.♘f6xe8+ Motiv "Abzugsschach" **3...♔h8–g8 4.♘e8xc7**

Wir kommen zu diesem Motiv später im Buch. Aber du verstehst die Bedeutung vermutlich schon. Die Attacke war vor allem erfolgreich wegen der geschwächten schwarzen Stellung.

Ein Feld wie f6 wird **"schwaches Feld"** oder **"Loch"** genannt. Es wird nicht von einem Bauern verteidigt und ein Stein des Angreifers kann es eventuell später besetzen oder auf ihm eindringen. Das ist hier noch schlimmer, weil Weiß die lange Diagonale von a1 bis h8 kontrolliert. Mit 1.**♕d2–c3** (droht Matt auf h8) hat Weiß eine weitere starke Angriffsdrohung, die wohl auch gewinnen würde.

Ein taktisches Motiv anzuwenden ist nur möglich, wenn der Gegner zuvor einen Fehler gemacht hat. Grundlos schwache Felder zuzulassen ist ein sehr verbreiteter Fehler. Jeder Bauernzug in Eröffnung und Mittelspiel sollte einen guten Grund haben. Doch schwache Spieler ziehen oft Bauern vor, weil ihnen nichts anderes einfällt.

Solche kleinen Ungenauigkeiten, oft jede für sich weiter kein Problem, können sich aber zu einem Nachteil aufaddieren, ähnlich einem, der durch einen taktischen Fehler entsteht. Das beginnt schon in der Eröffnung, wenn unnötigerweise h2-h3 / h7-h6 oder a2-a3 / a7-a6 gezogen wird.

Natürlich sind solche Züge manchmal notwendig und gut, aber unerfahrene Spieler machen sie fast immer ohne über ihren Sinn nachzudenken. Damit geben sie dem Gegner einen zusätzlichen Zug, den er zur Entwicklung oder Angriffsvorbereitung nutzen kann. Zudem kann ein solcher Zug in der Rochadestellung diese schwächen und das herbeiführen, was man eine **"Angriffsmarke"** nennt, auf die später z.B. Opfereinschläge zielen können. Oberhalb des Anfängerbereiches werden viele Partien letztlich nicht durch einen konkreten Fehler, sondern durch solche kleinen Schwächungen und akkumulierte Ungenauigkeiten entschieden.

Beherzige diese guten Ratschläge:

Mach keinen unnötigen Bauernzug in deiner Königsstellung!

Ziehe keinen Bauern ohne einen guten Grund - und niemals als Verlegenheitszug!

Wenn du dir das zu Herzen nimmst, gibst du dem Gegner keinen Ansatz zu einem einfachen Angriff und als Resultat davon mag deine Ratingzahl sich leicht um eine halbe Klasse verbessern. (Eine Klasse entspricht 200 Rating Punkten) Auf unterer Ebene bedarf es nicht viel, um das Spiel zu verbessern und erfolgreicher zu machen. Das Vermeiden schwächender Züge ist der erste und einfachste Schritt zur Verbesserung.

Die Springergabel kann nicht nur Material gewinnen, sondern auch Matt unterstützen. Das älteste Schachmatt wird von Turm und Springer in der Ecke ausgeführt. Es ist das älteste Mattmotiv, weil sich vor ca. 550 Jahren in Europa die Regeln des alten arabischen Schachs änderten und von den Offizieren nur Turm und Springer ihre Gangart beibehielten. Wegen seiner Herkunft nennt man dieses Mattmotiv das **"Arabische Matt"** *(s. D links und mitte)*. Der Springer deckt den Turm und kontrolliert zugleich das einzige Fluchtfeld (Ein Fall von enger Gabel).

Der Springer kann sogar zum Matt beitragen, wenn er bloß die Fluchtfelder kontrolliert *(s. D rechts)*.

Es gibt viele weitere Mattmotive mit dem Springer und anderen Figuren, viel zu viele, um sie hier aufzuführen.

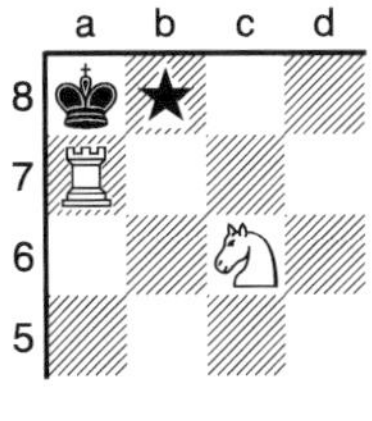

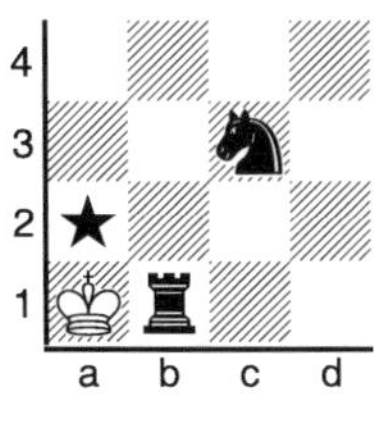

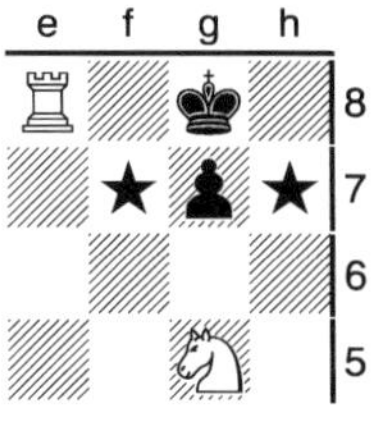

Springer und Turm können auch ein erstaunliches Remis erzwingen. Hier sieht es nicht gut für Schwarz aus, aber der Springer rettet den Tag:

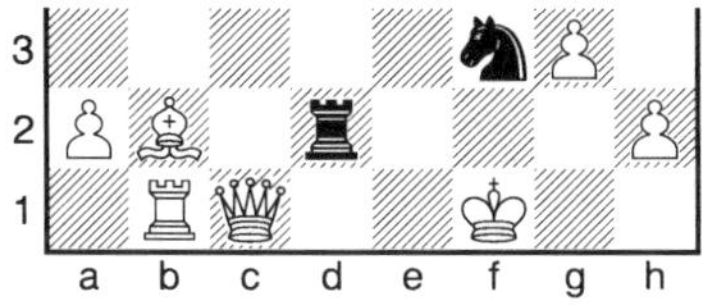

1...♘f3xh2+ 2.♔f1-e1 ♘h2–f3+ usw., Dauerschach.

Oder 2.♔f1-g1 ♘h2–f3+ 3.♔g1-f1 *(3.♔g1-h1?? ♖d2–h2#)*

Der Springer ist auch ein cleverer Verteidiger, der einen scheinbar ungedeckten Stein durch eine Gabeldrohung schützen kann. Im *Diagramm unten* verteidigt **1.♘d4–c6** den Bauern erfolgreich.

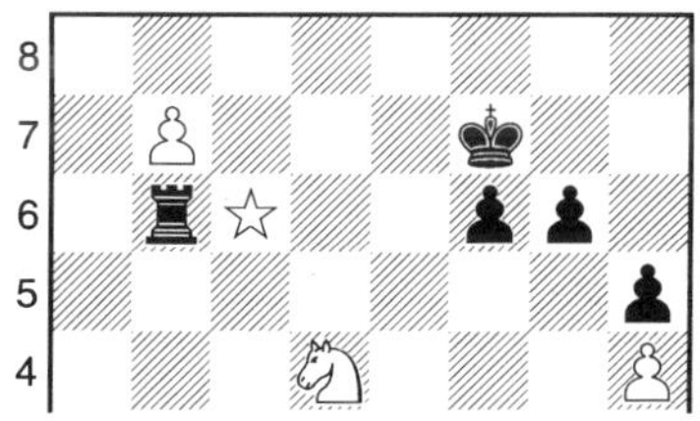

1...♖b6xb7? ist nun nicht möglich wegen **2.♘c6–d8+** Solche indirekte Verteidigung macht manchmal erstaunliche Züge möglich.

Wir haben schon zu Beginn des Kapitels ein Diagramm mit dem Springerpaar und seinen Feldern aus einer Ausgangsstellung gesehen. Ich möchte dir nun zum Abschluss ein nettes Beispiel für die Macht des Springerpaars zeigen. Nach Holzwertung ist die Stellung ausgeglichen (9:9). Der letzte einleitende Zug der Studie war **1.♔f4–g5!**

Wer hat am Ende die besseren Karten, die Dame oder das Springerpaar?

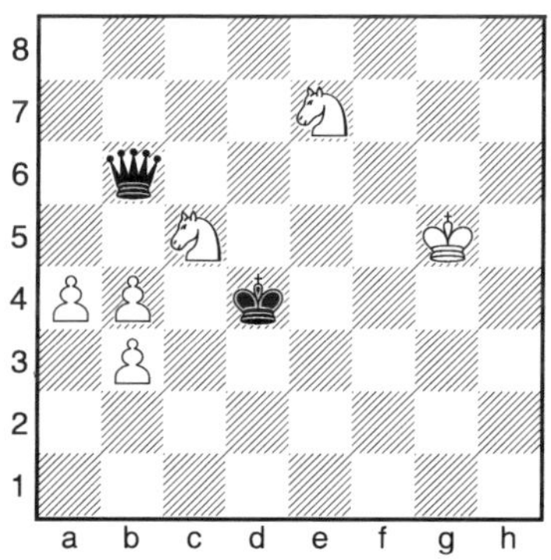

Dies ist wohl noch zu kompliziert, als dass du es lösen kannst. Der russische Problemkomponist **Kubbel**, der diese Studie **1917** schuf, hatte einen brillanten Schachverstand. Diese Studie illustriert die erstaunliche Reichweite des Springerpaars besser als lange Erklärungen.

Die Dame geht nun durch eine Springergabel verloren, wohin sie auch ziehen mag:

1...♛b6xb4 2.♘e7–c6+;

1...♛b6–b8 2.♘e7–c6+;

1...♛b6–a7 2.♘e7–c6+;

1...♛b6–d6 2.♘e7–f5+;

1...♔d4–e5 2.♘c5–d7+;

1...♔d4–e3 2.♘e7–d5+;

1...♔d4–c3 2.♘e7–d5+

Okay, das waren wieder eine Menge Erklärungen und Ratschläge und es juckt dir jetzt vermutlich in den Fingern, selbst einmal dein Glück mit Springergabeln zu versuchen.

In **Teil 1** der folgenden Übungen brauchst du nur eine Springergabel in ein bis zwei Zügen zu erkennen. Das sollte leicht sein.

In **Teil 2** wird es merklich schwerer, denn die Gabel ist verborgen und einige Vorbereitung nötig. Denk auch daran:

Die Gabel selbst muss nicht unbedingt erfolgreich sein, sondern kann auch zu einem anderen Problem für den Verteidiger führen.

Springergabel Teil 1

Finde eine mögliche Springergabel in 1 - 2 Zügen.

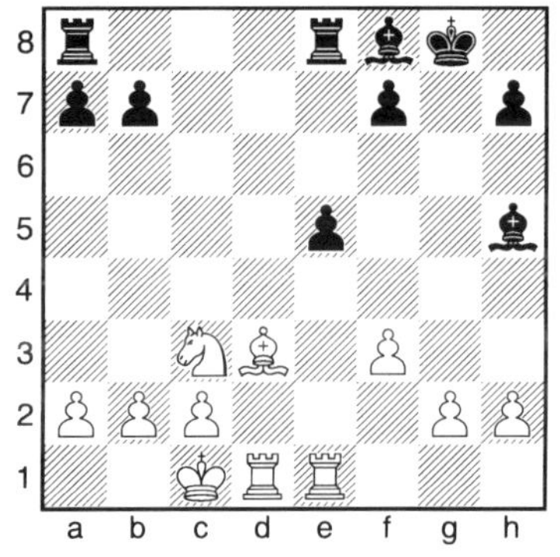

1

1. .... / ....

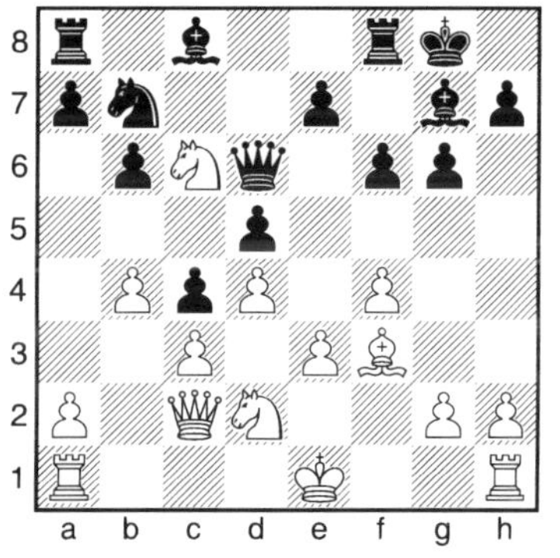

2

1. .... / ....

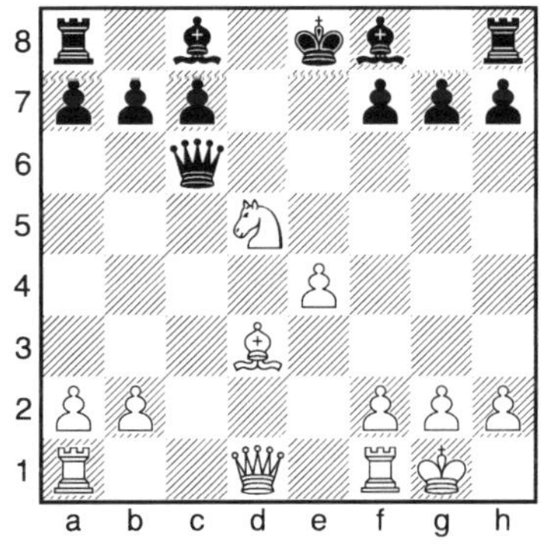

3

1. .... / ....

2. .... / ....

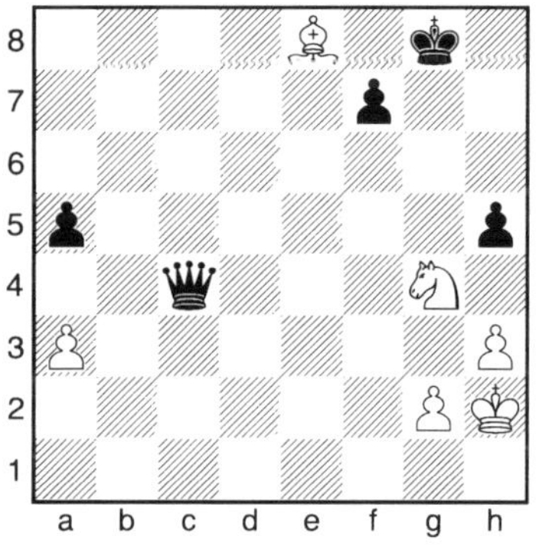

4

1. .... / ....

2. .... / ....

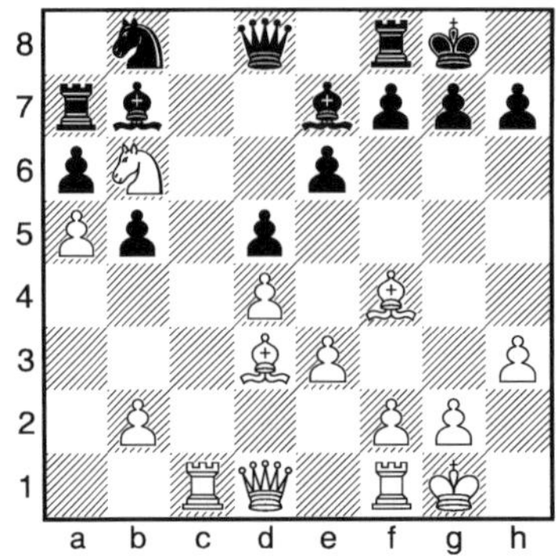

5

1. .... / ....

2. .... / ....

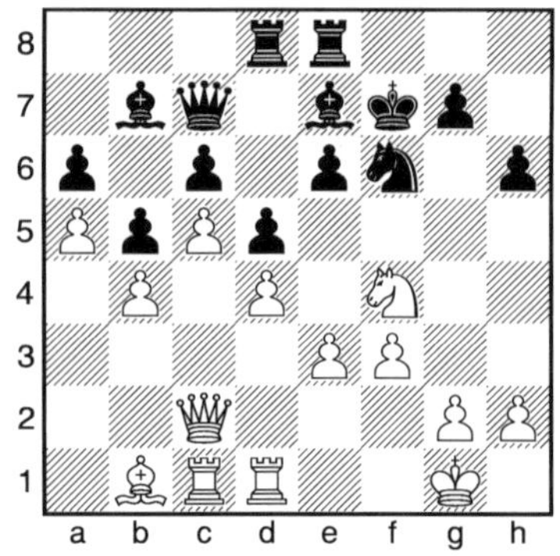

6

1. .... / ....

2. .... / ....

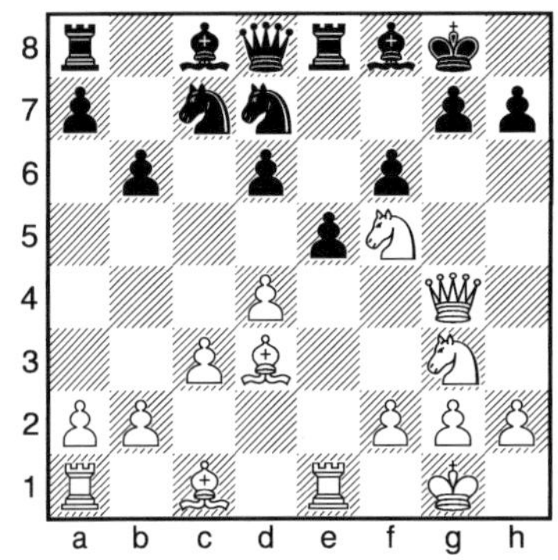

7

1. .... / ....

2. .... / ....

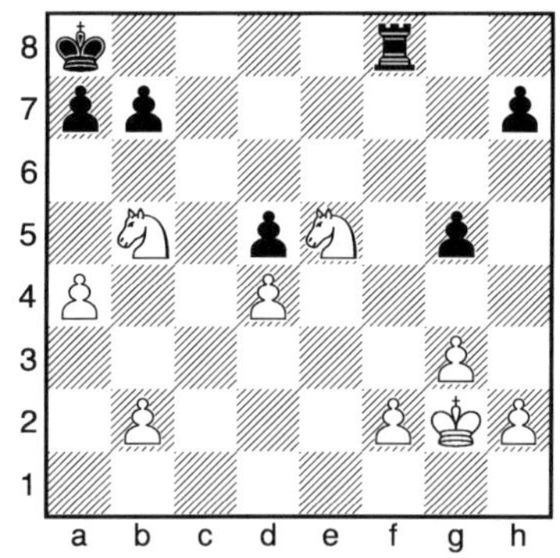

8

1. .... / ....

2. .... / ....

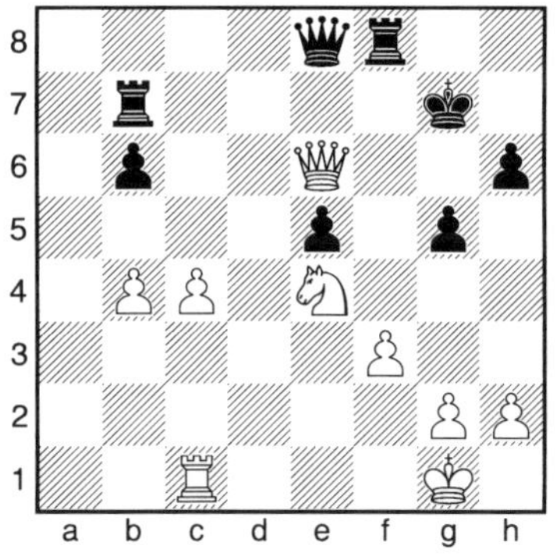

9

1. .... / ....

2. .... / ....

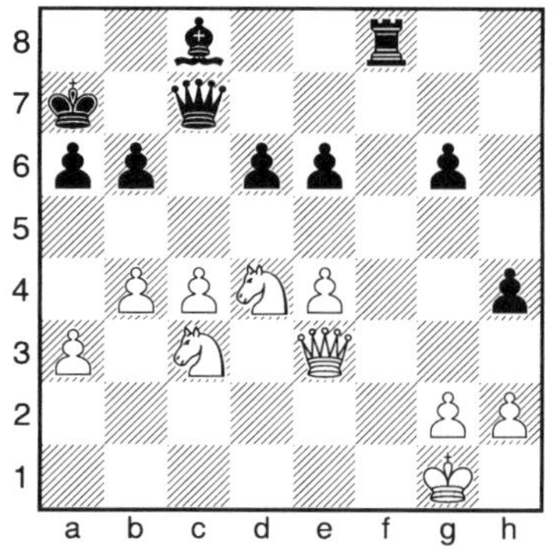

10

1. .... / ....

2. .... / ....

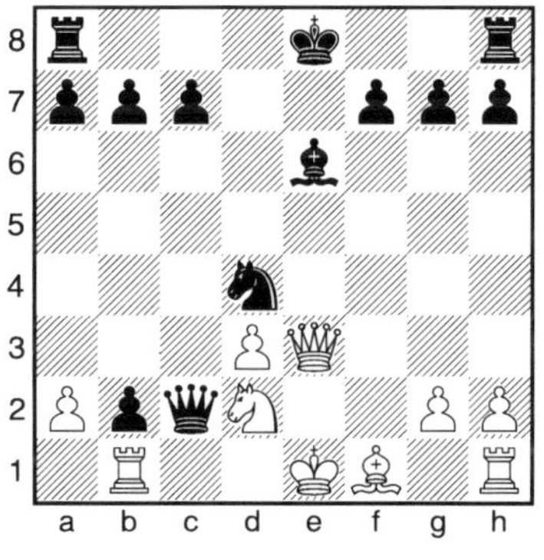

11 ●

1. -------------- / ....

2. .... / ....

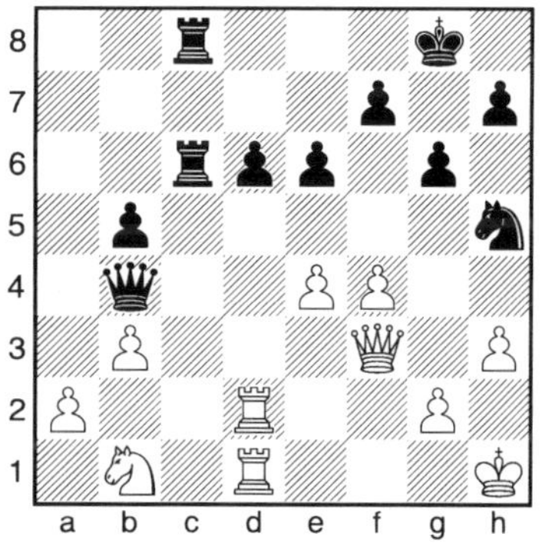

12 ●

1. -------------- / ....

2. .... / ....

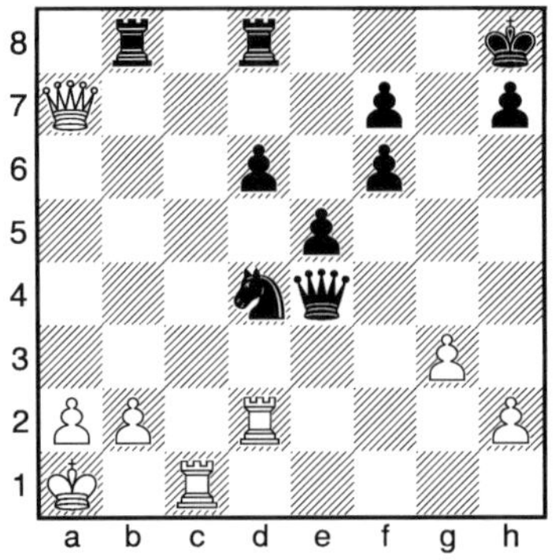

13 ●

1. -------------- / ....

2. .... / ....

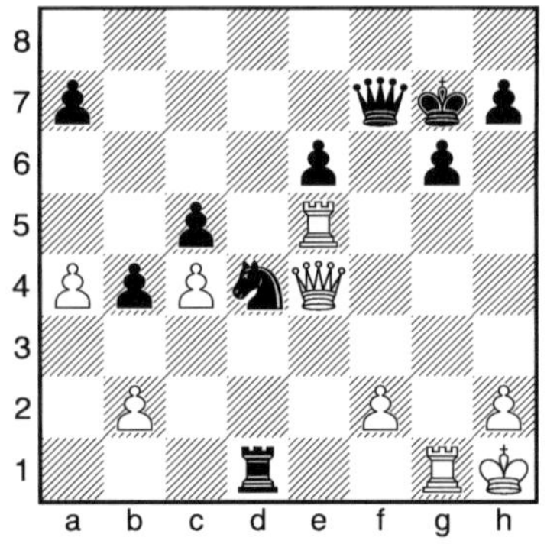

14 ●

1. -------------- / ....

2. .... / ....

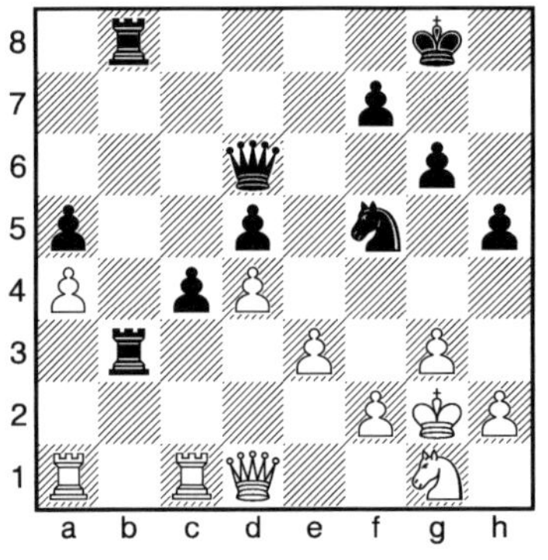

15 ●

1. -------------- / ....

2. .... / ....

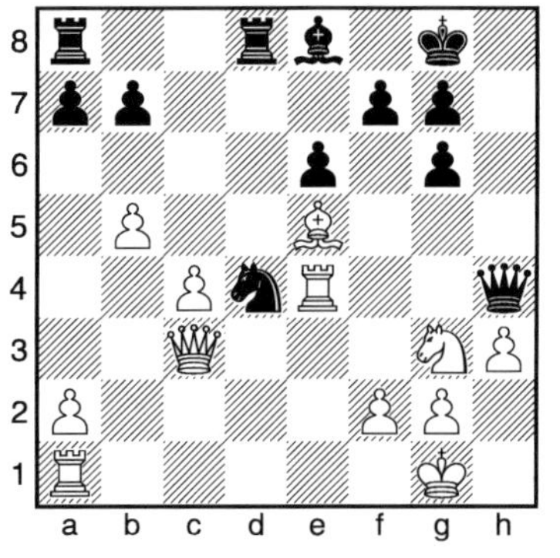

16 ●

1. -------------- / ....

2. .... / ....

Lösungen

Springergabel

Teil 1

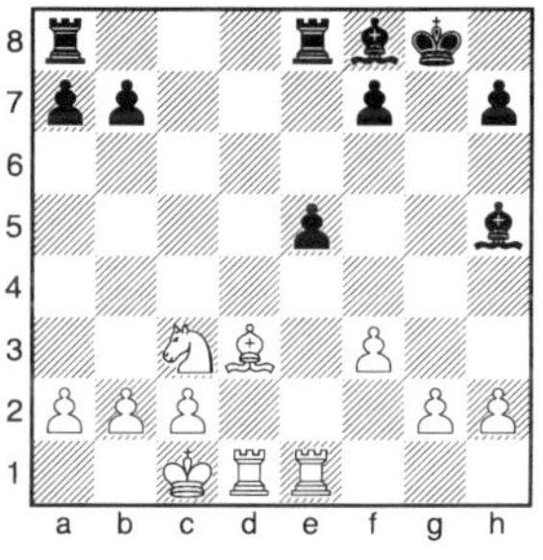

1.

1.♘c3–d5

Zwei Gabeln sind möglich. Doch Schwarz kann nur eine davon abwehren:

1...♗f8–g7 2.♘d5–c7 oder
1...♖a8–c8 / 1...♖e8–e6 2.♘d5–f6+

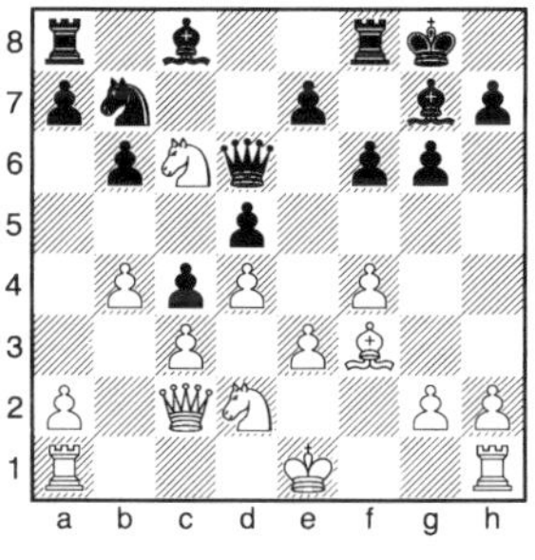

2.

1.♗f3xd5+

Der Läufer kann sich diesen frechen Zug leisten; er ist indirekt gedeckt durch die Springergabel:

1...♕d6xd5?? 2.♘c6xe7+

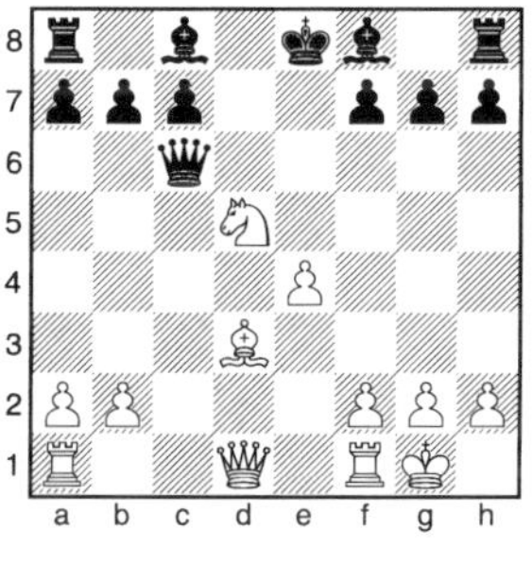

3.

1.♗d3–b5

Gewinnt die Dame; ein typischer Eröffnungsreinfall u.a. in "Skandinavisch" (1.e2–e4 d7–d5).

1...♕c6xb5 2.♘d5xc7+

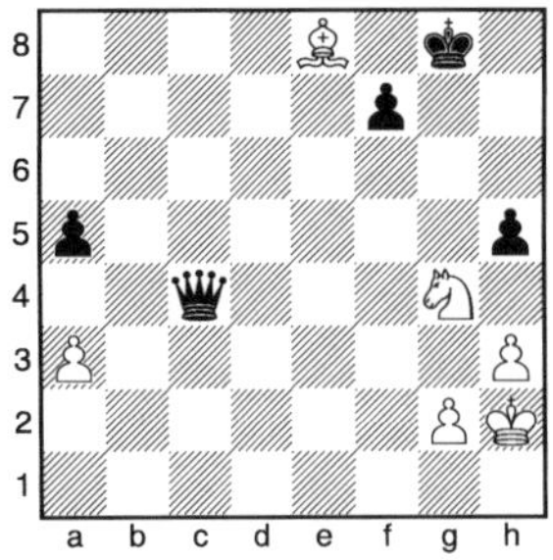

4.

1.♗e8xf7+

Es ist gleich wer zurückschlägt,

1...♔g8xf7 2.♘g4–e5+; oder besser
1...♕c4xf7 2.♘g4–h6+
und das Endspiel ist leicht gewonnen.

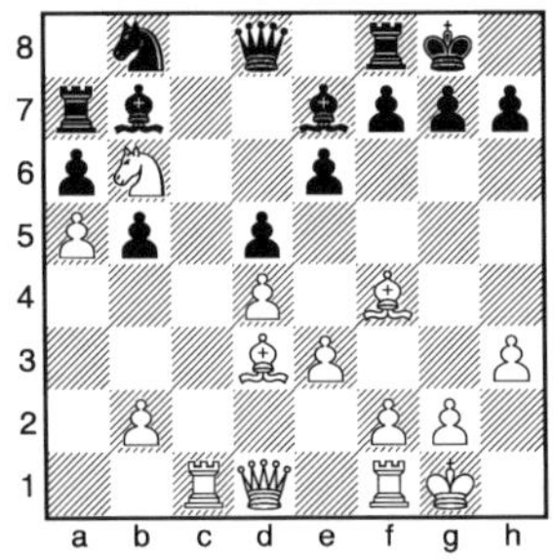

5.

1.♗f4xb8 ♕d8xb8 2.♘b6–d7

Gewinnt die Qualität.

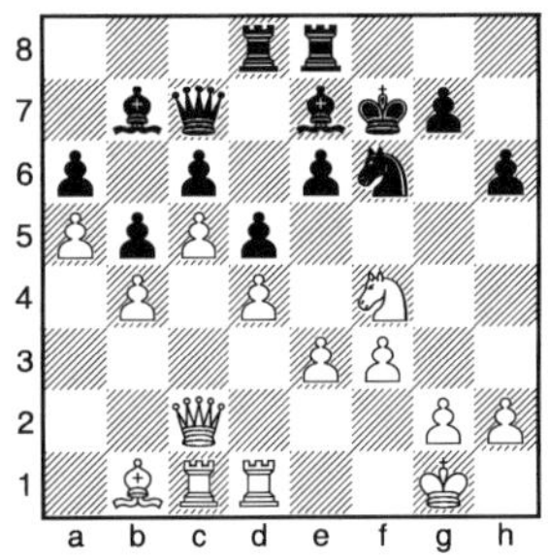

6.

1.♕c2–g6+ Vertreibt den Verteidiger;
1...♔f7–g8 2.♘f4xe6

Und wegen der Mattdrohung auf g7 bleibt nur

2...♗e7–f8 3.♘e6xc7

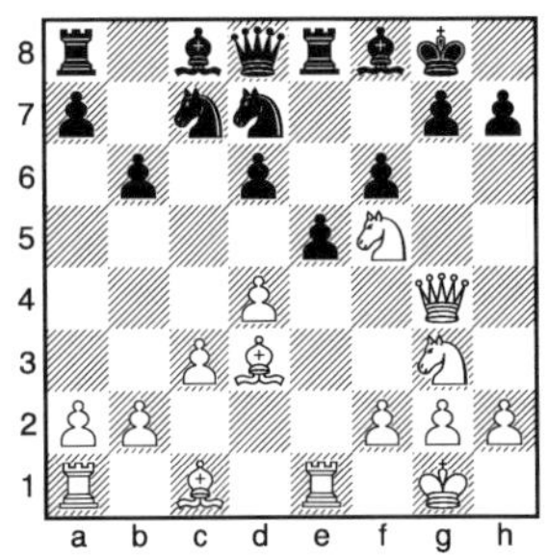

7.

1.♘f5–h6+ ♔g8–h8 2.♘h6–f7+

Fesselung und Springergabel arbeiten prima zusammen, ganz besonders dann, wenn es gegen den gegnerischen König geht.

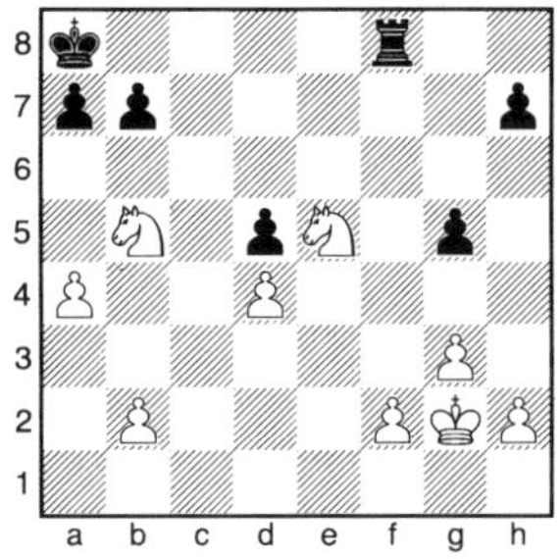

8.

Keiner der beiden Springer ist alleine eine besondere Drohung. Aber gemeinsam sind sie unaufhaltsam:

1.♘b5–c7+ ♔a8–b8 2.♘e5–d7+

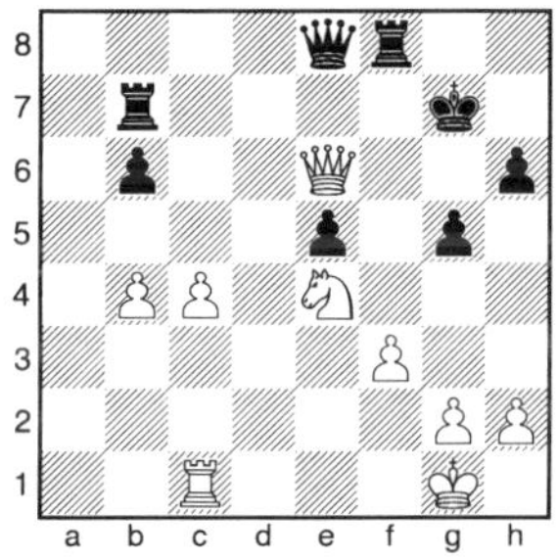

9.

1.♕e6xe8 ♖f8xe8 2.♘e4–d6

Gewinnt die Qualität.

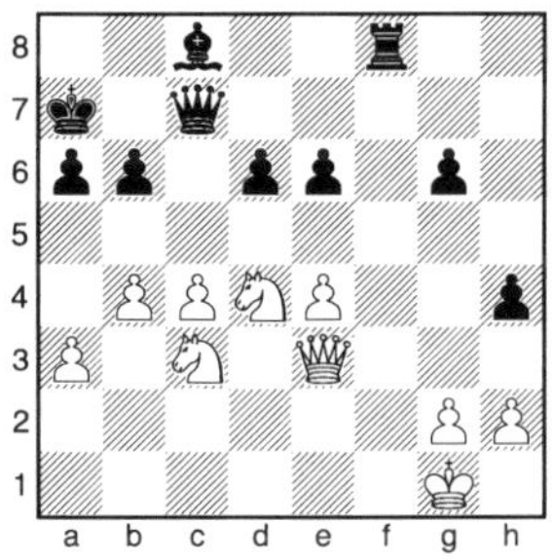

10.

1.♘c3–b5+ / 1.♘d4–b5+ a6xb5 2.♘d4xb5+

Das Feld b5 einmal zu verteidigen war nicht genug. Weiß kann seinen Angriff wiederholen. Man nennt das auch das **"Nachlade Motiv"**.

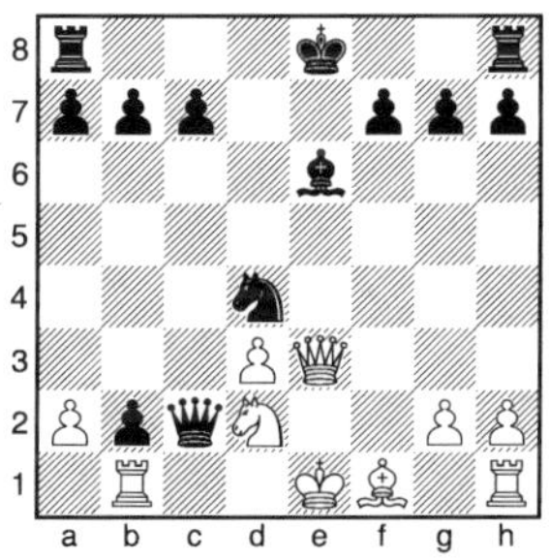

11.

1...♕c2xb1+

Gewinnt die Qualität;

2.♘d2xb1 ♘d4–c2+ 3.♔e1-f2 ♘c2xe3

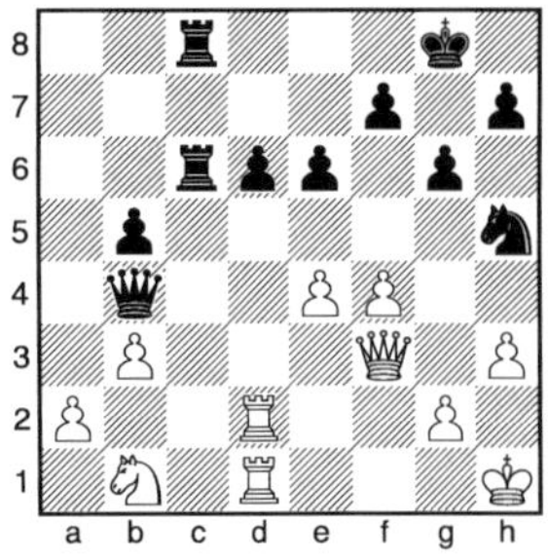

12.

1...♕b4xe4 2.♕f3xe4 ♘h5–g3+ 3.♔h1-h2 ♘g3xe4

Zwar nur ein Bauer, aber ein sehr wichtiger. Der gedeckte Freibauer auf d6 hat nun keinen Gegenspieler mehr und ist eine dauernde Drohung.

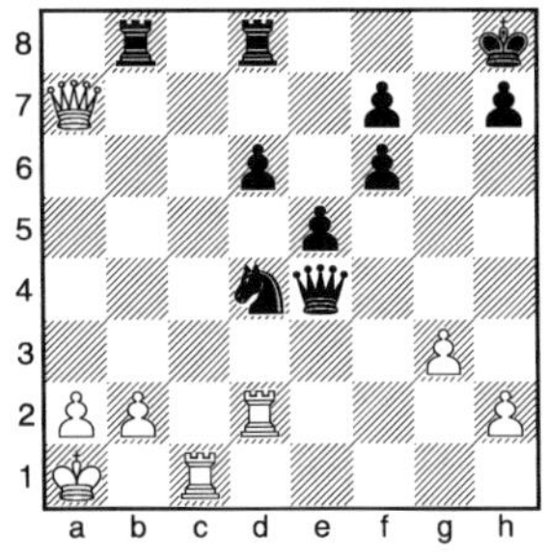

13.

1...♘d4–b3+!

Die Gabel erzwingt die Öffnung der a–Linie, wodurch Dame und König aufgespießt werden:

2.a2xb3 ♖b8–a8 3.♕a7–a3

Nach 3.♕a7xa8 folgt das schnelle Ende ♖d8xa8#

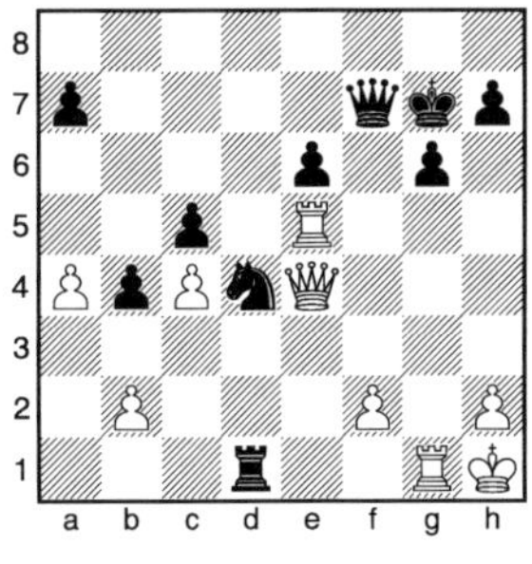

14.

1...♕f7–f3+ 2.♕e4xf3 ♖d1xg1+!

Zwingt den König in die Gabel und der Springer ist "last man standing"!

3.♔h1xg1 ♘d4xf3+

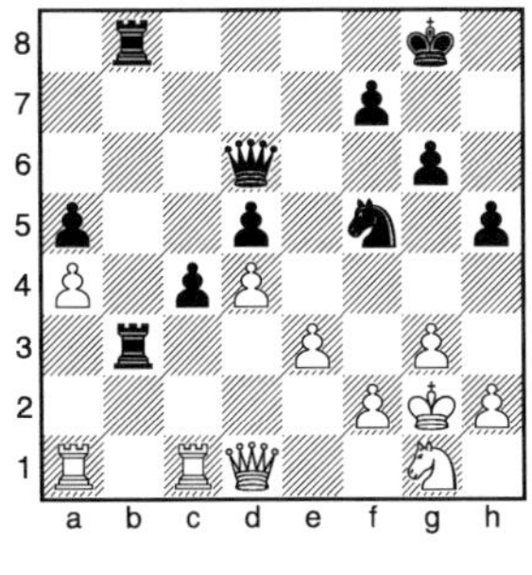

15.

Schwarz reißt die Königsstellung auf:

1...♖b3xe3 2.f2xe3? ♘f5xe3+

Besser, aber auch verloren ist 2.♕d1-d2 ♖e3–d3

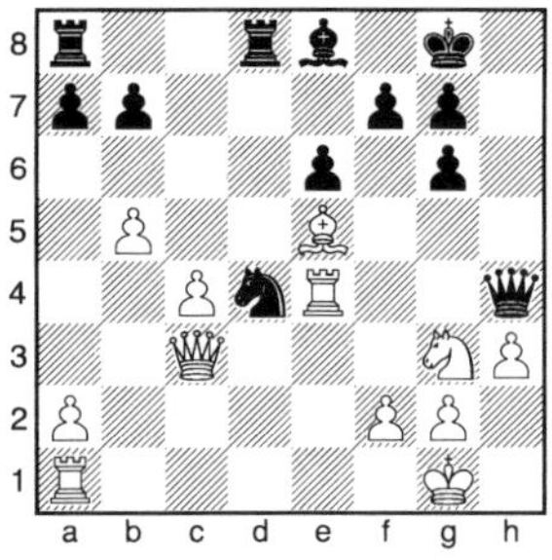

16.

1...♕h4xe4

Eliminiert den einen Verteidiger des Gabelfeldes und lenkt den anderen weg!

2.♘g3xe4 ♘d4–e2+
3.♔g1-f1 ♘e2xc3

Springergabel Teil 2

Finde Springergabeln von bis zu drei Zügen! Denk daran, dass die Springergabel manchmal nur den Weg für ein anderes Motiv bereitet!

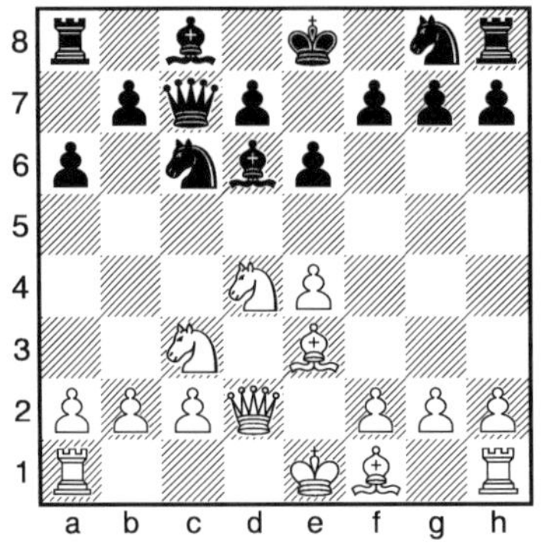

1

1. .... / ....

2. .... / ....

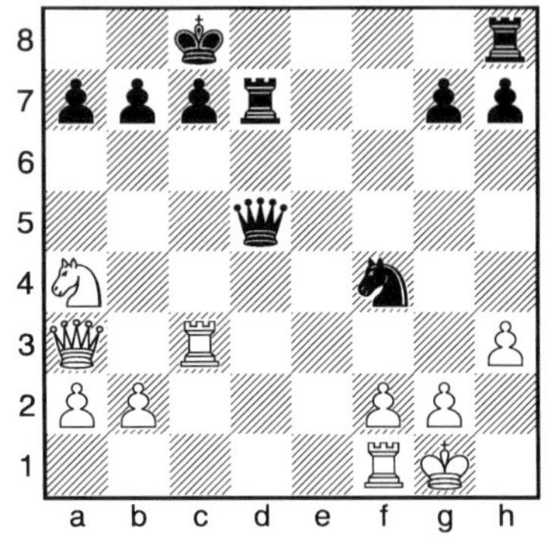

2

1. .... / ....

2. .... / ....

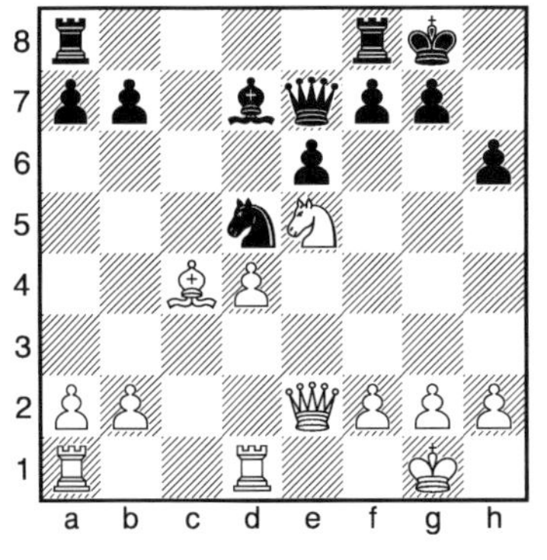

3

1. .... / ....

2. .... / ....

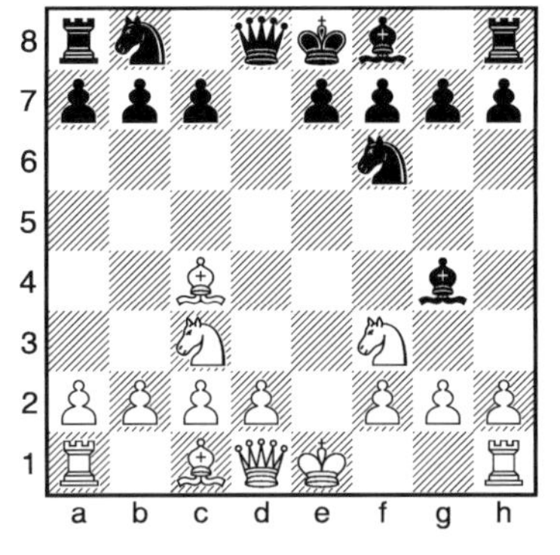

4

1. .... / ....

2. .... / ....

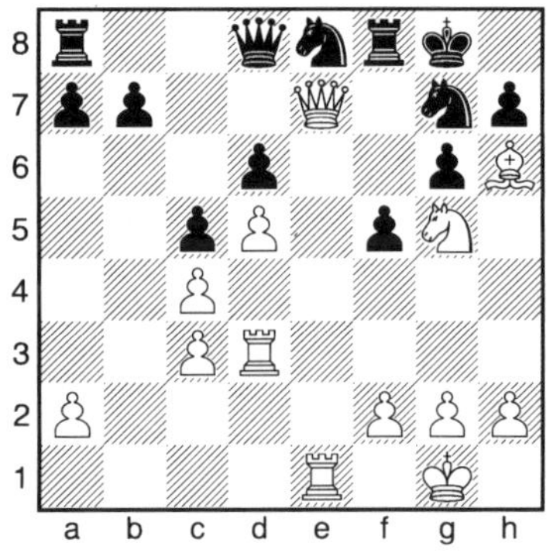

5

1. .... / ....

2. .... / ....

3. .... / ....

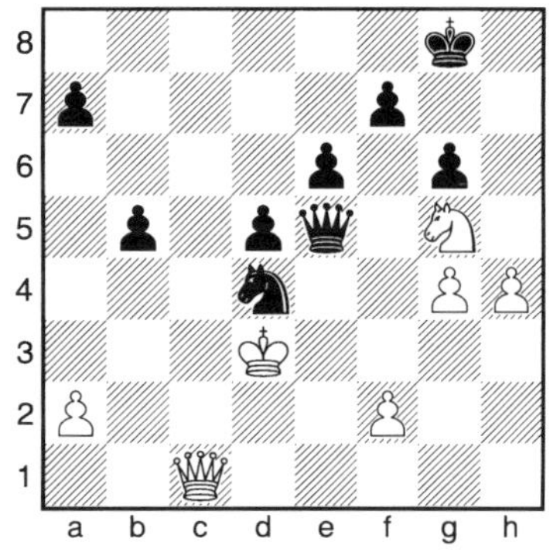

6

1. .... / ....

2. .... / ....

3. .... / ....

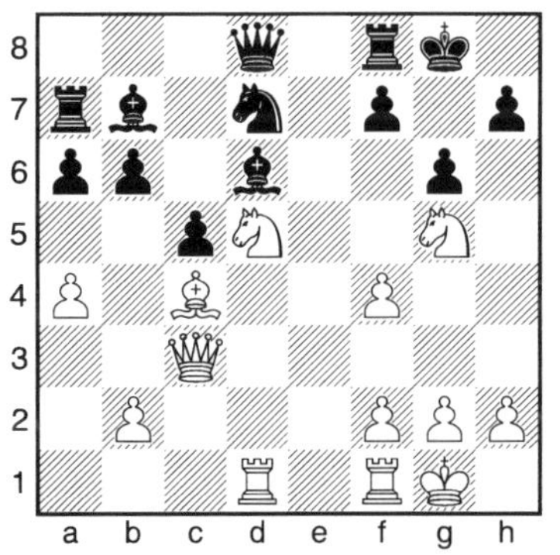

7

1. .... / ....

2. .... / ....

3. .... / ....

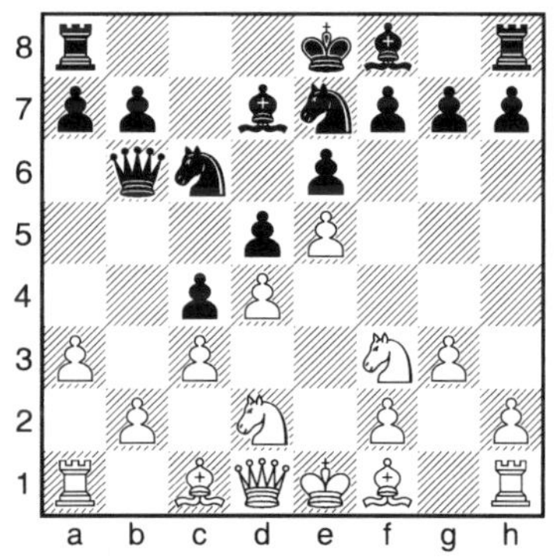

8

1. .... / ....

2. .... / ....

3. .... / ....

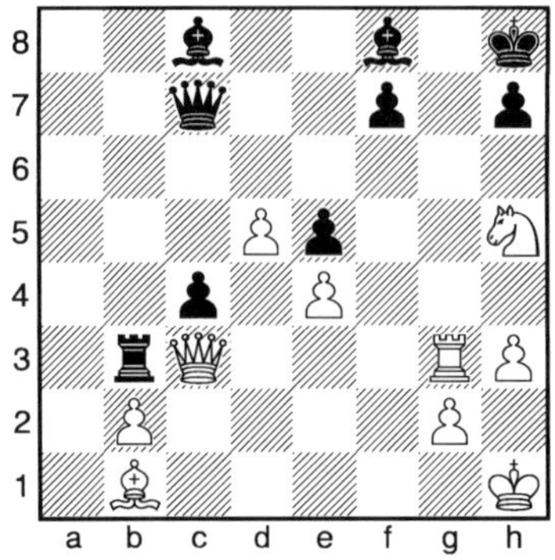

9

1. .... / ....

2. .... / ....

3. .... / ....

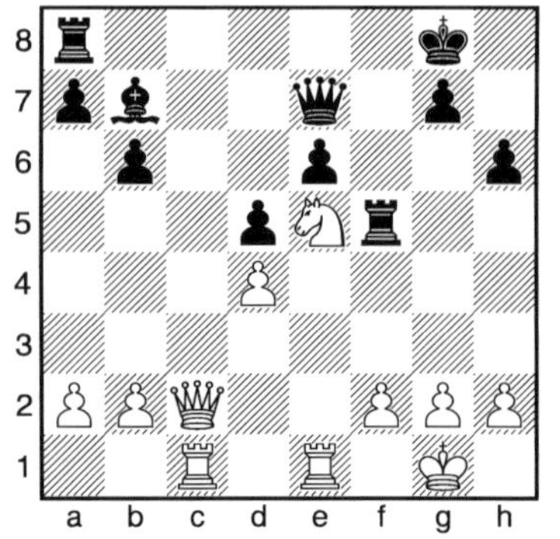

10

1. .... / ....

2. .... / ....

3. .... / ....

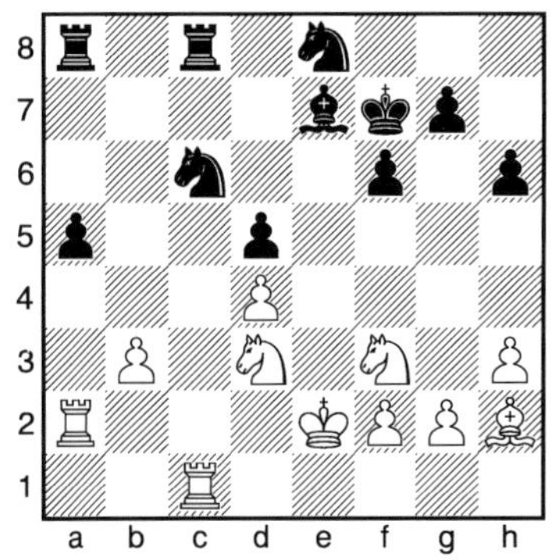

11

1. .... / ....

2. .... / ....

3. .... / ....

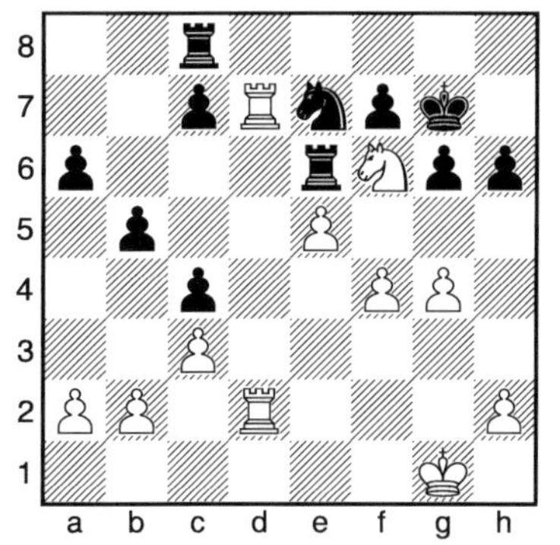

12

1. .... / ....

2. .... / ....

3. .... / ....

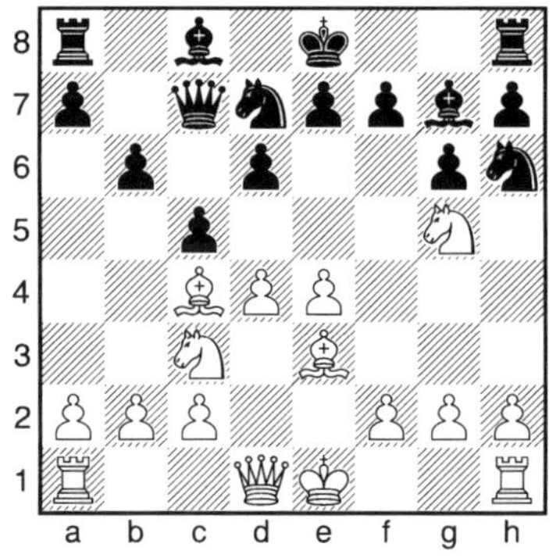

13

1. .... / ....

2. .... / ....

3. .... / ....

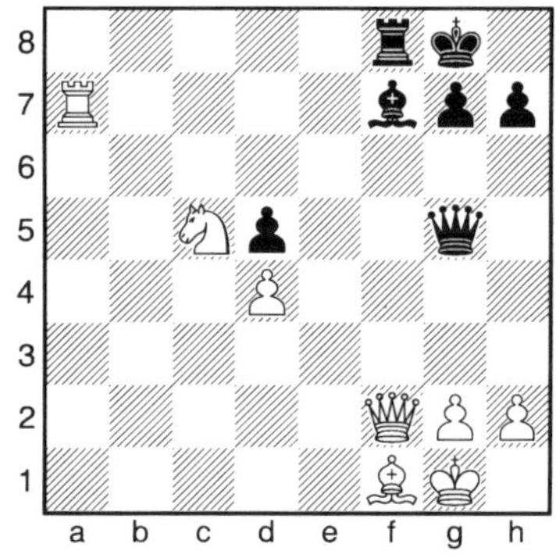

14

1. .... / ....

2. .... / ....

3. .... / ....

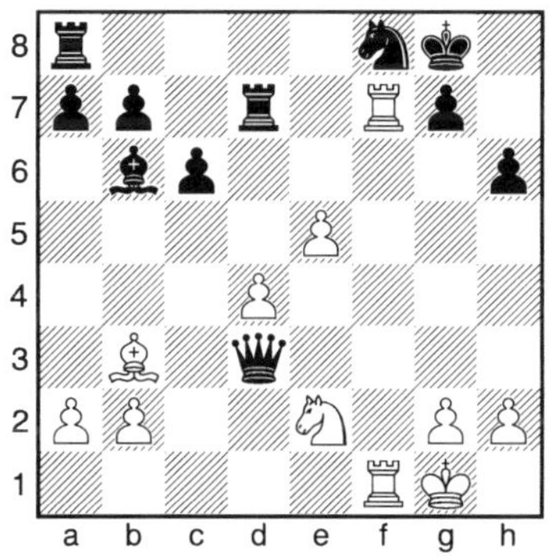

15

1. .... / ....

2. .... / ....

3. .... / ....

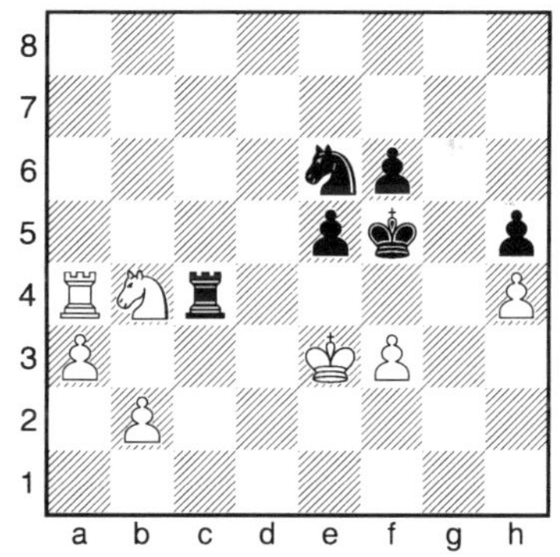

16

1. .... / ....

2. .... / ....

3. .... / ....

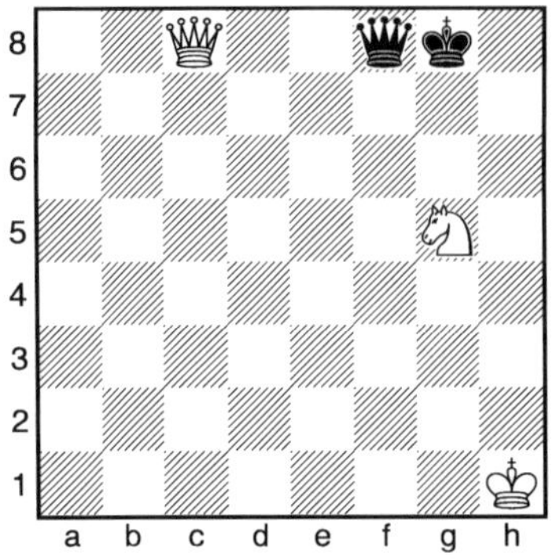

17

1. .... / ....

2. .... / ....

3. .... / ....

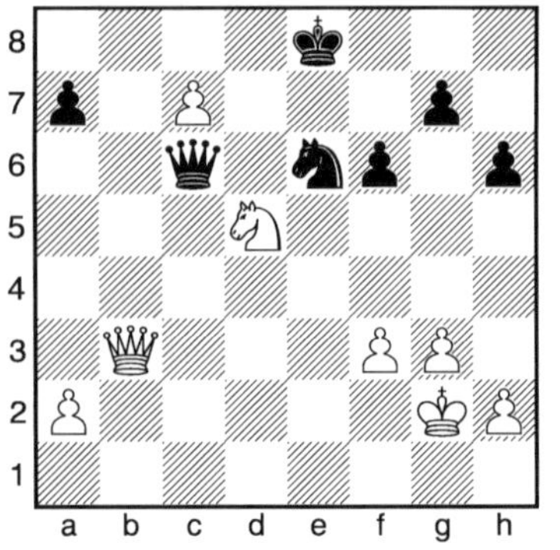

18

1. .... / ....

2. .... / ....

3. .... / ....

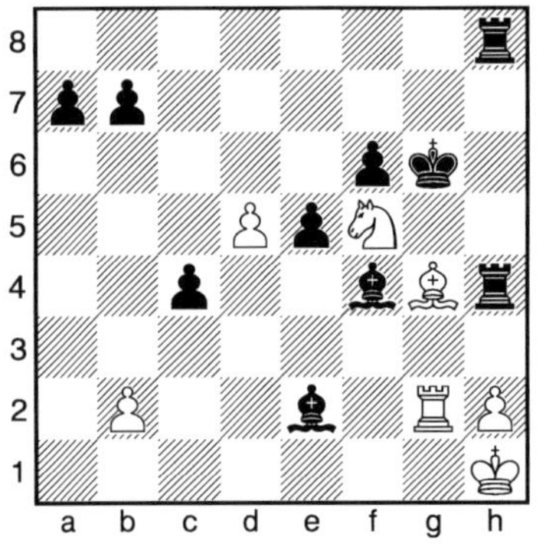

19

1. .... / ....

2. .... / ....

3. .... / ....

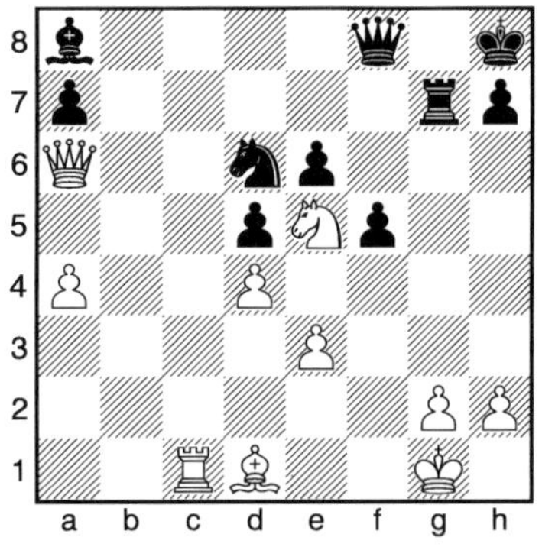

20

1. .... / ....

2. .... / ....

3. .... / ....

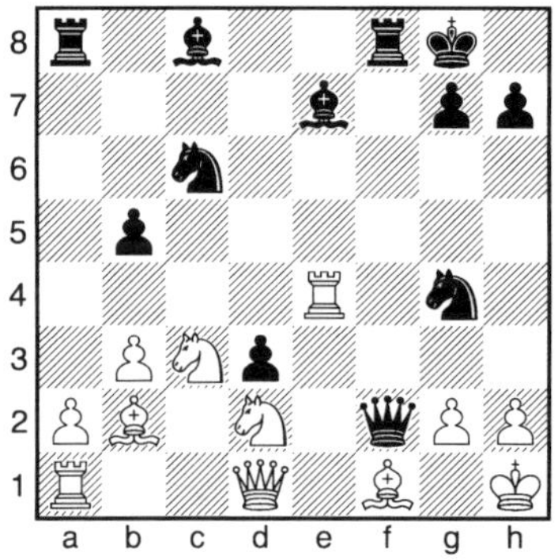

21 ●

1. -------------- / ....

2. .... / ....

3. .... / ....

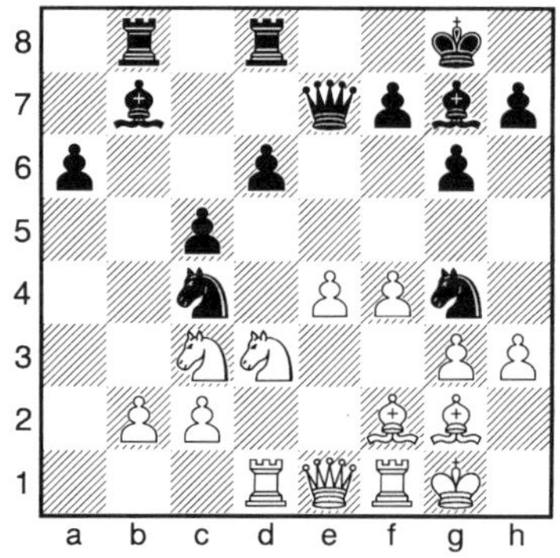

22 ●

1. -------------- / ....

2. .... / ....

3. .... / ....

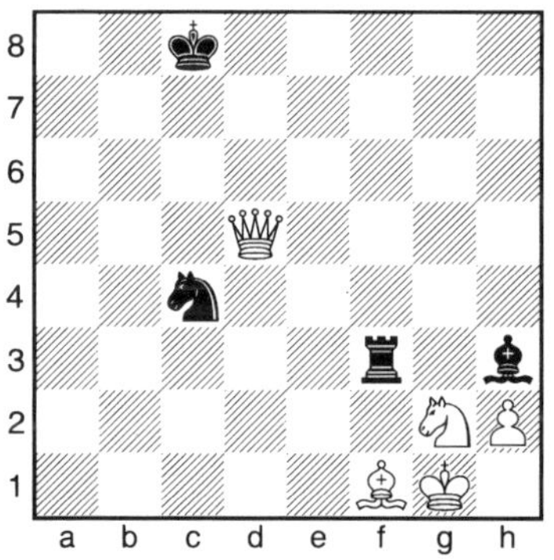

23 ●

1. -------------- / ....

2. .... / ....

3. .... / ....

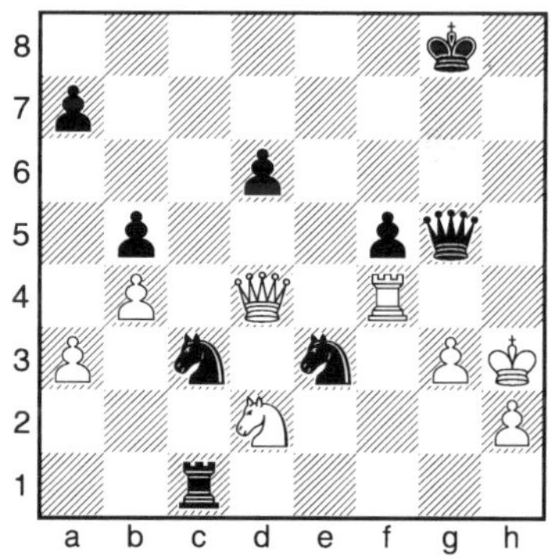

24 ●

1. -------------- / ....

2. .... / ....

3. .... / ....

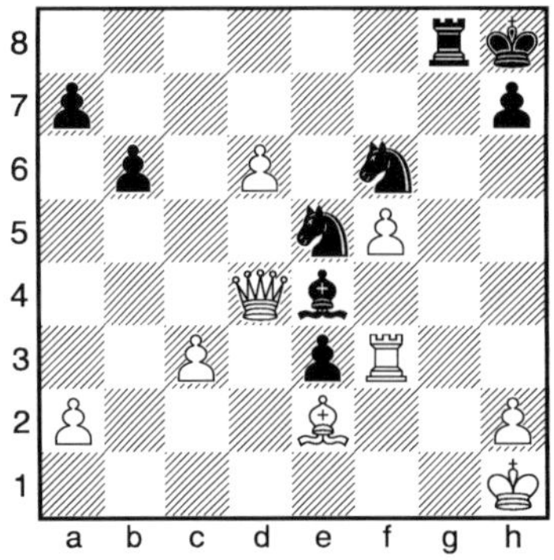

25 ●

1. ------------- / ....

2. .... / ....

3. .... / ....

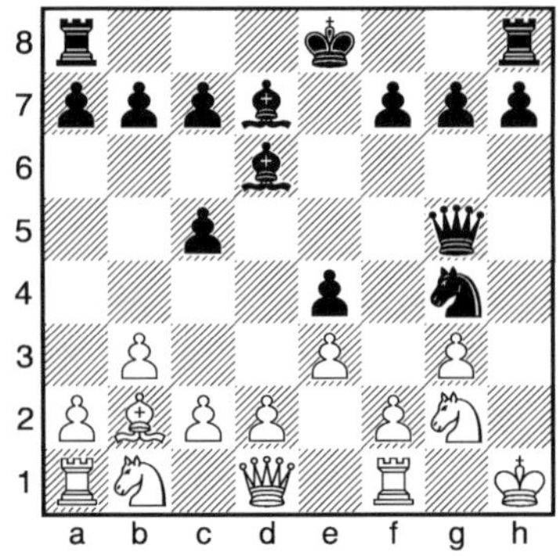

26 ●

1. ------------- / ....

2. .... / ....

3. .... / ....

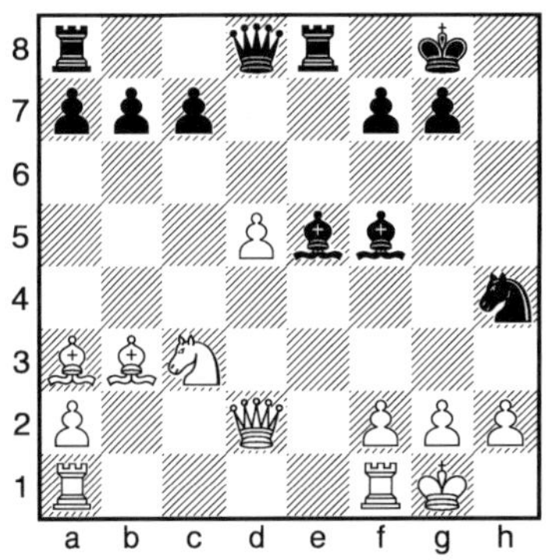

27 ●

1. ------------- / ....

2. .... / ....

3. .... / ....

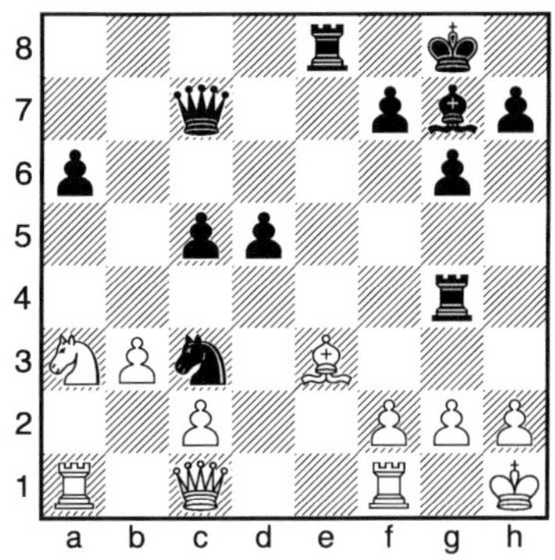

28 ●

1. ------------- / ....

2. .... / ....

3. .... / ....

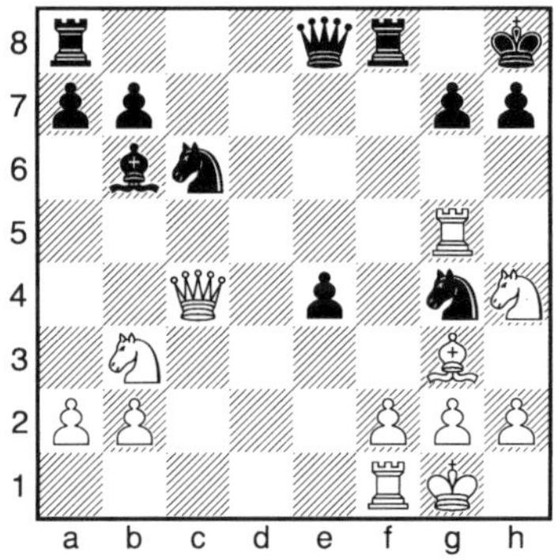

29 ●

1. -------------- / ....

2. .... / ....

3. .... / ....

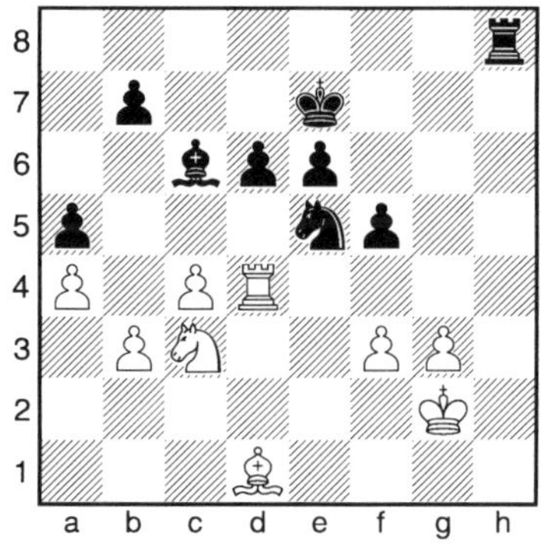

30 ●

1. -------------- / ....

2. .... / ....

3. .... / ....

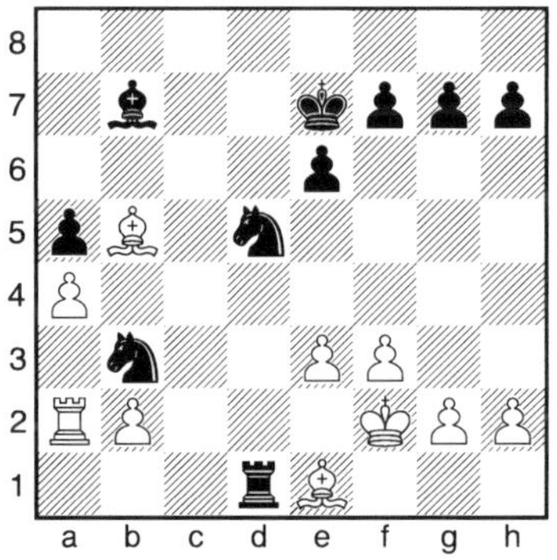

31 ●

1. -------------- / ....

2. .... / ....

3. .... / ....

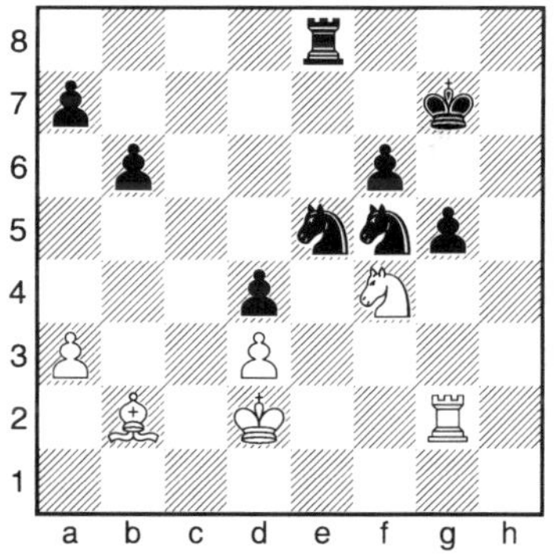

32 ●

1. -------------- / ....

2. .... / ....

3. .... / ....

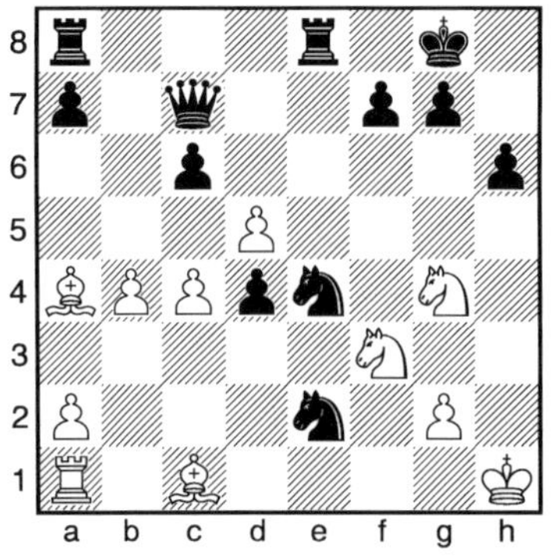

33 ●

1. ------------- / ....

2. .... / ....

3. .... / ....

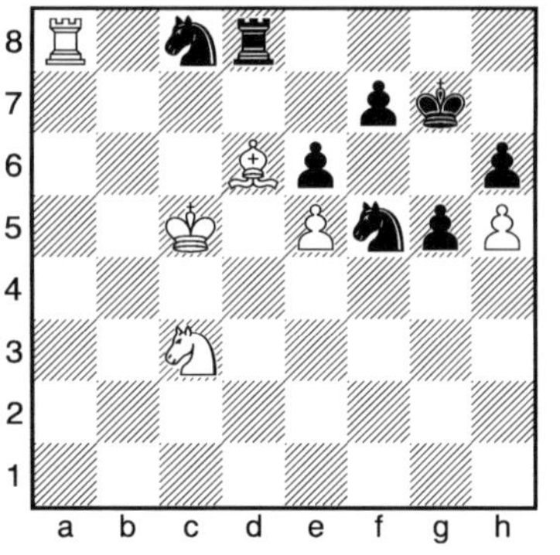

34 ●

1. ------------- / ....

2. .... / ....

3. .... / ....

Lösungen

Springergabel

Teil 2

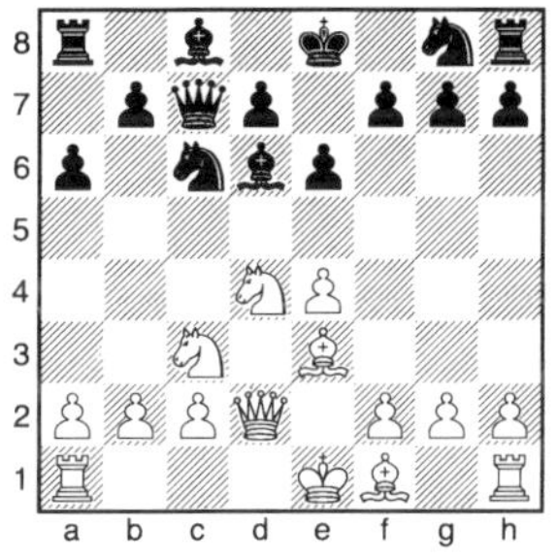

1.

1.♘d4–b5 / ***1.♘c3–b5***

Der letzte Zug ...a7–a6 war nicht ausreichend. Dieser Eröffnungsreinfall gewinnt einen Bauern.

1... a6xb5 2.♘d4xb5 –– 3.♘b5xd6+

Falls 1...♕c7–b8? 2.♘d4xc6 b7xc6 3.♘b5xd6+

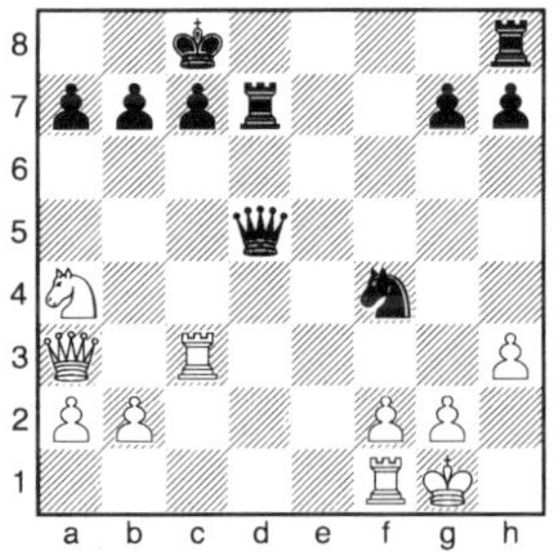

2.

1.♘a4–b6+ ♔c8–b8 2.♘b6xd5

Schwarz kann den Springer nicht schlagen wegen 1...a7xb6? 2.♕a3–a8#

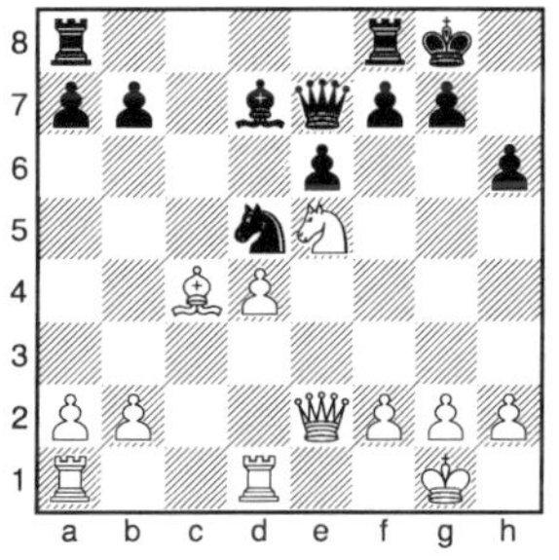

3.

1.♘e5–g6 f7xg6 2.♗c4xd5

Weiß nutzt die harmlose Gabel um eine Fesselung des Be6 herbeizuführen. Zugleich schwächt dies die schwarze Bauernstellung erheblich (Vereinzelter e–Bauer und Doppelbauer auf g7/g6.)

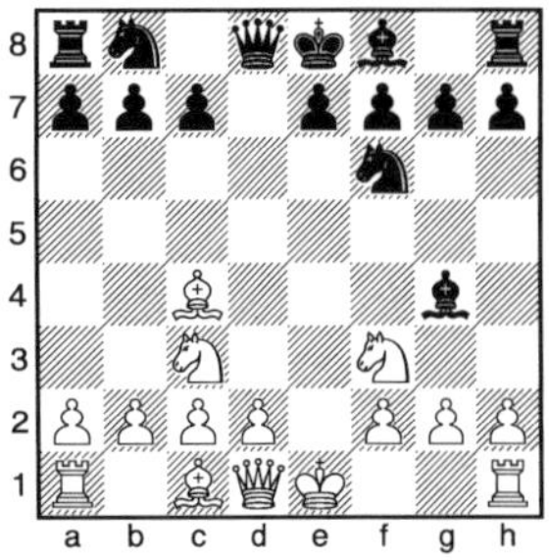

4.

1.♗c4xf7+ ♔e8xf7
2.♘f3–e5+ ♔f7–g8 3.♘e5xg4

Diese Attacke wurde übersehen in einer der ältesten aufgezeichneten Partien mit den neuen Regeln in 1485. Seitdem hat dieses Motiv zu vielen frühen Verlusten geführt.

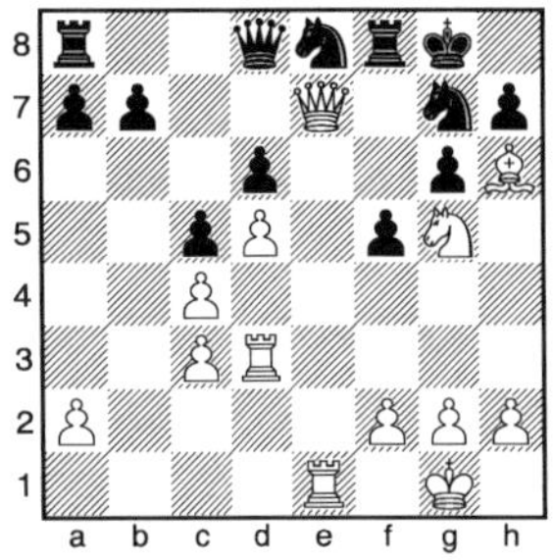

5.

1.♕e7xf8+ ♔g8xf8

Und der gefesselte schwarze Springer kann die Gabel mit Damengewinn nicht verhindern:

2.♘g5–e6+ ♔f8–f7 3.♘e6xd8+

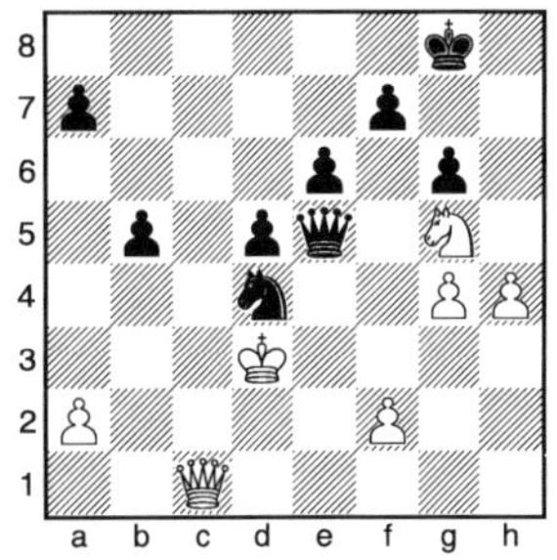

6.

Erinnerst du dich an Petrosians "Trick"?

1.♕c1-c8+ ♔g8–g7
2.♕c8–h8+ ♔g7xh8
3.♘g5xf7+ ♔h8–g7 4.♘f7xe5

Und das gewinnt noch den Springer, der plötzlich in der Falle sitzt.!

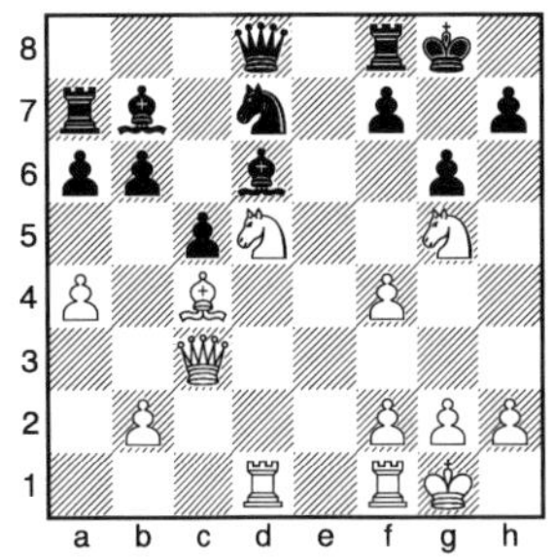

7.

1.♕c3–h3 h7–h5

Kein beeindruckender Mattangriff, aber Weiß hat andere Intentionen:

2.♕h3xd7 ♕d8xd7 3.♘d5–f6+

Falls 2...♗b7xd5 3.♕d7xd8 ♖f8xd8 4.♖d1xd5

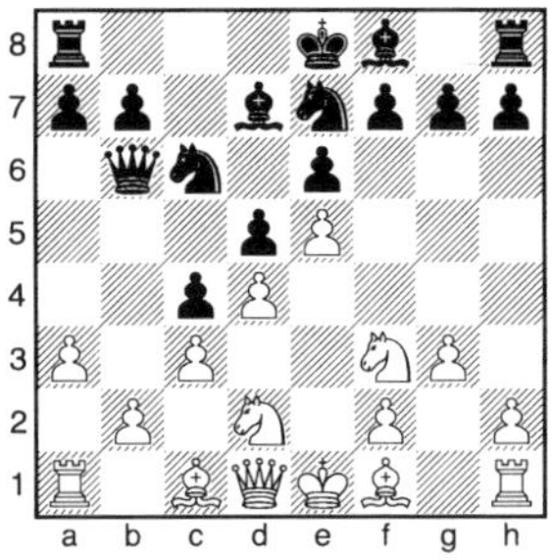

8.

1.♗f1xc4

Den Läufer zu schlagen wird streng bestraft:

1...d5xc4?? 2.♘d2xc4 ♕b6–c7 3.♘c4–d6+ ♔e8–d8 4.♘d6xf7+

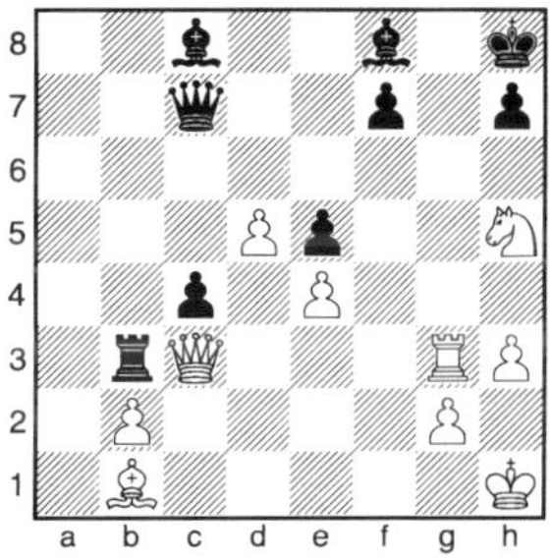

9.

1.♘h5–f6

1...–– droht 2.♖g3–g8#

1...♗f8–g7 2.♖g3xg7 ♔h8xg7 3.♘f6–e8+

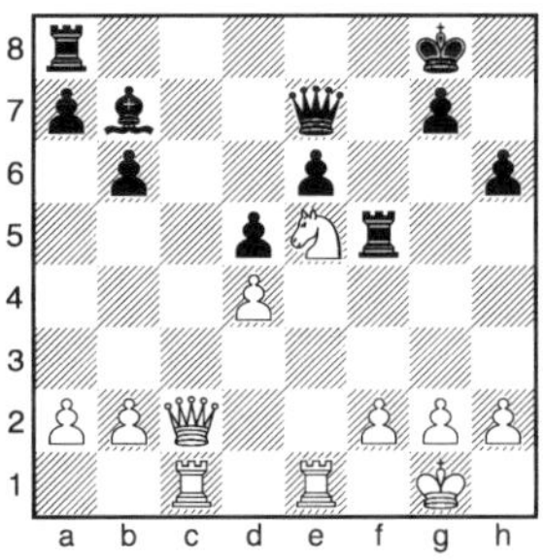

10.

1.♘e5–g6

1.♘e5–c6 führt zur gleichen Stellung.
Falls 1...♗b7xc6 2.♕c2xf5

1...♕e7–f6/d7 oder andere Damenzüge,
2.♘g6–e7+ ♕f6xe7 3.♕c2xf5

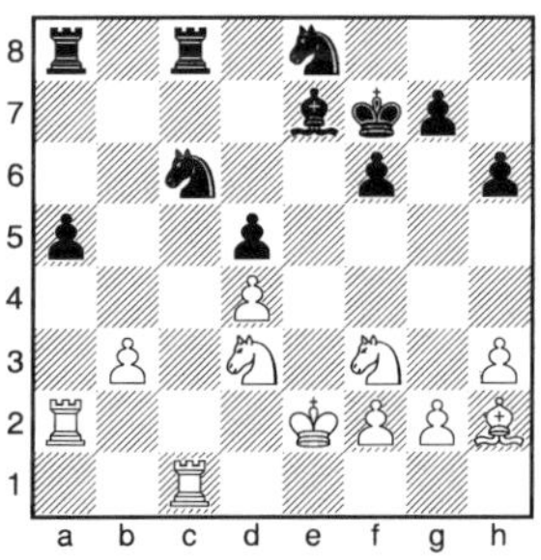

11.

1.♖c1xc6 ♖c8xc6 2.♘f3/♘d3–e5+ f6xe5 3.♘d3xe5+ ♔f7–e6 4.♘e5xc6

US Großmeister Gata Kamsky gewann mit dieser Kombi gegen Ex–Weltmeister Anatoli Karpov bei der Blitz Weltmeisterschaft Moskau 2007.

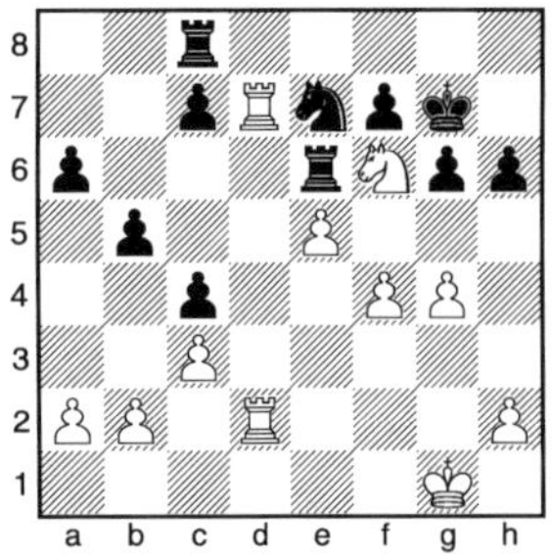

12.

1.♖d7xc7 ♖c8–f8

Falls 1...♖c8xc7? 2.♘f6–e8+ ♔g7–f8 3.♘e8xc7

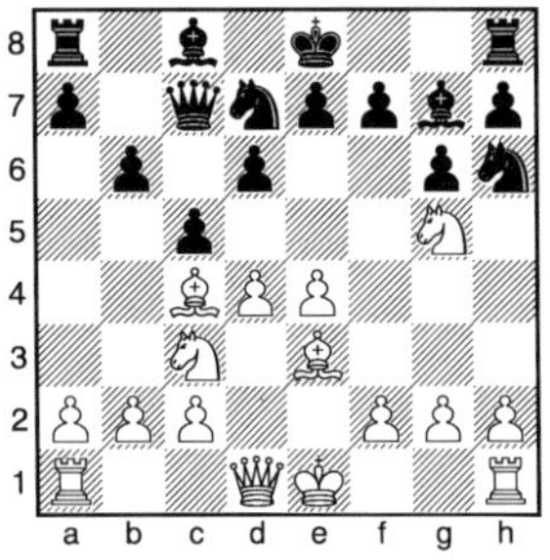

13.

1.♗c4xf7+ ♘h6xf7
2.♘g5–e6 ♕c7–b7

Falls 2...♕c7–b8 3.♘e6xg7+ ♔e8–f8 4.♘g7–e6+ ♔f8–g8 5.♘c3–d5
Mit der Drohung 5...-- 6.♘d5xe7#

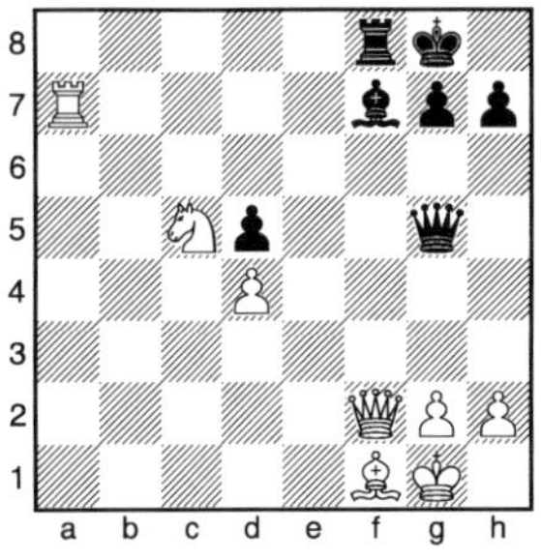

14.

1.♕f2xf7+ ♖f8xf7 2.♖a7–a8+ ♖f7–f8 3.♖a8xf8+ ♔g8xf8 4.♘c5–e6+

Und alle schwarzen Offiziere sind vom Brett verschwunden; der Springer ist der stolze einzige Überlebende!

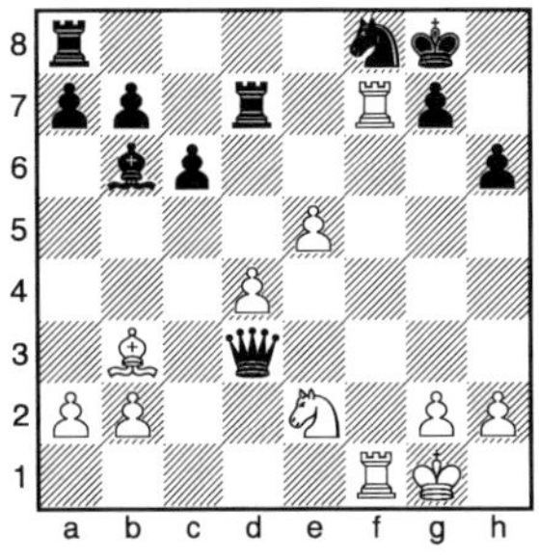

15.

1.♖f7xf8+ Doppelschach!
1...♔g8–h7 2.♗b3–g8+ ♔h7–g6

Falls 2...♔h7–h8 3.♗g8–c4+ mit Damengewinn.

3.♘e2–f4+ ♔g6–g5 4.♘f4xd3

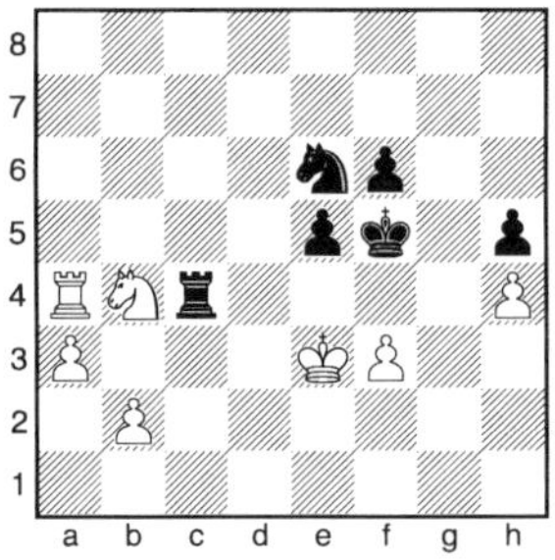

16.

1.♘b4–d5! Pech für Schwarz! Sein König ist bereits in Matt Position.

1...♖c4–c7 2.♘d5xc7

Falls 1...♖c4xa4? 2.♘d5–e7#; Der Springer gibt Schach und versperrt zugleich den Fluchtweg.

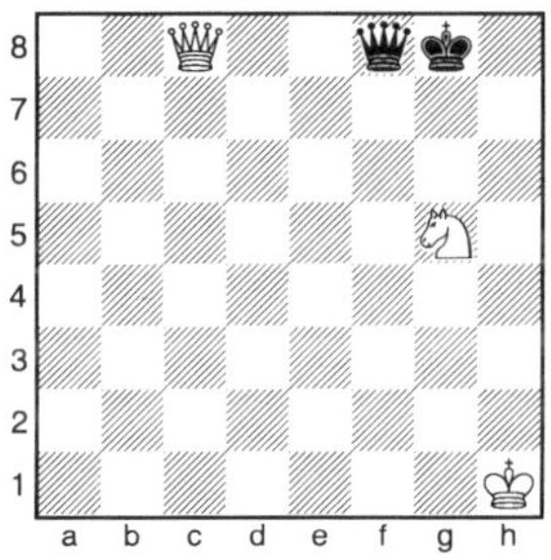

17.

Manövrieren mit der Dame endet in einer Gabel:

1.♕c8–c4+ ♔g8–h8
2.♕c4–h4+ ♔h8–g7 3.♘g5–e6+

Oder falls 2...♔h8–g8 3.♕h4–h7#

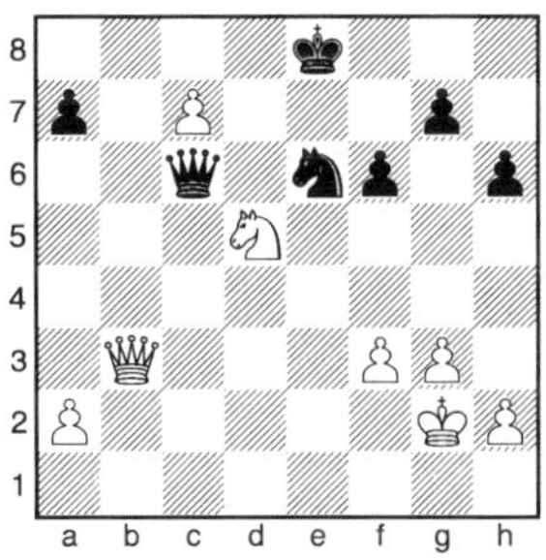

18.

Um umzuwandeln muss Weiß die Dame geben – aber nicht für lange:

1.♕b3–b5 ♕c6xb5
2.c7–c8♕+ ♔e8–f7
3.♕c8xe6+ ♔f7xe6 4.♘d5–c7+

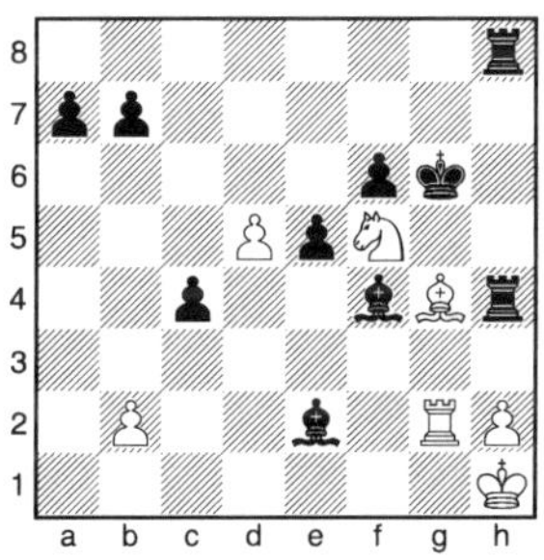

19.

1.♗g4–h5+ ♔g6xh5

Falls 1...♔g6xf5 2.♗h5–g6#; oder 1...♔g6–h7 2.♖g2–g7#

2.♘f5–g7+ ♔h5–h6 3.♘g7–f5+ *(D2 ⇨)*

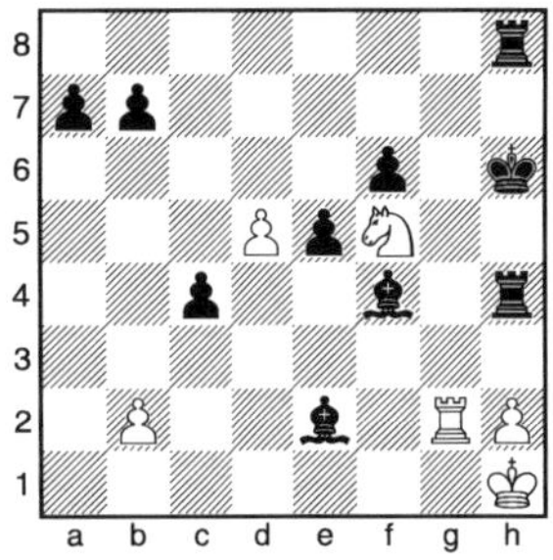

D2

Die Qualität zu gewinnen würde nicht reichen, da die Materialüberlegenheit von Schwarz zu groß ist. Aber der Springer kann ein Dauerschach erzwingen:

3...♔h6–h5 4.♘f5–g7+ =

Falls 3...♔h6–h7?? 4.♖g2–g7#

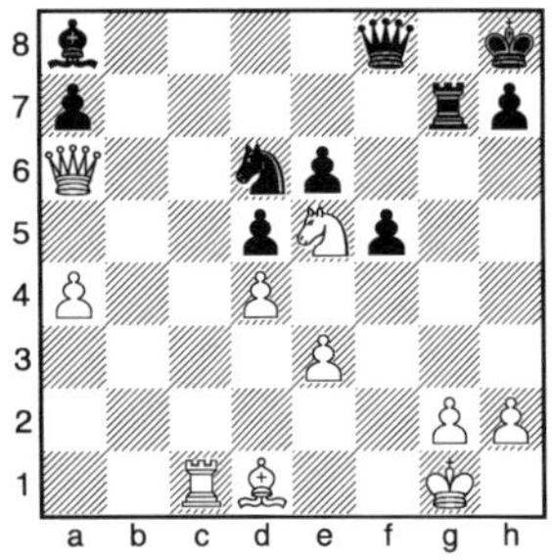

20.

1.♕a6xd6 ♕f8xd6 2.♖c1-c8+ ♖g7–g8 3.♘e5–f7+ ♔h8–g7 4.♘f7xd6

Das war schwer zu sehen. Das Motiv war hinter einer doppelten Weglenkung versteckt.

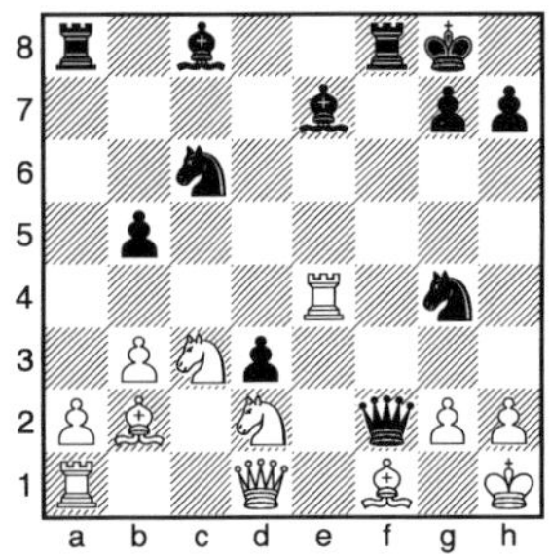

21.

1...♕f2–g1+
2.♔h1xg1 ♗e7–c5+
3.♔g1-h1 ♘g4–f2+
4.♔h1-g1 *(D2)*

Diese Situation nennt man **"Zwickmühle"**. Der Begriff wurde vom alten Meister Nimzowitsch geprägt. Durch wiederholtes Abzugsschach gewinnt der Angreifer eine Menge Material.

4...♘f2xe4+
5.♔g1-h1 ♘e4–f2+
6.♔h1-g1 ♘f2xd1+
7.♔g1-h1 ♘d1xb2
8.♖a1-b1 ♗c5–b4

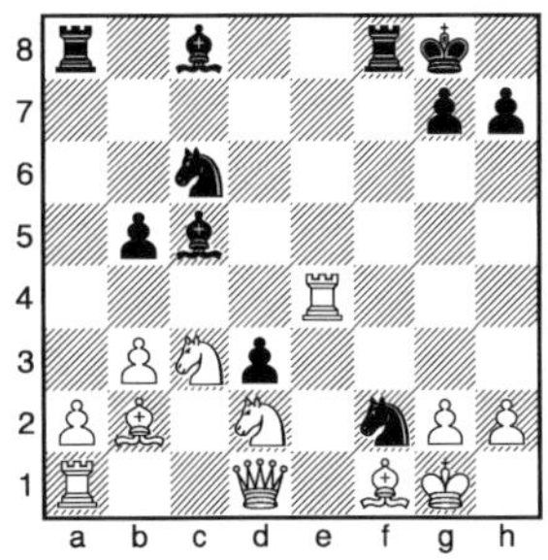

D2

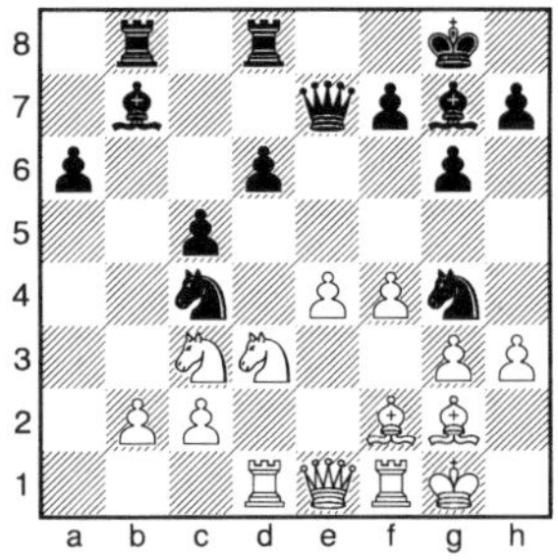

22.

1...♘g4–e3

Sieht auf den ersten Blick wie ein Fehler aus. Aber Schwarz hat einen Zug weiter gerechnet.

2.♗f2xe3 ♘c4xe3 gewinnt die Qulität;
3.♕e1xe3?? ♗g7–d4 verliert die Dame.

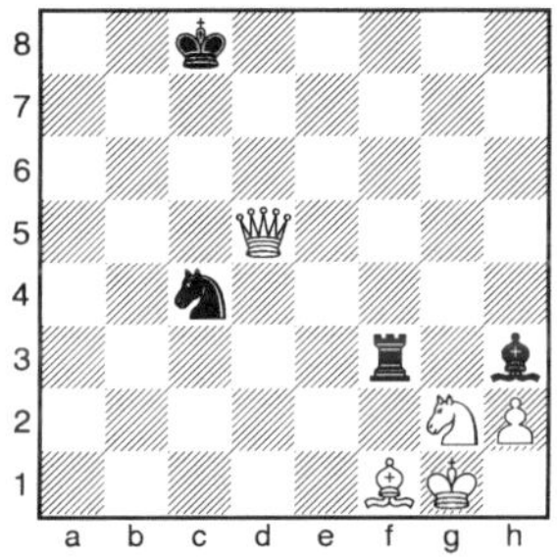

23.

1...♖f3xf1+ 2.♔g1xf1

Das Qualitätsopfer hat zu einer Fesselung geführt.

2...♘c4–e3+ 3.♔f1-f2 ♘e3xd5

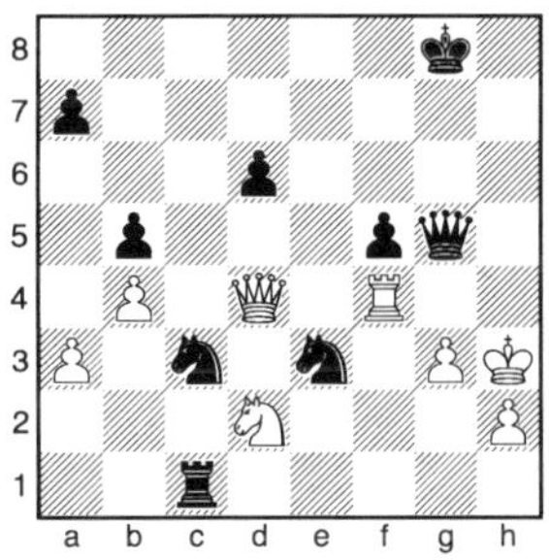

24.

1...♕g5–g4+ 2.♖f4xg4+ f5xg4+ 3.♕d4xg4+ ♘e3xg4

Oder 3.♔h3–h4 ♘e3–f5 gabelt die Dame weg.

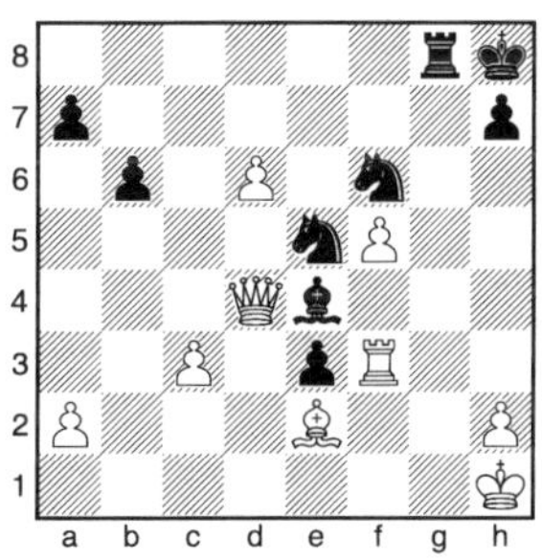

25.

1...♗e4xf3+ 2.♗e2xf3 ♖g8–g1+!

Zwingt den König in die Gabel.

3.♔h1xg1 ♘e5xf3+

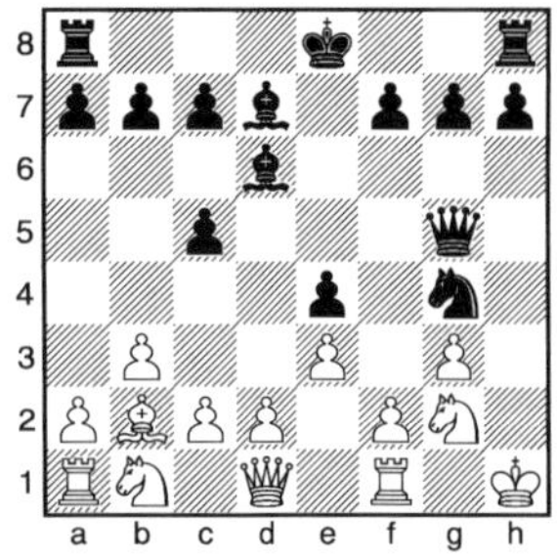

26.

1...♕g5–h5+ 2.♘g2–h4

Falls 2.♔h1-g1? ♕h5–h2#

2...♘g4xf2+! 3.♖f1xf2 ♕h5xd1+

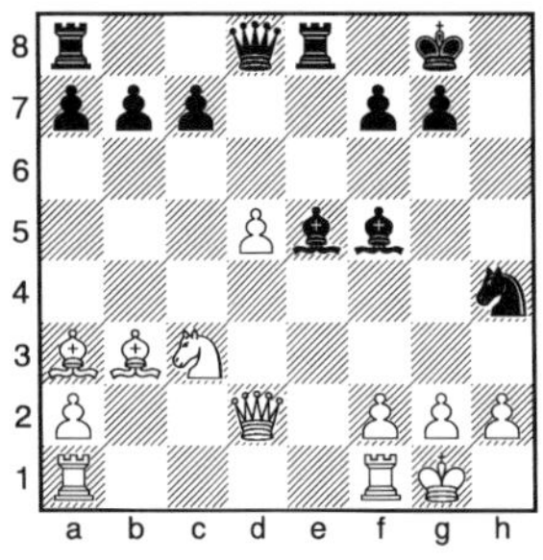

27.

1...♘h4–f3+ Bei der starken Angriffsstellung dient die Gabel nur dazu, die Stellung aufzureißen.

2.g2xf3 ♕d8–h4 3.h2–h3 ♕h4xh3 4.f3–f4 ♕h3–g4+ 5.♔g1-h1 ♕g4–f3+ 6.♔h1-h2 ♗e5xf4+

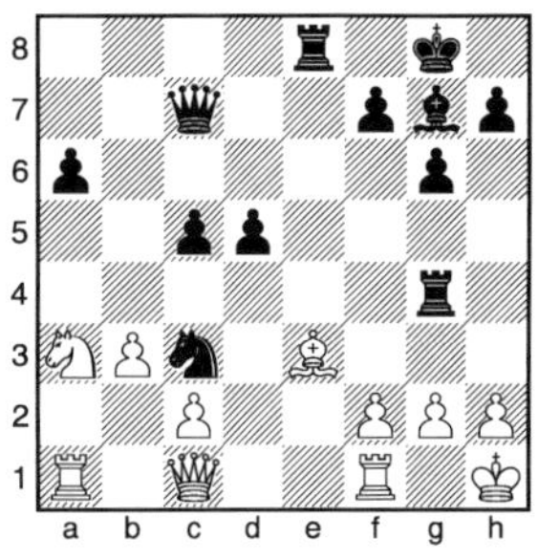

28.

1...♘c3–e2

Das sieht gar nicht wie eine Gabel aus. Aber der Springer kontrolliert nun zwei wichtige Felder und das macht das **Anastasia Matt** möglich:

2.♕c1-d2 ♕c7xh2+ 3.♔h1xh2 ♖g4–h4#

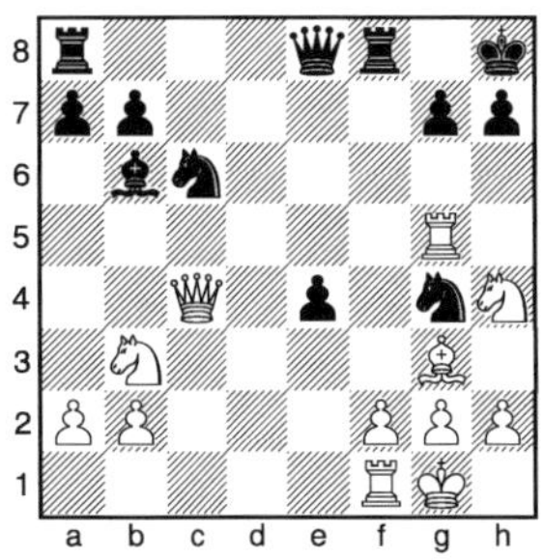

29.

1...♘g4–e3! 2.f2xe3

Das Opfer macht eine Läufergabel möglich.

2...♗b6xe3+ 3.♔g1-h1 ♗e3xg5

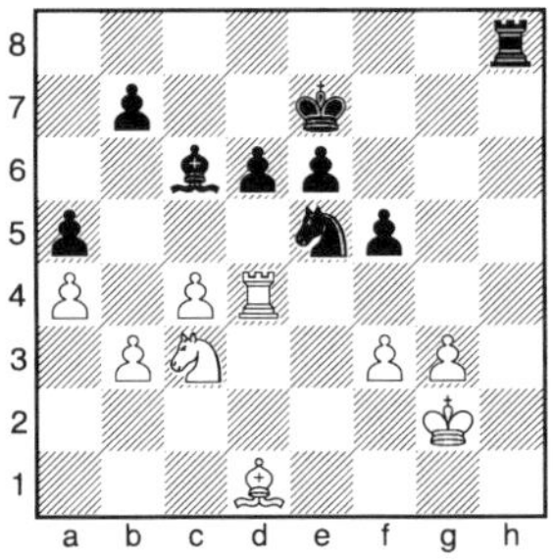

30.

1...♗c6xf3+ 2.♗d1xf3 ♖h8-h2+!
3.♔g2xh2 ♘e5xf3+
4.♔h2-g2 ♘f3xd4

Und das Sahnehäubchen auf dem Kombinationskuchen ist der Bauerngewinn **5.-- ♘d4xb3**.

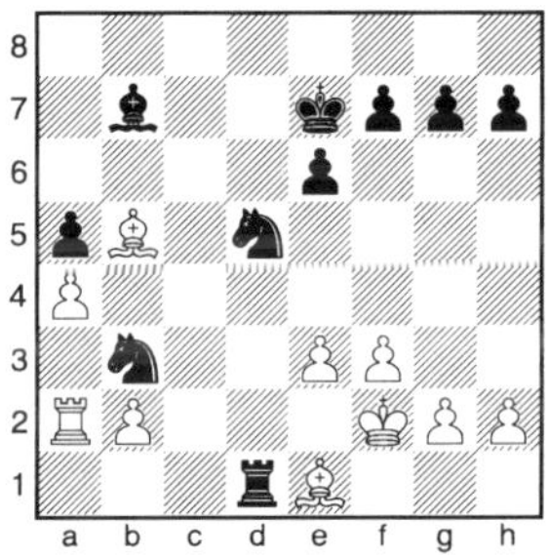

31.

1...♖d1xe1
2.♔f2xe1 ♘d5-b4
3.♖a2-a3 ♘b4-c2+

Nicht anders ist 3.♖a2-a1 ♘b3xa1.

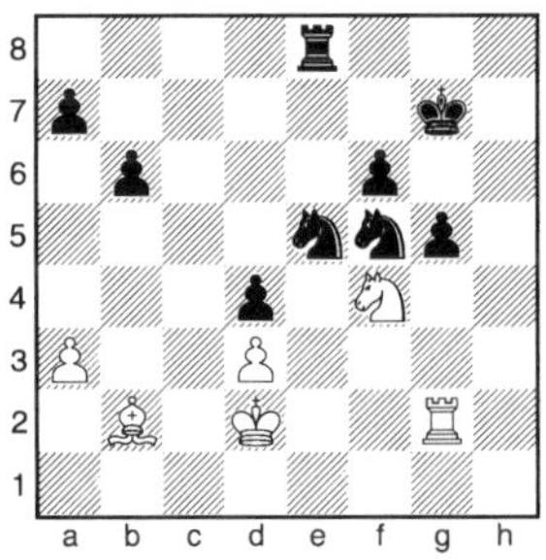

32.

1...♘e5-f3+ 2.♔d2-c1

2.♔d2-d1 ♘f5-e3+; oder
2.♔d2-c2 ♘f3-e1+ / ♘f5-e3+

2...♖e8-e1+ 3.♔c1-c2 ♘f5-e3+

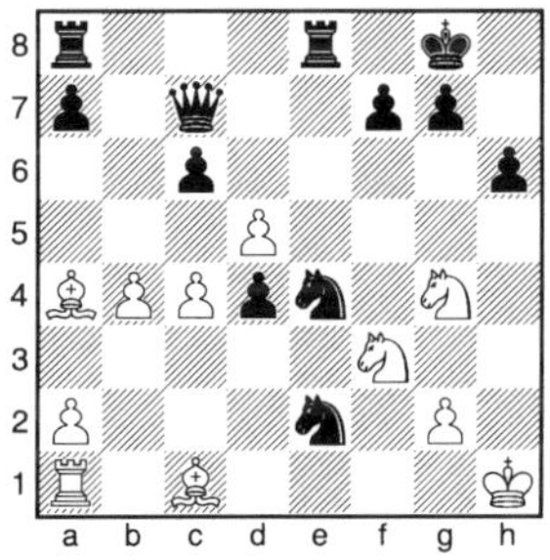

33.

1...♘e4-g3+ 2.♔h1-h2 ♘g3-f1+
3.♔h2-h1

Falls 3.♔h2-h3? ♕c7-g3#

3...♕c7-h2+ 4.♘g4/f3xh2 ♘f1-g3#

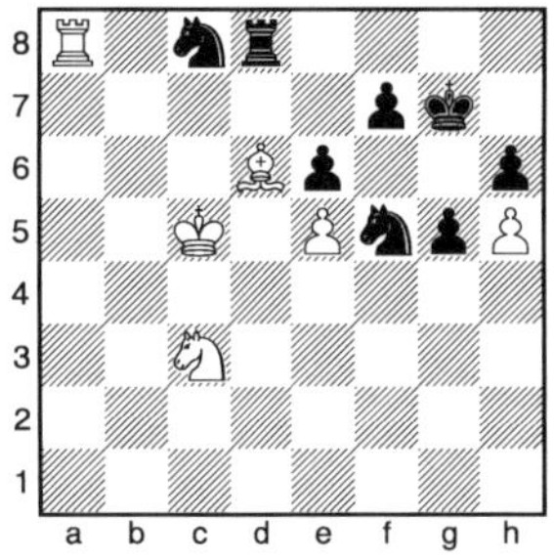

34.

1...♘c8xd6
2.♖a8xd8 ♘d6–b7+
3.♔c5–b6 ♘b7xd8
4.♔b6–c7

Weiß gewinnt den Springer zurück. Aber das ist nur ein schwacher Trost, denn das Endspiel ist verloren.

Okay, manche dieser Aufgaben waren hart; vielleicht sogar zu hart für dich. Sei nicht sauer auf dich oder mich, wenn du nicht alle lösen konntest. Das Ziel unserer Übungen ist nicht, viele Aufgaben zu lösen, sondern dich zu angestrengtem Denken zu bringen. Der alte chinesische Spruch: *"Der Weg ist das Ziel"* ist sehr treffend für Schachtraining.

Während du an der Lösung der Aufgaben arbeitest, ist dein Gehirn angespannt. Das macht dich stärker, verbessert deine Ausdauer und Konzentration und befähigt dich auf Dauer, angestrengter, länger und ausdauernder zu denken und weiter zu rechnen. Und das sind die wichtigsten Fähigkeiten für Turnierschach. Eine Serie von Aufgaben, die du leicht lösen kannst, gibt dir wohl ein gutes Gefühl, hilft dir aber nicht wirklich weiter. Zudem lernst du von den Aufgaben, die du nicht lösen konntest, oft einen neuen "Trick".

Bleib stark, arbeite hart und akzeptiere, dass du noch eine Menge zu lernen hast. Das ist die richtige und nötige Einstellung, um ein guter Schachspieler zu werden!

11. Der Spieß

Dieses Kapitel ist recht leicht, da der Spieß nicht so schwer zu erkennen ist wie die komplizierte Springergabel. Wenn eine Figur zwei Steine angreift, die hintereinander stehen, nennt man das einen **"Spieß"**. Die angegriffenen Steine können auf einer Reihe, einer Linie oder einer Diagonalen stehen. Nur die langschrittigen Figuren können mit einem Spieß angreifen, also Dame, Türme und Läufer.

Wie auch andere Formen des Doppelangriffs muss der Spieß nicht unbedingt Bauern oder Figuren angreifen, sondern kann auch auf ein wichtiges Feld zielen. Nachfolgend einige typische Beispiele für den Spieß:

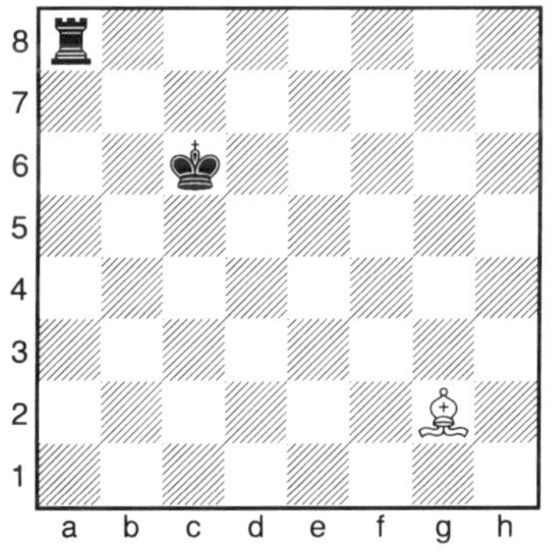

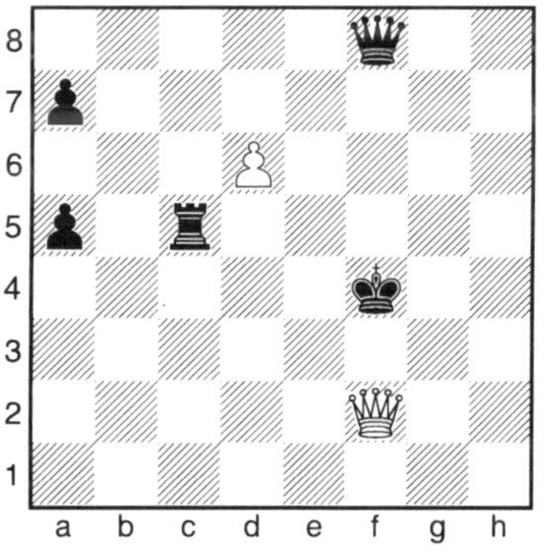

In *D links* siehst du einen typischen Spieß des Läufers, der den Turm gewinnt. Solche Spieße aus weiter Entfernung werden von unerfahrenen Spielern leicht übersehen.

In *D rechts* spießt die Dame sowohl vertikal (König und Dame) wie diagonal (Turm und Bauer) Material auf.

Wichtig für den Erfolg eines Spießes ist auch die Position der angegriffenen Steine und ihres Umfelds. Würde in *D links* der König statt auf c6 auf b7 stehen, könnte Weiß nur die Qualität gewinnnen.

Wenn in *D rechts* der Bauer auf a5 oder der weiße Bauer auf d6 nicht wäre, könnte der Turm von a5 bzw. c7 aus den angegriffenen Bauern verteidigen und der Spieß wäre wirkungslos. Wenn zwischen König und Dame nur ein Feld Abstand wäre (Df6 / Kf6), würde der Spieß nur zu einem Abtausch führen.

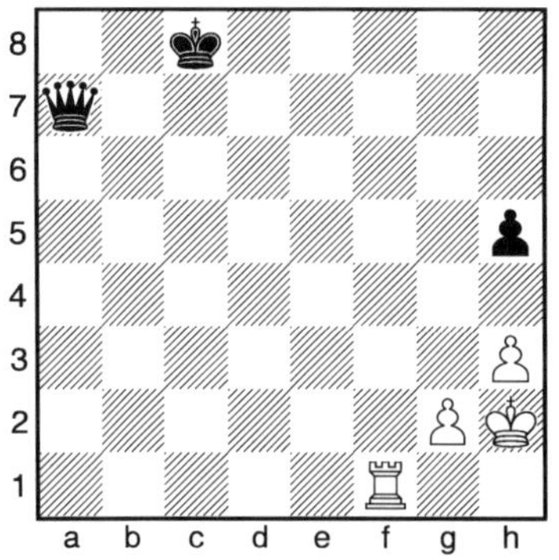

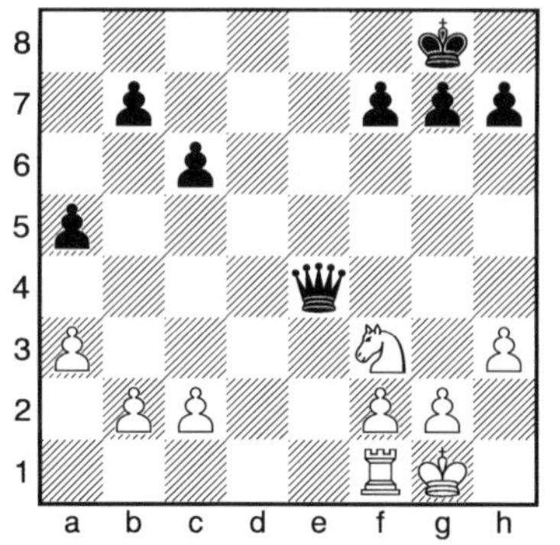

Im *D links* kann der Turm König und Dame aufspießen:

1.♖f1-f8+ ♔c8–b7/c7 2.♖f8–f7+

D rechts zeigt ein Beispiel für einen Spieß gegen Dame und Mattfeld e8:

1.♖f1-e1 und um Matt zu vermeiden muss die Dame gegen den Turm abgetauscht werden, was die Partie verliert.

Wenn der Bc6 nicht wäre, könnte die Dame das Mattfeld von dort verteidigen. Oder ohne die Bauern auf c6 und b7 könnte sie nach a8 ziehen.

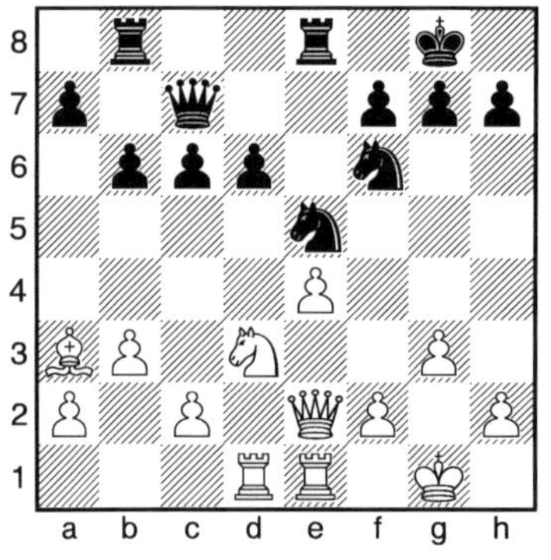

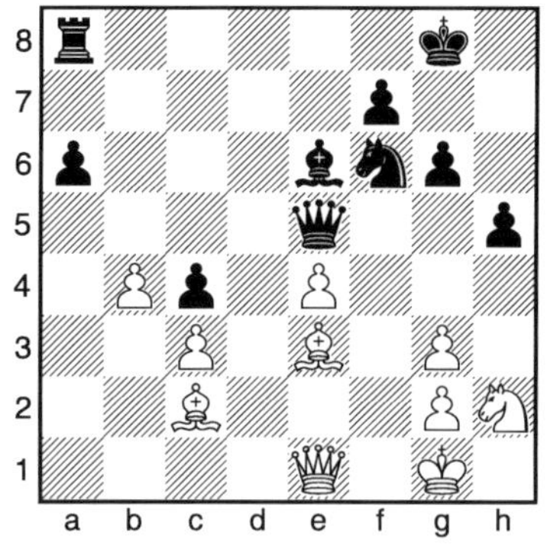

Nicht alle Spieße von weit entfernten Figuren sind so offensichtlich und oft brauchen sie auch Vorbereitung (oft durch einen Abtausch) oder Unterstützung, wie wir hier sehen:

D links: **1.♘d3xe5 d6xe5 2.♗a3–d6** spießt Dame und Turm auf.

D rechts: **1.♗e3–d4 ♕e5–g5 2.♘h2–f3 ♕g5–h6/b5 3.♗d4xf6**

Ein besonders vernichtender Spieß ist gegen Dame und König gerichtet. Der große Meister und Lehrer Dr. Tarrasch warnte schon vor über hundert Jahren:

"Du must stets vorsichtig sein, wenn dein König und deine Dame auf derselben Linie, Reihe oder Diagonalen stehen! Der Verlust der Dame – oder zumindest eine gefährliche Fesselung – kann sonst leicht vorkommen."

In seinem Lehrbuch zeigte er folgendes Beispiel:

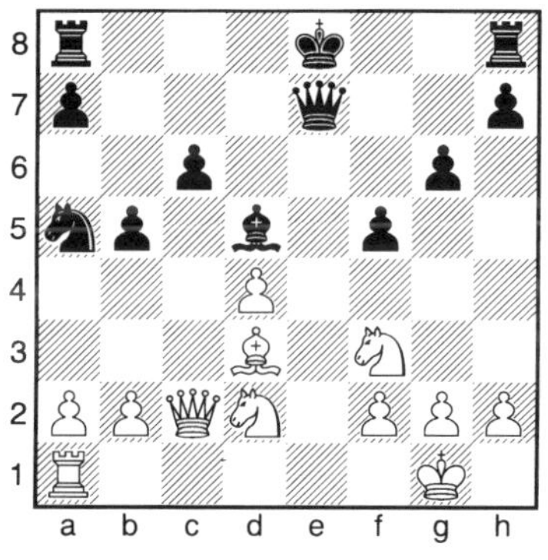

Es scheint keine unmittelbare Gefahr zu bestehen, denn **1.♖a1-e1** kann ja mit **1...♗d5–e6** pariert werden. Aber der Spieß hat zu einer gefährlichen Fesselung geführt; der Läufer geht verloren:

2.d4–d5 c6xd5 3.♘f3–d4

Genauso schlimm wäre die Verteidigung mit 1...♗d5–e4 2.♗d3xe4

Schwarz kann nicht schlagen wegen 2...f5xe4 3.♖e1xe4

Selbst wenn ein Bauer / eine Figur auf einem Feld steht, das zwischen dem Angriffsfeld (hier e1) und den Zielen des Angriffs liegt, sei vorsichtig und ziehe wenn möglich rechtzeitig eine der potentiell angegriffenen Figuren weg. Vertraue nicht blind darauf, den Spieß abblocken zu können. Dr. Tarraschs Beispiel sollte eine Warnung sein.

Denk daran, dass solche Spieße nicht nur auf einer Linie, sondern auch auf einer Reihe oder Diagonalen vorkommen können!

Hoffentlich siehst du an diesem Beispiel auch, wie wichtig es ist, früh zu rochieren und damit solche Angriffe gegen den König in der Mitte von vornherein zu verhindern.

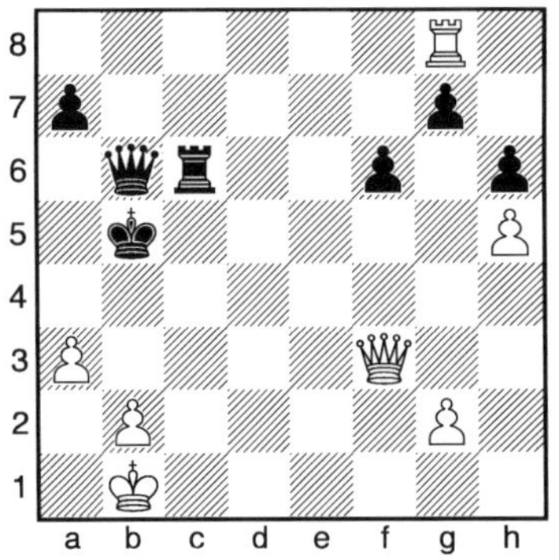

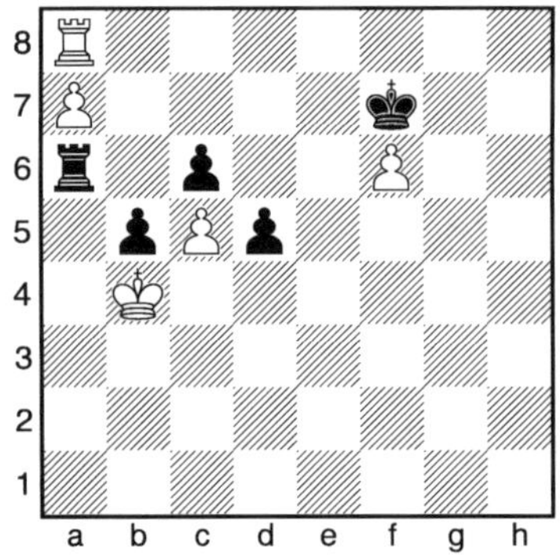

Manchmal kann ein "falscher" Spieß zu einem anderen taktischen Motiv führen. Ein Effekt eines solchen falschen Spießes kann sein, den Abstand zwischen zwei Figuren, hier König und Dame, zu vergrößern und damit ihre Verteidigungsmöglichkeit zu eliminieren:

D links: **1.♖g8–b8 ♕b6xb8 2.♕f3–b3+ ♔b5–a6 3.♕b3xb8**

Einen sehr nützlichen Spieß finden wir im Turmendspiel:

Im *D rechts* scheint Weiß nicht weiterzukommen, weil sein Turm der Umwandlung des Bauern im Wege steht und, falls er wegzieht, diesen verliert. Aber ein Spieß löst dieses Problem und sichert den Sieg:

1.♖a8–h8 ♖a6xa7 2.♖h8–h7+

Auf jeden anderen Zug folgt 1...–– 2.a7–a8♕

Merk dir diesen kleinen Endspiel "Trick". Er mag sich früher oder später in einer deiner Partien als nützlich erweisen.

Da der Spieß ein viel leichteres Motiv ist als die zuvor gesehenen, kommen wir diesmal mit nur einem Aufgabenblock aus, insgesamt 30. Wir beginnen mit einfachen Stellungen mit einem Spieß in zwei Zügen.

Finde den Spieß!

Finde und nutze den Spieß. Am Anfang siehst du ihn in 1 - 2 Zügen. Im weiteren Verlauf wird es komplizierter und der Spieß braucht einige Vorbereitung.

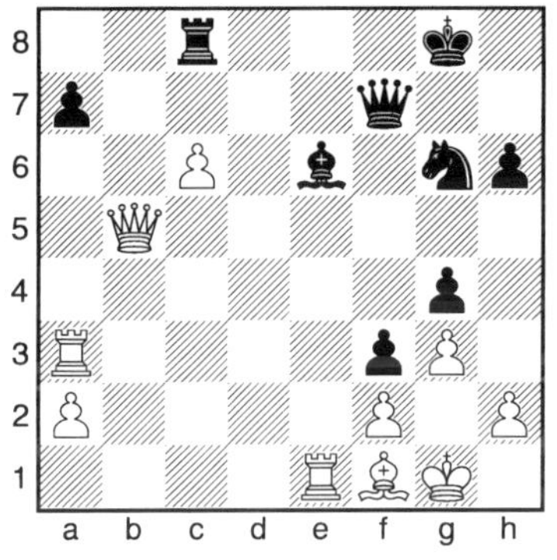

1

1. .... / ....

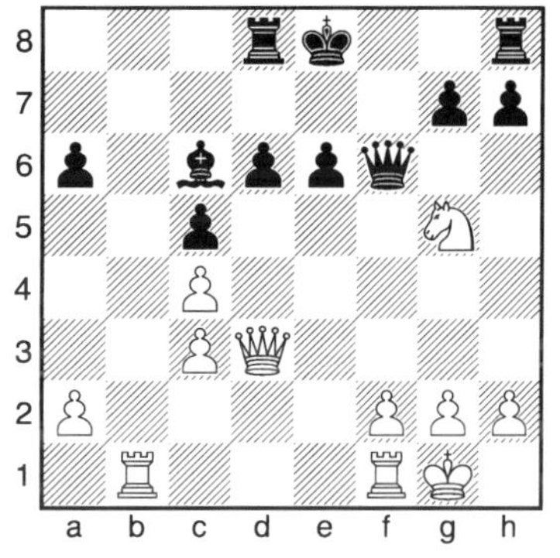

2

1. .... / ....

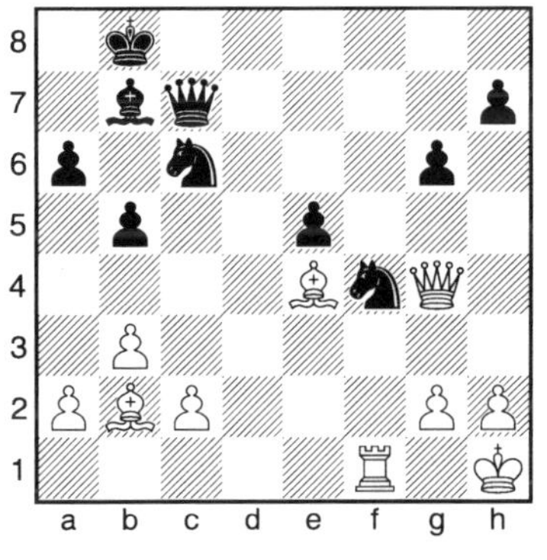

3

1. .... / ....

2. .... / ....

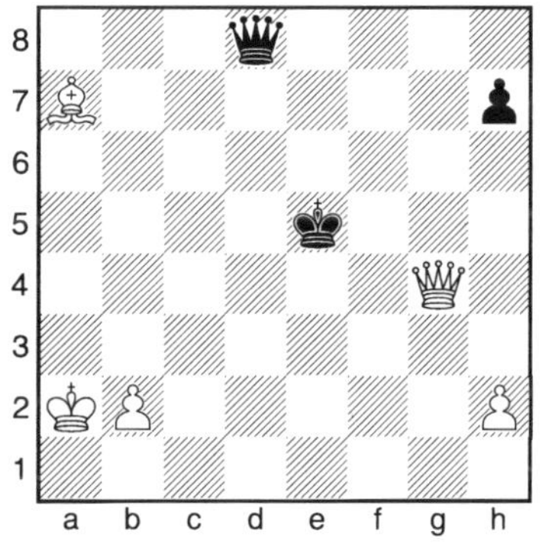

4

1. .... / ....

2. .... / ....

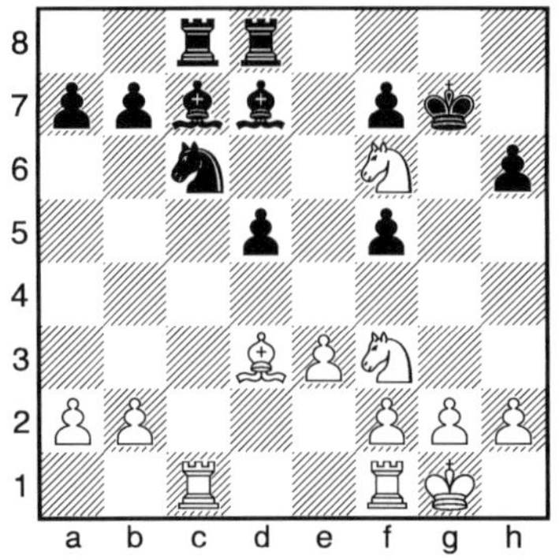

5

1. .... / ....

2. .... / ....

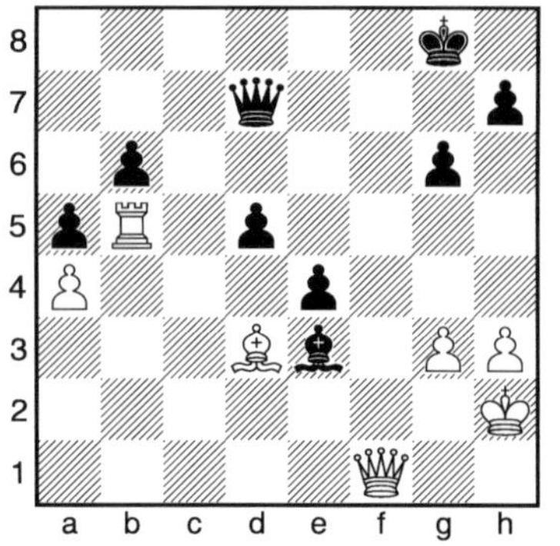

6

1. .... / ....

2. .... / ....

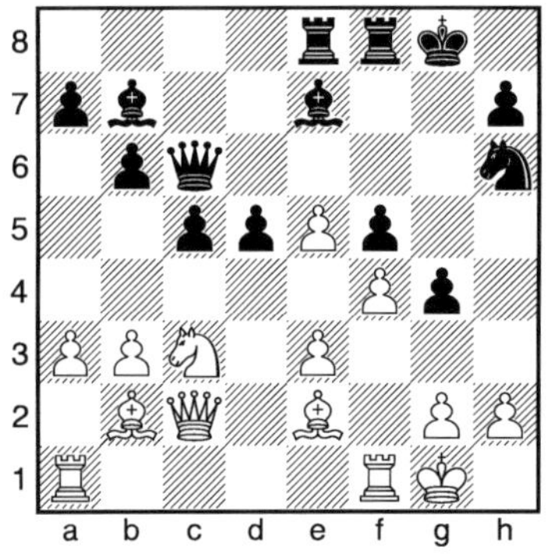

7

1. .... / ....

2. .... / ....

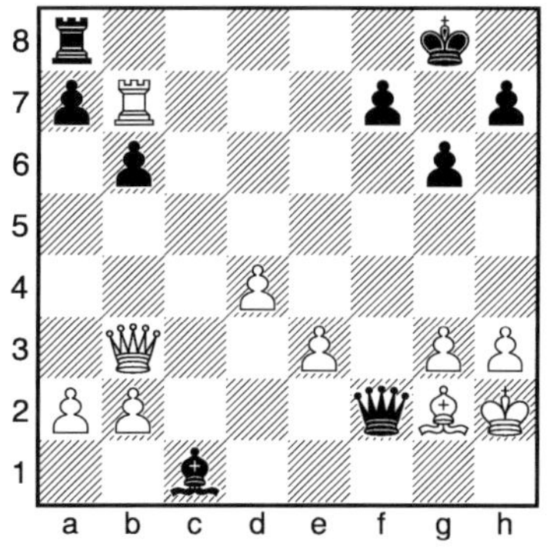

8

1. .... / ....

2. .... / ....

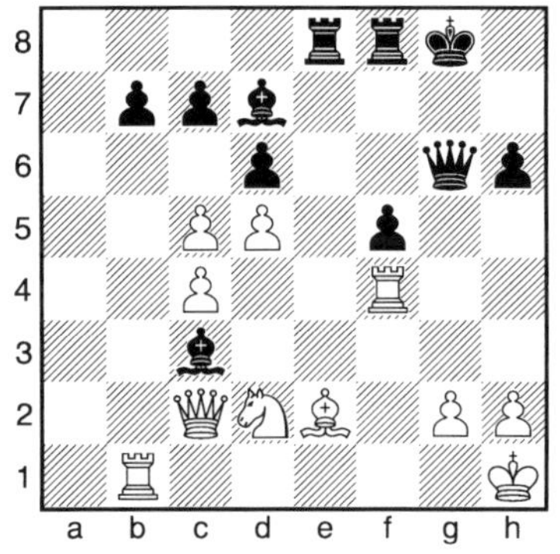

9

1. .... / ....

2. .... / ....

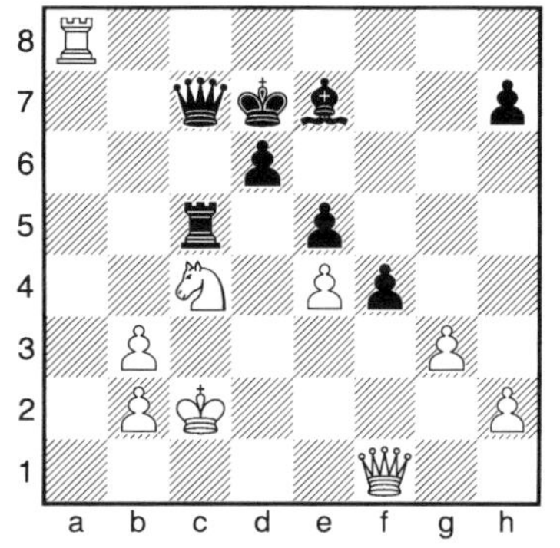

10

1. .... / ....

2. .... / ....

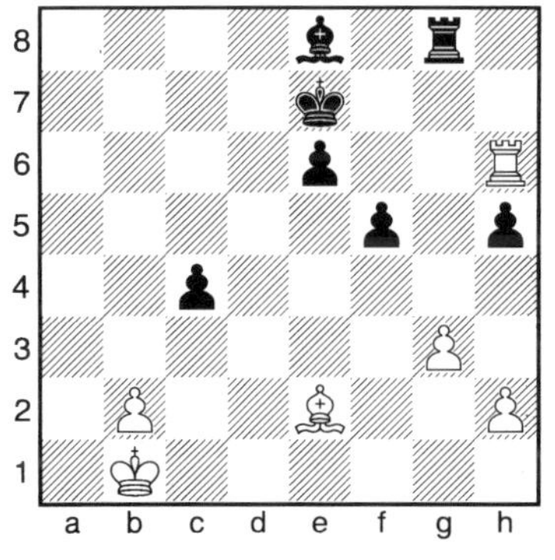

11

1. .... / ....

2. .... / ....

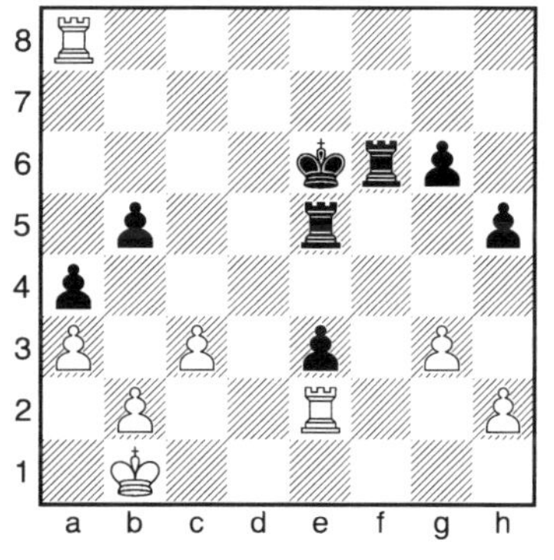

12

1. .... / ....

2. .... / ....

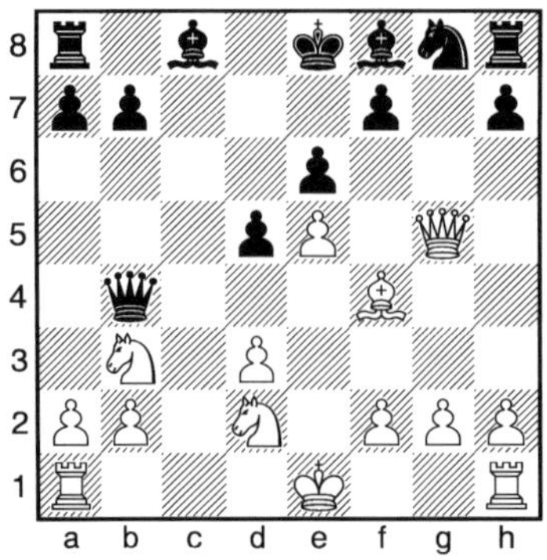

13 ●

1. -------------- / ....

2. .... / ....

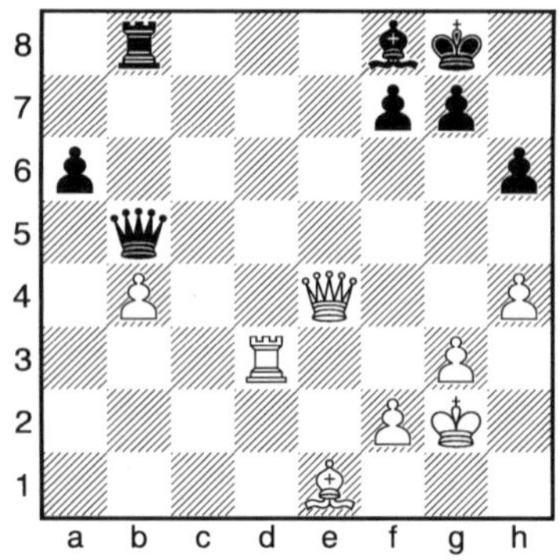

14 ●

1. -------------- / ....

2. .... / ....

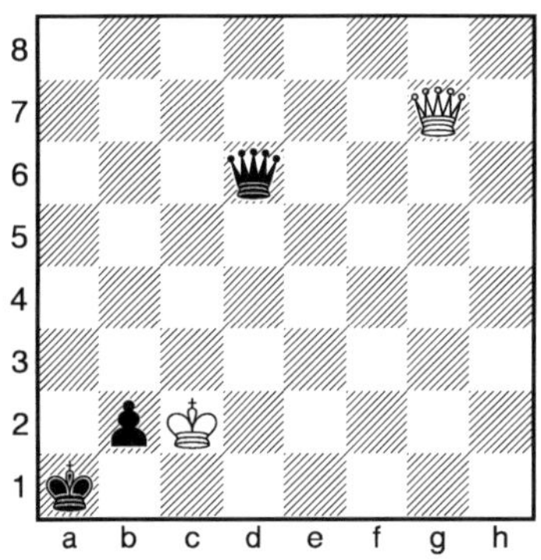

15 ●

1. -------------- / ....

2. .... / ....

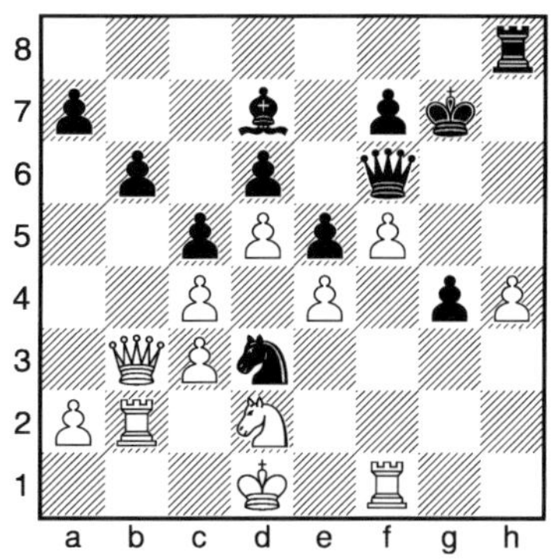

16 ●

1. -------------- / ....

2. .... / ....

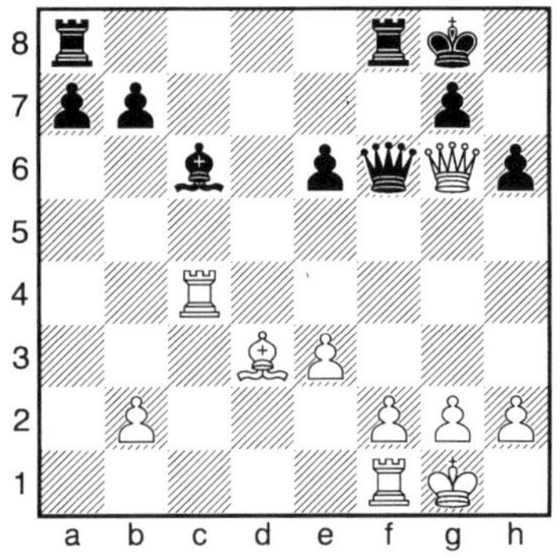

17

1. .... / ....

2. .... / ....

3. .... / ....

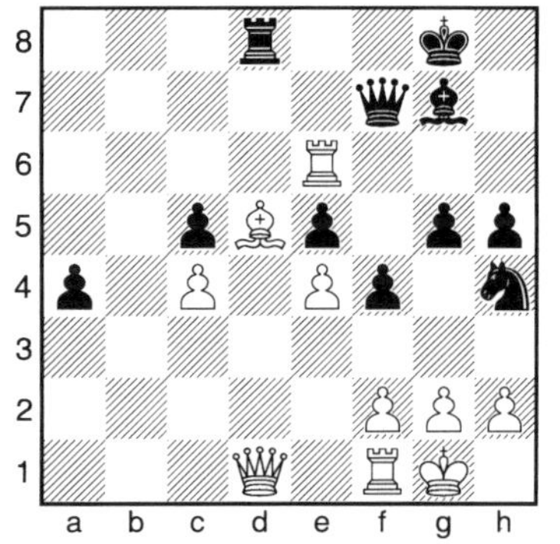

18

1. .... / ....

2. .... / ....

3. .... / ....

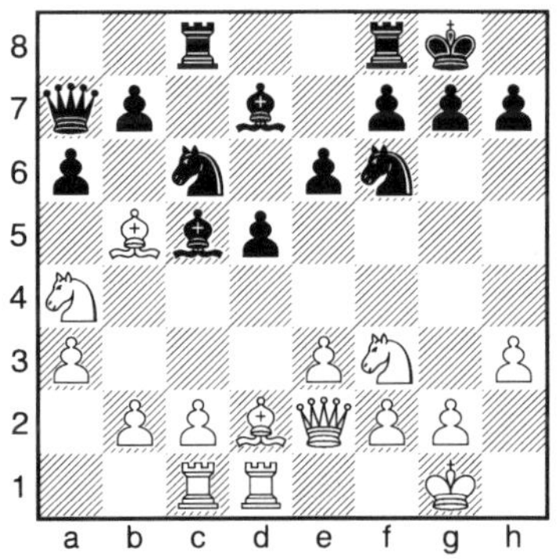

19

1. .... / ....

2. .... / ....

3. .... / ....

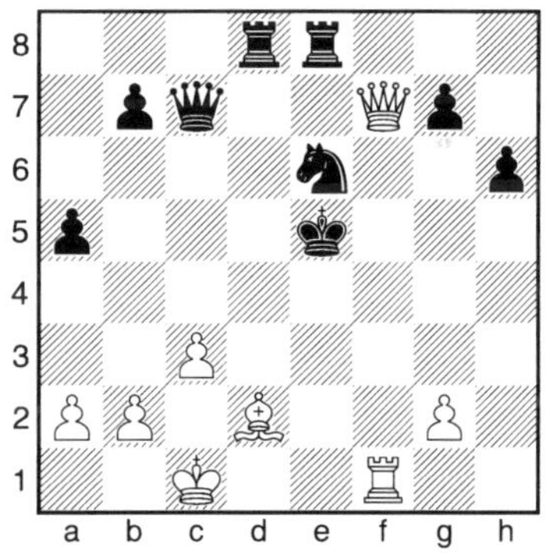

20

1. .... / ....

2. .... / ....

3. .... / ....

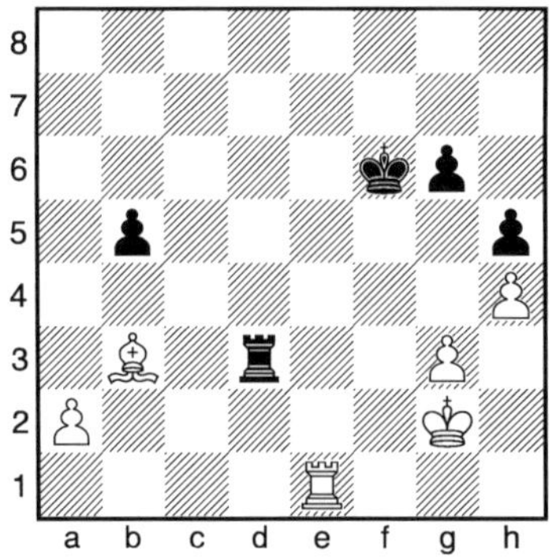

21

1. .... / ....

2. .... / ....

3. .... / ....

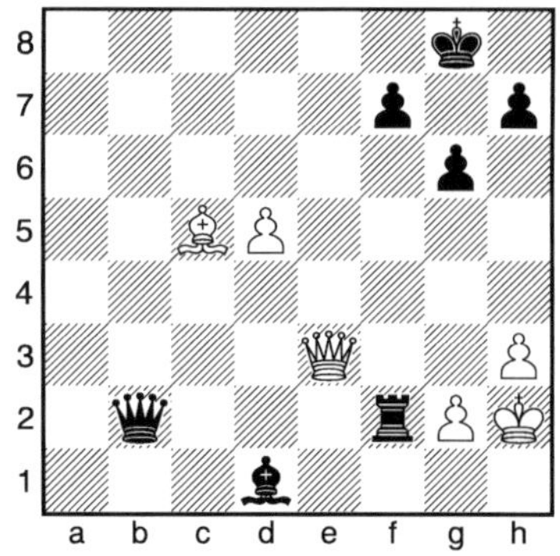

22

1. .... / ....

2. .... / ....

3. .... / ....

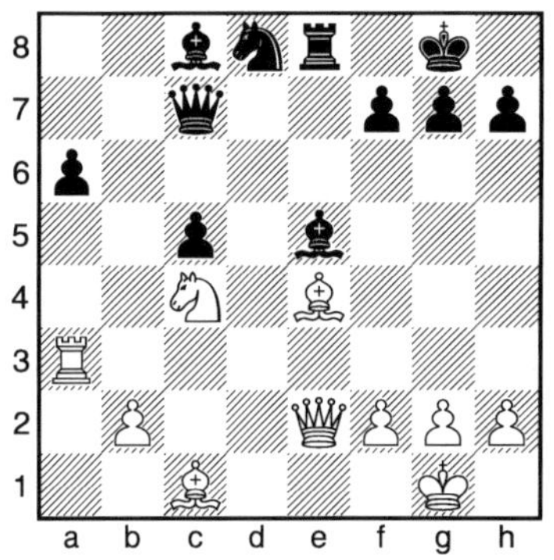

23

1. .... / ....

2. .... / ....

3. .... / ....

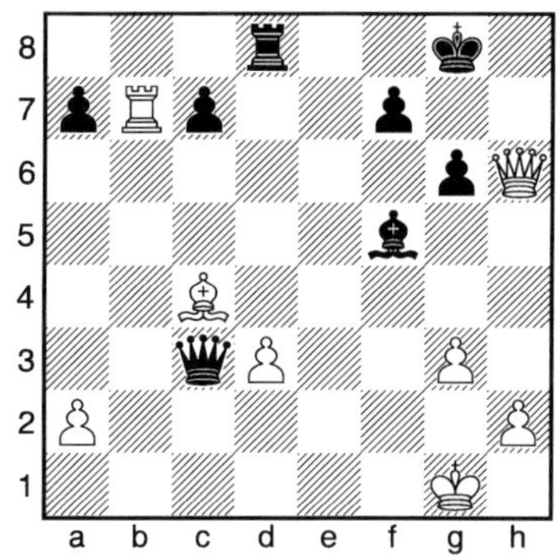

24

1. .... / ....

2. .... / ....

3. .... / ....

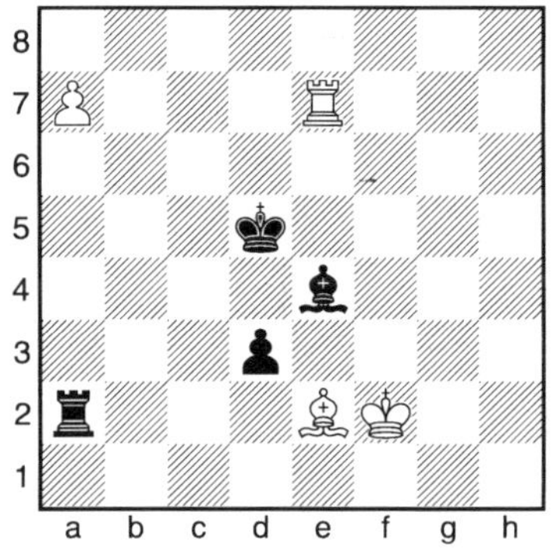

25

1. .... / ....

2. .... / ....

3. .... / ....

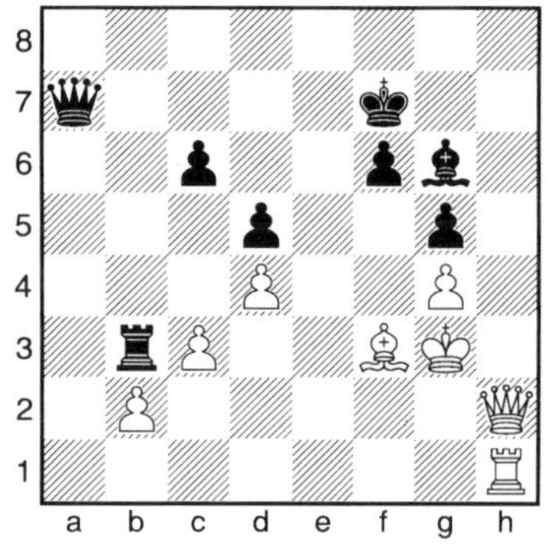

26

1. .... / ....

2. .... / ....

3. .... / ....

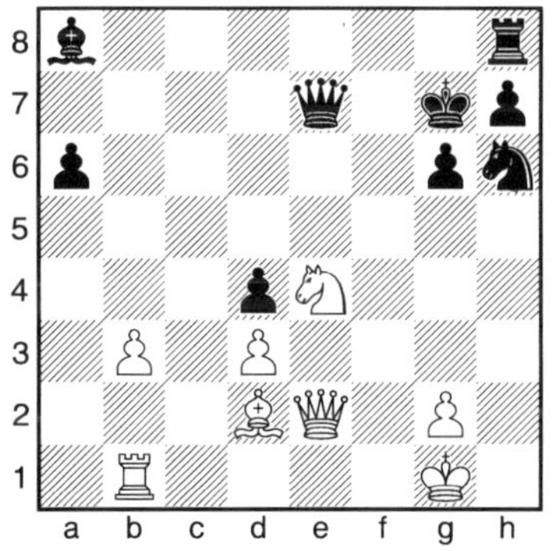

27

1. .... / ....

2. .... / ....

3. .... / ....

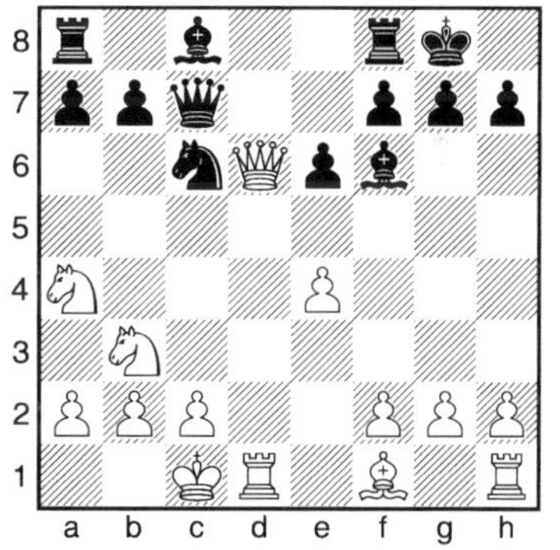

28 ●

1. ------------- / ....

2. .... / ....

3. .... / ....

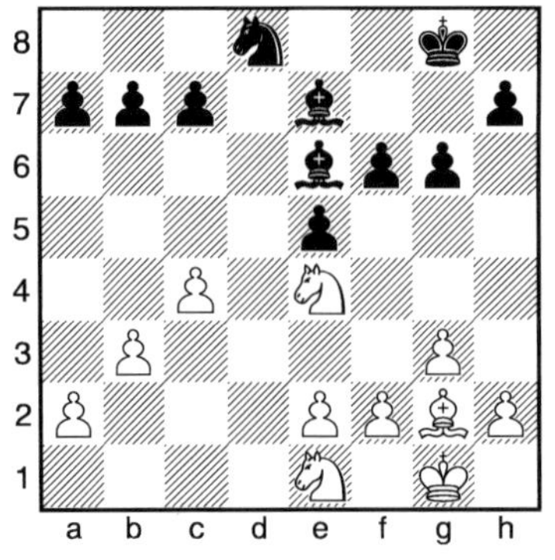

29 ●

1. ------------- / ....

2. .... / ....

3. .... / ....

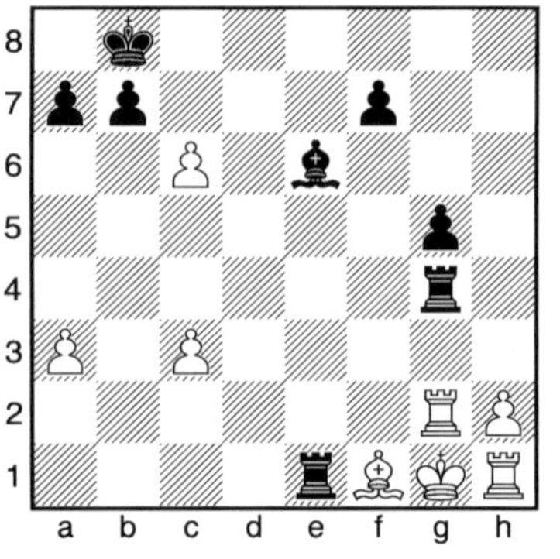

30 ●

1. ------------- / ....

2. .... / ....

3. .... / ....

Lösungen

Finde den Spieß!

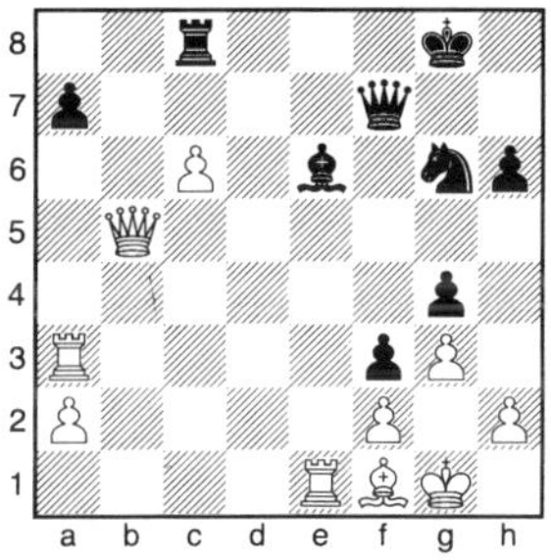

1.

1.♖e1xe6

Gewinnt einen Läufer. Weiß kann nicht zurückschlagen, weil sonst Dame und König aufgespießt werden:

1...♕f7xe6? 2.♗f1-c4

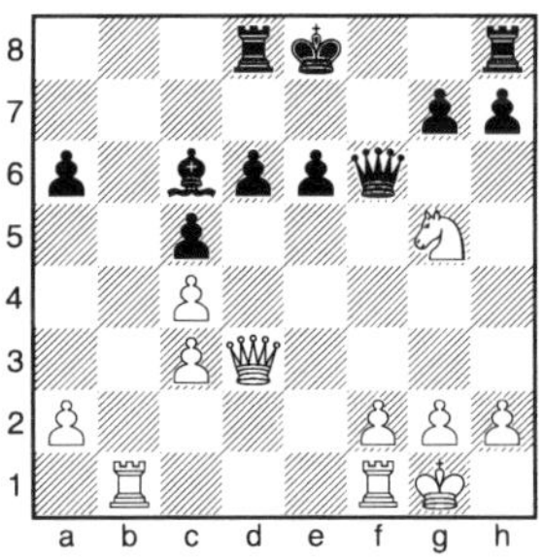

2.

1.♘g5xe6

Schwarz kann den Springer nicht schlagen wegen des Turmspießes:

1...♕f6xe6? 2.♖f1/♖b1-e1

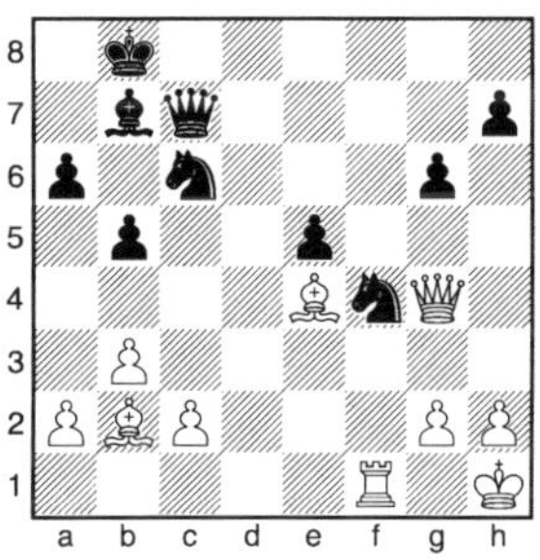

3.

1.♗b2xe5

Dieser Spieß ist ein "Fake" und dient dazu, den Verteidiger des Springers auszuschalten:

1...♕c7xe5 / ♘c6xe5 2.♕g4xf4 oder
1...♘c6xe5 2.♕g4xf4

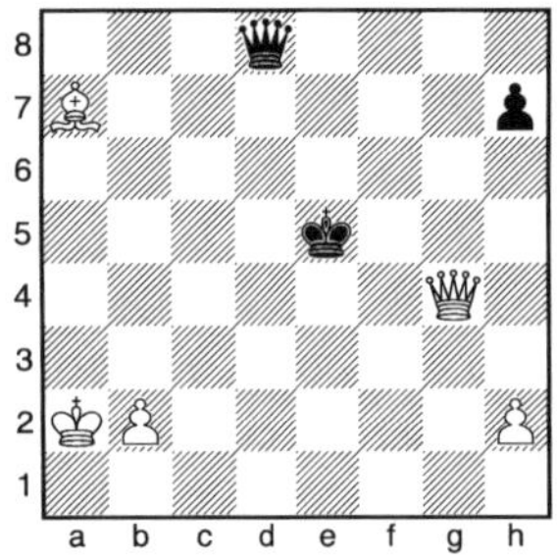

4.

1.♗a7–b8+ ♕d8xb8 2.♕g4–g3+

Nicht besser ist 1...♔e5–f6 2.♕g4–h4+;
oder 1...♔e5–d5 2.♕g4–d1+.
Alle möglichen Züge des Königs werden mit einem Spieß beantwortet.

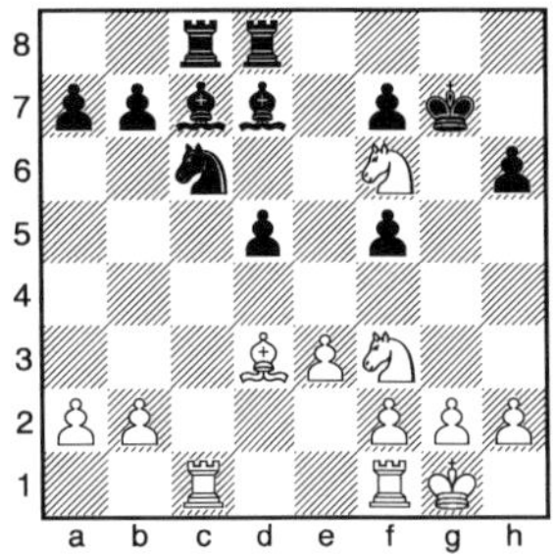

5.

1.♘f6xd7 ♖d8xd7 2.♗d3xf5

Spießt beide Türme auf und gewinnt so die Qualität.

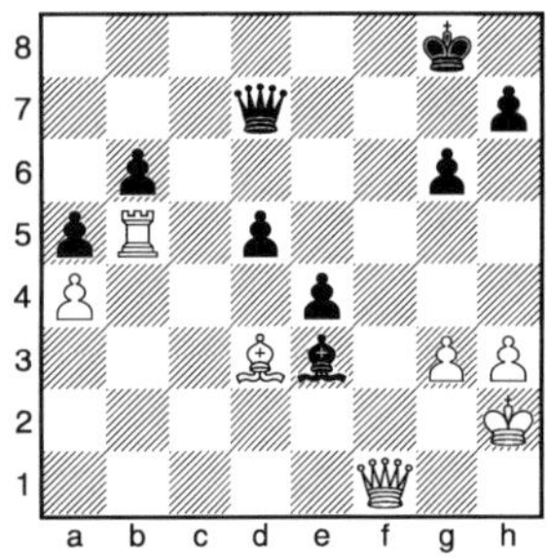

6.

1.♖b5xd5 ♕d7xd5? 2.♗d3–c4

Reagiere nicht reflexartig auf gegnerische Züge (hier z.B. mit Wegziehen des Läufers ohne nachzudenken), sondern halte immer Ausschau nach taktischen Möglichkeiten!

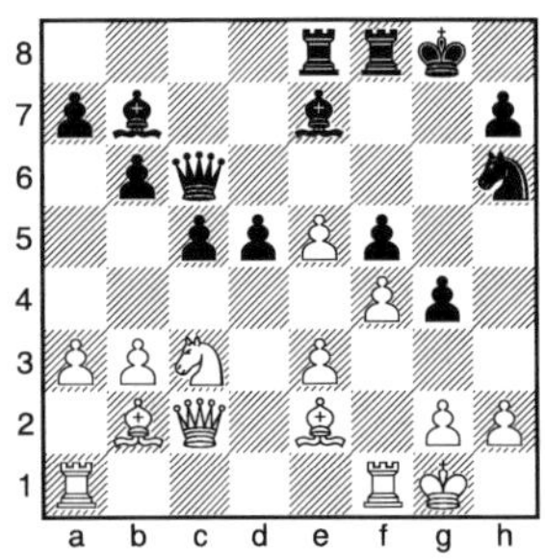

7.

Zwei mögliche Spieße galt es zu finden:

1.♗e2–b5 gewinnt die Qualität, oder

1.♘c3xd5 gewinnt nur einen Bauern, es sei denn **1...♕c6xd5?? 2.♗e2–c4**

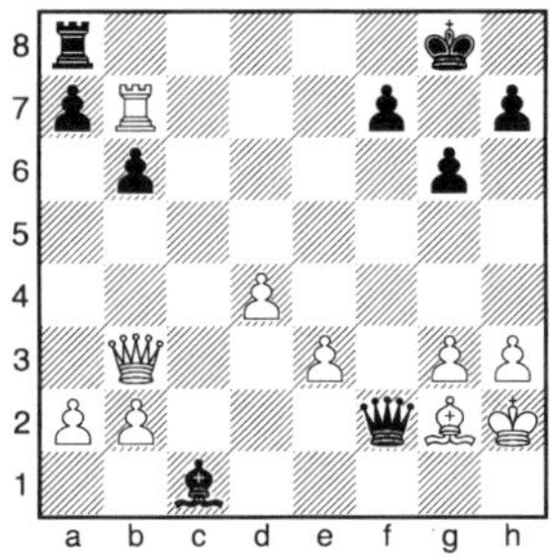

8.

1.♖b7xf7 ♕f2xf7 2.♗g2-d5

Noch schlimmer ist 1...♕f2xe3 und nun:

2.♕b3-d5; oder
2.♖f7xa7+ ♕e3xb3 3.♖a7xa8+ ♔g8-g7
4.a2xb3

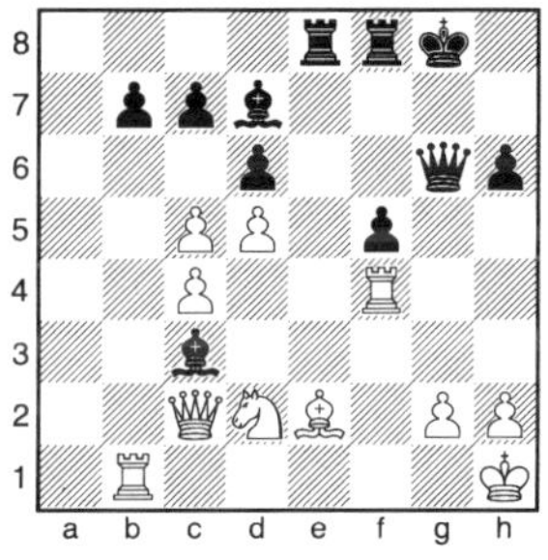

9.

Der gefesselte Bauer kann nur in einem bestimmten Maße verteidigen:

1.♖f4-g4 f5xg4 2.♕c2xg6+

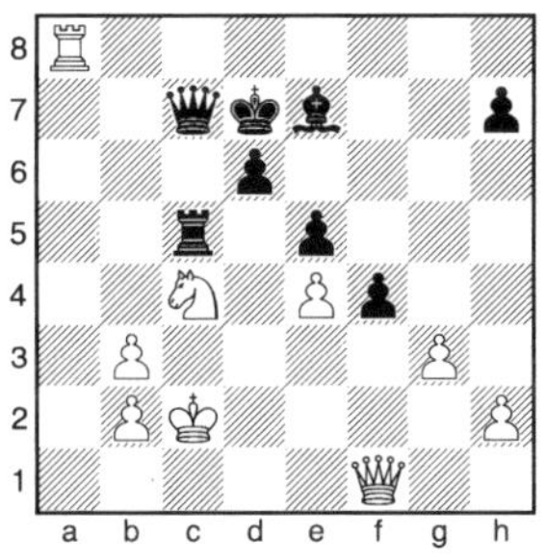

10.

1.♕f1-h3+!

Ein Vorbereitungszug für einen Turmspieß von hinten. Schwer zu sehen, weil die Angreifer so weit entfernt auf verschiedenen Brettseiten stehen.

1...♔d7-c6 2.♖a8-c8

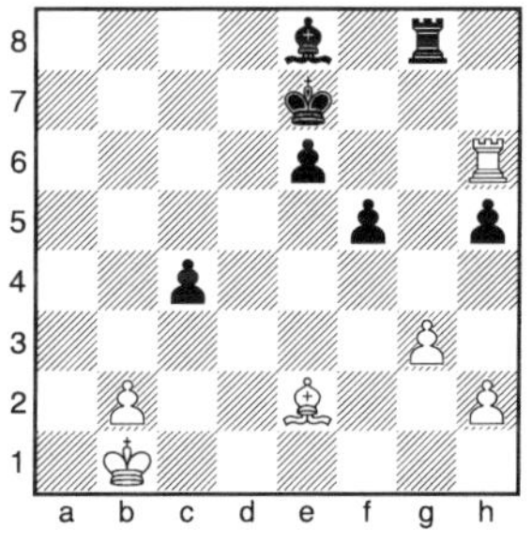

11.

1.♖h6xe6+ ♔e7xe6 2.♗e2xc4+

Die Ablehnung des Opfers verliert noch weiteres Material: 1...♔e7-d7 2.♖e6-h6 mit Gewinn des nächsten Bauern.

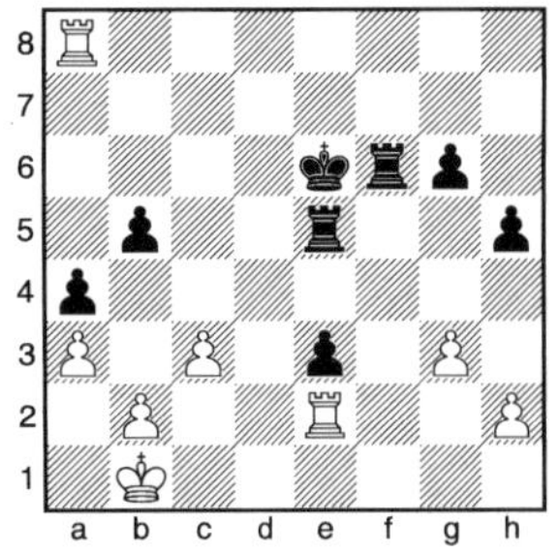

12.

1.♖e2xe3 ♖e5xe3
2.♖a8–e8+ ♔e6–d5 3.♖e8xe3

Eine Figur vom König wegzulenken ist eine typische Methode zur Vorbereitung eines Spießes.

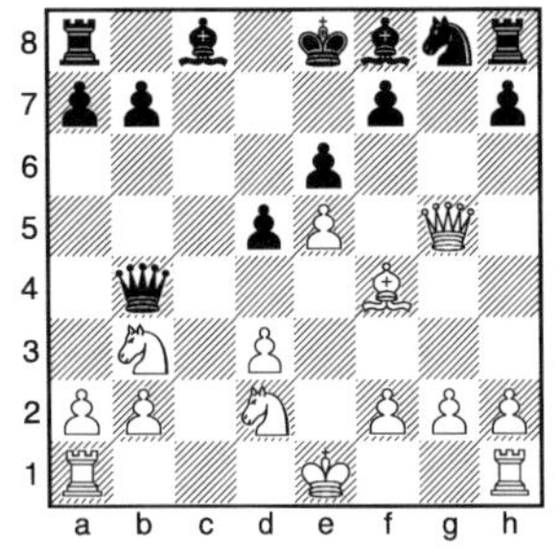

13.

1...♗f8–h6

Im Eifer des Gefechtes übersah Weiß das nun der Lf4 zweifach angegriffen ist und verloren geht:

2.♕g5–g4 ♕b4xf4

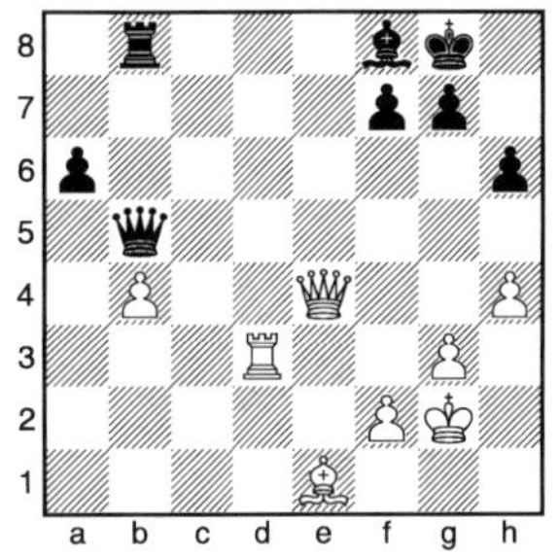

14.

1...♖b8–e8

Ein Spieß gegen Dame und Läufer auf der Grundreihe, der verloren geht.

2.♕e4–d5 ♖e8xe1

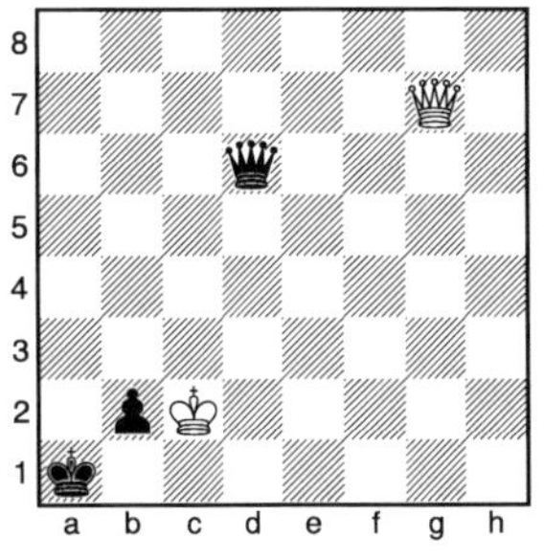

15.

1...♕d6–g6+!

Führt zu einem Spieß nach der Umwandlung des Bauern:

2.♕g7xg6 b2–b1♕+

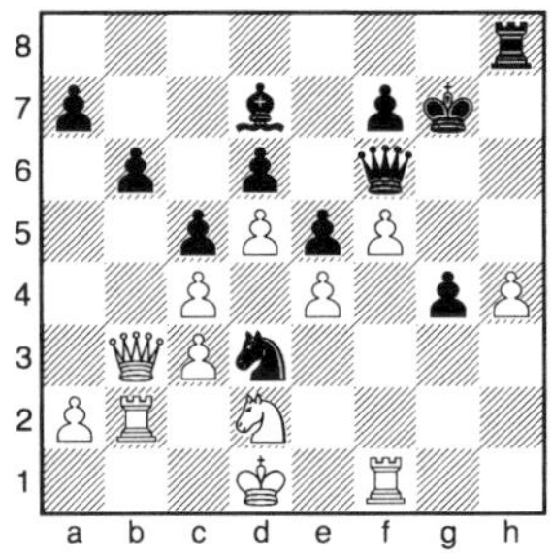

16.

1...♗d7–a4

Dieser Spieß ist nur die Vorbereitung für eine Springergabel:

2.♕b3xa4 ♘d3xb2+

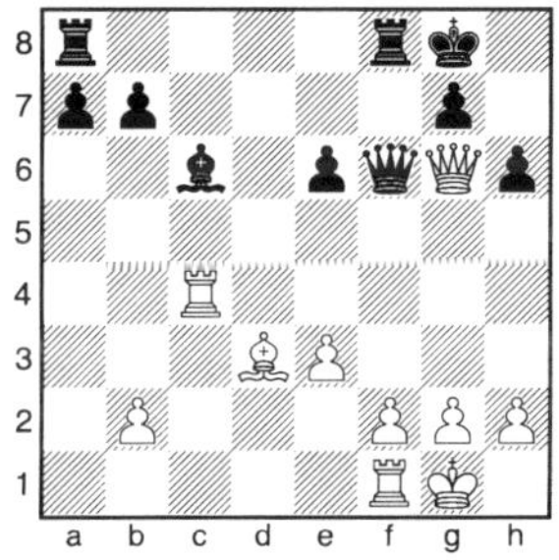

17.

1.♕g6–h7+ ♔g8–f7

Und jetzt kann der Turm Dame und König aufspießen:

2.♖c4–f4

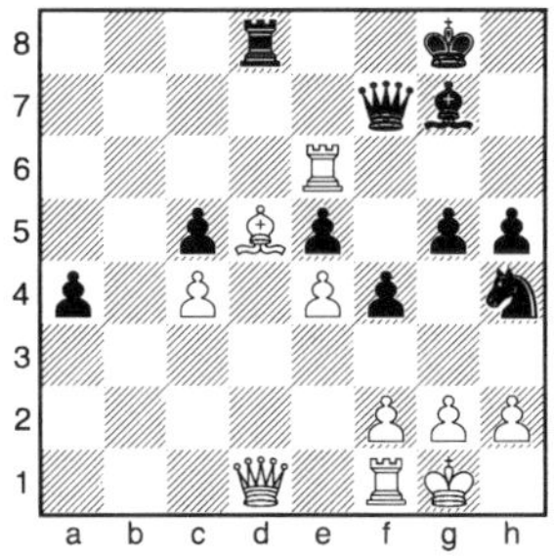

18.

1.♖e6–d6 ♖d8xd6
2.♗d5xf7+ ♔g8xf7 3.♕d1xd6

Der Turm hat die Linie geschlossen und damit den Läufer geschützt. Schwächer ist
1.♖e6–e8+ ♖d8xe8 2.♗d5xf7+

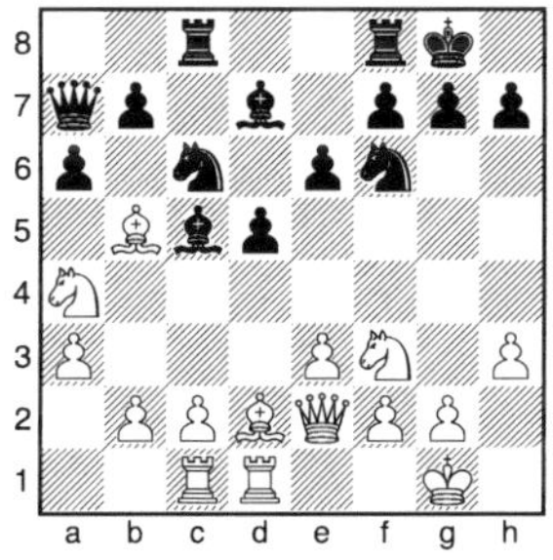

19.

Hinter einem Abtausch verbirgt sich ein Spieß:

1.♗b5xc6 ♖c8xc6

Falls 1...♗d7xc6 2.♘a4xc5 ♕a7xc5 3.♗d2–b4

2.♘a4xc5 ♖c6xc5 3.♗d2–b4

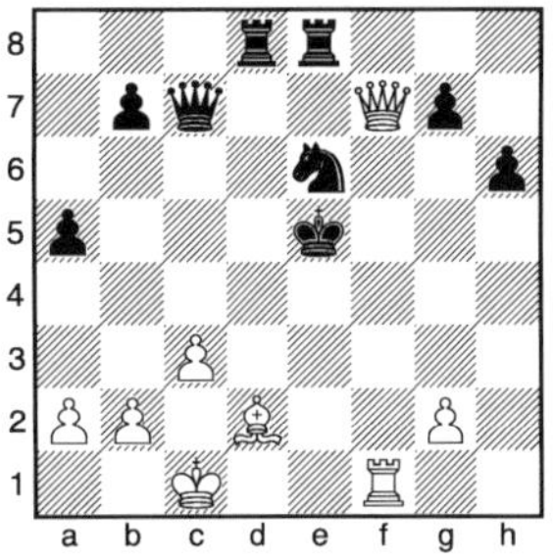

20.

1.♗d2–f4+ ♘e6xf4
2.♕f7xf4+ ♔e5–e6 3.♕f4xc7

Eine viel schwächere Lösung ist
1.♕f7xc7+ ♘e6xc7 2.♗d2–f4+.

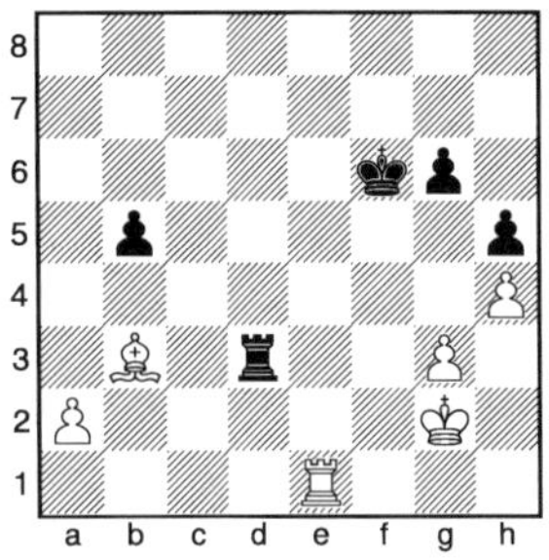

21.

1.♖e1-e6+ ♔f6–g7

Nicht besser ist
1...♔f6–f5 2.♗b3–c2 ♔f5xe6 3.♗c2xd3; oder
1...♔f6–f7 2.♖e6–e3+ ♖d3xb3 3.♖e3xb3.

2.♖e6xg6+ ♔g7xg6 3.♗b3–c2

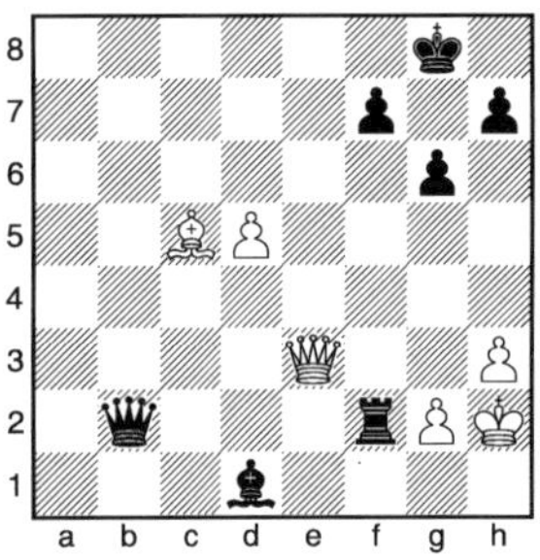

22.

1.♕e3–e8+ ♔g8–g7
2.♕e8–f8+ ♔g7–f6
3.♗c5–d4+ ♕b2xd4

Und endlich haben wir unseren Spieß:

4.♕f8–h8+ ♔f6–e7 5.♕h8xd4

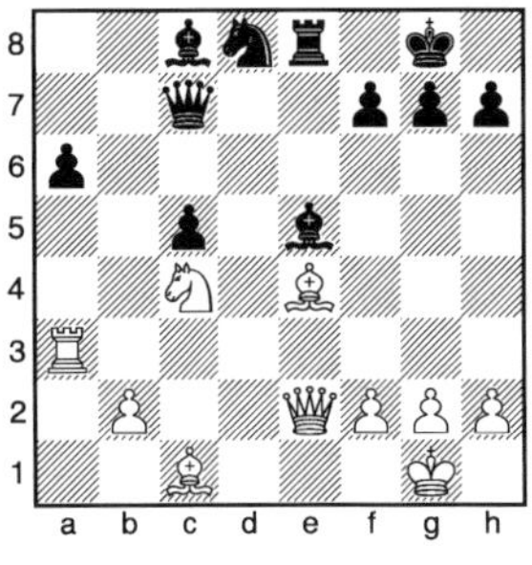

23.

1.♘c4xe5 ♕c7xe5

Falls 1...♖e8xe5 2.♗c1-f4

2.♗e4xh7+ ♔g8xh7
3.♖a3–e3 ♕e5–d6 4.♖e3xe8

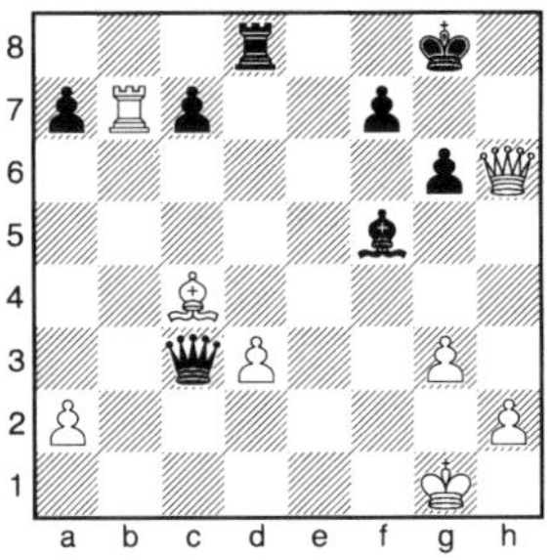

24.

1.♗c4xf7+! ♔g8xf7
2.♖b7xc7+! ♕c3xc7
3.♕h6–h7+

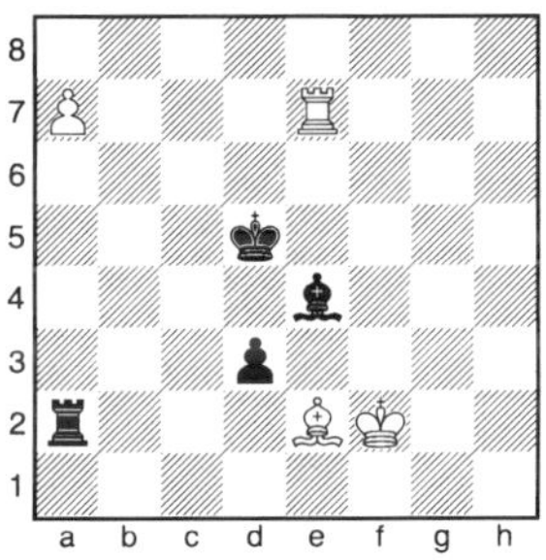

25.

Ein Spieß rettet Weiß das Remis:

1.a7–a8♕+ ♖a2xa8
2.♖e7xe4 ♔d5xe4 3.♗e2–f3+

Oder 1.♖e7xe4 ♔d5xe4 2.a7–a8♕+

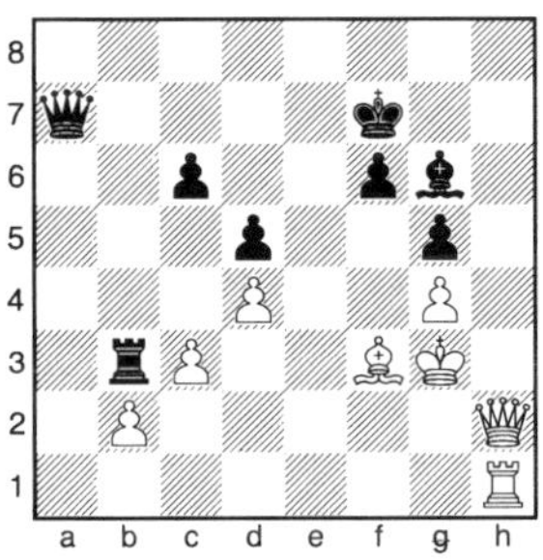

26.

1.♕h2–h7+ ♗g6xh7
2.♖h1xh7+ ♔f7–e6
3.♖h7xa7

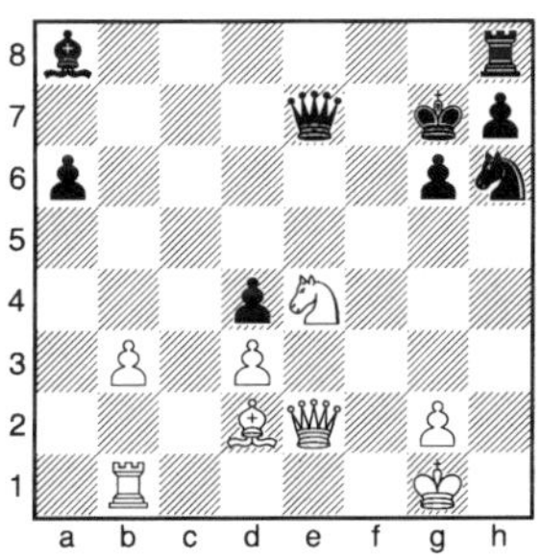

27.

1.♗d2–g5 ♕e7–d7
2.♗g5–f6+ ♔g7–g8
3.♗f6xh8

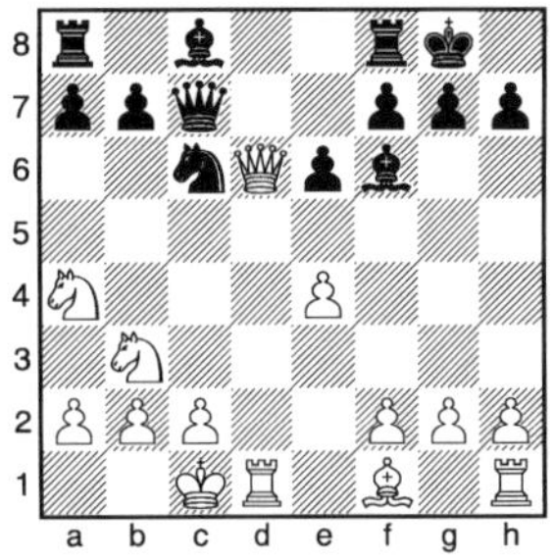

28.

1...♗f6–g5+! 2.♔c1-b1

Nach 2.♖d1-d2 ♕c7xd6 kann der gefesselte Turm nicht zurückschlagen.

2...♖f8–d8! 3.♕d6xc7 ♖d8xd1+
4.♘b3–c1 ♖d1xc1#

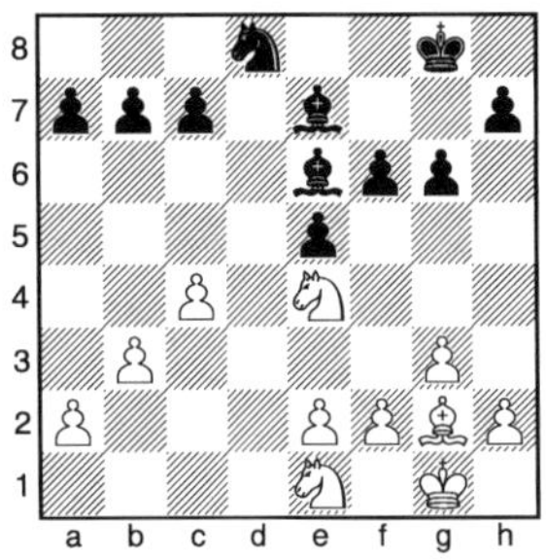

29.

1...f6–f5
2.♘e4–d2 ♗e7–b4
3.♘d2–f3 e5–e4

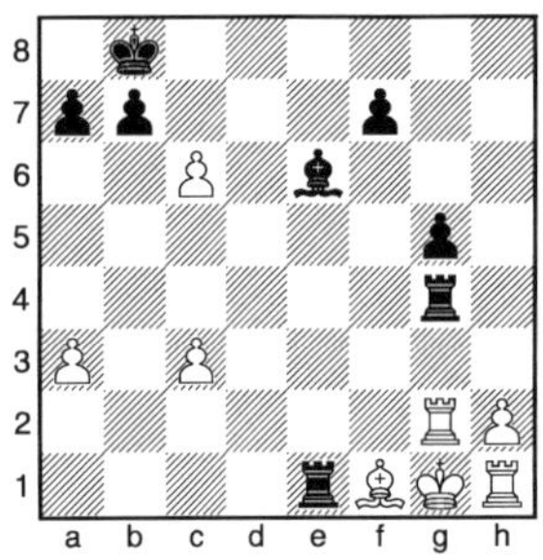

30.

1...♖e1xf1+
2.♔g1xf1 ♖g4xg2
3.♔f1xg2 ♗e6–d5+

Okay, einige der Spieße waren gut versteckt und erschienen erst am Ende der Kombination. Aber alles in allem war es doch nicht zu schwer, oder?

Unser nächstes Motiv ist ein schwieriges und du solltest dich auf die einleitenden Erklärungen konzentrieren. Die Fesselung ist unter Spielern von Klubstärke aufwärts das am häufigsten vorkommende Taktikmotiv und sogar recht starke Spieler fallen ihm von Zeit zu Zeit zum Opfer.

12. Die Fesselung

Wenn eine Figur / ein Bauer nicht ziehen kann, ohne eine dahinter stehende wertvollere Figur zu verlieren, nennt man das eine **"Fesselung"**.

Nur die langschrittigen Figuren Dame, Turm und Läufer können fesseln. Die Fesselung hat große Ähnlichkeit mit dem Spieß und in manchen Situationen ist es eine akademische Frage, ob es eine Fesselung oder ein Spieß ist. Es gibt verschiedene Arten der Fesselung.

Eine **"absolute Fesselung"** besteht, wenn der Stein sich nicht bewegen kann, ohne den König ins Schach zu bringen, was ja ein unmöglicher Zug wäre.

Die **"relative"** oder **"bedingte Fesselung"** erlaubt dem gefesselten Stein zu ziehen, wobei aber die hinter ihm stehende Figur verloren geht, oder dem Angreifer entgegenzugehen / ihn zu schlagen.

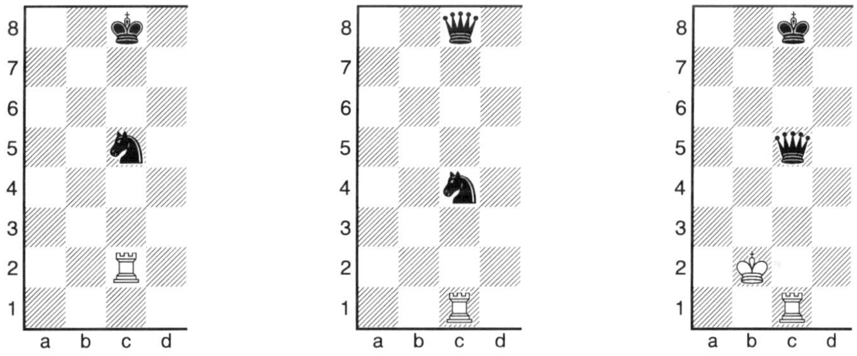

Im *D links* ist der Springer absolut gefesselt. Ihn zu ziehen wäre ein regelwidriger Zug. Da er weder entkommen noch verteidigt werden kann, geht er verloren.

Im *D mitte* ist der Springer bedingt gefesselt. Er kann sich frei bewegen, aber dies nur um den Preis des Damenverlustes. Wenn er einen Angriff starten kann, besonders auf ein Matt zielend, mag dies das Opfer sogar wert sein. Vertrau einer relativen Fesselung nicht zu sehr. Später wirst du einige erstaunliche Aktionen der aus der Fesselung fliehenden Figur sehen. Hier ist die Fesselung lästig, aber harmlos, da der Turm den Springer nicht ohne Verstärkung gewinnen kann

Im *D rechts* steht die Dame in einer bedingten Fesselung. Sie kann nicht entkommen, aber den Angreifer schlagen / ihm entgegenziehen.

Einen Stein bewegungsunfähig zu machen ist gut und schön, heißt aber nicht unbedingt, dass er auch gewonnen werden kann. Der Wert von Fesselungen ist unterschiedlich und hängt von einigen weiteren Umständen ab.

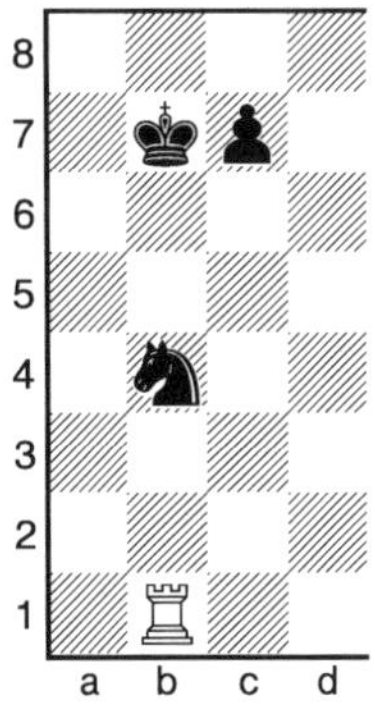

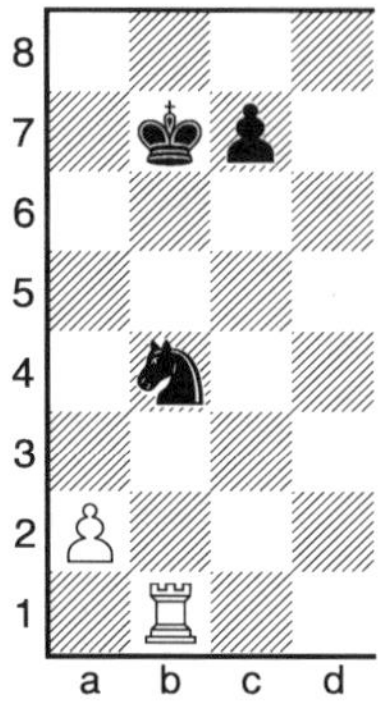

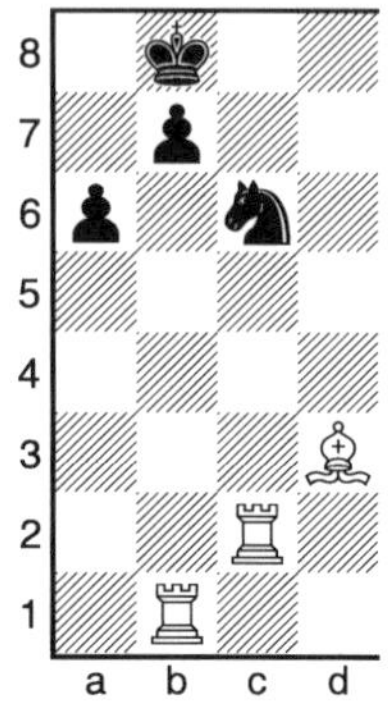

Im *D links* kann der gefesselte Springer mit **1...c7−c5** verteidigt werden und die Fesselung hatte keine große Bedeutung.

In *D mitte* kann der Springer auch mit **1...c7-c5** verteidigt werden, doch Weiß kann den Angriff verstärken mit **2.a2-a3** und damit den Springer gewinnen. Der fesselnde Stein ist nicht immer auch derjenige, der den gefesselten Stein gewinnt.

Im *D rechts* ist der Bauer auf b7 zwar gefesselt, aber selbst nicht gefährdet. Doch er ist der Verteidiger von Ba6 und Sc6. Beide können nun geschlagen werden, da der gegen den König gefesselte Bauer sie nicht verteidigen kann. Das lehrt uns eine wichtige Erkenntnis:

Ein absolut gefesselter Stein kann andere Steine nicht verteidigen mit Ausnahme gegen den gegnerischen König, der ja nicht in ein Schach schlagen darf.

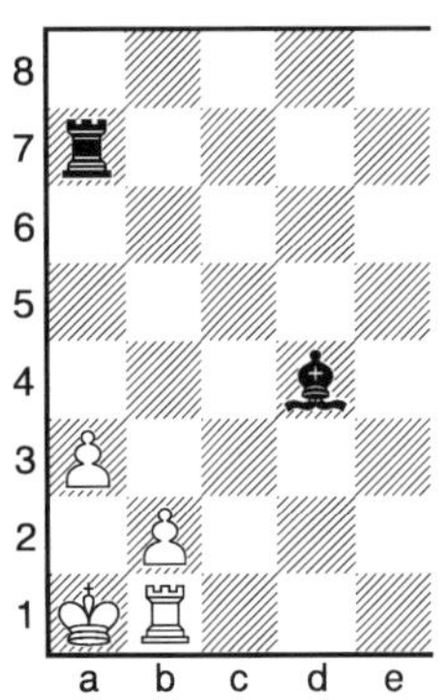

Du bist gut beraten, Fesselungen zu vermeiden oder wenn möglich aus ihnen wegzuziehen. Eine eigentlich harmlose Fesselung kann einige Züge später zu einer tödlichen mutieren, wie wir im Diagramm sehen:

1...♖a7xa3#

Hätte Weiß seinen König zuvor nach a2 gezogen und damit die Fesselung aufgehoben, wäre nichts passiert.

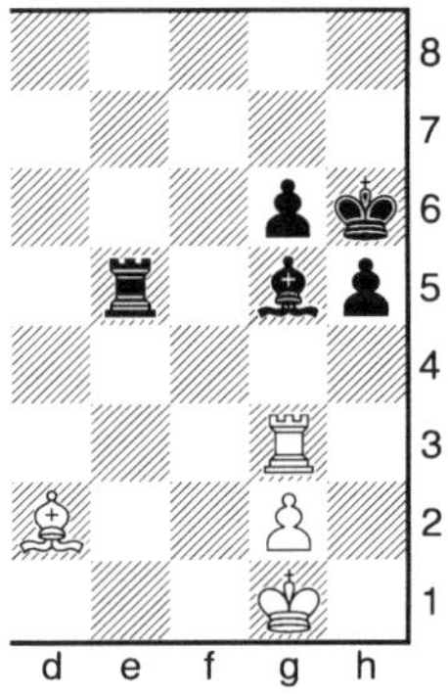

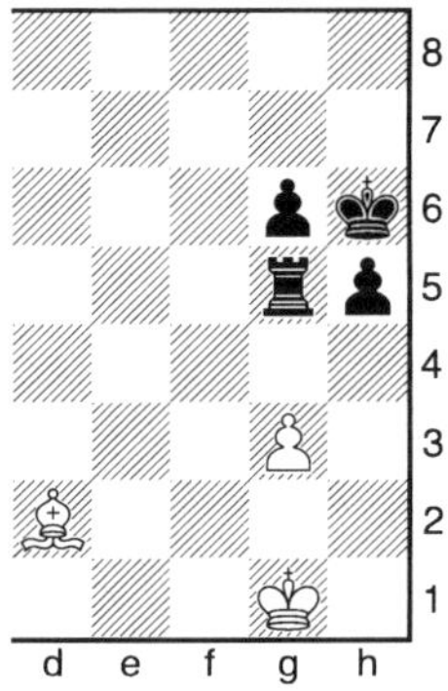

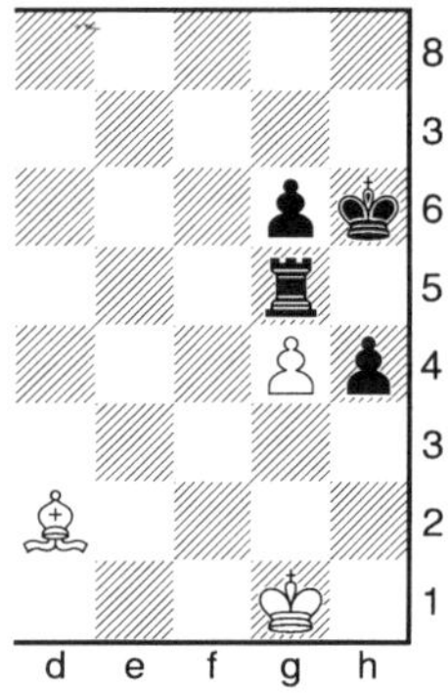

Wenn du einen Stein gefesselt hast, schau, wie du das am besten nutzen kannst. Im *Diagramm oben links* hast du die Wahl zwischen drei Fortsetzungen. Die erste Möglichkeit ist, alle Figuren auf g5 abzutauschen. Aber dann ist das Bauernendspiel definitiv verloren.

Nur den Läufer abzutauschen ist die zweite Möglichkeit und endet vermutlich Remis:

1.♗d2xg5+ ♖e5xg5 z.B. **2.♖g3–e3**

Der Vorteil von einem Bauern reicht in vielen Turmendspielen nicht zum Gewinn, besonders dann nicht, wenn die Bauern auf einer Brettseite sind, nahe dem Brettrand stehen und der gegnerische König vor ihnen steht.

Hier gleich ein guter Rat:

Falls du im Turmendspiel in der schwächeren Position bist, dann versuche, die Anzahl der Bauern zu reduzieren. Versuche eine Stellung mit Bauern an nur einem Flügel zu erreichen, auch wenn das heißt, mit einem Bauern weniger zu spielen. Ein Spiel auf beiden Flügeln ist stets ein Vorteil für die stärkere Seite.

Die dritte Möglichkeit ist, den Turm abzutauschen:

1.♖g3xg5 ♖e5xg5 2.g2–g3! *(D mitte)*

Mit dem König vorzugehen ist eine offensichtliche Idee, aber falsch:

2.♔g1-h2 h5–h4 3.♔h2-h3 ♔h6–h5 4.♗d2xg5 ♔h5xg5 5.g2–g3 h4xg3 6.♔h3xg3=. Der Zug g2–g3 nimmt Schwarz das Feld h5 und führt zu Zugzwang.

2...h5–h4 3.g3–g4 *(D rechts)* **♔h6–g7 4.♗d2xg5**

3...h4–h3 kann das Ende nur aufschieben:

4.♔g1-h2 ♔h6–g7 Zugzwang! 5.♗d2xg5 und ein leichter Gewinn.

Wir haben schon Fesselungen in der Eröffnungsphase der Partie gesehen. Die meisten sind nur relative Fesselungen und, wie schon erwähnt, tust du gut daran, dich auf die Unbeweglichkeit solcher gefesselten Figuren nicht zu sehr zu verlassen. Eine ca. zweihundertfünfzig Jahre alte Partie zeigt dir warum:

1.e2–e4 e7–e5 2.♘g1-f3 d7–d6 3.♗f1-c4 h7–h6 4.♘b1-c3 ♗c8–g4 5.♘f3xe5 *(D links)* **♗g4xd1?**

Das Schlimmste vermeidet 5...d6xe5 6.♕d1xg4

6.♗c4xf7+ ♔e8–e7 7.♘c3–d5# *(D rechts)*

Diese Falle benutzte der französische Meister de Légal (1702-92). Er spielte im "Café de la Régence", damals das Zentrum des Schachlebens von Paris. Als Berufsspieler machte er eine Menge Geld mit dieser Falle gegen schwache, aber optimistische Gegner. Es gibt eine Reihe von Varianten zu diesem Reinfall, die meistens nicht zum Matt führen, aber zu Materialverlust und zudem die schwarze Stellung ruinieren.

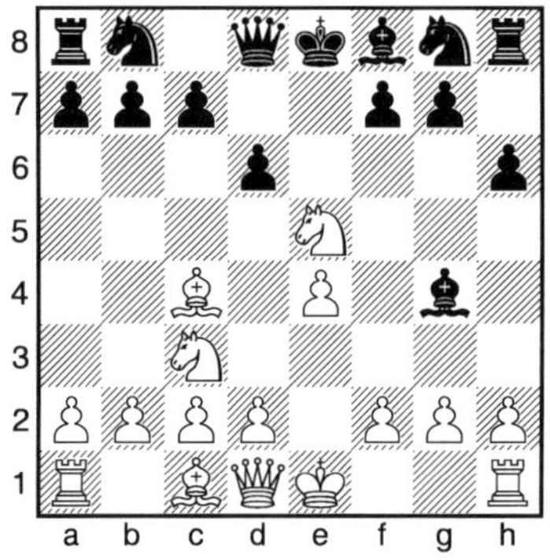

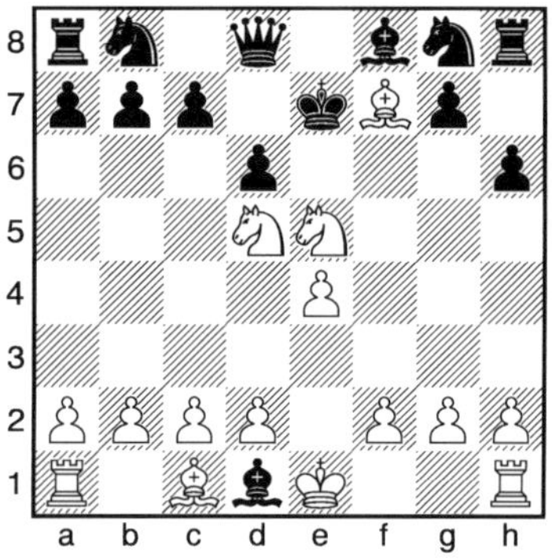

Es gibt eine Menge mehr zu lernen über die Fesselung und wie man ihr entkommt, aber das wäre fürs erste zu viel. Wir beginnen mit einer praktischen Lektion "Finde & nutze die Fesselung" in den zwei Teilen unserer Übungen.

Nachdem du einige praktische Kenntnisse gewonnen hast, gehen wir stärker ins Detail.

Finde & nutze die Fesselung!

In den folgenden Stellungen ist eine Fesselung möglich oder beeinflusst das Geschehen

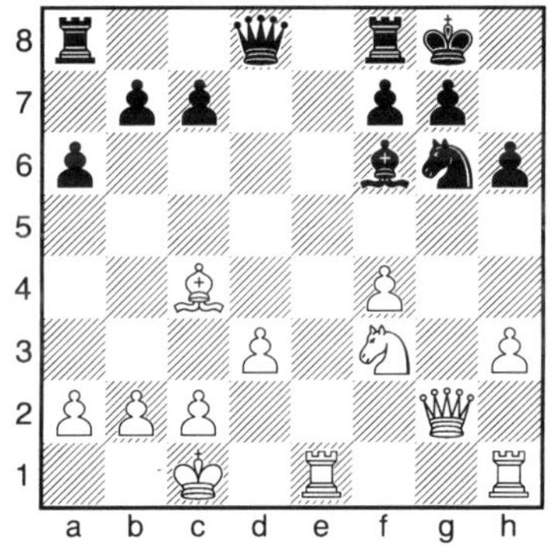

1

1. .... / ....

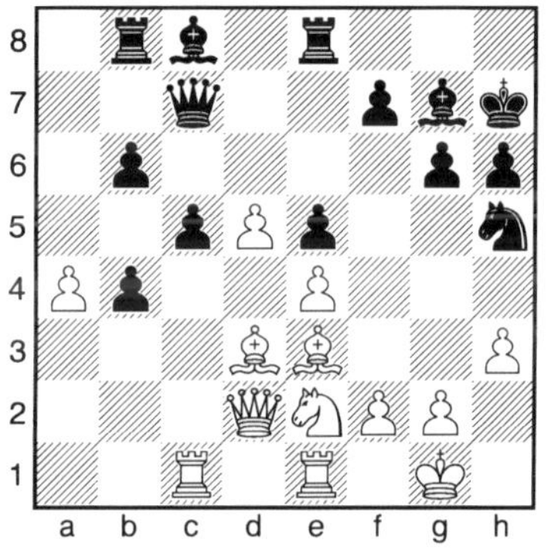

2

1. .... / ....

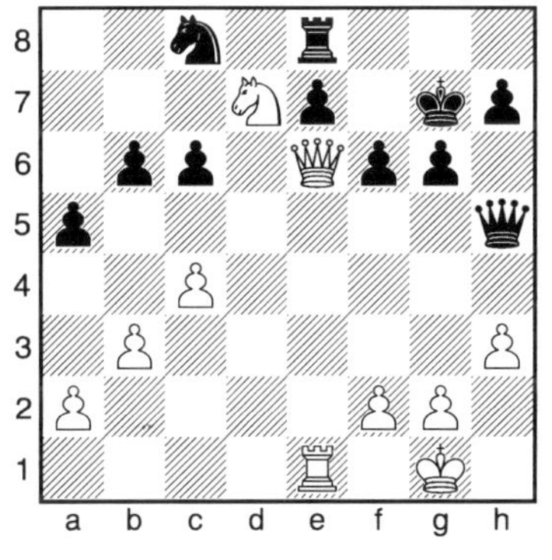

3

1. ....

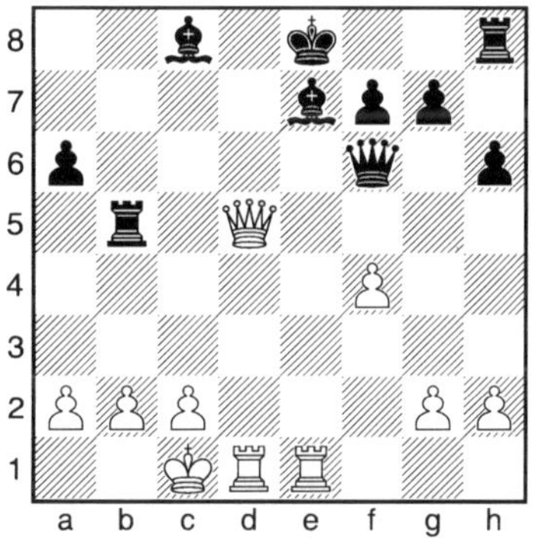

4

1. ....

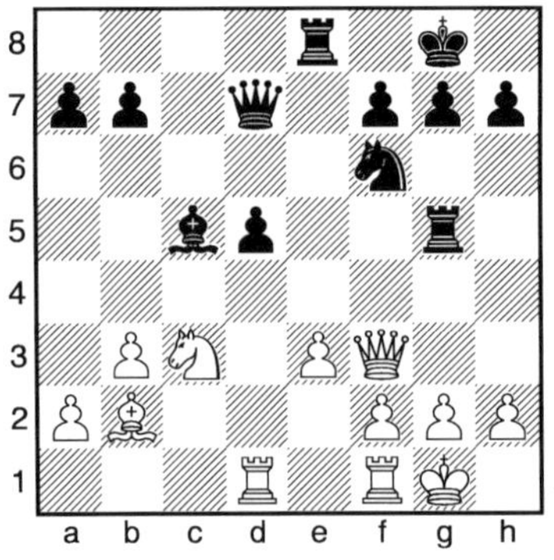

5

1. .... / ....

2. .... / ....

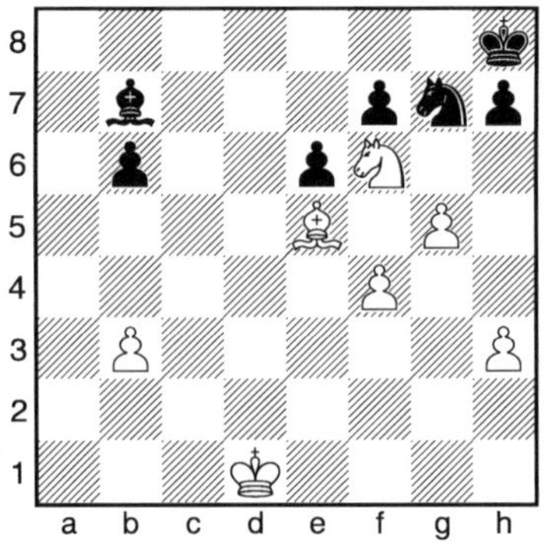

6

1. .... / ....

2. .... / ....

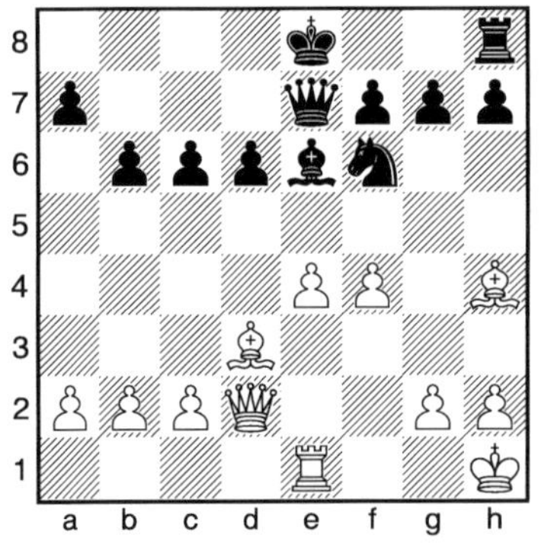

7

1. .... / ....

2. .... / ....

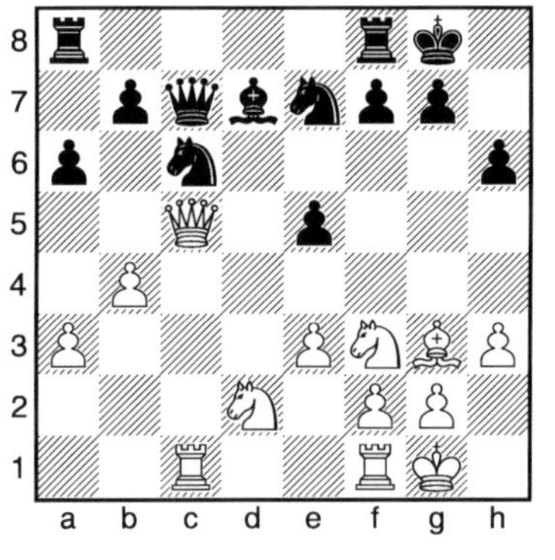

8

1. .... / ....

2. .... / ....

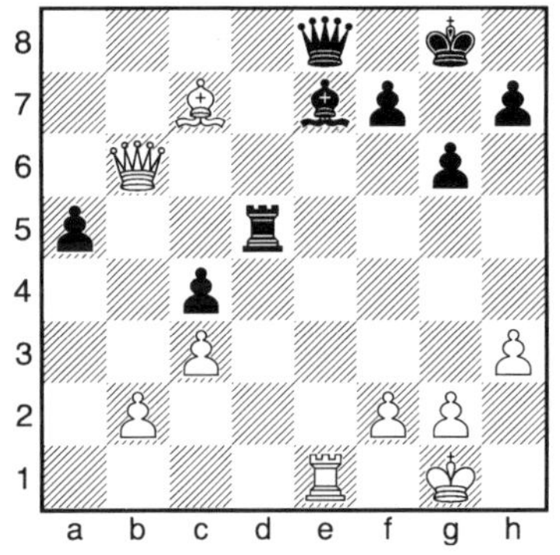

9

1. .... / ....

2. .... / ....

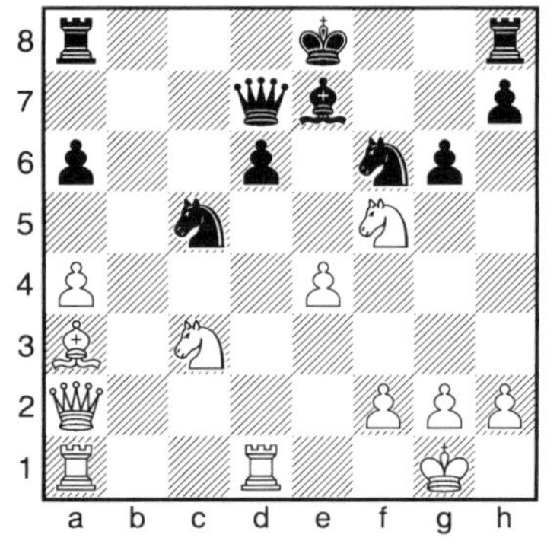

10

1. .... / ....

2. .... / ....

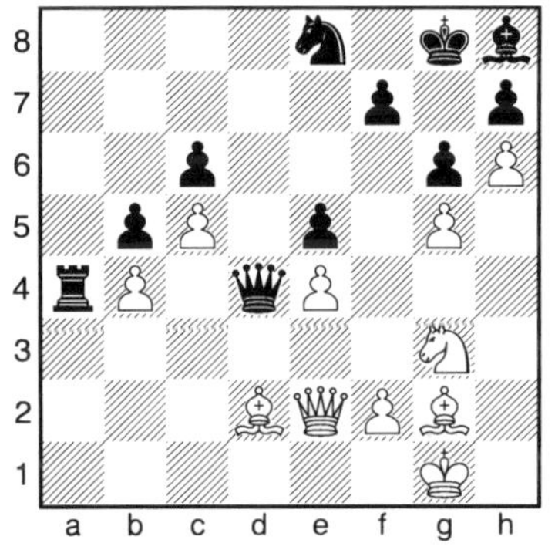

11 ●

1. -------------- / ....

2. .... / ....

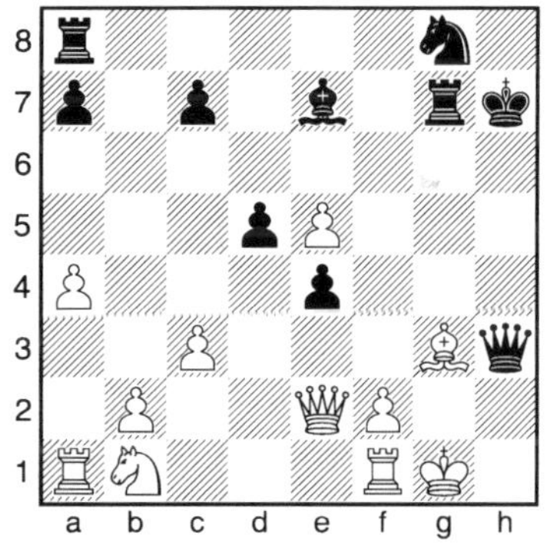

12 ●

1. -------------- / ....

2. .... / ....

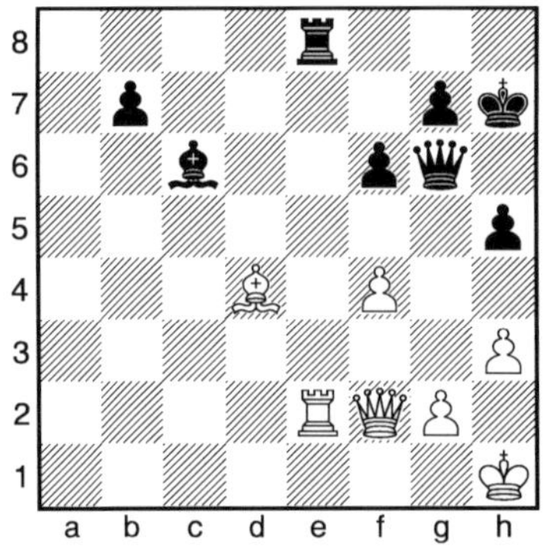

13 ●

1. ------------- / ....

2. .... / ....

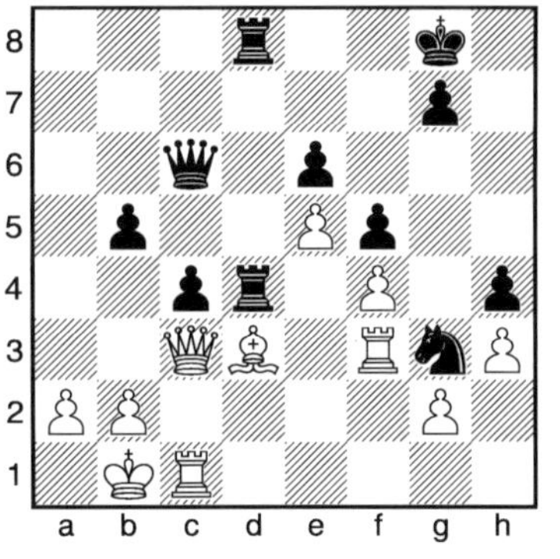

14 ●

1. ------------- / ....

2. .... / ....

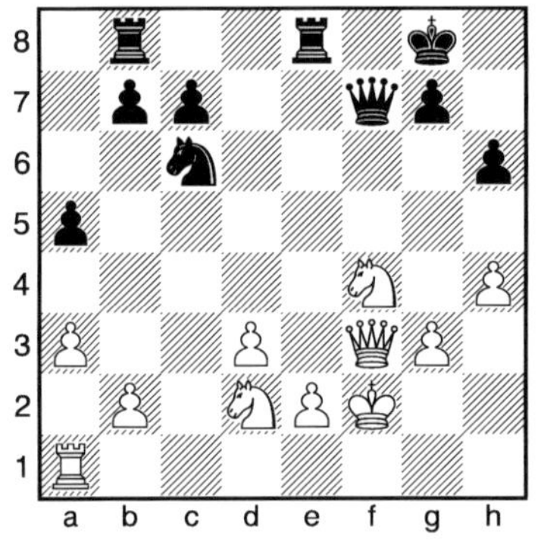

15 ●

1. ------------- / ....

2. .... / ....

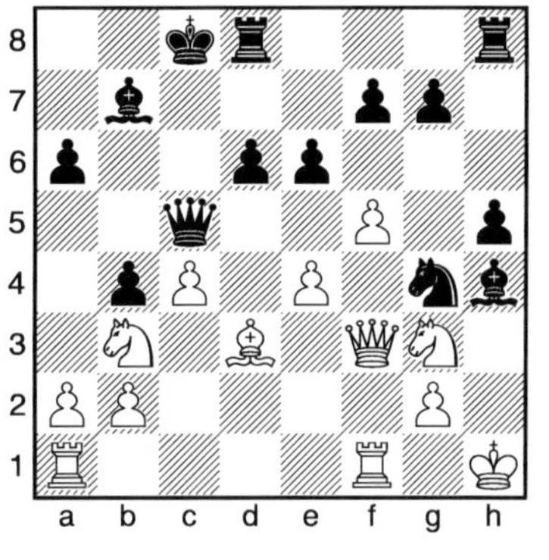

16 ●

1. ------------- / ....

2. .... / ....

Lösungen

Finde & nutze die Fesselung!

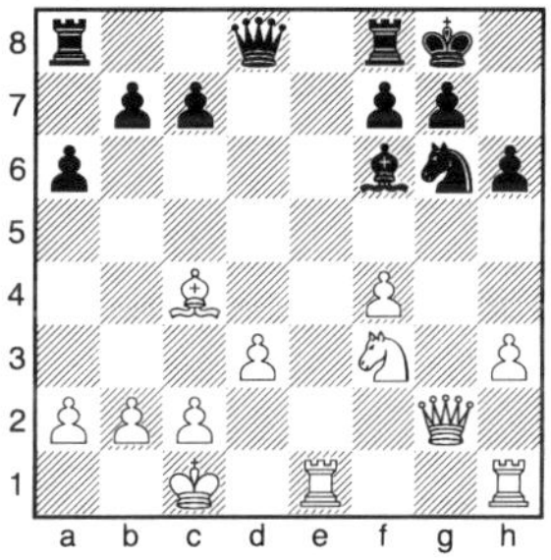

1.

1.♕g2xg6

Diese Fesselung wird oft übersehen und führt in manchen Positionen sogar zum Matt!

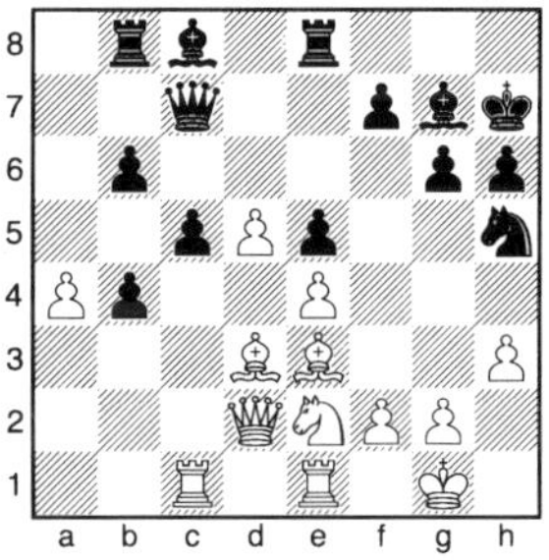

2.

1.♕d2xb4

Es ist am besten den Verlust zu akzeptieren.
1...c5xb4? 2.♖c1xc7 gibt Weiß eine vielversprechende Stellung.

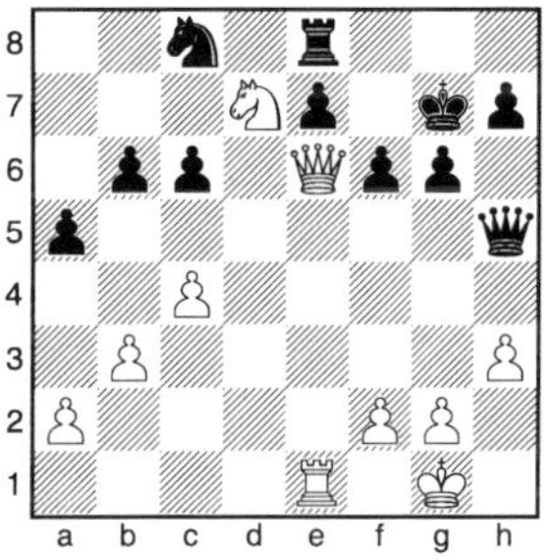

3.

Der Bauer auf e7 ist gefesselt, was bedeutet, dass der Bf6 nur vom König verteidigt wird, der aber nicht in ein Schach schlagen darf:

1.♘d7xf6 e7xf6 2.♕e6xe8

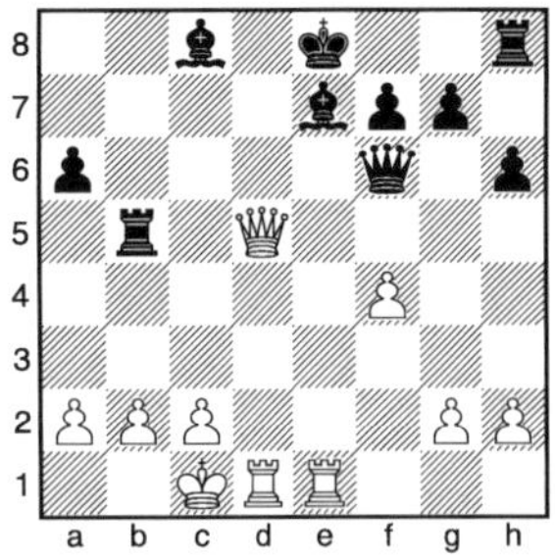

4.

1.♕d5–d8#

Böse Überraschung! Der gefesselte Läufer kann das Mattfeld nicht verteidigen!

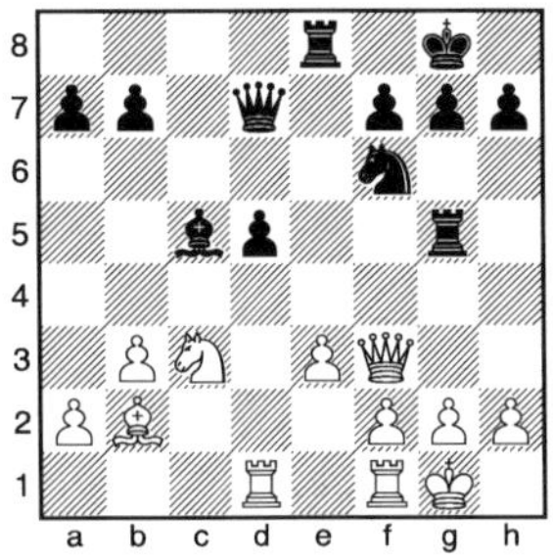

5.

1.♘c3xd5 ♘f6xd5 2.e3–e4

Und der gefesselte Springer geht verloren.

Oder 1...♖g5xd5 2.♗b2xf6 ♖d5xd1 3.♖f1xd1 ♕d7–e6 4.♗f6–b2

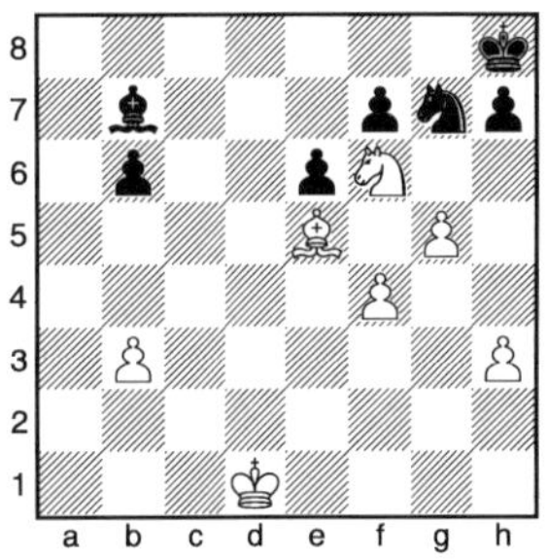

6.

1.♘f6–e8

Gewinnt den gefesselten Springer.

Hoffentlich bist du nicht auf das gleich ausschauende 1.♘f6–h5 hereingefallen, denn nun folgt die Läufergabel 1...♗b7–f3+.

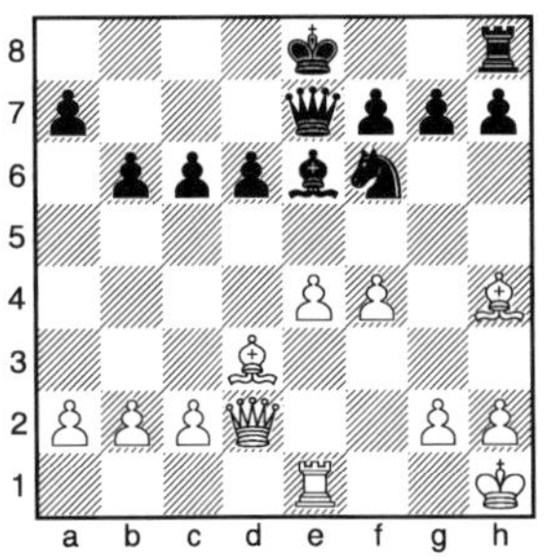

7.

1.e4–e5

Und gleich ob Abtausch oder nicht geht der gefesselte Springer verloren:

1...d6xe5 2.f4xe5

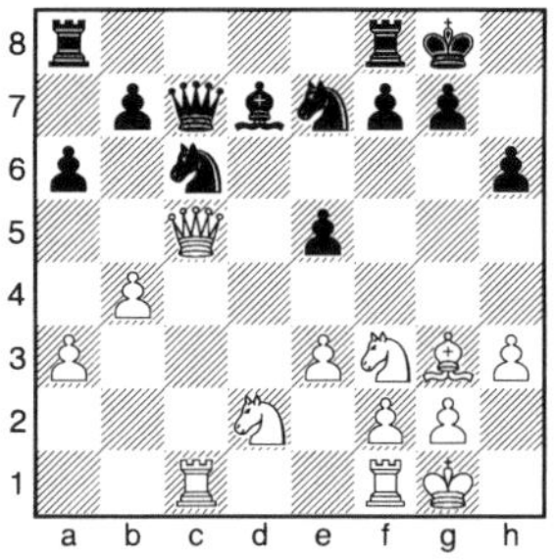

8.

1.♕c5xe7 ♘c6xe7?? 2.♖c1xc7

Eine viel schwächere Lösung ist 1.♘f3xe5 ♕c7–c8.

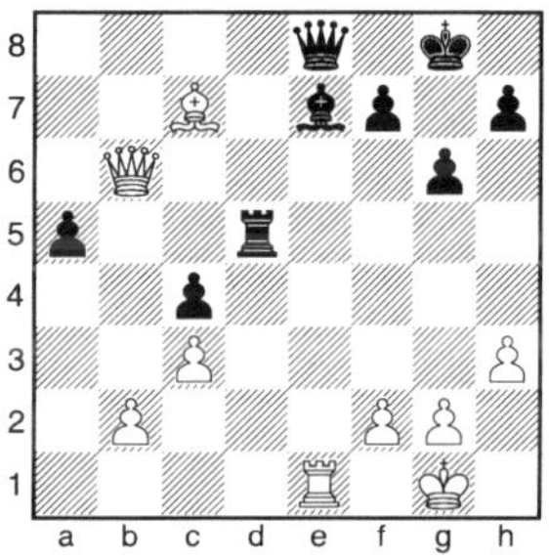

9.

1.♗c7–d6 ♖d5xd6 2.♕b6xd6

Bloß der kleinstmögliche Läuferzug, der aber eine siegreiche Fesselung herbeiführt!

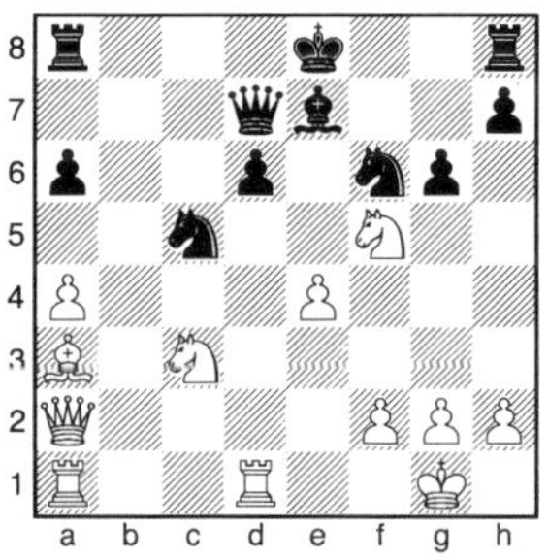

10.

1.♘f5xd6+ ♗e7xd6 2.♗a3xc5

Oder schwächer 2.e4–e5, was beide Leichtfiguren gabelt.

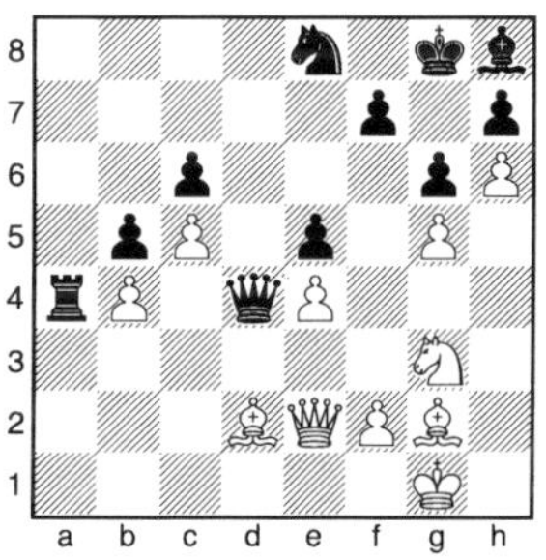

11.

1...♖a4–a2 2.♘g3–f1

Der gefesselte Läufer ist gesichert, kann aber nun nicht den Bauernverlust vermeiden:

1...♕d4xb4

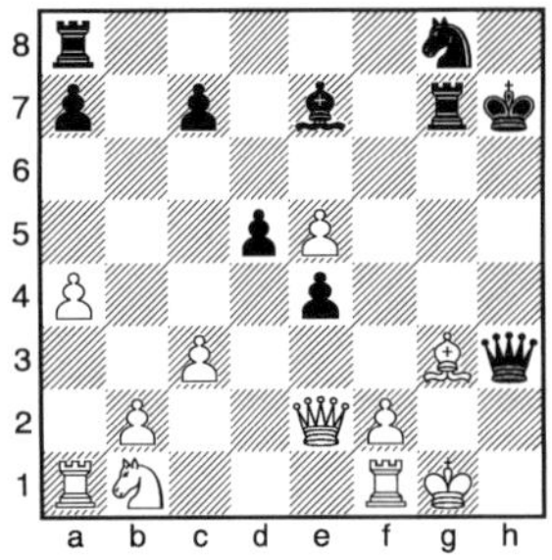

12.

1...♗e7–c5

Und Matt ist unvermeidbar. Der gefesselte Bf2 kann den Läufer nicht verteidigen.

2.–– ♖g7xg3#

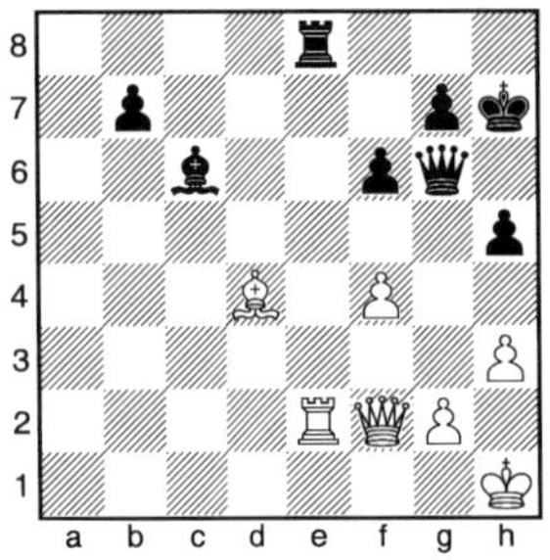

13.

1...♕g6xg2+ 2.♕f2xg2

Und die gefesselte Dame ist hilflos gegen

2...♖e8xe2

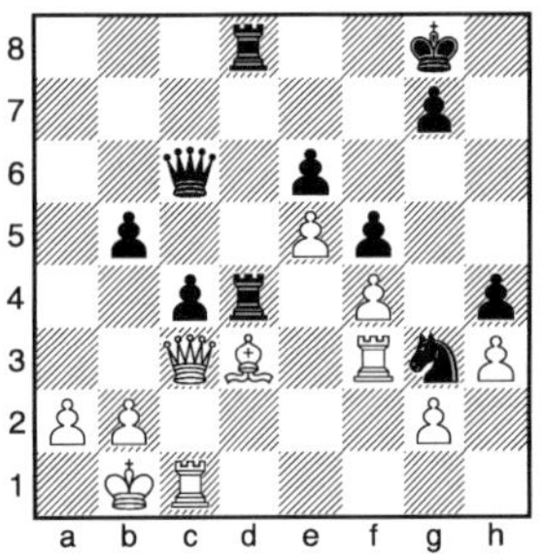

14.

1...♖d4xd3 2.♖f3xd3

Und Schwarz entkommt der Fesselung und fesselt selbst den Turm, der verloren geht.

1...♕c6–e4

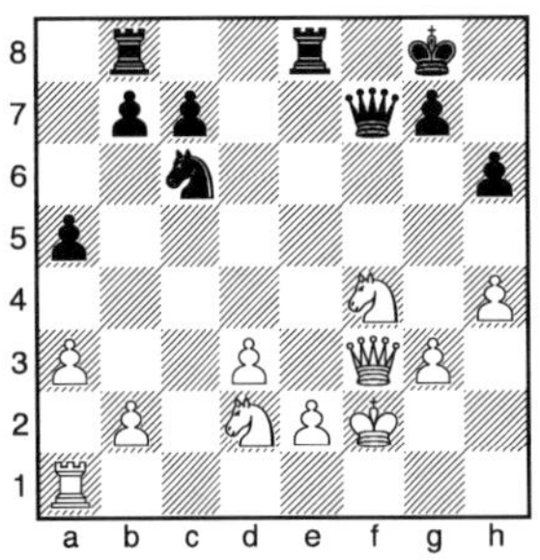

15.

1...♘c6–d4

Vertreibt die Dame und führt zu einer Fesselung.

2.♕f3–g4 ♖e8xe2+

Weiß kann entweder die Dame für Turm und Springer geben oder verliert den Sd2.

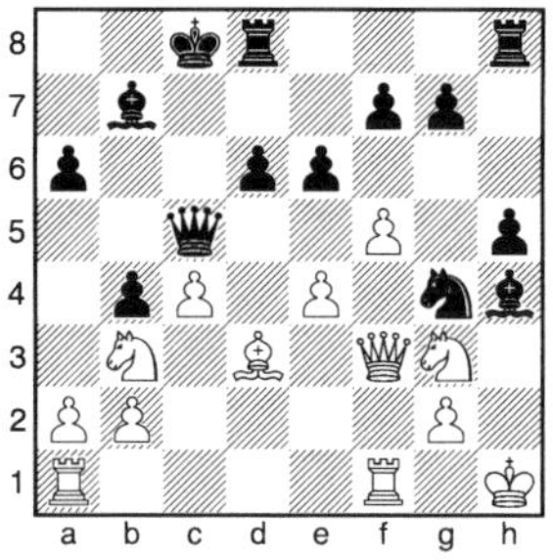

16.

1...♕c5–e5

Und der Springer ist gegen das Mattfeld gefesselt und kann nicht entkommen oder zusätzlich verteidigt werden:

2.-- ♗h4xg3 / 2...♕e5xg3

Finde die Fesselung Teil 2

Denk daran: Die Fesselung braucht nicht immer die Hauptrolle zu spielen, sondern kann auch nur als Drohung im Hintergrund oder Unterstützer auftauchen!

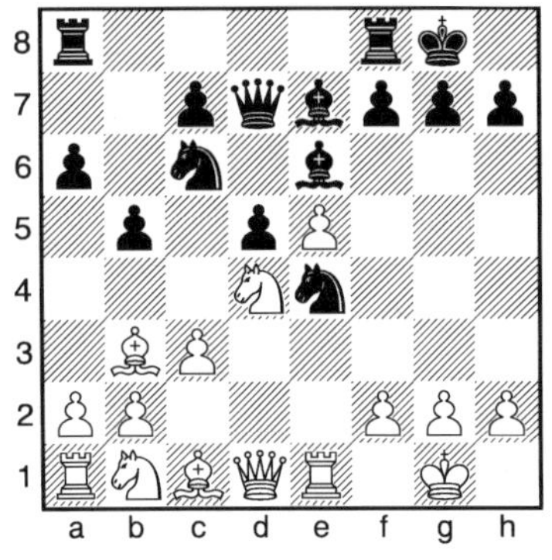

1

1. .... / ....

2. .... / ....

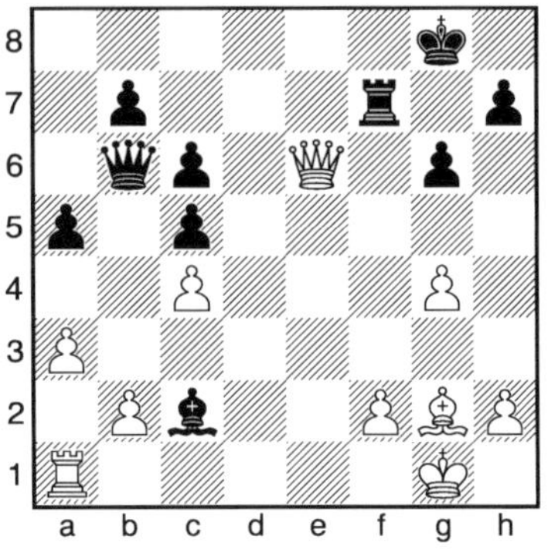

2

1. .... / ....

2. .... / ....

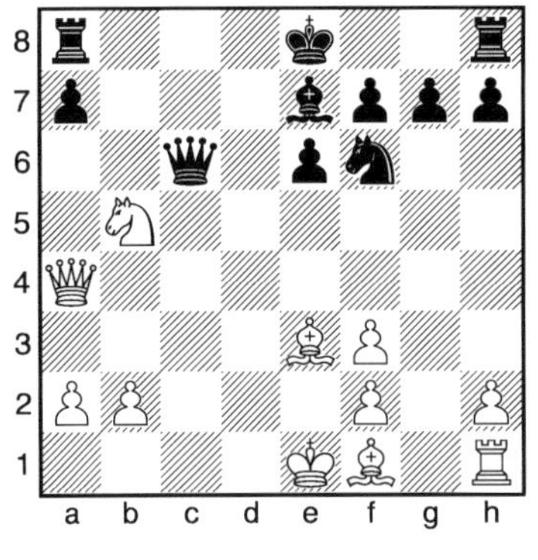

3

1. .... / ....

2. .... / ....

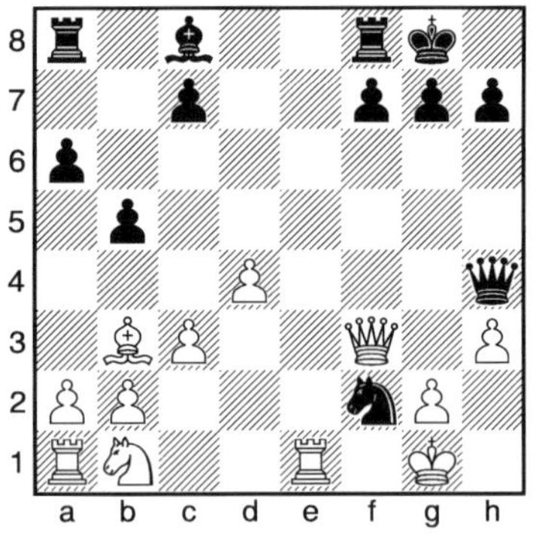

4

1. .... / ....

2. .... / ....

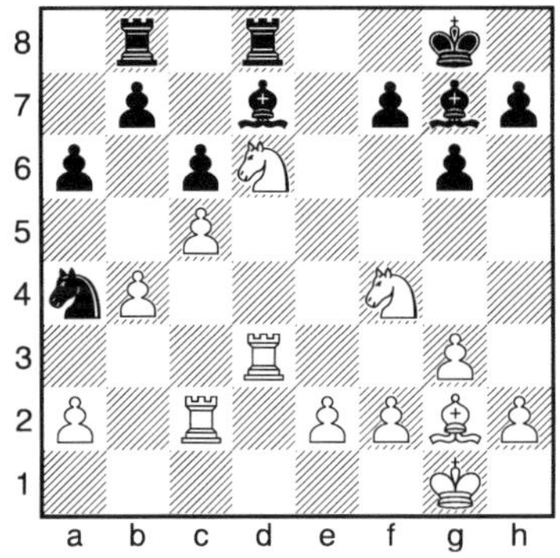

5

1. .... / ....

2. .... / ....

3. .... / ....

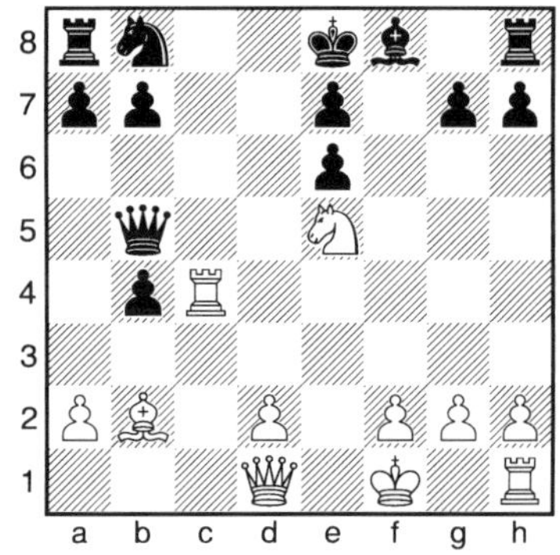

6

1. .... / ....

2. .... / ....

3. .... / ....

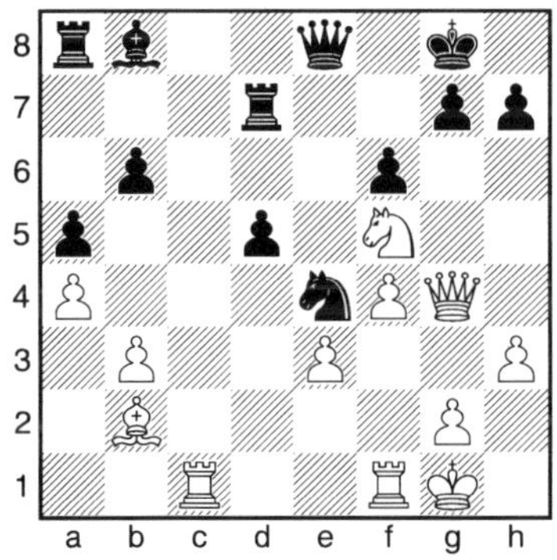

7

1. .... / ....

2. .... / ....

3. .... / ....

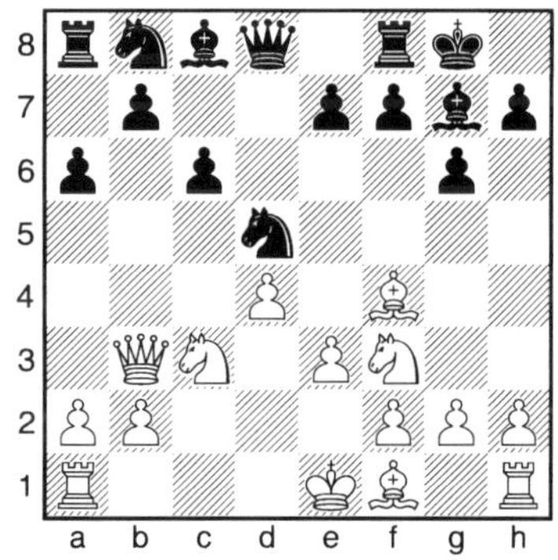

8

1. .... / ....

2. .... / ....

3. .... / ....

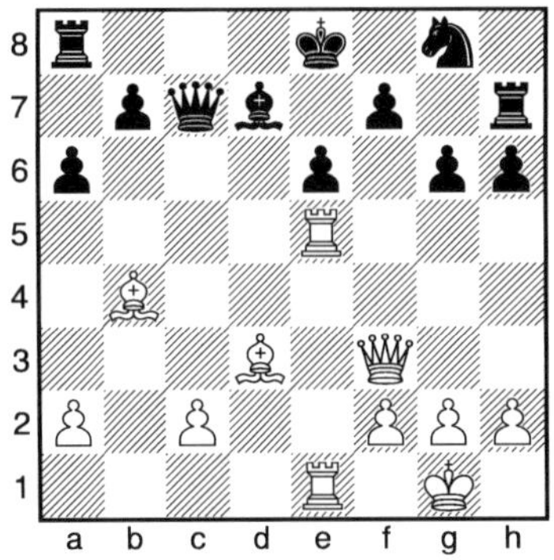

9

1. .... / ....

2. .... / ....

3. .... / ....

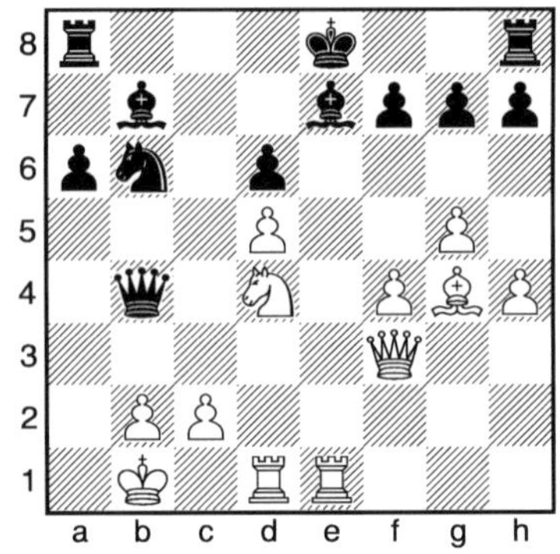

10

1. .... / ....

2. .... / ....

3. .... / ....

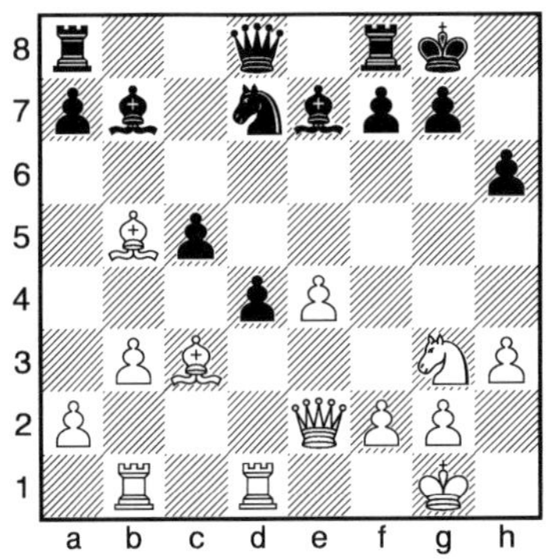

11

1. .... / ....

2. .... / ....

3. .... / ....

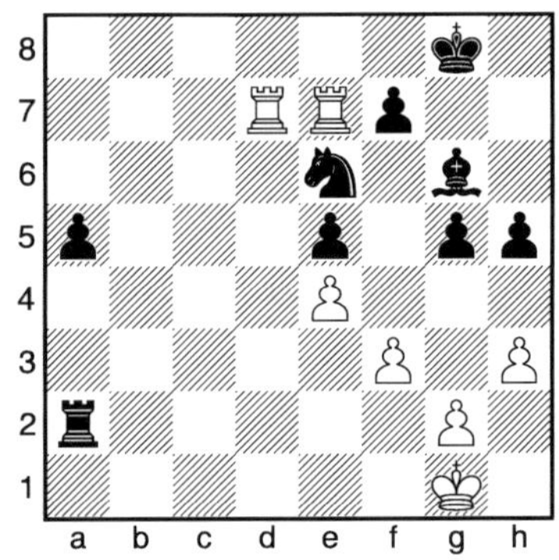

12

1. .... / ....

2. .... / ....

3. .... / ....

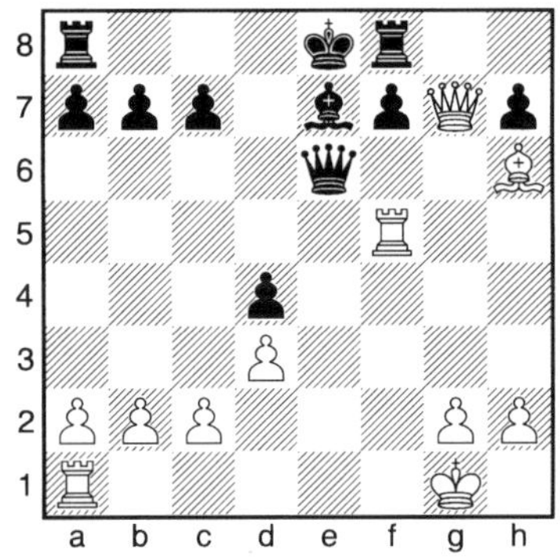

13

1. .... / ....

2. .... / ....

3. .... / ....

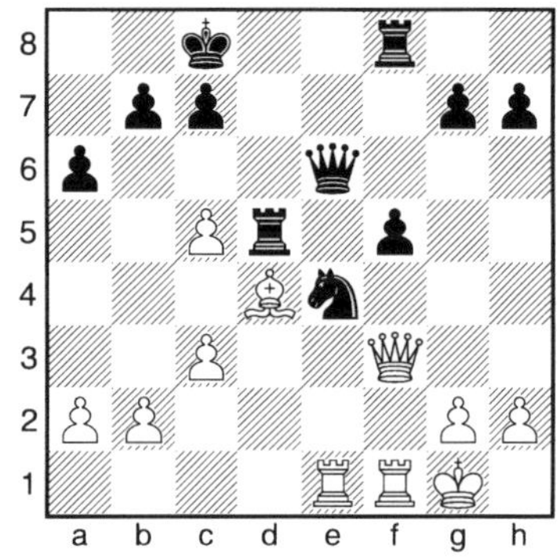

14

1. .... / ....

2. .... / ....

3. .... / ....

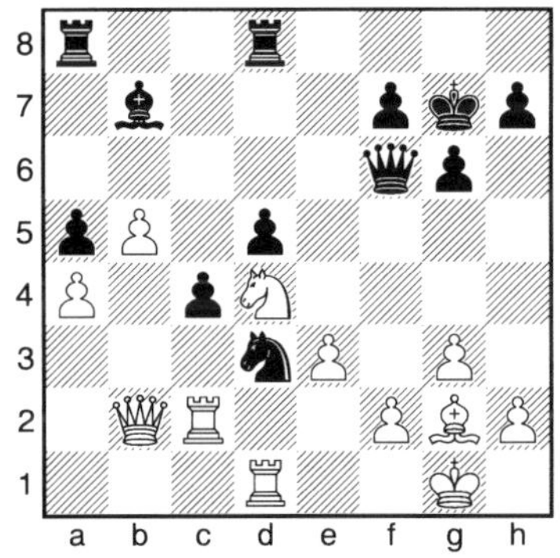

15

1. .... / ....

2. .... / ....

3. .... / ....

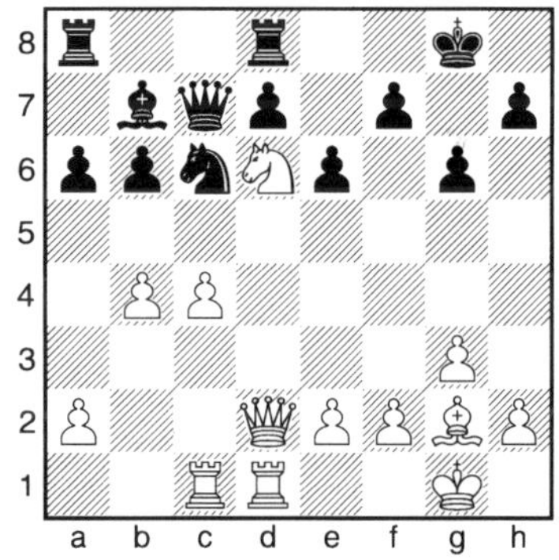

16

1. .... / ....

2. .... / ....

3. .... / ....

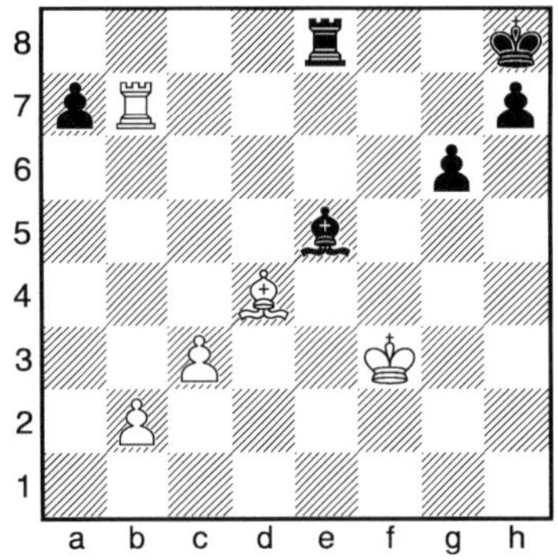

17

1. .... / ....

2. .... / ....

3. .... / ....

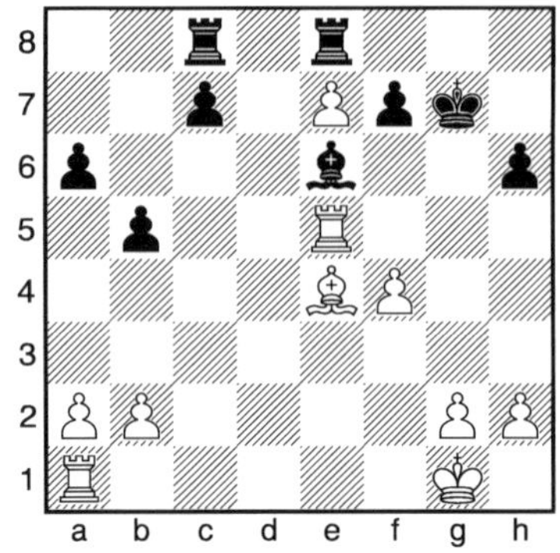

18

1. .... / ....

2. .... / ....

3. .... / ....

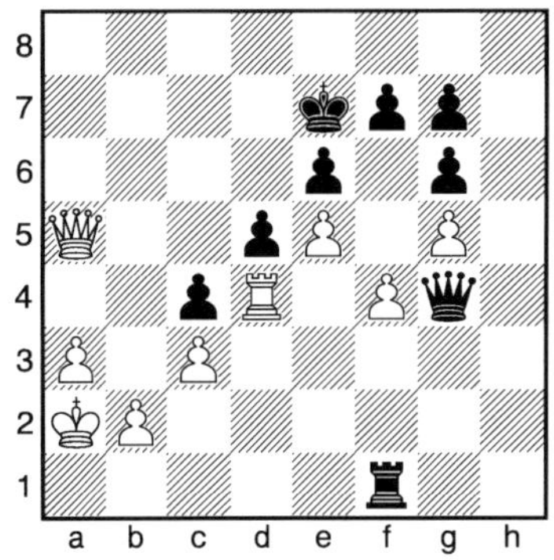

19

1. .... / ....

2. .... / ....

3. .... / ....

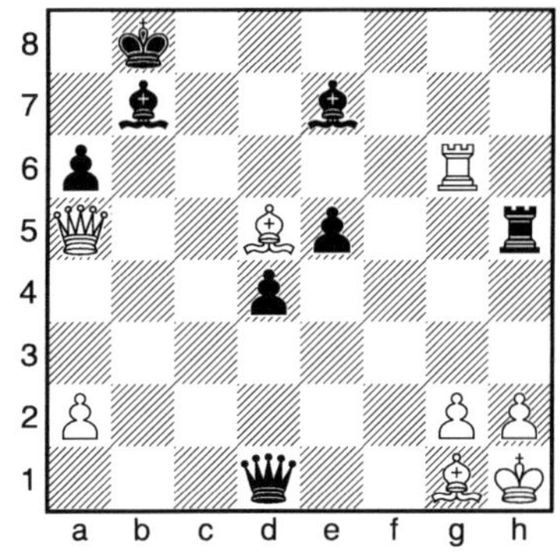

20

1. .... / ....

2. .... / ....

3. .... / ....

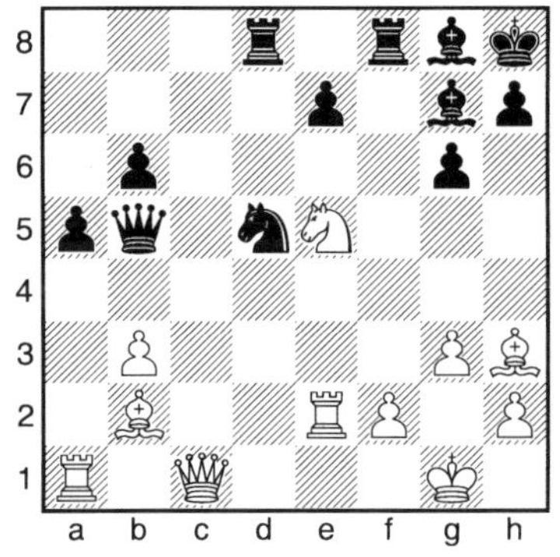

21

1. .... / ....

2. .... / ....

3. .... / ....

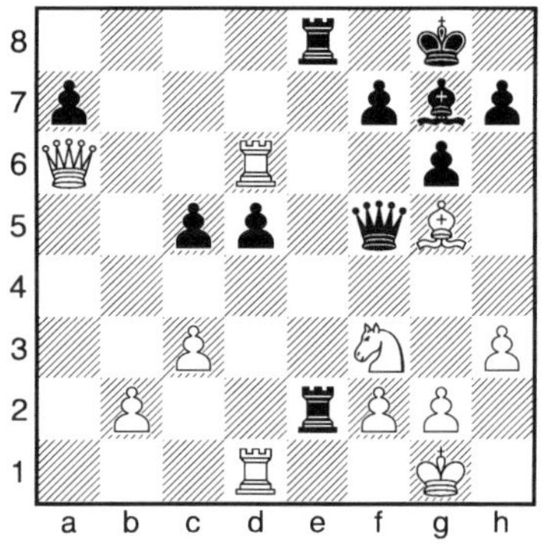

22

1. .... / ....

2. .... / ....

3. .... / ....

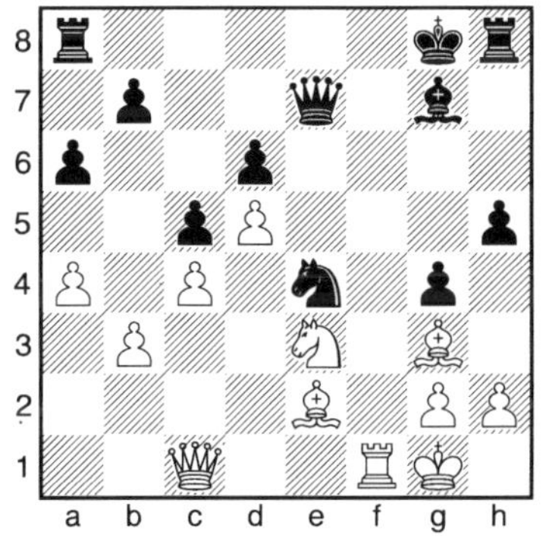

23 ●

1. ------------- / ....

2. .... / ....

3. .... / ....

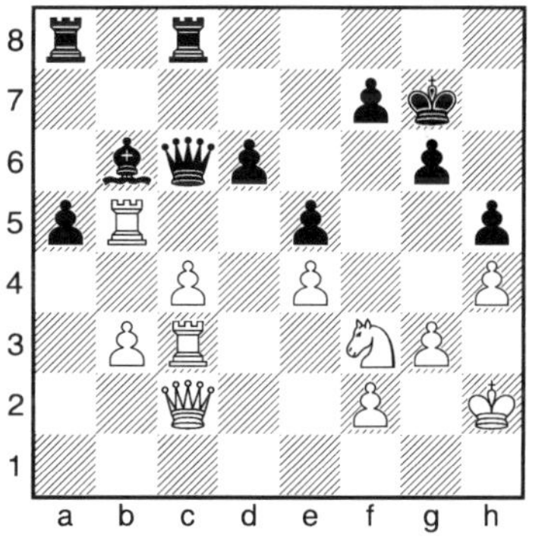

24 ●

1. ------------- / ....

2. .... / ....

3. .... / ....

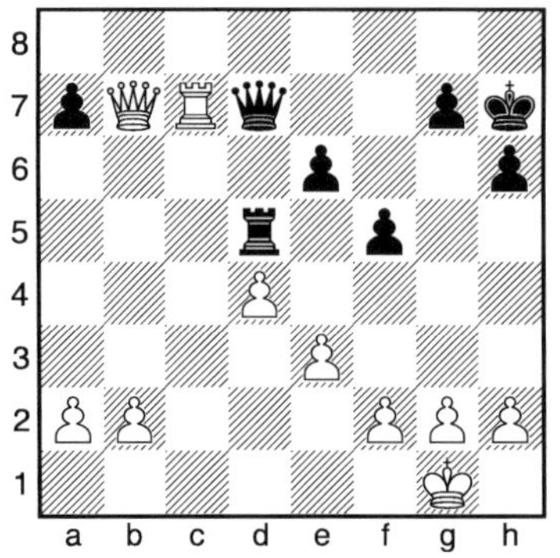

25 ●

1. ------------- / ....

2. .... / ....

3. .... / ....

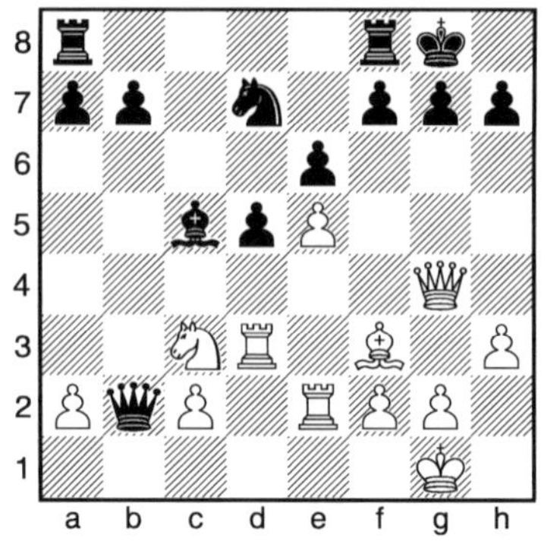

26 ●

1. ------------- / ....

2. .... / ....

3. .... / ....

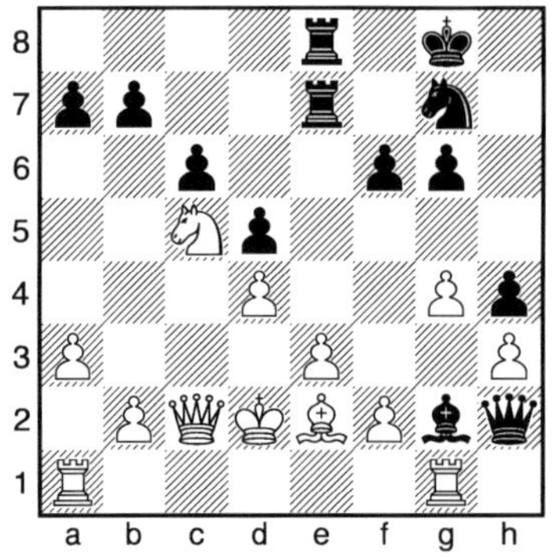

27 ●

1. ------------- / ....

2. .... / ....

3. .... / ....

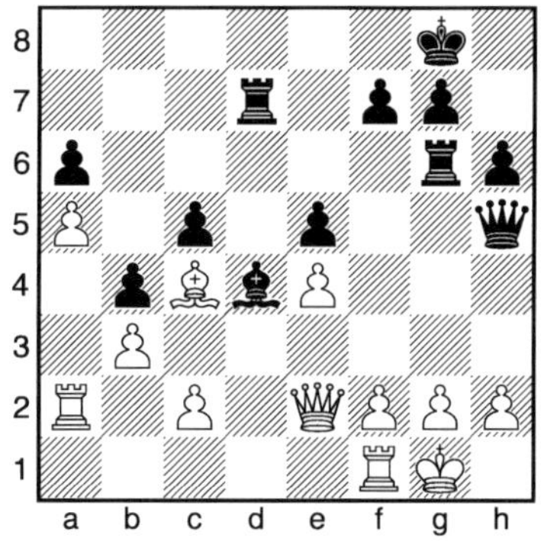

28 ●

1. ------------- / ....

2. .... / ....

3. .... / ....

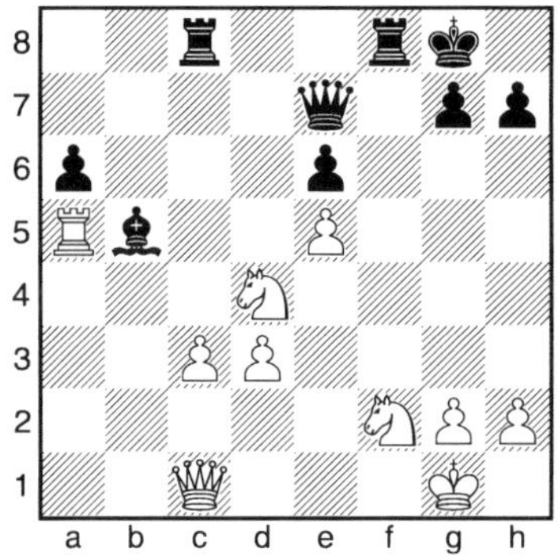

29 ●

1. ------------- / ....

2. .... / ....

3. .... / ....

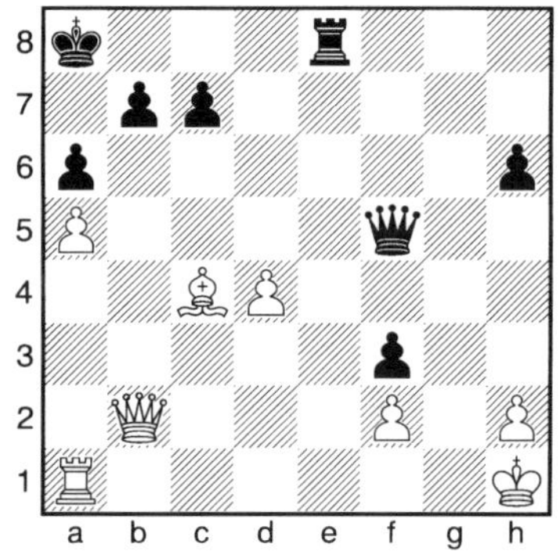

30 ●

1. ------------- / ....

2. .... / ....

3. .... / ....

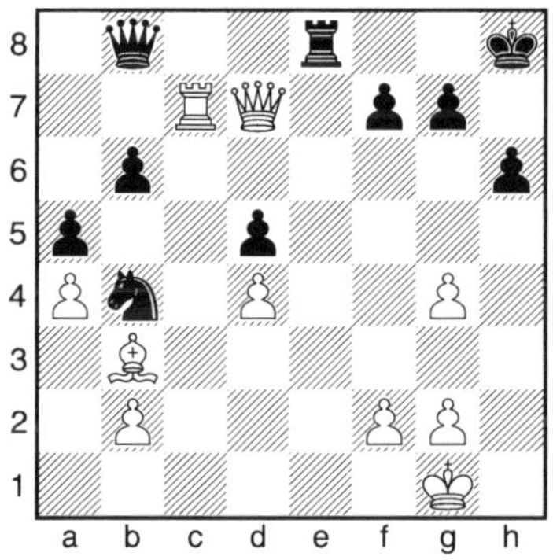

31 ●

1. ------------- / ....

2. .... / ....

3. .... / ....

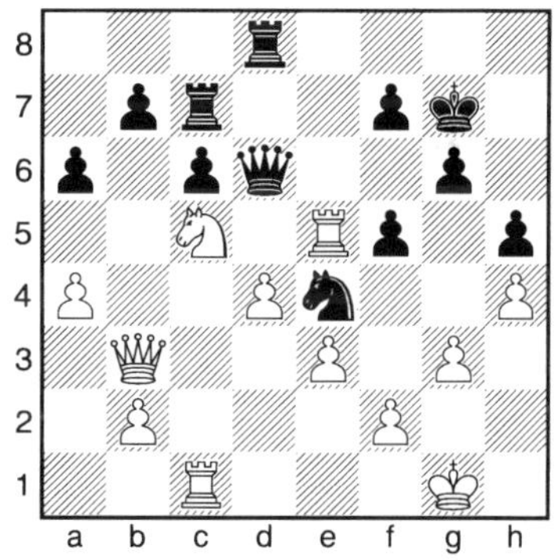

32 ●

1. ------------- / ....

2. .... / ....

3. .... / ....

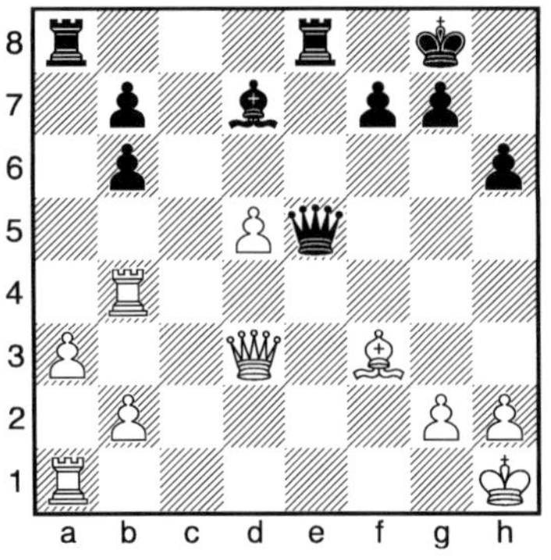

33 ●

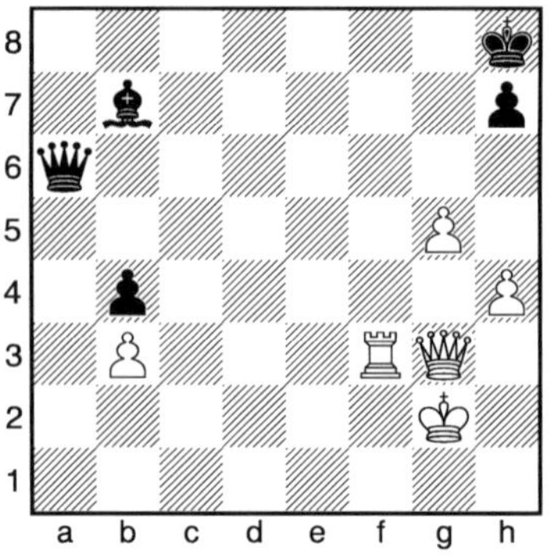

34 ●

1. ------------- / ....

2. .... / ....

3. .... / ....

1. ------------- / ....

2. .... / ....

3. .... / ....

Lösungen

Finde die Fesselung Teil 2

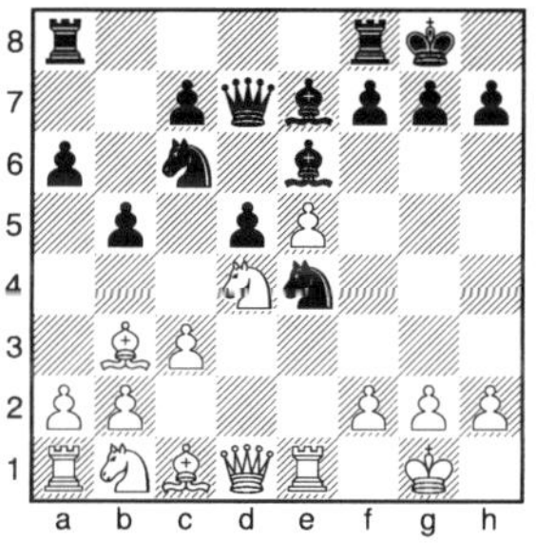

1.

1.♘d4xe6

Und sowohl **1...♕d7xe6** als auch **1...f7xe6** bringen den Bd5 in eine Fesselung. Und auf die folgt stets:

2.♖e1xe4

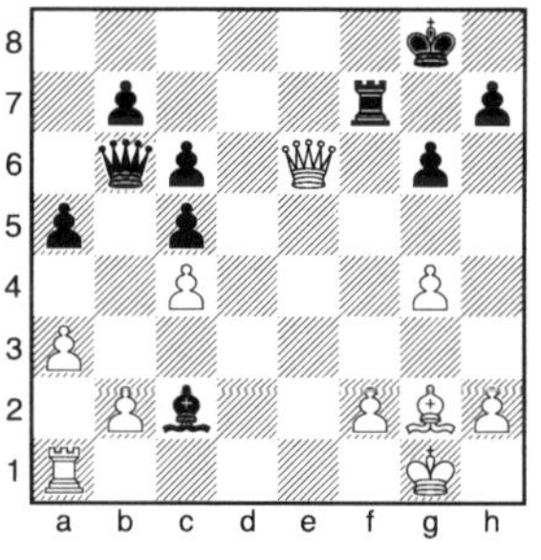

2.

1.♗g2-d5

Nutzt die Fesselung des Bc6, um den Druck auf den ebenfalls gefesselten Turm zu verstäken:

1...♕b6-c7 2.♕e6xf7+

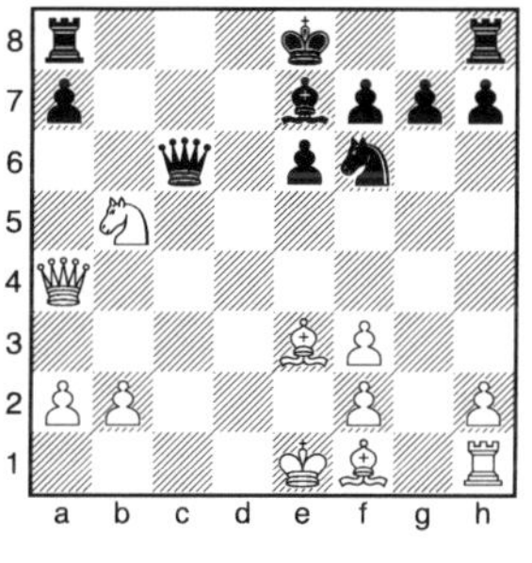

3.

1.♘b5-c7+ ♔e8-d8 2.♕a4xc6

Nach 1...♔e8-d7 spießt 2.♗f1-b5 Dame und König auf.

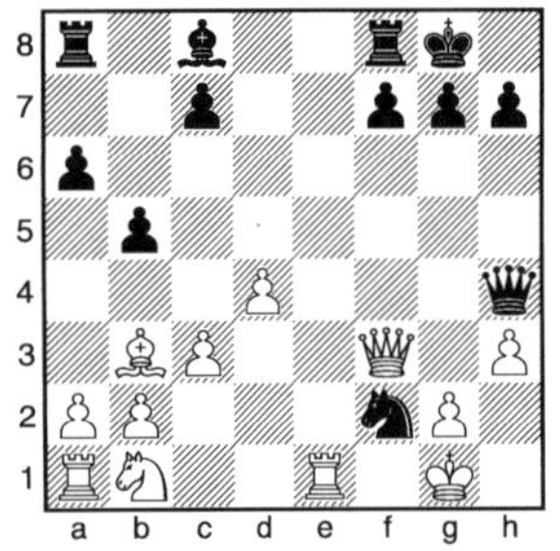

4.

1.♕f3xf7+

Zwingt den Turm, sich in eine Fesselung zu begeben und die Verteidigung der Grundreihe aufzugeben.

1...♖f8xf7 2.♖e1-e8#

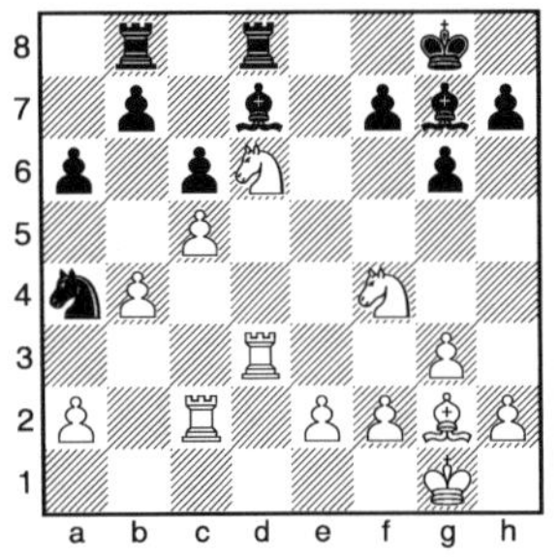

5.

1.♘d6xb7 ♖b8xb7

Nun ist der Td8 ungedeckt, was bedeutet, dass der Ld7 gefesselt ist. Das ermöglicht:

2.♗g2xc6 ♗d7xc6 3.♖d3xd8+

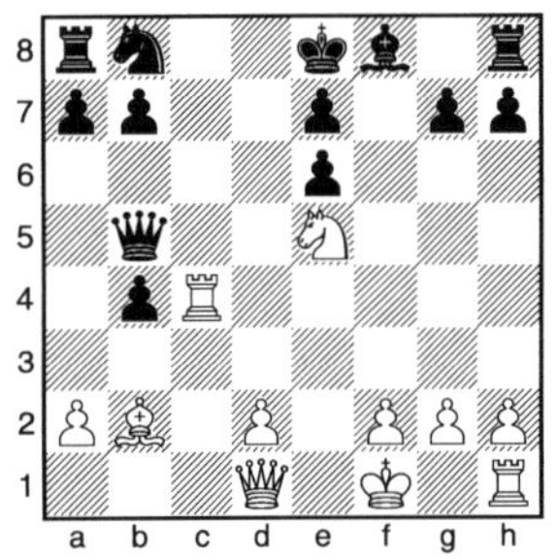

6.

1.♕d1-a4

Bricht die absolute Fesselung des Turms gegen seinen König und droht ♖c4-c8#.

1...♕b5-c6 2.♖c4xc6

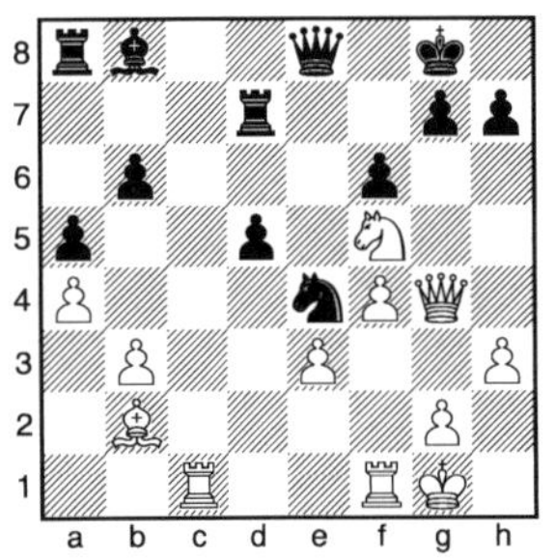

7.

1.♖c1-c8 ♕e8xc8 2.♘f5-e7+

Der gefesselte Turm kann nicht schlagen ohne seine Dame preiszugeben.

2...♖d7xe7 3.♕g4xc8+

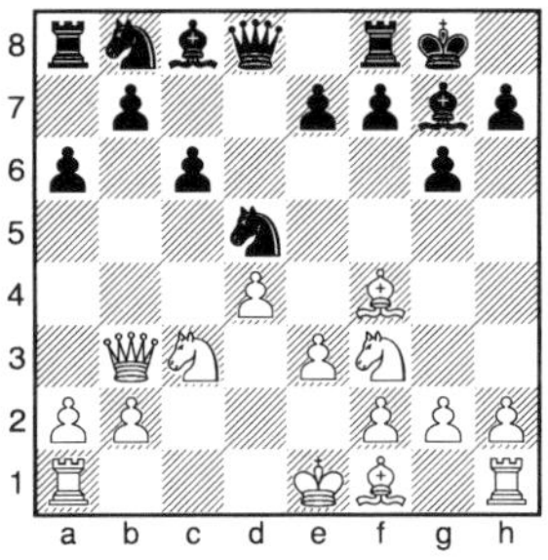

8.

1.♗f4xb8 ♖a8xb8 2.♗f1xa6

Ein Eröffnungsreinfall, der in verschiedenen Formen vorkommen kann und meistens durch Verwechselung in der Reihenfolge von Zügen entsteht oder durch Fehler in der Entwicklung.

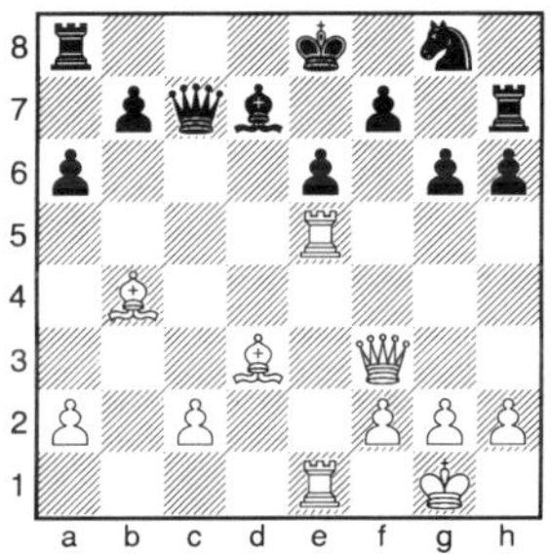

9.

1.♗d3xg6

Der Bf7 ist gegen das Mattfeld f8 gefesselt;
Falls 1...f7xg6 2.♕f3–f8#

1...♖h7–g7 2.♖e5xe6+ ♔e8–d8
Oder 2...♗d7xe6 3.♖e1xe6+ ♔e8–d8

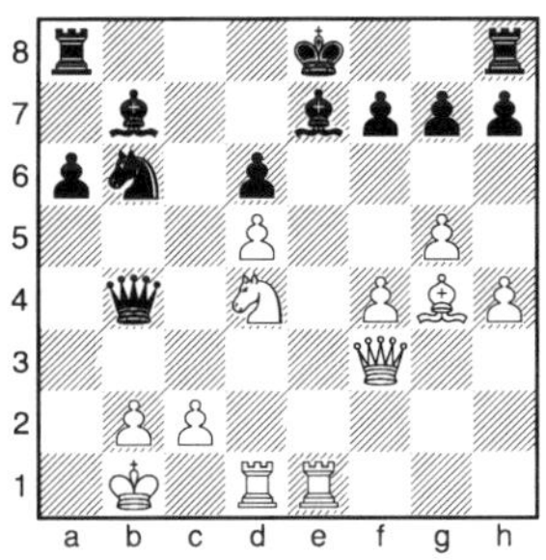

10.

Manchmal reicht es schon, den gefesselten Stein zu schlagen und dann andere Taktikmotive zu nutzen:

1.♖e1xe7+ ♔e8xe7 2.♕f3–e4+ ♔e7–f8/d8 3.♘d4–e6+ f7xe6 4.♕e4xb4

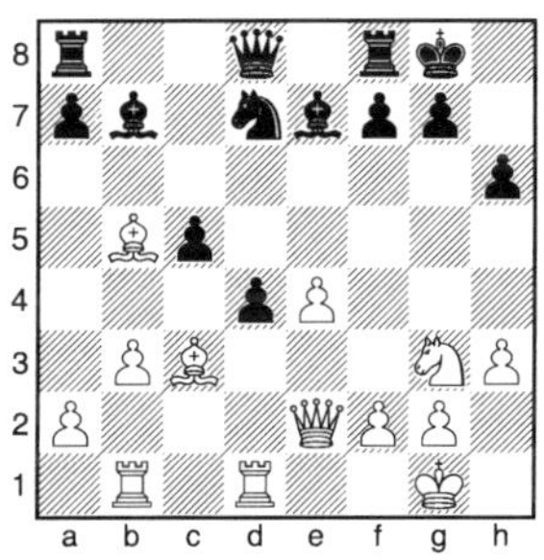

11.

Um eine Fesselung zu erreichen muss Weiß die d–Linie räumen:

1.♗c3xd4 c5xd4 2.♖d1xd4 ♗b7–c8 3.♗b5xd7 ♗c8xd7 4.♖b1–d1

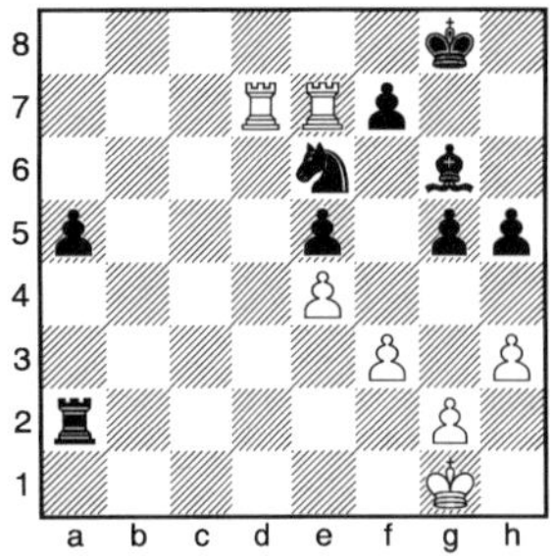

12.

1.♖e7–e8+ ♔g8–g7

Nun ist der Bf7 gefesselt. Nach 1...♘e6–f8 2.♖d7–d8 ginge der Springer verloren.

2.♖e8xe6 ♔g7–h6?? 3.♖d7xf7

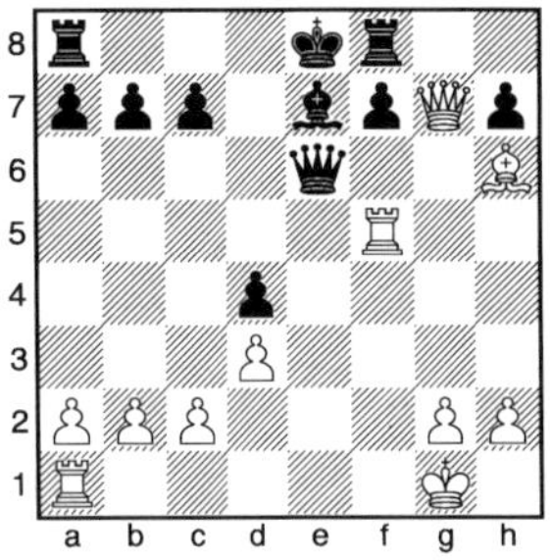

13.

1.♖f5–e5 ♕e6–d6

Und der gefesselte Läufer ist hilflos gegen

2.♕g7xf8+ ♔e8–d7
3.♖e5xe7+ ♕d6xe7 4.♕f8xa8

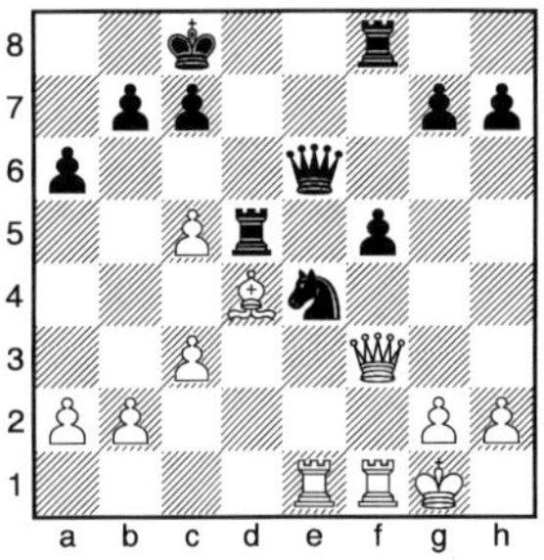

14.

1.♖e1xe4 ♕e6xe4

Falls 1...f5xe4 2.♕f3xf8+

2.♕f3xe4 f5xe4 3.♖f1xf8+

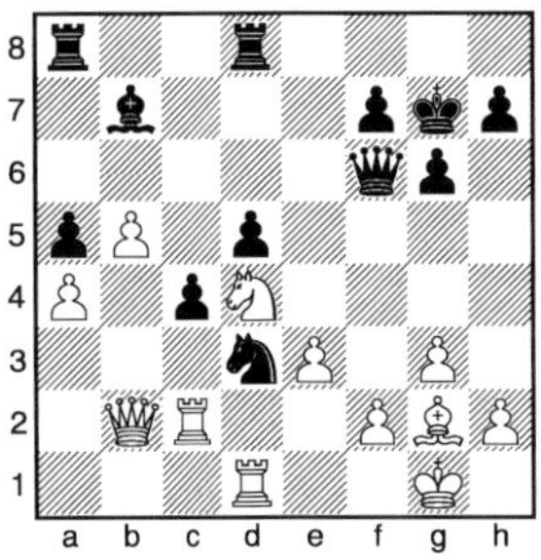

15.

Eine sehr schwere Aufgabe. Mit zwei Opfern öffnet Weiß eine Linie und eine Reihe und macht guten Gebrauch von der Fesselung:

1.♖d1xd3 c4xd3 2.♘d4–e6+ f7xe6
3.♖c2–c7+ ♔g7–g8 4.♕b2xf6

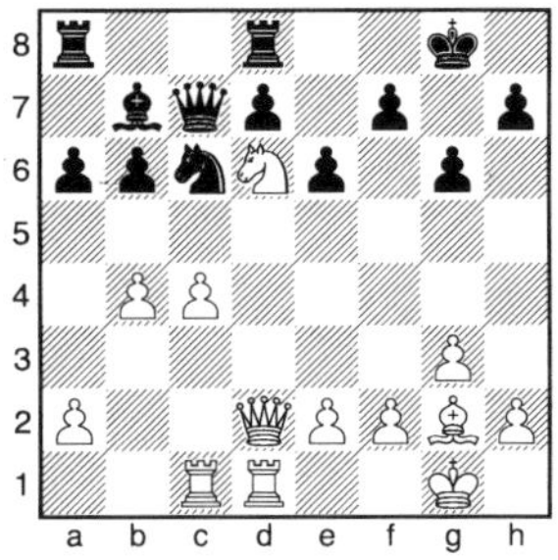

16.

1.♘d6xb7 ♕c7xb7 und plötzlich ist der Springer gefesselt.

2.b4–b5 ♕b7–c7 3.b5xc6 d7xc6

Schlimmer ist 2...a6xb5 3.c4xb5 ♖d8–c8 4.b5xc6 d7xc6.

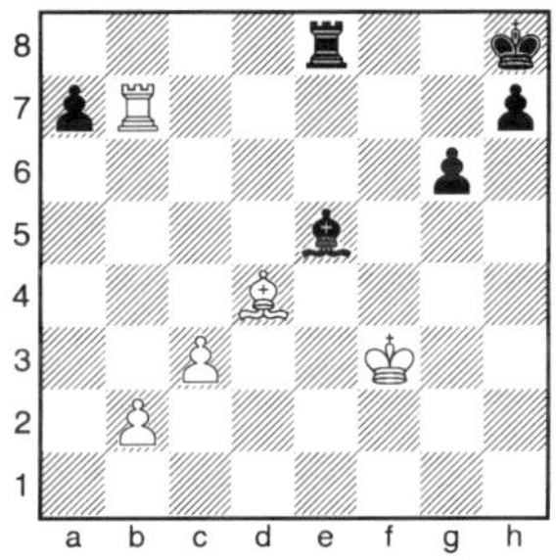

17.

1.♖b7–b8! ♖e8xb8

Es gibt keine brauchbare Alternative; 1...♖e8–g8 2.♗d4xe5#

2.♗d4xe5+ ♔h8–g8 3.♗e5xb8

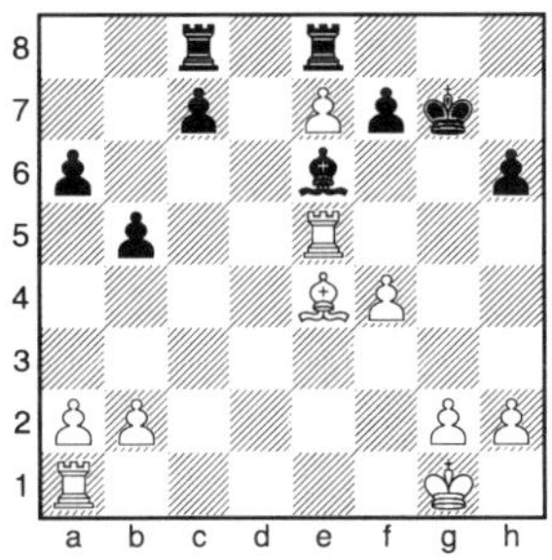

18.

1.♗e4–c6 ♖e8xe7

Nicht besser ist 1...♖e8–g8 2.e7–e8♕ ♖c8xe8 3.♗c6xe8 ♖g8xe8 4.f4–f5

2.f4–f5 ♔g7–f6 3.♖a1-e1 ♗e6–d7 4.♖e5xe7 ♗d7xc6

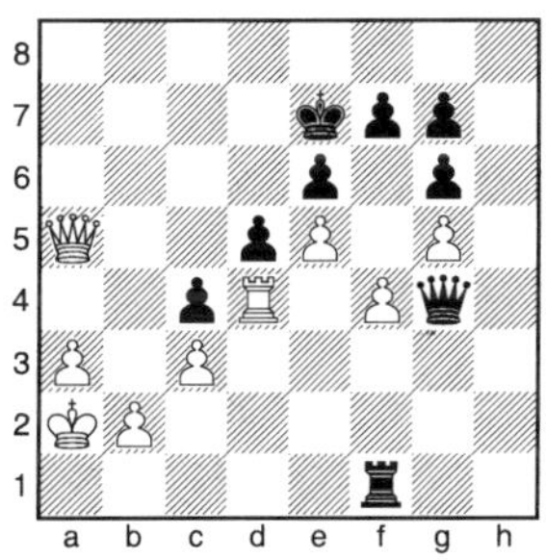

19.

Wie kann eine Fesselung in dieser Stellung zustande kommen? Eine Menge Vorstellungskraft ist nötig, um die Antwort zu finden:

1.♕a5–c7+ ♔e7–e8
2.♕c7–c8+ ♔e8–e7 3.♖d4xd5

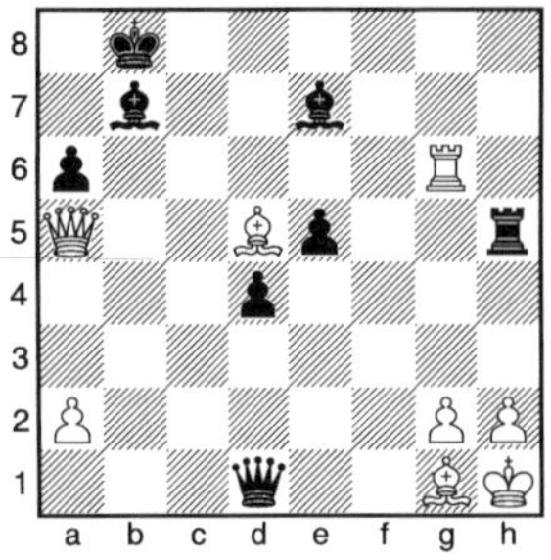

20.

1.♖g6–g8+ ♔b8–a7
2.♖g8–a8+! ♔a7xa8

Das Gleiche ist 2...♗b7xa8 3.♕a5–c7+ ♗a8–b7 4.♕c7xb7#

3.♕a5xa6+ ♔a8–b8 4.♕a6xb7#

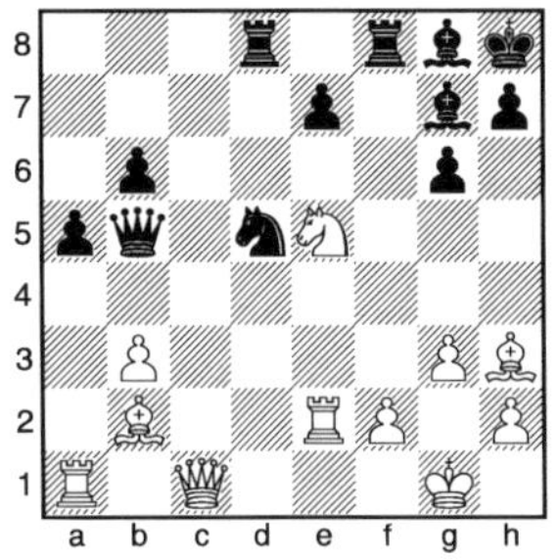

21.

Eine wohlbekannte Mattattacke ist wegen des vielen Materials auf dem Brett nicht offensichtlich:

1.♘e5xg6+ h7xg6
2.♕c1-h6+ ♗g8–h7 3.♕h6xg7#

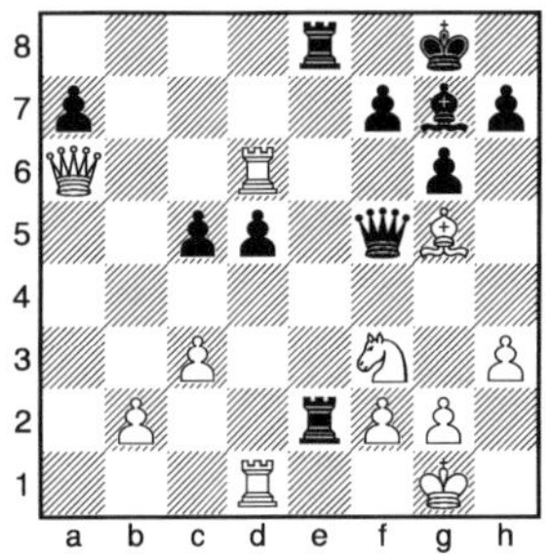

22.

1.♕a6xe2 ♖e8xe2
2.♖d6–d8+ ♗g7–f8

Und der gefesselte Läufer kann weiter angegriffen werden, Matt folgt:

3.♗g5–h6

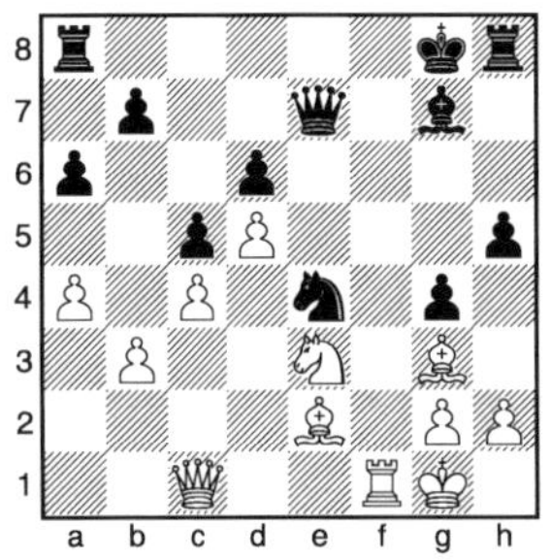

23.

1...♘e4xg3

Öffnet die f–Linie und elimiert einen möglichen Verteidiger des Se3.

2.h2xg3 ♗g7–d4 3.♔g1-f2 ♖a8–e8 / ♖a8–f8+

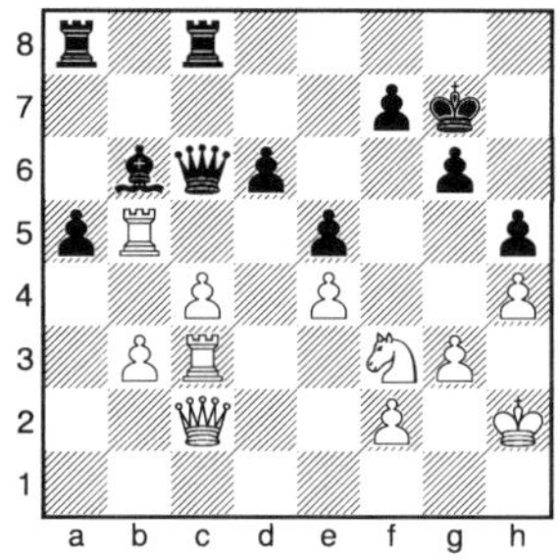

24.

1...♗b6–d4 2.♖c3–d3 ♕c6xb5

Nicht besser ist
2.♘f3xd4 e5xd4 3.♖c3–f3 ♕c6xb5,
was zum gleichen Ergebnis führt.

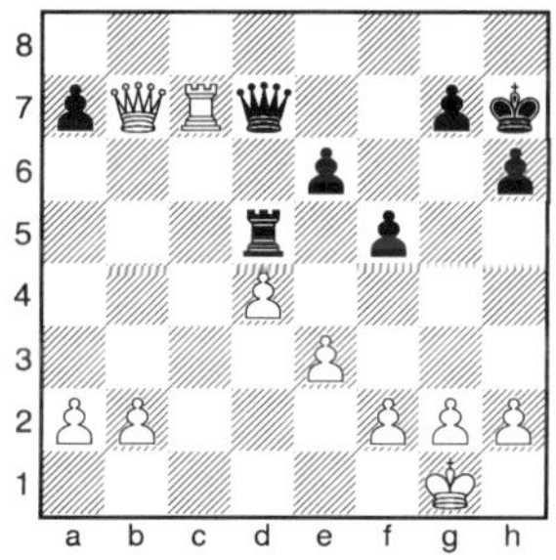

25.

Die weiße Schwäche ist der Bd4, gefesselt gegen das Mattfeld d1. Das rettet Schwarz:

1...♖d5–c5! 2.d4xc5? ♕d7–d1#

Falls 2.♖c7xc5 ♕d7xb7; oder
2.♖c7xd7 ♖c5–c1#

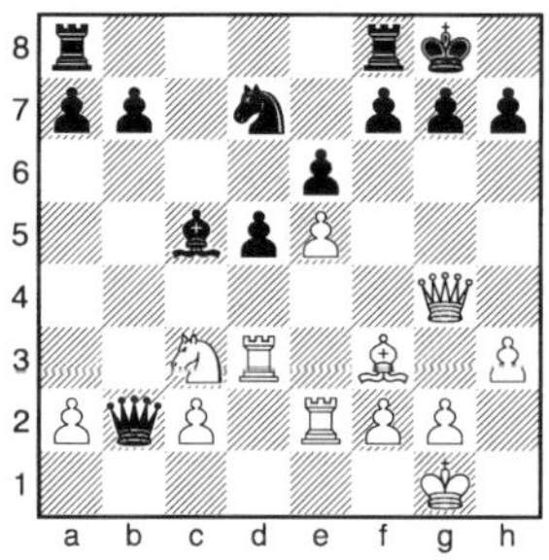

26.

1...♕b2–a1+ 2.♔g1-h2 ♘d7xe5

Gewinnt die Qualität

3.♖e2xe5? ♗c5–d6

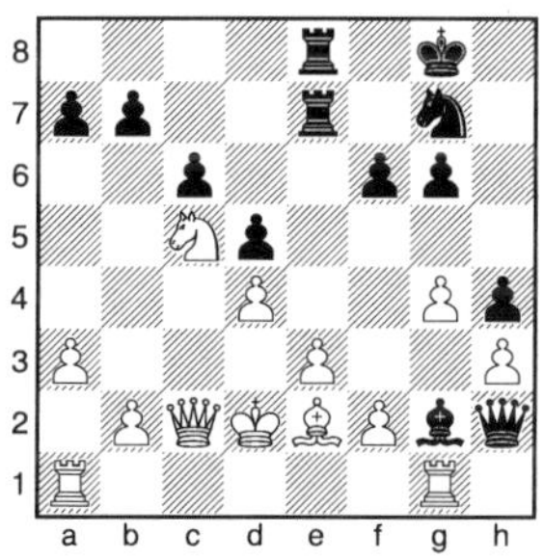

27.

1...♗g2–f3 2.♖a1-f1

Noch schlimmer ist 2.♘c5–d3 ♗f3xe2
3.♔d2xe2 ♖e7xe3+.

2...♗f3xe2 3.♔d2xe2 ♖e7xe3+
4.♔e2–d1 ♖e3xh3

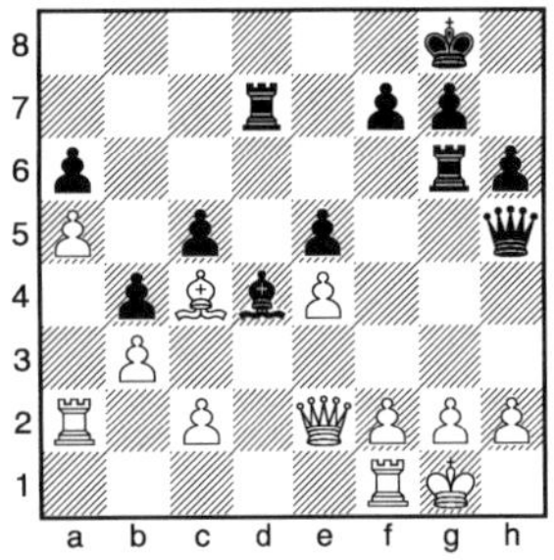

28.

1...♕h5–h3 2.g2–g3 ♖g6xg3+
3.h2xg3 ♕h3xg3+
4.♔g1-h1 ♕g3–h3+
5.♔h1-g1 ♖d7–d6
6.-- ♖d6–g6+

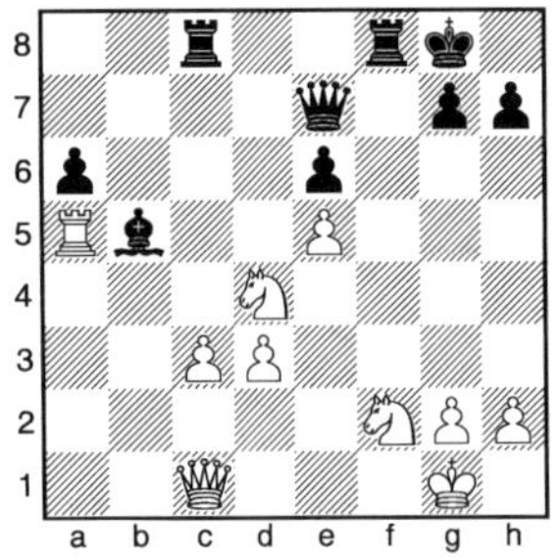

29.

1...♖f8xf2

Öffnet die Stellung und bringt die Dame ins Spiel.

2.♔g1xf2 ♕e7–h4+
3.♔f2–f1 / 3.g2–g3 ♕h4xd4

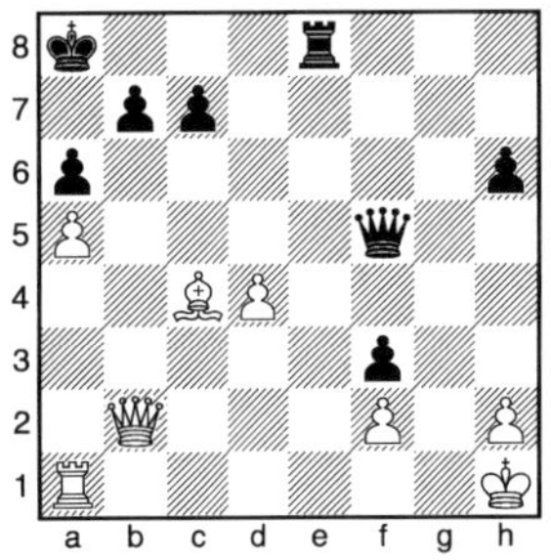

30.

1...♕f5–g4 2.♖a1-g1 ♖e8–e1
3.♖g1xe1 ♕g4–g2#

Falls 3.♗c4–f1 ♖e1xf1 4.♖g1xf1 ♕g4–g2#;
Oder 3.♕b2–c1 ♕g4xg1#/g2#

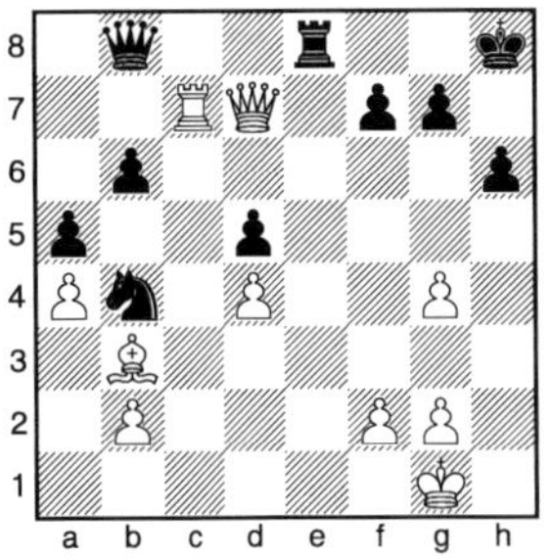

31.

1...♖e8–e1+ 2.♔g1-h2 ♖e1-c1
Und der gefesselte Turm geht verloren.

3.-- ♕b8xc7+

Oder 3.♕d7–c8+ ♕b8xc8 4.♖c7xc8+ ♖c1xc8

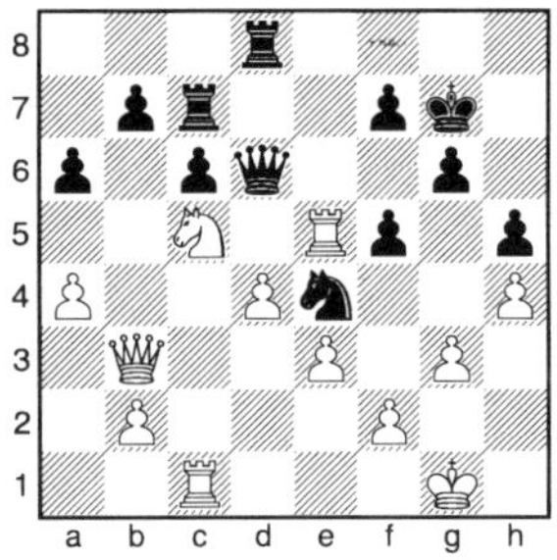

32.

1...♘e4–d2 2.♕b3–d1 ♘d2–c4 3.♖c1xc4 ♕d6xe5

Was wie ein sinnloses Springermanöver aussah endet in einer Fesselung mit Qualitätsgewinn.

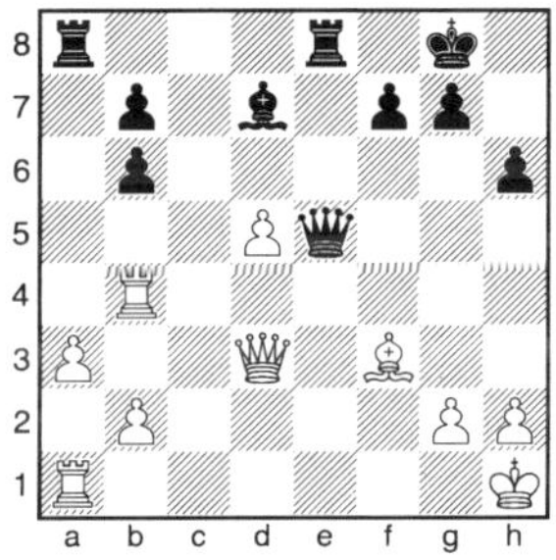

33.

1...♖a8xa3 2.b2xa3 ♕e5xa1+

Direkt zum Matt führt
2.♖a1xa3? ♕e5–e1+ 3.♕d3–f1 ♕e1xf1#; oder
2.♕d3xa3? ♕e5–e1+ 3.♖a1xe1 ♖e8xe1#

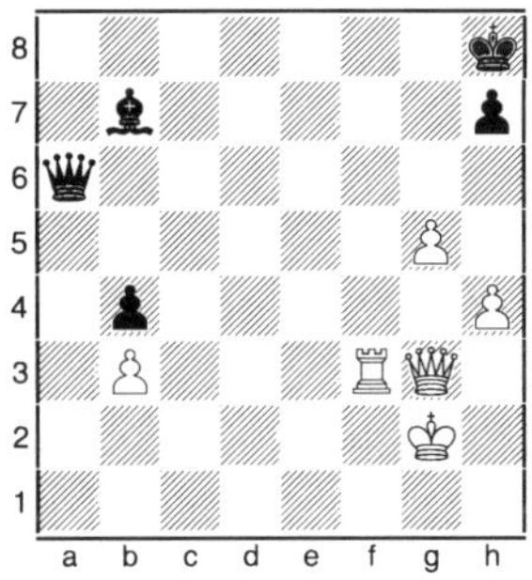

34.

Unser letztes Beispiel zeigt uns eine erstaunliche Nutzung einer Fesselung auf kurzer Distanz. Ein typischer Fall, der leicht übersehen werden kann:

**1...♕a6–e2+ 2.♕g3–f2 ♗b7xf3+
3.♔g2–g3 ♕e2xf2+
4.♔g3xf2 ♗f3–d5**

13. Wie man mit einer Fesselung umgeht

Die Fesselung kommt unvermeidlich in jeder Partie vor, besonders in den Offenen Spielen. Wir sehen ein gutes Beispiel in der Italienischen Eröffnung nach z.B.

1.e2–e4 e7–e5 2.♘g1-f3 ♘b8–c6 3.♗f1-c4 ♗f8–c5 4.♘b1-c3 ♘g8–f6 5.d2–d3 d7–d6 6.♗c1-g5 *(D)*

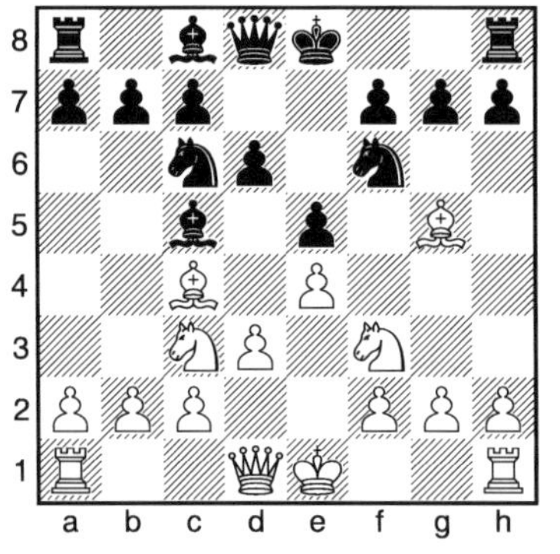

Der gefesselte Sf6 ist die Angriffsmarke für Weiß. Schwarz sollte die Fesselung loswerden. Wie kann er das tun? Es gibt verschiedene Ideen wie zu verfahren ist.

Die erste Idee ist, den Läufer zu vertreiben oder zum Abtausch zu bewegen.

6...h7–h6 7.♗g5–h4

Falls 7.♗g5xf6 ♕d8xf6 8.♘c3–d5 ♕f6–d8 9.c2–c3 =

Nebenbei: Dies ist ein guter Zug, um den Springer fernzuhalten; viel besser als das übliche a2–a3, was Sc6–d4 nicht verhindern kann. Man nennt das **"Abstand vier"**. Diese Bezeichnung ist wohl etwas willkürlich gewählt; es könnte ja auch "Abstand drei" heißen.

7...g7–g5

Hab keine Angst vor dem Opfer 8.♘f3xg5. Wenn Schwarz konzentriert spielt, z.B. 8...h6xg5 9.♗h4xg5 ♖h8–g8 10.h2–h4 ♗c5–b4, stellt es keine Gefahr dar.

Versuch das einmal gegen deinen Computer zu spielen!

8.♗h4–g3 = *(D nächste Seite)*

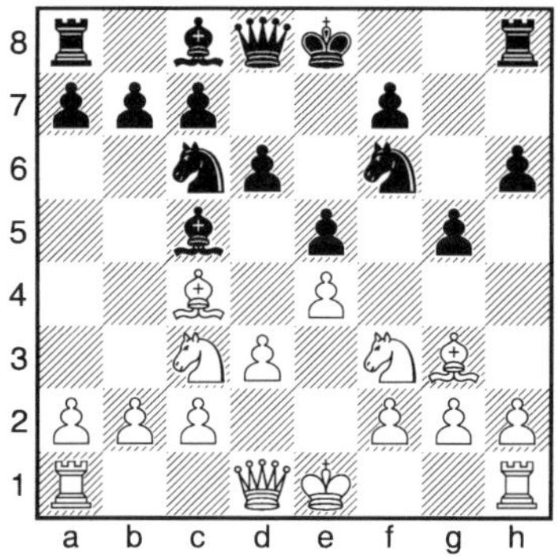

Die Stellung mag dir nicht gefallen, ist aber spielbar und absolut ausgeglichen. Schwarz kann später lang rochieren.

Grundsätzlich ist die Fesselung des Sf6 lästig, aber harmlos, solange Weiß nicht weiteren Druck auf ihn ausüben kann. Du kannst das auf zweierlei Weise verhindern:

6...♗c8–e6 ist der einfachste Weg das zu tun. **7.♗c4xe6 f7xe6**

Der Doppelbauer ist kein Problem. Du hast nun einen weiteren Bauern im Zentrum und kannst später d6–d5 spielen. Die offene f–Linie mag nützlich sein; besonders dann, wenn Weiß kurz rochiert.

Die andere Möglichkeit ist eine echte Präventivmaßnahme, nämlich die "Gegenfesselung" des gegnerischen Springers:

6...♗c5–b4 *(D)* **7.0-0 ♗b4xc3 8.b2xc3 0-0** =

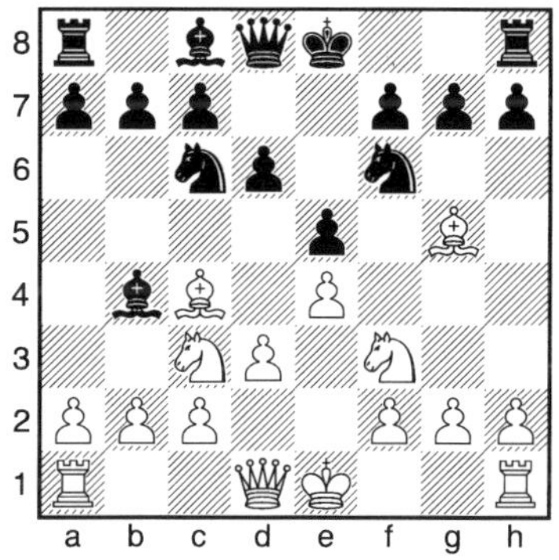

Die Fesselung zu ignorieren führt zwar nur zu einer leicht besseren Stellung für Weiß, aber Schwarz muss sorgfältig weiterspielen. Kleine Fehler können sonst schwere Konsequenzen nach sich ziehen.

6...0-0 7.♘c3–d5 ♗c8–e6 *(7...h7–h6 siehe D unten)*
8.♘d5xf6+ g7xf6 *(D)*

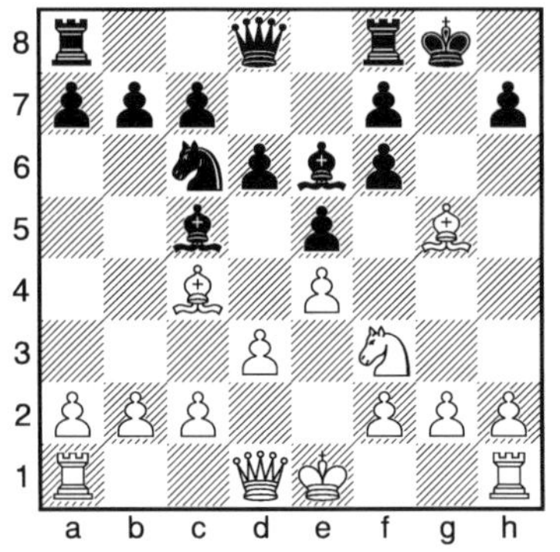

9.♗g5–h6 ♖f8–e8 10.♘f3–h4 ♔g8–h8

Ein entscheidender Fehler würde sein, die verschiedenen Möglichkeiten zu vermischen. Das vorstehend erwähnte **7...h7–h6??** *(D)* ist solch eine unglückliche Vermischung. Was einen Zug zuvor in Ordnung war, verliert jetzt sang– und klanglos:

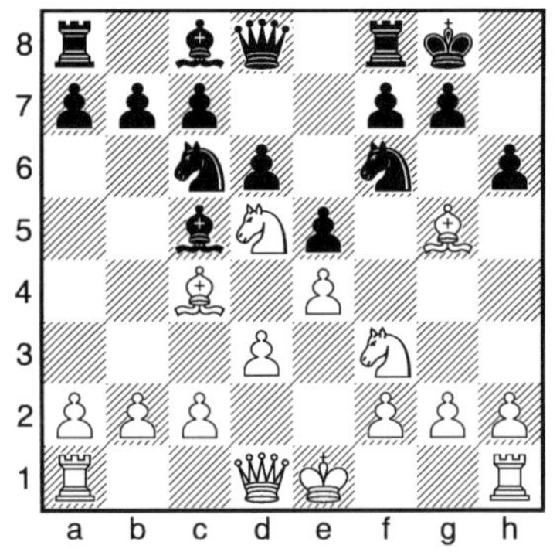

8.♘d5xf6+ g7xf6 9.♗g5xh6 ♖f8–e8

Das wirkliche Problem ist nicht der Verlust des h–Bauern, aber die starke Attacke von Weiß:

10.♘f3–h4 -- 11.♘h4–f5 -- 12.♕d1-g4+ und gewinnt. Ausprobieren!

Eine Fesselung mag nicht immer eine besondere Drohung sein, aber es ist ratsam, sie zu vermeiden oder abzuwenden. In der folgenden Stellung aus einer Trainingspartie hätte sich der Schüler das zu Herzen nehmen sollen:

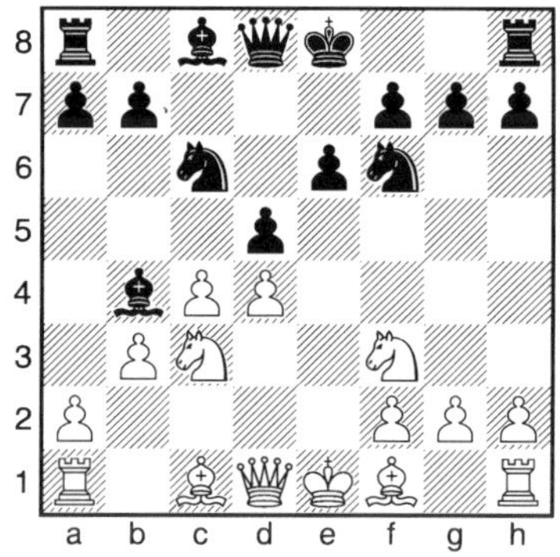

Die Fesselung zu vermeiden mit **8.♗c1-d2** war richtig. Nach einigem Abtausch bleibt die Stellung ausgeglichen, z.B. 8...♕d8–a5 9.♕d1-c2 (9.♘c3–b5 ist komplizierter aber am Ende auch ausgeglichen.)

8.♗c1-b2? ♘f6–e4 9.♕d1-d3? *(D)*

9.♕d1-c2 ist besser, da dann nach 9...♕d8–a5 10.♖a1-c1 ♕a5xa2 der b3–Bauer gedeckt ist. Kleine Fehler oder Ungenauigkeiten können sich in kritischen Stellungen aufaddieren, bis die Partie schließlich verloren ist. Das entscheidet sogar mehr Partien als Opfer oder Einsteller.

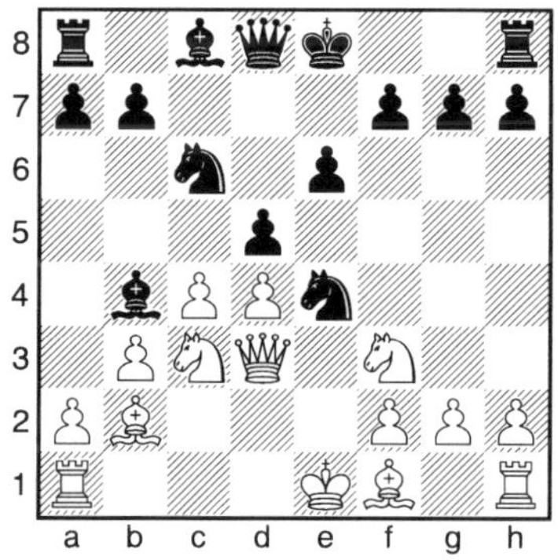

9...♕d8–a5 10.♖a1-c1 ♕a5xa2 11.♖c1-c2?

11.♕d3–c2 war besser. Sei nicht zu stolz einen Fehler zu berichtigen!

11...♕a2xb3

oder 11...♕a2-b1+ 12.♔e1-e2 ♗b4xc3 13.♗b2xc3 ♕b1xb3-+

12.♗f1-e2 *(D)*

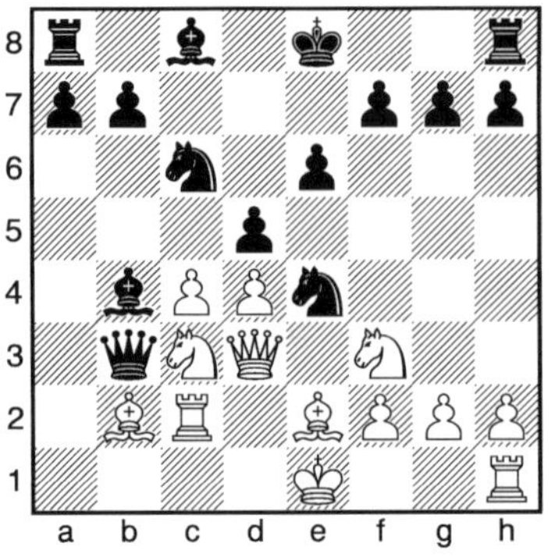

12...♗b4xc3+

Oder 12...♘e4xc3 13.♗b2xc3 d5xc4-+

In klar besserer Stellung ist es nahezu immer gut, so viel abzutauschen wie man kann, um schnell ein gewonnenes Endspiel zu erreichen.

13.♗b2xc3 ♘c6–b4 14.♗c3xb4 ♕b3xb4+ 15.♘f3–d2 ♘e4xd2 16.♖c2xd2 d5xc4

Nachdem Schwarz drei Bauern gewonnen hat und überdies seine Mehrbauern auch noch starke verbundene Freibauern sind, ist die Stellung von Weiß hoffnungslos.

Das sollte für erste genügen. Unser nächstes Motiv ist der Fesselung verwandt und fast genau so häufig anzutreffen, selbst in Partien starker Spieler.

14. Das Motiv "Überlastung"

Dieses Motiv ist eine Art Vetter der Fesselung und auch sehr häufig anzutreffen. Der Grund für beide ist psychologischer Art: Du denkst ein Bauer oder eine Figur ist gedeckt oder deckt einen anderen Stein (was tatsächlich kurz zuvor der Fall gewesen sein mag und du noch als gegeben betrachtest). Die folgenden Diagramme zeigen warnende Beispiele:

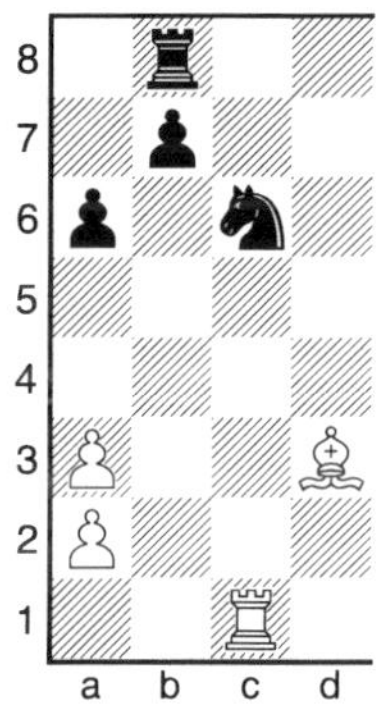
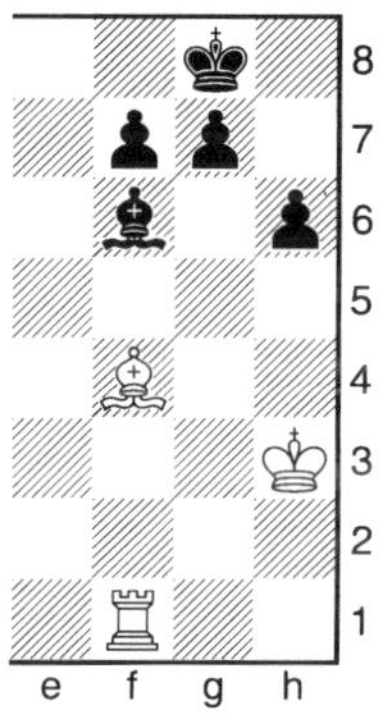
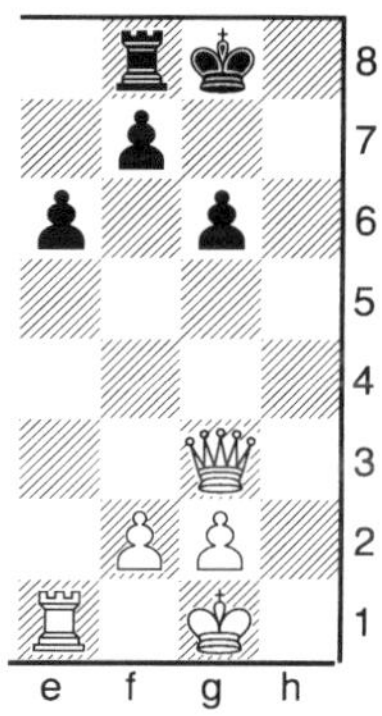

Wir sehen typische, alltägliche Stellungen. Sie haben eines gemeinsam: Ein Bauer verteidigt zwei andere Steine. Aber es ist unmöglich, dies gleichzeitig zu tun, wenn sie beide angegriffen sind.

D links: **1.♗d3xa6 b7xa6 2.♖c1xc6** gewinnt einen Bauern.

D mitte: Die Überlastung ist versteckt, da der Läufer die Turmlinie verdeckt. Aber der nächste Zug ändert das:

1.♗f4xh6 g7xh6 2.♖f1xf6 gewinnt einen Bauern.

D rechts: **1.♖e1xe6 f7xe6 2.♕g3xg6+ ♔g8–h8 3.♕g6–h6+**

Und Weiß kann bei Bedarf ein Remis durch Dauerschach erzwingen.

Diese Art von "Bauern wegschnappen" ist sehr häufig anzutreffen, aber nicht die einzige Form dieses Motivs. Wir finden eine Menge sehr komplizierter und raffinierter Formen, wie du auf den folgenden Seiten sehen wirst.

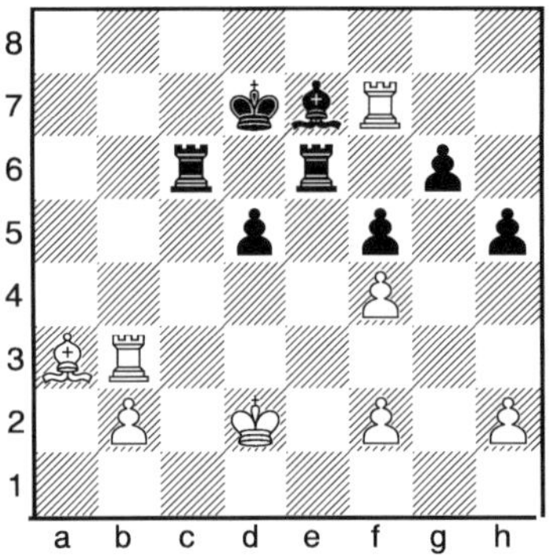

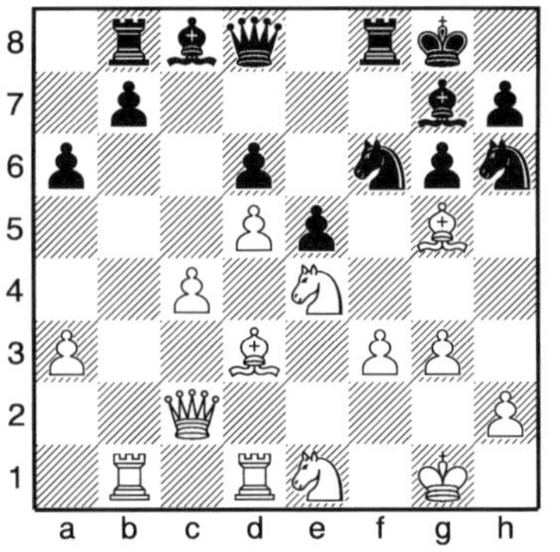

D links **1.♗a3xe7 ♖e6xe7 2.♖b3–b7+ ♖c6–c7**

Und plötzlich ist der König überlastet, da er seine Türme links und rechts zu verteidigen hat! Diese unlösbare Aufgabe führt zum Verlust von einem von ihnen:

3.♖b7xc7+ ♔d7xc7 4.♖f7xe7+

Oder auch andersherum beginnend mit 3.♖f7xe7+. Nicht nur Bauern können überlastet sein, sondern auch jede andere Figur.

D rechts: Der gefesselte Springer hat drei Verteidiger. Da sollte er doch eigentlich sicher sein, oder?

Zähl nicht einfach nur Angreifer und Verteidiger ab!

Es ist nicht nur eine Sache der Anzahl, sondern auch der Qualität der Verteidiger. Bauern sind die besten und billigsten Verteidiger und am ehesten verzichtbar. Offiziere jedoch sind teure Verteidiger, wie wir gleich sehen. Nach

1.♘e4xf6+

Verliert Schwarz entweder die Qualität oder muss seinen Springer aufgeben.

1...♖f8xf6 2.♗g5xf6 ♗g7xf6

Oder 1...♗g7xf6 2.♗g5xh6

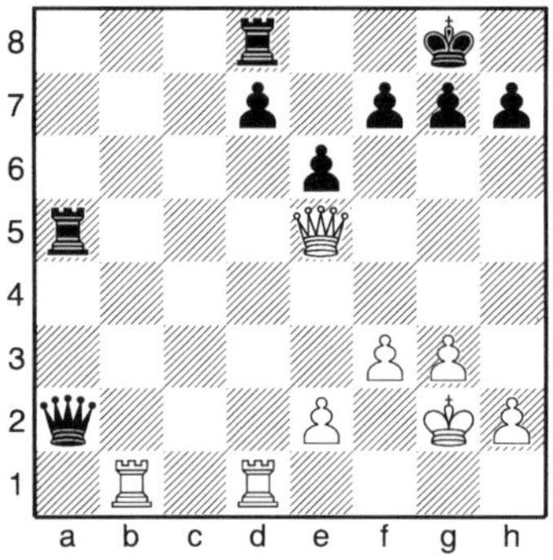

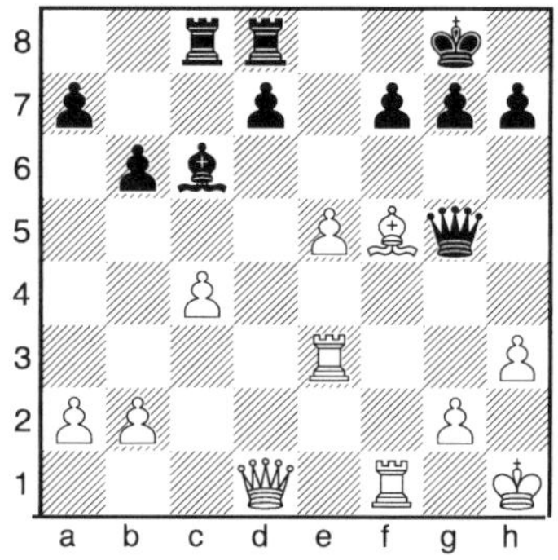

D inks: Die Überlastung muss nicht unbedingt in der gleichen Richtung erfolgen (nach vorne, wie wir bei den Bauern gesehen haben, oder seitwärts, wie mit den beiden Türmen), sondern kann verschiedene Richtungen und aich lange Distanzen umfassen. Und, wie wir schon bei der Fesselung gesehen haben, muss der Angriff nicht unbedingt Bauern oder Figuren gelten, sondern kann auch gegen ein wichtiges Feld gerichtet sein. Hier muss der Turm auf d8 nicht nur seinen Bd7 verteidigen, sondern auch die Grundreihe, auf der Matt droht:

1.♖d1xd7 **♖d8xd7?? 2.♕e5/♖b1−b8+** und Matt folgt.

D rechts: **1.♕d1−e2?**

Ein falscher Zug schuf eine Überlastungs-Situation. 1.♖e3−e2 war richtig. Du siehst, dass Angreifer und angegriffene Figuren in verschiedene Richtungen weisen; wie über das Brett verstreut.

1...♗c6xg2+

Und, da der König den Läufer nicht schlagen darf, muss nun folgen:

2.♕e2xg2 ♕g5xe3 +−

Sogar einer der besten Spieler der Welt kann so eine Überlastung übersehen. Es geschah in der Partie **Aronian** (2783) − **Carlsen** (2826) Blitz WM Moskau 2010.

Genug der Erklärungen. Es folgen wieder Aufgaben, diesmal aber nur 18 Stellungen, was aber sicher ausreichen sollte, da dir das Prinzip nun völlig klar sein dürfte.

Überlastung

Finde und gebrauche das Motiv Überlastung

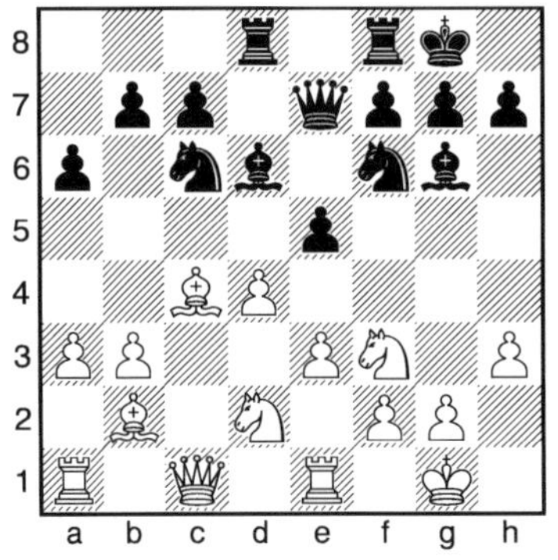

1

1. .... / ....

2. .... / ....

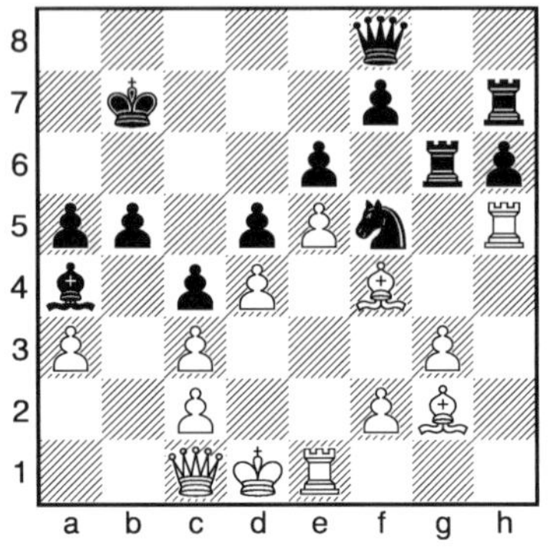

2

1. .... / ....

2. .... / ....

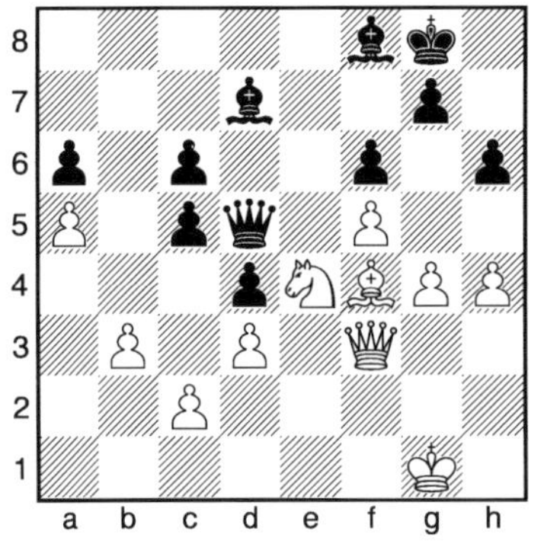

3

1. .... / ....

2. .... / ....

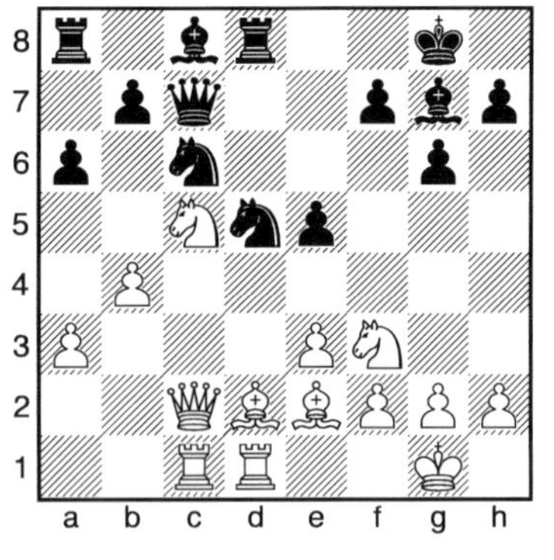

4

1. .... / ....

2. .... / ....

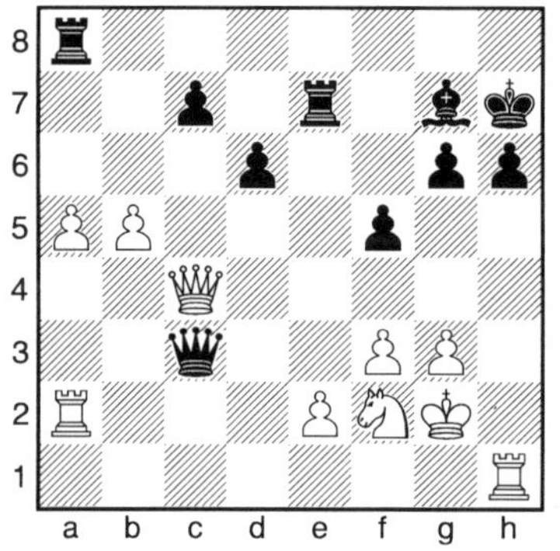

5

1. .... / ....

2. .... / ....

3. .... / ....

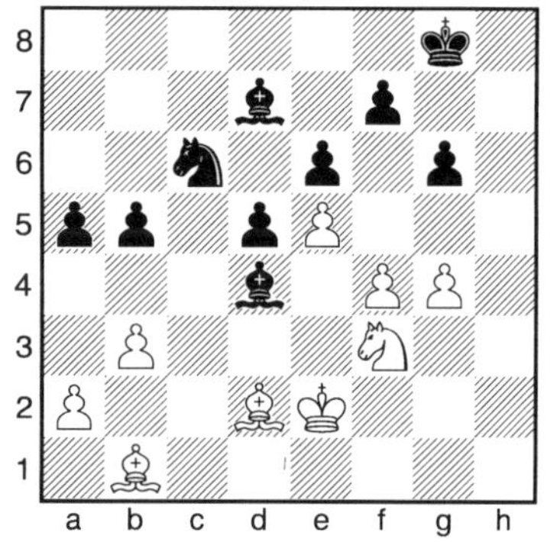

6

1. .... / ....

2. .... / ....

3. .... / ....

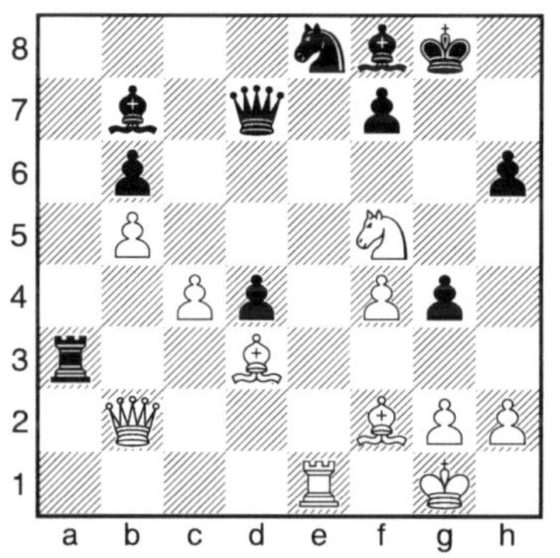

7

1. .... / ....

2. .... / ....

3. .... / ....

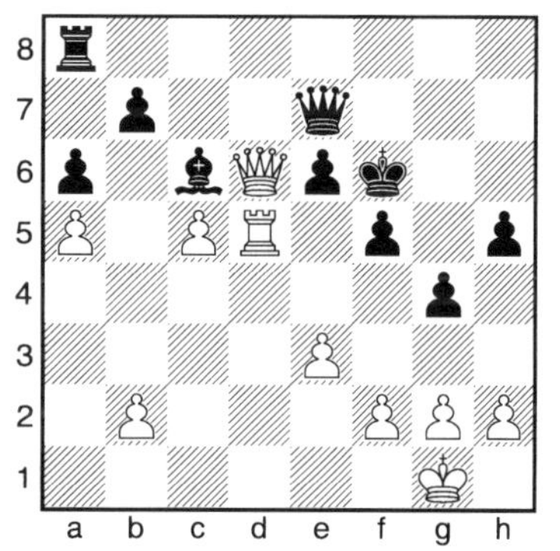

8

1. .... / ....

2. .... / ....

3. .... / ....

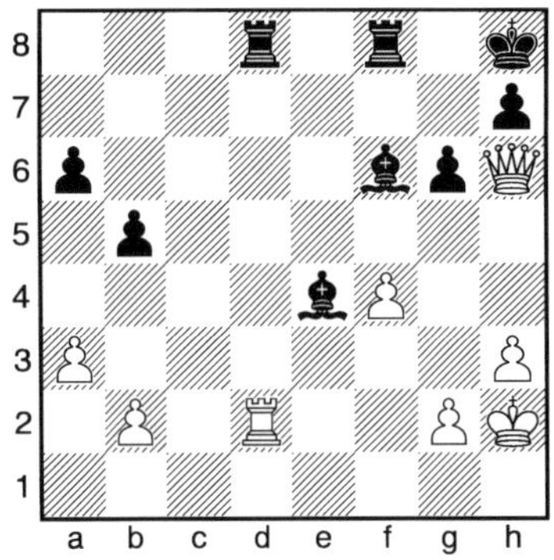

9

1. .... / ....

2. .... / ....

3. .... / ....

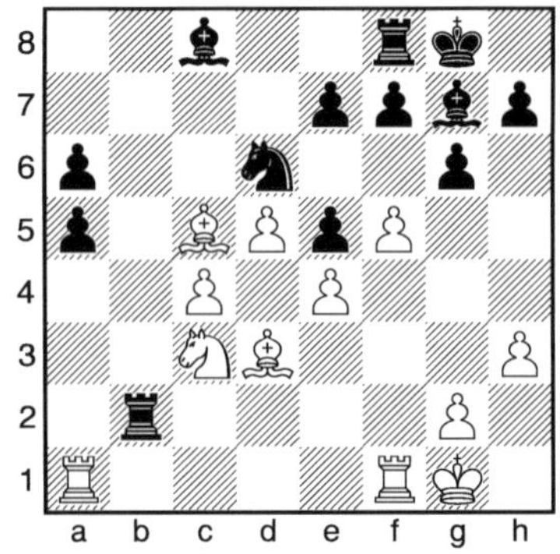

10

1. .... / ....

2. .... / ....

3. .... / ....

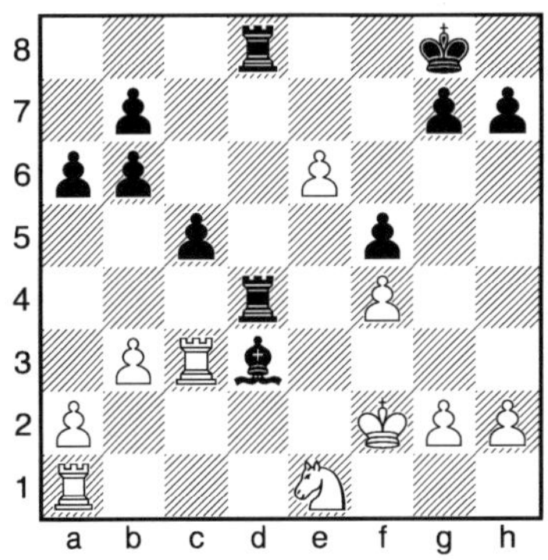

11

1. .... / ....

2. .... / ....

3. .... / ....

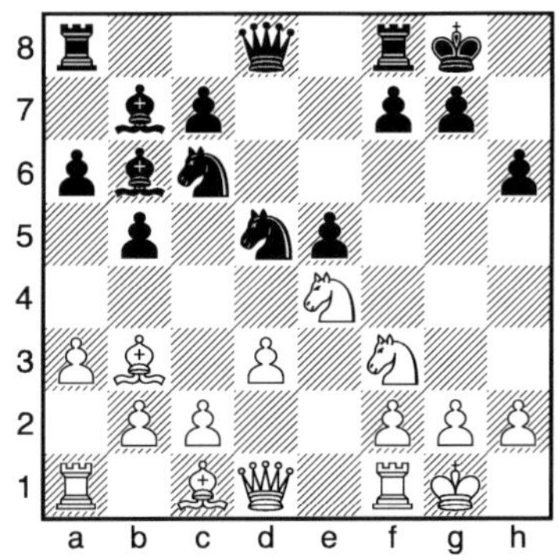

12

1. .... / ....

2. .... / ....

3. .... / ....

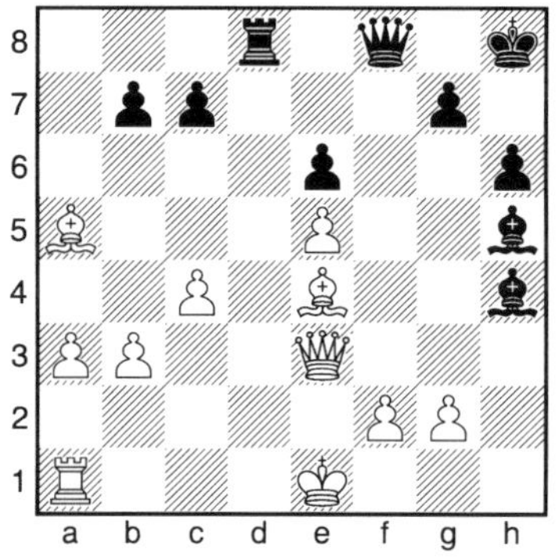

13 ●

1. -------------- / ....

2. .... / ....

3. .... / ....

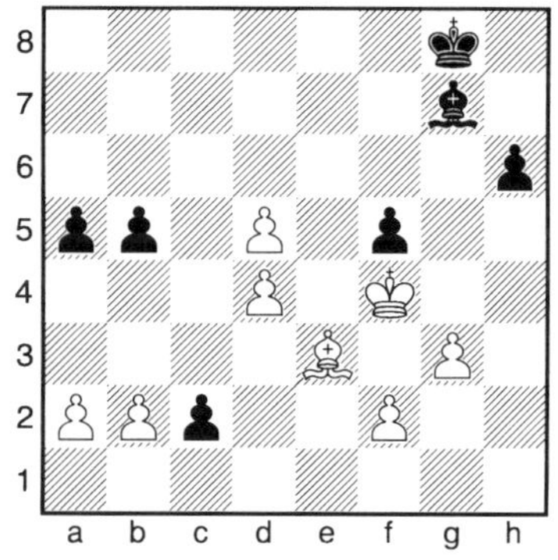

14 ●

1. -------------- / ....

2. .... / ....

3. .... / ....

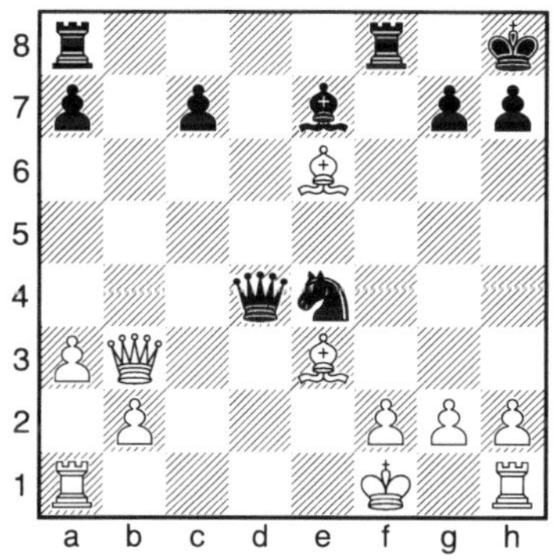

15 ●

1. -------------- / ....

2. .... / ....

3. .... / ....

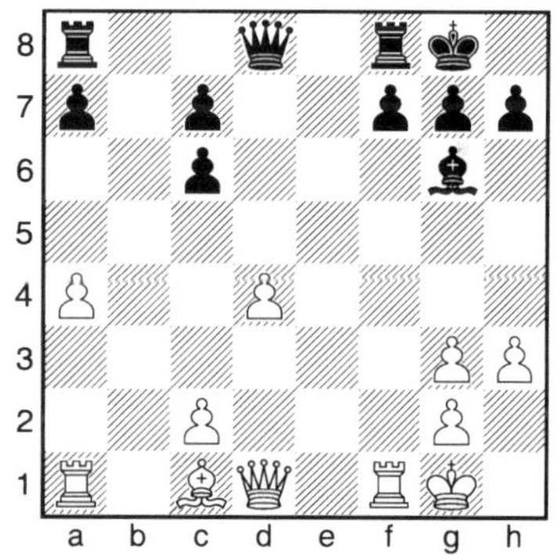

16 ●

1. -------------- / ....

2. .... / ....

3. .... / ....

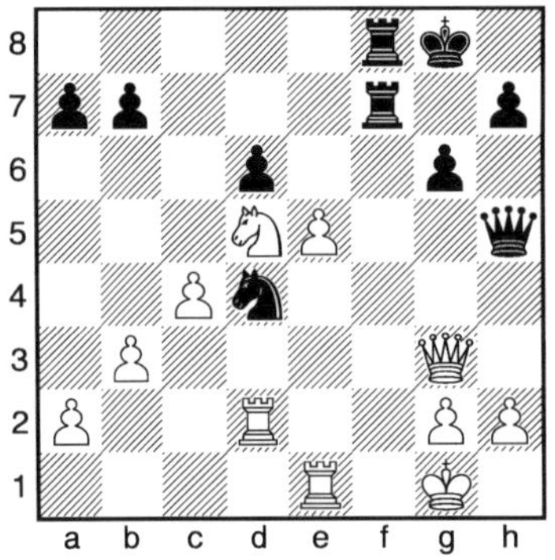

17 ●

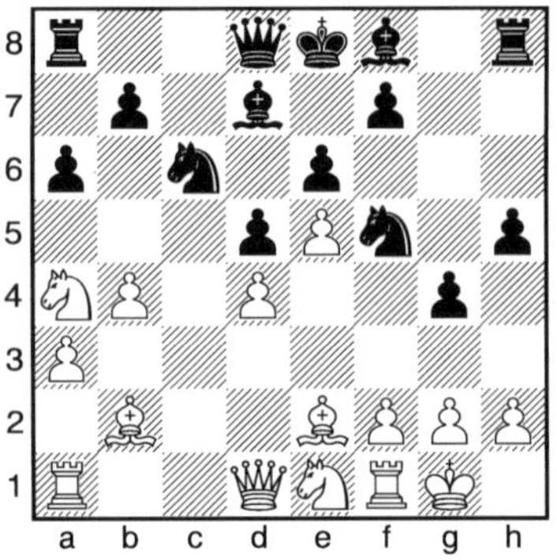

18 ●

1. ------------- / ....

2. .... / ....

3. .... / ....

1. ------------- / ....

2. .... / ....

3. .... / ....

Ich hoffe, du bist jetzt nicht auch überlastet?

Ich bin sicher, dass du die Prinzipien jetzt verinnerlicht hast und die Überlastung besser vermeiden oder noch besser Überlastungs-Situationen zu deinen Gunsten nutzen kannst.

Unsere statistische Auswertung hat gezeigt, dass Überlastungskombinationen in ca. 5 % aller Partien erscheinen, in denen Materialverlust vorkommt. Es mögen sogar mehr sein, denn die Grenzen zwischen Überlastung und Weglenkung sind fließend und liegen manchmal nur in der Auffassung des Betrachters. (Wir behandeln das Motiv "Hin- und Weglenkung" in Band 2)

In den meisten Fällen geht zwar nur ein Bauer verloren. Aber wenn du stärker wirst und gegen erfahrene Gegner spielst wirst du sehen, dass ein einziger Bauer einen großen Unterschied machen kann.

Lösungen

Finde die Überlastung!

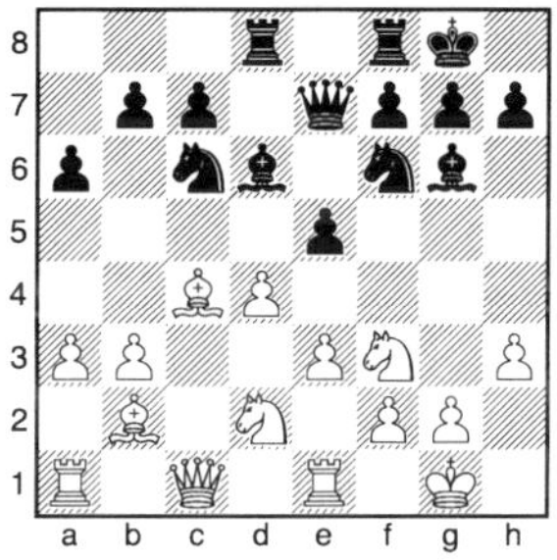

1.

Die Überlastung ist versteckt, weil der Läufer den Weg der Dame verstellt. Aber:

1.♗c4xa6 b7xa6 2.♕c1xc6

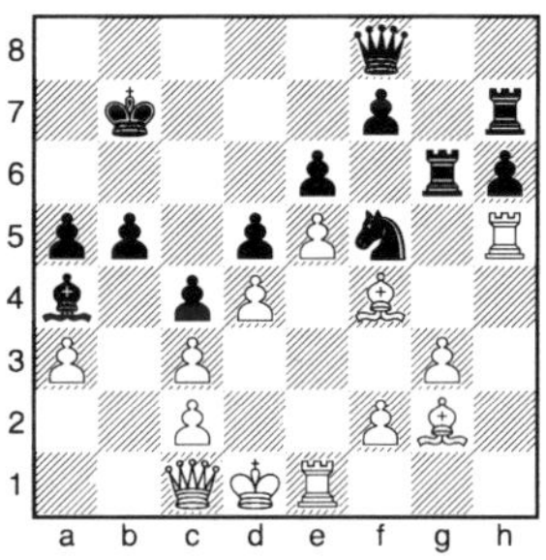

2.

Bei vollem Brett kann man eine Überlastung wie hier die des Be6 leicht übersehen:

1.♗g2xd5+ e6xd5 2.♖h5xf5

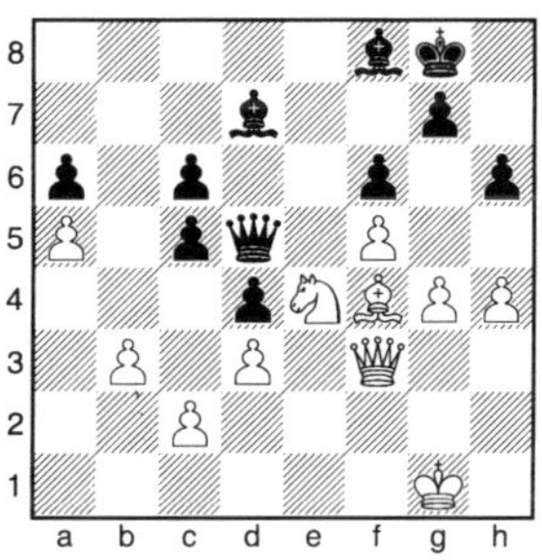

3.

1.♗f4xh6

Gewinnt einen Bauern, denn den Läufer zu schlagen würde durch eine Springergabel die Dame verlieren:

1...g7xh6?? 2.♘e4xf6+

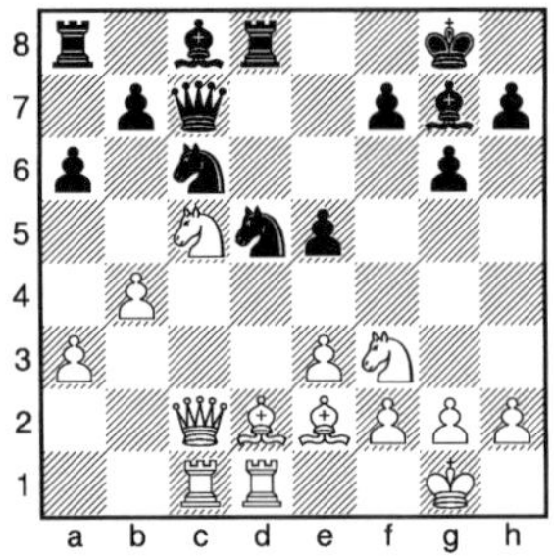

4.

1.♘c5xa6 b7xa6 2.♕c2xc6

Es ist besser, jetzt nicht die Damen zu tauschen, sondern z.B. 1...♕c7–e7 zu ziehen. Um Gegenspiel zu bekommen ist es besser, wenn die Dame noch auf dem Brett ist.

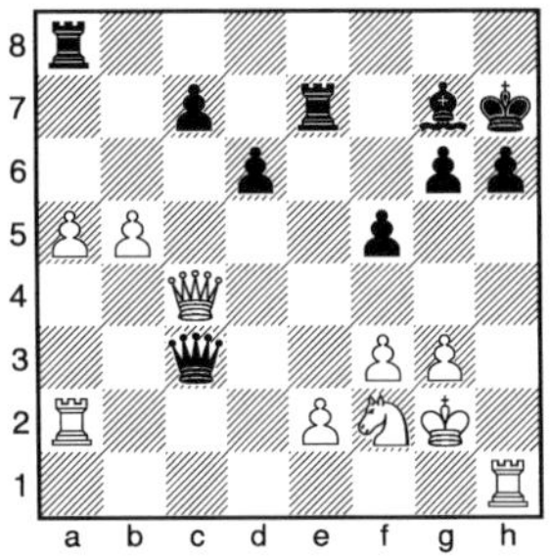

5.

Der Läufer muss seine Dame und das Einbruchsfeld h6 verteidigen. Das ist aber nicht so leicht zu sehen:

1.♖h1xh6+ ♗g7xh6 2.♕c4xc3

Auf 1...♔h7xh6?? folgt 2.♕c4–h4#

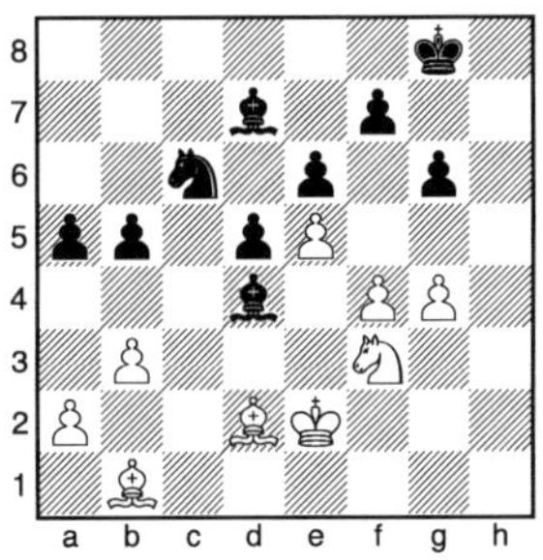

6.

Der schwarze Springer muss Läufer und Ba5 verteidigen, Damit ist er ganz klar überfordert:

1.♗d2xa5 ♘c6xa5 2.♘f3xd4

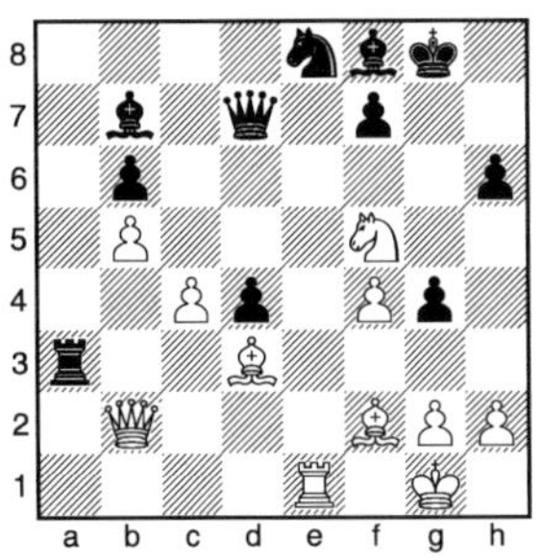

7.

1.♘f5xh6+ ♗f8xh6? 2.♕b2xa3

Besser ist 1...♔g8–g7 2.♘h6–f5+
(oder 2.♗d3–f5 ♕d7–d8 3.♘h6xg4)
2...♔g7–g8 z.B. 3.♕b2–e2 usw.

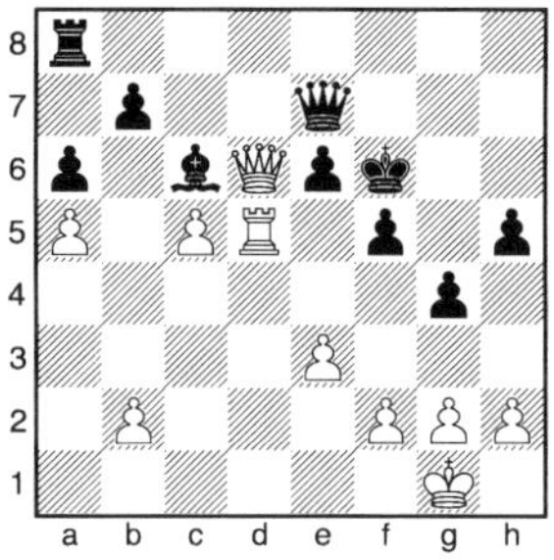

8.

Überlastung des Königs und Fesselung wirken zusammen:

1.♖d5xf5+ ♔f6xf5 2.♕d6xe7

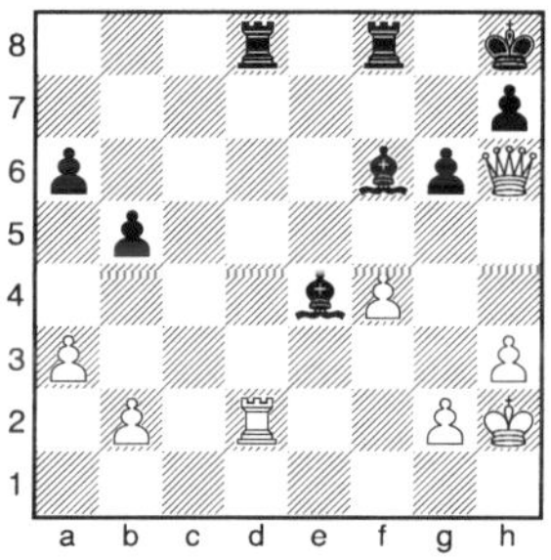

9.

1.♖d2–d7 g6–g5

Falls 1...♖d8xd7 2.♕h6xf8#;
Das gleiche ist 1...♖d8–c8 2.♕h6xh7#

2.♖d7xd8 ♖f8xd8 3.♕h6xf6+

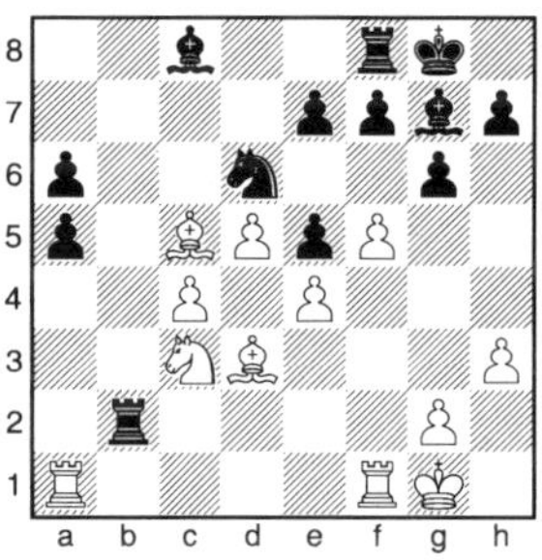

10.

1.f5–f6! ♗g7xf6

Falls 1...♗g7–h6 2.f6xe7, ein Totalschaden.

2.♗c5xd6 e7xd6 3.♖f1xf6

oder 2.♖f1xf6 e7xf6 3.♗c5xd6

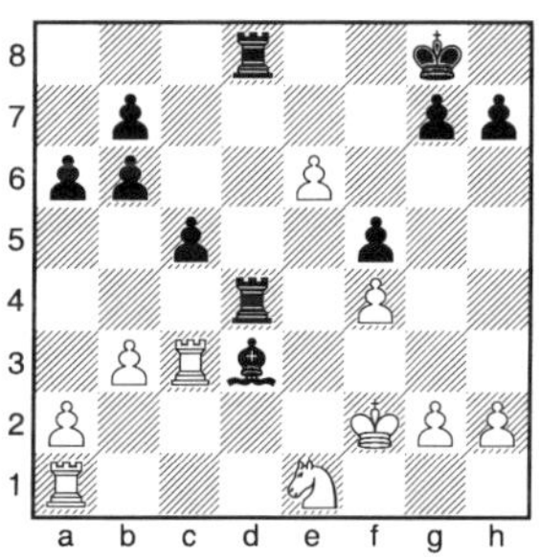

11.

1.♘e1xd3 ♖d4xd3 2.e6–e7!

Überlastung! Der Turm muss seinen Kollegen und das Umwandlungsfeld verteidigen.

2...♖d8–e8 3.♖c3xd3

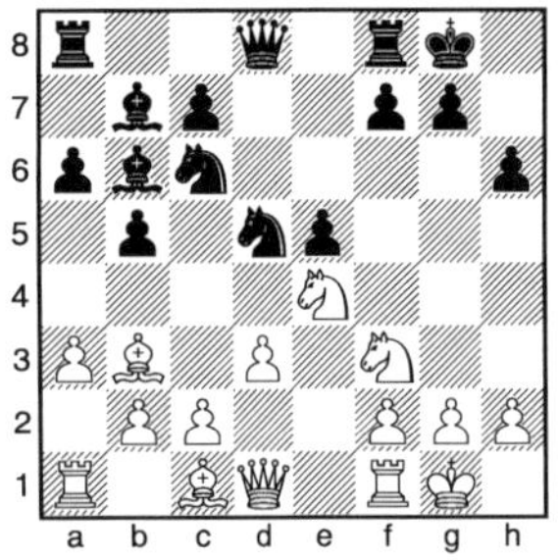

12.

1.♗c1xh6 g7xh6
2.♗b3xd5 ♕d8xd5?? 3.♘e4−f6+

Nach dem notwenigen 2...♔g8−g7 kann Weiß abtauschen und noch einen Bauern gewinnen:
3.♗d5xc6 ♗b7xc6 4.♘f3xe5

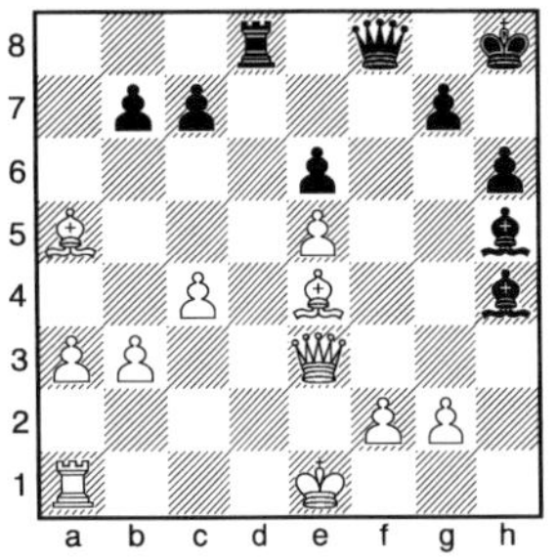

13.

1...♕f8xa3 2.♕e3−c3/c1

Der Turm kann den Bauern / den Läufer nicht verteidigen, da er das Mattfeld d1 decken muss.
Falls 2.♖a1xa3?? ♖d8−d1#

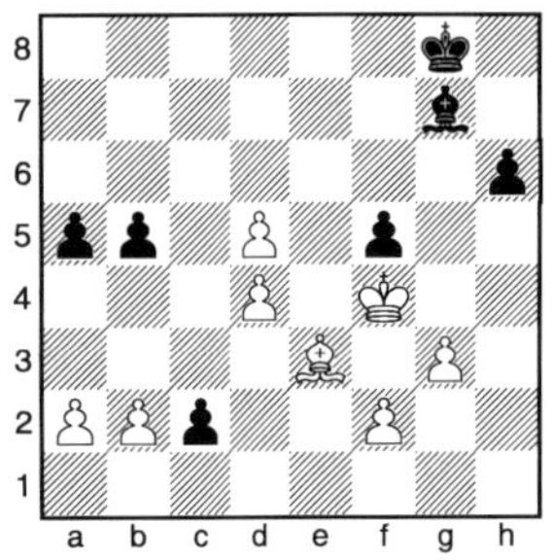

14.

Der weiße Läufer muss sowohl den Bd4 als auch das Umwandlungsfeld c1 verteidigen. Das kann er nicht beides tun:

1...♗g7xd4 2.♗e3−c1 ♗d4xf2

Falls 2.♗e3xd4?? c2−c1♕+

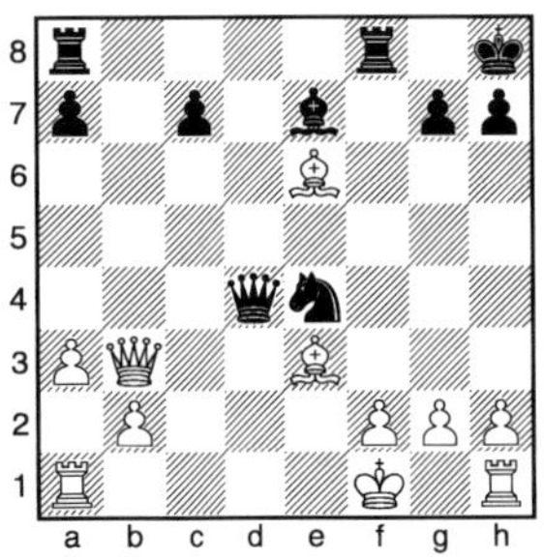

15.

Mit Verteidigung von Mattfeld f2 und der Springergabel ist der Läufer überlastet:

1...♘e4−d2+ 2.♔f1-g1
Falls 2.♗e3xd2 ♕d4xf2#

2...♘d2xb3 3.♗e3xd4 ♘b3xa1

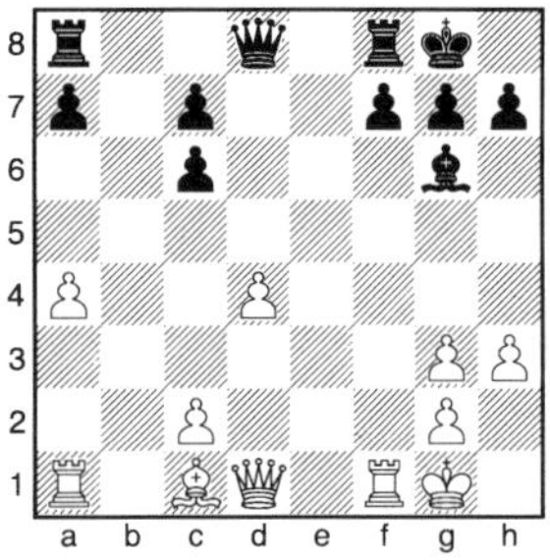

16.

1...♗g6xc2 2.♕d1xc2?

2.♕d1-d2 ist nötig.

2...♕d8xd4+ 3.♗c1-e3 ♕d4xe3+

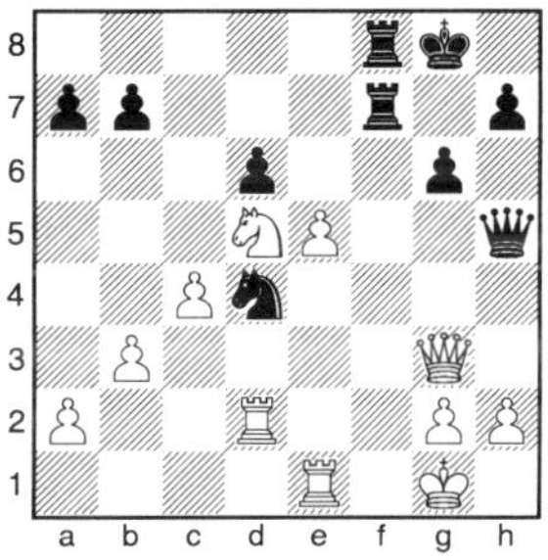

17.

1...♕h5–e2!
2.♘d5–f6+ ♖f7xf6
3.e5xf6 ♕e2xd2 und Schwarz gewinnt

Auch verloren, aber noch am besten ist die Verteidigung

2.♖d2xe2 ♘d4xe2+ 3.♖e1xe2
(3.♔g1-h1 ♖f7–f1+ 4.♖e1xf1 ♖f8xf1#)
3...♖f7–f1#; oder

2.♖d2–d1 *(D2)* und Matt folgt:
2...♕e2–f1+ 3.♖e1xf1 ♘d4–e2+
4.♔g1-h1 ♖f7xf1+ 5.♖d1xf1 ♖f8xf1#

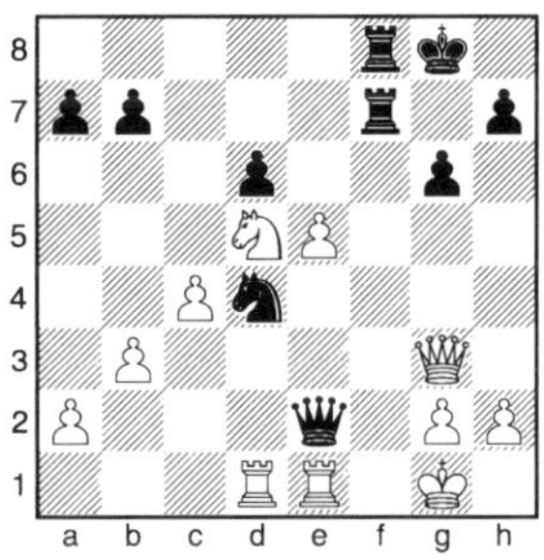

D2

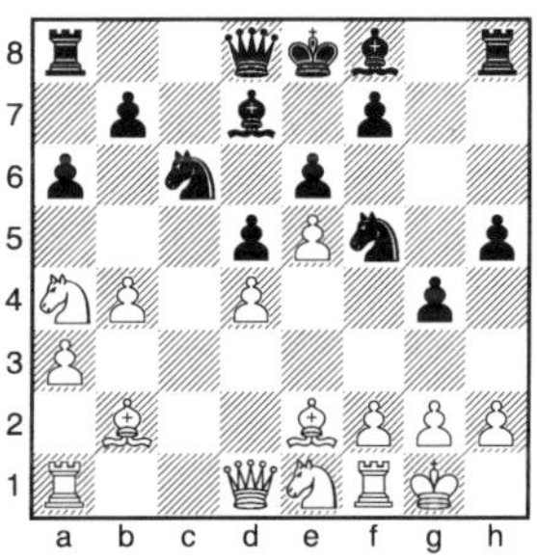

18.

Die Dame muss den Springer und den Bd4 verteidigen. Und der geht verloren:

1...♘c6 / ♘f5xd4
2.♗b2xd4 ♘f5xd4
3.♕d1xd4 ♗d7xa4

15. Der Abzugsangriff

Wenn ein Stein zieht und dadurch einen anderen Stein freimacht, dessen Wirkung bisher durch ihn blockiert war und der nun etwas angreift, nennt man das einen **"Abzugsangriff"** oder kurz **"Abzug"**.

Durch einen Abzug ist es möglich, zwei gegnerische Steine gleichzeitig anzugreifen, sowohl mit dem aufgedeckten als auch mit dem wegziehenden Stein. So ist es z.B. möglich, einen gut verteidigten Stein anzugreifen, ohne dafür bestraft zu werden, weil der Verteidiger mit dem Problem des anderen Angriffs beschäftigt ist. In den meisten Fällen bringt ein Abzugsangriff erheblichen, oft spielentscheidenden Vorteil. Schauen wir uns einige Beispielen dazu an:

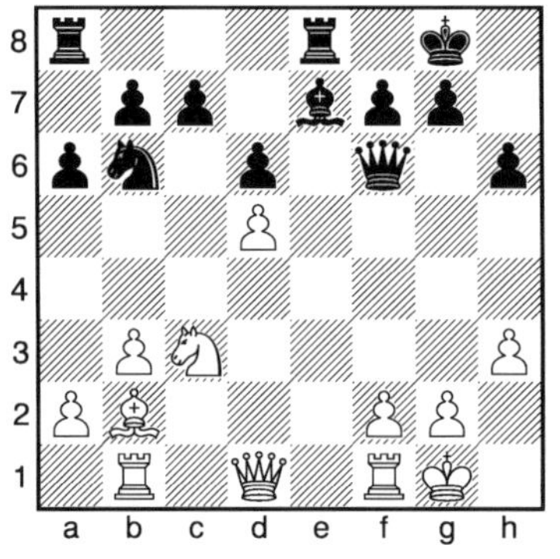

1.♘c3–b5

Der Springer kann das normalerweise für ihn tödliche Feld betreten und mit einer Gabel drohen, weil der freigemachte Läufer nun die schwarze Dame angreift. Da sie seine wertvollste Figur ist, muss Schwarz sie in Sicherheit bringen und kann nichts gegen die Gabel tun.

1...♕f6–g6 (oder auf andere Felder) **2.♘b5xc7**

Gewinnt einen Bauern und die Qualität, was die Partie entscheiden dürfte.

Jeder Stein kann einen Abzugsangriff führen, sogar Bauer und König.

Einige Aufstellungen von Figuren sind besonders geeignet für einen Abzug. Das nennt man eine **"Abzugs–Batterie"**.

Wenn solche Strukturen auf dem Brett erscheinen, solltest du ganz besonders wachsam und misstrauisch sein. Eine leichte Veränderung, z.B. ein Abtausch, kann zu einem Abzugsangriff führen.

Ein Abzugsangriff mag sowohl über das ganze Brett wirken als auch den kleinstmöglichen Zug beinhalten.

1.♖e5xf5

Der Läufer greift die Dame an und wird vom Turm geschützt.

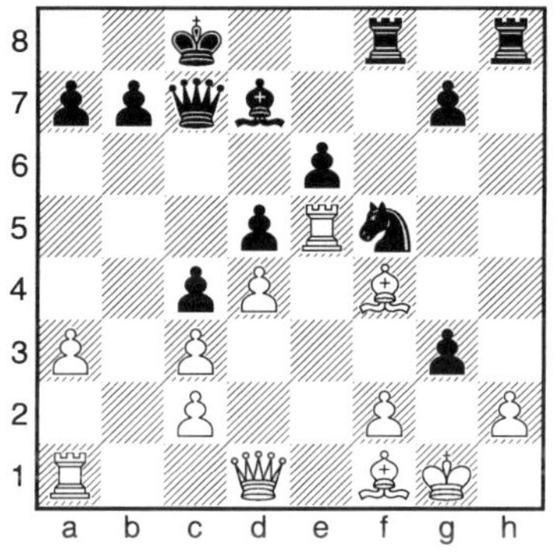

Anstelle eines materiellen Ziels kann einer der Angriffe auch eine Drohung sein oder sich gegen ein Feld richten. Im *Diagramm unten* gibt es keinen offensichtlichen Abzugsangriff. Aber Weiß hat einen verborgenen Angriff aus der Ferne:

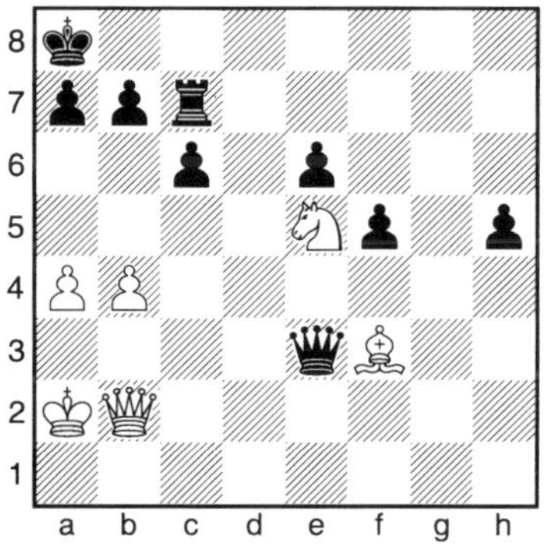

1.♘e5–g4!

Attackiert die Dame und öffnet die lange Diagonale für die Dame mit der Mattdrohung Dh8+. Falls 1...h5xg4?? 2.♕b2–h8+ ♖c7–c8 3.♕h8xc8#.

Solch eine Drohung kann man leicht übersehen.

1...♕e3–f4 2.♕b2–h8+ ♖c7–c8 3.♕h8xc8+ ♕f4–b8

4.♕c8xb8+ ♔a8xb8 5.♘g4–e5 und Weiß gewinnt das Endspiel.

Abzugsschach

Ein Abzug hat noch mehr Wirkung, wenn einer der angegriffenen Steine der König ist, also Schach geboten wird. Da der Verteidiger gezwungen ist, das Schach abzuwehren, hat er keine Wahl und muss die andere Drohung / den Verlust chancenlos hinnehmen.

Der frühestmögliche Fall eines solchen Angriffs kann schon nach wenigen Zügen in der Eröffnung vorkommen:

1.e2–e4 e7–e5 2.♘g1-f3 ♘g8–f6

Die **"Russische Verteidigung"**, kurz **"Russisch"**. Im englischen Sprachraum "Petroff's Defense", genannt nach dem ersten großen russischen Meister Alexander Dimitrievitch Petroff (1794-1867), der diese Eröffnung analysiert hat.

3.♘f3xe5 ♘f6xe4

3...♕d8–e7 4.d2–d4 d7–d6 5.♘e5–f3 ♕e7xe4+ / ♘f6xe4 gewinnt den Bauern zurück.

4.♕d1-e2 ♘e4–f6?? *(D)*

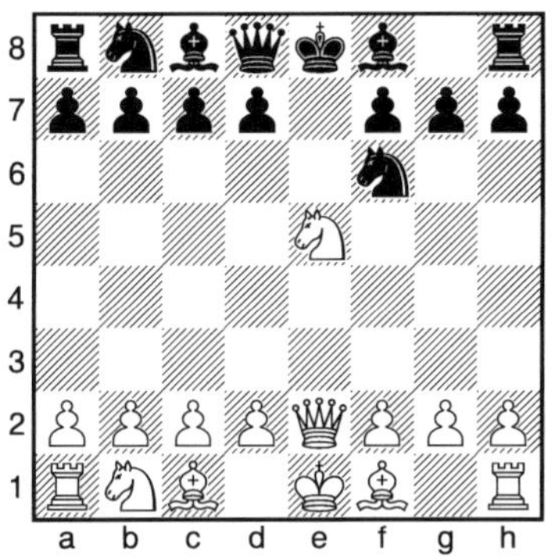

Ein fürchterlicher Anfängerfehler, der sofort verliert. Die richtige Fortsetzung ist 4...♕d8–e7 5.♕e2xe4 d7–d6 und Schwarz gewinnt das Pferd zurück.

5.♘e5–c6+

Abzugsschach und Angriff auf die Dame, die verloren geht, Game over!

5...♕d8–e7 6.♘c6xe7 ♗f8xe7 etc.

Doppelschach

Denkst du, du hättest nun das Schlimmste gesehen? Mach dich bereit für noch Härteres! Was ist, wenn beide Attacken auf den König zielen? Vielleicht kann er ja entkommen, oft aber ist er hilflos und muss Matt hinnehmen. Diese Art von Angriff nennt man **"Doppelschach"**. Oft sind beide Angriffe für sich allein simpel und leicht abzuwehren – aber eben nicht gleichzeitig! Lass uns einige vernichtende Doppelschachs bewundern:

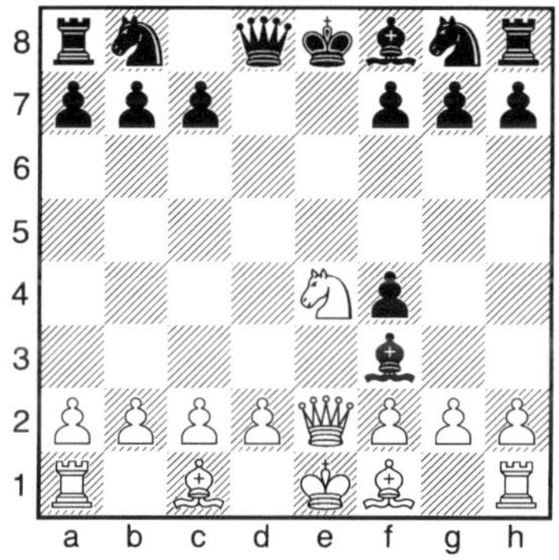

1.♘e4–f6#

Erinnerst du dich an den Damengewinn bei Russisch? Dies ist ähnlich, aber sogar noch stärker.

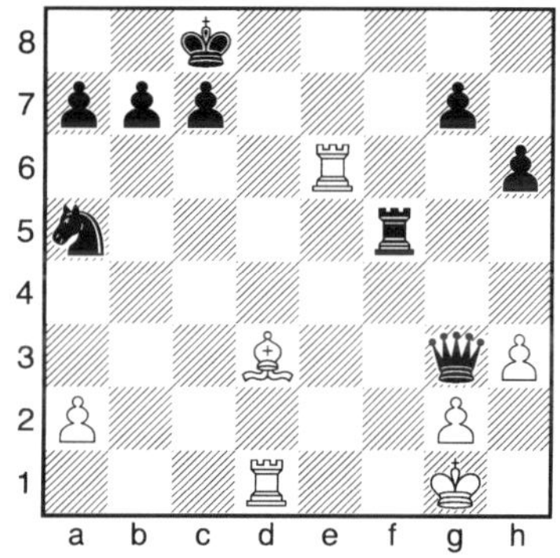

1.♖e6–e8+ ♔c8–d7 2.♗d3–b5#

Ein "all-in-one" Läuferzug. Er öffnet die d-Linie für den Turm, gibt selbst auch Schach und deckt den Turm auf der Grundreihe.

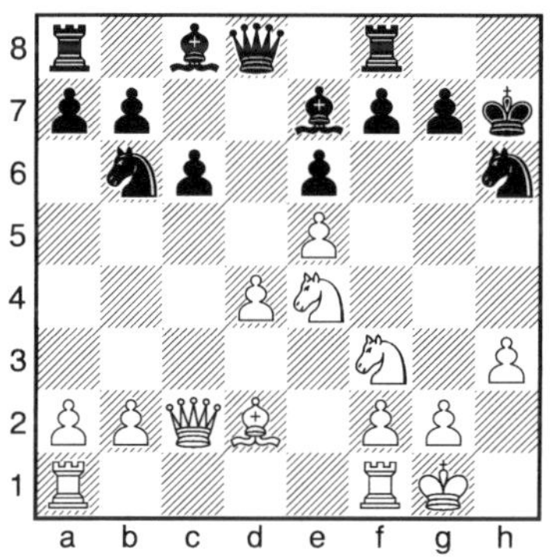

1.♘e4–f6+ ♔h7–h8 2.♕c2–h7#

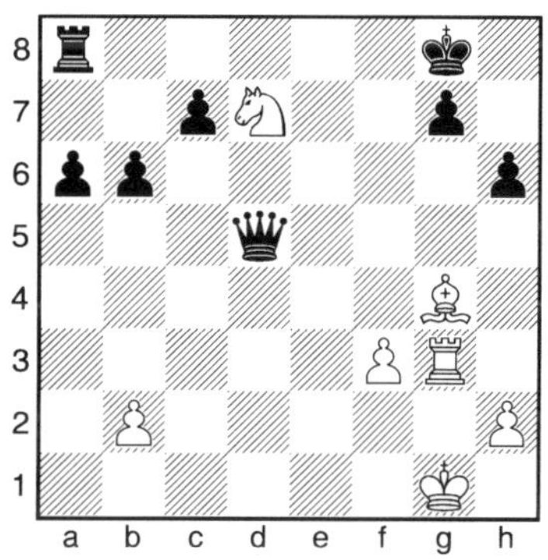

1.♘d7–f6+ g7xf6 2.♗g4–e6+

Kein Matt, aber Damengewinn

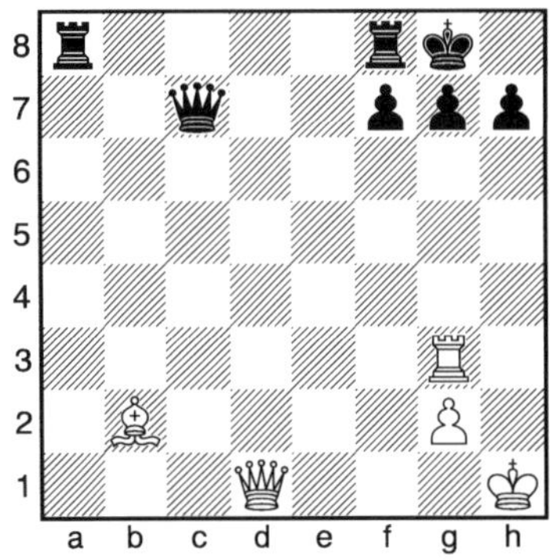

1.♖g3xg7+ ♔g8–h8

2.♖g7xf7+ gewinnt die Dame. Aber es geht noch besser:

2.♖g7–g8+ Doppelschach!

2...♔h8xg8 3.♕d1–g4#

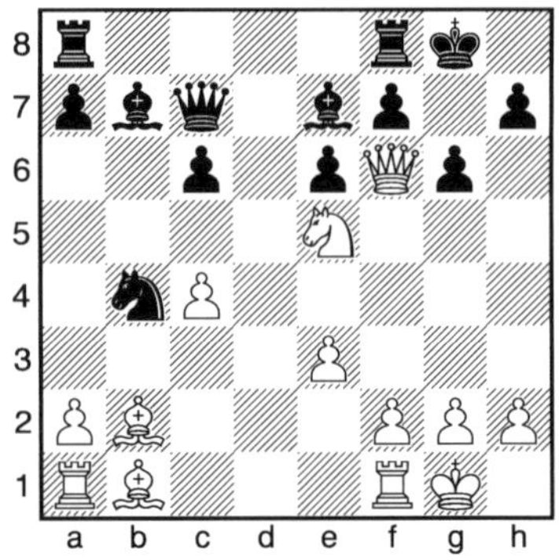

1.♕f6–h8+! ♔g8xh8

2.♘e5xf7+ ♔h8–g8 3.♘f7–h6#

Eine klassische Stellung aus der Partie Delmar - NN, gespielt in New York 1898

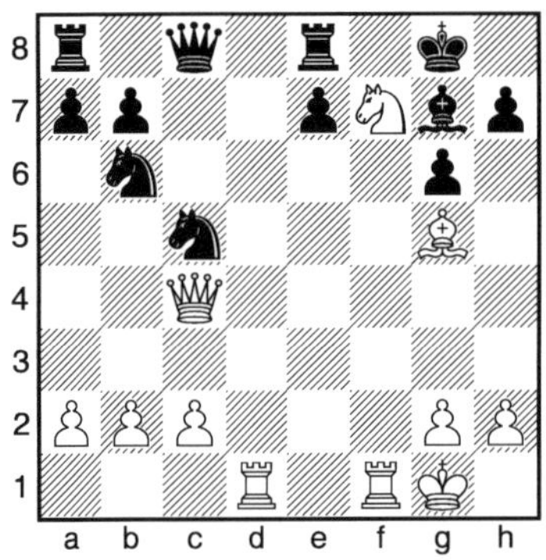

Kennst du vielleicht zufällig schon das **"erstickte Matt"**? Es ist über 500 Jahre alt, aber immer noch häufig zu sehen. Ein Doppelschach leitet es ein:

1.♘f7–h6+ ♔g8–h8

2.♕c4–g8+ ♖e8xg8

3.♘h6–f7#

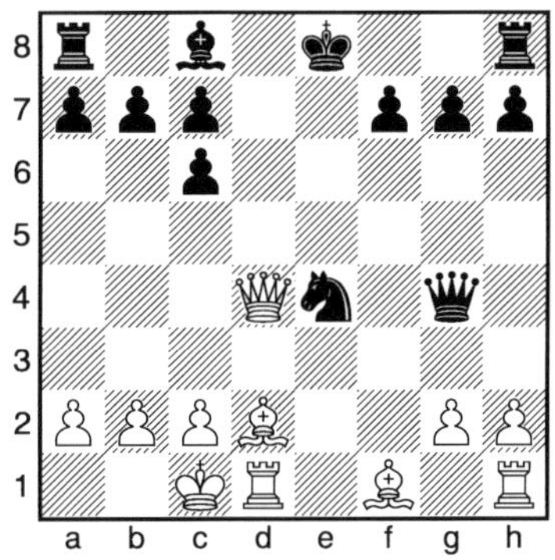

Und zum Abschluss eine der berühmtesten und verblüffendsten Doppelschach Stellungen aus der Partie Maczuski - Kolisch, gespielt in Paris 1864:

1.♕d4–d8+! ♔e8xd8

2.♗d2–g5+ ♔d8–e8

3.♖d1-d8#

Der "Gummiband-Trick"

In der "Französischen Verteidigung", kurz "Französisch" (gekennzeichnet durch den Zug 1...e7-e6) finden wir eine besondere Form das Abzugs nach nur wenigen Zügen:

1.e2-e4 e7-e6 2.d2-d4 d7-d5 3.e4-e5 c7-c5

4.c2-c3 ♘b8-c6 5.♘g1-f3 ♗c8-d7 6.♗f1-b5? *(D links)*

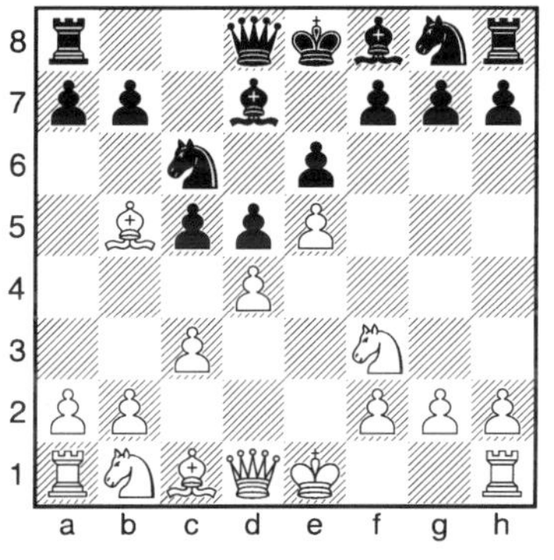

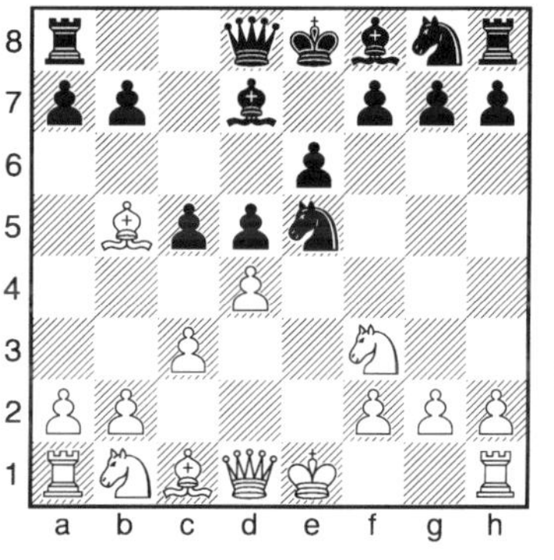

6...♘c6xe5 *(D rechts)* **7.♗b5xd7+ ♘e5xd7**

Nicht besser ist 7.♘f3xe5 ♗d7xb5; oder 7.d4xe5 ♗d7xb5

Diesen "Trick" nannte Großmeister Murray Chandler Gummiband-Trick, weil der Springer wie am Gummiband weg und wieder zurück springt. Das kann nicht nur in der Eröffnung passieren, sondern auch später und an allen Stellen auf dem Brett:

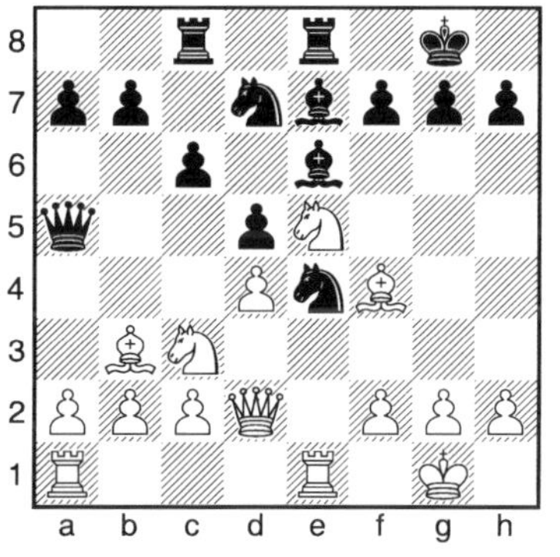

Der letzte Zug von Schwarz ♘f6-e4?? war ein dicker Fehler:

1.♘c3xe4 ♕a5xd2 2.♘e4xd2

Die "Zwickmühle"

Manchmal kann eine Figur wiederholt ein Schach aufdecken und mit dem jeweiligen Zug einen Stein schlagen. Der berühmte Großmeister und Theoretiker **Aaron Nimzowitsch** (1886–1935) nannte eine solche Situation eine **"Zwickmühle"**. In seinem berühmten Buch *"Mein System"* zeigte er das folgende konstruierte Beispiel:

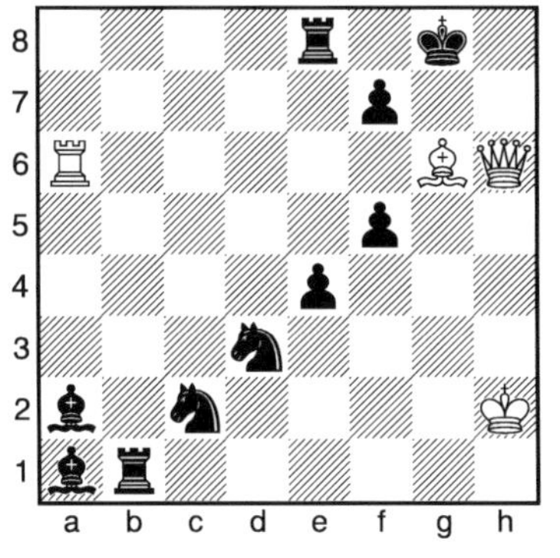

1.♗g6–h7+ ♔g8–h8 2.♗h7xf5+ ♔h8–g8 3.♗f5–h7+ ♔g8–h8 4.♗h7xe4+ ♔h8–g8 5.♗e4–h7+ ♔g8–h8 6.♗h7xd3+ ♔h8–g8 7.♗d3–h7+ ♔g8–h8 8.♗h7xc2+ ♔h8–g8 9.♗c2–h7+ ♔g8–h8 10.♗h7xb1+ *(D)*

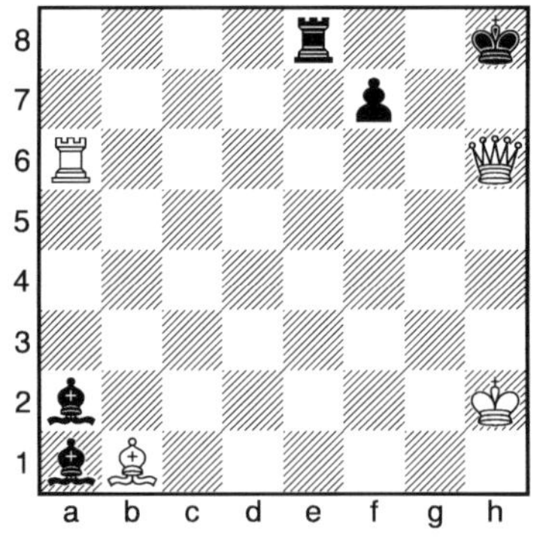

Und nach dem großen Gemetzel folgt nun das Finale:

10...♔h8–g8 11.♖a6–g6+ f7xg6 12.♗b1xa2+ ♖e8–e6 13.♗a2xe6#

Diagonale oder vertikale Zwickmühlen sind allerdings sehr rar. Häufiger sehen wir horizontal ausgerichtete Zwickmühlen, ganz besonders solche mit dem Turm auf der 7. (2.) Reihe.

In der Partie zwischen dem jungen mexikanischen Meister **Carlos Torre** gegen Ex-Weltmeister **Emanuel Lasker** im Turnier **Moskau 1925** führte der Youngster erfolgreich einen solchen Angriff und schuf eine berühmte Stellung, die in die Lehrbücher einging:

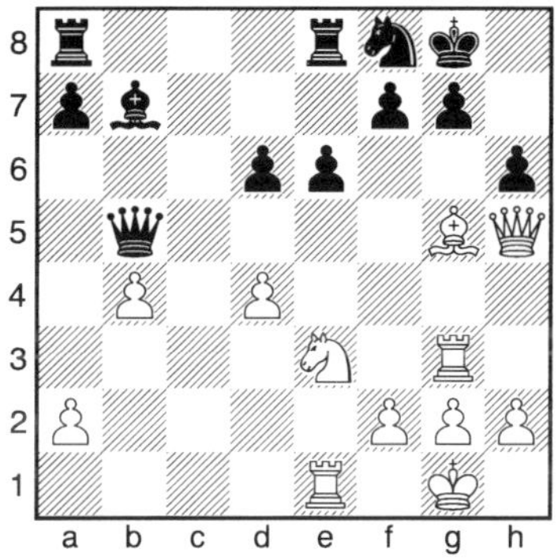

25.♗g5–f6 ♕b5xh5 26.♖g3xg7+ ♔g8–h8 *(D)*
27.♖g7xf7+ ♔h8–g8 28.♖f7–g7+ ♔g8–h8
29.♖g7xb7+ ♔h8–g8 30.♖b7–g7+ ♔g8–h8
31.♖g7–g5+ *(D rechts)*

Und endlich das Ende der Zwickmühle, gekrönt mit dem Gewinn der Dame:

31...♔h8–h7 32.♖g5xh5

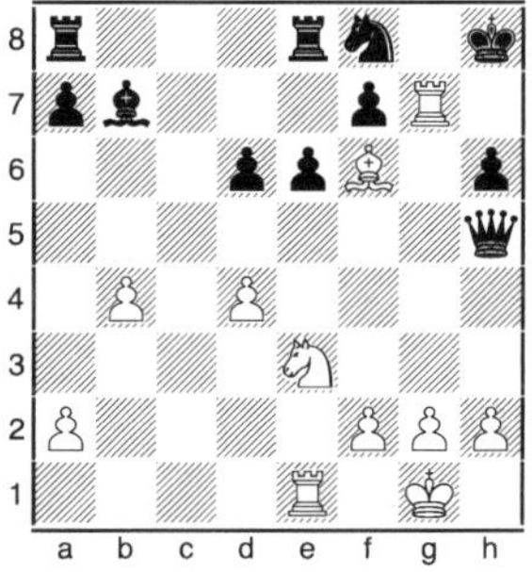

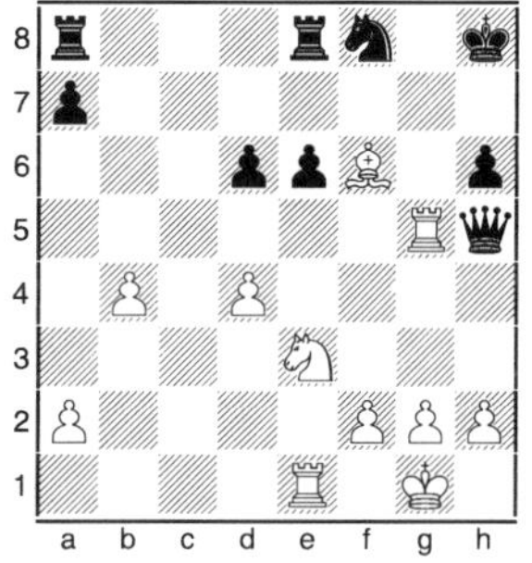

Genug des theoretischen Lernens für heute. Laß uns zu den Übungen gehen und alles rundum attackieren mit Abzugsangriffen, Abzugsschach und Doppelschachs!

Abzugsangriff Teil 1

Finde und nutze Abzugsangriffe!

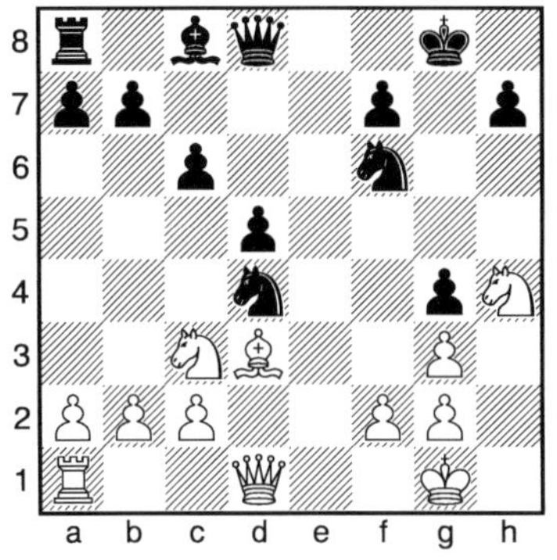

1

1. .... / ....

2. .... / ....

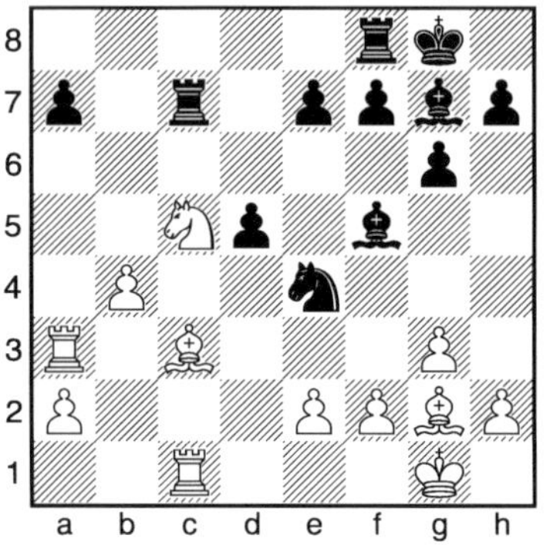

2

1. .... / ....

2. .... / ....

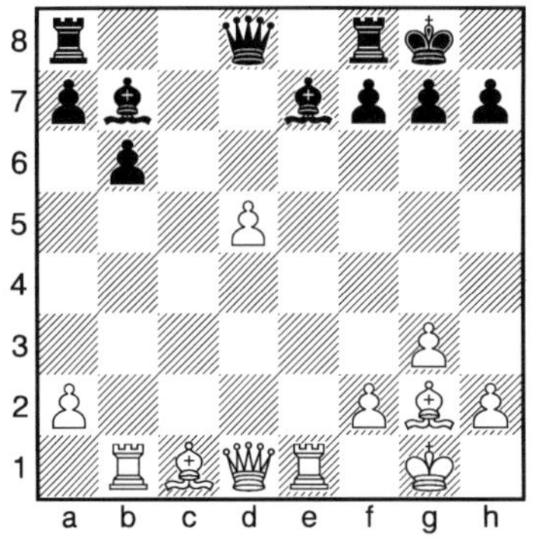

3

1. .... / ....

2. .... / ....

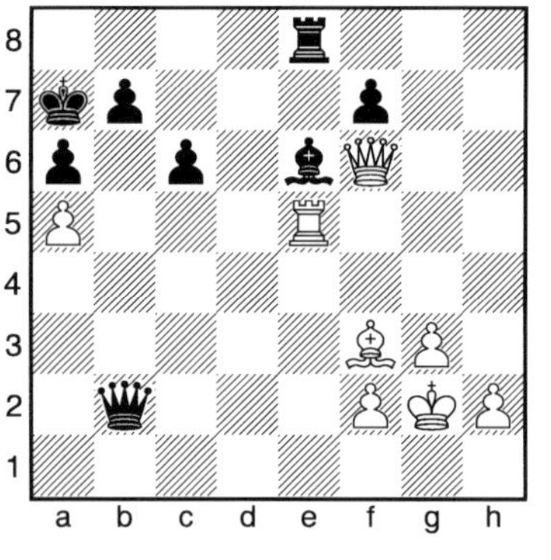

4 ❍ / ●

1. .... / ....

2. .... / ....

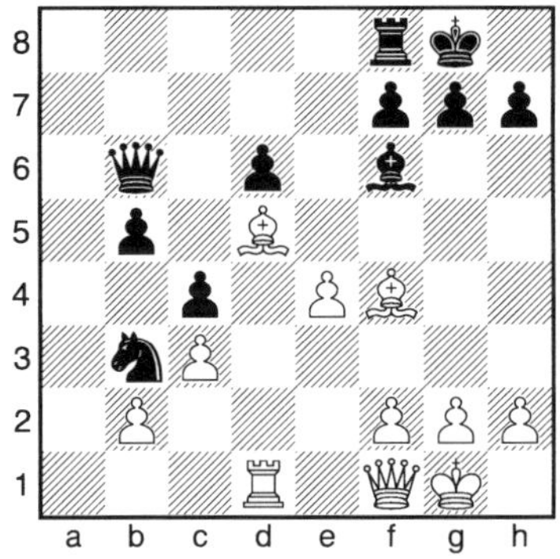

5

1. .... / ....

2. .... / ....

3. .... / ....

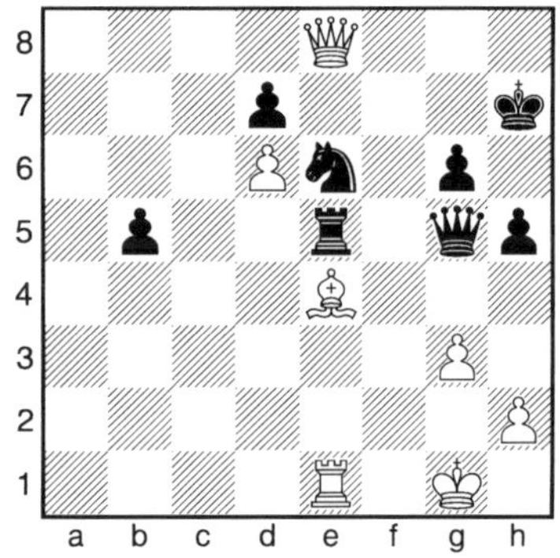

6

1. .... / ....

2. .... / ....

3. .... / ....

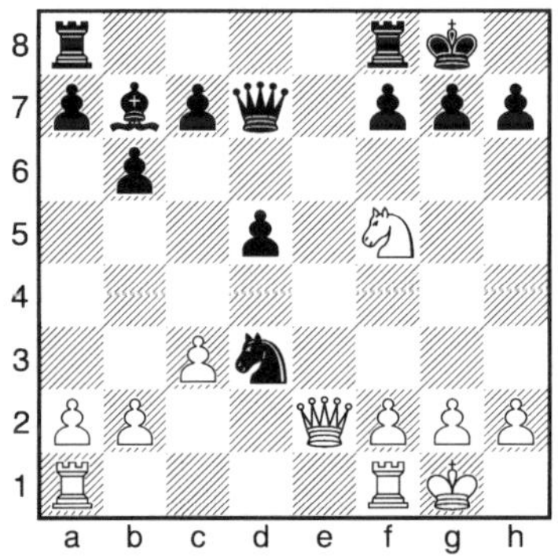

7

1. .... / ....

2. .... / ....

3. .... / ....

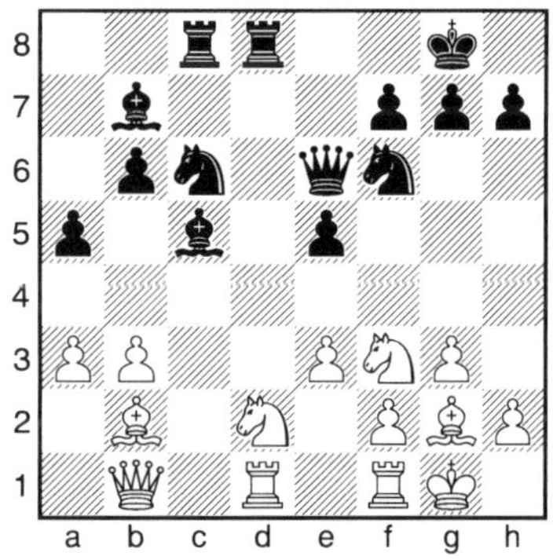

8

1. .... / ....

2. .... / ....

3. .... / ....

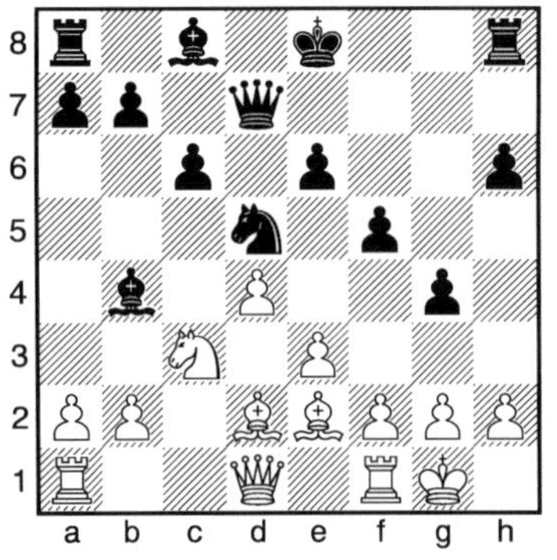

9

1. .... / ....

2. .... / ....

3. .... / ....

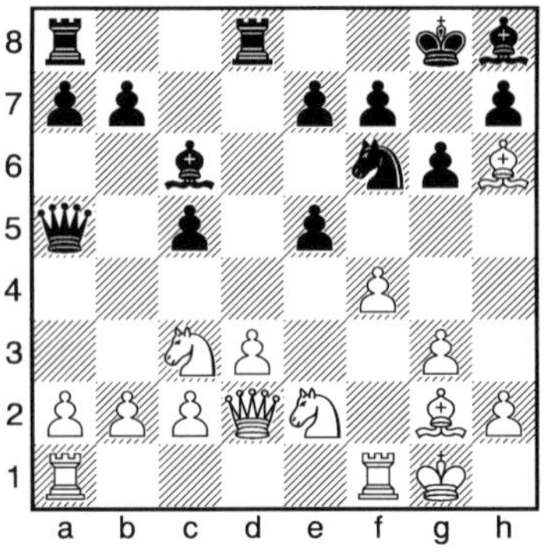

10

1. .... / ....

2. .... / ....

3. .... / ....

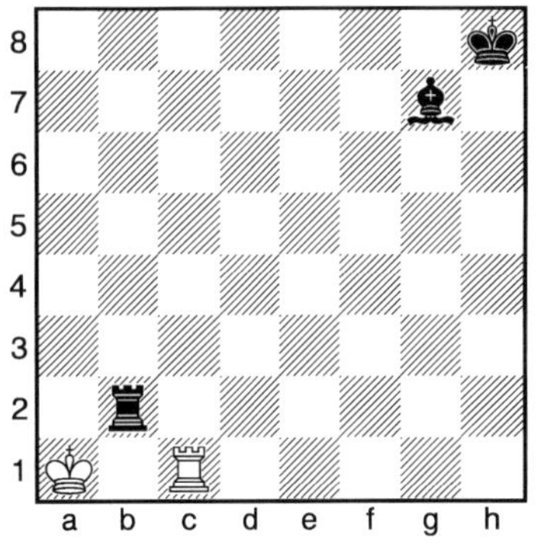

11 ●

1. -------------- / ....

2. .... / ....

3. .... / ....

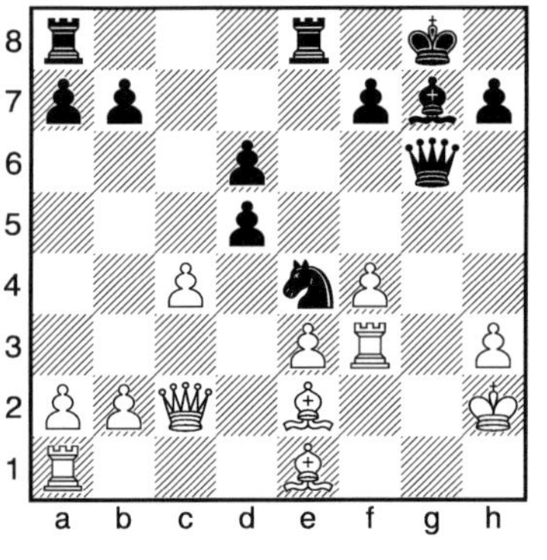

12 ●

1. -------------- / ....

2. .... / ....

3. .... / ....

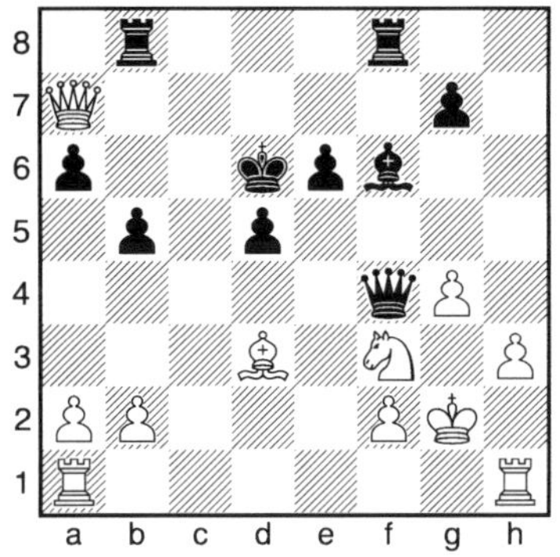

13 ●

1. ------------- / ....

2. .... / ....

3. .... / ....

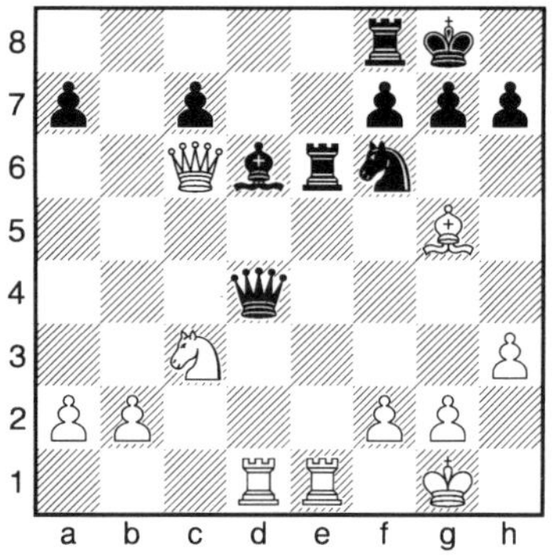

14 ●

1. ------------- / ....

2. .... / ....

3. .... / ....

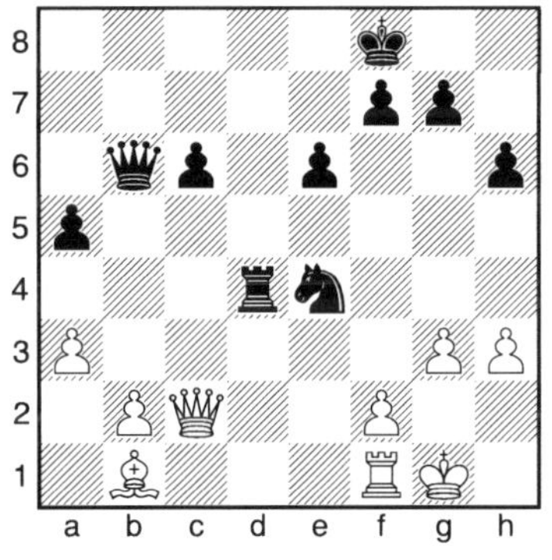

15 ●

1. ------------- / ....

2. .... / ....

3. .... / ....

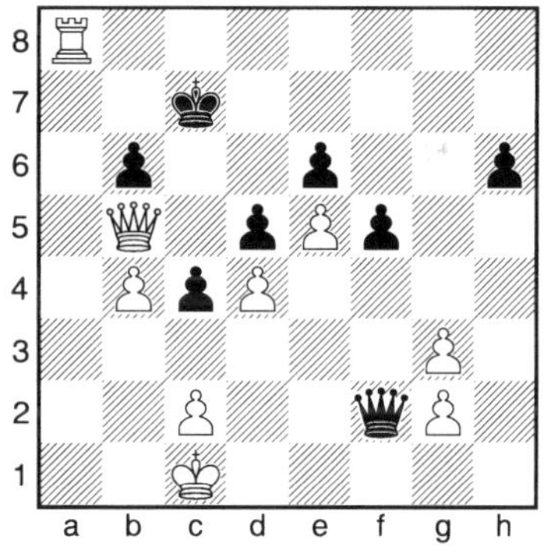

16 ●

1. ------------- / ....

2. .... / ....

3. .... / ....

Lösungen

Abzugsangriff Teil 1

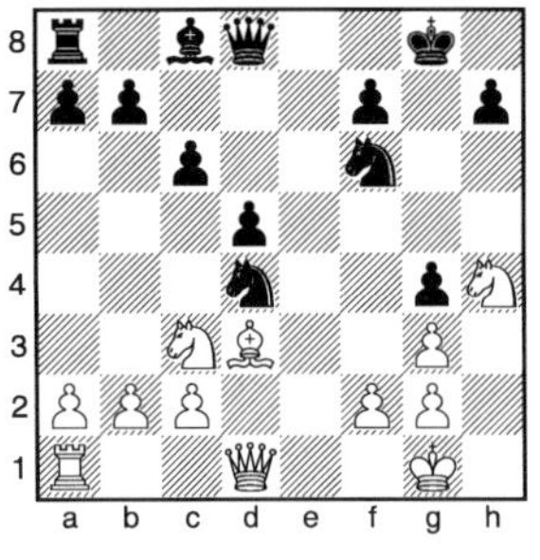

1.

Im letzten Zug schlug der schwarze Springer einen Bauern auf d4. Eine schlechte Idee und ein häufiger Fehler:

1.♗d3xh7+ ♘f6xh7 / ♔g8xh7
2.♕d1xd4

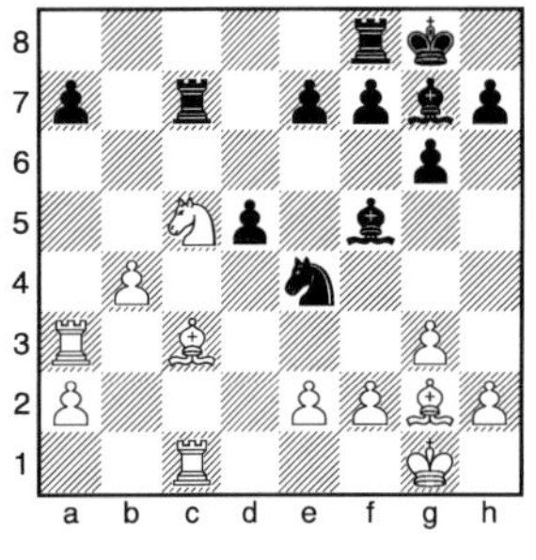

2.

Ein Abtausch leitet oft den Abzugsangriff ein:

1.♗c3xg7 ♔g8xg7
2.♘c5–e6+ ♗f5xe6 3.♖c1xc7

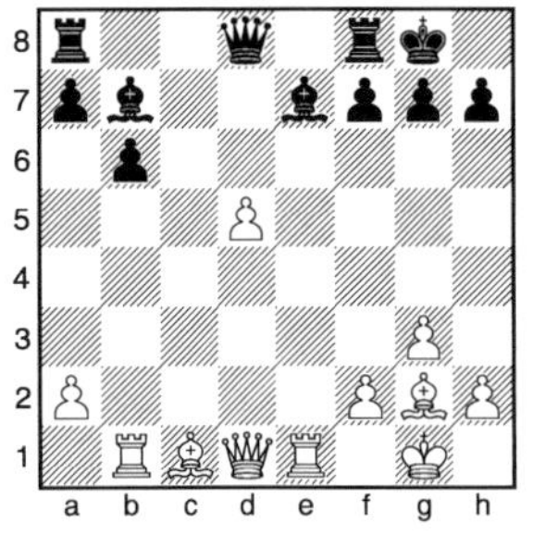

3.

Selbst der Bauer kann einen Abzugsangriff durchführen. Sein kleiner Schritt ist manchmal schon genug:

1.d5–d6 ♕d8xd6
2.♕d1xd6 ♗e7xd6 3.♗g2xb7

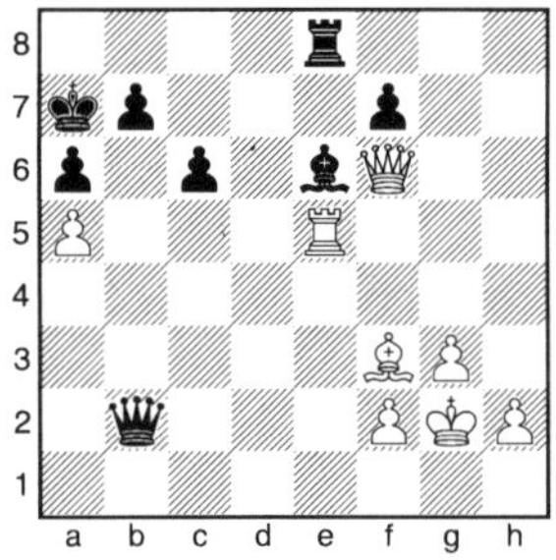

4.

Beide Seiten können einen Abzugsangriff anwenden:

○ **1.♖e5xe6 ♕b2xf6 2.♖e6xf6**

● **1.-- ♗e6-h3+ 2.♔g2xh3 ♖e8/♕b2xe5**

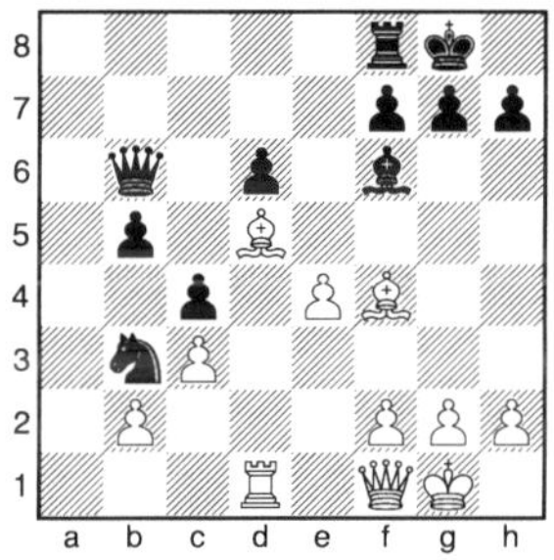

5.

1.♗f4xd6 ♖f8-d8 2.e4-e5

Mit Gewinnstellung.

Falls 1...♕b6xd6?? 2.♗d5xf7+

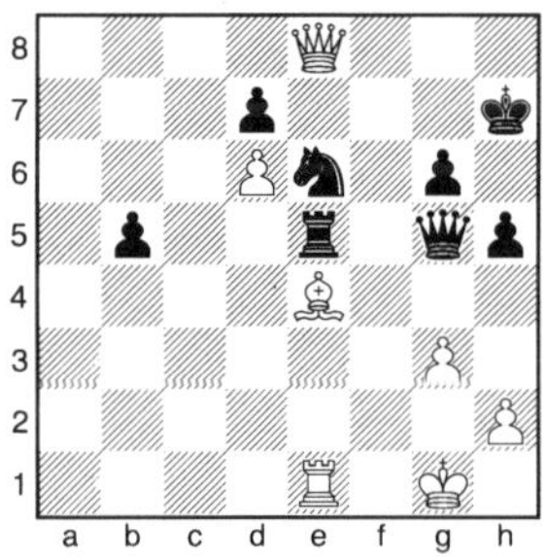

6.

1.♕e8xg6+ ♕g5xg6

Schwarz kann den Abtausch nicht verweigern: 1...♔h7-h8 2.♕g6-h7#

2.♗e4xg6+ ♔h7xg6 3.♖e1xe5

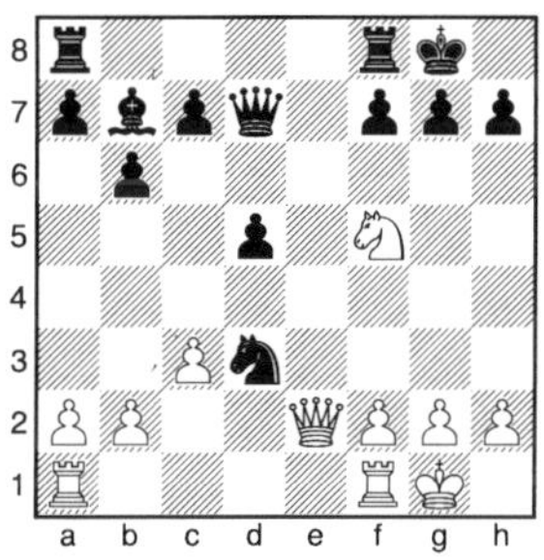

7.

1.♕e2-g4!

Eine der schlimmsten Abzugsstellungen überhaupt! Matt oder Damenverlust.

1...g7-g6 2.♘f5-h6+ ♔g8-g7 3.♕g4xd7

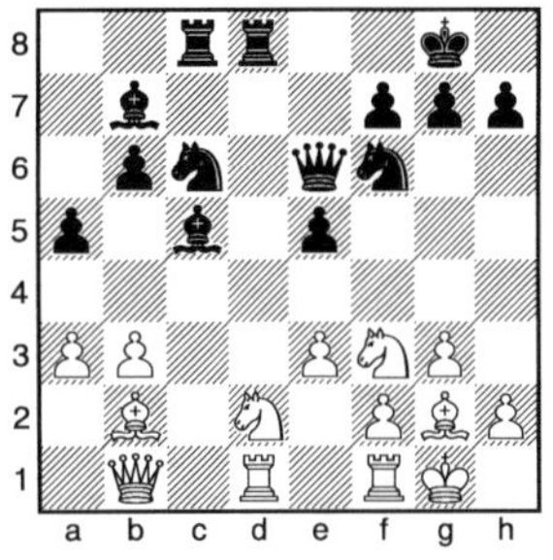

8.

Der ungeschützte Läufer auf b7 ist immer wieder das Ziel von Abzugsangriffen:

1.♘f3xe5 ♘c6xe5 2.♗g2xb7 ♖c8–c7 3.♗b7–g2

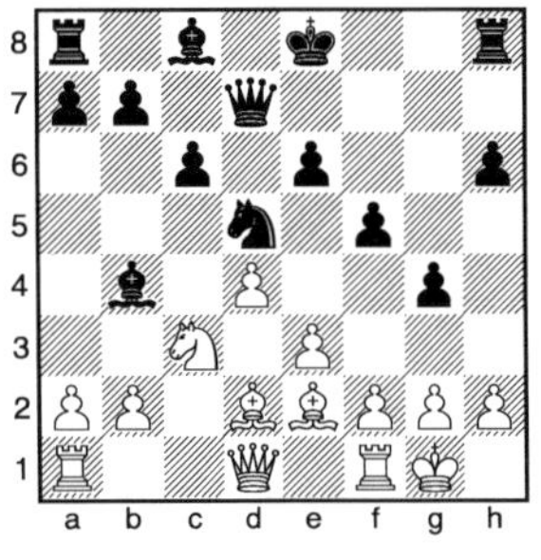

9.

1.♘c3xd5 c6xd5 2.♗d2xb4

Auch das ist eine häufig erscheinende Situation. Falls 1...♗b4xd2?? gabelt 2.♘d5–f6+ die Dame weg!

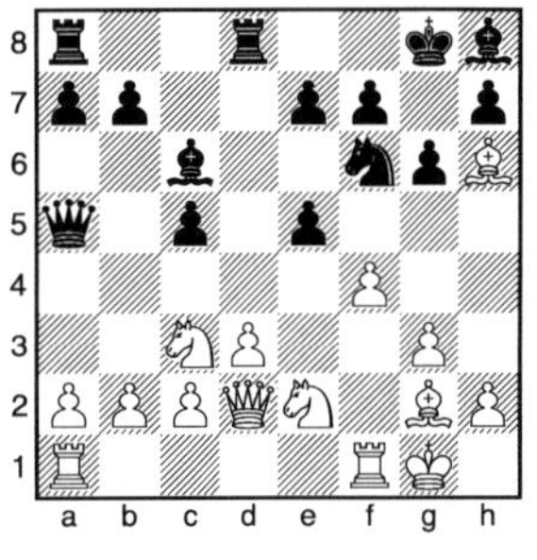

10.

1.♘c3–d5

Und die Dame ist verloren, denn auf ihren Weg-zug oder 1...♕a5xd2?? folgt 2.♘d5xe7#

1...♘f6/♗c6xd5 2.♕d2xa5

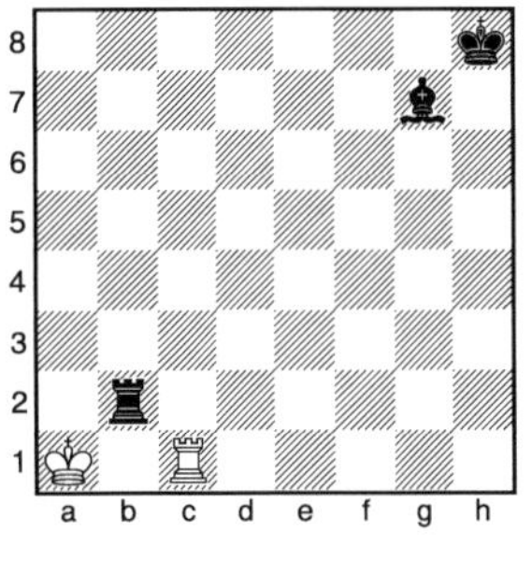

11.

1...♔h8–h7! 2.♖c1-h1+ ♖b2–h2+

Falls 2.♖c1-c3 ♖b2–b3 3.-- ♖b3xc3;
Oder 2.♖c1-c7 ♖b2–c2+

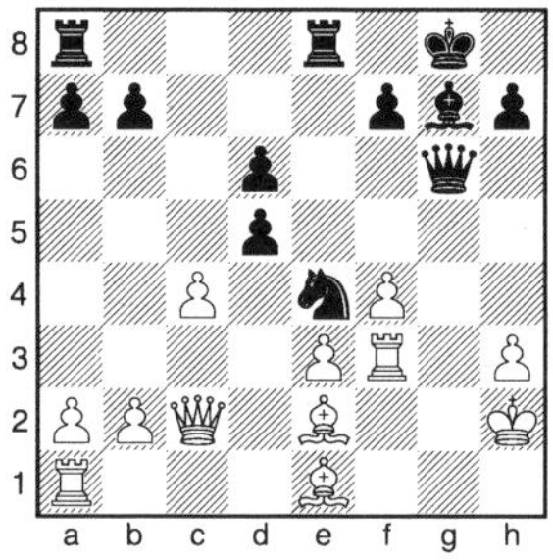

12.

1...♘e4–g5 2.♕c2xg6 ♘g5xf3+

Das nennt man **"Zwischenzug"**. Er unterbricht eine scheinbar erzwungene Zugfolge (z.B. zurückschlagen) mit einem Schach / einer Drohung.

3.♗e2xf3 h7xg6

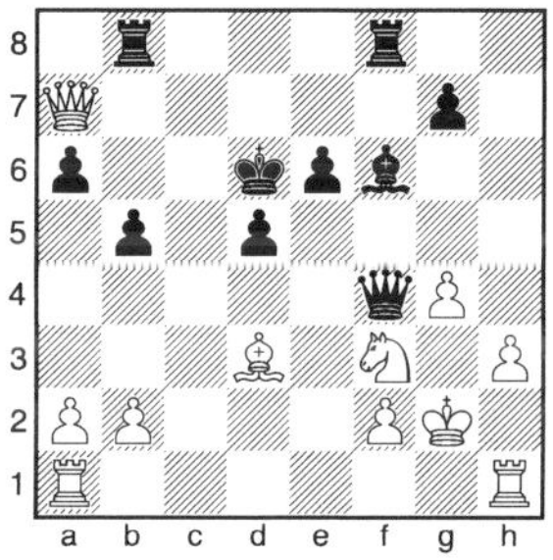

13.

1...♕f4xf3+ 2.♔g2xf3 ♗f6–d4+ 3.♔f3–g3 ♗d4xa7

Aufgepasst! 3.♔f3–g2? ♖f8xf2+ macht es noch schlimmer. Lass nach einer negativen Überraschung nicht in der Konzentration nach. Kämpfen!

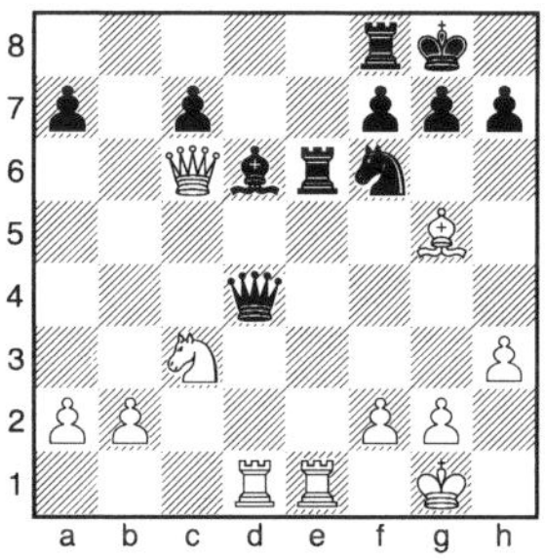

14.

Die angegriffene Dame zieht nicht etwa weg:

1...♕d4xd1
2.♖e1xd1 ♗d6–h2+
3.♔g1xh2 ♖e6xc6

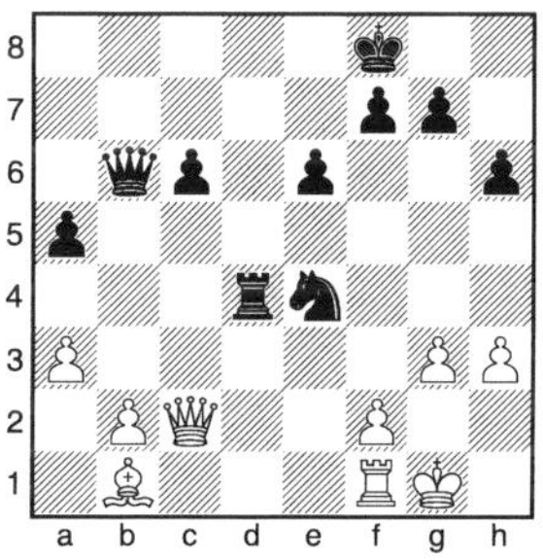

15.

1...♘e4xg3 2.♖f1-e1

Weiß darf nicht schlagen. Nach 2.f2xg3?? gewinnt ♖d4–d2+ die Dame!

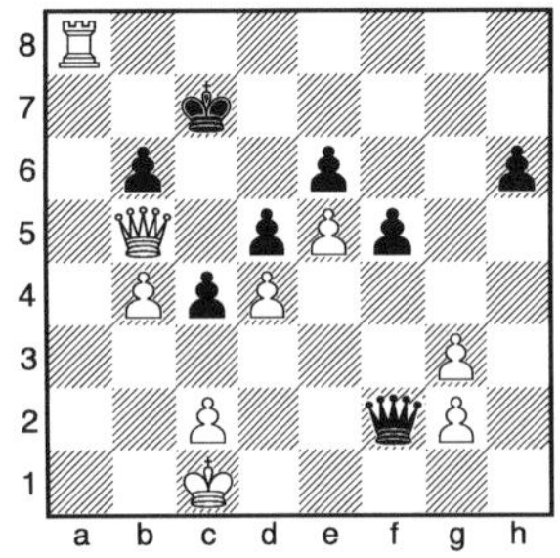

16.

Alles scheint verloren, nicht einmal ein Dauer-schach ist in Sicht. Aber ein Abzugsangriff wendet das Blatt:

1...♕f2–f1+ 2.♔c1-b2/d2 c4–c3+ 3.♔d2xc3 ♕f1xb5

Bist du jetzt bereit für kompliziertere Abzugsangriffe? Im nächsten Abschnitt sind sie besser verborgen als hier.

Wirf zuerst einen Blick auf die ganze Stellung! Siehst du eine verborgene Schwäche, ist ein Abtausch möglich, der etwas Wichtiges an der Stellung verändert, ist bereits eine Abzugsbatterie in Stellung / könnte entstehen hinter den eigenen oder den gegnerischen Steinen?

Abzugsangriff Teil 2

Finde Abzugsangriffe in drei und mehr Zügen!

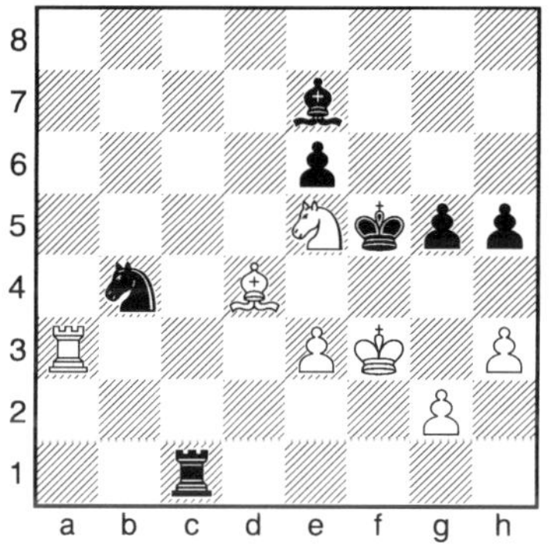

1

1. .... / ....

2. .... / ....

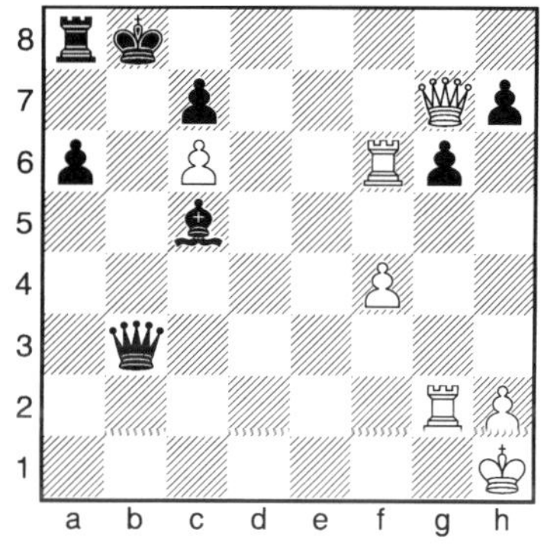

2

1. .... / ....

2. .... / ....

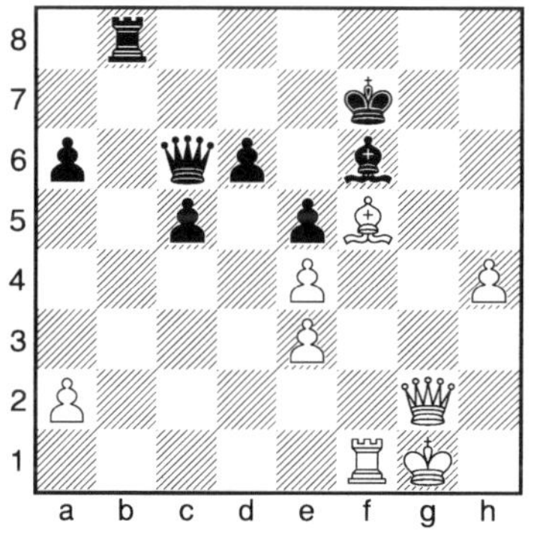

3

1. .... / ....

2. .... / ....

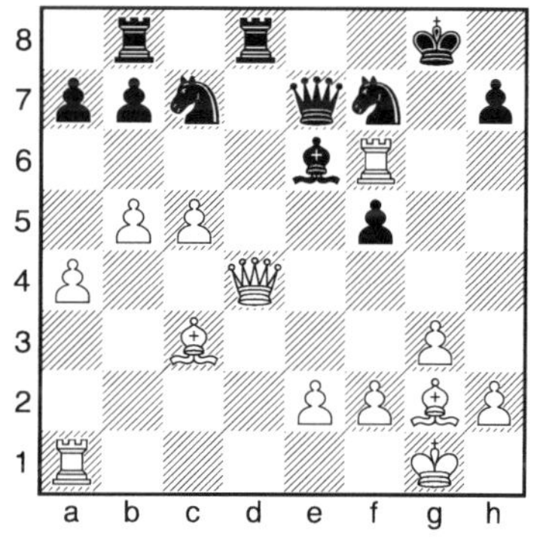

4

1. .... / ....

2. .... / ....

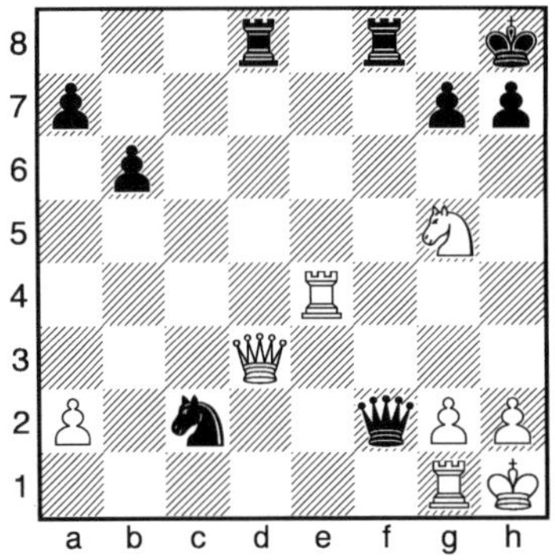

5

1. .... / ....

2. .... / ....

3. .... / ....

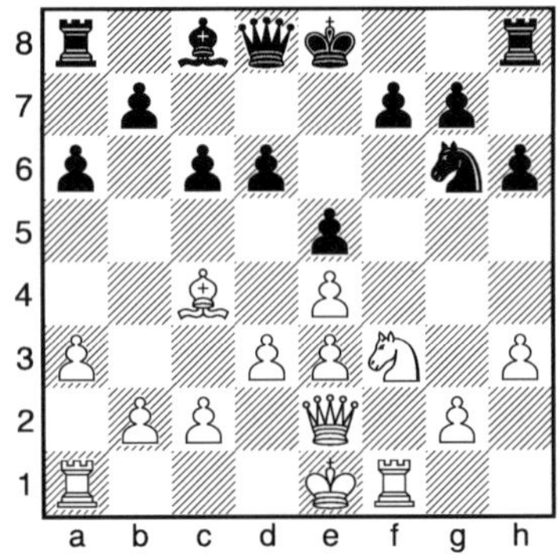

6

1. .... / ....

2. .... / ....

3. .... / ....

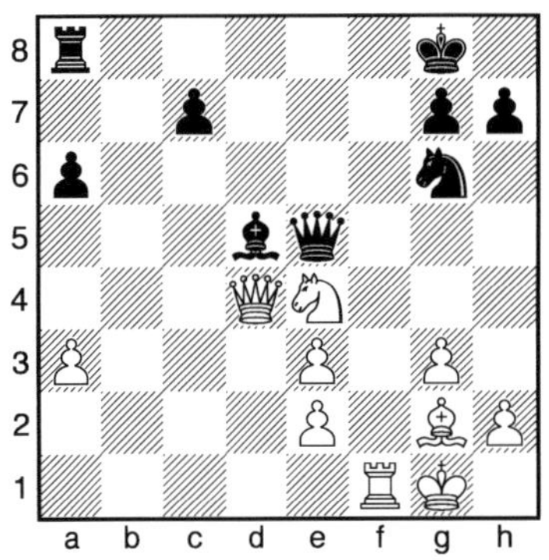

7

1. .... / ....

2. .... / ....

3. .... / ....

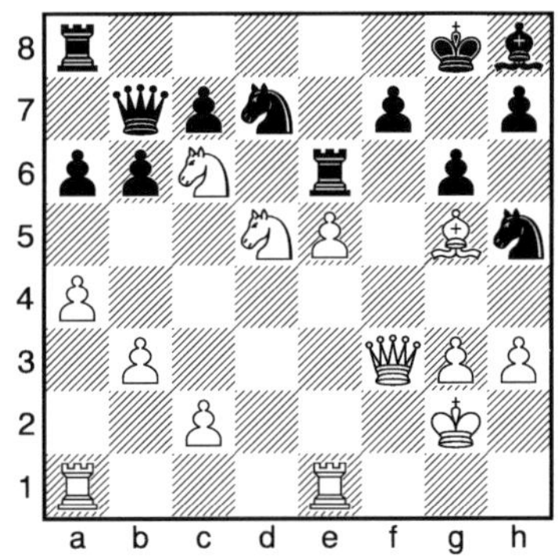

8

1. .... / ....

2. .... / ....

3. .... / ....

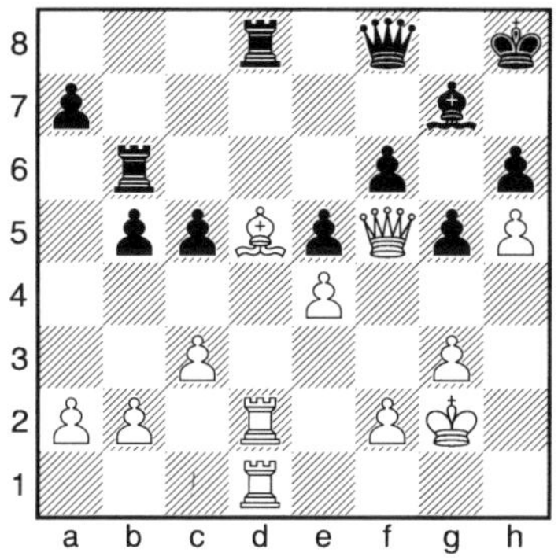

9

1. .... / ....

2. .... / ....

3. .... / ....

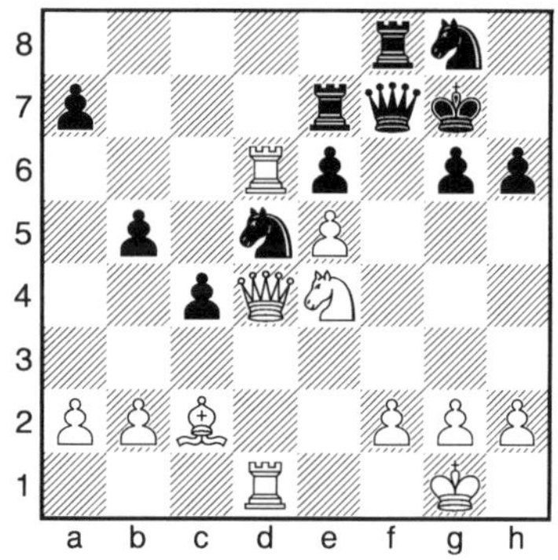

10

1. .... / ....

2. .... / ....

3. .... / ....

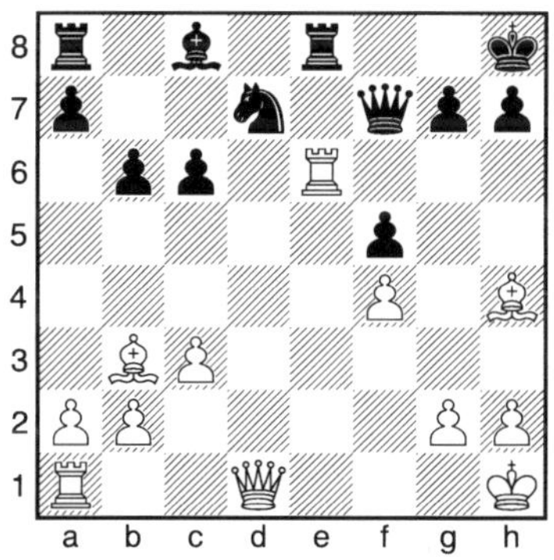

11

1. .... / ....

2. .... / ....

3. .... / ....

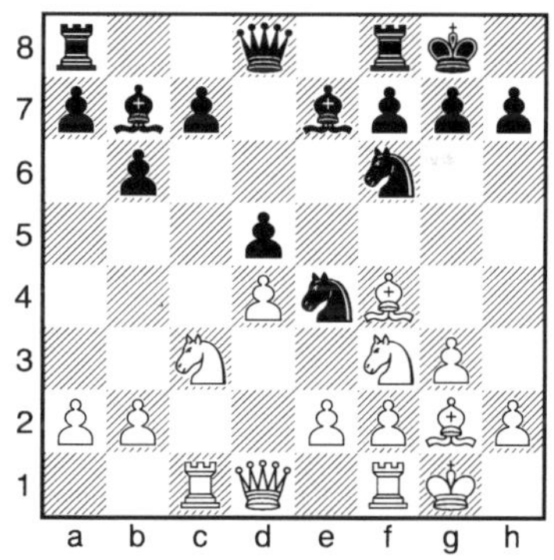

12

1. .... / ....

2. .... / ....

3. .... / ....

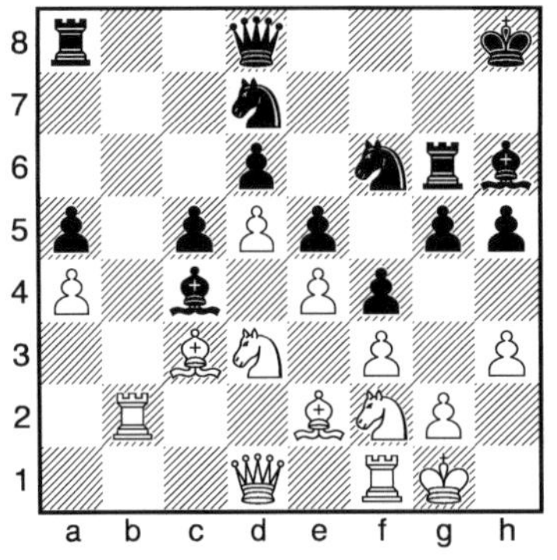

13

1. .... / ....

2. .... / ....

3. .... / ....

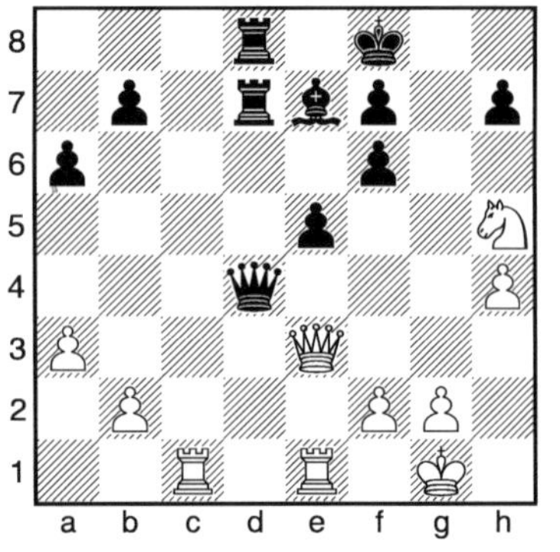

14

1. .... / ....

2. .... / ....

3. .... / ....

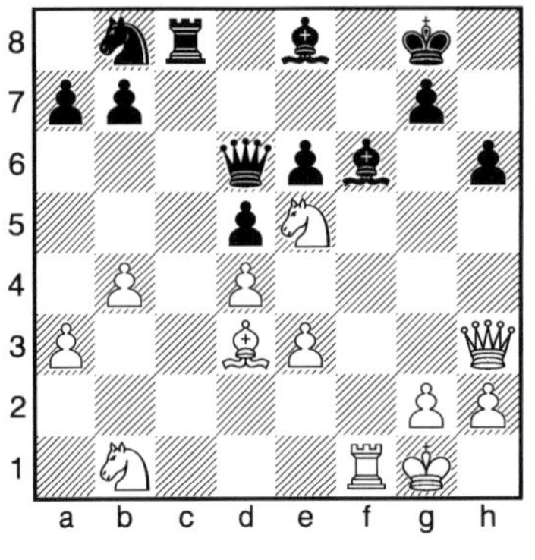

15

1. .... / ....

2. .... / ....

3. .... / ....

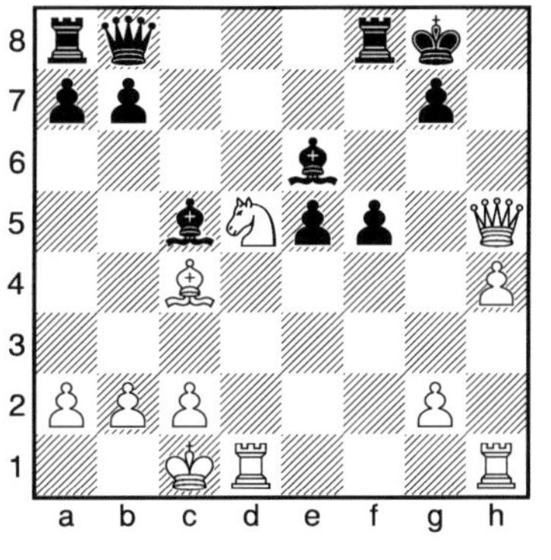

16

1. .... / ....

2. .... / ....

3. .... / ....

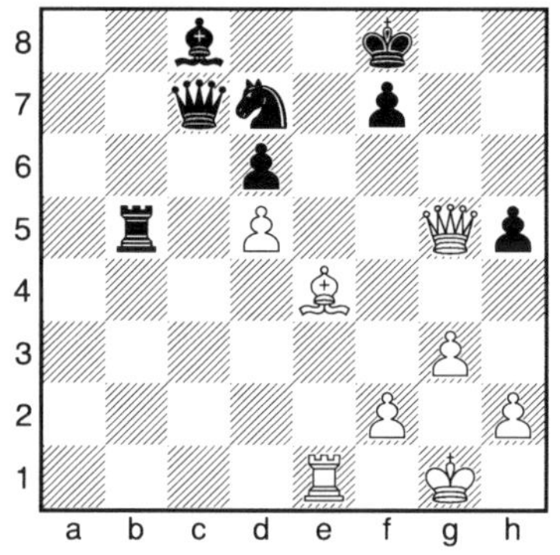

17

1. .... / ....

2. .... / ....

3. .... / ....

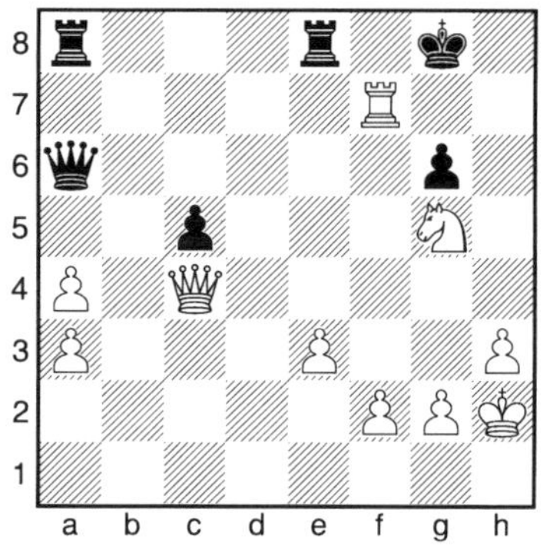

18

1. .... / ....

2. .... / ....

3. .... / ....

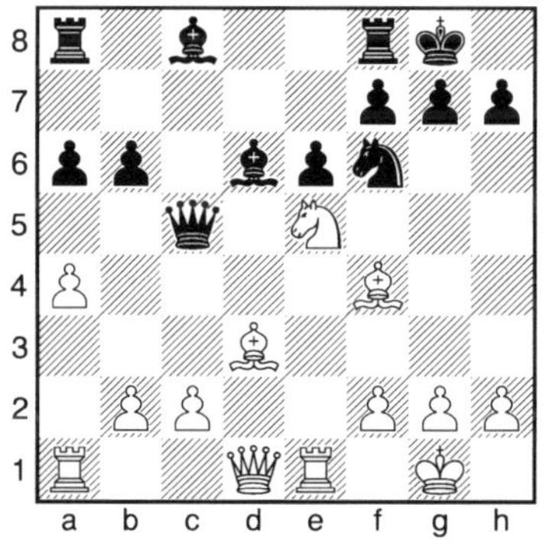

19

1. .... / ....

2. .... / ....

3. .... / ....

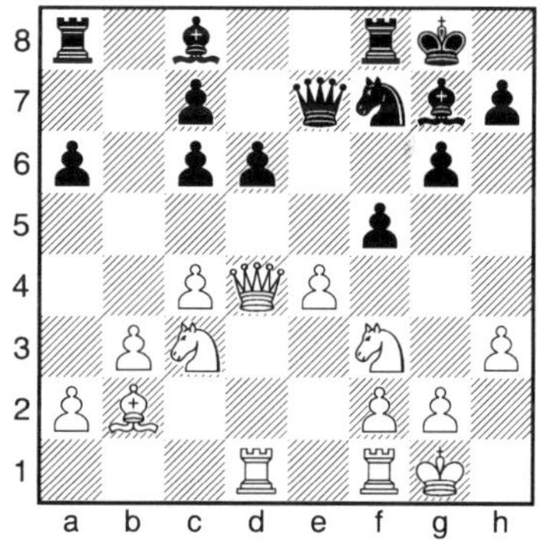

20

1. .... / ....

2. .... / ....

3. .... / ....

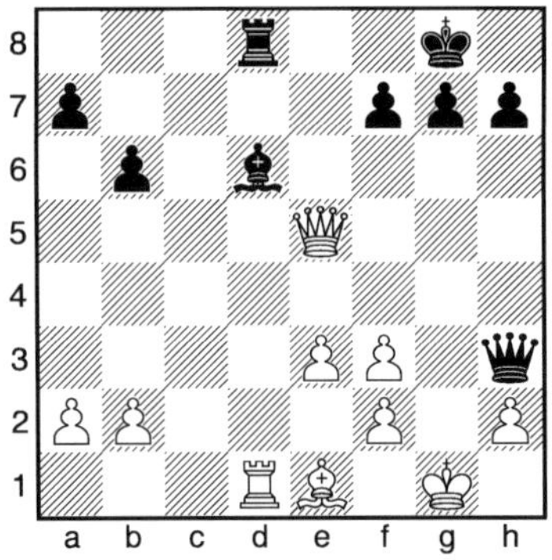

21 ●

1. ------------- / ....

2. .... / ....

3. .... / ....

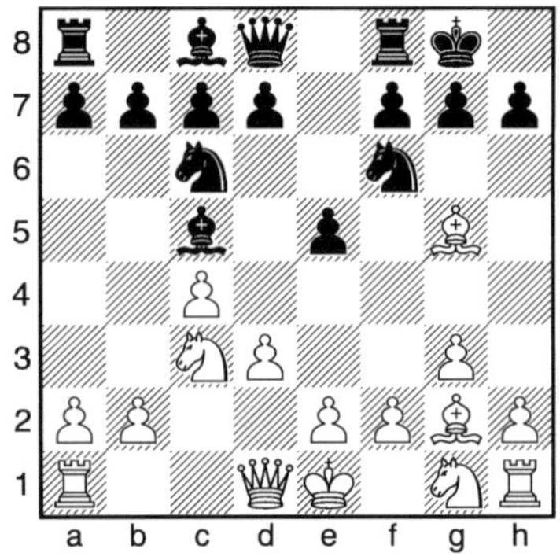

22 ●

1. ------------- / ....

2. .... / ....

3. .... / ....

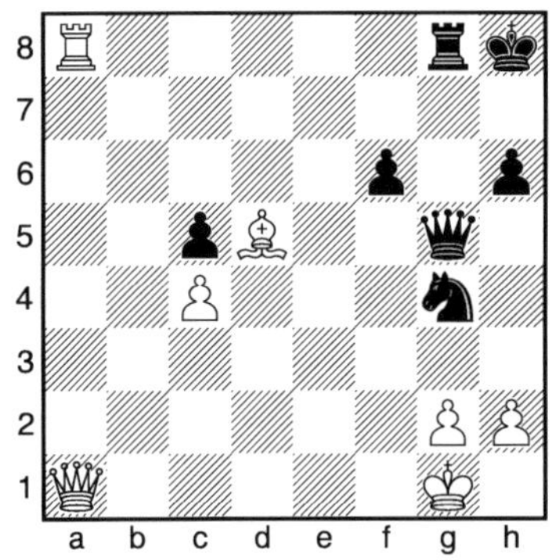

23 ●

1. ------------- / ....

2. .... / ....

3. .... / ....

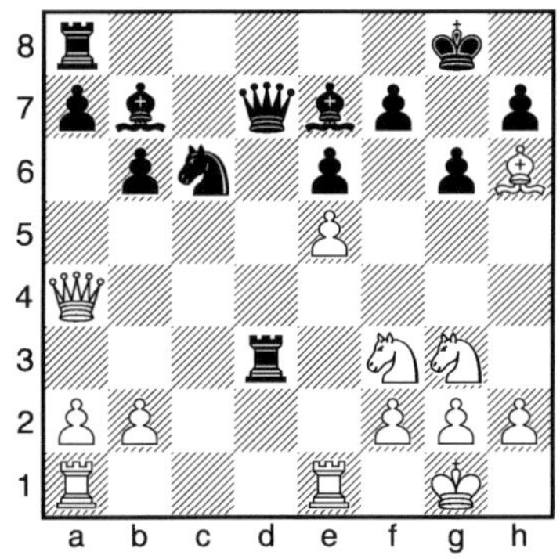

24 ●

1. ------------- / ....

2. .... / ....

3. .... / ....

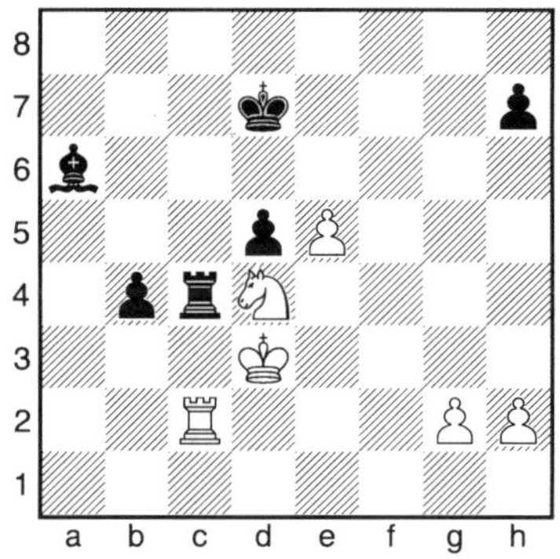

25 ●

1. ------------- / ....

2. .... / ....

3. .... / ....

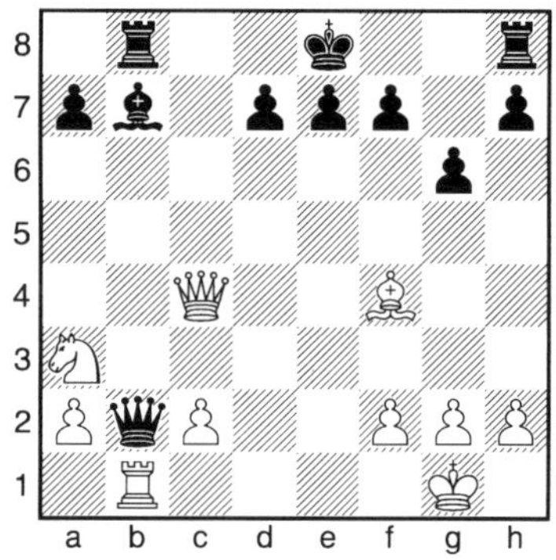

26 ●

1. ------------- / ....

2. .... / ....

3. .... / ....

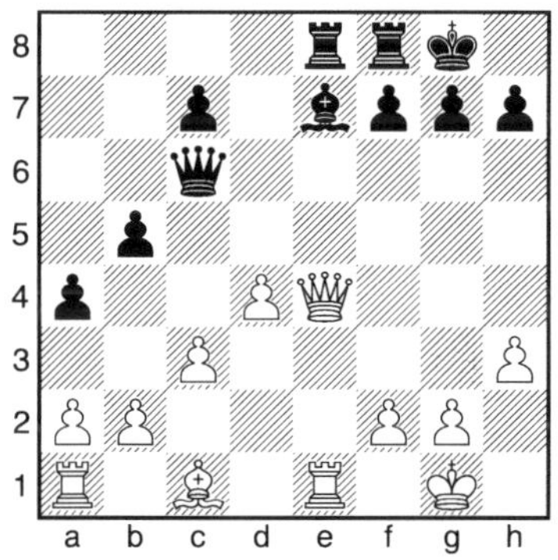

27 ●

1. ------------- / ....

2. .... / ....

3. .... / ....

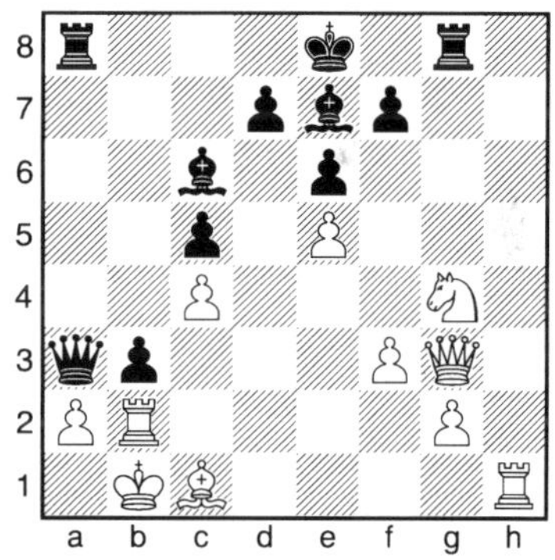

28 ●

1. ------------- / ....

2. .... / ....

3. .... / ....

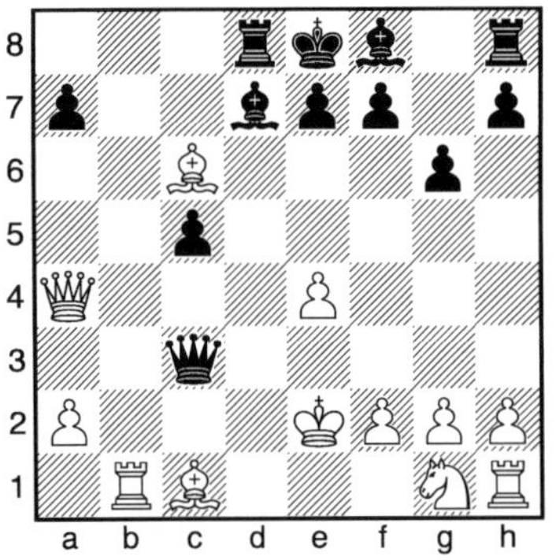

29 ●

1. -------------- / ....

2. .... / ....

3. .... / ....

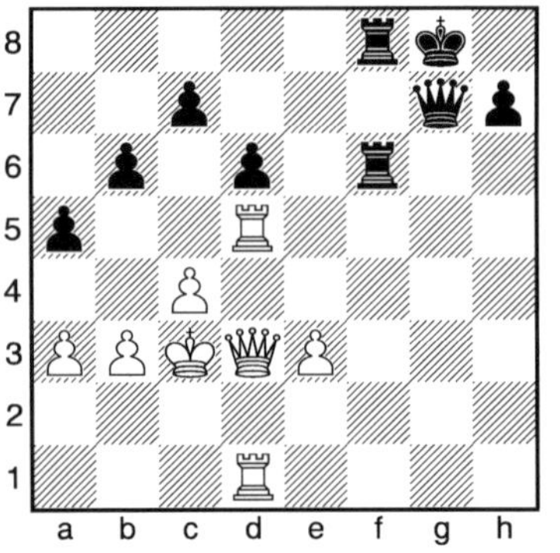

30 ●

1. -------------- / ....

2. .... / ....

3. .... / ....

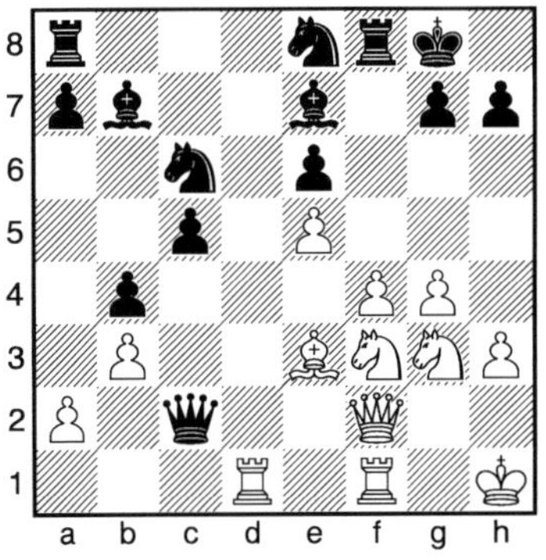

31 ●

1. -------------- / ....

2. .... / ....

3. .... / ....

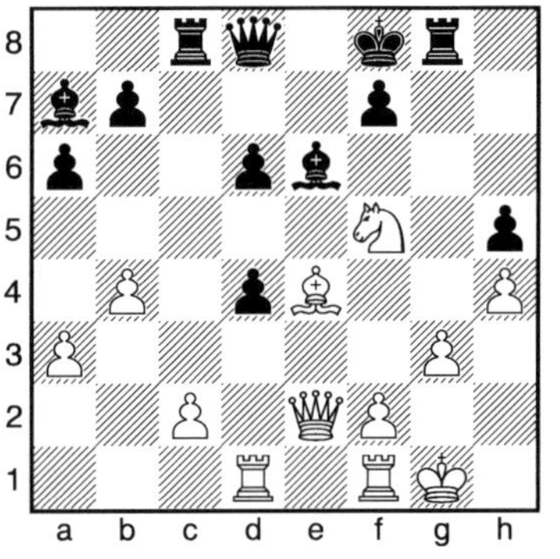

32 ●

1. -------------- / ....

2. .... / ....

3. .... / ....

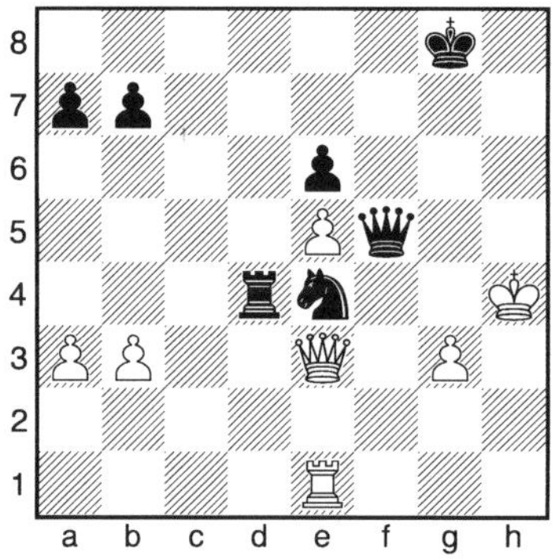

33 ●

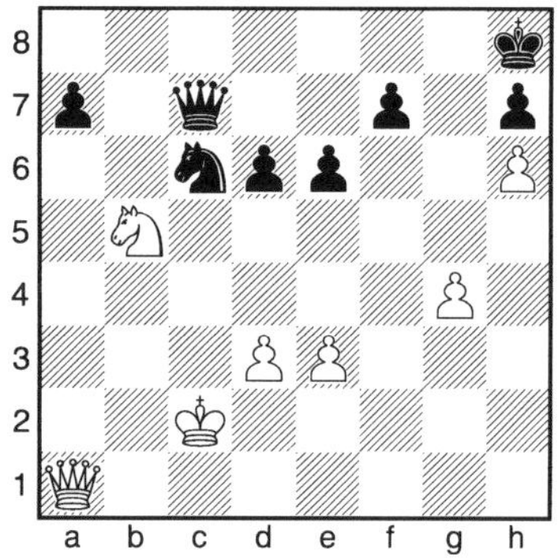

34 ●

1. -------------- / ....

2. .... / ....

3. .... / ....

1. -------------- / ....

2. .... / ....

3. .... / ....

Lösungen

Abzugsangriff Teil 2

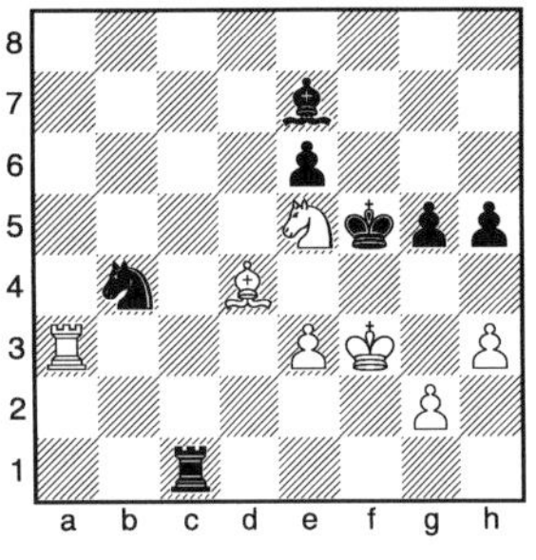

1.

1.e3–e4+

Zwingt den König in einen Abzug. Ähnlich ist 1.g2–g4+ h5xg4+ 2.h3xg4+.

1...♔f5–f6 2.♘e5–d3+

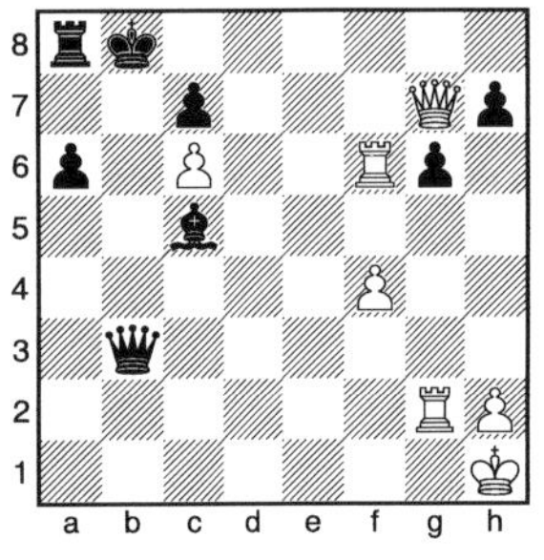

2.

1.♖g2–b2

Ein leicht zu widerlegender Spieß, der aber die Dame in einen Abzug zwingt.

1...♕b3xb2 2.♖f6–f8+ ♚b8–a7 3.♕g7xb2

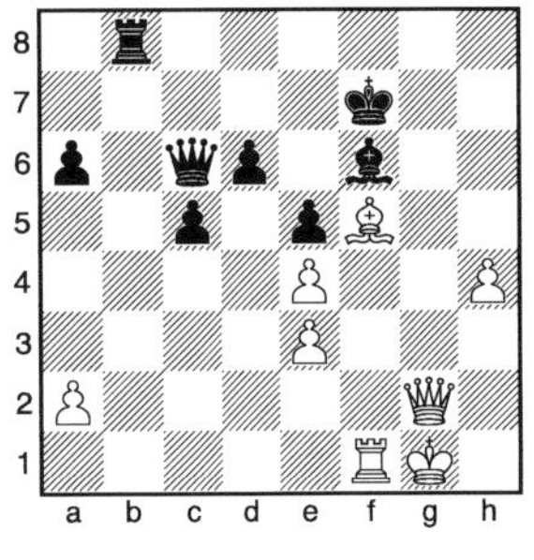

3.

1.♕g2–g6+ ♔f7– e7
2.♕g6xf6+ ♚e7xf6 3.♗f5–d7+

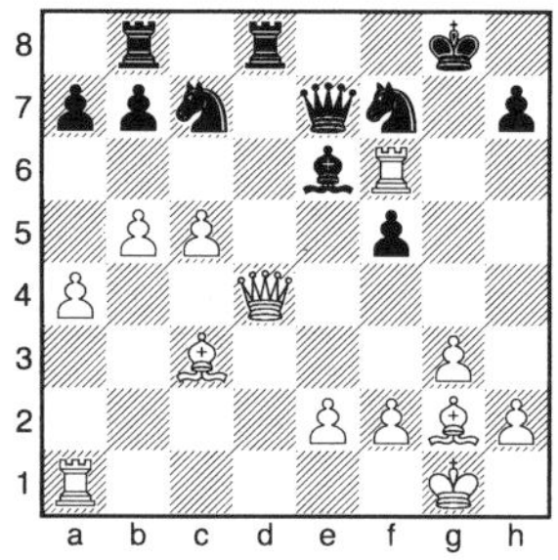

4.

1.♖f6–g6+ ♔g8–f8

Falls 1...h7xg6 2.♕d4–g7#

2.♖g6–g8+ ♔f8xg8 3.♕d4–g7#

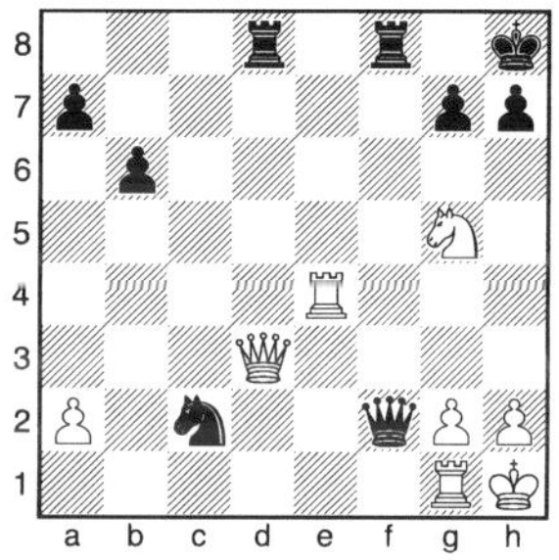

5.

1.♖e4–d4

Droht Matt auf h7 und greift gleichzeitig den Turm auf d8 an, der verloren geht.

1...g7–g6 2.♖d4xd8

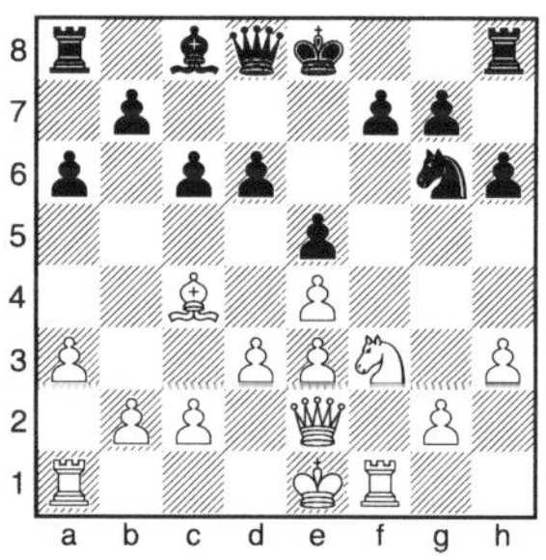

6.

1.♗c4xf7+ ♔e8xf7 2.♘f3xe5+

Falls 2...♔f7–g8 3.♘e5xg6 ♗c8–e6 4.♘g6xh8 *(3...♖h8–h7 4.♖f1-f8+)*

2...♔f7–e8 3.♘e5xg6 ♖h8–g8

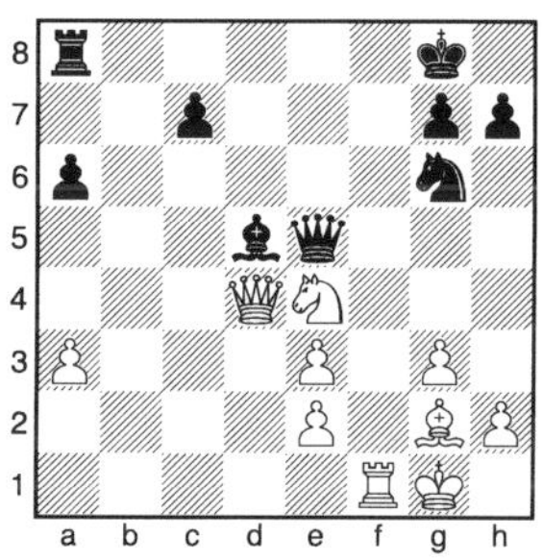

7.

1.♕d4xe5 ♘g6xe5
2.♘e4–f6+ ♔g8–h8 3.♘f6xd5

Ein schwerer Fehler wäre 2...g7xf6?? mit der vernichtenden Gabel 3.♗g2xd5+.

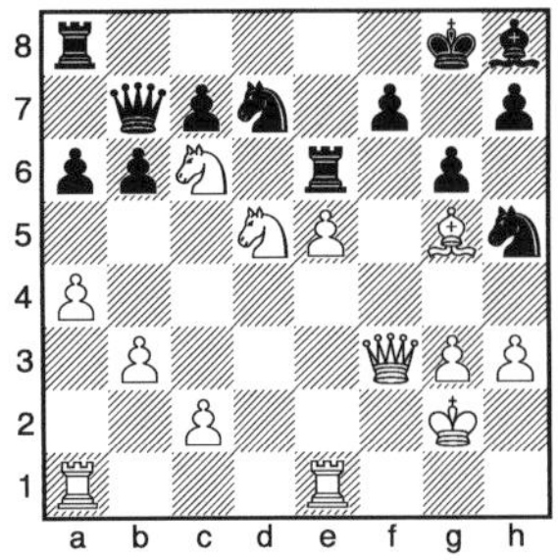

8.

1.♘c6–d8!

Der erste Schritt zum Abzugsangriff!

1...♖a8xd8 2.♘d5–e7+ ♖e6xe7 3.♕f3xb7

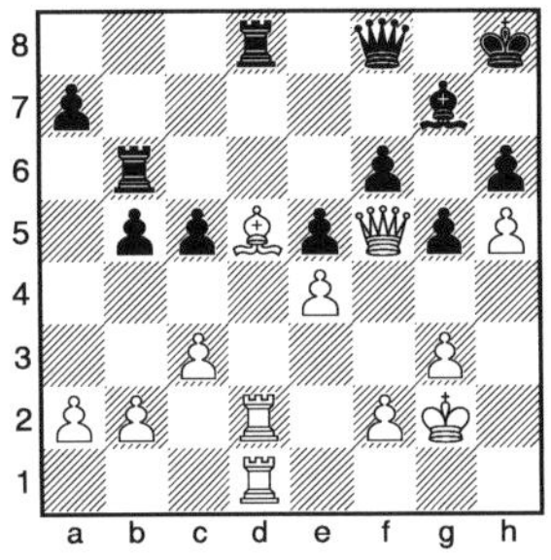

9.

1.♗d5–g8!

Droht Matt auf der Stelle! Falls 1...♖d8xd2?? 2.♕f5–h7#. Das abzuwenden wird teuer:

1...♔h8xg8 2.♖d2xd8

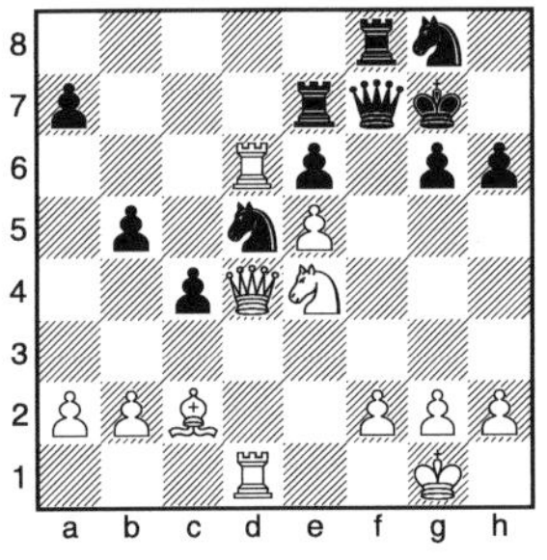

10.

1.♖d6xd5

Weglenkungsopfer für den Abzugsangriff des Bauern.

1...e6xd5 2.e5–e6+

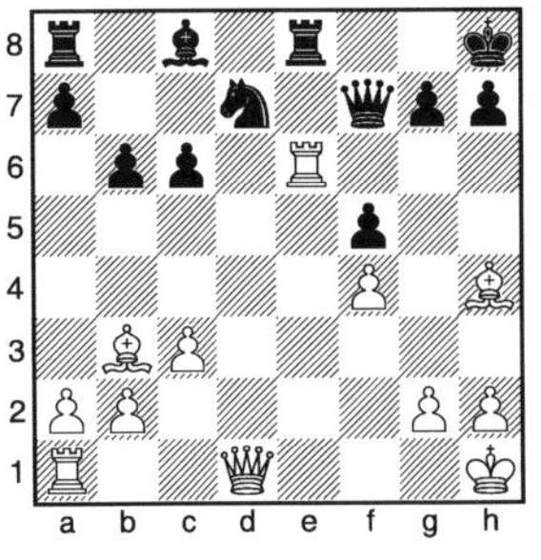

11.

1.♖e6–h6!

Das führt zu schwerem Materialverlust oder Matt::

1...♕f7–f8 2.♖h6xh7+ ♔h8xh7 3.♕d1–h5#

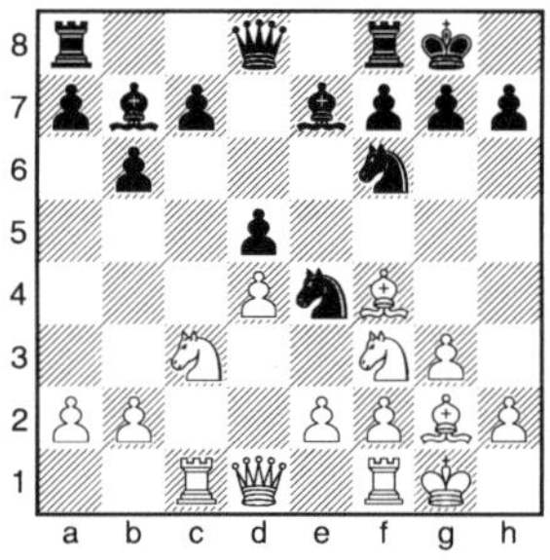

12.

1.♗f4xc7 ♕d8xc7 und **2.♘c3xd5 ♕c7–d6 3.♘d5xe7+ ♕d6xe7 4.♘f3–e5**

Das gibt Weiß einen netten Vorposten–Springer und führt so zu weiterem Abtausch, was gut ist, wenn man einen Mehrbauern hat. Sei vorsichtig, wenn der Gegner eine halboffene Linie hat!

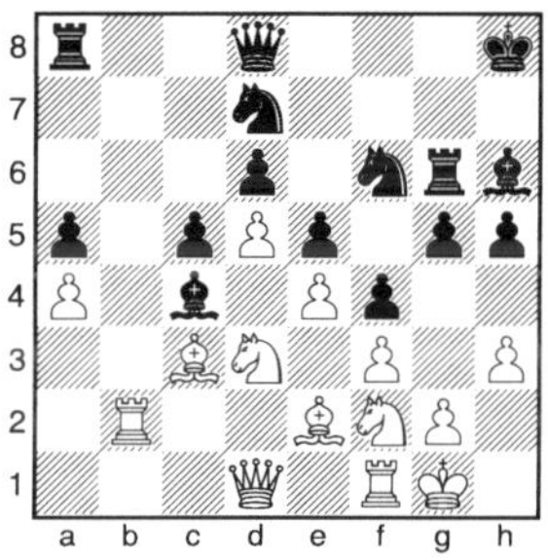

13.

Wir kennen den **"Gummiband–Trick"** aus der Eröffnung. Hier erscheint er mitten auf dem Brett:

1.♘d3xf4 g5xf4 2.♗e2xc4

Falls 1...♗c4xe2?? folgt der Zwischenzug 2.♘f4xg6+.

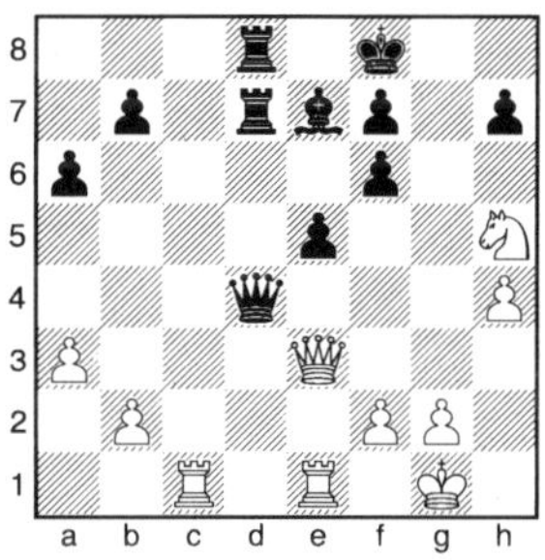

14.

1.♕e3–h6+ ♔f8–e8
2.♘h5–g7+ ♔e8–f8
3.♘g7–e6+ ♔f8–e8
4.♘e6xd4

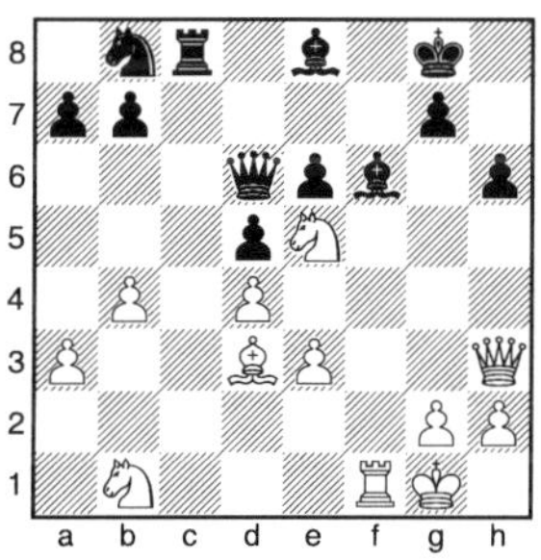

15.

1.♖f1xf6 g7xf6 2.♕h3–g3+! ♔g8–f8

Oder 2...♔g8–h8 3.♘e5–f7+

3.♘e5–g6+ ♗e8xg6 4.♕g3xd6+

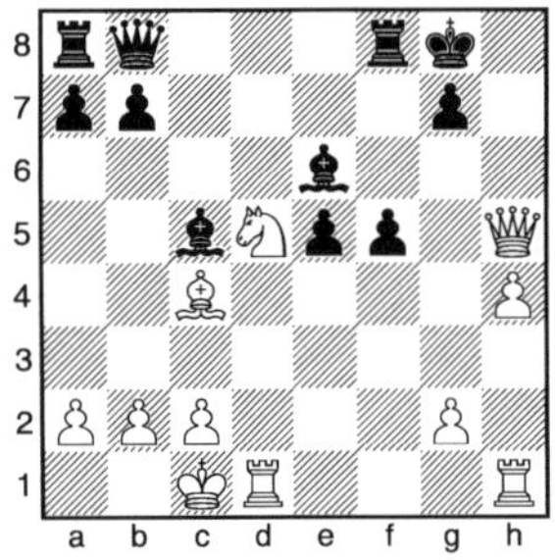

16.

1.♘d5–e7+ ♗c5xe7

Und nun eine typische Matt–Technik, die du kennen musst:

2.♗c4xe6+ ♖f8–f7
3.♕h5xf7+ ♔g8–h8 4.♕f7–h5#

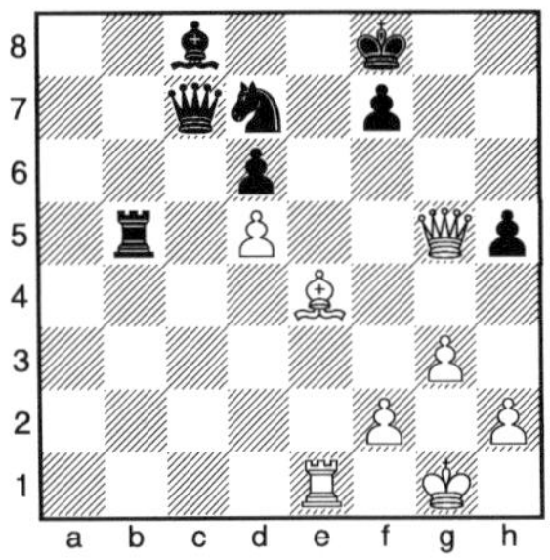

17.

1.♕g5–h6+ ♔f8–e8

Falls 1...♔f8–g8? 2.♗e4–h7+ ♔g8–h8 3.♗h7–g6+ ♔h8–g8 4.♕h6–h7+ ♔g8–f8 5.♕h7xf7#

2.♗e4–d3+ ♘d7–e5 3.♗d3xb5+

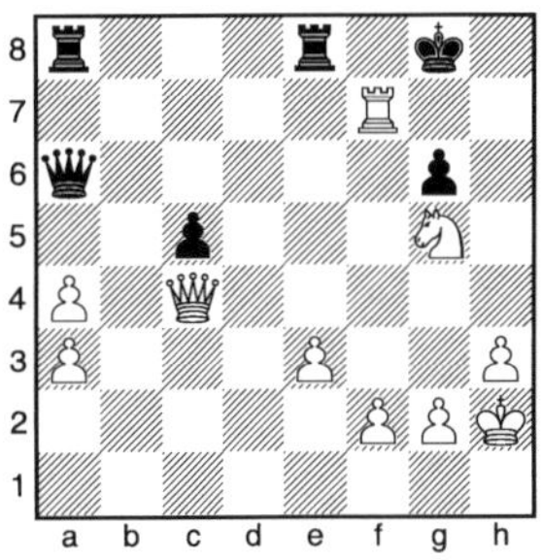

18.

1.♖f7–f8+ Doppelschach! **♔g8–g7**

Falls 1...♔g8xf8 2.♕c4–f7#

2.♕c4–g8+/f7+ ♔g7–h6
3.♕g8–h7+ ♔h6xg5 4.f2–f4#

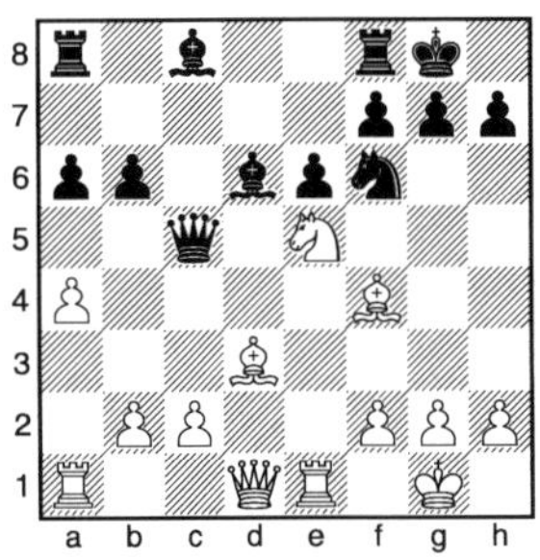

19.

1.♘e5–d7 ♗c8xd7
2.♗f4xd6 ♕c5–d5 3.♗d6xf8

2...♕c5xd6?? wäre ein schwerer Fehler, denn 3.♗d3xh7+ gewinnt die Dame.

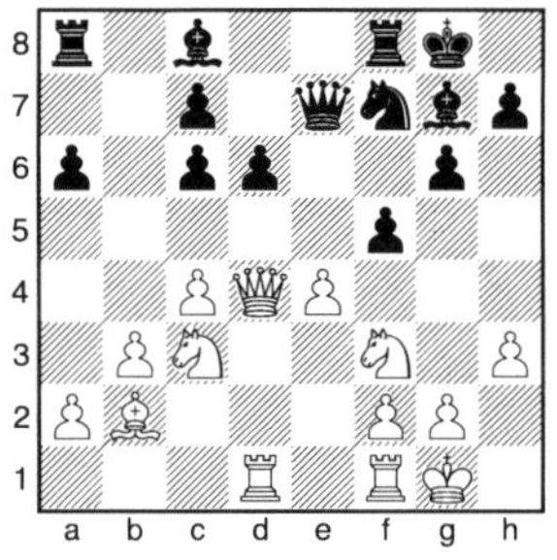

20.

1.♘c3–d5 ♗g7xd4
2.♘d5xe7+ ♔g8–g7 3.♗b2xd4+

Viel schwächer ist
1.♕d4xg7+ ♔g8xg7 2.♘c3–d5+ ♕e7–e5
3.♘f3xe5 d6xe5 4.♘d5–b4

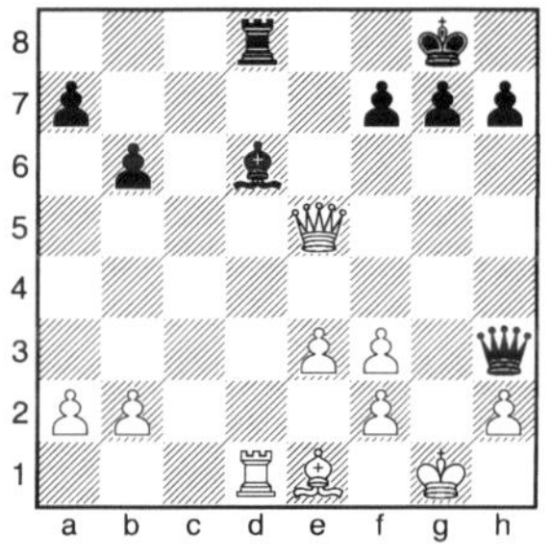

21.

1...♕h3xh2+ 2.♕e5xh2 ♗d6xh2+
3.♔g1xh2 ♖d8xd1

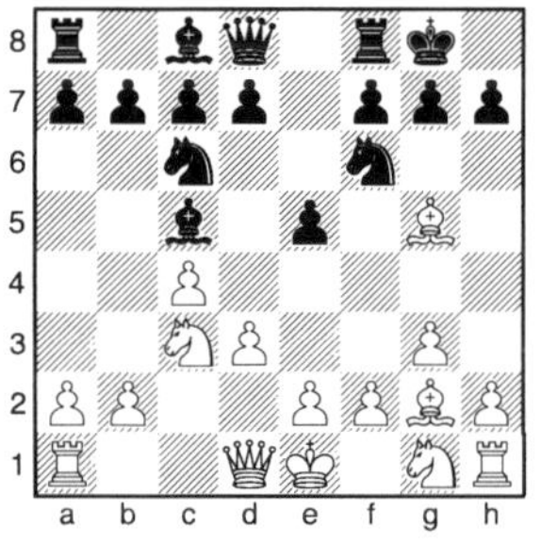

22.

1...♗c5xf2+ 2.♔e1xf2 ♘f6–g4+
3.♔f2–e1 ♕d8xg5

Wir haben dies schon im Kapitel Springergabeln gesehen. Eine relative Fesselung kann das angreifende Pferd nicht aufhalten.

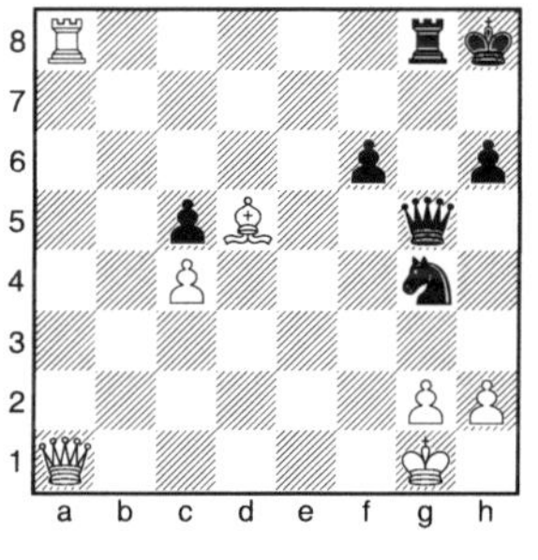

23.

1...♕g5–e3+ 2.♔g1-h1 ♘g4–f2+
3.♔h1-g1 ♘f2–d1+
4.♔g1-h1 ♕e3–e1#

Oder falls 4.♔g1-f1 ♕e3–f2#; eine Variante des erstickten Matts.

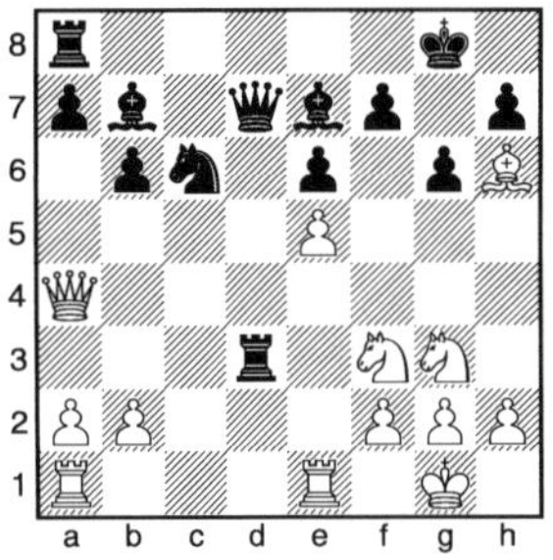

24.

1...♘c6xe5 2.♕a4xd7 ♘e5xf3+

Die gegnerische Bauernstruktur zu schwächen ist fast immer eine gute Idee.

3.g2xf3 ♖d3xd7

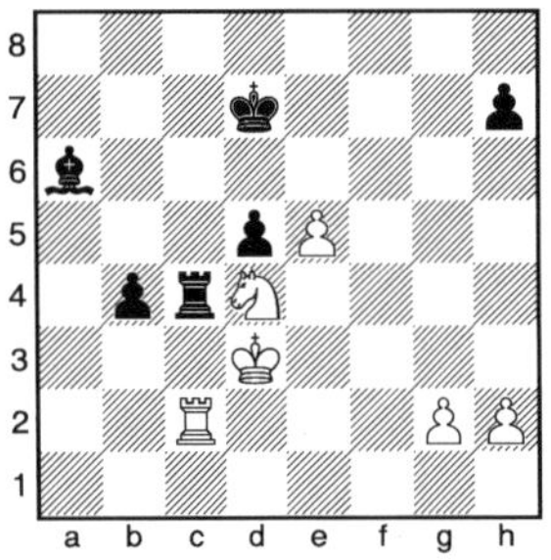

25.

1...♖c4–c3+ Doppelschach!
2.♔d3–d2 ♖c3–d3+
3.♔d2–c1 ♖d3xd4

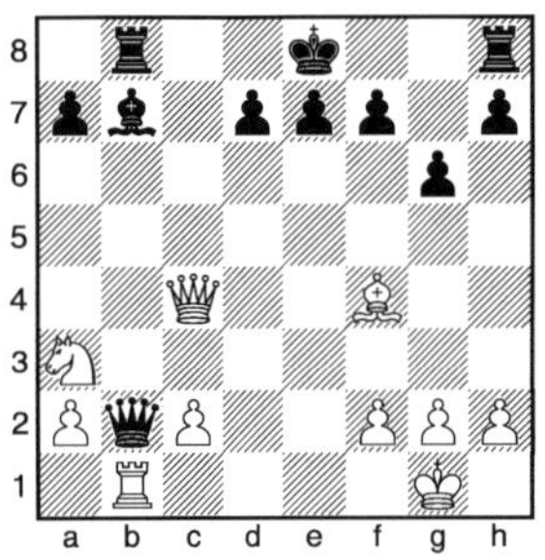

26.

1...♕b2xb1+
2.♘a3xb1 ♗b7–a6
3.♕c4–b3 ♖b8xb3

Leichter für Schwarz macht es
3.♕c4xa6 ♖b8xb1+ 4.♕a6–f1 ♖b1xf1+

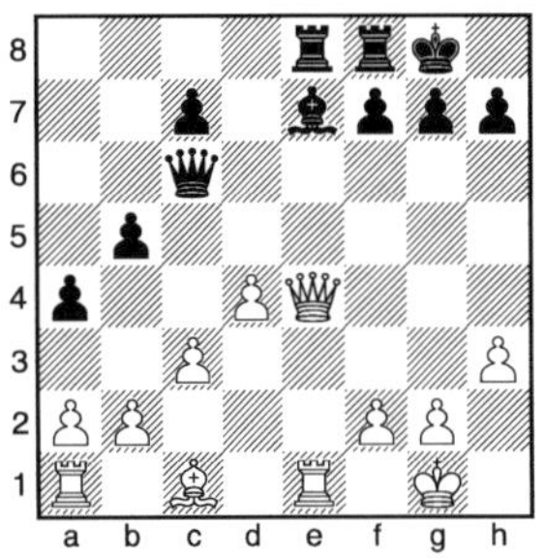

27.

1...♗e7–d6

Sperrt die Fluchtroute des Königs und die Linienöffnung ist ein Spieß; falls 2.♕e4xc6 ♖e8xe1#

2.♕e4xe8 ♖f8xe8

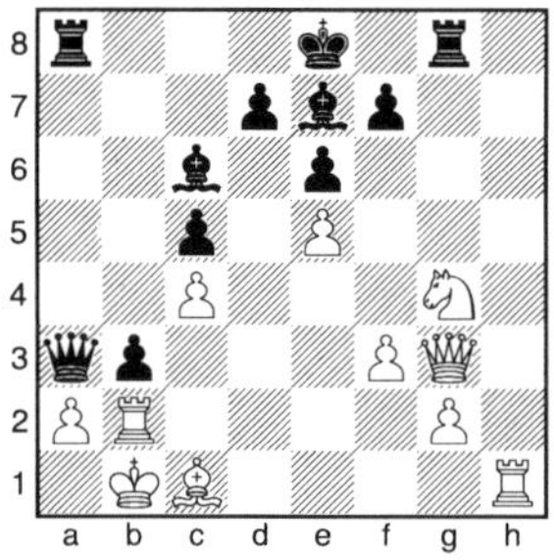

28.

1...♗c6–e4+!

Erzwingt die Öffnung der 3.Reihe:
2.♔b1-a1 ♕a3xa2+ 3.♖b2xa2 ♖a8xa2#

2.f3xe4 b3xa2+ 3.♖b2xa2 ♕a3xg3

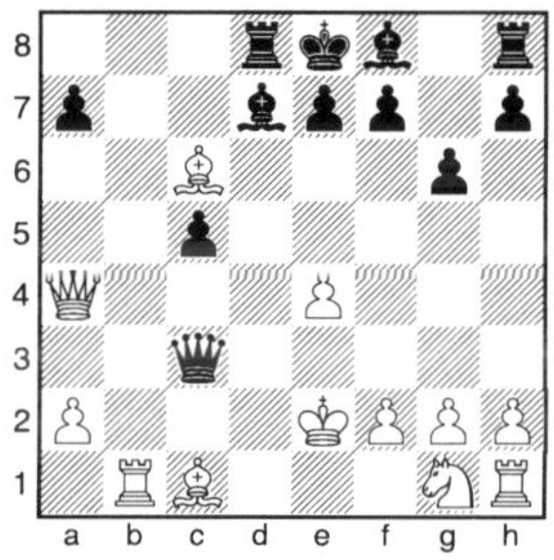

29.

Im Hinblick auf das drohende 1...-- 2.♗c6xd7+ ♖d8xd7 3.♖b1-b8# sieht es düster für Schwarz aus. Aber ein schlaues Abzugsschach rettet ihn:

1...♕c3–d3+ 2.♔e2xd3 ♗d7xc6+ 3.♔d3–e2 ♗c6xa4

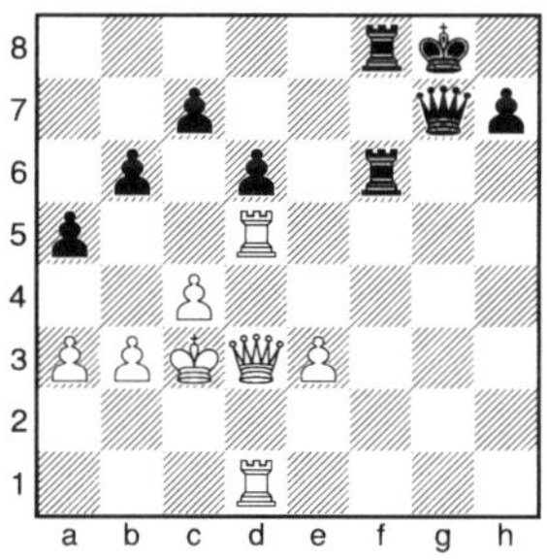

30.

1...c7–c6 2.♖d5–d4 c6–c5 3.♖d4–d5

Oder 3.♖d4–h4 ♖f6–f4+/h6+

3...♖f6–f2+ 4.♖d5–d4 c5xd4+

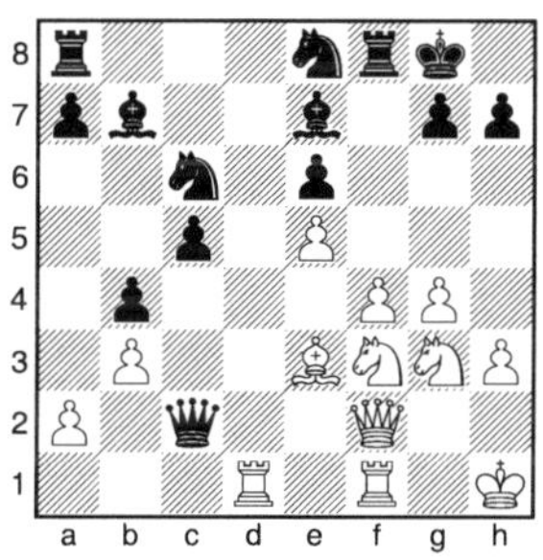

31.

1...♕c2xf2 2.♖f1xf2 ♘c6xe5 3.f4xe5

Nicht besser ist 3.♖d1-c1 ♘e5xf3

3...♗b7xf3+ 4.♖f2xf3 ♖f8xf3

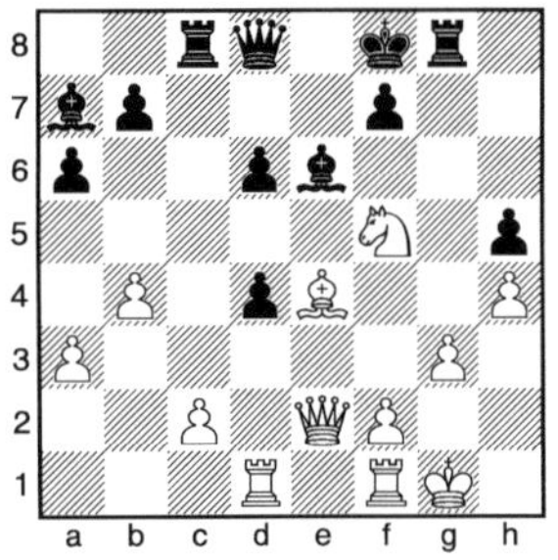

32.

1...♗e6xf5 2.♗e4xf5 ♖g8xg3+!

Öffnet die Diagonale für das Abzugsschach:

3.f2xg3 d4–d3+ 4.♕e2–f2 ♗a7xf2+ 5.♖f1xf2 ♖c8xc2

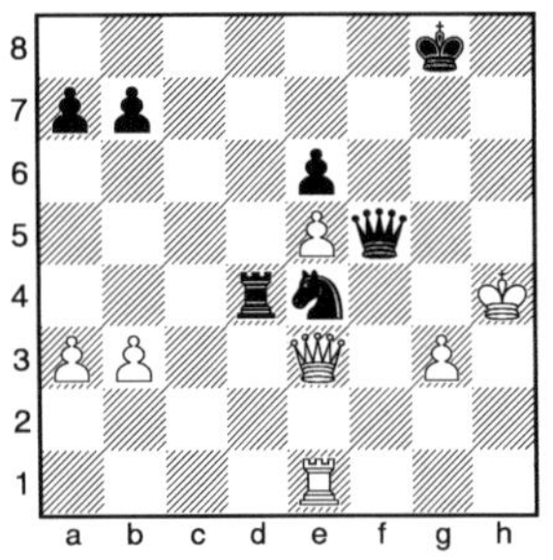

33.

1...♘e4–d2+ 2.♕e3xd4 ♘d2–f3#

Oder **1...♘e4–f6+ 2.♕e3xd4 ♕f5–h5#**

Einen Zug langsamer ist
1...♘e4–g5+ 2.♔h4–h5 ♘g5–f3+
(2...♘g5–f7+ 3.♕e3–g5+ ♕f5xg5#)
3.♔h5–h6 ♕f5–h7#

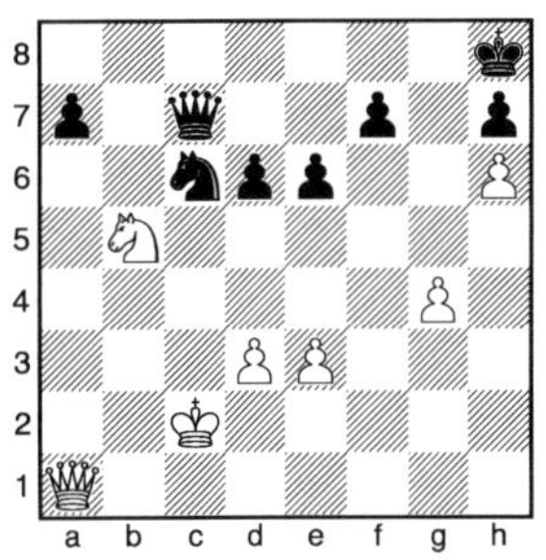

34.

Mit dem letzten Zug ...Sc3–b5 wendete Schwarz selbst ein Abzugsschach an. Doch Weiß antwortete ihm mit einem Doppelschach:

1...♘c6–d4+ 2.♔c2–d2

Falls 2.♔c2–b2 ♕c7–c2+ 3.♔b2–a3 ♕c2–b3#

2...♕c7–c2+ 3.♔d2–e1 ♕c2–e2#

16. Eine kleine Geschichte des Schachspiels

Die meisten Schachfreunde wissen nicht viel über die Geschichte des Schachspiels und empfinden diese als eher trocken und langweilig. Aber ich denke, jeder Schachspieler sollte zumindest ein oberflächliches Wissen über die Herkunft seines bevorzugten Spiels haben. Daher gebe ich dem Leser einen schnellen Überblick über die Ursprünge des Schachspiels.

Schach ist eines der ältesten Spiele auf der Welt, vermutlich 1500 bis 1800 Jahre alt. Seine Entstehung liegt im Dunkeln und all die Legenden, die sich darum ranken, sind nichts weiter als nette Märchen. Vermutlich entstand Schach in Indien, kam von dort in die arabischen Länder und um das Jahr 1000 nach Europa, wo es schnell bei Aristokraten und Klerikern populär wurde. Im 15. Jahrhundert veränderte sich das Spiel. Bis dahin war es eher langsam, da die heute superschnellen Figuren Läufer und Dame kaum stärker waren als Bauern. Mit ihrer neuen Langschrittigkeit machten sie - und ganz besonders die Dame - das Spiel ungleich dynamischer als nach den alten Regeln.

So ist das Spiel, wie wir es heute kennen, ca. 500 Jahre alt. In dieser Zeit zog es nicht nur Spieler an, sondern auch Experten, die nach besseren und erfolgreicheren Wegen und Methoden des Spiels suchten und Bücher darüber schrieben. Einige dieser Experten sind in unserem Buch genannt. Der erste große Meister und Experte war Gioachino **Greco** (1600-34), der von seiner Heimatregion Kalabrien in Süditalien auszog, um Spieler in anderen Ländern zu besiegen und dabei nicht nur Ehre, sondern auch eine Menge Geld gewann. Er war der erste erfolgreiche Schachprofi und mehr noch, er sammelte Eröffnungsreinfälle and interessante Stellungen, die er in seinen Handschriften festhielt. Dies war eine starke Grundlage des Schachwissens, auf die folgende Generationen aufbauten und die wir noch heute nutzen.

Der nächste große Meister und Analytiker war der Franzose **Philidor** (1726-95). Er war nicht nur der beste Spieler seiner Zeit, sondern schrieb auch ein Buch, in dem er die Bedeutung der Bauern hervorhob, die bis dahin als unbedeutend angesehen wurden, und auch Endspiele systematisch analysierte.

Das moderne Schach startete aber erst im 19. Jahrhundert. **1851** fand in **London** das erste Schachturnier der Geschichte statt. 16 der besten Spieler trugen es im K.O. - Modus aus. In den Jahrhunderten davor gab es nur Match-Kämpfe zwischen einzelnen Spielern, aber keine Turniere, wie wir sie kennen. Das kann man sich gar nicht vorstellen, wo es doch heute Turniere aller Art rund um den Globus gibt!

Der Gewinner war **Adolph Anderssen** (1818-79), ein Lehrer aus Breslau, der anschließend mit Ausnahme einiger weniger Jahre als der beste Spieler der Welt galt und als erster inoffizieller Weltmeister betrachtet wurde.

Ein junger amerikanischer Spieler erwies sich als noch stärker als Anderssen. **Paul Charles Morphy** (1837-1884) gewann die nach dem Londoner Vorbild organisierte erste amerikanische Meisterschaft in **New York 1857**.

Danach bereiste er Europa und besiegte überzeugend mit Ausnahme von Howard Staunton, der sich nicht zum Kampf stellte, alle europäischen Meister einschließlich Anderssen, der als echter Sportsmann die Überlegenheit Morphys neidlos anerkannte. Aber seine glänzende Karriere dauerte nur drei Jahre. Morphy zog sich vom Schach zurück und hatte später psychische Probleme. Doch er leistete einen großen Beitrag zur Entwicklung des Schachspiels und ist zu Recht als einer der ganz Großen des Spiels in die Schachgeschichte eingegangen.

William (Wilhelm) **Steinitz** (1836-1900), geboren in Prag, lebte lange Jahre in Wien und London, bevor er in die USA übersiedelte. Er war der **erste offiziell anerkannte Weltmeister**. Er errang diesen Titel durch seine Überlegenheit über die anderen Meister und das entscheidende Match gegen seinen Rivalen Zukertort 1883. Sein Erfolg beruhte auch auf seinem theoretischen Werk. Er änderte seine Spielweise vom damals üblichen aggressiv "romantischen" Stil zu einem positionell orientierten und führte die Elemente des modernen Positionsspiels ein: Die Bedeutung des Zentrums, Entwicklung, starke und schwache Felder, offene Linien, den Wert des Läuferpaars und vieles andere mehr. In Band 2 sehen wir eine Menge davon. Nach der Kenntnis der Taktik ist Verständnis des positionellen Spiels der wichtigste Bereich für jeden Spieler, der besser werden möchte.

Steinitz Nachfolger, der 2.Weltmeister **Emanuel Lasker** (1868-1941) und besonders **Dr. Siegbert Tarrasch** (1862-1934), um die Jahrhundertwende der erfolgreichste Spieler seiner Zeit und ein großartiger Schachautor, nutzten Steinitz Lehren und trugen zu ihrer Verbreitung wesentlich bei.

In der Zeit zwischen den Weltkriegen entwickelte sich eine neue Betrachtung der Eröffnung mit der Einführung der geschlossenen, "indischen" Systeme. Was heute Standard ist, war damals eine Revolution. Mit Bedauern überspringe ich die Weltmeister Capablanca, Aljechin und Euwe. Der amtierende Weltmeister Aljechin starb unbesiegt am Ende des Zweiten Weltkriegs und der Weltverband FIDE organisierte 1948 ein Turnier in Den Haag und Moskau zur Ermittlung seines Nachfolgers. Der Gewinner **Mikhail Botwinnik** (1911-95), war der erste Repräsentant der "sowjetischen Schachschule". Nachdem das Schachleben in Russland nach der Revolution 1917 fast völlig zum Stillstand bekommen war, unterstützte das neue Regime Schach nun großzügig und machte es zum Volkssport.

Auch durch die Nutzung wissenschaftlicher Methoden dominierten die sowjetischen Meister die Schachwelt für lange Zeit.

Robert James (Bobby) Fischer (1943-2008) war der erste Spieler, der die Dominanz der sowjetischen Spieler gefährdete. Im berühmten Match **Reykjavik 1972** errang er durch seinen Sieg über **Boris Spassky** den Weltmeistertitel. **Garri Kasparow** nannte Bobby später den ersten wirklich professionellen Spieler. Er arbeitete härter als jemals jemand zuvor und lebte nur für Schach. Damit setzte Bobby die Messlatte für alle seine Nachfolger.

Harte Arbeit, unterstützt durch einen Stab von Großmeistern als Sekundanten, ist heute eine absolute Notwendigkeit für die Weltspitze. Doch in geringerem Maße gilt das auch für jeden, der ein starker Schachspieler werden will. In der Vergangenheit reichte Talent oft zum Erfolg aus. Damals waren die Spieler am heutigen Standard gemessen eher schwach und machten viele Fehler.

Mit der Entwicklung der Eröffnungstheorie und Spieltechnik und besonders dem Einfluss von Computerprogrammen hat sich das Niveau völlig verändert. Heute kann selbst ein außerordentlich talentierter Spieler kaum hoffen, ohne eine Menge Arbeit Großmeister zu werden. In weniger als einem Jahrhundert hat sich Schach vom einfachen Spiel zu einer Art von Wissenschaft entwickelt. So warne ich alle Leser:

Falls du ein starker Schachspieler werden möchtest, hast du einiges an Arbeit zu leisten. Das gilt sogar, wenn du nur höheres Klubniveau anstrebst. Talent allein ist nicht genug.

Manche Schachfreunde haben keine hohe Meinung von den Spielern und Meistern der Vergangenheit. Es stimmt, ihr Niveau war mit Ausnahme der Besten wie z.B. Morphy nicht sehr hoch und Meister der zweiten oder dritten Garnitur im 19. Jahrhundert waren nicht besser als heute Spieler von 1800 bis 2200. Aber diese eher schwachen Spieler haben die Grundlagen des heutigen Schachwissens entwickelt.

Als junger Spieler auf dem Weg zum Internationalen Meister studierte ich den Band der *"Encyclopedia of Chess Endgames"* über Turmendspiele, der ca. 1500 Stellungen enthält. Diese wurden eingeführt, analysiert und verfeinert von Hunderten von Experten in den vergangenen Jahrhunderten. Ohne dieses kollektive Wissen wäre unser Spiel nicht auf dem heutigen Niveau.

Auf meinem Weg zum Großmeister konnte ich sogar ein altes Motiv nutzen, um einen wichtigen Punkt zu meiner letzten Titel-Norm einzufahren. Das geschah im GM-Rundenturnier in Lippstadt 1994, was ich euch auf der nächsten Seite zeigen möchte:

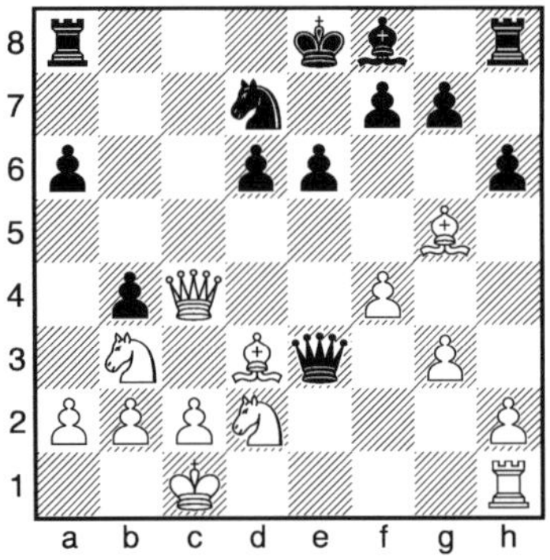

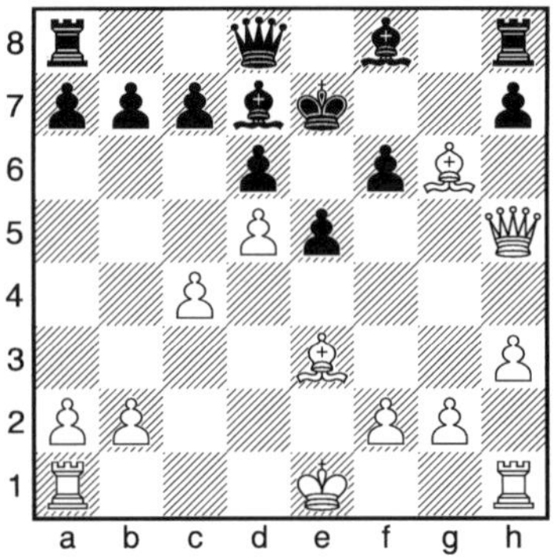

D links: **Thomas Luther – Olivier Touzanne**

18.♗d3–e4

Schirmt die Dame von der Verteidigung des Be6 ab. Der junge französische Internationale Meister war sich der Gefahr nicht bewusst.

18...♖a8–b8

Falls 18...d6–d5 19.♕c4–c6 und falls 19...♖a8–b8 wieder 20.♕c6xe6+ f7xe6 21.♗e4–g6#

19.♕c4xe6+ f7xe6 20.♗e4–g6#

Wenn man 8 Punkte für die Großmeister-Norm braucht, ist ein solcher Gewinn in einer kurzen Partie eine große Hilfe!

Diese Methode ist nicht von mir, sondern seit Jahrhunderten bekannt. Als Beispiel habe ich eine Partie gewählt, wo gleich zwei Lösungen vorkommen:

(D rechts): **Donisthorpe – Mundell** London 1892

1.♕h5xe5+ f6xe5 2.♗e3–g5#

Oder ebenso auf der anderen Seite: 1...d6xe5 2.♗e3–c5#

Ich könnte euch eine Menge solcher Beispiele aus meiner Karriere oder aus Partien von meinen Schülern oder Freunden zeigen. Ich habe die folgende Stellung ausgewählt:

Während ich bei einem Mannschaftskampf im Turniersaal herumspazierte sah ich die folgende Stellung auf dem Brett eines Mannschaftskameraden, Weiß am Zug.

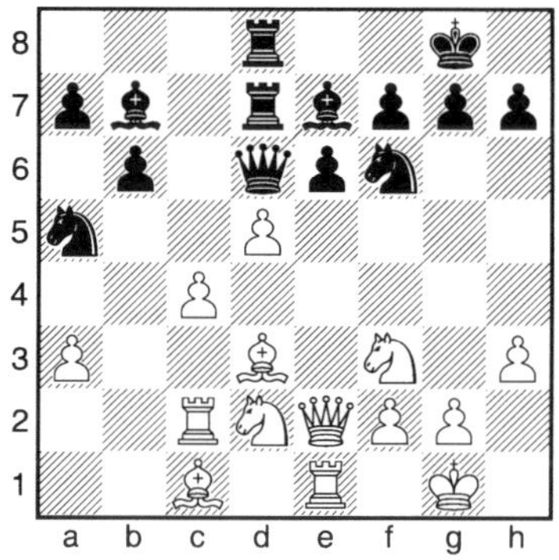

Ich sah gleich den Gewinnweg. Ich denke, das war nicht wegen meiner Großmeisterstärke oder meiner überlegenen Berechnungsfähigkeit, was mancher Schachfreund annehmen mag. Tatsächlich ist es ein klassisches Motiv von Zukertort, Steinitz Rivale und Gegner im ersten offiziellen Match um die Weltmeisterschaft. Ich analysierte es in meiner Zeit als Mitglied der deutschen Nationalmannschaft mit Supergroßmeister Artur Jussupow, der dieses Motiv öfters in seiner Karriere genutzt hatte. Er ist ein ehemaliger Weltklassespieler und war, nachdem er nach Deutschland immigrierte, unser Topspieler.

In der Partie folgte 23.♘f3–d4 und die Chance war vertan.

23.♘f3–e5 war der richtige Zug!

Das ist, was ich von Arturs Partien gelernt habe!

23...♖d7–c7 24.♘e5xf7 ♔g8xf7 25.♘d2–e4 ♘f6xe4 26.♕e2xe4 e6xd5 27.♕e4xh7 d5xc4 *(D links nächste Seite)* **28.♗d3–e2!**

Nach 28.♕h7–h5+ ♔f7–f8 29.♗d3–g6 ♕d6–d5 kann Schwarz seine Stellung verteidigen.

28...♖c7–c5 29.♗e2–g4 ♘a5–c6 30.♖c2xc4 *(D rechts nächste Seite)*

Weiß gewinnt. Diese Einschätzung beruht vor allem darauf, dass die Position von Schwarz mit der offenen Stellung des Königs schwer zu verteidigen ist.

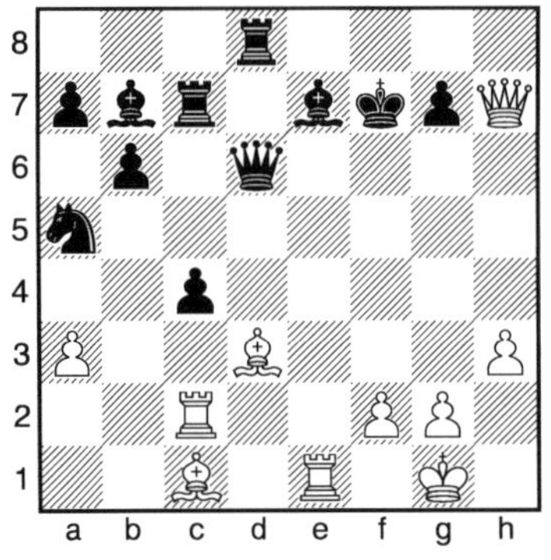

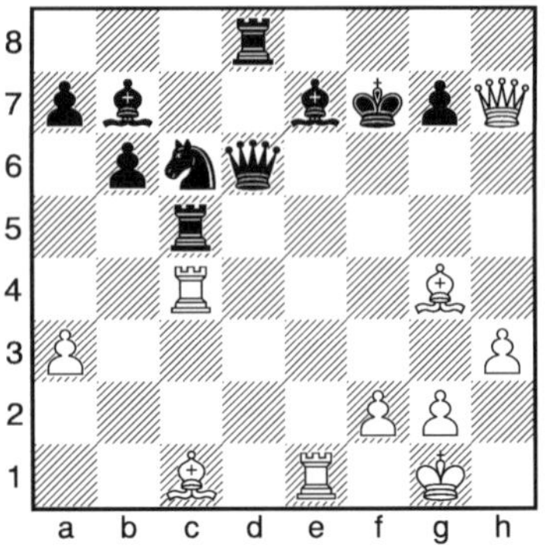

●

Dies ist auch ein Beispiel für den Unterschied der Einschätzung von Mensch und Computer. Ein Computer braucht eine Weile, um den weißen Vorteil zu erkennen. Ein Großmeister kommt durch seine Erfahrung und die Kenntnis ähnlicher Stellungen viel schneller zu einer solchen Beurteilung.

Ihr seht, dass die Kenntnisse aus der Vergangenheit oft immer noch einen praktischen Nutzen haben. Zeigt also Respekt für die Spieler, die solche guten Ideen hatten. Es war eine große Leistung.

Einige Schachfreunde schauen vielleicht neidisch auf die Vergangenheit und seufzen: *"Ich bin zu spät geboren. Im 19. Jahrhundert oder früher hätte ich ein Meister werden können."*

Okay, ein Besuch beim Zahnarzt in dieser Zeit würde sie vielleicht anders darüber denken lassen. Und spielen ohne Uhr, geduldig auf den Zug des Gegners warten, während der mit seiner scheußlich stinkenden Zigarre die Luft verpestet, wäre auch nicht gerade ein Spaß. Aber wärst du wirklich gut genug für die schwache alte Zeit?

In unseren nun folgenden Aufgaben kannst du es beweisen. Es ist eine recht einfache Aufgabe. Es gilt, Matt in 3 Zügen zu finden. Eine ganz einfache Aufgabe für einen Möchte-gern-Meister der Vergangenheit, nicht wahr?

Schachmatt in 3 Zügen aus der Vergangenheit

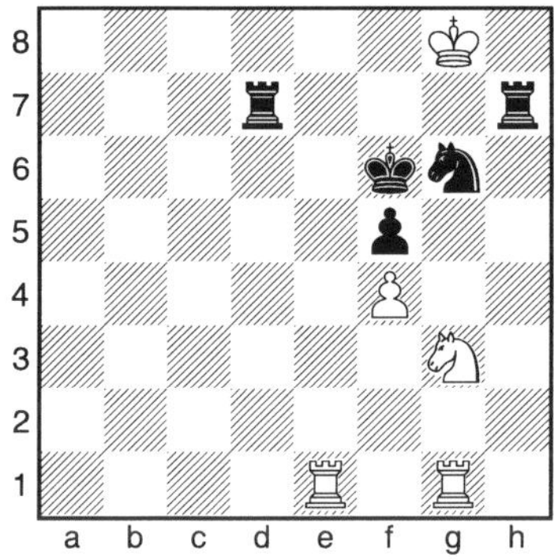

1

1. .... / ....

2. .... / ....

3. .... / ....

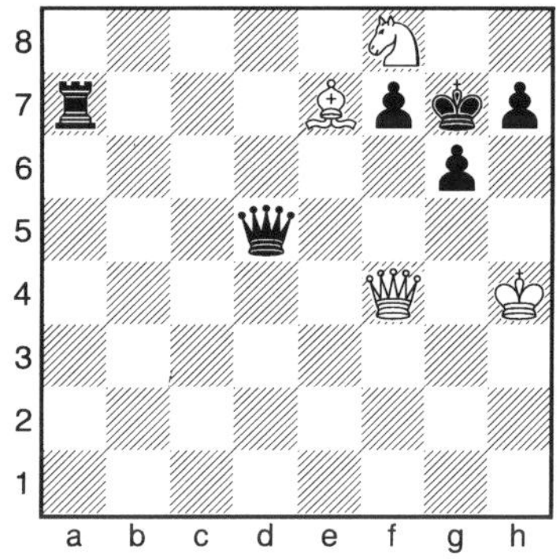

2

1. .... / ....

2. .... / ....

3. .... / ....

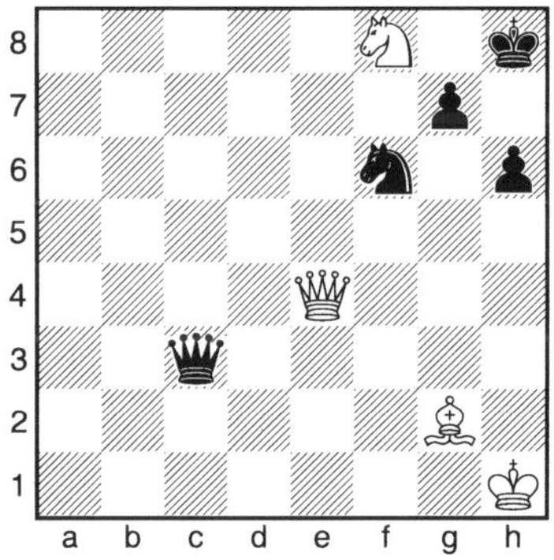

3

1. .... / ....

2. .... / ....

3. .... / ....

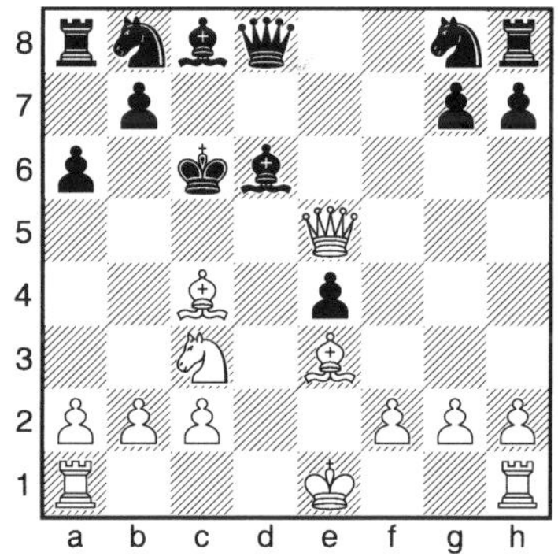

4

1. .... / ....

2. .... / ....

3. .... / ....

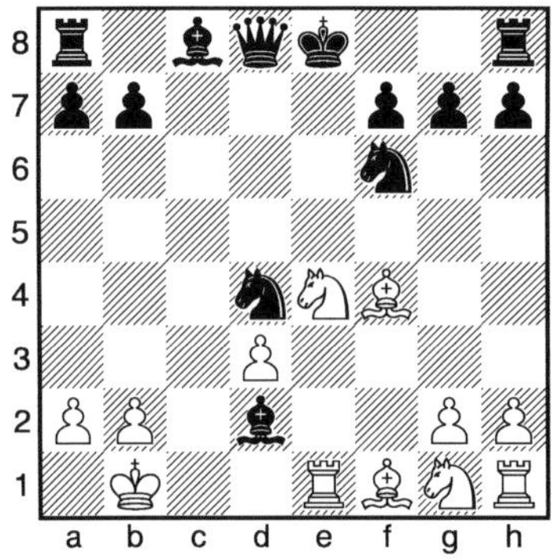

5

1. .... / ....

2. .... / ....

3. .... / ....

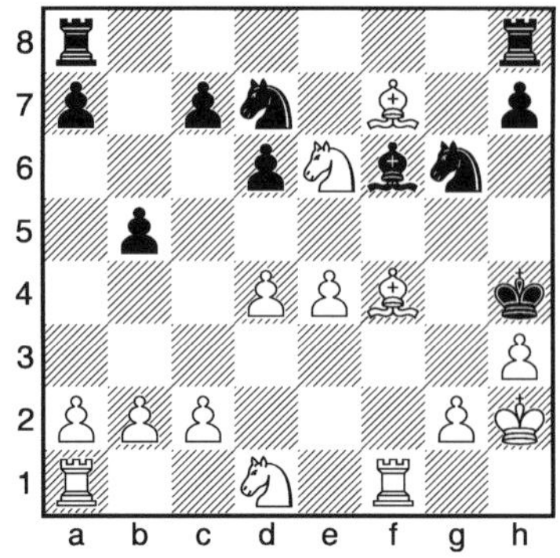

6

1. .... / ....

2. .... / ....

3. .... / ....

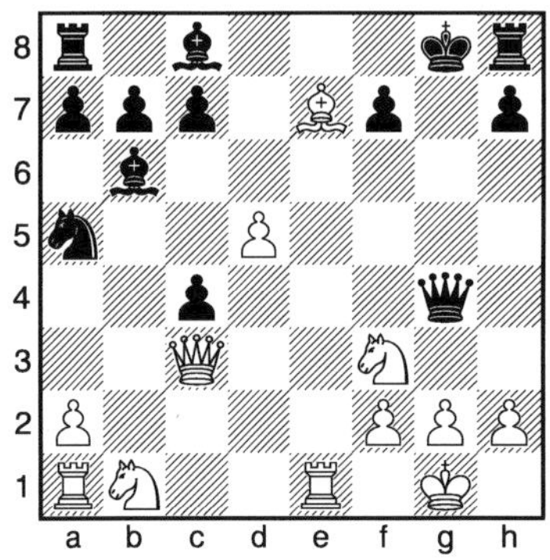

7

1. .... / ....

2. .... / ....

3. .... / ....

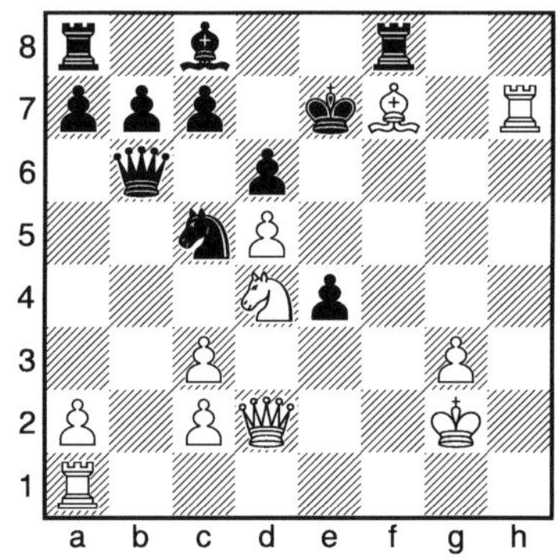

8

1. .... / ....

2. .... / ....

3. .... / ....

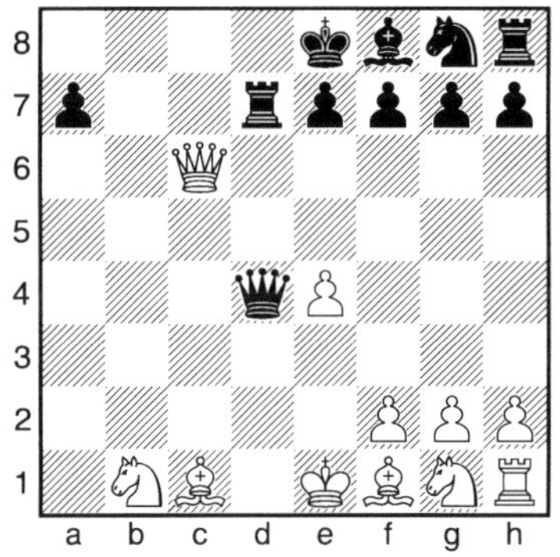

9

1. .... / ....

2. .... / ....

3. .... / ....

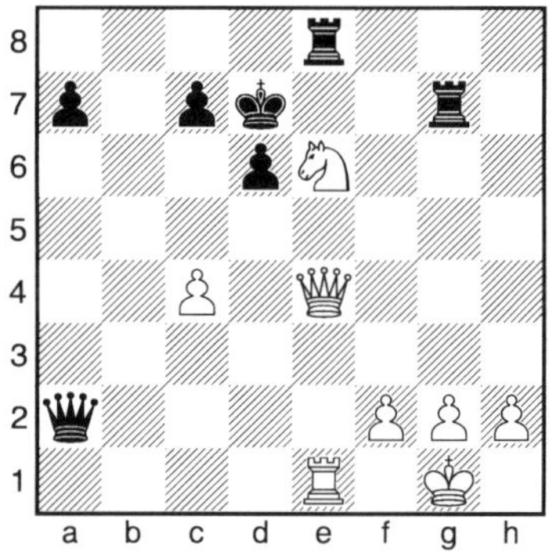

10

1. .... / ....

2. .... / ....

3. .... / ....

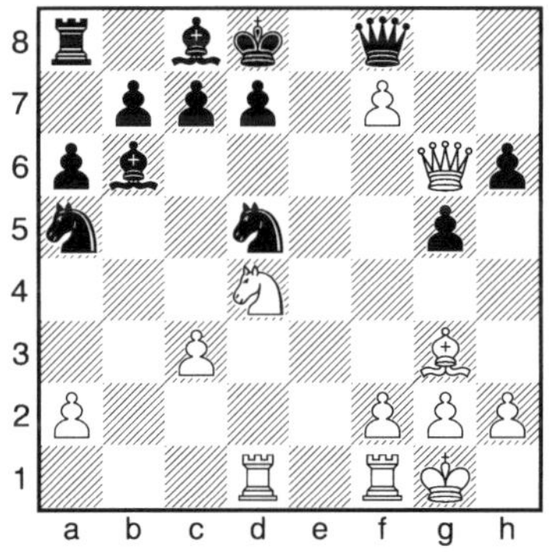

11

1. .... / ....

2. .... / ....

3. .... / ....

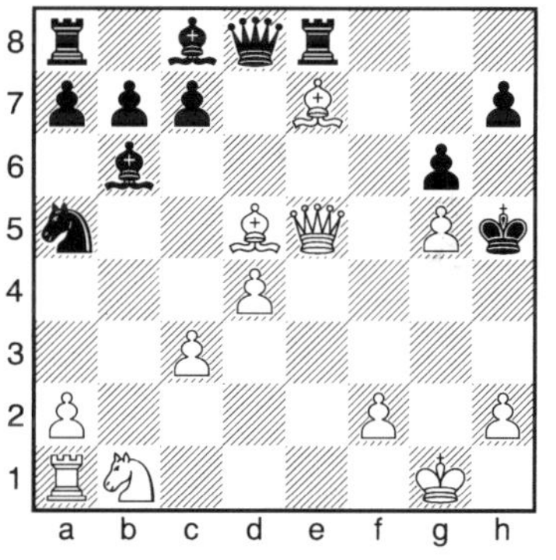

12

1. .... / ....

2. .... / ....

3. .... / ....

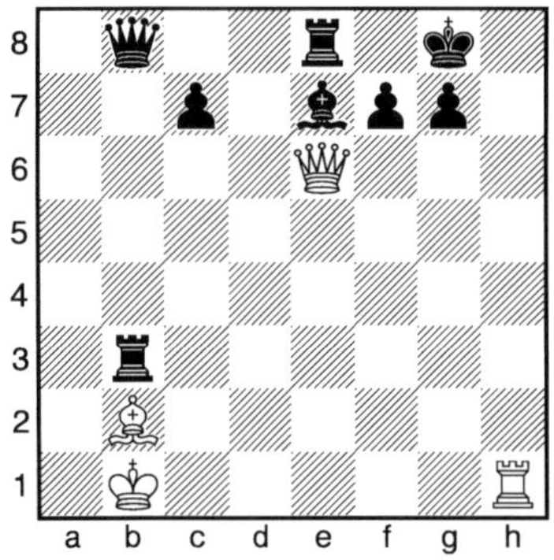

13

1. .... / ....

2. .... / ....

3. .... / ....

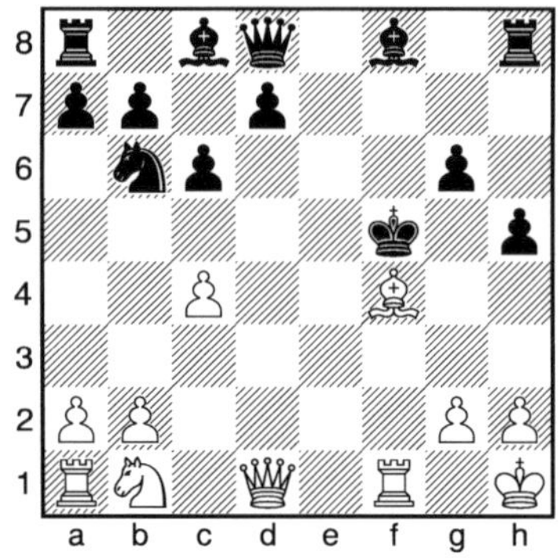

14

1. .... / ....

2. .... / ....

3. .... / ....

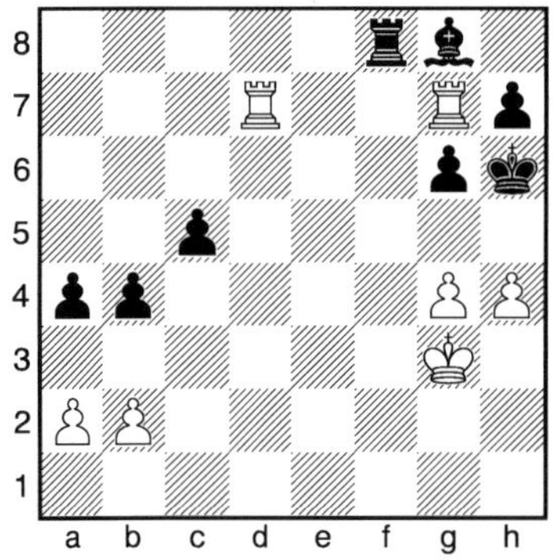

15

1. .... / ....

2. .... / ....

3. .... / ....

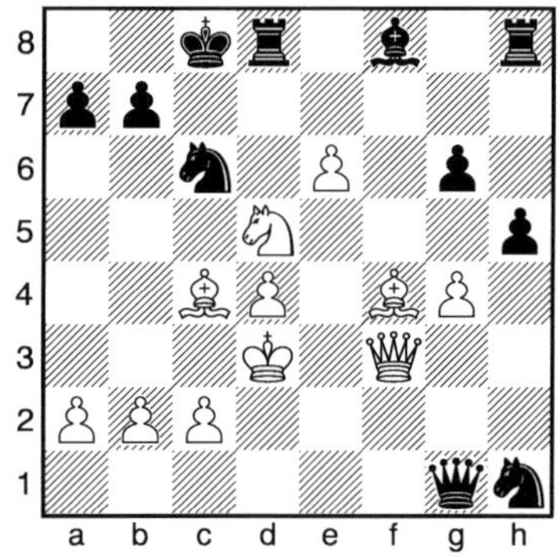

16

1. .... / ....

2. .... / ....

3. .... / ....

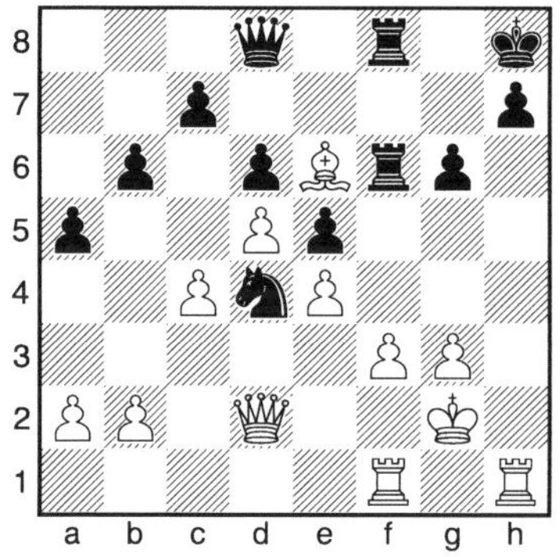

17

1. .... / ....

2. .... / ....

3. .... / ....

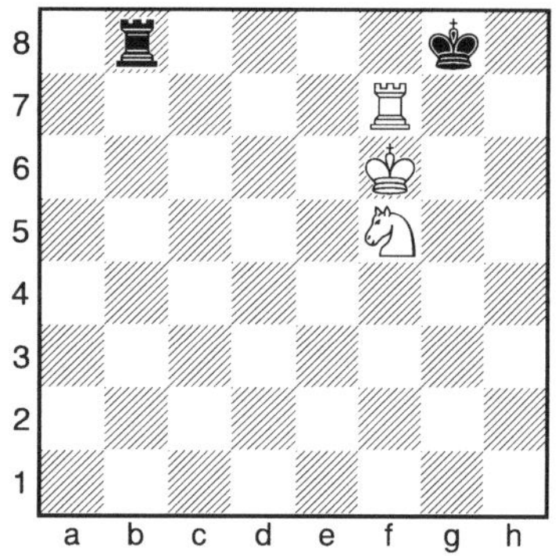

18

1. .... / ....

2. .... / ....

3. .... / ....

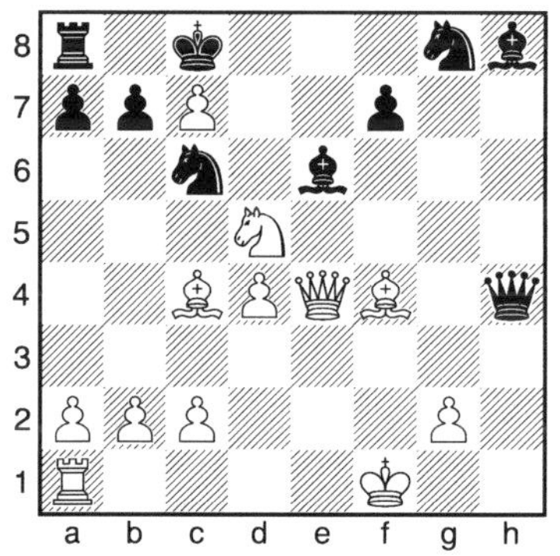

19

1. .... / ....

2. .... / ....

3. .... / ....

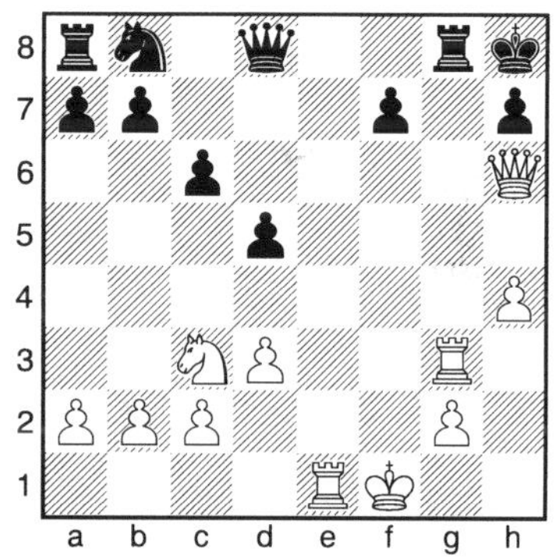

20

1. .... / ....

2. .... / ....

3. .... / ....

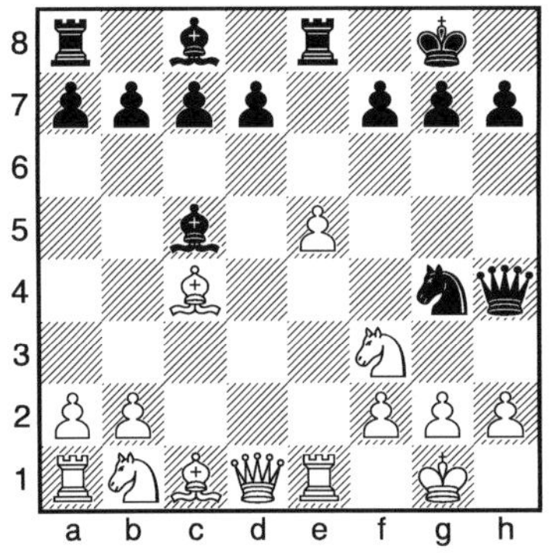

21 ●

1. -------------- / ....

2. .... / ....

3. .... / ....

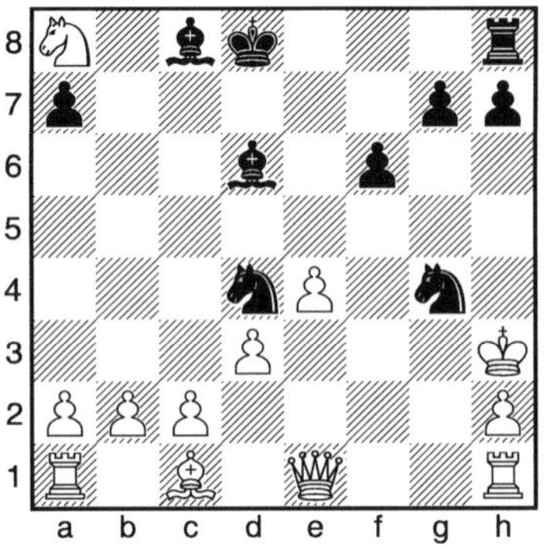

22 ●

1. -------------- / ....

2. .... / ....

3. .... / ....

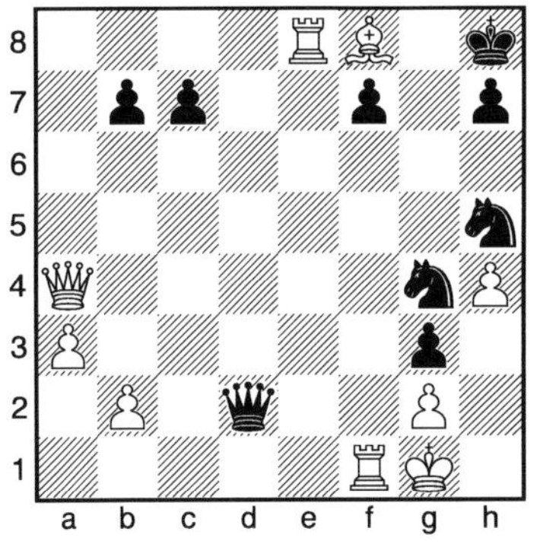

23 ●

1. -------------- / ....

2. .... / ....

3. .... / ....

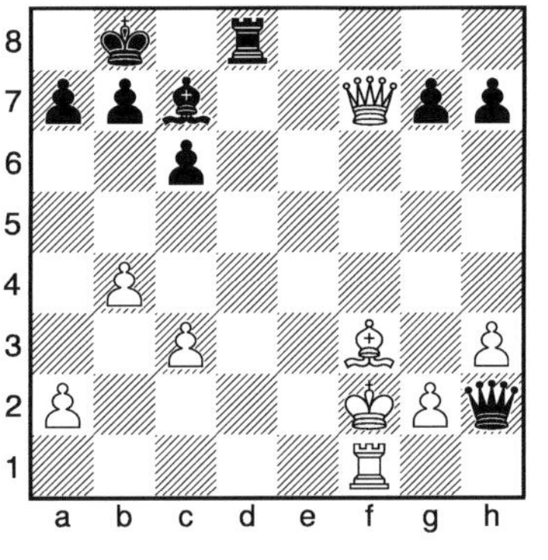

24 ●

1. -------------- / ....

2. .... / ....

3. .... / ....

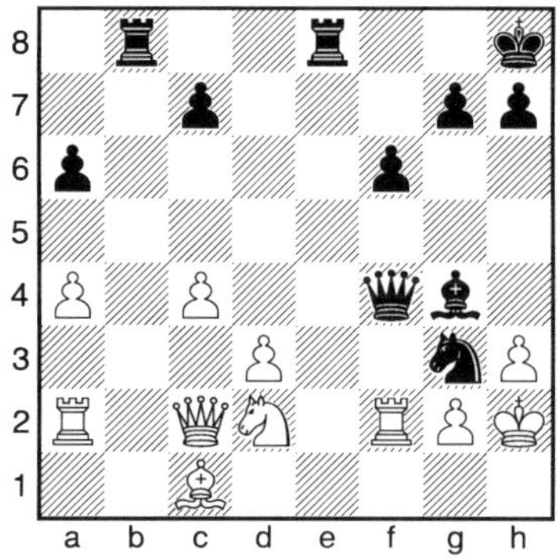

25 ●

1. -------------- / ....

2. .... / ....

3. .... / ....

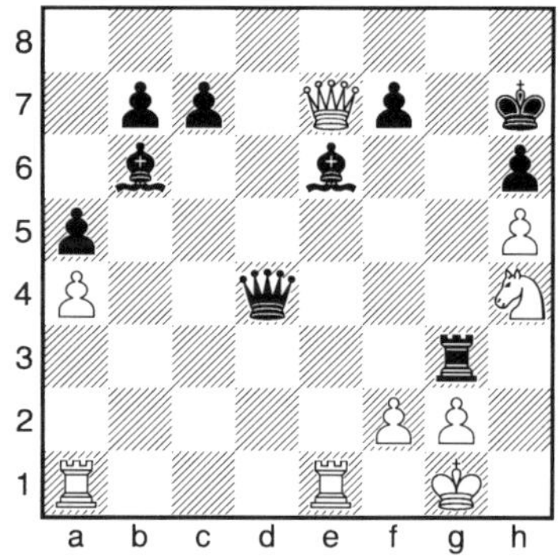

26 ●

1. -------------- / ....

2. .... / ....

3. .... / ....

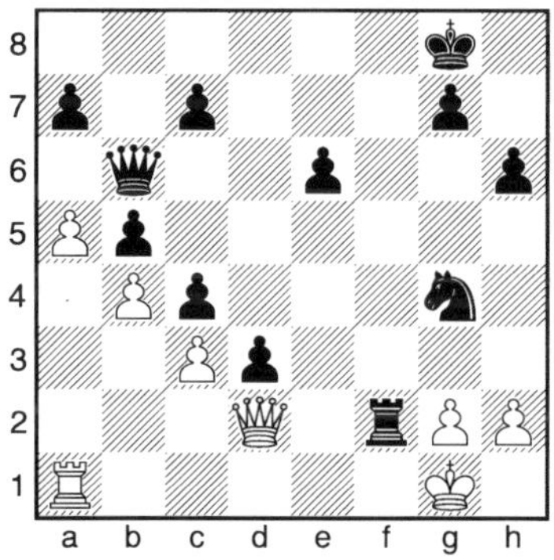

27 ●

1. -------------- / ....

2. .... / ....

3. .... / ....

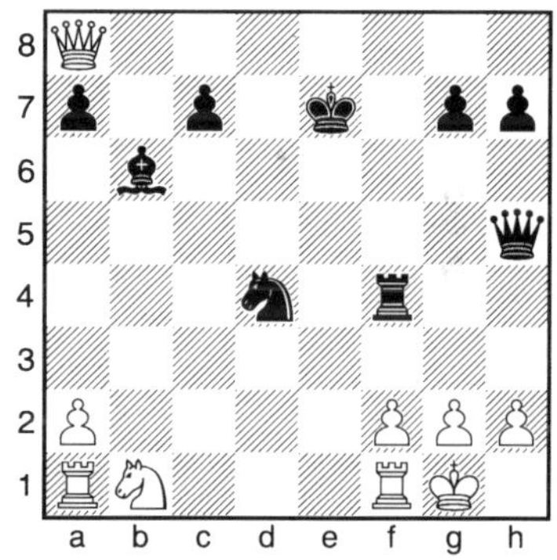

28 ●

1. -------------- / ....

2. .... / ....

3. .... / ....

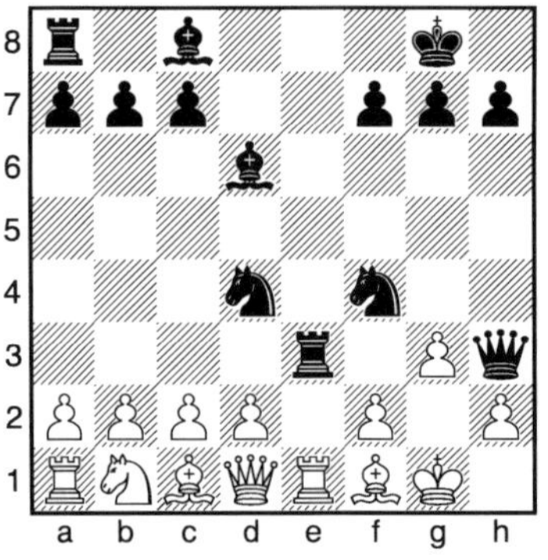

29 ●

1. -------------- / ....

2. .... / ....

3. .... / ....

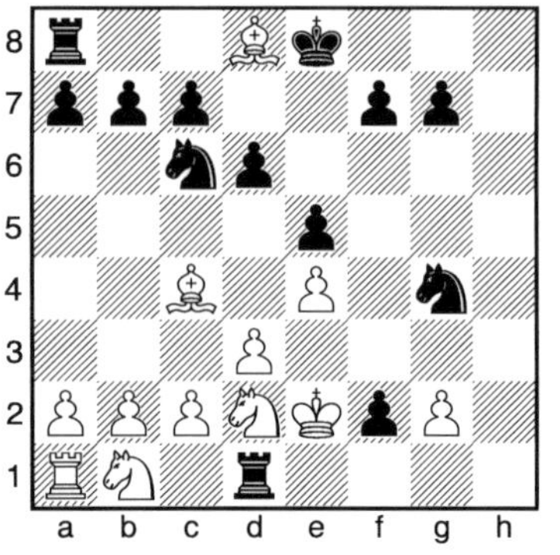

30 ●

1. -------------- / ....

2. .... / ....

3. .... / ....

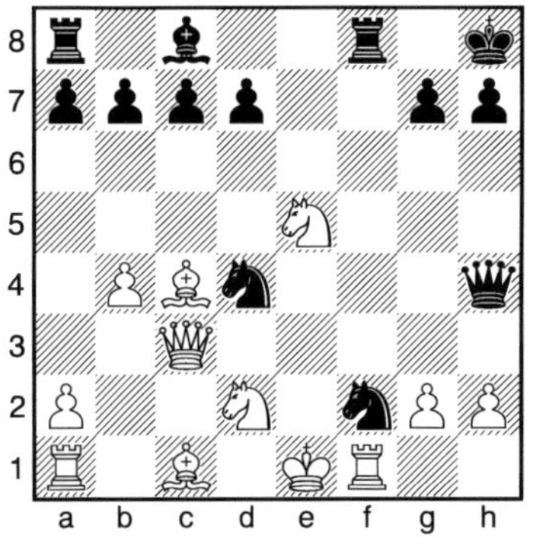

31 ●

1. -------------- / ....

2. .... / ....

3. .... / ....

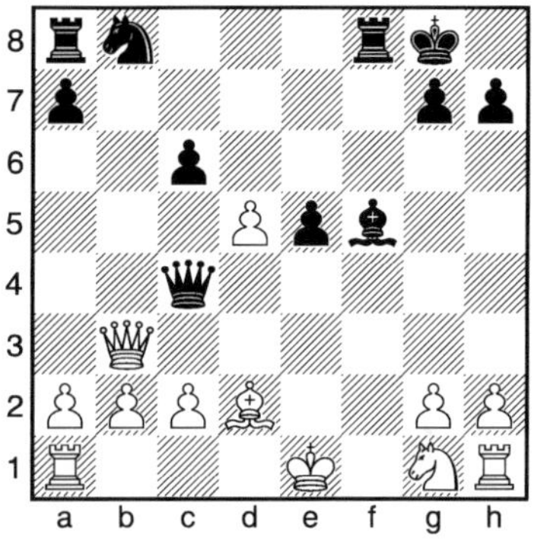

32 ●

1. -------------- / ....

2. .... / ....

3. .... / ....

Lösungen

Schachmatt in 3 Zügen aus der Vergangenheit

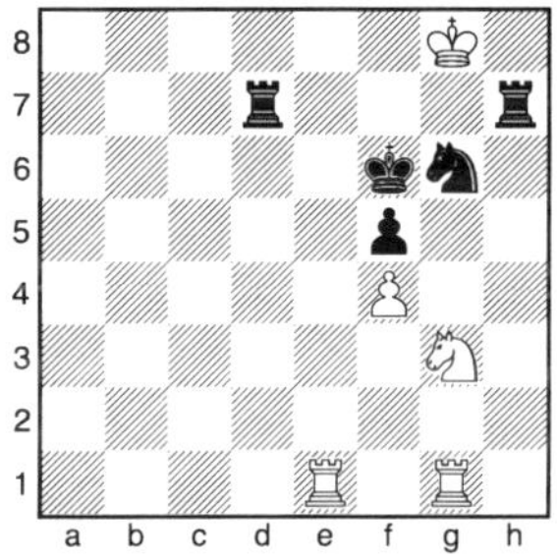

1. Abu Naim, um 1000 n.Chr.

1.♘g3-h5+ ♖h7xh5
2.♖g1xg6+ ♔f6xg6 3.♖e1-e6#

Unsere älteste Kombination ist nicht leicht zu lösen, nicht wahr? Selbst vor 1000 Jahren gab es bereits kluge Menschen mit einem großen Verständnis des Schachspiels.

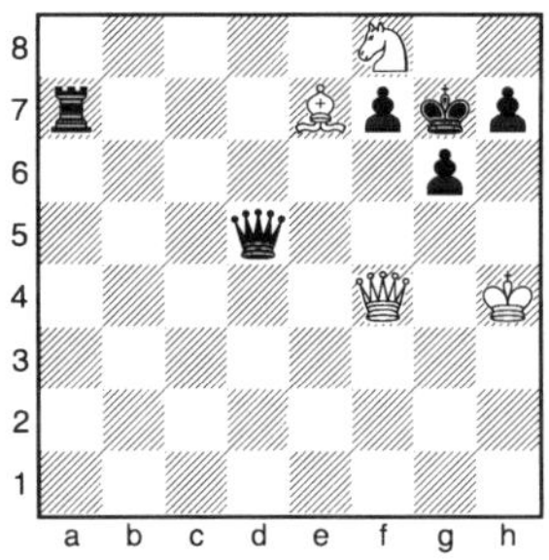

2. del Rio – 1750

1.♘f8–e6+ ♕d5xe6

Falls 1...f7xe6? 2.♕f4–f8#

2.♕f4–h6+ ♔g7xh6 3.♗e7–f8#

Oder 2...♔g7–g8 3.♕h6–f8#

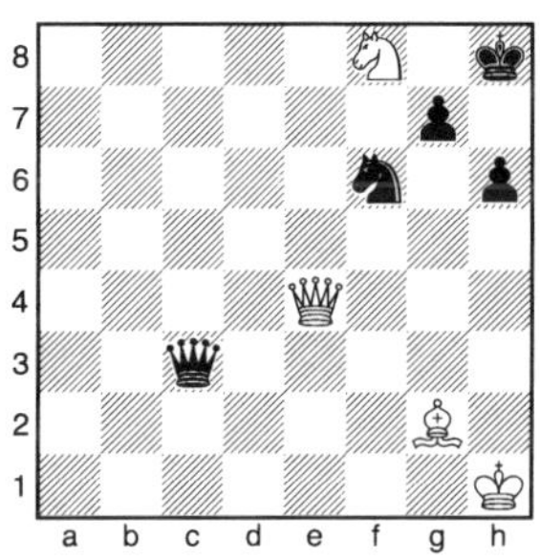

3. Lolli 1763

1.♕e4–h7+ ♘f6xh7
2.♘f8–g6+ ♔h8–g8
3.♗g2–d5#

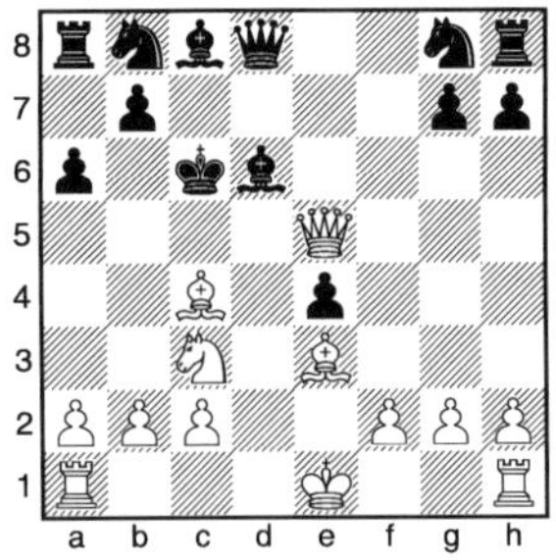

4. Allgaier 1795

1.♗c4–b5+ a6xb5

Falls 1...♔c6–c7 2.♘c3–d5#

2.♕e5xb5+ ♔c6–c7 3.♘c3–d5#

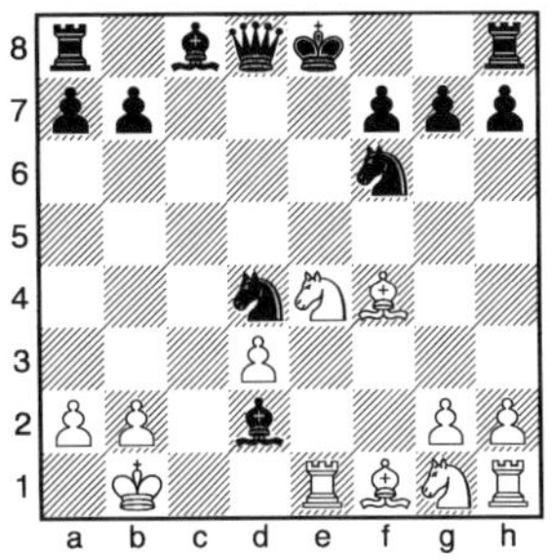

5. Salvioli – N.N. Milano 1815

1.♘e4xf6+ Doppelschach! **♔e8–f8**
2.♗f4–d6+ ♕d8xd6
3.♖e1-e8#

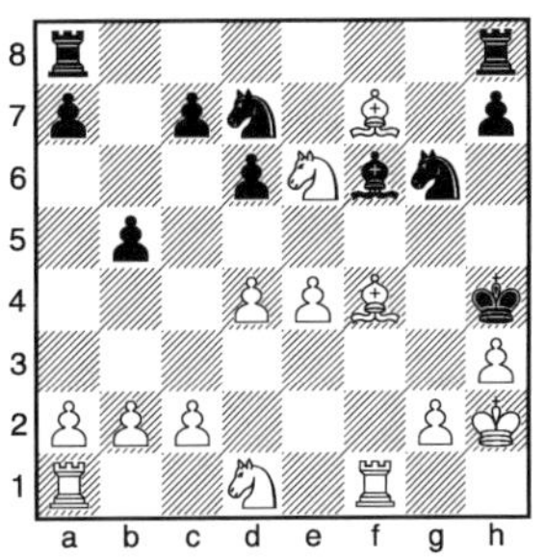

6. Lewis – N.N. England 1820

1.g2–g3+ ♔h4–h5
2.g3–g4+ ♔h5–h4 3.♗f4–g3#

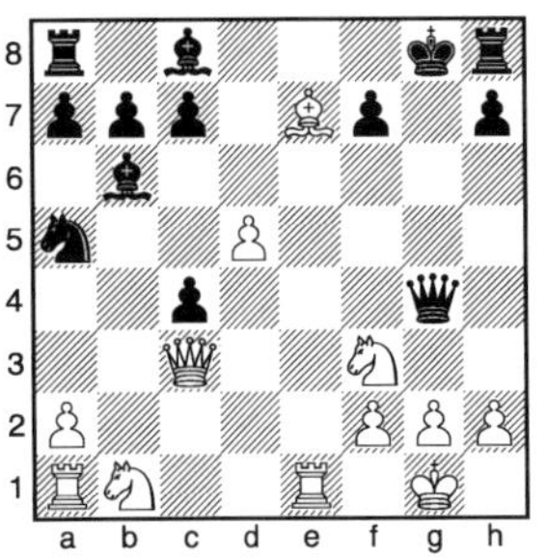

7. Evans – McDonnell London 1829

1.♕c3xh8+ ♔g8xh8
2.♗e7–f6+ ♔h8–g8 3.♖e1-e8#

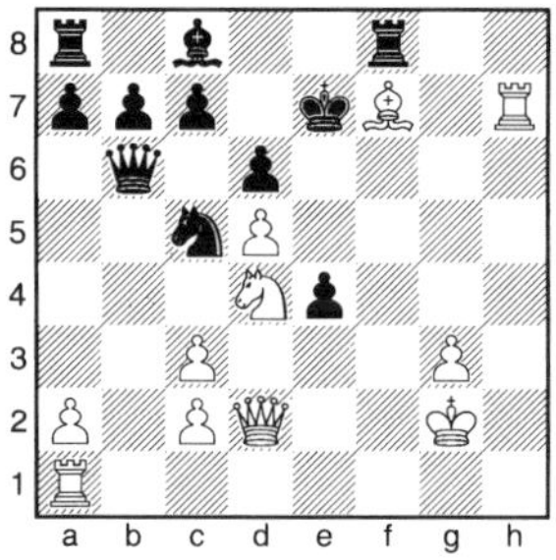

8. McDonnell – N.N. London 1830

1.♕d2–g5+ ♔e7–d7 2.♗f7–e8+

Oder 2.♗f7–e6+ ♔d7–e8

2...♔d7xe8 3.♕g5–e7#

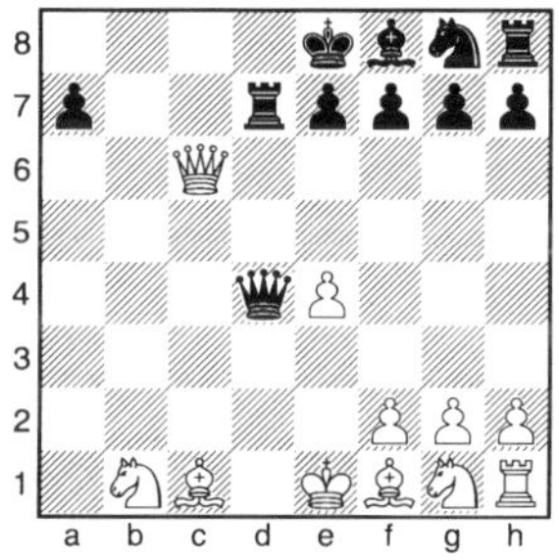

9. v.d.Lasa – Hensel Berlin 1836

1.♕c6–c8+ ♖d7–d8

2.♗f1-b5+ ♕d4–d7 3.♗b5xd7#

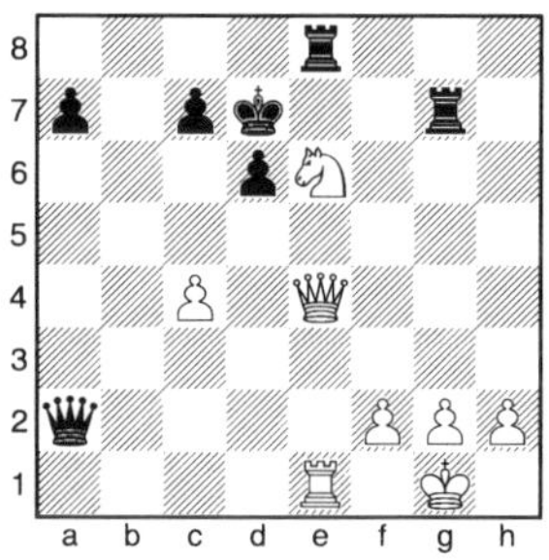

10. De Labourdonnais – McDonnell London 1837

1.♘e6–c5+ d6xc5 2.♕e4xe8+

Oder 2.♕e4–d5+ ♔d7–c8 3.♖e1xe8#

2...♔d7–d6 3.♕e8–e6#

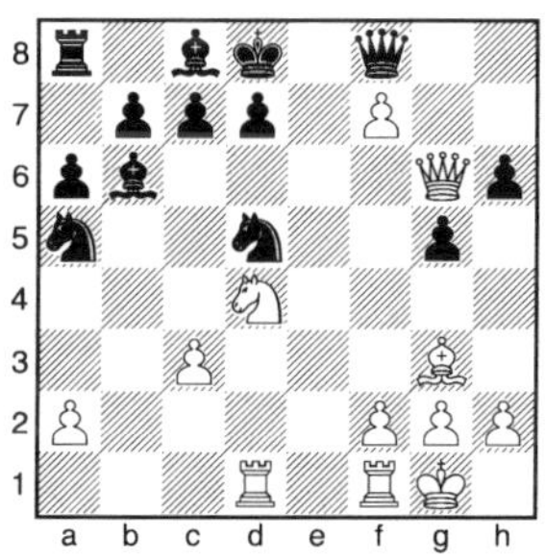

11. Bledow – Mayet Berlin 1839

1.♖f1-e1 ♗b6xd4

Falls 1...♘d5–e7 2.♘d4–e6#

2.♖e1-e8+ ♕f8xe8 3.f7xe8♕#

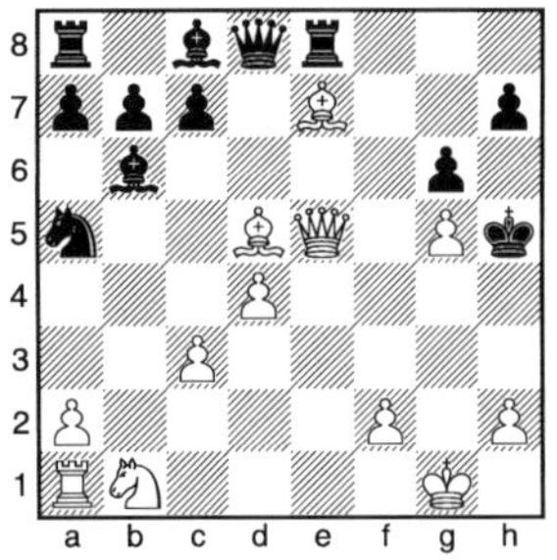

12. Morphy - Ford New Orleans 1840

1.♗d5–f3+ ♗c8–g4
2.♕e5–g3 ♗g4xf3 / 2...—
3.♕g3–h3#

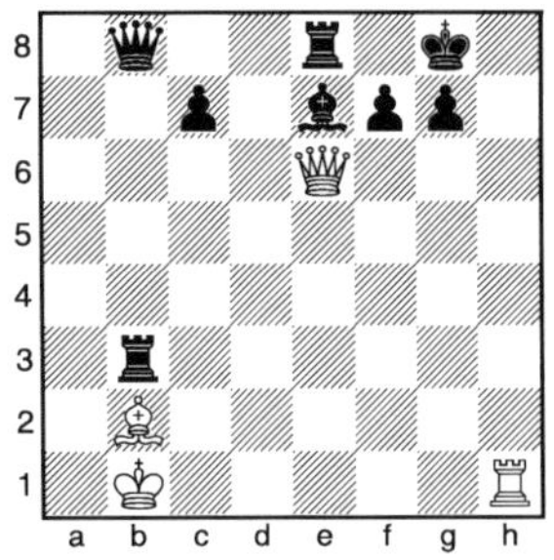

13. Anderssen – Ende einer Studie 1842

1.♖h1-h8+ ♔g8xh8
2.♕e6–h6+ ♔h8–g8 3.♕h6xg7#

Damiano Motiv und Fesselung gewinnen gegen überlegene gegnerische Kräfte!

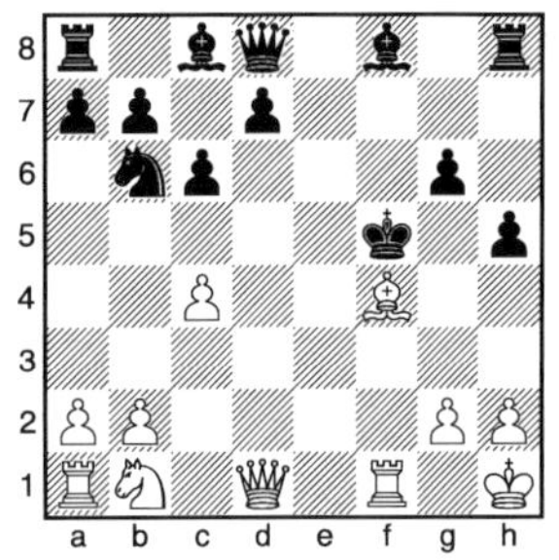

14. Cochrane - Walker London 1841

1.♗f4–c7+ ♔f5–g5

Falls 1...♔f5–e6 2.♕d1-e1#/*e2#*

2.♕d1-d2+ ♔g5–h4 3.♕d2–f4#

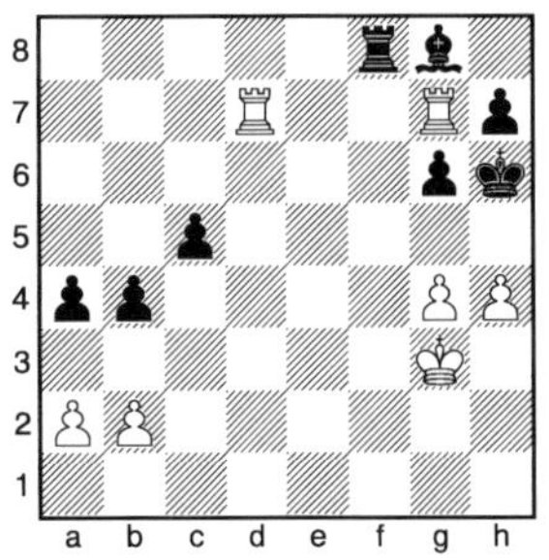

15. Stanley – Schulten New York 1844

1.g4–g5+ ♔h6–h5
2.♖g7xh7+ ♗g8xh7 3.♖d7xh7#

Oder

1.♖g7xh7+ ♗g8xh7
2.g4–g5+ ♔h6–h5 3.♖d7xh7#

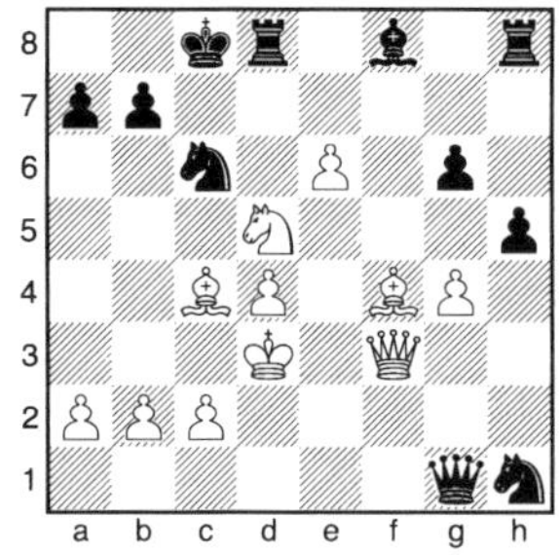

16. Kieseritzky – Dumencheau Paris 1844

1.♘d5–b6+ a7xb6 2.♕f3xc6+ b7xc6 3.♗c4–a6#

Dieses Motiv ist wichtig für alle Leser, die Eröffnungen mit 0–0–0 spielen. Es ist eine Art von **"Bodens Matt"**.

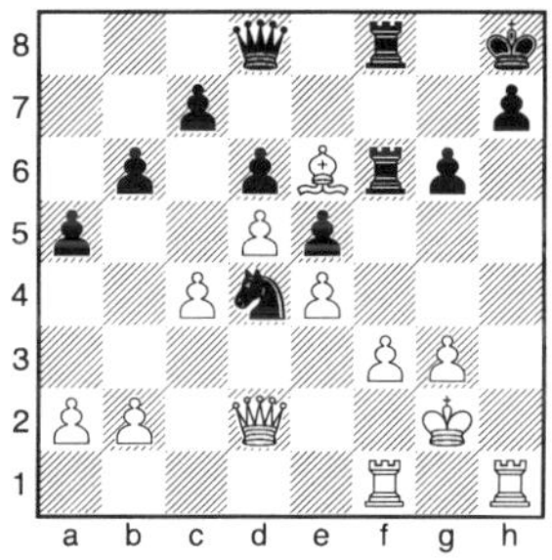

17. Harrwitz – Horwitz London 1846

1.♖h1xh7+ ♔h8xh7
2.♖f1-h1+ ♔h7–g7
3.♕d2–h6#

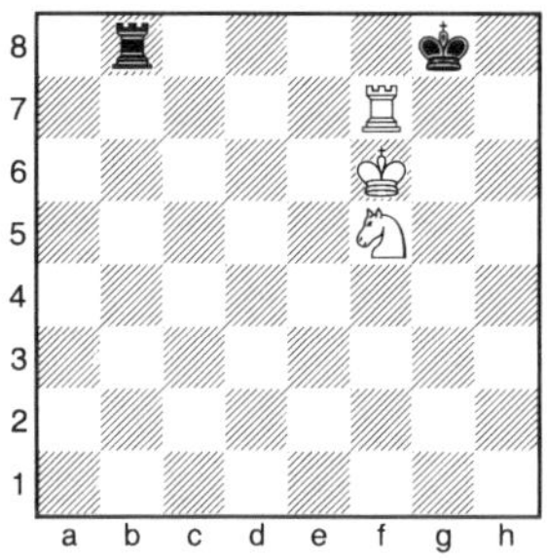

18. Centurini – Ende einer Studie 1850

1.♘f5–e7+ ♔g8–h8
2.♘e7–g6+ ♔h8–g8
3.♖f7–g7#

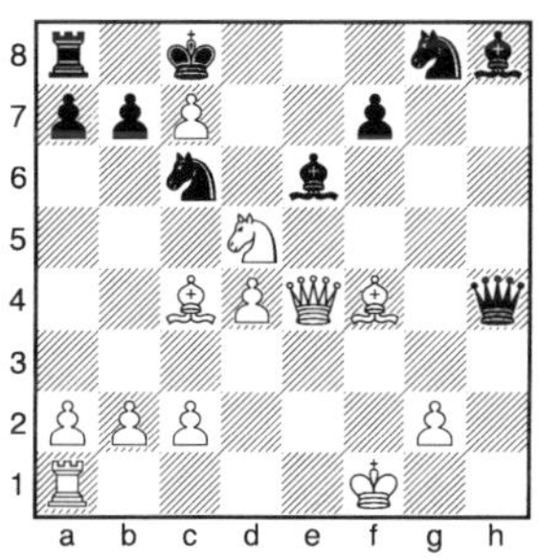

19. Burden – N.N. London simultan 1850

1.♕e4xe6+ f7xe6 2.♘d5–b6+ a7xb6 3.♗c4xe6#;

oder auch

1.♘d5–b6+ a7xb6 2.♗c4xe6+ f7xe6 3.♕e4xe6#

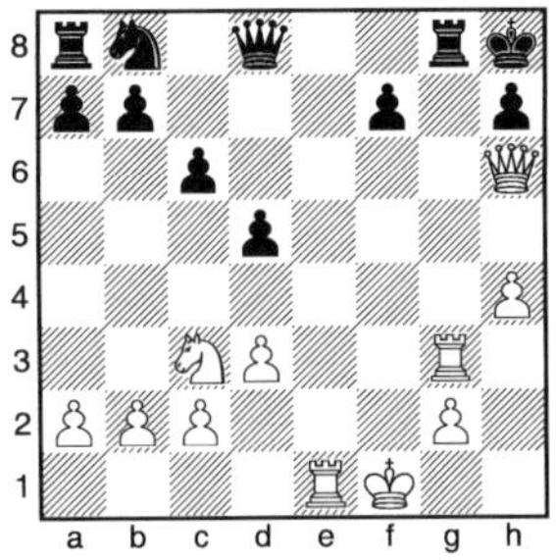

20. Szen – Harrwitz Turnier London 1851

1.♖e1-e8 ♕d8xe8

Falls 1...♕d8–c7 2.♕h6–g7#
oder 2.♖g3/♖e8xg8#

2.♕h6–f6+ ♖g8–g7 3.♕f6xg7#

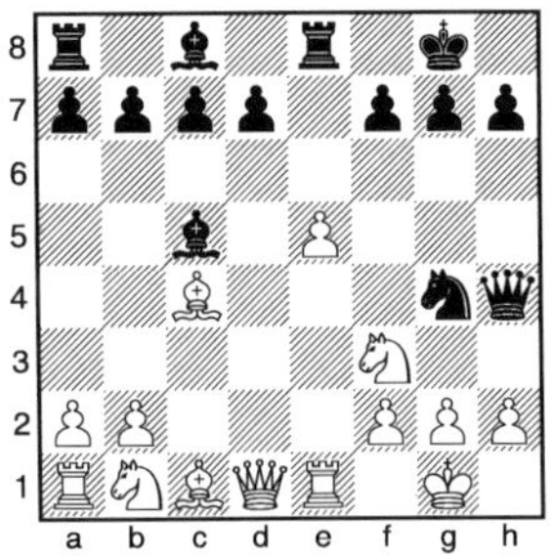

21. Beale – Aus dem Buch: *"The Royall Game of Chesse Play"* 1656

1...♕h4xf2+ 2.♔g1-h1 ♕f2–g1+
3.♖e1xg1 ♘g4–f2#

Das erste in England veröffentlichte erstickte Matt.

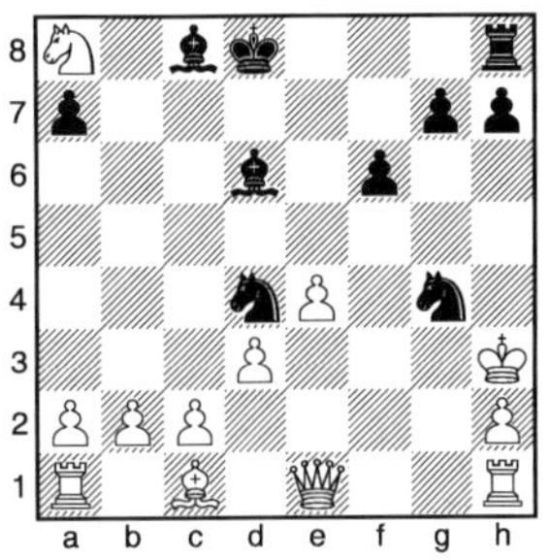

22. Schulten – Kieseritzky Paris 1844

1...♘g4–e3+
2.♔h3–h4 ♘d4–f3+
3.♔h4–h5 ♗c8–g4#

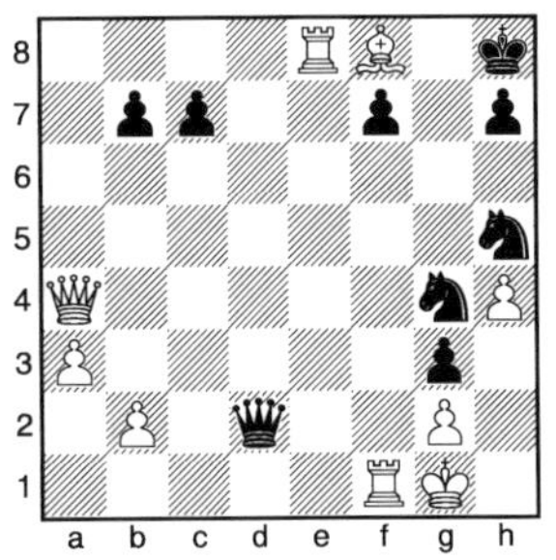

23. Neuman – Marx London um 1850

1...♕d2–f2+ 2.♖f1xf2 g3xf2+
3.♔g1-f1 ♘h5–g3#

Falls 3.♔g1-h1 ♘h5-g3#/f2–f1♕#

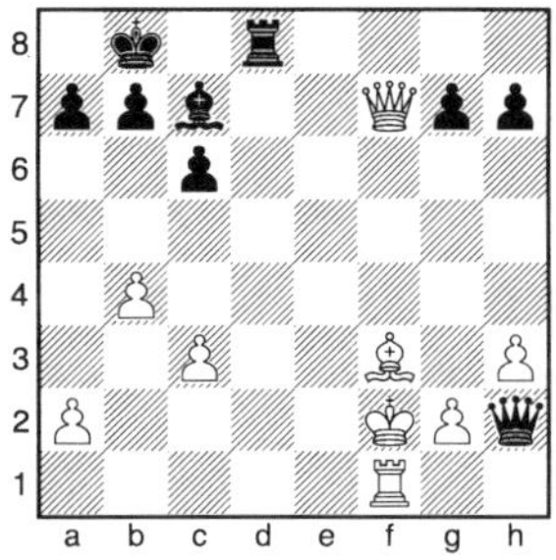

24. Falkbeer – Anderssen Berlin 1851

1...♗c7–b6+ 2.♔f2–e1

Falls 2.♔f2–e2 ♕h2–e5+ 3.♗f3–e4 ♕e5xe4#

2...♕h2–e5+ 3.♗f3–e2 ♕e5xc3#

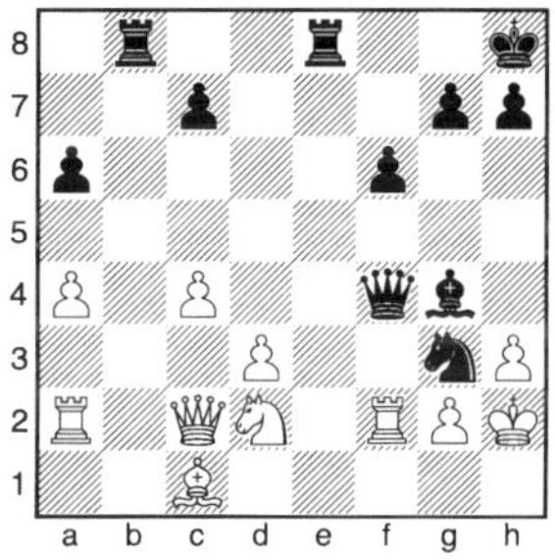

25. Horwitz – Staunton London 1851

1...♘g3–f1+ Doppelschach!
2.♔h2–g1 ♕f4–h2+
3.♔g1xf1 ♕h2–h1#

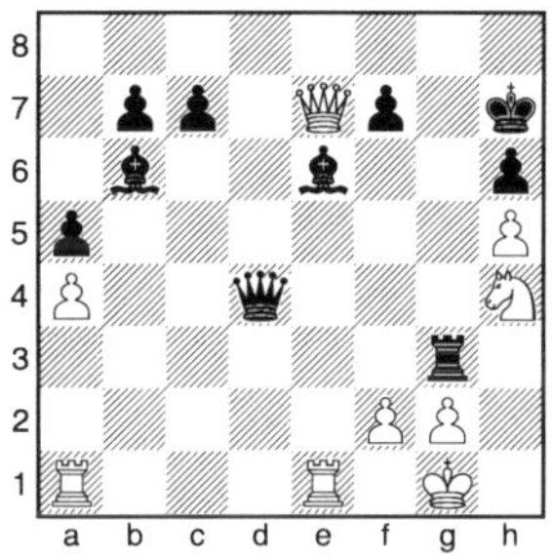

26. Anderssen – Finch London 1851

1...♕d4xf2+ 2.♔g1-h1

Falls 2.♔g1-h2 ♖g3–h3#

2...♕f2xg2+ 3.♘h4xg2 ♖g3–h3#

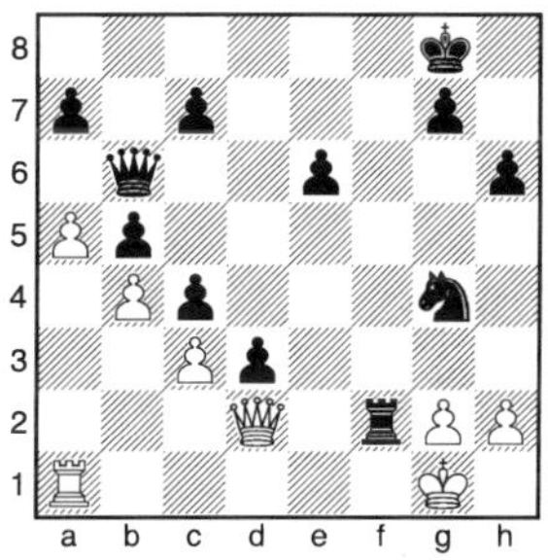

27. Horsky – Harrwitz Wien 1851

1...♖f2–f1+
2.♔g1xf1 ♘g4xh2+
3.♔f1-e1 ♕b6–g1#

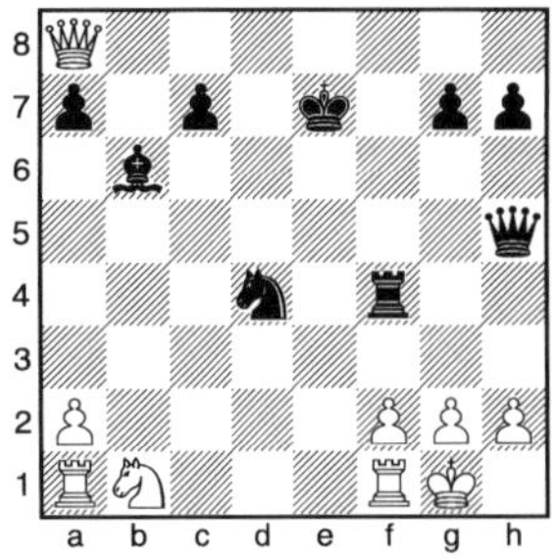

28. Bayer – Falkbeer Wien 1852

1...♘d4–e2+ 2.♔g1-h1 ♕h5xh2+ 3.♔h1xh2 ♖f4–h4#

"Anastasia Matt". Der Springer kontrolliert die Fluchtfelder des Königs; ein Schwerfigurenopfer öffnet die Linie.

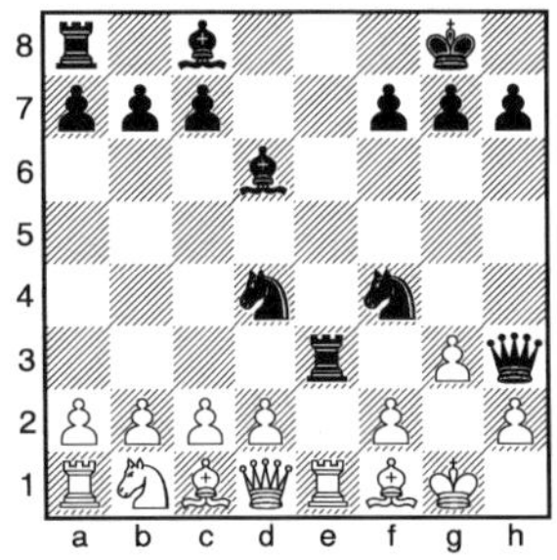

29. Mahescandra – Cochrane Kolkata 1855

1...♖e3xe1 2.♕d1xe1 ♘d4–f3+ 3.♔g1-h1 ♕h3xh2#; oder

1...♘d4–f3+ 2.♕d1xf3 ♖e3xe1 3.♕f3xf4 ♖e1xf1#

Oder falls 3.♕f3–d3 ♕h3–g2#

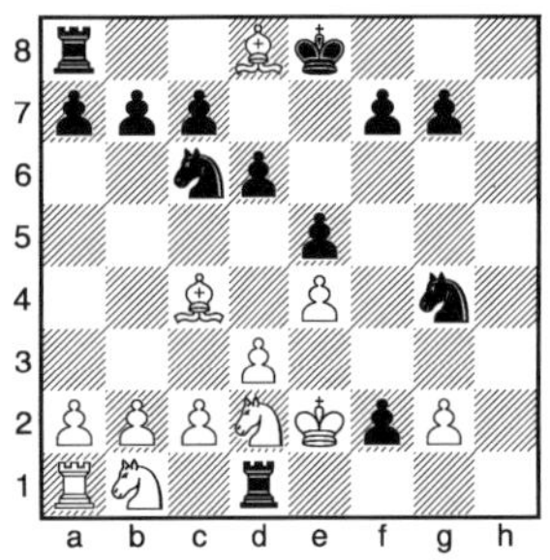

30. Amateur – Derricksen Philadelphia 1860

1...♘c6–d4+
2.♔e2xd1 ♘g4–e3+
3.♔d1-c1 ♘d4–e2#

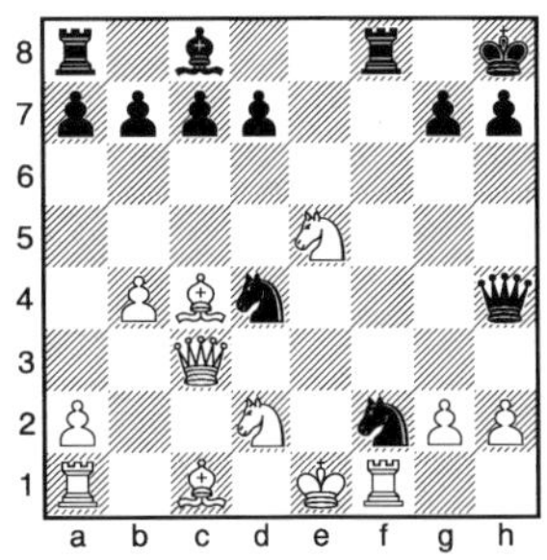

31. Rowe - Ward England um 1870

1...♘f2–d3+ Doppelschach!
2.♔e1-d1 ♕h4–e1+
3.♖f1xe1 ♘d3–f2#

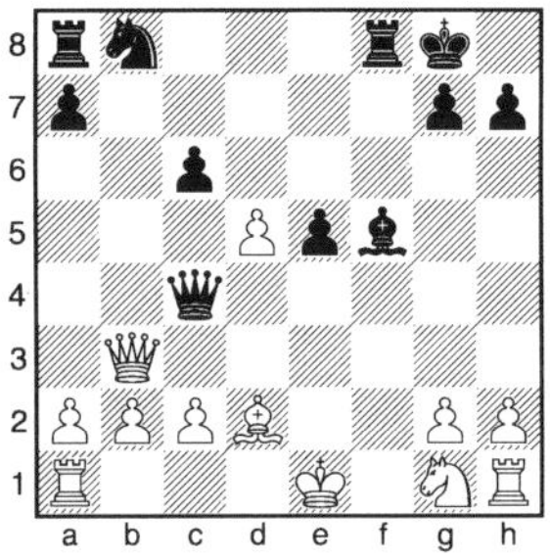

32. Schulten – Horwitz New York 1846

Wir beenden unseren Trip durch das 19. Jahrhundert mit einem Klassiker des Doppelschachs:

1...♕c4–f1+ 2.♔e1xf1 ♗f5–d3+ 3.♔f1-e1 ♖f8–f1#

Hast du alle Matts gefunden?

Und, sei ehrlich, hättest du sie auch gefunden, wenn du nicht gewusst hättest, dass in der jeweiligen Stellung ein Matt möglich war? Es ist viel einfacher, selbst ein recht kompliziertes Matt zu finden, wenn man weiß das es in der Stellung versteckt ist. In der angespannten Atmosphäre eines Turniers und mit der Unsicherheit, was möglich ist und was nur so erscheint, ist das sehr viel schwerer.

Vielleicht hast du jetzt etwas mehr Respekt für die Meister der Vergangenheit als zuvor? Denk daran, dass unser allgemeines Wissen des heutigen Schachs auf den Erkenntnissen dieser Vorgänger beruht, die in fünfhundert Jahren die Schatztruhe von Schachtaktik und Endspiellehre gefüllt haben.

Zum Schluss

Wenn du diesem Buch bis hierher gefolgt bist, hast du eine ganze Menge über Schach gelernt und ich bin sicher, dass du nun schon ein besserer und erfolgreicherer Spieler bist als zuvor.

Aber wenn du nun aufhörst zu trainieren und nichts weiter machst, wird deine neu errungene Spielstärke zu einem gewissen Grad wieder nachlassen. Erfreulicherweise brauchen wir im Schach kein so ständiges Training wie in den meisten anderen Sportarten, aber ein wenig regelmäßiges Arbeiten ist doch erforderlich.

Mein Rat: Reserviere zumindest eine Stunde pro Woche (etwas mehr zumindest von Zeit zu Zeit wäre natürlich wünschenswert) für ein leichtes Training. Das beste Lehrmaterial sind deine eigenen Partien. Schreibe auch freie Partien auf, analysiere sie und finde heraus, was du hättest besser machen können.

Bleib bei der Taktik, löse jede Woche einige Kombinationen. Eine gute Methode ist, nach einem Abstand von einigen Monaten die Aufgaben in diesem Buch noch einmal durchzuarbeiten. Du kannst dies beschränken auf die Aufgaben im jeweiligen Teil 2. Setz eine Zeit für die Lösung fest und versuche, unter diesem Zeitdruck zu lösen, was auch ein wenig den Turnierstress simuliert. Diese Wiederholung ist wertvoll und wird deine Kenntnisse vertiefen und dein Erkennen von typischen Taktikmustern verbessern.

Wenn dir dieses Buch gefallen hat und du dich weiter verbessern möchtest, hast du vielleicht Lust, mit dem zweiten Band weiter zu machen. Wir haben im ersten Band nicht alle Motive behandeln können. Hin- und Weglenkung, Figuren in der Falle, Grundreihenmatts, Angriff auf der 7.(2.) Reihe, Öffnen und Schließen von Linien werden im zweiten Band behandelt.

Manche dieser Motive sind mit der Schachstrategie verknüpft. Daher machen wir dort auch einen Ausflug in die Grundlagen der Strategie. Das ist auch der nächste Bereich, den du kennenlernen musst, um stärker zu werden.

Aber wie immer du dich auch entscheiden magst, ich wünsche dir viel Freude und Erfolg mit dem Schachspiel!

Dein Autor *Thomas Luther*